La fin des préretraites et européanisation des politiques de retraites en France et en Allemagne

Logiques politiques

Collection dirigée par Yves Surel

Créée en 1991 par Pierre Muller, la collection « Logiques politiques » a pour vocation principale de publier des ouvrages de science politique, ainsi que des livres traitant de thématiques politiques avec un autre angle disciplinaire (anthropologie, économie, philosophie, sociologie). Elle rassemble des recherches originales, tirées notamment de travaux de doctorat, ainsi que des ouvrages collectifs sur des problématiques contemporaines. Des séries thématiques sont également en cours de développement, l'une d'entre elles visant à publier des ouvrages de synthèse sur les systèmes politiques des États-membres de l'Union européenne.

Dernières parutions

Christophe ROUX, *Corse française et Sardaigne italienne, Fragments périphériques de construction nationale*, 2014.

Nicolas HARVEY, *Le Monde diplomatique : un concept éditorial hybride au confluent du journalisme, de l'université et du militantisme*, 2014.

Christel BOSC, *Faire carrière dans l'écologie. Dynamiques françaises de politisation de l'environnement urbain*, 2013.

Didier CHABANET et Laurent FANIEL (sous la dir.), *Les mobilisations de chômeurs en France*, 2013.

Dominique Labbé et Denis Monière, *La campagne présidentielle de 2012. Votez pour moi !*, 2013.

Huseyin SEVIM, *La politique européenne de la Turquie. Acteurs, processus et enjeux (1980-2008)*, 2013.

Patrick QUANTIN et Andy SMITH (sous la dir. de), *Délibération et gouvernance. L'émergence d'une logique d'action ?*, 2012.

Laura MICHEL, *Les industriels et le développement durable. Le cas de l'industrie cimentière*, 2012.

Cécile Pelaudeix, Alain Faure & Robert Griffiths (eds), *What Holds the Arctic Together?*, 2012.

Xabier ITÇAINA et Julien WEISBEIN (sous la dir.), *Marées noires et politique. Gestion et contestations de la pollution du* Prestige *en France et en Espagne*.

Lou MANDIN

LA FIN DES PRERETRAITES ET EUROPEANISATION DES POLITIQUES DE RETRAITE EN FRANCE ET EN ALLEMAGNE

L'Harmattan

PUBLICATIONS DU MEME AUTEUR

Chapitres d'ouvrages :

Lou Mandin, Bruno Palier, « Le rôle des organisations internationales dans la réforme des systèmes nationaux de protection sociale », Yves Schemeil et Wolf-Dieter Eberwein (dir), *Normer le monde – L'énonciation des normes internationales*, Paris, L'Harmattan, 2009, p. 185-225.

Isabelle Bruno, Sophie Jacquot, Lou Mandin, « L'Européanisation saisie par son instrumentation : benchmarking, gender mainstreaming et MOC… boîte à outils ou boîte de Pandore ? », Bruno Palier et Yves Surel (dir.), *L'Europe en action – l'européanisation dans une perspective comparée*, Paris, L'Harmattan, 2007, p. 193-249.

Christine Erhel, Lou Mandin, Bruno Palier, « The Leverage Effect. The Open Method of Co-ordination in France », Jonathan Zeitlin et Philippe Pochet (eds.), *The Open Method of Co-ordination in Action – The European Employment and Social Inclusion Strategies*, Bruxelles, P.I.E.-Peter Lang, 2005, p. 217-249.

Lou Mandin, Bruno Palier, « The politics of pension reform in France : the end of exceptionalism ? », Giuliano Bonoli et Toshimitsu Shinkawa (eds.), *Ageing and Pension Reform Around the World – Evidence from Eleven Countries*, Cheltenham, Edward Elgar, 2005, p. 74-93.

Lou Mandin, Bruno Palier, « France: A New World of Welfare for New Social Risks? », Peter Taylor-Gooby (ed.) *New Risks, New Welfare – The Transformation of the European Welfare State*, Oxford, Oxford University Press, 2004, p.111-131.

Lou Mandin, Bruno Palier, « L'Europe et les politiques sociales : vers une harmonisation cognitive des réponses nationales », Christian Lequesne et Yves Surel (dir.), *L'intégration européenne : entre émergence institutionnelle et recomposition de l'Etat*, Paris, Presses de Sciences po, 2004, p. 255-285.

Articles de revues :

Isabelle Bruno, Sophie Jacquot, Lou Mandin, « Europeanization through its instrumentation : benchmarking, mainstreaming and the open method of coordination … toolbox or Pandora's box ? », *Journal of European Public Policy*, vol. 13, n°4, 2006, p. 519-536.

Lou Mandin, « L'Europe, vecteur d'un changement de paradigme dans le secteur des préretraites ? », *Politique Européenne*, n°9, hiver 2003, p. 193-197.

5-7, rue de l'Ecole-Polytechnique, 75005 Paris

http://www.harmattan.fr
diffusion.harmattan@wanadoo.fr
harmattan1@wanadoo.fr

ISBN : 978-2-343-01331-2
EAN : 9782343013312

Remerciements

Comme toutes les activités humaines, un travail de recherche se nourrit de rencontres. Mais peut-être est-ce d'autant plus fondamental lorsqu'on s'attaque à l'acte de penser et d'écrire. Je voudrais d'abord remercier tous ceux qui m'ont reçue en entretiens et ont consacré du temps et de l'énergie pour me transmettre leurs expériences et leurs perceptions.

Cet ouvrage n'aurait pas pu être réalisé sans l'aide de chercheurs qui travaillent sur les thèmes de l'européanisation et des politiques sociales. Je voudrais remercier Yves Surel et Bruno Palier, qui dans le cadre de leur séminaire, « Européanisation et politiques publiques », nous ont permis, à moi et à d'autres jeunes chercheurs, d'élargir nos perspectives. Merci à Anne-Marie Guillemard, qui m'a encouragée et invitée à participer à son séminaire de recherche, et m'a ainsi offert des clés essentielles pour la compréhension de la problématique des seniors. Je voudrais remercier Fritz Scharpf, qui m'a accueillie à l'Institut Max-Planck et m'a offert l'occasion d'être en contact avec des chercheurs allemands qui travaillaient sur cette question, notamment Philippe Manow et Bernard Ebbinghaus. Un grand merci aussi aux membres du projet européen WRAMSOC, en particulier Peter Taylor-Gooby, Giuliano Bonoli et Anne Daguerre qui m'ont fait accéder aux analyses récentes sur l'évolution de l'Etat-providence.

Merci à Bruno Palier, qui m'a appris à écrire et m'a offert la possibilité de travailler en collaboration avec lui. J'ai bénéficié d'un soutien essentiel de la part de Pierre Muller et Bruno Palier qui se sont associés pour diriger mes recherches. Ils ont, de façon complémentaire, accompagné chacune des étapes de la réalisation de ce travail, tant sur le plan professionnel qu'humain, avec une patience dont je leur suis extrêmement reconnaissante.

Enfin, merci à Yannick Moreau, qui m'a apporté un soutien important tout au long de mes travaux et pendant la période qui a suivi ma thèse. Merci également aux membres du Conseil d'Etat et leur présence au moment de la rédaction de cet ouvrage.

Sommaire

Préface

L'ouvrage de Lou Mandin est un bel exemple de ce que les sciences sociales -ici la science politique- peuvent apporter aux débats et aux controverses actuelles. La question des retraites constitue en effet l'un des défis principaux auxquels doivent faire face les gouvernements européens, chaque réforme débouchant au bout de quelques années sur le constat d'une nouvelle « crise ». L'apport de ce travail se situe au moins à trois niveaux.

Si le livre de Lou Mandin ne propose pas de solution, il apporte en revanche de nombreux éléments d'explication qui mettent en lumière les choix du passé et leurs conséquences actuelles. Il montre de manière fascinante comment deux pays, la France et l'Allemagne, confrontés à des situations similaires, avaient fait le choix de privilégier l'instrument « préretraites » pour lutter contre le sous-emploi des seniors. Mais alors que, au tournant des années 2000, la France rencontre de grandes difficultés pour sortir du « chemin des préretraites », l'Allemagne change de politique et réussit à développer l'emploi des travailleurs âgés. L'ouvrage constitue donc un bel exemple de ce que peut apporter une comparaison soigneusement menée dans la mesure où elle permet d'élucider les processus de convergence ou de divergence entre politiques nationales.

L'ouvrage de Lou Mandin apporte ensuite de solides éléments mettant en évidence l'importance des structures cognitives et normatives dans la construction des réformes. L'auteur décrit minutieusement l'émergence de nouvelles « recettes » qui vont changer progressivement la représentation que se font le acteurs sociaux et politique de la question des retraites : désormais, la politique des retraites doit devenir un instrument de politiques actives de retour à l'emploi.

Enfin, l'apport le plus important du livre concerne sans doute la dimension européenne. La recherche présentée ici met en évidence de manière très originale les mécanismes de l'influence de l'Union européenne sur les mécanismes de changement. Une influence qui n'est ni verticale, ni hiérarchique, mais qui passe par l'apprentissage mutuel des acteurs qui interagissent au sein des forums européens. C'est ainsi que, de manière informelle et silencieuse, naissent et se diffusent les nouveaux cadres de pensée qui vont mettre les salariés dans la rue. De ce point de vue, l'apport de ce livre concerne aussi le fonctionnement de nos démocraties.

Pierre Muller

Introduction

La politique des préretraites a connu son point culminant pendant les années 1970, période pendant laquelle elle s'est révélée être un très bon amortisseur de la crise. Outil temporaire de gestion de la main-d'œuvre face au chômage, elle s'est en fait pérennisée dans la plupart des pays occidentaux. L'Europe continentale a sans conteste été le théâtre d'un usage massif et répété des préretraites avec l'ancrage d'une politique d'éviction de la main-d'œuvre aux âges élevés. La France et l'Allemagne sont représentatives de cette politique des âges spécifique. Dans les deux pays, les gouvernements successifs ont recouru à de multiples dispositifs qui ont permis la cessation anticipée d'activité pour les salariés de plus de 50 ans.

A partir du début des années 1990, dans le contexte de la réforme des systèmes de retraite, les préretraites sont mises en porte-à-faux. Cet instrument des politiques de l'emploi devient en effet contradictoire avec le nouvel objectif d'allongement de la vie active. Néanmoins, les tentatives de clôture des dispositifs échouent. Ce n'est que dans les années 2000 que les préretraites sont unanimement dénoncées comme problématiques. Le consensus tacite qui prévalait jusqu'alors ne tient plus. Le vieillissement de la population, l'inégalité de traitement entre les générations, et en particulier envers les plus jeunes qui non seulement ne bénéficient pas d'une couverture équivalente face au chômage, mais sont aussi les plus concernés par le coût des retraites à venir, et enfin les réformes des systèmes de retraite qui se signalent par leur urgence, sont autant d'éléments qui contribuent à la remise en cause explicite des préretraites.

Les débats nationaux sont alimentés par les réflexions conduites par les organisations internationales qui, depuis le début des années 1990, véhiculent des diagnostics de réformes des systèmes de retraite. En 2000, le lancement au niveau européen du processus de Lisbonne insuffle en effet un mouvement de « modernisation » de la protection sociale, qui comprend une stratégie de réforme des retraites. Progressivement, un diagnostic partagé se construit au niveau supranational, lequel met l'accent sur « le vieillissement actif » et « l'emploi des seniors ». En 2001, le Conseil européen fixe l'objectif d'atteindre un taux d'emploi de 50% pour les travailleurs de plus de 55 ans d'ici 2010. Le discours européen se retrouve dans les débats nationaux et les orientations de réformes. Le recours aux préconisations émises par les organisations internationales, et plus particulièrement l'Union européenne, apparaît en ce sens comme une ressource additionnelle. Dans les deux pays étudiés, se développe un mouvement d'européanisation souple des politiques mises en place dans ce domaine. De nouveaux styles de politiques publiques apparaissent, qui comprennent de nouveaux vocables, de nouvelles façons de penser et de nouvelles façons de faire. Une terminologie se construit autour du « vieillissement actif » et aboutit à la notion « d'emploi des seniors ». Les diagnostics et les axes d'action reprennent les préconisations européennes et empruntent aux stratégies de réformes mises en place dans d'autres pays européens, notamment les pays nordiques. Malgré les réformes, la préretraite continue, en particulier en France. En France et en Allemagne, la fermeture des dispositifs de préretraite a conduit à une augmentation du nombre des chômeurs âgés. Cependant, en Allemagne, le taux d'emploi des 55-64 ans qui était de 46% en 2001 est passé à 64% en 2009. La France est restée la lanterne rouge de l'Europe avec un taux d'emploi de 38,9% en 2009, contre 46% en moyenne dans l'Union européenne (Dares 2010).

L'objectif du livre est de mettre en perspective et d'analyser l'évolution de la politique d'emploi des seniors par rapport à la réforme des retraites, en mettant l'accent sur le moment décisif dans l'inflexion des politiques de retraite, c'est-à-dire le relèvement de l'âge de la retraite dans les deux pays.

La première ligne d'analyse consiste à suivre sur une période longue la genèse, la mise en cause et la réorientation d'une politique publique. La politique des préretraites, après avoir été plébiscitée pendant près de vingt ans, est perçue à partir du milieu des années 1990 comme un problème d'action publique. L'objectif n'est pas seulement l'extinction des préretraites, il s'agit de réaliser un demi-tour de politique publique. Ainsi, l'enjeu n'est pas seulement la clôture des dispositifs de préretraite et le passage à des mesures incitatives pour l'emploi des seniors, il s'agit aussi d'instaurer une nouvelle culture des âges. La figure du « préretraité » correspond en effet à un véritable statut social. L'ancrage institutionnel s'est accompagné d'un ancrage culturel. C'est le point d'achoppement contre lequel se heurtent les mesures de réforme. Les travaux de Paul Pierson sur l'institutionnalisation des politiques publiques et les phénomènes de sentiers de dépendance illustrent bien cette problématique de résistance au changement (Pierson 2000a). Néanmoins, des différences apparaissent entre les deux pays étudiés, la France et l'Allemagne, dans la mesure où il apparaît qu'ils semblaient installés dans la même problématique jusqu'au début des années 2000 connaissent par la suite des trajectoires différentes.

La question qui se pose aujourd'hui concerne les différences d'évolution entre la France et l'Allemagne. Dans les deux pays, une culture de la préretraite s'était instaurée depuis les années 1970 et les tentatives de réforme se heurtaient jusqu'alors à l'institutionnalisation des mesures et pratiques héritées du passé. Pourtant, il apparaît dans les évolutions récentes que l'Allemagne a réussi à s'extirper du sentier des préretraites. Les dispositifs de préretraite ont en effet été fermés et des mesures incitatives à l'emploi des seniors se développent. Pourquoi ces deux pays, qui s'inscrivent dans une culture similaire et qui se signalaient par des parcours très proches, connaissent-ils aujourd'hui une évolution différente ? Dans quelle mesure l'évolution allemande peut-elle constituer un modèle à suivre au niveau français ? En France, le passage de l'âge de la retraite de 60 à 62 ans, initié par la réforme de 2010 et applicable depuis le 1er juillet 2011, donne une nouvelle acuité à cette problématique. Si le nombre de dispositifs de préretraite a drastiquement diminué depuis dix ans, les pratiques évoluent peu et le risque est une augmentation du chômage en fin de carrière, ce qui pèse aussi sur le passage à la retraite. Les salariés âgés, autrefois protégés, sont aujourd'hui confrontés à un changement auquel ils ne sont pas préparés, et qui peut induire une précarité de l'emploi en fin de carrière et une diminution accrue des pensions de retraite. Aussi, l'emploi des seniors est et restera un sujet d'actualité pendant encore de longues années.

Does Europe matter (Palier 2000)? Est-ce que l'Europe compte pour expliquer les changements de politiques publiques et plus précisément des politiques sociales ? A priori, celles-ci ne paraissent que peu touchées par l'européanisation. Dans ce champ de l'action publique, l'Europe se cantonne pour l'essentiel à une intervention indirecte, qui s'est manifestée en particulier au moment de l'UEM, laquelle a poussé à une vague de réformes dans la plupart des pays européens, notamment dans les secteurs des retraites et de la santé au cours des années 1990. Cependant, l'influence européenne en matière sociale ne se limite sans doute pas à environner le marché unique. En effet, depuis le milieu des années 1990, l'Europe a introduit un processus souple, non contraignant, qui vise à coordonner les politiques sociales entre elles et avec les injonctions élaborées au niveau supranational (De la Porte, Pochet 2002). Pour parvenir à cet objectif, l'Union européenne propose une nouvelle méthode de gouvernance, la méthode ouverte de coordination, qui, de façon intergouvernementale, incite à un échange de « bonnes pratiques » entre les Etats membres.

Dans la mesure où les orientations européennes sont non coercitives et se limitent à insuffler un cadre cognitif, il est difficile d'en mesurer l'effet. Cependant, dans les deux pays étudiés, on retrouve une empreinte européenne dans les mesures nationales, qui s'inscrivent désormais dans un paysage commun et une nouvelle grammaire de l'action publique. Dans ce contexte, l'Europe apparaît comme une ressource cognitive qui renforce les préoccupations nationales. En l'espace de quelques années, elle a contribué à l'émergence d'un nouveau vocabulaire commun et des axes d'action sur lesquels s'est développé un certain consensus.

Progressivement, un processus de renationalisation se met en place. Les références à l'Union européenne deviennent plus rares, tandis que s'élabore un vocabulaire et des mesures d'actions nationales. La réappropriation s'accompagne d'une mise sous silence des propos européens qui apparaissent désormais de façon diffuse. Les acteurs nationaux sont partagés quant à l'impact des préconisations européennes sur les politiques nationales. Il apparaît que les responsables politiques allemands ont au cours des années 2000 été plus ouverts aux orientations européennes, dans la mesure où celles-ci ont été le vecteur dans le contexte de l'UEM du renforcement du rôle des acteurs économiques dans le champ des politiques sociales. En France, les avis sont plus mitigés. La majorité des responsables politiques estime que les préconisations européennes n'ont pas exercé d'influence sur les orientations françaises, notamment sur les politiques de réforme du système de retraite. L'accent est mis sur l'indépendance nationale et les responsables politiques rappellent qu'il n'existe pas de contraintes européennes dans le champ des retraites, qui relève de la souveraineté nationale.

Penser le changement dans les politiques sociales

Depuis la fin du XIXe siècle, des rivalités politiques et idéologiques s'exercent sur ce que pourrait être une « bonne société » et sur le rôle de l'Etat dans cette organisation. Ces débats s'incarnent en partie dans les réflexions sur les politiques sociales, qui sont l'un des vecteurs principaux du « bien-être social »[1]. La diversité des Etats-providence reflète les différents points de vue qui nourrissent ces conceptions et les compromis historiques qui se sont formés pour y répondre (Donzelot 1994 ; Flora, Heidenheimer 1981 ; Ferrera 1993). L'Etat-providence fondé après-guerre annonce une relative stabilité et un accord sur ce que doit être « une bonne société », celle-ci étant soutenue par la croissance économique et les politiques keynésiennes. Selon ces critères, un consensus a été élaboré même si, en fonction des différences culturelles et historiques, les Etats-providence se sont construits selon des trajectoires diversifiées. Dans certains pays, en particulier les Etats-Unis et le Royaume-Uni, ce compromis a favorisé l'individualisme et le marché avec un Etat-providence jouant un rôle minimal et résiduel. Dans les pays scandinaves, l'accent a été mis sur l'universalisme, l'égalitarisme et la citoyenneté sociale, ce qui a conduit au développement de politiques sociales universelles et démarchandisantes. Le troisième modèle a fusionné assurance sociale, corporatisme et traditions catholiques, et s'est développé en Europe continentale et dans les pays du sud de l'Europe (Esping-Andersen 1990).

Ces constructions ont cependant été remises en question par la transformation de l'environnement économique, démographique et sociétal. La crise économique a généré une « crise technique » des systèmes de protection sociale, qui s'est progressivement orientée vers une « crise de légitimité » (Habermas 1978). Ce phénomène a été accru par la mondialisation de l'économie et la concurrence internationale. Dans le contexte d'une économie fermée, l'Etat-nation avait pu prendre, par le biais de la régulation de l'économie nationale, la forme d'un Etat social. Or ces conditions ne sont plus réunies, et la question se pose de savoir comment gérer ce décalage, avec la possibilité de s'appuyer sur des instances supranationales à l'échelle d'une économie mondialisée (Habermas 1998). Devant ces nouveaux défis, les Etats-providence sont sommés de « s'adapter » (Esping-Andersen 1996). Les ouvrages se sont ainsi développés sur la « crise de l'Etat-providence » (OCDE 1981 ; Rosanvallon 1981) et nombreuses sont les analyses qui accompagnent le développement du ou des Etats-providence contemporains (Rosanvallon 1995 ; Castel 1995 ; Daniel, Palier 2001 ; Leibfried 2001, etc.).

Penser le changement dans les politiques sociales conduit à s'interroger sur les principes d'action, qui plus que les piliers fondateurs (Beveridge/Bismarck) ont été remis en cause. Dans le cadre d'un mouvement global de réduction des dépenses des systèmes de protection sociale, deux recettes d'action publique ont pris de l'importance : les politiques de ciblage des prestations et les politiques d'activation qui renforcent le lien entre emploi et protection sociale. Le ciblage des prestations s'observe dans tous les pays, conduisant à un accroissement de la responsabilité

[1] Nous nous référons aux notions de *« good society »* et de *« social welfare »* développées par Gosta Esping-Andersen (2002).

individuelle et à la privatisation partielle de la protection sociale, comme le montre par exemple le développement des fonds de pension, qui visent à compenser la diminution du taux de remplacement des retraites publiques. Le deuxième vecteur fait l'objet d'un consensus large quelles que soient les particularités culturelles, historiques, politiques et idéologiques des pays concernés. Le principe de l'activation a en effet été la principale réponse à la crise des Etats-providence des Etats scandinaves qui l'ont utilisée dès le début des années 1970. Ensuite, Tony Blair a fait de l'activation l'un des piliers de la « Troisième voie » (*Third Way*) et l'a développée au Royaume-Uni pour moderniser les politiques sociales. Depuis la fin des années 1990, « l'activation » est devenue également un principe directeur des stratégies de réformes menées en Europe continentale, qui s'attachent à substituer des mesures « actives » aux mesures « passives », c'est-à-dire à ne plus limiter les mesures sociales à une indemnisation sous forme de transferts financiers mais aussi à proposer des mesures facilitant le retour à l'emploi (formations, incitations financières, aides à la création d'emplois...). Cette orientation est encouragée et soutenue par les dirigeants européens qui ont émis la volonté de s'orienter vers un « Etat-providence actif et dynamique » (Vandenbroucke 2002).

La diminution des taux d'activité des plus de 55 ans, une tendance commune

La pratique des préretraites est ancienne. En Allemagne, les premiers dispositifs ont été créés pour faire face à la crise économique de 1929. Cependant, les préretraites ont majoritairement été instituées dans les pays de l'OCDE à partir de la fin des années 1950. Elles proposaient des mesures ponctuelles qui permettaient aux entreprises d'offrir une solution de repli aux travailleurs âgés. A cette époque, quitter le marché de l'emploi avant d'avoir atteint l'âge légal de la retraite par l'intermédiaire des préretraites était perçu comme stigmatisant sur le plan social, et les ouvrages qui ont traité de la naissance des préretraites ont fait allusion à la « honte » des travailleurs soumis à cette éventualité (Guillemard 1986). Néanmoins, cette alternative a été utilisée à grande échelle pour accompagner les restructurations des secteurs d'activité en crise. En France, les préretraites ont été mises en place dès 1963 avec la création du Fonds national de l'emploi. L'allocation spéciale du FNE (AS-FNE), financée conjointement par l'Etat et l'UNEDIC, s'adressait aux salariés licenciés âgés de 60 à 65 ans et garantissait le versement de 80 à 90% de la rémunération de salarié. Elles ont accompagné la modernisation des secteurs de l'industrie et de l'agriculture.

Le choc pétrolier de 1973 marque la fin des « Trente Glorieuses ». En peu de temps, la croissance économique passe de 5% par an en moyenne à 2,5% par an. La stagflation apparaît et remet en cause les théories des économistes les plus influents (Keynes, Kaldor). De conjoncturel, le chômage devient structurel. Pour faire face à ce qui apparaît alors comme un dérèglement socioéconomique, la majorité des pays industrialisés s'appuie sur le vecteur de la mise à la retraite anticipée. Instrument de gestion de crise, les préretraites sont considérées comme une réponse à la situation problématique des travailleurs âgés, plus sensibles aux fluctuations économiques. Elles permettent aussi indirectement de toucher un autre groupe d'âge, les jeunes, bloqués par la montée du chômage dans leur entrée sur le marché du travail. Un consensus économique, social et politique est ainsi élaboré dans la plupart des pays européens autour de la nécessité de « laisser la place aux jeunes ». Alors qu'elles étaient conçues comme un instrument de gestion de crise, c'est-à-dire temporaire, les préretraites tendent ainsi à s'institutionnaliser au cours des années 1980. L'éviction des salariés âgés de plus de 50 ans devient un principe d'action, qui est intégré dans les politiques de l'emploi.

Si la diminution du taux d'activité après 55 ans est commune à l'ensemble des pays de l'OCDE, les pays européens sont les plus touchés par ce phénomène. Aux Etats-Unis et au Japon, les taux d'emploi des hommes de 55 à 64 ans ont enregistré une baisse d'environ 10% entre 1971 et 2001, tandis que les taux d'emploi des femmes du même groupe d'âge ont augmenté (6,1% au Japon et 24,3% aux Etats-Unis). Les taux d'emploi des hommes sont passés de 85,3% à 77,5% au Japon et de 79,4% à 65,8% aux Etats-Unis, tandis que les taux d'emploi des femmes ont évolué de 44,6% à 47,3% au Japon et de 41,5% à 51,6% aux Etats-Unis. En comparaison, la situation des pays européens est perçue comme préoccupante. Si le Danemark fait figure d'exception, puisque le taux d'emploi parmi les 55-64 ans n'a pas connu de baisse et a même augmenté (1,9% chez les hommes et 25,1% chez les femmes), se stabilisant autour de 65% chez les hommes et 45% chez les femmes, les autres pays ont enregistré une baisse des taux d'emploi des hommes de 55 à 64 ans sur cette période de trente ans, qui oscille de 15,9 points de variation en Suède à plus de 30 points en Allemagne et en France. En Allemagne, le taux d'emploi des hommes de 55-64 ans est ainsi passé de 77,1% en 1971 à 45,4% en 2001, tandis que le taux d'emploi des femmes du même âge est resté stationnaire (27,1% en 1971 et 28,4% en 2001). En France, le taux d'emploi des hommes est passé de 73,0% à 41,4%, et le taux d'emploi des femmes a diminué de 37,3% à 31,8% au cours de la même période. C'est dans ces deux pays que la diminution des taux d'emploi des 55-64 ans a été la plus forte (Guillemard 2003, p. 26[2]).

L'Allemagne et la France, deux pays emblématiques du dilemme continental

Dans le contexte socioéconomique des années 1970-80, les préretraites sont donc progressivement devenues le principal instrument de gestion du chômage en France et en Allemagne. Même si les gouvernements des deux pays ont été alertés par le coût du dispositif, le principe de cette politique n'a pas vraiment été remis en question. Un partage des coûts a plutôt été opéré entre les secteurs de l'emploi et des retraites. C'est ainsi que le gouvernement français a décidé au début des années 1980 d'abaisser l'âge légal de la retraite à 60 ans pour faire face à la crise financière de l'UNEDIC, ce qui revient à opérer un transfert des coûts entre assurance chômage et assurance vieillesse. L'échec des préretraites, en tant que politique pour l'emploi, a été dénoncé à partir du milieu des années 1980. En effet, les chiffres du chômage continuaient à monter et les jeunes étaient particulièrement frappés. L'objectif d'un partage de l'emploi entre les générations grâce à la retraite anticipée

---

[2] Anne-Marie Guillemard propose une synthèse chiffrée à partir des travaux quantitatifs réalisés par l'OCDE, Eurostat et la DARES entre 1971 et 2001. Ces données sont mises à jour dans son ouvrage de 2010 (Guillemard 2003, 2010).

était loin d'être atteint. Au contraire, les stratégies d'éviction des plus âgés semblaient s'accompagner de barrières accrues à l'entrée des plus jeunes sur le marché de l'emploi. Ainsi, l'Allemagne se caractérise par l'âge le plus tardif d'obtention du diplôme de fin d'études en Europe, c'est-à-dire 28,4 ans (Lestrade 2002).

Malgré ces problèmes, les préretraites ont continué à se développer, les tentatives de réformes laissant place quelques mois plus tard à l'introduction d'un nouveau dispositif. Cette politique profondément institutionnalisée est apparue impossible à réformer, dans la mesure où si le principe de la gestion des âges était remis en cause, les préretraites restaient en pratique le principal outil d'ajustement et de lutte contre le chômage. L'Allemagne a ainsi décidé de s'appuyer sur les préretraites pour accompagner le processus de réunification. En l'espace de quelques mois, une génération entière de salariés en a bénéficié (Manow, Seils 2000, p. 293).

Le choix des préretraites a été guidé par la situation économique mais aussi par la configuration des systèmes de protection sociale, ce qui peut expliquer pourquoi les dispositifs de préretraite se sont plus développés dans ces deux pays que dans la plupart des autres pays européens. Les Etats-providence de l'Europe continentale se caractérisent par des prestations généreuses qui sont calculées sur le niveau de salaire. Selon le principe bismarckien de l'assurance, le bénéficiaire est protégé lors de l'occurrence d'un risque social (maladie, accidents du travail et maladies professionnelles, vieillesse et chômage). L'Etat-providence bismarckien tend ainsi à se substituer au marché pour garantir grâce à l'octroi de prestations élevées le maintien du niveau de vie, cependant il n'intervient pas ou peu pour faciliter le retour au marché de l'emploi. Le système de protection sociale agit selon un mode redistributif et indemnise les adhérents et leurs familles lors de l'occurrence d'un risque social. Ainsi, la montée du chômage a conduit non à l'élaboration de « politiques actives », c'est-à-dire de mesures financières ou fiscales incitant à revenir sur le marché de l'emploi, mais plutôt à des « politiques passives », c'est-à-dire le développement de dispositifs qui ont mené à l'installation de certaines catégories hors de l'emploi.

Les groupes les plus touchés ont été les femmes, les jeunes et les plus âgés. Cette façon de faire de la protection sociale a été caractérisée comme celle « d'Etat social sans travail » (*Welfare without Work*, Esping-Andersen 1996) ou de « dilemme continental » (*Continental Dilemma*, Scharpf 1998). Ces deux pays se trouvent dans une situation de blocage : le « traitement social du chômage » s'avère coûteux et inadapté, et la différence entre le nombre « d'insiders » et celui « d'outsiders » s'accroît (Palier 2002).

Depuis le milieu des années 1990, les gouvernements annoncent leur volonté de clore les dispositifs de préretraite et plus encore d'inverser la politique de départs anticipés à la retraite en encourageant les seniors à rester actifs. Pour justifier ce changement de politique radical, les gouvernements des deux pays s'appuient sur trois arguments principaux : le coût des préretraites, la nécessité de réformer les systèmes de retraite, l'impulsion d'une nouvelle « gestion des âges » pour faire face au vieillissement de la population active et aux risques de pénurie de main-d'œuvre. Plusieurs auteurs mettent en avant le sentiment de perte de sens qui sous-tend ce changement de politique publique, qui s'accompagne d'une crise de la pensée : « Cette mutation de la société est d'autant plus difficile à analyser et à comprendre qu'il y a 'crise des représentations intellectuelles' : tout se passe comme si les différentes disciplines reflétaient les découpages anciens de la société salariale et ne pouvaient saisir la nouveauté et encore moins la complexité de la situation présente » (Gaullier 1999).

Même s'il a été accepté pendant presque trois décennies, le coût des préretraites est apparu comme insupportable à partir du milieu des années 1990. Cette évolution de la conception des préretraites sous l'angle du coût s'inscrit sans conteste dans la dynamique globale d'adaptation des systèmes de protection sociale aux nouvelles règles socioéconomiques. Dans le contexte de l'internationalisation de l'économie et surtout au niveau européen de la mise en place des critères de Maastricht pour satisfaire à la construction de l'UEM, il est devenu nécessaire de limiter les coûts sociaux et fiscaux (Mishra 1999 ; Palier, Viossat 2001). En ce sens, la volonté politique de réformer les préretraites s'enracine dans un discours qui est similaire à l'ensemble des secteurs de la protection sociale. Que ce soit par l'affichage politique du « trou de la sécu » (Alain Juppé), des déficits des systèmes d'assurance chômage, ou de « l'insoutenabilité financière des systèmes de retraite » (Union européenne), l'Etat-providence a été progressivement abordé sous l'angle du coût.

Le deuxième argument de réforme rejoint le problème du vieillissement démographique (Todd, Le Bras 2012). La diminution du nombre des naissances et l'allongement de la durée de la vie s'ajoutent aux conséquences de l'arrivée à la retraite de la génération du baby-boom. Comme dans le reste de l'Europe, la part des moins de 20 ans a diminué en France et en Allemagne, tandis que celle des personnes âgées de plus de 59 ans a augmenté. Cependant, la situation de ces deux pays est particulière en raison du faible nombre d'actifs : « En effet, si le rapport de dépendance des personnes âgées s'élève à l'heure actuelle à 45% en Allemagne, le quotient social, c'est-à-dire le nombre de personnes âgées de plus de 59 ans par rapport au nombre d'actifs occupés, atteint quant à lui 55%, un niveau similaire à celui de la France. En d'autres termes, l'Allemagne et la France comptent aujourd'hui moins de deux actifs pour un retraité. Ce décalage s'explique par le taux d'activité très bas des personnes âgées de moins de 25 ans et de plus de 54 ans dans les deux pays » (Salles 2005).

Par ailleurs, la période d'activité n'a cessé de se resserrer : quatre actifs sur cinq ont entre 25 et 54 ans. Eu égard à la hausse de l'espérance de vie et au recul de la durée d'activité, la période dite à charge a doublé chez les hommes depuis la fin de la deuxième guerre mondiale, passant de moins de vingt ans (essentiellement la période de l'enfance) à près de quarante ans, soit une période sensiblement aussi longue que la durée d'activité. Chez les femmes, cette tendance est encore plus accentuée, puisque le rapport est de 39 ans d'activité pour 42 ans d'inactivité en Allemagne, et de 36 ans d'activité pour 46 ans d'inactivité en France (Salles 2005).

Cette évolution des taux d'emploi paraît d'autant plus préjudiciable au regard du financement à venir des retraites et de l'équilibre intergénérationnel. En effet, la durée de perception des retraites tend à s'accroître en raison de l'allongement de l'espérance de vie, mais aussi de la diminution de la vie active. Cet élément accentue encore le déséquilibre croissant entre le nombre de personnes inactives qui s'accroît et celui des actifs qui s'amenuise. L'arrivée à la retraite de la génération du baby-boom à partir de 2006 signale en ce sens l'émergence de ce problème, qui va s'accentuer au cours des prochaines décennies. Dans ce contexte, la question du contrat social entre les générations se pose : il est probable que les générations à venir ne bénéficieront pas de la générosité des systèmes actuels de retraite, même s'ils devront cotiser lourdement pour financer le haut degré de protection dont bénéficient aujourd'hui les personnes âgées (Chauvel 2006, p. 173). La volonté de réformer les préretraites émerge ainsi selon un angle symbolique : même si le retournement démographique n'est pas encore actualisé, les acteurs politiques veulent tenir compte de l'avenir et faire cesser une situation qui incarne les inégalités intergénérationnelles.

La réforme des préretraites vise donc à répondre à une perte de cohérence entre les mesures de retraite anticipée et les réformes des systèmes de retraite. Le débat sur les retraites apparaît au cours des années 1980 dans les pays occidentaux. Si les pays anglo-saxons décident de s'appuyer sur la capitalisation, les pays d'Europe continentale, ancrés dans les principes bismarckiens et la répartition, résistent à cette solution rejetée par la population et difficile à mettre en place (problème du double coût). Face à l'institutionnalisation des systèmes, la France et l'Allemagne procèdent par mesures incrémentales, qui modifient par petites touches le paysage des retraites. Ces mesures visent pour l'ensemble à allonger la durée de cotisation requise pour obtenir une pension à taux plein, ce qui implique un relèvement implicite de l'âge effectif de la retraite si les gouvernements veulent éviter une diminution trop forte des pensions de retraite. Par conséquent, la mise sur l'agenda de la question des retraites entraîne une perte de sens de la politique des préretraites : comment justifier la crédibilité de l'allongement de la durée de cotisation dans le cadre de la réforme des retraites, alors que dans la pratique les départs anticipés sont fréquents et que la durée de la vie active est en diminution constante ?

Le troisième argument de réforme s'appuie sur les implications du vieillissement démographique sur la structure par âges de la population active. En effet, le retournement démographique a un impact sur l'emploi, dans la mesure où les entreprises vont devoir compter avec une main-d'œuvre plus âgée. Or, la mise en œuvre des préretraites s'est accompagnée de la construction de représentations et de pratiques qui ont conduit à une dévalorisation des travailleurs âgés. Ceux-ci sont apparus comme « usés », « fatigués », « réfractaires au changement », « peu adaptables » ou « peu mobiles »… Par ailleurs, en recourant aux préretraites, les entreprises ont évité de tenir compte du vieillissement dans le processus de travail, et rares sont celles qui prennent en compte ce facteur dans le cadre de leurs politiques de gestion des ressources humaines. Les gouvernements veulent de ce fait insuffler une nouvelle orientation de l'action publique, qui inclut le « grisonnement de la main-d'œuvre » et accompagne de façon préventive la modification de la structure des âges (formation tout au long de la vie, ergonomie et prévention de la santé, amélioration des conditions de travail, GPEC…).

L'emploi des seniors, un nouveau défi européen

Les pays européens abandonnent progressivement les politiques d'incitation aux préretraites et favorisent le maintien des salariés âgés dans l'emploi, essentiellement pour des raisons d'équilibre des régimes de retraite. Ce mouvement général de reconfiguration des politiques vis-à-vis des travailleurs âgés de plus de 55 ans semble s'inscrire dans la continuité de la prise de conscience insufflée par l'Union européenne qui, après avoir souligné le problème du vieillissement de la population active à partir du milieu des années 1990, a lancé au début des années 2000 une politique globale de réforme des systèmes de retraite en s'appuyant sur la variable de l'emploi.

Dans le cadre de la stratégie de Luxembourg, l'Union européenne s'est attachée, à partir du milieu des années 1990, à souligner la question des préretraites. Elle a mis en avant le faible taux de participation des plus de 55 ans au marché du travail dans l'ensemble des pays européens et plus particulièrement en Europe continentale. Cependant, ces préconisations n'ont été que peu suivies d'effets au niveau national. La question des travailleurs âgés est réapparue lors de l'élaboration de la stratégie européenne de réforme des systèmes de retraite en 2000. Au cours des années 1990, les débats s'étaient concentrés sur l'alternative répartition/capitalisation. Parallèlement aux affrontements qui opposaient les partis politiques et les pays européens sur la question des fonds de pension, l'espace européen a été le lieu d'une discussion houleuse sur la nécessité de mettre en place une directive « Fonds de pension ». Celle-ci a été finalement adoptée en 2002 au regard de l'institutionnalisation progressive de dispositifs d'assurance retraite privés et financés par capitalisation. Cependant, les dirigeants politiques ont estimé que l'Europe ne pouvait se limiter à un instrument de gestion de la libre circulation des services financiers dans le cadre des retraites. Lors du Sommet de Lisbonne, ils ont choisi d'inscrire officiellement sur l'agenda européen la question des retraites. La stratégie de réforme s'appuie sur un diagnostic commun à l'ensemble des Etats membres : le vieillissement démographique touchera l'ensemble des pays de l'UE au cours des prochaines décennies, et son coût financier menacera l'équilibre des systèmes de protection sociale (retraites, santé, dépendance). L'Union européenne propose trois axes d'action : préserver l'équilibre budgétaire en maintenant le niveau des déficits et de la dette publique, encourager la poursuite des réformes des systèmes de retraite pour limiter l'augmentation des coûts publics (modifier les paramètres des systèmes par répartition, recourir au développement des systèmes complémentaires par capitalisation), et s'appuyer sur une politique d'emploi élevé. Trois objectifs ont été fixés dans le domaine de l'emploi : atteindre un taux d'emploi de 70% pour l'ensemble de la population, de 60% pour les femmes, et 50% pour les travailleurs âgés d'ici 2010.

La thématique de l'emploi prend donc une importance accrue, cet axe d'action s'appuie sur l'idée que dans le contexte du vieillissement démographique, il est nécessaire de mobiliser l'ensemble de la population active, y compris les groupes qui ont été progressivement exclus du marché de l'emploi au cours des trente dernières années, c'est-à-dire les jeunes, les femmes et les travailleurs âgés de plus de 55 ans. Dans le cadre de cette politique de l'emploi dite « active », l'Europe préconise spécifiquement de fermer les dispositifs de préretraite et d'inciter le maintien dans l'emploi des travailleurs âgés. En formulant cette réponse à la question du vieillissement démographique, l'Union européenne se distingue du débat international qui a opposé répartition et capitalisation, et réaffirme un compromis politique autour de l'emploi.

Un modèle phare nourrit le processus de construction de la stratégie européenne, qui est véhiculé par les pays nordiques. Malgré la crise économique, ceux-ci sont en effet parvenus à préserver le maintien d'un cercle vertueux entre emploi et protection sociale. Le principe de l'activation des politiques sociales leur a ainsi permis de concilier un niveau élevé de protection sociale et l'accès à l'emploi. L'Union européenne avait déjà mis en avant cette particularité dans le cadre de la stratégie européenne pour l'emploi, et celle-ci a de nouveau été mise en exergue lors de l'élaboration de la stratégie européenne de réforme des systèmes de retraite. La continuité de l'action européenne se révèle aussi par les instruments proposés. Comme dans le cadre de la stratégie de Luxembourg, l'UE s'appuie sur la « méthode ouverte de coordination », un processus intergouvernemental de coordination souple des politiques publiques qui respecte le principe de la subsidiarité.

Une démarche comparative

En matière de recherche comparative sur les Etats-providence, les publications de Marshall (1954), Titmuss (1958), Heclo (1974) et Wilenski (1975) ont été fondatrices. Progressivement une grille de lecture sous formes d'idéaux-types a été construite, permettant de catégoriser les Etats-providence et de ce fait d'en faciliter la comparaison. Dans son ouvrage datant de 1958, Titmuss différencie les Etats-providence résiduels et institutionnels. Dans le premier cas, l'Etat n'intervient que lorsque la famille ou le marché échouent. Il limite ses soins aux quelques groupes sociaux dits « méritants ». Dans le deuxième cas, l'Etat-providence s'adresse à la population entière. Il est universaliste et symbolise un ancrage institutionnel du principe de bien-être social. Il vise à étendre ces principes à tous les secteurs de distribution vitaux pour le bien-être social.

Dans son ouvrage intitulé, *Les trois mondes de l'Etat-providence – Essai sur le capitalisme moderne*, Gosta Esping-Andersen propose une nouvelle lecture de l'Etat-providence, qui est aujourd'hui présente dans la plupart des études sur la protection sociale (Esping-Andersen 1990). L'auteur classe les pays occidentaux selon trois groupes, qui correspondent à trois idéaux-types : l'Etat-providence libéral (pays anglo-saxons), l'Etat-providence social-démocrate (pays nordiques), l'Etat-providence conservateur-corporatiste (pays de l'Europe continentale).

Le modèle libéral se caractérise par la volonté politique de privilégier le marché plutôt que l'Etat dans les mécanismes d'allocation de ressources. Dans ce contexte, l'Etat-providence fonctionne sur un mode résiduel : le niveau des assurances sociales est peu élevé et est souvent complété par des dispositifs privés, les minima sociaux ou prestations sous condition de ressources constituant la principale forme d'intervention. L'Etat-providence se présente comme un « filet de sécurité », qui intervient en dernier recours et incite à un retour rapide au marché. Ce système favorise l'institution de dualismes au sein de la société entre les plus riches qui financent leur protection sociale en recourant aux mécanismes de marché et les plus pauvres qui reçoivent les prestations minimales, financées par l'impôt et synonymes de stigmatisation sociale. La classe moyenne oscille entre les deux groupes, elle n'a pas les moyens de financer complètement sa protection sociale par le marché et n'a que peu accès aux prestations de protection sociale financées par l'Etat.

L'Etat-providence social-démocrate se caractérise par une attention particulière portée à la classe moyenne. La protection sociale est universelle et vise à offrir à tous les citoyens l'accès à des droits sociaux élevés qui garantissent une certaine indépendance par rapport au marché. Dans ce modèle, protection sociale et emploi sont étroitement liés, mais dans un objectif différent de celui de l'Etat-providence libéral. Le plein emploi garantit le financement des prestations sociales élevées, et en échange la protection sociale s'accompagne de politiques actives en particulier par le biais d'embauches publiques, qui favorisent le retour à l'emploi.

L'Etat-providence continental, ou « conservateur-corporatiste », vise quant à lui moins la réduction des inégalités que la conservation des statuts. La situation dans l'emploi détermine l'accès à la protection sociale et le niveau des prestations. Le modèle s'appuie sur la préservation du « salaire familial » généralement d'origine masculine, et se caractérise par des prestations généreuses qui permettent une certaine indépendance par rapport au marché. Néanmoins, l'universalité de la couverture sociale est liée à la situation globale de l'emploi, la protection sociale n'intervenant que lors de l'apparition d'un risque social, sous forme d'un substitut à l'emploi, et sans favoriser directement la possibilité d'un retour sur le marché du travail.

Cette grille d'analyse permet aussi de caractériser les politiques de repli qui touchent les Etats-providence depuis une trentaine d'années : il apparaît en effet que les pays qui appartiennent aux deux premiers modèles se sont appuyés sur le renforcement de leurs principes d'action. L'Etat-providence libéral est devenu encore plus libéral et résiduel, et les réformes ont davantage mis en avant le principe du marché. L'Etat-providence social-démocrate s'est quant à lui concentré sur le principe de l'activation, en renforçant le lien entre politiques sociales et politiques de l'emploi. L'Etat conservateur-corporatiste est sans doute celui dans lequel le sens des réformes est le moins clair. Le principe fondateur reste le maintien du statut social de l'assuré quand il est confronté à un risque social et se trouve hors de l'emploi. D'un côté, l'augmentation du nombre de personnes exclues de l'emploi et donc des systèmes d'assurance sociale a conduit les gouvernements à mettre en place de nouvelles prestations non contributives, sous condition de ressources et financées par l'impôt, ce qui tend à orienter l'Etat-providence bismarckien vers un modèle libéral. De l'autre, la notion d'activation, propre au modèle social-démocrate, prend de l'ampleur en Europe continentale et s'institue progressivement comme un nouveau principe qui lie protection sociale et emploi. Ainsi, il est probable que les réflexions sur les réformes conduisent à une oscillation entre les deux modèles dominants (Palier 2002).

Ce type d'analyse contribue à expliquer le développement des préretraites. En 1989, Esping-Andersen s'associe en effet avec Sonnberger pour proposer une étude des politiques de départ anticipé à la retraite qui s'appuie sur les caractéristiques des trois mondes de l'Etat-providence (Esping-Andersen, Sonnberger 1989). Ces deux auteurs montrent que les conditions économiques ne suffisent pas à expliquer la montée en puissance des dispositifs, dans la mesure où celle-ci a été inégale selon les pays. Ils font par conséquent l'hypothèse que les configurations institutionnelles et les principes d'action ont joué un rôle déterminant dans ce processus. Les préretraites se sont peu développées dans le monde libéral, parce que les systèmes de protection sociale proposaient peu de dispositifs et que ceux-ci n'étaient pas généreux. Elles sont plus présentes dans le monde social-démocrate mais les taux d'emploi des plus de 55 ans restent élevés, en accord avec le principe central de l'activation. Par contre, elles sont devenues un fer de lance dans le monde conservateur-corporatiste. Les études comparatives sur les préretraites s'inscrivent dans la continuité de cette analyse et reprennent pour la plupart ces trois groupes de pays, analysant les différences principales et aboutissant le plus souvent à la mise en exergue des variables institutionnelles (Courtioux, Erhel 2005).

Le poids des institutions

Qu'ils soient hommes politiques ou chercheurs, nombreux sont ceux qui, pour illustrer les difficultés de réformes de la protection sociale, ont utilisé des images faisant référence à des animaux imposants, disparus ou menacés : la métaphore du « mammouth » utilisée par Claude Allègre pour illustrer le système éducatif français et son immobilisme est ainsi devenue célèbre, de même Bruno Palier a proposé l'image de la « baleine et des sages » pour analyser les Etats généraux de la Sécurité sociale (Palier 1991), enfin Karl Hinrichs a fait référence à la « marche des éléphants » (*Elephants on the move*) dans son analyse de la réforme des systèmes de retraite dans les pays de l'OCDE (Hinrichs 2000). Ces animaux rois illustrent bien la problématique des systèmes de protection sociale ; des structures majestueuses, mais qui semblent appartenir à une ère révolue, l'attachement des populations et leur volonté de les protéger, l'ambivalence des politiques chargés de les préserver tout en les adaptant à un nouveau contexte socioéconomique.

Les animaux choisis se détachent non seulement par leur grandeur mais aussi par leur poids : il semble impossible de les faire se mouvoir contre leur gré. Selon Douglas Ashford, « qu'on admire ou qu'on méprise la complexité des Etats-providence, un de leurs traits les plus troublants paraît être leur incapacité à changer de direction, de priorité ou de procédure ». De même, Paul Pierson met en exergue la lourdeur et l'inertie des institutions de protection sociale, trait distinctif qui leur a permis de résister aux vagues de réformes libérales au cours de la décennie Thatcher et Reagan : « comparées aux réformes mises en œuvre dans d'autres domaines (politiques macro-économiques, relations professionnelles, politiques réglementaires et industrielles par exemple), les Etats-providence apparaissent comme des îlots de stabilité… La protection sociale demeure la composante la plus résistante de l'ordre d'après-guerre » (Pierson 1994).

Ainsi, l'ancrage institutionnel des systèmes de protection sociale permettrait d'expliquer les phénomènes de résistances aux réformes : « Chaque pays continue d'avancer sur des voies tracées par un passé plus ou moins éloigné, sans apparemment changer de direction ni converger. Paul Pierson est l'un des premiers à avoir analysé les raisons pour lesquelles c'est la continuité qui marque l'évolution des différents systèmes de protection sociale. La notion de dépendance par rapport au chemin emprunté (*path dependency*), ou inertie institutionnelle, est ici centrale : une fois qu'un chemin est pris, il est difficile d'en changer, car des processus politiques, qui s'institutionnalisent et se renforcent avec le temps, génèrent des résistances au changement. Dans le domaine des politiques sociales, il s'agit notamment des processus de mobilisation collective, de représentation collective et de sédimentation des politiques » (Palier 2002, p. 38).

Les décideurs politiques se heurtent dans leur volonté de réforme à plusieurs obstacles fondamentaux. L'exemple des retraites en France reflète bien ces types de résistances au changement. Le premier est le plus visible, il est constitué par les manifestations et les grèves. Le recours à la mobilisation collective paraît particulièrement inévitable. A chaque fois qu'un gouvernement a annoncé sa volonté de réformer le système de retraite, des mouvements de grèves se sont constitués. Dans ces conditions, les gouvernements – dépendants d'un calendrier électoral - hésitent à engager des réformes de grande ampleur, d'autant plus que les compensations offertes ne semblent pas déterminantes à court terme (phénomène de *blame avoidance*). Les syndicats ont fait de la question des retraites leur cheval de bataille et l'expérience de 1995 a montré qu'ils pouvaient largement recourir à la mobilisation collective. Le deuxième obstacle renvoie au poids des représentations collectives. Le système de retraite est emblématique de l'Etat-providence et symbolise un certain nombre de choix sociétaux, d'engagements politiques, de conceptions du monde qui constituent un socle commun.

La décision de réforme est une remise en question de ces principes fondamentaux. En ce sens, le fait de dénoncer le coût croissant des retraites ne renvoie pas seulement à la nécessité de coupes budgétaires et à une réorganisation des institutions. Cette critique remet également en cause un droit social devenu inaliénable, celui du droit au repos des anciens, dans des conditions économiques favorables et avec la garantie d'un statut social valorisant. Enfin, l'héritage institutionnel (*policy legacy*) est décisif dans le choix des options de réforme. La décision de ne pas remettre en cause les systèmes de retraite par répartition illustre ce problème : changer de système et introduire la capitalisation impliquerait un double coût pour les adhérents, qui devraient d'une part continuer à financer le système par répartition, chargé de remplir les obligations qu'il a contracté avec les générations antérieures, et d'autre part cotiser à un nouveau système par capitalisation pour alimenter leur propre plan d'épargne retraite (Mandin, Palier 2005).

L'approche institutionnaliste est aussi utilisée dans les travaux récents sur les politiques de préretraite (Casey 1989 et 1996 ; Ebbinghaus 2000 ; Manow et Seil 2000 ; Guillemard 2003). Tous ces auteurs soulignent l'importance de l'ancrage du sentier de dépendance dans le domaine des préretraites. Tout d'abord, la création de dispositifs favorisant les départs anticipés a eu un effet d'auto-renforcement dans plusieurs pays. En effet, dans la mesure où les acteurs politiques et sociaux pouvaient s'appuyer sur des structures existantes, ils recouraient davantage aux préretraites. Au fur et à mesure que la demande de préretraites augmentait, l'offre de dispositifs tendait à se développer. Les politiques de préretraite se sont ainsi construites de façon endémique. Le poids des institutions de préretraites a été révélé quand les premières tentatives de réforme ont été suggérées : en effet, la suppression d'un dispositif était le plus souvent suivie de la création d'un autre dispositif (phénomène de substitution institutionnelle).

Parmi les trois types de résistances au changement recensées, le recours à la mobilisation semble a priori peu important. En effet, les préretraites n'ont pas semblé être un droit social acquis suffisamment important pour légitimer une action collective. Cela peut sans doute s'expliquer par l'ambivalence qui a accompagné la création des préretraites. Celles-ci étaient conçues comme honteuses et pouvaient difficilement être revendiquées. Pourtant, il est important de noter que les préretraites ont été utilisées comme un outil d'accompagnement social, particulièrement utile par exemple lorsque des salariés descendaient dans la rue pour manifester contre un plan de licenciement.

Par contre, le deuxième type de résistance semble fondamental. Les conceptions, représentations, interprétations et justifications qui ont prévalu à la création et au maintien des préretraites déterminent en grande partie l'impossibilité des réformes. Cette politique a en effet conduit à une reconstruction sociale du rapport entre âge et travail, instituant une « police des âges ». Anne-Marie Guillemard étudie cette formule élaborée par Annick Percheron, qui souligne : « la police des âges est l'instrument et le produit de l'Etat-providence (...) et constitue une dimension essentielle de toute action politique » (Percheron 1991). Anne-Marie Guillemard associe les approches institutionnaliste et cognitive pour montrer qu'à travers les dispositifs de politiques publiques institués, l'Etat a largement participé à la redéfinition des âges sociaux : « L'institution du parcours de vie, avec ses normes et ses seuils d'âge, a une double fonction : de régulation et d'encadrement des trajectoires individuelles d'une part, de socialisation des individus d'autre part. Ces derniers intériorisent, à travers les normes d'âge contenues dans les politiques publiques, les séquences de position et les horizons temporels en fonction desquels ils peuvent développer leurs actions. Le cours de vie présente l'intérêt de jeter un pont entre les institutions de la société et les vies individuelles. Il permet de relier politiques publiques, organisation du cours de la vie et des temps sociaux et parcours biographiques » (Guillemard 2003, p. 19-20). Le principe de la gestion des âges ou gestion par les âges tend ainsi à redéfinir les représentations et les rôles sociaux pour les différents acteurs (politiques, partenaires sociaux et individus). Changer ces politiques induit non seulement une reconfiguration des institutions mais aussi une réinterprétation des normes intellectuelles et sociales qu'elles véhiculent.

Le troisième obstacle aux réformes est celui qui est constitué par l'héritage politique (*policy legacy*). Les choix conclus dans le passé, qu'ils soient d'ordre politique, organisationnel, social et/ou culturel, sont difficiles à remettre en cause. Le secteur des préretraites se caractérise en effet par la force des engagements : même si les préretraites sont critiquées et les dispositifs supprimés, elles réapparaissent de fait, sans doute parce que les intérêts sont particulièrement élevés pour chacun des participants. Pour l'Etat, les préretraites sont synonymes de paix sociale lors des restructurations ; pour les partenaires sociaux, elles permettent de gérer les flux de main-d'œuvre dans des conditions sociales avantageuses ; pour les salariés, elles représentent un recours contre la difficulté du marché de l'emploi et un droit acquis permettant d'accéder plus tôt au repos. Même si les coûts financiers sont élevés, il est difficile de renoncer à satisfaire ces intérêts conjoints. La décision de clore les préretraites s'accompagne aussi de l'élaboration d'une politique alternative, qui vise à encourager l'emploi après 55 ans. Cependant, ce changement induit des coûts d'investissement, non seulement financiers mais aussi politiques et sociaux, qui sont difficiles à évaluer. L'alternative est en effet radicale et nécessite une reconstruction des principes et des normes d'action, ainsi qu'une appropriation de ceux-ci par les acteurs concernés et enfin la mise en place de nouveaux dispositifs de politique publique.

Les idées comme vecteur de changement

Les institutions de protection sociale se caractérisent par leur stabilité, et par conséquent sont sources de résistance au changement. Les réformes de protection sociale sont de ce fait essentiellement incrémentales, elles apportent des modifications qui apparaissent marginales mais qui contribuent progressivement à modifier le sens de l'action publique. Néanmoins, depuis le début des années 2000, les gouvernements européens promeuvent un changement radical, présenté comme « un changement paradigmatique », ce qui implique non seulement de fermer les dispositifs de préretraites mais aussi de passer des politiques passives à des politiques actives pour l'emploi des travailleurs âgés de plus de 55 ans.

La notion de paradigme a été mise en avant par Peter Hall pour étudier la transformation des politiques économiques en Grande-Bretagne et en France (Hall 1986 et 1993). Peter Hall a distingué trois ordres de changement des politiques publiques. Un programme d'action politique se caractérise par des buts, des instruments d'action et par le niveau ou le mode d'utilisation de ces instruments. Les changements de premier ordre se limitent à une modification du niveau d'utilisation d'un instrument, par conséquent ils ne rompent pas avec la continuité de la politique dans son ensemble. Les changements de deuxième ordre introduisent quant à eux de nouveaux instruments de politiques publiques, mais ne modifient ni les buts, ni le sens qui orientent cette politique. Les changements de troisième ordre sont radicaux ; ils modifient les trois composantes des politiques publiques, c'est-à-dire les buts, les instruments et leur usage. Ce sont ces transformations en profondeur qui correspondent à un changement de paradigme. En ce qui concerne les politiques économiques, les différents ordres de changements peuvent être illustrés de la façon suivante : un changement de premier ordre est par exemple une modification du taux de change ; un changement de deuxième ordre est véhiculé par l'introduction d'un nouveau système de contrôle des dépenses publiques ; enfin un changement de troisième ordre est illustré par le passage d'une politique de lutte contre le chômage à la lutte contre l'inflation, ce qui a conduit au passage des politiques macro-économiques keynésiennes aux politiques monétaristes (Hall 1993).

Bruno Palier a utilisé cette théorie dans le cadre des politiques sociales et a proposé une adaptation de la terminologie : « Nous reprendrons ces distinctions pour différencier les changements de politiques sociales. Un programme de protection sociale est constitué de façons de faire (ce que Peter Hall appelle les instruments) et de façons de penser (ce que Peter Hall appelle les buts). Les réformes qui n'impliquent pas de changements profonds de la protection sociale reposent sur une simple modification du niveau d'utilisation des instruments en place (changement du niveau des prestations ou du niveau des cotisations, par exemple) ; certaines réformes passent par la mise en place de nouvelles façons de faire, le développement de nouveaux instruments (création d'une nouvelle prestation chômage par exemple), tout en cherchant à préserver les objectifs et principes traditionnels de la protection sociale, elles correspondent aux politiques d'adaptation qui restent écrites dans les logiques historiques ; certaines réformes enfin reposent sur l'emprunt à des répertoires de protection sociale qui ne correspondent pas à celui du système en place, elles contribuent à un changement structurel ou paradigmatique de la protection sociale » (Palier 2002, p. 52). La notion de paradigme, ou de changement de paradigme (*Paradigm Shift*), est utilisée dans les analyses récentes sur l'évolution des politiques publiques, et plus encore des politiques sociales, pour signaler l'émergence de nouveaux principes et méthodes d'action (Vielle et al. 2005 ; Taylor-Gooby 2005 ; Culpepper et al. 2006).

Dans le champ des préretraites, nous retrouvons au fur et à mesure des propositions de réformes de plus en plus importantes, les trois ordres de changements de politique publique présentés par Peter Hall. Les premières options de réformes tendent à diminuer le niveau d'utilisation des préretraites pour limiter les coûts sans pour autant remettre en cause ni les principes d'action ni les objectifs (ou buts). Devant l'échec de ces tentatives, les gouvernements modifient plus en profondeur les instruments ou façons de faire, c'est-à-dire qu'ils suppriment certains des dispositifs existants pour les remplacer par d'autres plus performants et moins coûteux. Néanmoins, ces réformes sont elles aussi perçues comme insuffisantes et inadaptées, et elles font place à une transformation de la politique dans son ensemble. Les buts ou les façons de penser ne sont plus pertinents, et les instruments ou façons de faire n'ont plus de légitimité. Il ne s'agit plus d'adapter la politique de mise à la retraite anticipée au nouveau contexte, dans la mesure où les principes directeurs (partage de l'emploi, gestion par l'âge, traitement social du chômage...) sont remis en cause. De même, les gouvernements font appel à de nouvelles recettes qui sont puisées dans d'autres répertoires de la protection sociale : les mesures « passives » font place aux mesures « actives » pour l'emploi. La reconfiguration des politiques pour les travailleurs âgés de plus de 55 ans s'inscrit en ce sens dans de nouvelles façons de faire et de penser, c'est-à-dire un changement de paradigme (Mandin 2003).

En ce sens, les différents ordres de changement correspondent aux principales étapes d'un processus d'apprentissage. Un premier bilan réalisé à la fin des années 1970 donne le sentiment d'un succès qui est terni par le coût financier : les gouvernements s'orientent par conséquent vers des mesures visant à faire des économies. Pendant les années 1980, le constat est plus mitigé : si les préretraites sont un instrument coûteux de protection des plus âgés, elles semblent incapables de favoriser un partage de l'emploi entre les générations. D'une part, il devient nécessaire de limiter les coûts et par conséquent l'usage des préretraites, mais aussi d'accroître les incitations à l'embauche pour les jeunes. Au cours des années 1990, les préretraites font l'objet d'un constat d'échec. Les dépenses semblent incontrôlables. Les préretraites non seulement ne permettent pas de lutter contre le chômage qui continue à augmenter, mais sont considérées comme un facteur de développement de « trappes à inactivité ». Enfin, les principes d'action de la politique de préretraite sont en décalage avec les façons de penser et de faire qui se développent dans le cadre de la modernisation de l'Etat-providence et aboutit pendant les années 2000 à l'utilisation du terme de « changement de paradigme » par les gouvernements nationaux.

Ainsi, la notion de paradigme paraît particulièrement utile dans ce champ d'analyse. De plus, elle est renforcée par un autre outil d'analyse emprunté à l'approche cognitive, la notion de référentiel (Jobert, Muller 1987).

La notion de référentiel permet de décrire le processus de construction intellectuelle d'une politique publique. Il apparaît en effet que les acteurs s'inscrivent dans des représentations du monde, qui guident leur conception d'une politique par rapport au contexte plus général dans lequel elle s'inscrit. Il y a en ce sens différenciation entre le « référentiel sectoriel » qui comprend le cadre conceptuel d'une politique et le « référentiel global », c'est-à-dire le cadre sociétal global dans lequel elle s'inscrit. La nécessité de changer une politique publique apparaît quand un « décalage » s'instaure entre le référentiel global et le référentiel sectoriel.

Les auteurs différencient trois éléments fondamentaux pour caractériser une politique publique :

- le référentiel sectoriel, c'est-à-dire « l'ensemble des normes ou des référents d'une politique » ;
- les « médiateurs » « qui se chargent de cette opération de construction du référentiel », et les acteurs qui jouent un rôle « dans l'élaboration de nouveaux rapports de pouvoir dans le secteur » ;
- et enfin le « rapport global/sectoriel », c'est-à-dire « une tentative pour gérer un rapport entre le secteur concerné et la société globale ».

Si ce nouveau référentiel n'est pas immédiatement lisible, et est surtout l'objet de négociations et de compromis, ne s'articulant pas autour d'une doctrine unitaire, il permet d'élaborer un nouveau cadre d'interprétation dans lequel les acteurs se reconnaissent autour d'une lecture partagée, et à partir de laquelle un sens de l'action publique peut de nouveau être élaboré. La notion de référentiel « permet de décrire le contenu intellectuel d'une politique publique, composée de diagnostics des problèmes (aspect cognitif des politiques publiques, les diagnostics construisent une interprétation des difficultés), de valeurs (principes de légitimation de ce qui est ou de ce qui devrait être), de normes générales d'action (qui définissent l'orientation générale de l'action publique, ce qu'il faut faire ; elles définissent aussi ce qu'il ne faut plus faire) et d'une définition du rôle approprié de l'Etat et des instruments qu'il doit privilégier, l'ensemble étant souvent soutenu par des images » (Palier 2002, p. 57).

Nous nous appuyons essentiellement sur ces deux approches (institutionnaliste et cognitive) pour construire notre argumentation. Toutefois, nous intégrons aussi des outils d'analyse qui sont issus de l'européanisation des politiques publiques.

Vers une européanisation cognitive des politiques sociales

La majorité des recherches récentes ne considère pas l'Europe comme une variable explicative dans le champ des politiques sociales, et ce pour deux raisons principales[3]. En accord avec le principe de subsidiarité, les Etats membres restent seuls décideurs dans le champ de la protection sociale. De plus, la construction de l'Europe sociale se limite à quelques directives qui n'ont pas suffisamment d'envergure pour influencer les processus de réformes au sein des Etats membres. Ces éléments semblent expliquer pourquoi, après vingt années de réformes, il n'y a pas de convergence vers un modèle social européen.

Si une intégration directe et explicite des politiques sociales n'est pas possible, l'intégration économique a souvent été présentée comme ayant un impact indirect sur les systèmes de protection sociale : « Les critères de Maastricht pour rejoindre l'Union économique et monétaire ont pratiquement éliminé l'instrument politique des déficits budgétaires ; et la réalisation de l'Union économique et monétaire a annihilé le contrôle des Etats membres sur les politiques monétaires et les politiques de taux de change » (Scharpf, Schmidt 2000). Cette intégration indirecte a été soutenue par la Cour de justice des communautés européennes, dont les décisions contribuent à abolir les obstacles à la liberté de concurrence ou à la libre circulation des biens et des services. L'influence européenne sur les systèmes de protection sociale s'exerce par conséquent essentiellement sous une forme « négative » (Leibfried, Pierson 1998 ; Scharpf 2000). Ainsi, l'Europe peut apparaître comme un facteur additionnel qui pousse au déclenchement des réformes des Etats-providence. Par exemple, l'UEM a conduit à une diminution des marges de manœuvre des gouvernements nationaux, qui ne peuvent plus jouer sur les déficits publics pour financer l'augmentation des dépenses de protection sociale. Cette nouvelle contrainte est particulièrement importante pour les pays de l'Europe continentale, qui se sont appuyés sur l'augmentation des déficits publics pour financer les dépenses de protection sociale accrues par la montée du chômage.

Il apparaît de ce fait que les réformes des systèmes de protection sociale de l'Europe continentale obéissent à un calendrier commun : « Les réformes de l'assurance vieillesse, de la santé et de l'indemnisation du chômage semblent s'être concentrées sur la première moitié des années 1990 : la réforme des retraites de 1989 (*Rentenreform* 1992) et Dini (1995) en Italie ; la réforme des retraites Balladur en 1993 et le plan Juppé de 1995 (mis en œuvre dans le secteur de l'assurance maladie). Toujours dans la première moitié des années 1990, certains pays européens (Pays-Bas, Irlande, Danemark, Espagne, Italie) ont conclu des « pactes sociaux » qui ont inclus d'importantes réformes de leurs systèmes de protection

[3] Cf. Esping-Andersen (ed.) 1996 ; Ferrera et Rhodes (eds) 2000 ; Pierson (ed.) 2001.

sociale (Rhodes 2001). Il est possible que ces similitudes en termes de calendrier soient de simples coïncidences, mais toutes ces réformes ont été justifiées par les gouvernements comme étant nécessaires pour atteindre les critères de Maastricht » (Mandin, Palier 2004). Si l'influence économique européenne participe à la décision de la mise sur l'agenda des réformes de protection sociale, elle ne permet pas pour autant d'expliquer les réformes qui sont entreprises. En effet, les auteurs mettent en avant l'importance de l'ancrage historique, culturel et surtout institutionnel qui conditionne le contenu des réformes menées dans les Etats-providence européens (Pierson 2001).

Exception européenne, la protection sociale reste l'unique prérogative des Etats-membres. Cependant, cette situation conduit à un décalage croissant entre l'économie et la protection sociale, et la subsidiarité tend à devenir un jeu à somme nulle. Si les Etats-providence sont contraints de s'adapter aux nouvelles règles économiques véhiculées par l'Europe, ils ne bénéficient pas d'un soutien de celle-ci dans leur processus de réforme (de la Porte, Pochet 2002). S'il est devenu inévitable de prendre en compte le processus d'adaptation des systèmes de protection sociale aux nouvelles conditions socioéconomiques, il reste difficile d'imaginer dans quelle mesure les principes fondateurs des Etats-providence pourront survivre à ces transformations qui de conjoncturelles sont devenues structurelles (Palier 2006).

L'Etat-providence tente de se reconstruire en s'expérimentant, les mesures de réformes modifient de façon incrémentale les différents champs et conduisent à tâtons à l'institutionnalisation de nouveaux principes : ainsi la générosité s'efface devant la « soutenabilité », l'égalité devant l'équité, les mesures passives devant les mesures actives... De plus en plus, les auteurs s'interrogent sur la place de l'Europe dans ce processus et sur les tentatives qui visent à passer d'une européanisation par le bas (influence indirecte de l'UEM) à une européanisation par le haut, c'est-à-dire un renforcement de la coopération entre l'Union européenne et les Etats membres dans le domaine de la protection sociale. La notion « d'activation » reflète la réflexion européenne sur les nouveaux principes directeurs de la protection sociale. Les origines de cette notion se trouvent dans les stratégies de réformes élaborées dans les pays libéraux, qui ont annoncé leur décision de passer du *« Welfare »* au *« Workfare »*. La thématique du *« Welfare to work »* s'inscrit dans le vocabulaire européen sous la forme de « l'employabilité » (*employability*), qui constitue la première priorité d'action (ou « pilier ») de la stratégie européenne pour l'emploi, et qui a été définie comme « l'amélioration de la capacité d'insertion professionnelle ». Par l'intermédiaire de la notion d'activation, une nouvelle conception des réformes souhaitables pour faire face au vieillissement démographique est traduite, en accord avec le « consensus orthodoxe des économistes » : « Incontestablement, une « européanisation » des représentations est ainsi à l'œuvre dans les Etats membres qui « traduisent » leurs politiques dans des catégories et des « théories d'action » ou des algorithmes communs » (Barbier 2002, p. 326).

De façon détournée, l'Union européenne participe ainsi à ce processus qui vise à construire une nouvelle cohérence des politiques sociales entre elles, dans un cadre intellectuel qui ne serait non plus national mais européen. Ce nouveau modèle d'action préconise ainsi de faire évoluer la conception de la protection sociale et est important pour la France et l'Allemagne, pays de l'Europe continentale dans lesquels l'Etat-providence demeure avant tout un « Etat distributeur » et non un « Etat social actif » (Merrien 2002, p. 225). C'est avec l'objectif de passer d'une « intégration négative » à une « européanisation positive », que l'inscription de la problématique des Etats-providence sur l'agenda politique européen a été faite en 2000. En effet, le Sommet de Lisbonne est marqué par la volonté des gouvernements de centre-gauche d'insuffler un nouveau mouvement politique en Europe. Puisque la réforme de l'Etat-providence est inévitable, et que l'influence économique européenne ne peut plus être sous-estimée, une façon d'endiguer le processus de retrait ou de repli des Etats-providence européens serait de réfléchir ensemble au niveau européen à la possibilité d'une nouvelle conception des systèmes de protection sociale, adaptée à son environnement, mais aussi riche de son histoire et de ses acquis (Pochet 2000 ; Mandin 2001). La création de la méthode ouverte de coordination s'inscrit de ce fait dans une volonté politique de repenser la coopération européenne dans le domaine des politiques sociales, pour qu'elle ne soit pas synonyme d'une « course vers le bas » des Etats-providence face aux exigences du marché unique mais conduise plutôt à des pactes sociaux renouvelés et permette progressivement de parvenir à une nouvelle architecture de la protection sociale, juste mais « soutenable », c'est-à-dire économiquement viable (Dehousse 2001). En ce sens, la méthode ouverte de coordination participe à l'élaboration « d'une réponse européenne distincte, et dans certains cas déjà positive », dans le cadre d'un « processus dynamique d'auto-transformation du ou des modèles sociaux européens » (Esping-Andersen, Gallie, Hemericjk et Myles 2001, p. 260-261).

Cette forme de gouvernance nous amène à reconsidérer ce que nous entendons par le terme d'européanisation des politiques publiques, dans la mesure où l'influence européenne dans le domaine des politiques sociales se situerait davantage sur un plan cognitif et normatif qu'institutionnel : la circulation des idées entre les différents gouvernements européens soutient le processus d'apprentissage mutuel, sans remise en cause des prérogatives nationales. Dans cette perspective, le niveau européen est appréhendé comme un espace de médiation vers une nouvelle « façon de faire » de la protection sociale en Europe. Si le sens des réformes des Etats-providence européens paraît plus lisible au niveau européen[4], le processus d'influence sur les politiques nationales reste peu visible. Cette européanisation souple des politiques sociales est d'autant plus difficile à démontrer, qu'elle s'inscrit dans le cadre d'un processus intergouvernemental, sans influence coercitive. Par conséquent, la méthode utilisée pour étudier ce processus d'européanisation souple diffère des outils classiques de l'européanisation des politiques publiques. Il est en effet difficile de mesurer l'effet des propositions européennes sur les politiques nationales de réformes ou même de parler de convergence des politiques menées en

---

[4] Au niveau européen se développent de nombreux termes anglais tels que : *activation, making work pay, workfare, welfare to work,* qui correspondent à des politiques actives de gestion de l'offre de travail basées sur des mesures d'incitation à l'emploi (incitations financières et fiscales, subventions, formations…). Les termes français sont les suivants : « favoriser l'employabilité », « rendre les systèmes de protection sociale favorables à l'emploi », « encourager le vieillissement actif ».

Europe dans la mesure où elles restent différentes. En ce sens, « (la) question de la convergence vise donc moins les *inputs* ou les *outputs* que les orientations de réformes. Il ne faut pas comparer les systèmes de protection sociale pour savoir s'il y a convergence mais les normes, valeurs et objectifs des réformes ainsi que les diagnostics des problèmes à l'origine de ces réformes » (Palier 2000).

Dans ce champ d'analyse, « l'impact » sera remplacé par la notion de « levier d'action », la « coercition » par le « mimétisme », la « contrainte » par la « ressource » (Erhel, Mandin, Palier 2005). L'européanisation « souple » se distingue par son absence de pouvoir institutionnel et par une terminologie qui se veut positive. Puisqu'il est impossible de mesurer un effet *top down* de cette stratégie, il est nécessaire de changer de mode d'analyse : « Pour saisir le rôle de la méthode ouverte de coordination à ce niveau, il faut de ce fait changer de méthode d'analyse. A nouvelle méthode d'intégration communautaire, nouvelle méthode de recherche. Il est trompeur de conserver les questions de recherche que l'on posait pour analyser l'impact du droit et des politiques communautaires classiques : comment est appliquée telle directive dans le droit national ? Quelle est l'influence de la politique de dérégulation sur les télécoms français ? Il s'agissait alors d'une politique qui se voulait communautaire, *top down*. Ici, on parle d'une politique qui se veut inscrite dans le contexte national. Dans cette perspective, la méthode ouverte de coordination devient une ressource supplémentaire pour les acteurs nationaux bien plus qu'une contrainte extérieure qu'il s'agit d'appliquer à la lettre » (Mandin, Palier 2004).

Quoi qu'il en soit, il devient évident que l'Europe participe désormais à l'élaboration des politiques sociales et influe sur les réformes. Le cas récent de la crise financière en Grèce et de l'obligation dans laquelle se sont trouvés les dirigeants nationaux de modifier les règles des retraites à la baisse en 2012 pour satisfaire aux exigences européennes illustre bien cette situation. La difficulté est que le sujet reste tabou. Aussi, nous étudierons dans quelle mesure l'Europe participe au mouvement de re-conceptualisation des politiques de préretraite en s'appuyant sur la combinaison des nouvelles méthodes communautaires et notamment l'élaboration de normes d'action commune. Grâce à la mise en commun de ces différents outils d'analyse, nous analyserons pourquoi et comment l'Europe alimente le processus de reconfiguration des politiques nationales de retraite et concomitamment de préretraite.

Nous organiserons notre démonstration de la façon suivante. Il s'agit ici de retracer l'histoire d'une politique publique en soulignant le poids des réflexions menées au niveau supranational, et notamment européen, dans sa transformation. Nous confronterons idées et institutions, en montrant comment l'intellectualisation du problème des retraites et des préretraites au niveau des organisations internationales a participé à une remise en cause des institutions nationales. Ce processus s'exerce sous la forme d'une co-construction ; les gouvernements des deux pays soulignaient en effet la nécessité du changement et ils se sont appuyés sur les ressources cognitives développées au niveau supranational pour alimenter leur processus de réforme.

Argumentaire et hypothèses

La question des préretraites illustre une façon de penser et de faire la protection sociale qui a prédominé pendant plusieurs décennies, et qui est aujourd'hui remise en cause. De même les options de réformes, qui s'appuient sur la notion d'activation, reflètent les interrogations actuelles sur ce que doit être un Etat-providence. L'analyse de ce problème induit également une interrogation quant à l'internationalisation des débats sur la protection sociale, et plus précisément quant au rôle de l'Europe dans le processus de modernisation des Etats-providence. Il paraît en effet difficile de comprendre le traitement du problème des préretraites si l'on reste dans une perspective nationale. L'interprétation de cet objet de recherche ne peut se faire sans prendre en compte les politiques menées dans d'autres pays, ou l'intervention des organisations internationales, et en particulier de l'Europe. Notre modèle d'analyse s'inscrit par conséquent dans une démarche comparative. Il comporte dans un premier temps la combinaison des approches institutionnalistes et cognitives, et dans un deuxième temps une construction ad hoc d'outils issus de l'européanisation souple des politiques sociales. La mise en commun de ces différents outils permet d'analyser les liens entre institutions et idées dans le changement des politiques publiques. En deçà de l'analyse de la littérature, nous nous appuierons sur plusieurs séries d'entretiens réalisés avec les principaux acteurs en charge du processus au niveau européen et national[5].

(1) La crise des préretraites apparaît en filigrane de la remise en cause des politiques de l'emploi et des retraites, telles qu'elles ont été conçues et mises en place en Europe continentale. Elle s'incarne dans le contexte global de refondation de l'Etat-providence. Les préretraites se développent en France et en Allemagne pour répondre à un contexte dans lequel cette politique finit par répondre aux intérêts de chacun (Etat, entreprises, partenaires sociaux, individus) : elles constituent une réponse généreuse de l'Etat-providence aux difficultés socioéconomiques. Aussi ce dispositif a priori ponctuel s'institutionnalise comme le principal outil des politiques de l'emploi. Peu à peu s'instaure un sentier de dépendance des préretraites. Une agrégation de facteurs conduit à la remise en cause de cette politique : d'une part le coût de ce dispositif, d'autre part un décalage de la politique des préretraites par rapport aux autres politiques sociales (emploi et retraites) qui s'inscrivent de plus en plus dans un nouveau paradigme de la protection sociale. Il devient, tant pour des raisons contextuelles qu'intellectuelles, nécessaire de transformer le sens de l'action publique envers les plus de 50 ans.

(2) L'Europe participe à ce changement paradigmatique, en devenant un espace de médiation dans lequel se co-construisent de nouvelles normes et principes d'action communs qui réorientent le sens des politiques sociales envers les plus de 50 ans. L'Union européenne initie en quelques années un lieu de réflexion incontournable sur la réforme de l'Etat providence. Dans ce cadre d'analyse, elle dénonce l'usage des préretraites qui incarnent l'échec d'une façon de faire de la

[5] cf. Annexe 1 : Liste des entretiens.

protection sociale, en particulier en Europe continentale. L'UE devient ainsi le vecteur d'une harmonisation souple des politiques sociales pour les plus de 50 ans, qui sous-tend le processus de réforme dans les Etats-membres, en proposant un sens de l'action à mener.

(3) La participation de la France et de l'Allemagne à l'élaboration d'une nouvelle matrice sectorielle au niveau européen induit, pour chaque Etat et de manière propre, le réajustement des politiques nationales. Même si elles ne font pas référence à l'Europe dans leur processus de réforme, la France et l'Allemagne mobilisent les ressources cognitives européennes pour alimenter la réflexion nationale. L'appropriation des nouvelles normes se fait grâce à l'action de structures nationales qui sont chargées de préparer les réformes des retraites et, donc, de relire la question des préretraites.

(4) Progressivement, on observe une réorientation des politiques publiques dans les deux pays qui conduit à la fin des préretraites et à la volonté d'un changement de paradigme dans le champ de l'emploi des seniors.

Plan du livre

L'objectif du premier chapitre est d'introduire à la question des retraites et réciproquement des préretraites en empruntant la porte des organisations internationales. Nous proposons une grille d'analyse qui comporte quatre dimensions : diagnostic, valeurs, normes d'action et instruments, pour retracer la façon dont les organisations internationales appréhendent les réformes de la protection sociale, prisme qui permet de comprendre pourquoi et comment elles se sont saisies de la question des retraites, puis des préretraites à partir du début des années 1990[6]. Ce chapitre introductif tend à poser les enjeux des réformes inhérentes à la question des retraites et de l'emploi des seniors et à les resituer dans le contexte global de la refondation de l'Etat-providence.

En France comme en Allemagne, les préretraites se sont massivement développées comme outil de gestion de la main-d'œuvre face au chômage. Progressivement, une culture des préretraites s'est instituée. La première vague de réforme des retraites a conduit à l'émergence du problème des préretraites et son inscription sur l'agenda politique. Cependant, les tentatives de réforme sont restées sans effet au regard notamment de la situation de l'emploi.

Si la question des préretraites émerge au niveau national au cours des années 1980-1990, d'abord pour être plébiscitée, puis mise en échec dans le contexte de la réforme des retraites, les gouvernements tardent à élaborer des préconisations d'action. Les préretraites font en effet l'objet d'un « *double-bind* » ; les injonctions d'allongement de la durée de la vie active ou de relèvement de l'âge de départ à la retraite se heurtent à l'utilisation consensuelle des préretraites dans la lutte contre le chômage. Le processus de Lisbonne et l'introduction de la méthode ouverte de coordination appliquée aux retraites en 2001 donne un nouvel essor à la problématique de l'emploi des seniors qui apparaît désormais centrale dans la

[6] Cette partie s'appuie sur un travail réalisé avec Bruno Palier (Mandin, Palier 2009).

stratégie de réforme des retraites. Un nouveau paradigme de référence est ainsi élaboré autour d'un discours et d'axes d'action clairs, qui inscrit de nouvelles façons de penser et de faire dans ce champ de l'action publique.

La problématique de la crise des préretraites est filée depuis les années 1990. Toutefois, la tension s'accroît à partir du début des années 2000, dans la mesure où un fossé se creuse entre réforme des retraites et enkystement des préretraites. Les systèmes de retraite connaissent dans les deux pays une deuxième vague de réforme qui conduit au relèvement de l'âge de la retraite. Concomitamment au débat sur les retraites, le thème apparemment usé des préretraites prend une nouvelle ampleur. Les dispositifs de préretraite sont fermés, les préretraités disparaissent des statistiques en Allemagne et la situation en France apparaît plus que jamais comme hypothétique.

L'Europe a sans doute permis de donner une nouvelle dynamique à la question des retraites et de l'emploi des seniors en France et en Allemagne et a constitué l'un des leviers pour impulser le changement. Sa légitimité dans ce domaine est acquise et s'exerce par le biais d'un diagnostic désormais consensuel, d'un vocabulaire commun, et de normes d'action. La ressource européenne, essentiellement cognitive, a contribué à sortir du phénomène de double contrainte, inhérent à la question des préretraites. Si la méthode ouverte de coordination est remise en cause, elle a permis d'initier de nouvelles façons de penser et de faire, en mettant l'accent sur le principe de la co-construction, ce qui ouvre la voie à de nouvelles formes d'européanisation souple des politiques sociales.

La disparition progressive des dispositifs de préretraite ne signifie pas pour autant une fin des préretraites. Si les taux d'emploi des seniors ont augmenté en Allemagne, ils restent préoccupants en France, pays dans lequel la culture de la préretraite reste prégnante.

Le livre permet ainsi d'éclairer les inflexions récentes des politiques de retraite et de préretraite. Au-delà de la question de l'emploi des seniors, ce travail permet aussi d'offrir une lecture de l'européanisation des politiques sociales. Il montre comment, dans le passage à un paradigme libéral de la protection sociale, les institutions nationales se remodèlent. Ce dialogue entre les niveaux supranational et national livre une vision compréhensive des processus actuels de réforme des Etats-providence.

Partie 1. Les organisations internationales et la réforme des retraites

Chapitre 1. L'internationalisation du débat sur les retraites

L'Allemagne et la France ne sont pas les seuls pays confrontés au problème de l'expansion non contrôlée des préretraites et à la difficulté de sortir d'une orientation politique qui a été présentée au cours des années 1990 comme une ornière. En effet, tous les pays de l'OCDE expérimentent des pressions liées au coût des préretraites depuis la fin des années 1980[7]. Dans le contexte du vieillissement de la population et de l'augmentation afférente des dépenses des systèmes de retraite, cette pratique apparaît désormais comme un non-sens.

Un nouvel élément exogène va participer à la remise en cause des préretraites à partir du milieu des années 1990. En effet, les organisations internationales vont se saisir de la thématique de la réforme des systèmes de retraite, présenter une autre interprétation du problème et de nouvelles orientations d'action. En mettant à distance les enjeux politiques nationaux, les organisations internationales, notamment l'OCDE et l'Union européenne, vont constituer un nouveau réservoir d'idées et proposer une approche globale qui s'articule autour de deux axes d'action. Le premier concerne directement la réforme des systèmes de retraite et met l'accent sur l'équité et la mixité des modes de financement, ce qui conduit à encourager le développement d'un pilier complémentaire financé par capitalisation. Le deuxième axe d'action s'appuie sur la notion de « vieillissement actif » et vise à relever l'âge de départ effectif à la retraite, ce qui induit de mettre fin aux dispositifs de préretraite. Ces deux organisations insistent sur la nécessité d'un « changement de paradigme » dans ce secteur, qui est justifié, d'une part pour assurer les conditions du financement des systèmes de retraite, et d'autre part pour faire face aux conséquences du tournant démographique sur la composition par âges de la population active. L'Union européenne va aussi participer à la reconstruction intellectuelle du problème des préretraites, en proposant un nouveau paradigme de référence, qui s'accompagne d'une nouvelle grille de lecture commune (objectifs à atteindre, instruments, niveau d'utilisation) (Hall 1986).

1. La déterritorialisation du problème des retraites

Progressivement, les organisations internationales interviennent sur la question des retraites et apparaissent comme des « communautés épistémiques » qui favorisent l'émergence d'une nouvelle « grammaire » de l'action publique dans ce domaine.

[7] Cf. Annexe 2 : Liste des sigles.

1.1. Les organisations internationales comme communautés épistémiques

La Banque mondiale a initié le débat international en développant en 1994 un modèle de réforme basé sur la capitalisation et la privatisation des systèmes de retraite, qui mettait l'accent sur la rétraction des retraites publiques de base et le développement des fonds de pension. Cette proposition a éveillé de fortes critiques de la part du BIT, qui a réaffirmé la nécessité de préserver la fonction sociale des systèmes de retraite, c'est-à-dire la garantie d'un revenu pendant la vieillesse, pour éviter le risque de pauvreté et de préserver la qualité du niveau de vie des retraités. En ce sens, le débat qui s'est développé au niveau des organisations internationales a cristallisé les oppositions qui divisaient à l'époque les acteurs nationaux sur des thématiques ayant acquis une forte connotation politique : faut-il privilégier le principe de la répartition ou celui de la capitalisation, un système public ou privé, collectif ou individuel, les principes sociaux ou les enjeux économiques et financiers ? L'OCDE et l'Union européenne sont elles aussi intervenues dans ce débat en mettant l'accent sur la mixité des systèmes, et un principe d'action est progressivement apparu en filigrane des propositions de réformes autour de pensions sûres (socialement) et viables (économiquement).

Parallèlement, ces organisations internationales ont souligné les implications financières liées à l'usage des préretraites dans une société dite « vieillissante », qui doit déjà faire face à des dépenses accrues dans les secteurs des retraites et de la santé (OCDE 1995a, Union européenne 1998, OCDE 1998a, Union européenne 1999a, OCDE 2000). Elles ont insisté sur la nécessité d'inverser la tendance des préretraites et ont alimenté les débats de réformes en proposant des études comparatives sur les problèmes actuels et futurs, illustrées par des projections chiffrées, qui s'accompagnent de recommandations spécifiques et de la dissémination de « bonnes pratiques » à partir de l'évaluation des politiques menées dans les différents pays. Selon les organisations internationales, les préretraites sont un facteur d'aggravation du problème de financement des systèmes de retraite. Elles illustrent une façon de faire des politiques de l'emploi qui apparaît comme dépassée dans un contexte où l'accent est mis à la fois sur le coût des programmes sociaux et leur efficacité par rapport à un retour à l'emploi (*welfare to work*). Une autre préoccupation émerge aussi quant à la composition par âge de la population active. En effet, le vieillissement de la population globale s'accompagne d'un vieillissement de la main-d'œuvre, la pyramide des âges étant soumise à une transformation structurelle. De ce fait, il est probable que les entreprises devront recourir dans les prochaines décennies à des travailleurs plus âgés, ce qui induit une modification de leurs politiques des ressources humaines. Pour l'ensemble de ces raisons, l'OCDE et l'Union européenne appellent à un changement de paradigme, qui s'incarne dans une notion spécifique, « le vieillissement actif ».

Une reconstruction intellectuelle qui s'effectue au niveau supranational ?

L'intérêt des organisations internationales a pu être perçu comme intrusif, dans la mesure où celles-ci n'ont pas la légitimité politique nécessaire pour introduire des réformes. En ce sens, les propositions faites par les différentes organisations auraient pu rester lettre morte. Cependant, les expertises ont pu agir sur l'orientation cognitive des réformes, en développant une nouvelle conception du problème : « L'action proprement politique est possible parce que les agents, qui font partie du monde social, ont une connaissance (plus ou moins adéquate) de ce monde et que l'on peut agir sur le monde social en agissant sur leur connaissance de ce monde. Cette action vise à produire et à imposer des représentations (mentales, verbales, graphiques ou théâtrales) du monde social qui soient capables d'agir sur ce monde en agissant sur la représentation que s'en font les agents » (Bourdieu 2001, p. 187).

Cette orientation théorique renforce les propos de Haas qui avait souligné l'importance de la connaissance dans les processus politiques : *« Who's knowledge has power »*. Les organisations internationales ont à cette occasion joué le rôle de « communautés épistémiques », constituées de réseaux d'experts qui, selon la définition de Haas, « ont en commun un modèle de causalité et un ensemble de valeurs politiques. Ils sont unis par la croyance forte dans ce modèle et dans l'engagement de traduire cette croyance en politique publique et que ce faisant, le bien-être de l'humanité en sera amélioré » (Haas 1990, p. 42). Dans un monde complexe et internationalisé, l'expertise joue un rôle important dans la réforme des politiques publiques. La difficulté est d'analyser dans quelle mesure les idées peuvent agir alors qu'elles sont déconnectées de l'autorité politique légitime, qui relève des gouvernements nationaux.

Les travaux de Bruno Jobert et Pierre Muller sur le rôle des idées dans le processus de changement des politiques publiques nous paraissent particulièrement utiles pour la compréhension du cheminement des idées. D'après la théorie proposée par ces auteurs, une politique publique peut être analysée à partir de trois éléments : le référentiel global, le référentiel sectoriel et le processus d'interaction entre ces deux niveaux par l'intermédiaire d'acteurs qui construisent un lien de médiation. Le référentiel global correspond à la représentation qu'une société se donne d'elle-même. C'est à partir de ce cadre d'interprétation du monde que sont élaborées les politiques sectorielles (Jobert, Muller 1987, p. 65). Le référentiel global n'est pas une perception uniforme et ne fait pas forcément l'objet d'un « consensus universel », toutefois il est prédominant et devient le noyau conceptuel autour duquel s'organisent les débats et les affrontements. L'évolution du référentiel global conduit à la nécessité d'une adaptation des référentiels sectoriels. En ce sens, une politique va changer parce qu'un décalage ou une dissonance apparaît avec le cadre d'interprétation de la société : « L'hypothèse que l'on veut défendre est que le référentiel d'une politique publique « doit » se transformer lorsque apparaît une dissonance (cognitive) dans le référentiel global sectoriel, un décalage avec le cadre d'interprétation global d'une société (le référentiel global). Pourquoi ce décalage est-il perçu comme « insupportable » ? Parce que la matrice cognitive et normative qui structure le sens de la politique et de l'action des acteurs concernés n'exprime plus, ou mal, la place, le rôle et le statut des groupes concernés par le domaine en changement : le référentiel n'est plus « vrai » parce qu'il ne permet plus aux acteurs de comprendre leur rapport au monde et d'agir sur lui : le réel est privé de sens » (Muller 2000, p. 196).

Auparavant, le référentiel global était élaboré au niveau de l'Etat-nation. Toutefois, l'internationalisation des économies et l'interdépendance qui en découle conduit à un élargissement de ce processus. L'Union européenne deviendrait ainsi un lieu de traduction ou de « transcodage » du nouveau référentiel global : « Si on ne peut parler de gouvernance mondiale, au sens où l'on verrait se construire les prémices d'un dépassement de l'Etat-nation, c'est bien une forme de gouvernance globale que l'on voit se mettre en place aujourd'hui, à travers cette transformation des conditions d'élaboration des cadres globaux d'interprétation du monde » (Muller 2000, p. 205).

Dans un monde qui apparaît de plus en plus interdépendant, la géographie de l'action publique a donc changé : « En effet, face aux réorientations politiques et économiques opérées depuis le début des années 1990 au sein des démocraties occidentales, s'est érigée peu à peu une réflexion, théorique ou non, sur le devenir de l'Etat-nation en tant qu'espace pertinent pour l'analyse – et l'orientation - du changement. L'Etat-nation ne serait plus l'espace ni de la décision et de l'action politiques ni de l'analyse »[8]. Selon cette idée, l'Etat n'est plus à même d'occuper seul le « territoire du changement » et semble s'effacer devant de nouveaux modes de gouvernance, qui tendent à s'organiser selon une logique verticale : vers le haut, les organisations internationales ou les instances supranationales et en particulier l'Europe, et vers le bas, les régions ou entités subnationales (Stone, Sandholtz 1997). Plusieurs éléments semblent être à l'origine de ce processus, qui contribue à une forme d'érosion de la prédominance des Etats dans l'action publique : « la récession économique, le glissement idéologique de paradigme tendant à favoriser le marché, l'évolution de la politique, l'internationalisation, la libéralisation, la multinationalisation, l'européanisation, le progrès technologique, la réforme du secteur public, le déplacement des préoccupations politiques et les incitations à la décentralisation » (Cassese, Whright 1996). L'apparition d'une nouvelle organisation de l'action politique, selon une organisation à plusieurs niveaux (*multi-level game*[9]), pose la question des orientations prises dans le cadre d'une « *polity* » élargie, qui pourrait conduire à une convergence des pratiques de politiques publiques.

---

[8] Catherine Hoefler, Marie-Esther Lacuisse, Clémence Ledoux, Pierre-Louis Mayaux et Pauline Prat, « Politiques publiques comparées : étudier le changement dans un monde interdépendant », document présenté lors de la Journée d'étude de l'école doctorale, IEP Paris, 8 juin 2007.

[9] Cette notion prend ses origines dans les travaux de Robert Putnam (1988).

1. 2. L'Union européenne, vers une nouvelle « grammaire de l'action publique »

L'Union européenne apparaît par conséquent comme un acteur-clé qui donne sens à une « nouvelle grammaire de l'action publique » (Muller 2000). Cette approche nous paraît d'autant plus pertinente par rapport à notre champ d'investigation qu'elle permet de dépasser en partie l'opposition qui s'est instituée entre les deux principaux courants d'analyse de l'intégration européenne. D'une part, l'intergouvernementalisme appréhende le système international comme la résultante de l'action rationnelle des Etats, qui visent à maximiser leurs intérêts et leurs préférences, l'intégration étant perçue comme un processus piloté par les acteurs nationaux (Moravcsick 1998). D'autre part, les approches fonctionnalistes et néofonctionnalistes partent du constat d'une autonomie du niveau européen, qui par une expansion graduelle et continue (*spillover effect*), empiète progressivement sur la sphère des compétences des Etats membres (Börzel, Risse 2000 ; Risse, Cowles et Caporaso 2001).

Or, l'inscription de la question des retraites sur l'agenda politique européen se situe dans un entre-deux par rapport à ces orientations théoriques. Elle peut en effet être conçue comme un effet d'engrenage, dans la mesure où elle découle du processus d'intégration économique et monétaire et de la nécessité de préserver la stabilité des finances publiques menacée par l'augmentation non contrôlée des dépenses sociales liées au vieillissement. Néanmoins, le principe de subsidiarité, selon lequel les Etats membres sont autonomes dans l'organisation, la gestion et le financement de leurs systèmes de protection sociale a été réaffirmé, et la méthode de gouvernance choisie (MOC) s'inscrit dans un processus intergouvernemental, qui ne s'accompagne pas d'un élargissement des compétences institutionnelles ou d'un transfert d'autorité vers l'Union européenne. La spécificité est donc que l'intervention communautaire s'exerce dans ce domaine sur un mode cognitif.

Par ailleurs, l'objectif poursuivi dans la mise en œuvre de cette politique n'est pas l'harmonisation, dans la mesure où les institutions de protection sociale des Etats membres apparaissent comme trop différentes les unes des autres, mais aussi parce qu'elles véhiculent des valeurs et des histoires auxquelles les gouvernements nationaux sont profondément attachés. Il ne s'agit donc pas d'insuffler une voie unique de réforme des systèmes de retraite en Europe. Dans la mesure où il n'existe dans ce champ d'action ni exigence d'harmonisation ni contrainte légale, il est difficile d'identifier l'impact des orientations européennes sur les politiques nationales. Cette nouvelle méthode communautaire ne s'exerce pas sur un mode vertical mais sur un mode horizontal, elle se veut inscrite dans les politiques nationales, les Etats membres faisant remonter les exemples de bonnes pratiques au niveau communautaire.

En effet, il n'existe pas de séparation nette entre des injonctions européennes et un processus d'adaptation qui s'exercerait au niveau des Etats membres. Ce processus vise moins à « l'harmonisation » qu'à la « coordination » des politiques sociales, par l'intermédiaire d'un processus d'apprentissage mutuel entre acteurs européens et acteurs nationaux : *« Basically, there are two types of mechanisms, that is, verticaland 'horizontalEuropeanization. 'Vertical' mechanisms seem to demarcate clearly the EU level (where policy is defined) and the domestic level, where policy has to be metabolized. By contrast, 'horizontal' mechanisms look at Europeanization as a process where there is no pressure to conform to EU policy models. [...] More precisely, the 'vertical' mechanisms are based on adaptational pressure; the 'horizontal' mechanisms involve regulatory competition and different forms of framing »* (Radaelli 2001, p.124).

Il ne paraît pas de ce fait pertinent de se cantonner aux approches classiques de l'intégration communautaire, qui se focalisent sur l'impact (ou l'absence d'impact) des orientations européennes sur les politiques nationales. Cependant, d'autres approches se sont développées pour souligner les interactions réciproques (*top-down* et *bottom-up*) qui régulent les relations dans ce jeu à multiples niveaux. En effet, une dynamique ascendante peut s'exercer des Etats membres au niveau européen, par exemple sous la forme de résistances. Ainsi, dans leur analyse de l'intégration monétaire européenne, Martin et Ross ont montré que la politique monétaire européenne de lutte contre l'inflation et de contrôle des dettes et des déficits publics a été perçue par les Etats membres comme une menace vis-à-vis de leur modèle social, qu'ils se sont efforcés de préserver malgré les actions de la BCE et les recommandations de la Commission (Martin, Ross 2004). Les pressions d'adaptation liées à l'intégration européenne ne s'exercent pas seulement de façon formelle et contraignante et de nombreux travaux tendent désormais à mettre l'accent sur la dimension informelle du processus. Ces recherches se rejoignent dans un courant cognitiviste qui souligne les phénomènes « d'imprégnation », « d'imitation » ou de « contagion » découlant de la circulation des idées à l'échelle internationale (Hoeffler et al. 2007, p. 37).

En ce sens, la construction européenne rassemble différents processus d'ajustements, qui sont d'ordre rationnels et stratégiques mais aussi normatifs : « L'européanisation consiste en des processus de construction, de diffusion et d'institutionnalisation de règles formelles et informelles, de procédures, de paradigmes politiques, de styles, de « façons de faire », de croyances partagées qui sont d'abord définis et consolidés dans le processus politique européen puis incorporés dans les logiques nationales et subnationales de production de discours, de structures politiques et de politiques publiques[10] » (Radaelli 2001, p. 110). Mario Telo a aussi établi une typologie des formes de gouvernance en fonction des modes de régulation, dont il a observé la multiplication au cours de la dernière décennie : la « gouvernance par la persuasion » fondée sur un recours à l'expertise, la « gouvernance par la consultation », qui a ouvert notamment le « dialogue social » inscrit au traité de Maastricht (titre XI du TCE) ou la « gouvernance par la diffusion des meilleures pratiques » (Telo 2001, p. 2)[11].

---

[10] *« Processes of (a) construction (b) diffusion an«d (c) institutionalization of formal and informal rules, procedures, policy paradigms, styles, 'ways of doing things' and shared beliefs and norms which are first defined and consolidated in the making of EU public policy and politics and then incorporated in the logic of domestic discourses, identities, political structures and public policies. »* (Radaelli 2001, p.110).

[11] Voir également la catégorisation établie par Kerstin Jacobsson qui distingue les cinq modes de gouvernance : *« governance by diffusion », « governance by persuasion », « governance by standardisation of knowledge», « governance by repetition », « governance by utilising policy linkages »* (Jacobsson 2001, p. 11-14).

Cette nouvelle forme d'européanisation n'est cependant pas déconnectée de la notion de convergence. Les idées sont un levier d'action pour insuffler « les bonnes politiques » sociales (Bruno, Jacquot et Mandin 2007). Les mécanismes de production et de diffusion des connaissances au principe de l'action publique véhiculent les normes politiques qui informent l'européanisation : « [S]uivre les instruments dans leur formulation et leur expérimentation, leur diffusion et leur appropriation, leur justification et leur disqualification permet de porter un regard nouveau sur les processus de changement. [...] Les instruments à l'œuvre ne sont pas de la pure technique, ils produisent des effets spécifiques indépendants des objectifs affichés (des buts qui leur sont assignés) et ils structurent l'action publique selon leur logique propre » (Lascoumes 2003, p. 388). La méthode ouverte de coordination constitue de ce fait un vecteur de « standardisation de la connaissance » (*standardisation of knowledge) : « the attempt to find 'objective criteria' for 'best practices' as well as comparable statistics are part of the building of a common knowledge base not available at the national level [...]. The Commission has a central role in managing knowledge and may function as an 'editor' of knowledge and ideas into standards, thereby exerting an indirect influence on policy content. [...] But vagueness may also be allowed, at least in the initial phase of cooperation [...], i.e. to start with a vague call for cooperation without being precise about where it is supposed to lead.* » (Jacobsson 2001, p. 11)

Telle est la perspective adoptée ici, avec comme point de fuite l'hypothèse que les représentations sociales gouvernant les processus d'européanisation peuvent être saisies dans les nouveaux modes d'action communautaires. Questionner la manière dont s'instrumente la « nouvelle gouvernance » au niveau européen nous permet ainsi d'interroger les mécanismes qui ont conduit au choix et à la consolidation de ces dispositifs spécifiques, ainsi que les « effets produits par ces choix » (Bruno, Jacquot et Mandin 2007). C'est en envisageant comment les institutions européennes mettent en cohérence les politiques nationales à travers leurs pratiques de coordination, que nous visons à éclaircir en quoi l'Union européenne devient un « système politique englobant – en tout cas du point de vue de la production du sens » (Muller 1999, p. 710).

Les organisations internationales apparaissent donc comme des communautés épistémiques qui détiennent une expertise spécifique et constituent une plate-forme pour la dissémination d'idées[12]. Le changement politique s'exercerait sur le mode de l'apprentissage, volontaire ou non, qui entraîne une rupture par rapport aux idées ou aux paradigmes jusqu'alors prédominants[13]. L'objet de cette partie de notre analyse sera par conséquent d'analyser, dans quelle mesure les acteurs internationaux ont influé sur la reconstruction intellectuelle de la question

---

[12] A la suite de Haas, Rose définit les communautés épistémiques comme des *« knowledge-based networks of beliefs and standards of judgement, and common policy concerns »* (1991).

[13] Benett, Colin, Howlet et Michael proposent une typologie des différentes approches de l'apprentissage proposées par Heclo *(political learning)*, Etheredge *(government learning)*, Sabatier *(policy-oriented learning)*, Rose *(lesson-drawing)* et Hall *(social learning)* dans un article intitulé « The Lessons of learning : Reconciling theories of policy learning and policy change", *Policy Sciences*, 1992, p. 275-294.

des préretraites, en produisant un diagnostic qui a défini de nouvelles contraintes à prendre en compte, et en proposant de nouvelles normes d'action dans ce champ des politiques publiques.

2. Les positions des organisations internationales sur la réforme des retraites[14]

Au milieu des années 1990, les organisations internationales (Banque mondiale, BIT, OCDE, Union européenne) sont intervenues pour proposer des stratégies de réforme. L'intérêt des organisations internationales pour la question des retraites s'explique par la généralisation du phénomène du vieillissement qui touche non seulement les pays de l'OCDE mais aussi les régions du monde en développement.

Un premier Plan d'action international sur le vieillissement avait été adopté lors de la conférence des Nations Unies à Vienne en 1982 et avait débouché sur la proclamation des Principes des Nations Unies pour les personnes âgées qui visaient l'indépendance, la participation, les soins, l'épanouissement personnel et la dignité de ces personnes. Par la suite, un grand nombre de manifestations réalisées sous l'égide de l'ONU ont contribué à faire avancer l'agenda politique mondial sur le vieillissement. L'Assemblée générale a décidé de déclarer 1999 l'« Année internationale des personnes âgées » et de convoquer une deuxième Assemblée mondiale en 2002.

Au moment où le premier Plan d'action international a été adopté en 1982, seuls les pays les plus développés voyaient le vieillissement se profiler comme un problème important. Néanmoins, à plus ou moins brève échéance, le tournant démographique concernera aussi les pays en voie de développement. Au XXIe siècle, le vieillissement de la population va s'accélérer et devenir un phénomène mondial. Ainsi, en 1980, selon les estimations de l'ONU, les personnes âgées de 60 ans ou plus ne représentaient que 6% de la population des pays en voie de développement, contre 16% dans les pays développés. Bien que les populations des pays en voie de développement soient relativement jeunes à l'heure actuelle, un grand nombre de ces pays devraient, d'après les prévisions, connaître un vieillissement accéléré, en raison d'une forte baisse des taux de fécondité et d'une hausse rapide de la longévité. Par exemple, il a fallu 115 ans, en France, pour que la proportion des personnes âgées double et passe de 7 à 14%. En Chine, la même augmentation s'étalera sur une période de 27 ans. Selon les prévisions, d'ici 2050, le nombre de personnes âgées dans les pays en développement aura quadruplé (passant de 374 millions en 2000 à 1 570 millions). Ce groupe d'âge représentera 19% de la population en 2050 contre 8% aujourd'hui et l'âge médian devrait augmenter de 11 ans, pour atteindre 35 ans. L'Asie et l'Amérique latine enregistrent le vieillissement le plus rapide et compteront 20 à 25% de personnes âgées d'ici 2050, tandis que

[14] Ce travail s'appuie sur une étude réalisée avec Bruno Palier sur « Les positions des organisations internationales sur la réforme des systèmes de retraite » pour le Conseil d'orientation des retraites en 2001, qui a donné lieu à publication (Mandin, Palier 2009).

l'Afrique subsaharienne, qui est toujours aux prises avec la pandémie de VIH/sida, conjuguée avec des difficultés économiques et sociales, ne devrait atteindre que la moitié de ce pourcentage.

Dans les pays développés, où la part des personnes âgées augmente rapidement en raison de l'arrivée à la retraite des générations issues du baby-boom, le vieillissement de la population continuera mais à un rythme moins soutenu. En 2050, les personnes âgées représenteront 33% de la population, contre 19% aujourd'hui et l'âge médian augmentera de 9 ans pour atteindre 46 ans. A l'horizon 2050, l'Europe et le Japon montrent les tendances les plus marquées : la part du groupe d'âge des plus de 60 ans avoisinera 37% en Europe et sera encore plus élevée au Japon, contre seulement 27% en Amérique du Nord, où la croissance de la population continuera à être relativement forte. De plus, à l'intérieur du groupe d'âge des plus de 60 ans, on observe aussi un accroissement de la proportion des « très âgés », c'est-à-dire des personnes âgées de 80 ans et plus, qui devraient représenter au moins 10% de la population européenne d'ici 2050 (Commission européenne 2002).

Un vieillissement démographique d'une telle ampleur a des implications financières, économiques et sociales importantes. Dans les pays en développement, la problématique principale est sans doute d'éviter le risque de pauvreté parmi les personnes âgées, en particulier lorsque les systèmes de retraite sont embryonnaires. Dans les autres pays, l'effort porte essentiellement sur le contrôle des coûts, parce que le vieillissement constitue une menace pour la viabilité à long terme des finances publiques. À court terme, les difficultés consistent à financer les dépenses accrues de retraite et de soins de santé, sans que la pression exercée ne remette en cause l'équilibre budgétaire. Dans les pays de l'OCDE, les dépenses de retraite représentent en moyenne 10% du PIB, contre 12,5% dans les pays de l'Union européenne. Une augmentation non contrôlée des dépenses pourrait menacer la viabilité des systèmes de retraite et de santé, et dans une plus large mesure des finances publiques : « Les projections concernant les futures dépenses publiques pour la période 2001-2005 montrent que les augmentations dans la plupart des pays de l'Union pourraient être de l'ordre de 3 à 5 points de pourcentage du PIB pour les pensions et de 2 à 3 points de pourcentage pour les soins de santé et les soins de longue durée » (CE 1999, p. 7).

Pour caractériser et comparer les positions des organisations internationales, nous avons choisi de soumettre les productions des différentes organisations internationales étudiées à la même grille de lecture, qui distingue quatre dimensions. Les quatre niveaux pris en compte – diagnostic, valeurs, normes d'action et instruments - nous permettent de rendre compte des éléments constitutifs des positions des différentes organisations internationales. Les diagnostics construisent une interprétation des difficultés, ce qui va et ce qui ne va pas, à l'aune de quels critères ; les valeurs et les objectifs comprennent les principes de légitimation de ce qui est ou de ce qui devrait être ; tandis que les normes définissent l'orientation générale de l'action publique et aussi ce qu'il ne faut plus faire; enfin des instruments ou outils d'action sont proposés (Palier 2002, p. 57). Ces différents éléments s'inspirent de la grille de lecture proposée en 1987 par Bruno Jobert et Pierre Muller dans *L'Etat en action*.

2. 1. Le diagnostic

Tous les gouvernements décident de réformer les systèmes de retraite. Toutefois, les situations des pays restent différentes et les facteurs qui sont à l'origine de la volonté des réformes évoluent.

Dans les pays développés, le vieillissement démographique induit un déséquilibre croissant, puisque le nombre de retraités s'accroît tandis que la population active diminue. En 1960, il y avait quatre salariés pour une personne âgée. Actuellement, il n'y en a plus que trois. Cette évolution se maintient jusqu'en 2010, puis la tendance s'infléchit. En 2030, la proportion des personnes âgées passera à 50%. Autrement dit, il n'y aura plus que deux salariés pour une personne âgée (OCDE 1998, p. 11). Cette évolution est particulièrement sensible en Europe. En effet, le ratio de dépendance démographique (nombre de personnes âgées de 65 ans et plus par rapport au nombre de personnes âgées de 15 à 64 ans) passera de 27% en 2000 à 53% en 2040. D'après les projections d'Eurostat, les dépenses publiques augmenteront de 3 à 5% du PIB entre 2000 et 2050 (EPC/ECFIN/581/00-EN-Rev.1 2000, p.31).

L'impact du vieillissement démographique, particulièrement sensible pour les systèmes financés par répartition, est renforcé par l'arrivée à maturité des régimes de retraite. Les pays de l'OCDE affectent actuellement 10% de leur revenu national aux 18% de leur population âgée de plus de 60 ans et cette proportion augmentera dans les prochaines années. Avec les autres charges sociales, notamment les soins de santé, l'éducation, l'assistance sociale et l'aide aux chômeurs, le taux de cotisation requis pour financer les dépenses publiques pourrait apparaître comme politiquement inacceptable (OCDE 1998).

La nécessité des réformes paraît moins évidente dans les nouveaux pays industrialisés, dans la mesure où les régimes de retraite y sont plutôt en cours de constitution. Cependant, ces systèmes de retraite récents ont été critiqués pour leur coût, leur taux insuffisant de couverture et les inégalités d'accès. En effet, les régimes de retraite sont souvent limités à un nombre restreint de bénéficiaires. Par conséquent, nombreux sont ceux qui, soit parce qu'ils sont domiciliés en zone rurale, soit parce qu'ils travaillent dans de petites structures ou dans l'économie informelle, ne sont pas protégés. L'évolution démographique est également prise en compte même si la perspective du vieillissement est encore lointaine. Le phénomène de transition démographique induit en effet une baisse des taux de fécondité et une hausse de l'espérance de vie. L'évolution est sensible en Amérique latine, en Europe de l'Est et en Asie centrale, où une forte augmentation du rapport entre le nombre de personnes âgées de plus de 65 ans et celui des personnes entre 15 et 64 ans est prévisible. Selon les projections de la Banque mondiale, ce rapport devrait doubler d'ici 2050 (Holzmann 2000).

Les représentants de l'OCDE et de l'Union européenne ont proposé un diagnostic qui souligne des préoccupations similaires face au vieillissement de la population dans les pays industrialisés. Ce phénomène démographique accentue la pression financière sur les systèmes de protection sociale et risque d'accroître les dettes et les déficits publics. Par conséquent, le diagnostic est établi au regard de la « soutenabilité » des régimes de retraite. Comme pour la Banque mondiale, la question de la viabilité financière est centrale dans l'appréhension du problème. Toutefois, l'approche est différente, dans la mesure où la Banque mondiale travaille à partir de systèmes en développement et souvent peu anciens. De plus, les régimes de retraite des pays de l'OCDE sont pour la plupart très institutionnalisés et par conséquent difficiles à modifier. En effet, il est quasiment impossible de remplacer un système de retraite par répartition par un système financé par capitalisation. Cela obligerait la population active à cotiser deux fois, la première fois pour payer les pensions des retraités actuels, la deuxième pour épargner les fonds de sa propre retraite (phénomène connu sous la notion de double paiement). De plus, la population reste très attachée aux acquis sociaux et ce type de réforme serait politiquement difficile à mettre en œuvre.

Les différentes appréhensions du problème reflètent non seulement la diversité des enjeux liés à la question des retraites mais aussi la diversité des valeurs sur lesquelles les organisations internationales s'appuient pour proposer des réformes.

2. 2. Valeurs et normes d'action

Les différentes organisations s'appuient sur des valeurs et des normes d'action différentes que nous nous sommes efforcés de retracer.

La Banque mondiale

La Banque mondiale a été créée lors de la conférence de Bretton Woods en juillet 1944 pour favoriser le développement économique dans le cadre du Plan Marshall. Par la suite, sa fonction a été de permettre le financement dans le Tiers-Monde de projets de grande envergure en infrastructures rurales et de production. A cause de la crise de la dette et des faibles résultats, elle s'est associée avec le FMI pour mettre en place les Plans d'Ajustement Structurels, destinés à rationaliser les budgets et à stimuler l'économie des Etats emprunteurs. Aujourd'hui, les actions de la Banque mondiale participent à une restructuration et une réorientation de l'économie des pays-clients en accord avec les principes de l'économie libérale : « Concrètement, un pays peut bénéficier d'un prêt global de soutien à son budget (...) sous les conditions d'une déréglementation de l'économie, d'une ouverture à la concurrence internationale et de l'instauration d'un Etat minimum. » (Pasquier-Desvignes 1997, p. 169). Dans le cadre de son action de réduction de la pauvreté, elle est également conduite à mettre en œuvre des « filets de sécurité sociale » ciblés sur les plus pauvres afin de les protéger contre les effets éventuels des Plans d'ajustement structurels.

Les experts de la Banque mondiale étudient l'impact des systèmes de retraite sur l'économie et leur caractère approprié sur le plan social. Selon l'organisation internationale, la mauvaise organisation des régimes de retraite pourrait nuire au développement économique : « Les systèmes publics de retraite, quand ils sont mal conçus, peuvent altérer les décisions en matière d'épargne et de travail au cours du cycle de vie et conduire ainsi à des pertes de bien-être social, à un niveau de production plus faible et à un sentier de croissance moins élevé. Plus important encore, le financement des régimes de retraites publics peut affecter l'épargne globale et le développement des marchés des capitaux, qui tous deux peuvent à leur tour affecter la croissance économique » (Holzmann 2000, p. 3). Ce point de vue renforce la perception que les représentants de la Banque mondiale donnaient des systèmes de retraite classiques fondés sur la répartition. Ceux-ci étaient en effet décrits comme une « erreur coûteuse » (Banque mondiale 1994). Or, cette question concerne cet organisme de prêt, qui doit s'assurer de la solvabilité des pays clients : « Cela va sans dire, la Banque préfère accorder des prêts aux Etats qui appliquent des politiques sociales et économiques qui ne sont pas vouées à l'échec » (Holzmann 2000, p. 2).

En ce qui concerne la politique des retraites, la Banque mondiale a quatre préoccupations : le financement à court terme et la viabilité financière à long terme des régimes de retraite ; leur impact sur la croissance économique ; le caractère adéquat des prestations et les questions de redistribution, le risque politique et la soutenabilité des régimes. La Banque mondiale propose de réformer les systèmes en s'appuyant sur le principe de la liberté individuelle. Ses préconisations s'écartent du principe d'affiliation obligatoire, de solidarité et de gestion collective des retraites et vont davantage dans le sens de l'épargne individuelle, qui donne la possibilité aux salariés de choisir où et comment placer leur revenu tout au long de leur vie, et favorise d'autre part le développement des marchés financiers (Banque mondiale 1994 et 2000).

Selon ces principes d'action, la Banque mondiale a mis en cause les systèmes de retraite des pays d'Amérique latine au cours des années 1980, puis, dans les années 1990, les systèmes de retraite des pays en transition d'Europe centrale et orientale qui ont été incités à remplacer les régimes de pension, créés dans l'ancien système d'économie dirigée, par des régimes plus « compatibles » avec l'économie de marché (Holzmann 2000, p. 2). En ce qui concerne les problèmes de transition démographique, la Banque mondiale estime que le taux de dépendance de la population âgée dans les pays en développement n'exige pas de prise de décision immédiate, mais que ce serait « une excellente occasion de procéder à l'avance à une révision de la politique des retraites » (Holzmann 2000, p.3).

Le Bureau international du travail

Le Bureau International du Travail a une approche très différente du problème des retraites et s'appuie sur d'autres critères d'évaluation. Cette organisation ne prend pas comme point de départ la question de la viabilité financière des systèmes mais s'attache à ce que ceux-ci respectent les principes du droit et de la justice sociale. Pour le BIT, les pays sont confrontés à deux types de problèmes : dans les pays en développement, la difficulté est de parvenir à développer et assainir les systèmes de retraite, ceux-ci ne couvrant pas encore toute la population, tandis que la question est de faire face au vieillissement dans les pays de l'OCDE.

Le BIT s'appuie donc moins sur des principes économiques que sur des principes sociaux, selon lesquels chacun doit avoir le droit d'accéder à un revenu de retraite prévisible et garanti. L'Etat est le garant du respect de ces droits, chargé d'assurer protection et sécurité, notamment pour la partie la moins riche de la population. La valeur essentielle pour le BIT est donc la « garantie » d'un revenu sûr, dont le montant est prévisible : « L'objectif recherché consiste à proposer des réformes qui pourraient conduire simultanément à une couverture complète de la population et à une gestion basée sur les meilleures pratiques, éviter la pauvreté pendant la vieillesse et fournir des pensions indexées, garanties et fiables (quoique d'un montant modéré) à tous ceux qui ont perçu des revenus moyens (et non des revenus excessivement élevés). Les réformes devraient en outre permettre d'atteindre l'ensemble de ces objectifs avec un minimum de distorsions économiques ou d'effets économiques négatifs » (Gillion 2000, p. 71).

De fortes oppositions séparent donc ces deux organisations. Toutefois, depuis le début des années 1990, on observe une évolution, en particulier du côté de la Banque mondiale. En effet, celle-ci a modéré ses orientations après l'effondrement du marché boursier en Amérique Latine, qui a conduit à la faillite des systèmes de retraite en particulier au Chili, et a par la suite souligné l'importance d'un revenu minimum garanti par l'Etat. De même, le BIT a légèrement révisé ses orientations en donnant une place plus importante à la responsabilité individuelle par le vecteur de l'épargne volontaire.

L'OCDE

L'objectif principal de l'OCDE est de « préserver la prospérité », y compris dans une société vieillissante (OCDE 1998). Dans les pays développés, la préoccupation est différente, dans la mesure où les systèmes de retraite sont anciens et garantissent généralement un niveau de protection élevé. La problématique est de limiter les coûts liés au vieillissement de la population, en contenant l'augmentation des dépenses de retraite. Les deux valeurs promues par l'OCDE sont « l'équité » et « l'efficacité ». Le terme d'équité renvoie à la notion d'un engagement mutuel entre les bénéficiaires et l'Etat : en effet, les systèmes de retraite doivent continuer à garantir un revenu pendant la retraite, mais le principe de contributivité est réaffirmé (à chacun selon ce qu'il a cotisé). Par ailleurs, la gestion des systèmes de retraite doit s'intégrer dans une politique du juste milieu, leur efficacité correspondant à leur capacité à remplir leur fonction sociale tout en contenant l'augmentation des dépenses (Gruat 1997). Ces valeurs reflètent l'idée selon laquelle les ressources de l'Etat ne sont pas « inépuisables », la charge financière liée au vieillissement pesant sur les dépenses publiques (OCDE 1998). Dans ce contexte, l'OCDE préconise un ciblage des prestations de retraite et insiste sur la nécessité de recourir à d'autres modes de protection qui ne relèvent pas de l'Etat comme la famille ou l'épargne individuelle (OCDE 1998).

L'Union européenne

Au cours des années 1990, les propos des experts de l'Union européenne sont assez diffus et il est difficile de mettre à jour les valeurs sous-jacentes aux orientations de réforme. Deux types de discours peuvent néanmoins être discernés. D'un côté, les préoccupations économiques et financières prédominent pour une partie des membres de la Commission (Direction générale Marché intérieur et services financiers, Direction générale Economie et finances) et pour le Comité de politique économique composé de représentants des Etats membres. Ces acteurs ont fortement influencé la construction du débat sur les retraites au niveau européen en délimitant des objectifs de réformes structurelles et de maîtrise des dépenses publiques. Depuis peu, s'est cependant développée une préoccupation plus sociale qui met en exergue les enjeux de la sécurité de revenu, de l'équité et de la solidarité. Ce point de vue est soutenu au sein de la Commission par les acteurs sociaux (DG Emploi et Affaires sociales) et au niveau du Groupe à Haut Niveau sur la Protection Sociale, créé fin 1999 et devenu en 2000 Comité de la protection sociale, selon le Traité de Nice. Le Conseil européen a de plus affirmé la nécessité d'un « rééquilibrage » entre la prise en compte des enjeux économiques et sociaux. L'agenda social adopté à Nice a ainsi permis d'adopter un objectif qui révèle les deux termes du compromis européen dans le domaine des retraites : « garantir à l'avenir des pensions sûres et viables » (Conseil européen 2000). En accord avec le pacte de stabilité et de croissance, il est nécessaire de contenir l'augmentation des dépenses de retraite pour limiter l'impact sur les dépenses et les déficits publics. Toutefois, les acteurs européens insistent également sur la nécessité de préserver le « modèle social européen », c'est-à-dire un niveau de protection sociale élevé, qui dans le domaine des retraites se traduit par des retraites suffisantes pour assurer des conditions de vie décentes et une certaine sécurité financière. Ces idées ont été construites progressivement et apparaissent en particulier dans un rapport réalisé pour l'Union européenne par Gosta Esping-Andersen, Duncan Gallie, Anton Hemerijck et John Myles en 2001.

Un certain consensus s'est progressivement construit sur les normes d'action, définissant ce qu'il faut faire et ce qu'il ne faut pas faire. Toutes les organisations s'accordent sur un point : le niveau des dépenses de protection sociale ne doit pas être augmenté et il faut contenir l'évolution des déficits publics. Cependant, cette norme commune est déclinée différemment en fonction des organisations. En effet, la Banque mondiale s'oppose au BIT en s'appuyant sur une stratégie de rigueur budgétaire tandis que le BIT s'oriente vers la préservation des droits et des acquis sociaux. La rigueur budgétaire est également le credo de l'OCDE et de l'Union européenne. Toutefois, l'Europe, même si elle met l'accent sur la gestion dans l'optique de finances publiques saines à long terme, doit concilier ce principe avec celui de promouvoir un niveau de protection sociale élevé.

2. 3. Les instruments

De même, les organisations internationales ont depuis le début des années 1990 proposé des instruments d'action, qui s'accordent avec les valeurs qu'elles défendent.

La Banque mondiale

En 1994, la Banque mondiale a publié un rapport qui est devenu une référence importante dans le débat sur la réforme des systèmes de retraite (Banque mondiale 1994). Dans ce rapport, la Banque mondiale propose un modèle de système de retraite qui doit permettre d'assurer la sécurité économique des personnes âgées, tout en garantissant la meilleure façon de financer une telle sécurité, aussi bien pour les individus que pour la croissance économique d'un pays. Cette recette semble pouvoir s'appliquer aussi bien aux pays en voie de développement qu'aux pays industrialisés. Ce rapport préconise la mise en place de systèmes de retraite à trois piliers. Le système repose sur un premier pilier public, financé par cotisations sociales ou bien par l'impôt, qui a une fonction redistributive et prend en charge les pensions de retraite des personnes les plus pauvres. Vient ensuite un deuxième pilier, obligatoire, individuel ou professionnel, financé par capitalisation et géré selon des critères actuariels, qui oblige tous les individus à épargner pour payer leur retraite future, mais n'opère pas de redistribution. Selon la Banque mondiale, ce deuxième pilier obligatoire doit cependant être suffisamment limité pour permettre l'expansion d'un troisième pilier, privé et facultatif, fondé sur l'épargne volontaire, bénéficiant d'avantages fiscaux et devant permettre aux individus de choisir où et comment placer leur revenu tout au long de la vie (Stiglitz 1999).

La Banque mondiale s'appuie sur l'exemple de plusieurs pays pour légitimer son modèle. La conception des trois piliers s'inspire en particulier de la Suisse qui connaît un tel système depuis les années 1970. Pour montrer qu'il est possible de passer d'un système par répartition à un système par capitalisation, la Banque prend le Chili comme modèle de transition, qui est passé au début des années 1980 d'un système d'assurance vieillesse par répartition à un système fait de comptes de retraite individuels, financés en capitalisation. Ce système a tout d'abord offert à ses bénéficiaires des niveaux de remboursement importants avant de subir de plein fouet la crise boursière qui a frappé l'Amérique latine pendant les années 1990. Les scandales concernant les fonds de pension n'ont sur le fond pas remis en cause la question de la capitalisation mais soulèvent l'inquiétude, ce qui a conduit les organisations internationales à tempérer (du moins en apparence) leurs orientations vers la privatisation.

Ce qui a particulièrement influencé le débat mondial sur les retraites, c'est la proposition d'un nouveau modèle qui a une structure ternaire (trois piliers). Le rôle assigné à chacun de ces piliers et leurs relations réciproques (la redistribution est limitée au premier pilier, le second est fondé sur la capitalisation et est obligatoire, mais doit être suffisamment réduit pour permettre l'expansion du troisième) ainsi que la justification économique d'un tel système (censé mieux assurer la croissance économique et la sécurité des personnes retraitées que la répartition) changent en effet la conception des systèmes de retraite.

Si nous nous appuyons sur les rapports de la Banque mondiale, les différences semblent ténues entre le milieu des années 1990 et aujourd'hui. Pourtant, les représentants de la Banque assurent faire preuve de pragmatisme dans la mise en œuvre et moduler leurs préconisations en fonction des pays-clients : « En Lituanie, par exemple, (la Banque) a aidé le gouvernement à formuler et à mettre en place un régime relativement modeste, financé par répartition et avec des objectifs essentiellement redistributifs ; elle continue en outre de travailler avec le gouvernement sur l'élaboration du cadre réglementaire nécessaire à l'instauration de régimes supplémentaires facultatifs. La possibilité de mise en place d'un deuxième pilier reste quant à elle ouverte. Une voie similaire est préconisée pour le vieux régime par répartition de la Bulgarie, le jeune régime de la République de Corée et le récent régime de la Thaïlande. En Lettonie, la réforme passe par des comptes notionnels par répartition, assortis d'un très modeste pilier supplémentaire par capitalisation. En Hongrie et en Pologne, l'élément obligatoire financé par capitalisation représentera environ un tiers du système total. Au Kazakhstan, la réforme a conduit à remplacer le régime par répartition par un régime financé par capitalisation. Une approche similaire est prônée en Bolivie, au Pérou et au Mexique, alors que les projets de réformes en Argentine et au Costa Rica tournent autour d'une approche à deux piliers » (Holzmann 2000, p. 10). Par conséquent, si la position idéologique de la Banque mondiale a peu évolué, la mise en œuvre des réformes semble s'être diversifiée et la Banque mondiale reconnaît en particulier l'importance d'un revenu garanti par l'Etat (Holzmann, Jorgensen 2000). La Banque mondiale souligne également la difficulté de passer d'un système par répartition à un système entièrement capitalisé, d'une part à cause du problème du double paiement, mais aussi au regard des capacités de l'infrastructure financière et de la volonté politique du pays (Merrien 2001).

Le Bureau international du travail

Le BIT, d'une manière générale, s'est toujours opposé au renforcement des systèmes par capitalisation au détriment des systèmes par répartition (Beattie, McGillivray 1995). En effet, d'après le BIT, la privatisation n'apporte pas de solution au problème du financement : « (…) La façon dont on perçoit le fonctionnement d'un tel régime est erronée et ne résiste ni à l'examen des faits, ni à une analyse sérieuse. A moins de réduire les pensions en fonction des revenus du travail ou à moins de relever l'âge de la retraite de manière significative, ce type de régime ne réduit aucunement la charge sur l'économie nationale et l'ensemble de la population que représente le soutien à apporter à une population vieillissante. Or la réduction des pensions ou le relèvement de l'âge de la retraite pourraient tout aussi bien avoir lieu dans le cadre d'un régime public de sécurité sociale financé par répartition » (Gillion 2000, p. 74).

Surtout, la création d'un régime d'épargne-retraite obligatoire va selon les représentants du BIT à l'encontre de plusieurs principes normatifs adoptés pour les régimes de sécurité sociale (Reynaud 1996). L'un de ces principes fondamentaux est que le revenu de retraite des travailleurs doit être prévisible et garanti. Or celui-ci serait remis en cause par les risques de fluctuation des marchés financiers. De même, ce changement poserait la question de la responsabilité de l'Etat dans l'organisation d'un système capitalisé : « Si l'on veut que les régimes à cotisations définies soient gérés par des organismes privés, il faut que ces derniers soient soigneusement réglementés et contrôlés par l'Etat et qu'ils soient contraints de respecter un certain nombre de règles en ce qui concerne la constitution des réserves » (Gillion 2000 p. 75). Modifier les paramètres du système par répartition - notamment en relevant l'âge de départ à la retraite et en augmentant les taux d'emploi - pose d'autres problèmes. Dans la plupart des pays, la durée de la vie active a diminué, d'une part parce que l'entrée sur le marché du travail est plus tardive (allongement de la durée des études, chômage), d'autre part parce que la sortie du marché du travail est de plus en plus précoce. Les pays devraient réformer la politique d'éducation et de départ à la retraite anticipée, s'ils souhaitent que les modifications des paramètres des systèmes de retraite soient effectives. Cela supposerait un réel changement des valeurs sociétales, qui paraît difficile à réaliser selon les représentants du BIT.

Aussi, le BIT propose un système de retraite mixte qui s'articule autour de quatre piliers :

« - un pilier de base anti-pauvreté, avec des prestations versées sous conditions de ressources et financées par le budget général de l'Etat, qui fournirait un soutien du revenu à tous ceux qui n'ont pas d'autres moyens de subvenir à leurs besoins ;

- un deuxième pilier, à prestations définies, financé par répartition, obligatoire et géré par le secteur public, qui fournirait une pension dont le taux de remplacement serait modéré (entre 40 et 50 %, par exemple des revenus moyens perçus pendant toute la durée de la vie professionnelle) à tous ceux qui auraient cotisé, ces pensions étant totalement indexées ;

- un troisième pilier à cotisations définies, obligatoire jusqu'à un certain plafond et, le cas échéant, géré par des organismes de retraite privés, qui fournirait une pension sous forme de rente ;

- un quatrième pilier, à cotisations définies, volontaire, sans plafond et géré lui aussi par des organismes de retraite privés » (Gillion 2000).

Ce système permettrait une meilleure répartition des risques - aussi bien des risques politiques associés à la gestion publique des régimes à prestations définies que des risques du marché associés aux régimes à cotisations définies - et garantirait un revenu de retraite à une grande majorité de travailleurs se situant dans les tranches de revenu moyen. Ces propositions sont la marque d'une évolution (Reynaud 1999). En effet, au milieu des années 1990, le BIT était très réticent à la privatisation et aux régimes par capitalisation ; or ces nouvelles préconisations présentées en 2000 ont inclus cette possibilité. Cependant, le BIT se différencie de la Banque mondiale en mettant l'accent sur la garantie d'un revenu minimum et sur un système adapté aux besoins des classes moyennes.

L'OCDE

Lors de leur réunion de 1996, les représentants des pays de l'OCDE ont chargé l'Organisation de poursuivre l'analyse du défi du vieillissement dans les domaines clés de l'Action gouvernementale et de leur en rendre compte en 1998. Cette demande a été renforcée lors du Sommet de Denver en 1997. À la suite du rapport *Préserver la prospérité dans une société vieillissante*, présenté en 1998, les ministres des pays de l'OCDE et du G7 ont demandé un bilan des mesures prises en application des principes énoncés. En 1999, un questionnaire a été envoyé aux pays membres pour faire le point sur les réformes récemment adoptées. L'étude des réformes dans 29 pays de l'OCDE a été publiée en 2000 dans un bilan intitulé *Des réformes pour une société vieillissante.* L'analyse de ces documents permet de montrer les différents instruments proposés par l'OCDE.

Tout d'abord, les experts de l'OCDE ont proposé de diversifier les sources de financement des régimes de retraite. Les retraites devraient être financées à la fois par la fiscalité et les transferts, par des régimes de retraite par capitalisation, l'épargne privée et l'exercice d'une activité. L'objectif est de diversifier les risques, de répartir plus efficacement la charge entre les générations et de laisser à l'individu plus de souplesse pour le départ à la retraite. Le développement des régimes de retraite par capitalisation devrait aller de pair avec le renforcement des infrastructures des marchés financiers, et notamment, avec l'adoption d'une réglementation moderne et efficace (OCDE 2000).

Pour les représentants de l'OCDE, les réformes du système de retraite ne suffisent pas, et doivent s'accompagner d'une politique d'assainissement budgétaire et d'un allègement de la dette publique. Cela pourrait impliquer une réduction progressive des pensions et des régimes publics de retraite et un relèvement préventif des cotisations. Ils mettent également l'accent, pour les soins de santé et la prise en charge de longue durée sur l'efficacité par rapport au coût, sur les dépenses et les recherches médicales et sur les mesures spécifiques en faveur des personnes âgées dépendantes (Queisser 1998). Enfin, pour faciliter la mise en œuvre des réformes, les représentants de l'OCDE insistent sur les notions de transparence et de consensus. Ils proposent de mettre en place au niveau national des cadres stratégiques afin de coordonner dans la durée les réformes liées au vieillissement, de veiller à ce qu'on porte suffisamment attention à leur mise en œuvre, de sensibiliser l'opinion et d'obtenir son adhésion (OCDE 1998, p. 19).

En raison de l'allongement de la vie, des faibles taux de natalité, et des cohortes importantes de personnes âgées, tous les pays de l'OCDE font face à un problème commun (OCDE 1998a, 2000). Les ratios de dépendance démographique vont augmenter : un nombre décroissant de personnes d'âge actif (15-64 ans) devra supporter les coûts d'un nombre croissant de personnes inactives qui seront à la retraite (plus de 65 ans). La part des personnes âgées par rapport à la population active augmente constamment depuis les années 1960, à l'exception de l'Irlande et du Japon. La Suède doit faire face au ratio de dépendance le plus élevé, elle est suivie par la France, l'Allemagne, la Grande-Bretagne et le Danemark, tandis que la progression du vieillissement démographique est plus lente aux Pays-Bas et aux Etats-Unis (Ebbinghaus 2002). Les systèmes de protection sociale de l'Europe continentale font face à des coûts significativement plus élevés que les systèmes de protection sociale scandinaves et anglo-saxons et cette pression est accrue par le fonctionnement des systèmes par répartition. Par conséquent, les organisations internationales et les experts nationaux recommandent un tournant vers des dispositifs de fonds de retraite à contributions définies (OCDE 2000).

L'Union européenne

Les deux entrées qui ont justifié l'intervention de la Commission européenne dans le domaine des retraites sont d'une part la coordination des régimes de protection sociale et d'autre part le développement du marché unique. Le schéma général dans lequel s'inscrit l'action de la Commission européenne en matière de retraite est lui aussi ternaire. Selon le vocabulaire de la Commission, le premier pilier est constitué des régimes dits légaux (minimum vieillesse et régimes de base obligatoires) ; le second pilier est constitué des régimes d'entreprise ou issus d'accord collectifs (régimes dits d'initiative professionnelle) ; le troisième pilier relève de la prévoyance individuelle facultative (régimes dits d'initiative individuelle).

Depuis une vingtaine d'années, la Commission prend des initiatives pour fixer un cadre destiné à l'ensemble des régimes de retraite complémentaires (régimes professionnels privés, caisses complémentaires, fonds de pension). Ces travaux de certains services de la Commission européenne (l'ex Direction générale 15 et actuelle Direction marché intérieur) ont permis de préciser le contenu à donner au deuxième pilier pour les retraites en Europe. Après l'échec d'une première proposition de directive sur la liberté de gestion et d'investissement des fonds collectés par les institutions de retraites et l'annulation pour incompétence par la Cour de justice de la communication que la Commission avait tenté de lui substituer, cette dernière a lancé une vaste consultation en présentant en juin 1997 un *« Livre vert sur les retraites complémentaires dans le marché unique »*. La Commission ayant achevé l'examen des réactions à son Livre vert, a publié en juin 1999 une communication proposant l'adoption d'une directive intitulée : « Vers un marché unique pour les retraites complémentaires »[15]. Il est important de noter que cette communication, qui propose de donner un cadre juridique communautaire aux régimes professionnels du deuxième pilier, ne traite que des fonds de retraite financés par capitalisation alors même que le point 5 de la consultation sur le livre vert sur les retraites notait qu'« en Allemagne et en France, le deuxième pilier est financé en partie par répartition, ce qui a pour effet que la capitalisation nécessaire pour obtenir des prestations de retraite élevées est moindre ». Les objectifs assignés à cette directive seraient de permettre à ces régimes complémentaires financés par capitalisation de profiter des libertés du Marché Unique, des nouvelles perspectives qu'offre l'euro, de participer à l'essor des marchés des capitaux européens et de parachever l'intégration des marchés financiers de l'Union. D'après le texte de cette communication, atteindre ces objectifs devrait permettre d'offrir davantage de choix

[15] COM(99) 134 datée du 11 mai 1999.

et de flexibilité aux futurs retraités, et d'améliorer le rendement et l'efficacité des fonds de pension. L'ensemble devrait permettre, d'une part de limiter le coût indirect du travail et de créer des emplois, et d'autre part de renforcer les fondements économiques de la protection sociale.

On trouve ici l'idée sous-jacente que le deuxième pilier des régimes de retraite doit être constitué de fonds de pension, mais aussi celle que le moyen d'assurer en même temps la sécurité des retraités et la croissance économique repose sur le développement de la capitalisation. Dans le résumé des réponses au Livre vert de la Commission (COM(97)283), on retrouve aussi la description des mécanismes de « vase communiquant » entre piliers : « Il convient également de se rappeler que les différents niveaux de couverture offerts par les régimes de retraite relevant du premier pilier dans les Etats membres peuvent être à l'origine des différences notables entre les niveaux de capitalisation observables dans le domaine des retraites complémentaires. Si le régime d'assurance vieillesse de base assure une retraite suffisante, la nécessité de retraites complémentaires diminue. » (COM(97)283, p.5.) Il va sans dire qu'à l'inverse, si le niveau des assurances vieillesse de base diminue, la nécessité de retraites complémentaires augmente. Nous pouvons en conclure qu'à côté des raisons communément annoncées pour réformer les systèmes de retraite de base (faire face au futur choc démographique, faire des économies immédiates), il faut ajouter un troisième objectif : diminuer les prestations des retraites de base pour faire de la place pour les retraites complémentaires par capitalisation.

Le débat sur la directive « fonds de pension » s'est développé depuis le début des années 1990. Une nouvelle proposition de directive a été faite en 2000 et a été longuement étudiée par les Etats membres. La proposition de directive sur « les activités des institutions de retraites professionnelles » a finalement été adoptée par le Conseil le 4 juin 2002. Elle institue la possibilité de créer (et/ou de développer) des organismes de retraite privés dans les différents Etats membres, qui sont désormais régulés au niveau européen. Ce nouveau cadre prudentiel européen devrait permettre de mieux protéger les droits des futurs retraités et – en créant un marché concurrentiel – de rendre les retraites professionnelles plus accessibles en termes de coûts. Elle a également pour but de permettre à une institution de gérer des régimes de retraite professionnelle dans d'autres Etats membres (Conseil de l'Union européenne 2002).

3. Un déplacement du débat des retraites vers l'emploi

Le vieillissement actif est défini par l'OMS comme « le processus d'optimisation des opportunités pour la santé, la participation et la sécurité pour améliorer la qualité de vie quand les personnes vieillissent ». Cette définition inclut la notion d'étendre l'activité des personnes âgées, d'une part au sein de la force de travail, en repoussant l'âge de la retraite, et d'autre part au sein de la société, à travers la participation à une série d'activités sociales, économiques, civiques ou culturelles. Cette notion a fortement suscité l'intérêt de l'OCDE et de l'Union européenne qui ont vu dans l'emploi des seniors une des solutions à la question des retraites. Elles ont à partir de la fin des années 1990 élargi le débat de l'implication du vieillissement sur les systèmes de retraite à la question de l'emploi. Ces deux organisations se sont dans ce contexte attachées à déconstruire les principes qui soutenaient la politique des préretraites. Les deux organisations internationales ont élaboré un diagnostic et des orientations d'action très proches, ciblées sur la notion de « vieillissement actif ».

3. 1. Diagnostic

Depuis les années 1980, tous les pays de l'OCDE expérimentent des pressions liées au coût des préretraites. Les gouvernements nationaux, les associations d'employeurs, et les experts de politiques publiques critiquent l'usage des préretraites comme une stratégie d'éviction des plus âgés du marché de l'emploi. L'accent est également mis sur l'impact des départs anticipés à la retraite, qui se sont développés depuis le milieu des années 1970 comme un instrument d'ajustement des besoins de main-d'œuvre et alourdissent aujourd'hui les dépenses sociales. Le développement des préretraites a diminué le taux de participation des travailleurs de plus de 55 ans. Toutefois, il existe de fortes variations selon les pays : au Japon, en Suède, en Norvège et en Suisse, 60% des personnes âgées de 55 à 64 ans continuent à travailler en 1998, tandis que cette proportion se limite à 30% en Belgique, au Luxembourg, en Italie et en Autriche (OCDE 2000, p. 15-16). L'OCDE souligne de ce fait les implications financières quant à l'usage des préretraites dans une société qui vieillit et doit déjà faire face à des dépenses accrues dans les secteurs des retraites et de la santé (OCDE 1995a, Union européenne 1998, OCDE 1998a, Union européenne 1999a, OCDE 2000).

La poursuite de la politique d'éviction des salariés âgés est également préoccupante au regard de l'impact démographique sur le marché de l'emploi : « Au cours des 50 prochaines années, tous les pays de l'OCDE connaîtront une forte augmentation de la part des personnes âgées dans la population et une diminution marquée de la population des classes d'âge de forte activité. Dans la plupart des pays, le nombre de travailleurs partant chaque année à la retraite augmentera fortement et finira par excéder le nombre des nouveaux entrants sur le marché du travail. S'il n'y a pas de changement dans la situation au regard du travail et de la retraite, la proportion d'inactifs âgés par travailleur doublera pratiquement, passant, dans la zone de l'OCDE, d'environ 38% en 2000 à près d'un inactif âgé pour chaque travailleur, sur la même période » (OCDE 2006, p. 9). Au-delà du poids exercé sur les dépenses sociales, le vieillissement aura un impact important sur la croissance économique, puisque sur la base de comportements d'activité et de gains de productivité inchangés, la croissance annuelle du PIB par tête dans la zone de l'OCDE serait d'environ 1,7% par année au cours de trois prochaines décennies, ce qui représente 30% de moins que le taux enregistré entre 1970 et 2000.

En Europe, le problème est similaire : « Si les tendances actuelles se poursuivent, la population en âge de travailler dans l'UE diminuera d'environ 40 millions de personnes entre 2000 et 2050, et le taux de dépendance des personnes âgées sera multiplié par deux, passant de 24% à 49%[16]. En d'autres termes, l'UE ne

[16] COM(99) 134 datée du 11/05/99.

devrait plus compter, en 2050, que deux personnes en âge de travailler (15-64 ans) - contre quatre en 2000 - pour une personne de 65 ans et plus » (CE 2002, 143 final, p. 15). Ainsi, le vieillissement démographique n'entraîne pas seulement un problème de financement des dépenses sociales, il risque de générer une pénurie de main-d'œuvre.

3. 2. De nouvelles normes d'action

L'inactivité parmi ceux qui sont en âge de travailler est désormais perçue comme une cause majeure du niveau élevé des dépenses sociales avant la vieillesse, en particulier en ce qui concerne l'assurance chômage, l'assistance sociale et les pensions d'invalidité. La générosité des dispositifs sociaux est critiquée, comme un élément qui décourage le retour à l'emploi. Dans des systèmes qui sont financés par les cotisations sociales, les dépenses élevées ont exercé une pression sur les charges salariales, ce qui a conduit à contribuer à l'éviction des travailleurs hors de l'emploi, ceux-ci étant considérés comme trop coûteux. De plus en plus de personnes inactives deviennent dépendantes de la protection sociale qui est financée par les cotisations sociales et les impôts, lesquels sont payés par un nombre décroissant de personnes actives salariées. Les mesures d'économies dans le système de la sécurité sociale sont mises en avant par les gouvernements et les employeurs comme des étapes nécessaires pour réduire les coûts salariaux et relancer la croissance de l'emploi. L'augmentation de l'usage des préretraites a de plus renforcé les attentes et comportements envers la retraite anticipée, et réduit les démarches d'adaptation dans l'emploi des travailleurs âgés. En d'autres mots, la mise à disposition des sentiers de préretraite a poussé vers le licenciement des travailleurs âgés (OCDE 2006).

La remise en cause des façons de penser s'est accompagnée de celle des façons de faire, et les deux organisations ont proposé de nouvelles recettes d'action. Les experts proposent en effet de remplacer cette politique « passive » par une politique « active » à l'égard des travailleurs âgés de plus de 50 ans. Cette proposition s'inscrit dans la continuité du changement de paradigme qui a été introduit dans les politiques de l'emploi au cours des années 1990. Dans le contexte global de restriction des coûts des systèmes de protection sociale, les méthodes classiques d'indemnisation du chômage ont été critiquées. Le chômage de masse a en effet conduit à une augmentation des dépenses, puis à une augmentation des cotisations sociales et par conséquent des charges sociales et du coût de l'emploi. Au niveau européen, cette nouvelle injonction s'est reflétée à travers la thématique de « l'employabilité » qui est devenue un objectif majeur de la stratégie européenne pour l'emploi (Goetschy 1999). Les préretraites apparaissent comme un élément qui illustre particulièrement bien les politiques passives et le dilemme qui en résulte notamment dans les pays continentaux. Les experts défendent désormais les mesures d'activation et d'intégration pour retenir les salariés âgés dans l'emploi.

Par conséquent, l'insertion professionnelle des plus de 50 ans constitue l'une des réponses au défi du vieillissement démographique. En premier lieu, une meilleure participation des travailleurs de plus de 50 ans au marché du travail soulagerait les systèmes de protection sociale et les systèmes de retraite, en corrigeant la dégradation du rapport entre cotisants actifs et retraités, plus sûrement qu'une simple augmentation de l'âge de la retraite. En second lieu, le maintien de l'activité en fin de carrière et la lutte contre son érosion permettraient de remobiliser dans l'emploi ce qui représentera une fraction de plus en plus large de la force de travail de demain.

L'OCDE

Cette option de réforme est présentée comme primordiale par l'OCDE dans le rapport de 2000, *Des réformes pour une société vieillissante.* Dans ce texte, l'accent a particulièrement été mis sur le « vieillissement actif », présenté comme le « mot d'ordre » (OCDE 2000, p. 12). Les représentants de l'OCDE déclarent en effet que « la meilleure solution serait de ralentir et d'inverser la tendance à la préretraite et d'offrir aux travailleurs âgés plus de choix dans leur décision de départ. » (OCDE 2000, p. 13). Le recours à la retraite progressive est considéré comme un nouvel outil pour faire face au problème du vieillissement. Cela implique toutefois une modification en profondeur des politiques pour l'emploi des travailleurs âgés. La première vague de réformes dans les pays de l'OCDE viserait par conséquent à ralentir la tendance au départ anticipé et à allonger la durée d'activité. Cette stratégie est de nouveau soulignée dans le rapport de 2006, *Vivre et travailler plus longtemps* (OCDE 2006). Le rapport souligne que moins de 60% des personnes âgées de 50 à 64 ans ont un emploi, cette situation reflétant les cessations anticipées d'activité. L'institutionnalisation des préretraites a conduit à l'instauration de pratiques culturelles qui constituent désormais des obstacles à l'emploi des seniors. Du côté des employeurs, une perception négative des travailleurs de plus de 50 ans s'est progressivement instituée quant à leur capacité à s'adapter aux changements technologiques et organisationnels, aux coûts de main-d'œuvre salariaux et non salariaux qui augmentent plus avec l'âge qu'avec la productivité, et des difficultés que les entreprises peuvent rencontrer pour ajuster leurs effectifs compte tenu des règles de protection de l'emploi.

L'Union européenne

Dans son rapport sur *« Le Marché du travail européen à la lumière des évolutions démographiques »* (1999), l'UE a identifié le groupe d'âge des 50-64 ans comme le réservoir principal de main-d'œuvre pour l'avenir. Selon Eurostat, la tranche d'âge 50-64 ans représentait 25% de la population totale de l'Europe des Quinze en 1995 et elle en représentera 35% en 2025. Les 45-64 ans représentaient 35% de la population d'âge actif de l'Europe des Quinze en 1995 et en constitueront 43% en 2015[17]. De ce fait, le défi du vieillissement, dans l'ensemble de ses composantes (retraites et emploi), conduit à la nécessité de réformer les politiques menées dans les Etats membres : « Considérant les problèmes démographiques qui vont se poser à terme à l'Union européenne, le taux global actuel d'emploi dans la tranche des 55-64 ans, sa diminution constante et globale, la progression constante

[17] Conseil Economique et Social Européen, *Avis sur les travailleurs âgés,* JO des Communautés européennes du 16 janvier 2001.

en volume et en pourcentage de cette tranche d'âge au regard des autres tranches d'âge, la pratique actuelle des entreprises, des salariés, ainsi que les dispositions légales et conventionnelles dans les Etats membres, le Comité estime que la décision du Conseil ne pourra être atteinte, que si des actions sont conduites sous l'impulsion de l'UE, des Etats membres et des partenaires sociaux, afin de relever, avant tout, le taux d'emploi des travailleurs âgés »[18].

3. 3. Les instruments

L'OCDE et l'Union européenne mobilisent toute une panoplie d'instruments financiers. Le premier est d'ordre fiscal. L'objectif est double, d'un côté, il est nécessaire de supprimer le prélèvement fiscal qui avait été mis en place pour décourager les travailleurs âgés à continuer à travailler. De nouvelles incitations financières doivent être introduites pour insuffler une mécanique inverse. De plus, les réformes des systèmes de retraite doivent être poursuivies pour inciter à une poursuite d'activité, ce qui induit la suppression des mécanismes de préretraite. L'OCDE souligne les risques de substitution institutionnelle, l'accès aux retraites anticipées se faisant désormais dans plusieurs pays par des voies détournées comme le chômage ou l'invalidité. Un autre type de changement est d'ordre culturel, il s'agit en effet de modifier les pratiques, les attitudes et les comportements qui constituent des obstacles à l'emploi des seniors. Plusieurs instruments sont proposés : lutter contre la discrimination par l'âge comme le préconise l'Union européenne en introduisant une directive sur ce thème, proposer des subventions salariales pour compenser le coût de l'ancienneté, lancer des campagnes d'informations, etc. Enfin, le principal axe d'action concerne l'employabilité des seniors. Pour préserver les capacités d'emploi de ce groupe d'âge, l'Union européenne a fait de la « formation tout au long de la vie » l'un des principaux leviers d'action. Les autres éléments concernent l'amélioration des conditions de travail, la protection de la santé et de la sécurité, ainsi que l'amélioration globale de la qualité des emplois. En ce qui concerne l'employabilité, les deux organisations internationales préconisent aussi la mise en place de mesures spécifiques dans le cadre des services pour l'emploi, pour faciliter le retour à l'emploi des chômeurs âgés (conseil et aide à la gestion de carrière, aide à la recherche d'emploi et éventuellement aide à la création d'entreprises).

Les organisations internationales proposent donc des préconisations différentes pour réformer les systèmes de retraite. Les propositions de la Banque mondiale et du BIT visent à réfléchir sur l'organisation des systèmes de retraite (modèles à trois ou quatre piliers). Les préconisations de l'OCDE et de la Communauté européenne sont articulées de façon légèrement différente. En effet, la réforme des systèmes de retraite prend corps au sein d'un cadre stratégique qui comprend également la modification des politiques pour l'emploi et un contrôle de la gestion financière dans un ensemble plus large. Même si ces idées ne sont pas

[18] Conseil Economique et Social Européen, *Avis sur les travailleurs âgés*, note 2001 33 JO CE C14 du 16 janvier 2001, p. 50.

similaires, nous pouvons observer une congruence des points de vue. Au cours des années 1990, les organisations ont influé non seulement sur le contenu mais aussi sur le cadre conceptuel de la question des retraites. Progressivement, un accord a été élaboré sur un diagnostic commun que chacune des organisations a par la suite complété en fonction de ses propres critères d'évaluation. De même les acteurs sont parvenus à élaborer des normes d'action, à un accord sur ce qui pouvait être fait et sur ce qui était proscrit. Enfin, même si les instruments préconisés sont variés, les orientations sont proches (accent sur la diversification des revenus, la responsabilité individuelle) (Queisser 2000). Pour terminer, nous avons choisi de présenter les résultats de notre analyse sous forme de tableau afin de délimiter les principales différences mais aussi les points de convergence.

Les positions des organisations internationales

	Banque mondiale	BIT	OCDE	Union européenne
Diagnostic commun	La viabilité des systèmes de retraites est remise en cause par l'évolution démographique.			
Diagnostic propre à chaque organisation	Coût du système et adaptation à la croissance économique Efficacité du système	Taux de couverture insuffisant dans les pays en voie de développement Égalité d'accès à la retraite	Le vieillissement de la population met en cause la viabilité financière des systèmes de retraite	Impact du vieillissement de la population sur la viabilité financière des systèmes de retraite Encore des inégalités d'accès
Valeurs	Liberté/ efficience	Garantie/ droits sociaux	Efficacité/ équité	« Durabilité » et « soutenabilité » solidarité et sécurité
Normes d'action	Assurer la viabilité financière et la contributivité du système à la croissance économique Assurer une retraite décente	Protéger les droits des affiliés Étendre le taux de couverture des systèmes	Garantir la soutenabilité des systèmes pour préserver le développement économique	Garantir la soutenabilité de systèmes tout en maintenant un niveau élevé de protection sociale
Instruments	Système à trois piliers Capitalisation et régulation par le marché	Système à quatre piliers qui permet de garantir un revenu à tous et surtout à la population qui dispose d'un revenu moyen ou peu élevé Recul de l'âge de départ à la retraite	Assainissement budgétaire et allègement de la dette publique Diversification des revenus des retraités (capitalisation, épargne privée, fiscalité et transferts) Vieillissement actif (incitations fiscales et financières, formation).	S'appuyer sur un taux d'emploi élevé et encourager le vieillissement actif, Gestion budgétaire rigoureuse Modification des systèmes de retraite (fonds de pension, paramètres de calcul)
Instrument commun	Les différentes organisations s'accordent sur la nécessité de diversifier les revenus des retraites (modes de financement privé/public et assouplissement des modalités de départ)			

Par conséquent, les organisations internationales ont proposé des expertises qui ont permis de renouveler les débats nationaux et de les recontextualiser par rapport aux évolutions des politiques économiques globales. Quelle a été la conséquence de cette opération ? Selon les derniers chiffres de l'OCDE, on observe une harmonisation de l'âge de la retraite à 65 ans dans la grande majorité des pays[19]. De même, les dispositifs de préretraite ont pour la plupart été clôturés et les taux d'emploi sont remontés dans la majorité des pays de l'OCDE (OCDE 2011). Est-ce à dire que les prises de position des organisations internationales ont eu une influence sur les processus nationaux ? La question reste ouverte. Néanmoins, les derniers chiffres de l'OCDE soulignent une remontée des taux d'activité des travailleurs âgés dans la majorité des pays[20].

L'Union européenne se différencie des autres organisations internationales, dans la mesure où elle ne se limite pas à un pouvoir d'expertise mais a aussi une capacité politique à prendre des décisions autonomes. Marsh et Olsen analysent l'impact relatif de l'expertise et du politique dans la prise de décision : *« On the surface, on process attempts to reduce subjectivity through standardised procedures to assure verifiable knowledge ; the other attempts to organise subjectivity through a set of bargains designed to assure social stability. (...) The classic outcome of confrontation of contending ideas among experts is the confirmation of one and rejection of the others ; the classic outcome of confrontation of political ideas is the building of coalitions that makes compromises in order to exclude others »* (Marsh, Olsen 1989, p. 30).

Au niveau européen, expertise et arbitrage politique vont se mêler : les acteurs économiques (Ecofin, Commission, CPE, lobbies) vont user de leur expertise pour initier et stimuler le débat, progressivement ils vont ainsi réussir à faire émerger sur la scène politique européenne cette question qui relève originellement du principe de subsidiarité. Après avoir donné un aperçu global de la façon dont les organisations internationales se sont saisies de la question des retraites, nous allons de ce fait retracer plus en détail le processus politique de la construction d'un schéma de réforme des retraites au niveau communautaire.

[19] Cf. Annexe 2 : Age légal de départ à la retraite dans les pays de l'OCDE en 2011.

[20] Cf. tableau page suivante.

Taux d'emploi des travailleurs âgés
% de la population âgée de 55 à 64 ans

	2003	2004	2005	2006	2007	2008	2009	2010
Australie	50,3	51,7	53,5	55,5	56,6	57,4	59,0	60,6
Autriche	30,3	28,8	31,8	35,5	38,6	41,0	41,1	42,4
Belgique	28,1	30,0	31,8	35,5	38,6	41,0	41,1	42,4
Canada	53,0	53,9	54,7	55,5	57,0	57,5	57,6	58,3
Chili	49,1	50,0	51,0	53,2	54,4	55,7	55,4	58,0
République Tchèque	42,3	42,6	44,6	45,2	46,0	47,6	46,8	46,5
Danemark	60,2	60,3	59,5	60,7	58,6	57,3	57,5	57,6
Estonie	52,1	52,1	55,7	58,2	59,5	62,2	60,4	53,8
Finlande	49,9	51,0	52,6	54,5	55,0	56,4	55,6	56,3
France	37,0	37,6	38,5	38,1	38,2	38,2	38,8	39,7
Allemagne	39,0	41,8	45,5	48,1	51,3	53,8	56,1	57,7
Grèce	41,3	39,4	41,6	42,3	42,4	42,8	42,2	42,3
Hongrie	29,0	31,1	33,0	33,6	33,1	31,4	32,8	34,4
Islande	83,3	82,0	84,8	84,9	84,9	83,3	80,8	80,5
Irlande	83,3	82,2	84,8	84,9	84,9	83,3	80,8	80,5
Israël	50,4	51,5	52,4	54,9	57,2	58,4	58,8	59,8
Italie	30,3	30,5	31,4	32,5	33,8	34,4	35,7	36,6
Japon	62,1	63,0	63,9	64,7	66,1	66,3	65,5	65,2
Corée	57,8	58,5	58,7	59,3	60,6	60,6	60,4	60,9
Luxembourg	30,3	30,4	31,7	33,2	32,0	34,1	38,2	39,6
Mexique	52,9	53,8	52,6	55,0	54,7	54,7	52,5	54,5
Pays-Bas	42,5	43,7	44,8	45,7	48,8	51,7	53,3	54,1
Nouvelle Zélande	64,3	67,0	69,5	70,2	71,8	71,7	72,1	73,3
Norvège	68,6	68,0	67,6	67,4	69,0	69,3	68,7	68,6
Pologne	28,6	28,0	30,4	33,2	35,7	39,3	39,6	40,6
Portugal	51,6	50,3	50,5	50,1	50,9	50,8	49,7	49,2
République Slovaque	24,6	26,8	30,4	33,2	35,7	39,3	39,6	40,6
Slovénie	23,5	29,0	30,7	32,6	33,5	32,8	35,6	35,0
Espagne	40,8	41,3	43,1	44,1	44,6	45,6	44,1	43,6
Suède	69,0	69,5	69,6	69,8	70,1	70,3	70,1	70,6
Suisse	65,7	65,2	65,1	65,7	67,2	68,4	68,3	68,3
Turquie	32,7	29,5	28,0	27,6	27,1	27,4	28,2	29,5
Royaume-Uni	55,4	56,2	56,7	57,4	57,4	58,2	57,5	56,7
Etats-Unis	59,9	59,9	60,8	61,8	61,8	62,1	60,6	60,3
OCDE-Total	50,0	50,7	51,7	52,7	53,5	54,1	53,6	54,0

Source : Labour market statistics by sex and age : indicators, OECD Employment and Labour Market Statistics (database), OECD 2011, *http://dxdoi.org/10.1787/emp-ol-table-2011-1-en*

Chapitre 2. La construction d'un cadre d'action communautaire pour la réforme des retraites

Au début des années 1980, les institutions européennes commencent à s'intéresser à la situation des systèmes de protection sociale et des mesures sont introduites pour relever l'âge de départ à la retraite ou allonger la durée de cotisation. Le principal objectif de ces mesures est de diminuer la charge financière des retraites sur les systèmes de protection sociale, indépendamment de leur effet sur les préretraites. C'est à partir du début des années 1990 que l'Europe, comme les autres organisations internationales, commence réellement à intervenir sur les questions des retraites et des préretraites. Les premières initiatives relèvent de la Stratégie européenne pour l'emploi, seul moyen d'action des acteurs sociaux en raison du principe de subsidiarité. Mais les acteurs économiques et financiers européens vont en fait être les réels initiateurs d'un débat et d'une politique de réforme des retraites (directive « fonds de pension », question de la « soutenabilité financière » des systèmes de retraite). Ce n'est qu'au début des années 2000, que les acteurs sociaux vont réagir et bénéficier de la volonté politique du Conseil européen pour un rééquilibrage entre acteurs économiques et sociaux autour de la stratégie de Lisbonne.

1. La contribution de la stratégie européenne pour l'emploi

En 1982, suite à la recommandation faite par la Commission européenne et le Comité économique et social sur le temps de travail en Europe, le Conseil européen a voté une recommandation invitant les Etats membres à favoriser la flexibilité de l'âge de la retraite (Conseil Européen 1982). Cette idée a été renforcée en 1989[21]. Le Conseil de l'Europe a souligné l'importance d'une harmonisation européenne, avec des conditions qui ne dissuadent pas les salariés de prendre leur retraite avant ou après l'âge légal. Ces mesures avaient pour objectif le développement des retraites partielles, grâce à une diminution du temps de travail, ce qui aurait permis aux salariés de préparer leur entrée définitive dans le système de retraite.

Au milieu des années 1990, la thématique de l'emploi des seniors a émergé sur la scène politique européenne dans le cadre de la stratégie européenne pour l'emploi. En 1994, le Conseil européen d'Essen, a marqué le début d'une nouvelle phase dans la construction de l'Europe sociale, et a inauguré des changements significatifs. La préoccupation majeure concernait la situation économique en Europe, qui venait de faire face à une récession, et la volonté politique européenne de sortir du problème du chômage. L'un des points de discussion concernait la mise en place de mesures spécifiques pour les groupes particulièrement touchés par le chômage, les jeunes et les chômeurs de longue durée. Parmi ces derniers, le Conseil

---

[21] Conseil de l'Europe, *Recommandation n° R (89)3 sur la flexibilité de l'âge de la retraite*, adoptée le 4 mars 1989, Bruxelles.

européen a souligné qu'une attention spécifique devait être portée aux femmes et aux salariés âgés (Point 5, Conclusions de la Présidence du Conseil européen d'Essen 1994). La question de l'emploi des salariés âgés a ainsi émergé sur la scène politique européenne, mais son importance ne paraissait pas prééminente. Pendant les années 1990, les orientations ont en effet plutôt conduit à des mesures de réparation pour les travailleurs âgés qui avaient été licenciés, mais rares ont été les mesures préventives.

Dans la continuité du Sommet européen d'Essen, le Conseil de l'Union européenne s'est réuni en 1995 pour examiner la situation des travailleurs âgés[22]. Le Conseil a souligné que certains systèmes de retraite avaient conduit dans plusieurs Etats membres à une instabilité des fins de carrière et favorisé les départs anticipés à la retraite. Le Conseil n'a pas appelé à une suppression totale des dispositifs de préretraite, mais a suggéré l'introduction de systèmes de retraite progressive promouvant le travail à mi-temps en fin de carrière, ce qui aurait permis de dégager des postes pour des chômeurs ou des jeunes en recherche d'emploi, sans entraîner une perte de savoir-faire. Par conséquent, le Conseil a encouragé à une réorganisation du travail s'articulant autour d'un processus de transfert des compétences des salariés les plus anciens vers les nouveaux entrants.

Suite au Sommet de Luxembourg, la stratégie européenne a été mise en place en 1997. Sous le pilier de « l'employabilité », les premières lignes directrices (1998) ont mentionné timidement qu'une attention particulière devait être portée aux travailleurs âgés. Bien que ces lignes directrices n'aient pas spécifié d'objectifs à atteindre pour retenir les travailleurs âgés sur le marché de l'emploi, un exemple de bonne pratique a été cité. En effet, le cas de l'Autriche était mentionné dans le rapport conjoint sur l'emploi de 1998. Dans ce pays, la réforme du système de retraite avait conduit à l'harmonisation des âges de départ entre les hommes et les femmes, ce qui avait pour objectif d'encourager les femmes à rester plus longtemps sur le marché de l'emploi. De plus, les Conclusions de la présidence concernant la préparation des lignes directrices, soulignaient la question de l'employabilité des travailleurs âgés : « le vieillissement de la main-d'œuvre au sein de l'Union et le développement technologique rapide signifient que l'Europe fait face à un fossé entre les besoins et les compétences. Les entreprises recherchent des compétences nouvelles et adaptées, mais la plupart des chômeurs ont des compétences dépassées ou n'ont pas de qualifications, tandis que de larges parts de la force de travail ont un accès limité à la formation continue, en particulier ceux qui ont le niveau de qualifications le plus faible et ont des contrats de travail atypiques. Moins de 10% des chômeurs se voient offrir des formations. Les Etats dépensent autour de 200 000 millions d'euros dans leurs politiques de l'emploi, mais seulement un tiers de cette somme est consacré à des mesures actives. Tous les transferts sociaux doivent par conséquent être examinés pour voir s'ils peuvent être utilisés pour promouvoir des mesures de réhabilitation, de réintégration et de formation » (Conseil européen 1998).

---

[22] Conseil de l'Union européenne (1995), *Résolution du Conseil et des Représentants des Gouvernements des Etats membres*, rencontre avec le Conseil le 29 juin 1995, sur l'emploi des travailleurs âgés (95/C 228/01).

1. 1. L'élaboration de lignes directrices pour l'emploi des salariés âgés

Par la suite, la Stratégie européenne pour l'emploi a commencé à initier des lignes directrices pour la formation tout au long de la vie. La ligne directrice 4 souligne « l'importance de la formation tout au long de la vie pour le développement d'une main-d'œuvre qualifiée et adaptable », et note que « les Etats membres doivent fixer des objectifs pour augmenter le nombre de bénéficiaires » (Conseil de l'Union européenne 1999b). La Commission considère que le développement de conditions de travail flexibles est une mesure préventive pour gérer les flux de main-d'œuvre. Dans une communication intitulée *« Vers une Europe pour tous les âges »* (COM(1999)221final), elle note que pour maintenir un nombre accru de travailleurs âgés dans l'emploi et prévenir leur exclusion, il faut préserver et renforcer leur employabilité, en investissant dans leurs compétences, leur motivation et leur mobilité. La Commission insiste aussi sur la suppression des restrictions institutionnelles et des rigidités pour mettre l'accent sur la mobilité dans l'emploi des travailleurs âgés avec le développement pour ce groupe d'âge de contrats temporaires, d'emplois à temps partiel et de sous-traitance qui constitueraient des sources de création d'emplois.

Les lignes directrices pour l'emploi de 1999 et 2000 (Commission européenne 1999a et 1999b) appellent par conséquent les Etats membres à intensifier leurs efforts pour soutenir et encourager les travailleurs âgés à participer activement à l'emploi grâce à la modernisation de l'organisation du travail. Elles invitent les partenaires sociaux à « négocier, à tous les niveaux, des accords pour moderniser l'organisation du travail, incluant des conditions de travail flexibles, pour atteindre un équilibre entre flexibilité et sécurité. De tels accords couvrent par exemple l'annualisation du temps de travail, la réduction du temps de travail, le développement des temps partiels, de la formation tout au long de la vie et des interruptions de carrière » (Conseil de l'Union européenne 1999b et 2000a). Les lignes directrices de 2000 réitèrent aussi la volonté de transition de mesures passives vers des mesures actives avec les lignes directrices 3 et 4, qui proposent de mettre en place des politiques de « vieillissement actif » pour retenir les travailleurs âgés sur le marché de l'emploi.

1. 2. Une accentuation du processus au début des années 2000

Les lignes directrices de 2001 deviennent plus précises. Elles indiquent que des mesures de formation répondant aux besoins du marché de l'emploi sont déterminantes pour le développement d'une économie basée sur la connaissance et l'amélioration du niveau et de la qualité de l'emploi. Elles mettent aussi en exergue que de tels systèmes sont cruciaux pour poser les fondations de stratégies de ressources humaines productives et adaptées aux changements économiques et sociaux. Le développement d'une main-d'œuvre employable permettrait de combler les besoins de qualification actuels et de prévenir l'érosion des compétences qui résultent du chômage et de la non-participation et de l'exclusion sociale (Conseil de l'Union européenne 2001). Le Conseil propose par conséquent de doubler les taux d'accès à la formation pour parvenir à 10% de la main-d'œuvre en 2010 (Conseil de l'Union européenne 2001). De nouveau, la Stratégie européenne pour l'emploi souligne qu'« un accès facilité à la formation est particulièrement important pour les travailleurs âgés » (Conseil de l'Union européenne 2001). Sous le pilier de l'Entreprenariat, la ligne directrice 3 conseille aussi, pour soutenir l'adaptabilité, de réexaminer les obstacles, en particulier fiscaux, à l'investissement en ressources humaines (Conseil de l'Union européenne 2001).

Toutefois, les acteurs sociaux européens ont été pris de court par les acteurs économiques qui se sont emparés dès le début des années 1990 de la question des retraites sous l'angle de son impact financier.

2. Les retraites, un enjeu saisi par les acteurs économiques et financiers

La question des retraites a surtout émergé de façon indirecte au niveau européen, à la demande des acteurs économiques et financiers. La première tentative a été faite par la Direction générale Marché intérieur et services financiers, qui a, dès le début des années 1990, initié un débat pour introduire une directive sur la gestion prudentielle des fonds de pension. Après un débat qui a duré plus de dix ans, la directive « Fonds de pension » a finalement été adoptée en 2002. Dans la continuité, au nom de la stabilité économique et financière, la Direction générale Economie et finances est devenue l'acteur essentiel du débat sur les retraites au niveau européen.

2. 1. La directive « fonds de pension »

Le débat sur la « directive Fonds de pension », a été amorcé par Sir Leon Brittan, Commissaire européen à la DG Marché intérieur et services financiers. Dans un discours du 2 juillet 1990, Sir Leon Brittan, chargé avec la DG Marché intérieur et services financiers de réaliser le marché unique de la banque et de l'assurance, remarquait que le tiers de la bourse de Londres était détenu par les fonds de pension britanniques et que par conséquent, le marché unique financier devait intégrer les retraites complémentaires. Le 9 octobre 1990, à la suite de ce discours, la Commission publiait un document de travail sur « l'achèvement du marché intérieur dans le domaine des retraites privées », destiné à « servir de base pour l'élaboration d'une proposition de directive qui couvrira la lacune que l'on constate au niveau du deuxième pilier en ce qui concerne les fonds de retraite. »
Selon la Commission, trois libertés devaient être assurées :

- la liberté de prestation de services pour les gestionnaires de fonds de retraite ;
- la liberté d'investissement des actifs d'un fonds de retraite à travers les frontières ;
- la liberté d'adhérer à un fonds de retraite à travers les frontières, ce qui permettrait la création de fonds de retraite européens.

Le 21 octobre 1991, la Commission soumet au Conseil une proposition de directive « concernant la liberté de gestion et d'investissement des fonds collectés par les institutions de retraite ». Le Parlement européen et le Conseil économique et social approuvent ces orientations. Par conséquent, une proposition de directive est présentée le 26 mai 1993. Toutefois, les acteurs s'affrontent autour de ce projet. En effet, les gestionnaires des fonds de pension (*European Federation for Retirement Prevision* EFRP) s'opposent aux assureurs (Comité Européen de l'Assurance, CEA). Les gestionnaires de fonds de pension souhaitent une libéralisation complète, tandis que le CEA estime au contraire que les fonds de pension doivent être soumis aux directives européennes plus contraignantes sur l'assurance vie, ce qui garantirait une meilleure sécurité pour les assurés ainsi que l'égalité de concurrence entre assureurs et fonds de pensions.

Parmi les Etats membres, le Royaume-Uni, l'Irlande et les Pays-Bas, proches d'une culture « Fonds de pension » ont soutenu le projet de la Commission contre les pays qui s'inscrivaient dans une logique assurancielle comme la France. Faute de majorité, le projet a été retiré. Cette divergence a par la suite abouti à un conflit entre la France et la Commission. En effet, dans une communication du 17 décembre 1994, la Commission a rappelé les règles plus libérales qui devaient selon elle s'appliquer aux fonds de pension. Le gouvernement français a déposé devant la Cour de justice des communautés européennes (CJCE) un recours en annulation au double motif que la Commission n'avait pas le droit d'imposer ce qui avait été rejeté par le Conseil des ministres et que les règles énoncées dans la communication rompaient l'égalité de concurrence au détriment des assureurs. La Cour, par un arrêt du 20 mars 1997, a donné raison à la France pour le premier motif.

Au cours d'un entretien réalisé avec un membre de la Commission (DG Marché intérieur et services financiers), nous avons demandé quelles étaient selon lui les raisons de l'échec de cette proposition de directive :

> « Le premier projet a été fait en 1991, mais la directive a été retirée en 1993-1994 pour deux raisons :
>
> - un problème dans les règles d'investissement. Il n'y avait pas encore l'Union économique et monétaire, et l'intégration des marchés financiers n'était pas au même stade qu'aujourd'hui. Les Etats membres étaient très stricts sur la possibilité de maintenir des restrictions quantitatives aux investisseurs afin de garder la possibilité de financer leur dette. La tactique était d'investir au niveau national pour diminuer la dette. De plus, il y avait des différences entre les pays autour de cette approche néolibérale. La France, l'Allemagne et les Pays méditerranéens n'étaient pas dans la même situation que l'Angleterre et les Pays-Bas.
> - la directive ne contenait pas de dispositions sur le côté passif du bilan. L'accent était mis sur la disposition des investissements mais pas sur le calcul du niveau de privatisation ou de provision technique. La directive n'assurait pas une sécurité suffisante aux bénéficiaires.
>
> Après l'échec de la première directive, la remise en mouvement a surtout été permise dans la perspective de l'intégration financière. En effet, les fonds de pension sont les seuls services financiers qui échappent au marché intégré[23] ».

---

[23] Extrait d'entretien réalisé avec un membre de la Commission, DG Marché intérieur et services financiers, le 05/02/2001.

Le débat a donc été relancé par la DG Marché intérieur et Services financiers, et le Commissaire européen Mario Monti, successeur de Sir Leon Brittan, avec la publication d'un *« Livre vert sur les retraites complémentaires dans le Marché unique »*, le 10 juin 1997. Le Livre vert aborde la situation des régimes complémentaires en Europe à la fois sous l'angle de la libre circulation de capitaux et de la libre circulation des personnes. Il part du constat que l'évolution démographique engendre une dégradation de la situation des régimes de retraite et que le développement des régimes complémentaires peut aider à résoudre les difficultés. Ce document propose d'examiner la façon dont l'Europe peut préserver la sécurité des prestations tout en abolissant les restrictions qui empêchent le développement du marché unique des fonds de retraite. Ainsi, le Livre vert appelle à la consultation les Etats membres, le Parlement européen, le Comité économique et social, le Comité des régions, les partenaires sociaux, les agents économiques, les organisations représentatives, les consommateurs et toutes les parties intéressées à ce problème. 80 réponses ont été reçues, un résumé en a été publié le 6 avril 1998 et une audition de ces personnes a eu lieu le 21 avril.

Par la suite, le 11 mai 1999, la Commission propose une communication intitulée *« Vers un marché unique pour les retraites complémentaires – Résultats de la consultation relative au livre vert sur les retraites complémentaires dans le Marché unique »*[24]. Cette communication a été dans un premier temps préparée grâce à la consultation sur le Livre vert puis par le Cadre d'Action sur les Services Financiers élaboré en concertation avec l'Industrie et les Etats membres[25]. Ce texte parachève l'intégration des marchés financiers qui offrirait davantage de choix et de flexibilité aux futurs retraités, tout en, grâce à l'amélioration du rendement des fonds de pension, limitant le coût indirect du travail et favorisant la création d'emplois. La Commission s'engage à garantir les prestations « sans toutefois que ces mesures aillent au-delà de ce qui est objectivement nécessaire ». Lors de la consultation relative au Livre vert sur les retraites complémentaires, les Etats ont admis la nécessité de créer un cadre communautaire qui s'articulerait autour de trois axes : la réglementation prudentielle des fonds de retraite, la levée des obstacles à la mobilité professionnelle et la coordination des régimes fiscaux des Etats membres.

A cette époque, la valeur des actifs des fonds de retraite du deuxième pilier équivalait à 23% du PIB annuel de l'Union. D'après la Commission, l'objectif n'est pas de parvenir à une harmonisation, dans la mesure où les régimes fiscaux des Etats membres sont diversifiés et complexes. L'accent était mis toutefois sur la limitation des discriminations fiscales nationales à l'encontre des produits offerts par des organismes établis dans d'autres Etats membres. Le Livre vert a ainsi permis de relancer le débat sur le projet de directive, mais il ne signifie pas pour autant l'acceptation de celui-ci par les Etats membres. Cette étape de consultation a seulement réouvert un dialogue sur un sujet contre lequel les Etats membres possédaient en fait peu de moyens d'action, puisque la proposition de directive était justifiée par le principe de la libre circulation. Toutefois, les Etats membres

[24] COM (99) 134 final Or.

[25] *« Services Financiers: élaborer un Cadre d'Action »*, COM (98) 625, présentée le 28 octobre 1998.

pouvaient également jouer sur le vide législatif, dans la mesure où aucun principe ne définit explicitement les règles du marché unique :

> « Il fallait l'accord des Etats membres pour reconsidérer la directive, mais l'accord politique est facile à dire. Aucun des Etats membres ne va s'opposer au marché intérieur. Le plus dur est de faire passer l'accord politique au niveau du texte législatif. Pour le moment, il n'y a pas d'accord sur les règles qui régissent le marché unique[26] ».

A la suite de cette étape de consultation, une nouvelle proposition de directive, baptisée « Directive Bolkestein »[27], a été adoptée par la Commission en octobre 2000, après la consultation des services concernés. Elle poursuit le même objectif de création d'un marché intérieur pour les systèmes de retraite complémentaires. Selon la « philosophie générale » de cette proposition, « les Etats membres sont responsables de leurs systèmes de retraite au plan national, mais cette organisation doit s'intégrer dans le cadre du marché intérieur, et de la suppression des discriminations et entraves à la libre circulation des capitaux[28]. » En l'espace de dix ans, le débat sur la directive « Fonds de pension » s'est relativisé. En effet, les oppositions des Etats membres sont devenues moins fortes, pour la simple raison que les fonds de pension se sont généralisés en Europe et que de plus en plus de pays s'appuient sur le développement des systèmes complémentaires pour faire face au problème du vieillissement. Ainsi, les fonds de pension qui à l'origine étaient une particularité et étaient surtout utilisés aux Pays-Bas, en Grande-Bretagne, en Irlande et en Scandinavie, sont aujourd'hui présents - plus ou moins officiellement – au Danemark, en Suède, en Allemagne, en Italie et en France… Les fonds de pension font partie des systèmes de retraite européens. Par conséquent, le débat est désormais perçu comme moins dogmatique, il se dépolitise et a plutôt tendance à se déplacer sur des points techniques. Les propos des acteurs communautaires se veulent par ailleurs rassurants, leur objectif n'étant toujours pas « d'harmoniser » les systèmes de retraite mais de concilier ceux-ci avec le processus d'unification économique et monétaire. Cependant, si les termes du débat sont plus voilés, les enjeux politiques restent élevés et la sensibilité du débat aurait pu mettre un frein à cette nouvelle proposition de directive.

D'après une personne interviewée à la DG Marché intérieur et services financiers, la gestion des fonds de pension au niveau européen permettrait de faire des économies d'échelle et par conséquent d'en accroître l'efficience :

> « L'objectif de la directive n'est pas de favoriser le développement des fonds de pension mais d'accroître l'efficacité du système tout en respectant la diversité. Si on accroît l'efficacité par l'affiliation transfrontalière, on aura besoin de contributions moindres parce que les coûts seront moindres. Ce sera positif pour l'ensemble de l'économie européenne. Par exemple, si une multinationale britannique qui a des succursales dans

[26] Extrait d'entretien mené à la DG Marché intérieur et services financiers, le 05/02/2001.
[27] Nom du Commissaire qui l'a présentée.
[28] Extrait d'entretien mené à la DG Marché intérieur et services financiers, le 05/02/2001.

> 15 Etats membres relève d'une seule législation et peut créer un fond de pension, elle économisera 40 millions d'euros par an. C'est un gain d'efficacité[29] ».

De même, les acteurs économiques et financiers présentaient l'introduction de la directive comme pertinente au regard de la libre circulation des mouvements et des capitaux :

> « Les retraites complémentaires par capitalisation se développent en Europe, il est important de réguler ce nouveau marché financier. Cela fait partie du processus d'intégration monétaire. L'enjeu est moins politique que technique. Il faut dépolitiser le débat, la polémique qui s'est développée autour des fonds de pension[30] ».

Au contraire, les acteurs sociaux, et en particulier la Confédération européenne des syndicats (CES), ont estimé que cette proposition de directive était intrusive dans la mesure où l'Europe n'avait pas l'autorité légitime pour intervenir dans le secteur de la protection sociale :

> « La proposition de directive a permis à la Commission de soulever de façon indirecte la question des retraites au niveau européen, alors qu'elle n'était pas habilitée à la faire. Ce que sous-entend cette directive, c'est que les fonds de pensions se développent de fait, et que par conséquent l'Europe doit réguler ce nouveau marché… Ce n'est pas si simple, on ne peut pas réduire la question de la réforme des retraites à une simple législation financière. Il s'agit de l'avenir de la protection sociale dans son ensemble[31] ».

Après un débat qui a duré pendant plus de dix années, les différents acteurs européens et nationaux sont parvenus à un accord et la directive a finalement été adoptée en 2002. Le débat sur la directive Fonds de pension a ainsi permis à l'Europe de contourner le principe de subsidiarité. En effet, l'organisation, la gestion et le fonctionnement des systèmes de protection sociale relèvent exclusivement de la souveraineté nationale, et selon le principe de subsidiarité, l'Union européenne n'est pas habilitée à intervenir dans ce champ politique. L'arrivée sur la scène politique de la directive sur les retraites complémentaires par capitalisation, a été perçue comme une prise de pouvoir de la question des retraites par la Commission au nom d'un vecteur indirect, le principe de la libre circulation. Surtout, la Commission avait fait émerger la question des retraites sous l'angle de la privatisation des régimes de retraite, ce qui ne pouvait que renforcer l'idée de la construction d'un paradigme libéral de la protection sociale, question très polémique dans les Etats membres au cours des années 1990.

2. 2. Préserver la « soutenabilité » financière des systèmes de retraite

Une deuxième voie d'entrée a permis d'aborder la question des retraites au niveau communautaire. Au cours des années 1990, une controverse s'est développée

---

[29] Extrait d'entretien mené à la DG Marché intérieur et services financiers, le 05/02/2001.
[30] Extrait d'entretien réalisé avec un représentant de la DG Ecfin, le 05/02/2001.
[31] Extrait d'entretien réalisé avec un représentant de la CES, le 05/04/2001.

à l'initiative de la DG Economie et Finances, qui, dans le cadre du suivi des politiques structurelles, a dénoncé l'impact du vieillissement sur l'évolution des finances publiques. Les acteurs économiques européens (Commission, Comité de politique économique, Banque centrale) soutenus par différents lobbies (ERT, Fondation de Beneditti) ont mis en avant le problème de la viabilité financière des systèmes de retraite. En 1997, le Comité de politique économique avait élaboré des recommandations de réformes des systèmes de retraite pour limiter les implications économiques du vieillissement démographique[32]. Par la suite, la question des retraites a été soulevée au regard de la discipline budgétaire dans le cadre du Pacte de stabilité et de croissance. Les Grandes orientations de politique économique (GOPE) de 1999 ont demandé aux Etats membres de réformer leurs systèmes de retraite et de soins de santé, d'adapter les systèmes d'imposition et de prestations sociales, d'introduire des politiques actives pour l'emploi des travailleurs vieillissants et de réduire la charge fiscale globale sur les travailleurs[33]. Selon les acteurs économiques européens, la réforme des retraites suppose deux types d'action : modifier les paramètres des systèmes par répartition (diminuer le niveau des pensions, reculer l'âge de la retraite...), et contrebalancer la diminution du niveau des retraites publiques par le développement de systèmes financés par capitalisation, subventionnés par l'Etat, qui fonctionneraient sur un mode individuel ou collectif, mais seraient gérés par des acteurs privés. Recourir aux mécanismes de la capitalisation permettrait d'alléger le poids financier des systèmes de retraite publics en reportant l'accroissement de la demande de pensions sur les systèmes complémentaires privés. Cette voie de réforme était encouragée par la DG Ecfin et présentée comme une nécessité qui résultait des évolutions démographiques et économiques, mais qui était dénoncée par d'autres acteurs qui relevaient de la sphère sociale :

> « Ce n'est pas soutenable pour les finances publiques. C'est la logique de l'argumentation économique et scientifique. Ils soulignent le caractère inéluctable de décisions qui ne sont pas de la responsabilité politique mais résultent de la logique économique. On présente ça comme un choix de société, mais si les règles sont fixées comme les critères de Maastricht, ça évitera justement de faire un choix de société. C'est comme ça, c'est 3% du PIB, pourquoi pas 2,3% ? C'est un peu du même ordre, cela relève de la légitimation pseudo scientifique. Ceux qui tiennent la plume, ce sont les membres de la DG Ecfin, c'est elle qui règle le processus[34] ».

Les acteurs économiques ont justifié leur intervention au regard de critères budgétaires. Même si la réforme des retraites ne fait pas partie des prérogatives européennes en accord avec le principe de subsidiarité, elle a donc émergé sur l'agenda européen par un effet d'engrenage. Les implications économiques du

[32] EPC, *« The Reform of European Pension Systems, Opinion addressed to the Council and the Commission »*, II/220/97, 06/10/97.

[33] Projet de rapport pour le Conseil Ecofin concernant les grandes orientations des politiques économiques des Etats membres et de la Communauté, annexé aux conclusions de la présidence du Conseil européen de Cologne, les 3-4 juin 1999.

[34] Extrait d'un entretien réalisé avec un chargé de recherche du CNRS, ancien membre de la DG Emploi et affaires sociales, le 03/03/2001.

vieillissement justifiaient une intervention de l'Union européenne. Les acteurs économiques, qu'ils appartiennent à la Commission (DG Ecfin) ou qu'ils représentent les Etats membres (Conseil Ecofin, Comité de politique économique) bénéficiant d'une forte légitimité au niveau européen et ont pu identifier la réforme des retraites comme relevant indirectement de leurs compétences, au regard de sa « soutenabilité financière ». Institutionnellement, les acteurs économiques sont également bien représentés au niveau européen, ainsi les ministres Ecofin participent de façon informelle aux Sommets européens :

> « Ils tiennent comme par hasard une réunion le même jour au même endroit. Cela leur permet d'être au cœur des débats[35] ».

3. La réaction des acteurs sociaux : le processus de Lisbonne

En juillet 1999, un Conseil informel des ministres de l'emploi et des affaires sociales s'est réuni à Oulu en Finlande. Selon les acteurs européens, pour préserver les systèmes de protection sociale européens, il était nécessaire de les adapter aux évolutions sociétales contemporaines, en gardant à l'esprit qu'ils représentaient un symbole fort de solidarité et de cohésion sociale. Le choix des orientations de réformes était laissé à l'évaluation et à l'initiative de chaque Etat membre. Cependant, les réformes devaient rester cohérentes entre elles et avec le processus d'intégration européenne. L'Union européenne devait agir comme un catalyseur dans le processus d'adaptation des systèmes de protection sociale. Il était aussi perçu comme essentiel de réformer les systèmes de protection sociale pour leur permettre de promouvoir l'intégration économique européenne. Cette stratégie de modernisation de la protection sociale va être mise en œuvre à partir du début des années 2000 dans le cadre du processus de Lisbonne et va s'appliquer à la question des retraites et des préretraites.

3. 1. Une volonté de rééquilibrage entre intérêts économiques et sociaux

Les acteurs sociaux ont eu un rôle relativement marginal dans l'émergence de la question des retraites au niveau communautaire, alors qu'ils étaient a priori les mieux habilités à proposer la mise sur agenda des thèmes sociaux. Moins bien représentés que les acteurs économiques au niveau communautaire, les acteurs sociaux ont aussi pendant longtemps été moins impliqués :

> « J'ai travaillé pendant deux ans au Cabinet de Martine Aubry et jamais elle n'a assisté à un Conseil...[36] »

Cependant, à la fin des années 1990, les acteurs sociaux se sont organisés au niveau communautaire pour réagir à la pression exercée par les acteurs économiques sur les systèmes de protection sociale. En 1999, la Commission (DG Emploi et affaires

---

[35] Extrait d'entretien avec un représentant de la DG Emploi et affaires sociales, le 08/07/2001.
[36] Extrait d'entretien réalisé avec le Président du Comité de la protection sociale, le 05/03/2001.

sociales) a proposé d'introduire une stratégie communautaire pour moderniser les systèmes de protection sociale européens, qui s'articulait autour quatre thématiques : garantir des retraites sûres et adéquates, rendre le travail plus avantageux et fournir un revenu sûr, promouvoir l'intégration sociale, et garantir un niveau élevé de protection de la santé[37]. Suite à une proposition de la Commission, le Conseil européen a créé un « groupe à haut niveau sur la protection sociale » en décembre. Ce groupe de réflexion, composé de représentants des gouvernements des Etats membres et chargé d'analyser les possibilités d'évolution de la protection sociale en Europe, a été institué pour combler un manque institutionnel. En effet, il n'existait pas d'organisme équivalent au Comité de politique économique dans le secteur social. Le Conseil a ainsi émis la volonté d'un rééquilibrage politique entre les champs économiques et sociaux. La même année, une deuxième communication a été proposée : *« Vers une Europe pour tous les âges – Promouvoir la prospérité et la solidarité entre les générations »* (COM (99) 221, final). La Commission y dresse un constat des implications du vieillissement et appelle à une action politique communautaire, pour sauvegarder les principes des systèmes de retraite, en particulier le maintien relatif du niveau du revenu d'activité pour les personnes âgées. La DG Emploi et affaires sociales, propose ainsi, au sein de la Commission, une autre approche du problème des retraites, qui ne se limite pas aux aspects économiques :

> « Pour les retraites, il y a deux processus parallèles. La Direction générale Economie et finances travaille sur les aspects macro-économiques. Elle a des ressources plus fortes que la Direction générale Emploi et affaires sociales, mais il faut dire aussi qu'ils travaillent sans attendre que les autres se réveillent[38] ».

Effectivement, les acteurs économiques s'appuient sur des ressources institutionnelles plus fortes et bénéficient d'une capacité d'initiative au regard de la viabilité des finances publiques. Les acteurs sociaux sont moins puissants et n'ont pas non plus la possibilité de s'appuyer sur les prérogatives européennes, dans la mesure où le domaine social relève de l'autonomie des Etats membres, en accord avec le principe de subsidiarité. Par conséquent, ils ont recouru à la négociation pour faire émerger officiellement la question de la réforme des retraites sur l'agenda politique européen :

> « Dans la mesure où nous n'avions pas la base pour faire cela dans le Traité, nous avons mis l'accent sur la pression politique. En effet, avec l'UEM, la question de la viabilité des finances publiques rend légitime une intervention de plus en plus forte de la sphère Ecofin sur la protection sociale. Nous avons dit aux ministres des affaires sociales qu'ils risquaient de disparaître de la scène européenne, d'être phagocytés par les gens des Finances par le biais de la question du financement, tandis que les questions sociales se limiteraient à l'emploi. Les risques financiers risquaient de les déposséder du débat[39] ».

---

[37] *« Une stratégie concertée pour moderniser la protection sociale »*, COM (1999) 347.
[38] Extrait d'entretien réalisé avec un représentant de la DG emploi et affaires sociales, le 08/07/2001.
[39] Extrait d'entretien réalisé avec un représentant de la DG emploi et affaires sociales, le 08/07/2001.

Les acteurs sociaux ont de ce fait participé activement à l'inscription sur l'agenda politique de la question des retraites lors du Sommet de Lisbonne, parce que les conditions politiques semblaient favorables :

> « L'un des enjeux les plus importants à Lisbonne était de savoir qui allait avoir le leadership. De plus, on avait la chance d'avoir à la présidence de l'Union européenne trois pays favorables à la protection sociale à la suite : le Portugal, la France et la Suède[40] ».

De plus, la spécificité du contexte politique à la fin des années 1990/début des années 2000 participe à la volonté de relancer l'Europe sociale. En effet, les gouvernements des grands pays européens sont gérés par des majorités politiques de centre-gauche, qui envisagent d'insuffler de nouvelles orientations politiques au niveau européen :

> « Le contexte politique a changé depuis le début des années 1990. A l'époque, il n'était pas favorable aux politiques sociales, et nous ne sommes pas parvenus à faire passer nos idées. Aujourd'hui, la situation est différente : l'arrivée de gouvernements de centre-gauche avec Tony Blair, Gerhard Schröder, Romano Prodi et Lionel Jospin a changé la donne[41] ».

En ce sens, les chefs d'Etats qui représentent les Etats membres au niveau européen s'accordent sur des idées politiques communes, ce qui contribue à faire émerger la question des retraites sur l'agenda politique européen. La présidence portugaise a été un acteur essentiel de la relance de l'Europe sociale et a longuement préparé la rencontre de Lisbonne :

> « Le Conseil européen était très important pour les Portugais. Jamais une présidence n'a autant été préparée. En effet, les Portugais ont demandé au Conseil un mandat pour faire un sommet stratégique. Six mois avant le Sommet, ils ont effectué un gigantesque travail d'étude et de consultation des Etats membres pour obtenir un consensus politique[42] ».

Quatre thèmes ont été ciblés pour la relance de l'Europe sociale : l'exclusion sociale, les retraites, la santé et la qualité de l'emploi. Si l'inscription sur l'agenda européen de l'exclusion a rapidement fait l'objet d'un consensus entre les Etats membres, les réactions ont été plus mitigées sur les autres thèmes, et en particulier celui des retraites. En effet, les gouvernements refusaient de perdre leur autonomie d'action dans un secteur qu'ils considéraient comme fondamental et récusaient la remise en cause du principe de subsidiarité. L'inquiétude principale était que les politiques nationales s'effacent devant les prérogatives européennes dans un mouvement de convergence qui aboutirait à une harmonisation des systèmes de protection sociale. Cependant, les Etats membres s'accordaient sur l'importance

---

[40] Extrait d'entretien réalisé avec un représentant de la DG emploi et affaires sociales, le 08/07/2001.
[41] Extrait d'entretien réalisé avec un représentant de la DG emploi et affaires sociales, le 03/03/2001.
[42] Extrait d'entretien réalisé avec un représentant de la DG emploi et affaires sociales, le 08/07/2001.

de mettre en place une politique sociale européenne pour éviter une harmonisation par le bas entraînée par les pressions économiques.

Le désaccord portait aussi sur la méthode à mettre en place. La présidence portugaise promouvait une coordination souple des politiques sociales, ce qui allait contre la volonté de la France d'instituer un cadre législatif classique :

> « Les Français compliquent le débat avec l'invention de l'Agenda social. Avant Lisbonne, la France avait pensé à un agenda social européen, c'est-à-dire un programme législatif qui aurait engagé l'Union européenne pour les cinq ans à venir et qui aurait impliqué la réalisation de directives ou de règlements. La France craignait que les conclusions de Lisbonne soient insuffisamment sociales et que Lisbonne entérine une approche non législative. Or, si le processus se limitait à un processus de *soft law* et de coopération intergouvernementale, cela pouvait dire que le compromis risquait d'être mis en cause. Ils ont voulu aller trop vite par peur que le Portugal ne soit trop faible et ne résiste pas à la pression des Anglais qui voulaient éviter l'inscription de mesures sociales sur l'agenda politique européen[43] ».

La présidence portugaise a de ce fait travaillé à l'élaboration d'un compromis au cours des mois qui ont précédé le Sommet de Lisbonne :

> « Plusieurs mois avant la Présidence, le Portugal a organisé des rencontres d'experts, en novembre et en décembre, et le programme de travail était prévu pour que l'ensemble des formations du Conseil fasse leurs contributions avant janvier. En janvier, il y a eu un conseil informel pour élaborer un consensus politique. Puis Maria Rodrigues, ancienne ministre de l'emploi et des affaires sociales au Portugal a fait le tour des Etats membres en tant qu'ambassadeur itinérant pour obtenir leur accord[44] ».

De ce fait, l'inscription sur l'agenda européen a été facilitée par la conjonction de différents éléments : l'émergence de la question des retraites au niveau communautaire (*problem stream*), la difficulté du traitement de ce problème (de façon indirecte par les acteurs économiques, et avec la prise en compte des enjeux sociaux, ce qui supposait un élargissement des compétences européennes) (*policy stream*), et enfin un contexte politique favorable à l'émergence des questions sociales (*politics stream*). La congruence des différents éléments à un moment donné a permis l'ouverture d'une « fenêtre d'opportunité » : le Sommet de Lisbonne (Kingdom 1984).

3. 2. Le Sommet de Lisbonne

Lors du Conseil de Lisbonne, qui s'est déroulé les 23 et 24 mars 2000, les Etats membres ont ratifié un accord qui délimite des objectifs d'action dans le domaine des retraites et ont également accepté l'introduction d'une nouvelle méthode de gouvernement dans le secteur de la protection sociale.

---

[43] Extrait d'entretien réalisé avec un représentant de la DG emploi et affaires sociales, le 08/07/2001.
[44] Extrait d'entretien réalisé avec un représentant de la DG emploi et affaires sociales, le 08/07/2001.

La stratégie européenne de réforme des systèmes de retraite comprend trois axes d'action :

- Tout d'abord, en raison de l'évolution démographique, un déséquilibre numérique va s'instituer, dans la mesure où une proportion réduite d'actifs devra soutenir une proportion croissante d'inactifs. Le premier objectif européen est de compenser le déséquilibre qui s'instaure dans le cadre du ratio de dépendance démographique en agissant sur le ratio de dépendance économique. La priorité est par conséquent de relever le niveau des taux d'emploi en jouant sur la marge de manœuvre que constituent les inactifs en âge de travailler. Le Conseil propose des objectifs quantifiés : parvenir avec un niveau de croissance de 3% par an à un taux d'emploi total de 70% en 2010 et de 60% pour les femmes. Un objectif quantifié sera fixé en mars 2001 par le Conseil de Stockholm, qui visera à atteindre un taux d'emploi de 50% en 2010 pour les travailleurs âgés de plus de 55 ans.
- Le deuxième axe d'action concerne la gestion des finances publiques. Les dépenses de retraite représentent en moyenne 12,5% du PIB des Etats membres, et sont destinées à augmenter en raison du vieillissement démographique et de l'arrivée à la retraite d'un nombre croissant de personnes. L'Union européenne insiste sur la nécessité de continuer à contrôler les déficits et le niveau de la dette publique en accord avec les niveaux européens.
- Enfin, le troisième axe comprend la réforme des systèmes de retraite au sens propre dans le respect « d'objectifs communs » qui seront élaborés au niveau communautaire et guideront les Etats membres dans leurs stratégies de réformes.

Le Conseil propose par conséquent d'introduire une stratégie concertée de réforme des retraites sur la base d'un « triangle vertueux » entre les politiques économiques et budgétaires, les politiques de l'emploi et les politiques sociales[45]. Il mobilise plusieurs instruments comme les grandes orientations de politique économique et la stratégie européenne pour l'emploi. Il propose également de s'appuyer sur un nouvel outil de gouvernance : la « méthode ouverte de coordination », qui, sur le modèle de la stratégie de Luxembourg, s'appuiera sur l'échange d'idées et de bonnes pratiques, le niveau européen devenant un espace de « réflexion collective » sur les problématiques concernant l'adaptation des systèmes de protection sociale aux nouveaux enjeux socioéconomiques. Dans cette optique, le Conseil a demandé au Groupe à haut niveau sur la protection sociale, qui a été transformé le 29 juin en « Comité de la protection sociale »[46], de réaliser, en collaboration avec le Comité de politique économique, « une étude sur l'évolution future de la protection sociale dans une perspective à long terme, en accordant une attention particulière à la viabilité des régimes de retraite ».

---

[45] *Conclusions de la Présidence*, Lisbonne, 23-24 mars 2000.
[46] (2000/436/CE).

Les grandes lignes élaborées lors du Sommet de Lisbonne seront complétées au cours des réunions suivantes des Conseils Européens. Le processus de Lisbonne se construit en ce sens sur un mode itératif, alimenté par les réflexions de la Commission, qui soutient intellectuellement la construction de cette nouvelle méthode de gouvernement intergouvernementale.

Le Conseil européen a adopté à Nice, en décembre 2000, l'Agenda social européen, et délimité les deux termes du compromis européen dans le domaine des retraites : « garantir des pensions sûres et viables »[47]. Ainsi, l'Europe met l'accent à la fois sur une gestion budgétaire rigoureuse dans l'objectif de préserver des finances publiques saines sur le long terme mais aussi sur la volonté de préserver un niveau de protection sociale élevé. Le Conseil a demandé aux Etats membres de réaliser des contributions nationales décrivant leur processus de réforme des retraites pour le Conseil européen de Stockholm (prévu en mars 2001). Le Traité de Nice ratifie aussi la création du Comité de protection sociale qui remplace le Groupe à haut niveau sur la protection sociale. Selon l'article 144 du Traité, cette instance est chargée de « suivre la situation sociale et l'évolution des politiques de protection sociale dans les Etats membres de la communauté ; faciliter les échanges d'informations, d'expériences et de bonnes pratiques entre les Etats membres et la Communauté ; préparer des rapports, formuler des avis ou entreprendre d'autres activités dans le domaine de sa compétence ». Cette nouvelle instance a été créée dans une optique de rééquilibrage institutionnel, qui introduit dans le secteur de la protection sociale une structure équivalente au Comité de politique économique, créé en 1974, et au Comité pour l'emploi, créé en 1997. Cette volonté de rééquilibrage entre les fonctions économique et sociale au niveau communautaire est encouragée et dénote aussi une inquiétude forte par rapport à la question des retraites :

> « Sur le sujet retraites, la plus grande difficulté, c'est que le Comité de politique économique avait son propre mandat donné par les ministres Ecofin et son propre programme de travail. L'objectif lors de la création du Comité de protection sociale était défensif. Il y avait une crainte que la main soit mise sur le dossier avec l'approche de la viabilité financière[48] ».

Le Conseil européen de Nice confirme aussi l'idée de s'appuyer sur la méthode ouverte de coordination pour « poursuivre la coopération et les échanges entre Etats sur les stratégies propres à garantir l'avenir des pensions sûres et viables[49] ». Néanmoins, il insiste sur la volonté de préserver l'autonomie des Etats membres dans l'organisation des systèmes de retraite et réaffirme le principe de subsidiarité : « Les dispositions arrêtées (...) ne portent pas atteinte à la faculté reconnue aux Etats membres de définir les principes fondamentaux de leur système de sécurité sociale et ne doivent en aucun cas en affecter sensiblement l'équilibre financier[50] ».

---

[47] *Conclusions de la Présidence*, Nice, décembre 2000.
[48] Extrait d'entretien réalisé avec le Président du Comité de protection sociale, le 5/03/2001.
[49] Idem.
[50] Article 137 du Traité de Nice.

Un an après Lisbonne, en mars 2001, le Conseil européen de Stockholm confirme cette idée d'un compromis entre une coordination souple au niveau communautaire et le respect du principe de subsidiarité : « Le vieillissement de la population appelle des stratégies claires permettant d'assurer une couverture suffisante des systèmes de pensions ainsi que des systèmes de soins de santé et de soins pour les personnes âgées tout en préservant la viabilité des finances publiques et la solidarité entre générations. Le cas échéant, il convient d'exploiter pleinement les possibilités qu'offre la méthode ouverte de coordination, notamment en ce qui concerne les pensions, en tenant dûment compte du principe de subsidiarité [51] ».
Le Conseil européen de Stockholm charge ainsi le Comité de politique économique de réaliser un diagnostic, à partir duquel le Comité de protection sociale élaborera des normes d'action. La Commission joue dans ce processus un rôle d'arbitre, sa première tâche a été d'élaborer une communication proposant des objectifs généraux[52], puis de réaliser à la fin du processus un récapitulatif et enfin de proposer un plan de travail[53].

4. Vers une nouvelle façon de penser et de faire ?

Dans sa communication de 2001, intitulée *« Une approche intégrée au service des stratégies nationales visant à garantir des pensions sûres et viables »*, la Commission reprend l'idée d'une stratégie concertée, s'articulant sur une approche triangulaire qui prend en compte les politiques économiques et budgétaires, les politiques de l'emploi et les politiques de protection sociale : « La politique de protection sociale doit viser à garantir un niveau approprié de revenus pour les futurs retraités, tout en soutenant l'objectif d'une société active de bien-être et sans engendrer de charges disproportionnées pour les générations futures ou déstabiliser les finances publiques et risquer ainsi de porter atteinte à la stabilité macro-économique. Les réformes structurelles des marchés du travail, y compris des incitations efficaces des systèmes de protection sociale et de pensions en faveur de l'emploi, devraient tendre vers l'objectif de plein emploi afin d'améliorer les perspectives à long terme des systèmes de pension, quels que soient les régimes assurant leur financement. Ces réformes devraient étayer une croissance économique soutenue qui, à son tour, devrait faciliter les réformes et concourir à la conciliation des objectifs sociaux et financiers. Seule une forte interaction positive en ces trois domaines pourra garantir la capacité future des systèmes de pension à atteindre leurs objectifs sociaux fondamentaux » (COM(2001)362 final, p. 7).

Les trois axes de la stratégie européenne concertée ont depuis le Sommet de Lisbonne été étayés sur la base des travaux des comités (CPE et CPS) et de la

[51] *Conclusions de la Présidence*, Stockholm, mars, 2001.

[52] *« L'évolution à venir de la protection sociale dans une perspective à long terme : des pensions sûres et viables »* (COM(2000)622 final), 11/10/2000.

[53] *« Une approche intégrée au service des stratégies nationales visant à garantir des pensions sûres et viables »* (COM(2001)362 final), 03/07/2001.

Commission, ils signalent désormais une nouvelle orientation des politiques vers ce qui a été nommé « le vieillissement actif ».

4. 1. Augmenter les taux d'emploi des travailleurs de plus de 55 ans

Lors du Sommet de Lisbonne, les Etats membres avaient mis en œuvre une stratégie de promotion de l'emploi pour compenser le déséquilibre numérique induit par l'augmentation du nombre des retraités. L'objectif était de relever le taux d'emploi moyen total de 60 à 70%, et le taux d'emploi des femmes de 50 à 60% d'ici 2010. L'accent avait également été mis sur l'augmentation des taux d'emploi des seniors, mais aucun objectif quantitatif n'avait été fixé. Le Conseil européen de Stockholm de 2001 a convenu que la moitié de la population européenne se situant dans le groupe d'âge de 55 à 64 ans devait être employée d'ici 2010, portant ainsi le taux d'emploi de 40,1% (UE15) ou 38,7% (UE25) en 2002 à 50%. Le Conseil européen de Barcelone a conclu « qu'il faudrait chercher à réaliser, d'ici 2010, une augmentation progressive d'environ 5 ans de l'âge effectif moyen auquel les gens arrêtent de travailler dans l'Union européenne ». Selon cet objectif, l'âge moyen de départ effectif à la retraite serait repoussé de 60,8 ans à 65-66 ans.

Au moment où l'Union européenne initie cette stratégie, les taux d'emploi des salariés âgés de plus de 55 ans sont à un faible niveau, en particulier pour les femmes, les taux d'emploi moyens étant respectivement de 30,5% et 50,1%. La Commission identifie en 2002 trois groupes de pays (COM(2004) 146 final). Un premier groupe a atteint, voire dépassé, l'objectif de Stockholm. Parmi eux se trouvent la Suède, le Danemark, le Royaume-Uni, l'Estonie, l'Irlande, Chypre et le Portugal. A l'opposé, un deuxième groupe de pays suscite des inquiétudes particulières de la part de la Commission, dans la mesure où le taux d'emploi des plus de 55 ans se situe autour de 35%. Il comprend la Slovaquie, la Slovénie, la Pologne, la Belgique, la Hongrie, le Luxembourg, l'Italie, l'Autriche et la France. Enfin, le troisième groupe occupe une position intermédiaire, proche de la moyenne européenne (40%). Il se compose de l'Allemagne, de la République tchèque, de la Finlande, de la Lituanie, de l'Espagne, des Pays-Bas, de la Grèce et de la Lettonie. En ce qui concerne l'âge moyen de sortie du marché de l'emploi, les chiffres sont également variables, évoluant de 56,9 ans en Pologne à 63,2 ans en Suède. Les pays dans lesquels les taux d'emploi sont les plus bas sont aussi ceux dans lesquels l'âge de sortie est plus précoce. Cependant, malgré la différence de niveaux des taux d'emploi entre hommes et femmes de ce groupe d'âge, l'âge moyen de sortie des hommes et des femmes est relativement proche. Ainsi, la différence du niveau du taux d'emploi entre hommes et femmes ne semble pas corrélée à l'âge, elle s'inscrit plutôt dans la continuité d'un faible niveau d'activité tout au long de la vie.

Les orientations européennes signalent une évolution des façons de penser la place dans l'emploi des plus de 55 ans. Les acteurs européens remettent en cause les stratégies de développement des préretraites qui ont été menées dans les Etats membres à partir de la fin des années 1970 dans le contexte de la montée du chômage et de la restructuration industrielle (CE 2004, p. 10-11).

Tout d'abord, la Commission déclare que les plans de retraite anticipée ne sont efficaces que dans une stratégie à court terme en cas de ralentissement économique et de restructuration d'entreprise : « il s'agit de solutions à court terme parce qu'elles impliquent une perte permanente de capital humain et de potentiel de croissance pour l'économie » (CE 2004, p. 10). En ce sens, les stratégies qui ont été mises en œuvre dans les Etats membres pour inciter aux préretraites sur le long terme sont ouvertement critiquées, d'autant plus qu'en raison de l'institutionnalisation des dispositifs, il est « difficile d'inverser le phénomène de retrait du marché du travail (même) lorsque les conditions d'une croissance et d'un emploi élevé sont établies ». La Commission dénonce aussi les arguments qui ont permis le développement des stratégies d'éviction des salariés âgés, et notamment la question de leur adaptabilité à l'évolution de l'emploi. Elle montre que les travailleurs âgés ne se concentrent pas sur les secteurs en déclin, à l'exception de l'agriculture, et qu'une grande partie d'entre eux travaillent dans les secteurs des services (immobilier, santé et action sociale, éducation). Enfin, la Commission fait observer que la justification des préretraites par le partage de l'emploi entre les générations n'est pas viable. En effet, « il n'existe aucune preuve empirique que les jeunes travailleurs et les travailleurs âgés soient interchangeables » (CE 2004, p. 10). A l'exception du secteur de l'industrie manufacturière, dans lequel on observe une corrélation positive entre le nombre de départs de travailleurs âgés et le nombre d'entrées de jeunes, la croissance du taux d'emploi des travailleurs âgés suit la croissance du même taux pour les jeunes travailleurs. Il apparaît donc que les départs en préretraite ne favorisent pas l'embauche de jeunes, et que l'accès à l'emploi est similaire pour ces deux groupes d'âge qui sont les premiers touchés par la dépression des marchés de l'emploi. Ainsi, les éléments qui avaient justifié la création et le développement des dispositifs de préretraite sont ouvertement remis en cause.

Parallèlement, la Commission propose de nouvelles façons de faire qui visent à promouvoir l'emploi des travailleurs âgés. En effet, il apparaît qu'un tiers seulement des inactifs âgés de 55 à 64 ans invoquent comme raison justifiant leur sortie définitive du marché du travail l'entrée dans le système de retraite normale, tandis que 20%, soit une moyenne de trois millions par an, citent la préretraite comme principale raison. Les autres modes de sortie anticipée sont principalement la maladie ou l'invalidité (17%) ou encore un licenciement individuel ou collectif (12%). Or, dans de nombreux pays européens, les systèmes d'invalidité ou d'assurance chômage constituent un équivalent déguisé des préretraites (Allemagne, Italie, Pays-Bas, France…). Selon les travaux de la Commission, l'amélioration des conditions macro-économiques ne suffit pas pour inverser la tendance des préretraites, même si elle permet de maintenir des niveaux élevés d'emploi pour l'ensemble de la population. Les recettes proposées au niveau communautaire visent à « opérer un changement de cap » en encourageant les travailleurs âgés à rester actifs ; elles s'appuient sur la réforme des incitants au travail et des règles d'éligibilité à la préretraite et aux autres systèmes de prestations, ainsi que sur des incitations à la formation tout au long de la vie, et sur la mise en place de politiques actives du marché du travail.

D'après l'Union européenne, plusieurs conditions-clés seraient à réunir pour faciliter le maintien dans l'emploi des salariés âgés :

- des incitants financiers appropriés permettant de faire du maintien sur le marché du travail une « solution payante » ;
- de bonnes conditions de santé et de sécurité au travail[54] ;
- des formes flexibles d'organisation du travail qui permettent de prendre en compte les conditions de santé des travailleurs de ce groupe d'âge (emplois à temps partiel ou retraite progressive[55]) ;
- l'accès permanent à la formation qui permet d'actualiser les compétences et de renforcer leur position dans l'emploi ;
- des politiques actives efficaces du marché du travail pour prévenir le chômage et aider les travailleurs âgés qui perdent leur emploi à se maintenir sur le marché du travail et à trouver un autre emploi (approches individualisées, services d'orientation, formation spécifique et reclassement externe). L'objectif est d'éviter que les indemnités de chômage soient utilisées dans une visée seulement passive, c'est-à-dire comme une solution de rechange à la préretraite ;
- l'amélioration de la qualité de l'emploi. Ce dernier élément apparaît comme déterminant et comprend la santé et la sécurité au travail, l'organisation du travail et la formation[56]. En effet, le retrait du marché du travail des salariés âgés occupant des emplois de qualité médiocre est jusqu'à quatre fois supérieur à celui des salariés âgés occupant des emplois de qualité supérieure, mais aussi deux fois plus élevé que celui des jeunes travailleurs occupant des emplois de qualité médiocre[57].

Le rapport de la Task-force pour l'emploi réalisé en 2003 sous la direction de Wim Kok souligne aussi l'importance d'un « changement radical dans les mesures prises, à savoir l'abandon d'une culture de la retraite anticipée au profit de stratégies globales de vieillissement actif ». Le rapport signale que les risques de diminution de l'employabilité apparaissent avant l'âge de 50 ans et qu'il faut agir sur la deuxième moitié de carrière pour anticiper les risques d'éviction de l'emploi : « le défi est non seulement de faire en sorte qu'une proportion plus élevée des personnes dont l'âge varie actuellement de 55 à 64 ans restent en activité, mais aussi de renforcer la capacité d'insertion professionnelle des personnes ayant actuellement la quarantaine ou la cinquantaine. » Ainsi, selon la stratégie européenne, les

[54] Les études réalisées sur ce sujet par l'Union européenne et l'OCDE montrent que la pénibilité des conditions de travail a changé de nature. En effet, si la pénibilité physique de certains métiers (nécessité de se baisser, de porter des charges lourdes…) a diminué, les enquêtes montrent une augmentation des problèmes de santé mentaux liés notamment au stress (Union européenne 2004 ; OCDE 2006).

[55] Par exemple, une enquête britannique récente révèle qu'un tiers des travailleurs âgés de 50 à 69 ans souhaitent prendre progressivement leur retraite en réduisant leurs heures de travail (Humphrey et al. (2003), « Factors affecting the Labour force participation of older workers », *DWP Research Report 2000*).

[56] COM(2003) 728 *« Amélioration de la qualité de l'emploi : un examen des derniers progrès accomplis »*.

[57] *L'emploi, l'emploi, l'emploi. Créer plus d'emplois en Europe*, Rapport de la task-force sur l'emploi présidée par Wim Kok, novembre 2003.

travailleurs âgés « doivent être perçus non seulement comme un autre groupe vulnérable méritant une attention particulière, mais comme un élément central de l'offre de main-d'œuvre et un facteur clé pour le développement durable de l'Union européenne » (Rapport conjoint sur l'emploi 2004).

Le relèvement des taux d'emploi constitue donc un axe d'action prioritaire dans la stratégie européenne de réforme des systèmes de retraite, qui induit la nécessité d'un changement de paradigme dans les Etats membres. Cependant, cet axe d'action ne suffira pas à résoudre le problème de financement des systèmes de retraite. Si la prolongation de la vie active est un élément majeur des stratégies à long terme visant à assurer la viabilité des retraites, elle ne résoudra pas le problème dans son ensemble. De ce fait, deux autres axes d'actions ont été proposés lors du Sommet de Lisbonne : un contrôle accru de l'augmentation des dépenses publiques et la réforme des systèmes de retraite.

4. 2. La gestion des finances publiques

Le comité de politique économique a été chargé par le Conseil européen réuni à Lisbonne d'analyser les conséquences du vieillissement sur les finances publiques. Ce rapport a été remis en novembre 2000[58].

Selon le rapport, le volume des dépenses publiques consacrées aux retraites s'élève à 12% du PIB avec des différences fortes selon les pays, puisqu'il est de 15% en Autriche et en Italie contre 5% en Irlande, aux Pays-Bas et au Royaume-Uni. La majorité des systèmes de retraite se caractérisent par une forte composante publique dans le cadre du premier pilier (retraites de base) et sont financés selon le principe de la répartition. A l'époque, seuls trois pays ont réellement développé un système complémentaire privé financé par capitalisation (deuxième et troisième piliers) : le Danemark, les Pays-Bas et le Royaume-Uni. Au cours des années 1990, les décisions de réformes prises dans les Etats membres se sont attachées à modifier les conditions d'éligibilité mais ont eu peu d'impact sur le mode de financement.

Les projections réalisées par Eurostat montrent que la population européenne diminuera progressivement à partir de 2020, dans la mesure où les taux de natalité sont trop faibles pour assurer le renouvellement des générations. Ainsi, aux environs de 2050, la population européenne aura baissé d'environ 3% par rapport à son niveau actuel. Le taux de dépendance démographique[59] sera par conséquent en augmentation et passera de 27% en 2000 à 39% en 2025, et 53% en 2050 (CPE 2000, p. 31). Sur la base d'une croissance économique annuelle moyenne (1,8%), les effets du vieillissement devraient conduire à une augmentation des dépenses de retraite de 3 à 5 points du PIB entre 2000 et 2050 dans la majorité des Etats membres : Belgique (3,7 points de PIB), Danemark (4,5), Allemagne (4,3), France (3,9), Irlande (4,4), Autriche (3,1) et Finlande (4,7) (Com(2000) 846 final, p.

---

[58] EPC/ECFIN/581/00-EN – Rev. 1, *« Progress report to the Ecofin Council on the impact of ageing populations on public pension systems »*, 06/11/2000.

[59] Rapport en pourcentage entre la population de plus de 65 ans et la population active âgée de 20 à 64 ans.

55-56). Le vieillissement de la population aura aussi un impact sur les dépenses de santé qui devraient augmenter en moyenne de 3% sur la même période (EPC 2000, p. 38). Dans ces conditions, le Royaume-Uni serait le seul pays, qui en raison des réformes mises en œuvre, ne serait pas confronté à une augmentation des dépenses publiques.

Le Comité de politique économique recommande, pour garantir la soutenabilité des finances publiques, de limiter les versements futurs des systèmes de retraite par répartition en modifiant le montant des prestations et l'âge de la retraite. Par ailleurs, il met l'accent sur le développement de systèmes complémentaires privés financés par capitalisation, ce qui permettrait de compenser la diminution des retraites publiques de base sans remettre en cause la soutenabilité des finances publiques.

La prise de position des acteurs économiques a suscité de fortes critiques de la part des acteurs sociaux. Le premier élément de critique a été l'échéance fixée pour les projections qui s'échelonnent jusqu'en 2050. En effet, un horizon de 50 ans accroît la fragilité des prestations :

> « Le Conseil avait demandé de faire des projections jusqu'en 2020, mais les chiffres n'étaient pas assez parlants. C'est pour cela qu'ils ont été si loin[60] ».

En dépit de ces critiques, les orientations prises par les acteurs économiques sont considérées comme légitimes :

> « Le CPE a d'abord une approche financière qui est de dire : Maintenant qu'on a réussi à créer la monnaie unique, qu'on a fixé des critères de réduction des déficits, il ne faut pas retrouver dans dix ou quinze ans un vecteur de crise pour les finances publiques lié à l'évolution démographique. C'est un mouvement de préoccupation exprimée par la sphère économique et financière qui rejoint les gros problèmes de politique structurelle européenne. Maintenant qu'on a résorbé les déficits instantanés, il faut augmenter notre capacité à relever en termes de finances publiques et éventuellement de croissance économique le défi du vieillissement démographique[61] ».

4. 3. Réformer les systèmes de retraite en préservant des « pensions sûres et viables »

Sur la base du rapport élaboré par le Comité de politique économique, le Comité de protection sociale a proposé des orientations de réformes des systèmes de retraite permettant d'élaborer un compromis entre les exigences économiques et sociales : « garantir des revenus sûrs et convenables sans que cela ne déstabilise les finances publiques ou n'impose une charge excessive aux générations futures, dans le respect de l'équité et de la solidarité et en répondant aux besoins en mutation des personnes et de la société » (Comité de protection sociale 2001, p. 1). Dans cet

[60] Extrait d'entretien réalisé avec un représentant de la CES, le 05/04/2001.
[61] Extrait d'un entretien réalisé avec le Président du Comité de protection sociale, le 05/032001.

objectif, le Comité de protection sociale a élaboré trois « objectifs communs pour des pensions adéquates » :

- Les systèmes de retraite doivent prévenir la pauvreté et l'exclusion sociale en assurant un niveau de vie décent aux personnes âgées. Ainsi, les pensions doivent contribuer, grâce à une combinaison des différents piliers, aux objectifs de prévention de la pauvreté et de maintien du niveau de vie des personnes âgées.
- La viabilité financière des régimes de pensions publics et privés : cet objectif reprend les orientations du Conseil de Lisbonne d'élaborer une stratégie concertée qui prenne en compte la politique budgétaire, la politique pour l'emploi et les politiques sociales. Dans le cadre de la stratégie pour l'emploi, il est recommandé d'atteindre un taux d'emploi élevé, de façon à ce que le rapport entre les actifs et les retraités reste aussi favorable que possible. De même, il est conseillé de veiller à ce que les systèmes de pension, notamment les régimes de retraite anticipée et les régimes d'invalidité, et leurs interactions avec les systèmes d'imposition et d'indemnisation, offrent des incitants effectifs à la participation des plus de 55 ans au marché du travail, notamment selon le principe des retraites progressives. Enfin, dans le contexte de la viabilité des finances publiques, les dépenses de pension devront être maintenues à un niveau en termes de pourcentage du PIB qui soit compatible avec le Pacte de stabilité et de croissance.
- La modernisation des systèmes de pension pour répondre à l'évolution des besoins de la société et des personnes. La réforme des retraites doit prendre en compte les objectifs de flexibilité et de sécurité. La nécessité de réformer les systèmes de pensions offre l'opportunité de repenser les régimes de retraite pour les adapter aux évolutions socioéconomiques : les inégalités entre travailleurs salariés et indépendants, les inégalités entre les hommes et les femmes, une demande de transparence et de prévisibilité des retraites, l'information et la concertation dans les processus de réformes.

Les vecteurs de réformes permettant d'atteindre ces objectifs ne font cependant pas l'objet d'un consensus parmi les représentants des Etats membres. En effet, ceux-ci « n'envisagent pas de transformations radicales de leurs régimes de retraite ; d'une manière générale (ils) font état d'approches pragmatiques ayant pour objet d'améliorer les systèmes existants. Cela permet de dire que, en l'état actuel de l'analyse, aucun type de régime de retraite (répartition vs capitalisation, privé vs public, prestations déterminées vs cotisations déterminées) ne peut être considéré comme étant, de par sa nature, supérieur aux autres » (CPS 2001, p. 3). En ce sens, les analyses et les solutions proposées par le Comité de politique économique n'ont pas obtenu l'adhésion des Etats membres qui récusent l'idée selon laquelle le développement de systèmes privés par capitalisation résoudrait le problème des retraites. Par contre, les Etats membres plébiscitent le premier axe d'action, le relèvement des taux d'emploi, et considèrent qu'il faut « s'inscrire dans une démarche volontariste pour restaurer le plein emploi et accroître les taux d'activité notamment chez les femmes et les travailleurs âgés » (CPS 2001, p. 2).

Le Comité de protection sociale met aussi l'accent sur la différence des points de vue qui sépare les acteurs économiques et les acteurs sociaux sur la question des retraites :

> « Pour nous, la priorité est de promouvoir l'emploi, la solution préférée du côté Ecfin est de raboter les systèmes de retraite. Maintenant, les documents Ecofin déclinent trois priorités : pas seulement les finances publiques et la réforme des systèmes de retraite grâce à la capitalisation, mais aussi l'emploi[62] ».

***

Ainsi, la proposition d'une stratégie concertée de réforme des systèmes de retraite a été le fruit d'un compromis difficile, d'une part entre l'Union européenne et les Etats membres, et d'autre part entre les acteurs économiques et les acteurs sociaux. A priori, l'Union européenne n'était pas habilitée à intervenir dans le secteur des retraites qui relève du principe de subsidiarité. Cependant, elle est intervenue de façon indirecte, d'une part en proposant une directive pour réguler le marché des retraites complémentaires financées par capitalisation, et d'autre part en mettant en avant les implications économiques et financières du vieillissement sur les systèmes de retraite et les risques encourus sur le plan de la stabilité économique globale. Cette intervention de l'Union européenne dans le champ des retraites découle de ce fait d'un effet d'engrenage (*spillover effect*). Les acteurs sociaux européens se sont inquiétés de cette évolution, qui tendait à limiter la protection sociale à un environnement du marché, d'autant plus que les systèmes de retraite représentent l'un des principaux piliers de la protection sociale en Europe, et ont attiré l'attention des Etats membres sur la nécessité de proposer une solution globale, qui prenne en compte non seulement les enjeux économiques des réformes mais aussi ses implications sociales. La réflexion générée a ainsi donné naissance à la stratégie de Lisbonne et à la proposition de différents axes d'action qui visent non seulement à préserver la stabilité économique et financière mais aussi la promotion de l'emploi. La réponse choisie s'exerce dans le cadre d'une nouvelle méthode de gouvernance intergouvernementale ; la « méthode ouverte de coordination ».

5. La méthode ouverte de coordination (MOC), un élément-clé de la stratégie de Lisbonne

Les orientations politiques proposées lors du Sommet de Lisbonne s'accompagnent de l'introduction d'une nouvelle méthode de gouvernance, la « méthode ouverte de coordination ». Inspirée du processus de Luxembourg, la méthode ouverte de coordination vise à pallier l'incapacité institutionnelle de l'Union à imposer une harmonisation législative classique. La méthode ouverte de coordination, qui s'appuie sur la circulation des idées, propose de nouveaux principes d'action pour faire face aux défis communs auxquels les Etats membres sont confrontés, tout en respectant la diversité des systèmes de protection sociale en

[62] Extrait d'un entretien réalisé avec le Président du Comité de protection sociale, le 05/03/2001.

Europe. L'objectif n'est donc pas l'harmonisation mais la coordination des politiques nationales.

Dans un premier temps, nous présenterons cette méthode de gouvernement en retraçant ses origines et son fonctionnement, qui se décline en fonction des secteurs, puis nous montrerons son utilisation dans la stratégie européenne de réforme des retraites et par conséquent des préretraites.

5. 1. Les origines de la méthode ouverte de coordination

L'invention de la méthode ouverte de coordination part d'un constat : l'imbrication croissante des politiques européennes et nationales dans les champs monétaire et budgétaire, et dans le domaine de l'emploi, laisse une marge de manœuvre réduite au niveau national dans le domaine des politiques sociales *(« embedded liberalism »)*. Le marché intérieur et la compétition ont accru les risques de « tourisme social » et d'harmonisation par le bas *(« social dumping »)* créés par l'intégration économique européenne, dans la mesure où ils ont conduit à des politiques d'ajustement structurel et de repli. Selon cette perspective, l'impact de l'intégration européenne sur les programmes nationaux de protection sociale a été analysé en termes « d'intégration négative » (Leibfried, Pierson 1995 ; Scharpf 2000).

L'ajustement des politiques sociales s'avère en outre nécessaire, d'une part parce que les domaines traditionnels de la protection sociale comme les retraites et la santé vont avoir besoin de plus de ressources en raison du vieillissement de la population, et d'autre part parce que de nouveaux risques sociaux (pauvreté et exclusion sociale) se sont développés. Le contexte économique post-UEM et la perspective de l'élargissement expliquent sans doute pourquoi les Etats membres ont donné leur accord au développement de ces politiques. D'une part, l'unification de l'espace économique et monétaire réduit l'autonomie des Etats membres, d'autre part l'adhésion prochaine des Etats post-communistes, qui ont un niveau de protection sociale souvent inférieur, explique l'inquiétude des Etats membres quant à une « course vers le bas » des systèmes de protection sociale. Or, les gouvernements de centre gauche sont nombreux au cours de la deuxième moitié des années 1990 et cherchent à afficher leur détermination en matière sociale (Dehousse 2001 ; Mandin 2001). La méthode ouverte de coordination a de ce fait été présentée comme un « instrument défensif » pragmatique pour endiguer « le possible retrait de nos états-providence en raison de la compétition intensive du marché unique européen et d'une économie mondialisée » (Vandenbroucke 2001). La création de la méthode ouverte de coordination s'inscrit dans une volonté politique de repenser la coopération européenne dans le domaine des politiques sociales, pour qu'elle ne soit pas synonyme de retrait des Etats-providence face aux exigences du marché unique mais conduise plutôt à des pactes sociaux renouvelés et permette progressivement de contribuer à l'élaboration d'une justice sociale « soutenable », c'est-à-dire financièrement viable.

Depuis le traité de Maastricht, le nombre de directives proposées et adoptées a décliné. Cette tendance s'est prolongée après l'adoption du Traité d'Amsterdam, malgré l'introduction du titre sur l'emploi. Le processus de promotion du dialogue social n'a pas été plus fructueux, puisque seulement trois conventions collectives ont abouti à des directives. Le programme d'action sociale 1998-2000 est par conséquent davantage ciblé sur l'adaptation et le développement de directives passées que sur la proposition de nouvelles directives dans le domaine social (Pochet 2000). Depuis quelques années, les acteurs de la politique sociale européenne ont de ce fait tendance à recourir à des instruments de coordination souple (Quintin, Favarel-Dapas 1999). La méthode ouverte de coordination ne s'écarte pas pour autant radicalement de la méthode communautaire, mais serait au contraire le résultat des « ressorts du mimétisme institutionnel » (Dehousse 2001). Certaines références empruntées à l'UEM ont en effet été utilisées : l'usage des indicateurs et du *benchmarking*, et les normes permettant d'évaluer les performances des Etats membres.

En ce sens, la décision de mettre en place la méthode ouverte de coordination peut être comprise comme une conséquence du processus d'intégration économique et monétaire. Dans un « effet d'engrenage » (*spillover effect*), l'intégration économique conduit à l'européanisation des politiques sociales. Selon Philippe Pochet, une autre notion pourrait être utilisée pour illustrer ce processus, celle de « pollinisation » *(« pollinisation »)* proposée par Dyson: « Il y a pollinisation en cas de germination des idées de l'intégration dans des secteurs proches comme l'emploi et les politiques budgétaires, cela dépend de la fertilité des terrains, qui requiert une masse critique d'acteurs qui ont la volonté et la capacité d'agir » (Dyson 1994, p. 295)[63] . Dans le champ de l'emploi et de la protection sociale, cette dynamique peut être perçue comme une lutte entre deux groupes d'acteurs. Les acteurs sociaux (ministres de l'emploi et des affaires sociales, syndicats, gouvernements de centre-gauche, membres du Parlement européen, hauts fonctionnaires de la Commission, etc.) se sont mobilisés pour contrôler l'agenda des réformes au niveau européen contre les acteurs économiques (Conseil Ecofin, CPE, gouvernements de centre-droit, etc.).

5. 2. Le fonctionnement : un principe de gouvernance qui se décline selon les secteurs

La méthode ouverte de coordination s'inscrit dans la continuité du processus de coordination des politiques de l'emploi en Europe. Le Sommet de Luxembourg (1997) a en effet donné naissance à une stratégie de l'emploi au niveau communautaire structurée autour de « lignes directrices », développées à partir de quatre priorités : la capacité d'insertion professionnelle, l'esprit d'entreprise, la capacité d'adaptation et l'égalité des chances[64]. Cette stratégie est mise en œuvre par une procédure d'examen réciproque des dispositions prises dans les différents Etats membres. Chaque pays doit transmettre au Conseil et à la Commission son « plan

63 (There is) « pollination, whether the seeds of integration germinate successfully in proximate sectors, like labour markets and budgetary policy, depends on the fertility of the soil there, in integration, fertility requires a critiqual mass of actors with the will and the capacity to act (...) ».
64 Résolution du Conseil de Luxembourg du 15 décembre 1997.

d'action national pour l'emploi » dans lequel il définit son attitude à l'égard de chacune des lignes directrices, assorti d'un rapport sur les dispositions mises en œuvre. Le Conseil reçoit l'avis du Comité de l'emploi et des représentants du marché du travail sur la façon dont les Etats membres ont transposé les lignes directrices dans leur politique nationale. La Commission établit un rapport annuel sur la situation de l'emploi dans la Communauté et sur les principales mesures prises par les Etats membres pour mettre en œuvre leur politique de l'emploi à la lumière des lignes directrices[65]. Cette méthode, rôdée avec les politiques de l'emploi, tend à se développer dans d'autres domaines.

Dans le champ de la protection sociale, les deux recommandations du Conseil de 1992, la première sur la convergence des objectifs et des politiques de protection sociale parmi les Etats membres (Conseil de l'Union européenne 1992a), et la deuxième sur la définition de critères communs pour un revenu minimum en Europe (Conseil de l'Union européenne 1992b), ont sans doute constitué la première étape de la formation d'un processus de coordination des politiques sociales. Les deux recommandations ont en effet permis de reconnaître symboliquement que les Etats membres étaient confrontés à des défis similaires, même s'il n'existait pas un modèle unique de réponse à ces problèmes. Par la suite, la Commission a lancé en 1995 un débat sur « l'avenir de la protection sociale », et a présenté en 1997 sa communication *« Moderniser et améliorer la protection sociale dans l'Union européenne »* (COM(97)102). Ces travaux ont préparé la proposition par la Commission en 1999 « d'une stratégie concertée pour moderniser la protection sociale » (COM(99)347 final), structurée autour de quatre piliers : « rendre le travail plus avantageux et fournir un revenu sûr ; garantir des retraites sûres et des régimes de retraite viables ; promouvoir l'intégration sociale ; et garantir un niveau élevé et durable de protection de la santé. »

Suite à la communication de 1999, le Sommet de Lisbonne, qui s'est déroulé les 23 et 24 mars 2000, a été soigneusement préparé par la Présidence portugaise, avec la volonté des représentants de ce petit pays, qui incarne à l'époque le « miracle du développement économique européen »[66] de marquer cette rencontre en donnant une nouvelle impulsion au développement de l'Europe sociale. C'est en effet pendant le Sommet de Lisbonne que le Conseil a proposé une stratégie globale de développement d'une société européenne de la connaissance, fondée sur une croissance économique forte et une meilleure cohésion sociale[67], dont la mise en œuvre serait facilitée par « l'application d'une nouvelle méthode de coordination qui en favorisant l'échange de bonnes pratiques permettra d'atteindre une meilleure convergence entre les différents objectifs européens » (§ 37 des Conclusions de la Présidence). Cette méthode comprend, comme dans le domaine de l'emploi, l'élaboration « d'objectifs communs »

[65] En mars 2003, il a été décidé de développer le processus sur un rythme pluriannuel.

[66] Extrait d'entretien réalisé avec un membre de la Commission, le 03/07/2001.

[67] « L'Union s'est fixé un nouvel objectif stratégique pour les dix prochaines années ; devenir l'économie fondée sur la connaissance la plus dynamique et la plus compétitive dans le monde, capable d'une croissance économique forte, avec plus d'emplois de qualité, et une meilleure cohésion sociale » (Conseil Européen 2000a).

combinés avec des échéances spécifiques, pour atteindre des buts fixés à court, moyen et long terme, ainsi que des indicateurs qualitatifs et quantitatifs.

La méthode ouverte de coordination regroupe donc différents acteurs : la Commission, les Etats membres, les partenaires sociaux et les représentants de la société civile. La Commission est responsable de la coordination. Elle a en amont un rôle de catalyseur : elle présente les propositions en ce qui concerne les lignes directrices, les indicateurs et les critères d'évaluation, en coopération avec le Comité de la protection sociale et le Comité de l'emploi. En aval, elle organise l'échange des bonnes pratiques, apporte son aide pour l'élaboration des rapports nationaux, réalise un rapport de synthèse et accompagne le processus de surveillance par les pairs (Conseil Européen 2000b). Le « processus d'apprentissage mutuel » est par ailleurs soumis à un mécanisme de surveillance multilatérale.

Le Conseil européen acquiert de ce fait un rôle essentiel, d'une part en définissant les orientations générales des différents secteurs pour organiser le travail des différentes formations du Conseil, et d'autre part en s'assurant de la mise en œuvre au niveau européen et national. Le Comité de politique économique (CPE), le Comité de la protection sociale (CPS) et le Comité de l'emploi (CE) sont chargés de soutenir les travaux du Conseil, d'aider à la préparation des contributions des Etats membres et des partenaires sociaux. L'accent est mis sur l'ouverture du processus aux acteurs de la société civile, pour améliorer la participation démocratique et la transparence. Cependant, l'implication de ces acteurs s'effectue essentiellement au niveau national (propositions et mise en œuvre) et dépend de chaque Etat membre.

Ainsi, à côté des Grandes orientations de politique économique (GOPE) introduites par le Traité de Maastricht (1992), et de la Stratégie européenne pour l'emploi inaugurée par le Traité d'Amsterdam (1997), la méthode ouverte de coordination est devenue l'instrument central de gouvernance dans le champ des politiques sociales, qui a été mis en place dans les secteurs de l'inclusion sociale et des retraites en 2001-2003. Le Conseil européen de mars 2000 propose de développer cette nouvelle méthode de gouvernance dans les secteurs dans lesquels les compétences européennes sont faibles ou fragmentées, comme la protection sociale (inclusion, pensions, puis santé et soins de longue durée) ou la recherche, la société de l'information, la promotion de la notion d'entreprise, l'éducation et la formation. Par la suite, la méthode ouverte de coordination est prévue dans d'autres secteurs comme l'immigration, la protection de l'environnement, l'invalidité, la santé professionnelle (CE 2002a).

Le fonctionnement de la méthode ouverte de coordination s'inscrit dans la continuité de la stratégie européenne pour l'emploi :

- proposer des lignes directrices combinées avec des échéances spécifiques pour atteindre les objectifs fixés à court, moyen et long terme ;
- établir des indicateurs quantitatifs ou qualitatifs (*benchmarks*) à partir des plus hauts standards et adaptés aux besoins de Etats membres pour mettre à jour et comparer les « bonnes pratiques » (*best practices*) ;
- traduire les lignes directrices européennes en politiques nationales et régionales en fixant des objectifs et en adoptant des mesures qui prennent en compte les différences nationales et régionales ;

- et élaborer un processus de contrôle et d'évaluation par les pairs régulier comme vecteur d'un apprentissage mutuel (Conseil européen, 2000, point 37).

La majorité des processus lancés selon les principes de la méthode ouverte de coordination sont basés sur des objectifs communs, mais seules les GOPE et la SEE comprennent des lignes directrices détaillées pour leur réalisation par les Etats membres. Des indicateurs statistiques communs ou *benchmarks* ont été établis pour la politique économique, les réformes structurelles, l'emploi, l'inclusion sociale et l'éducation, mais pas encore pour les pensions ou les soins de santé. Les GOPE imposent notamment des plafonds nationaux pour les déficits et les dettes publiques en proportion du PIB ; la SEE a fixé des objectifs de taux d'emploi en fonction du sexe et de l'âge, et la méthode ouverte de coordination pour l'inclusion sociale appelle les Etats membres à fixer des objectifs nationaux pour la réduction du niveau de pauvreté par rapport aux revenus. Les Etats membres préparent des plans d'action nationaux pour l'emploi (PNAE) ou NAP (*National action plan*) et l'inclusion sociale, des rapports d'avancement (*National Progress Reports*) pour les réformes économiques structurelles et des rapports de stratégie nationale (*National Strategy Reports*) pour les pensions.

A l'origine, ces différents processus suivaient des rythmes spécifiques, avec un cycle annuel pour les GOPE et la SEE, biannuel pour l'inclusion sociale et triennal pour les pensions. Cependant les GOPE et la SEE ont été synchronisées et unifiées selon un rythme triennal, avec les lignes directrices fixées la première année, suivies par une mise à jour annuelle et des rapports de mise en œuvre les deuxième et troisième années. De même, les processus mis en œuvre dans le champ de la protection sociale (inclusion, pensions, santé, soins de longue durée) ont été synchronisés et unifiés avec les GOPE et la SEE sur un rythme triennal en 2006 (CE 2002b, 2003 et 2004b, CPS 2003). Les rapports nationaux sont soumis à une surveillance mutuelle et une revue par les pairs *(« peer review »),* permettant l'échange de bonnes pratiques et un apprentissage commun. La méthode ouverte de coordination se présente de ce fait comme un principe de gouvernance souple qui est adapté selon les particularités des champs d'action : *« Open co-ordination is not some kind of fixed recipe that can be applied to wichever issue »* mais plutôt *« a kind of cookbook that contains various recipes, lighter and heavier ones »* (Vandenbrouche 2001, p. 4).

5. 3. La méthode ouverte de coordination, outil d'une stratégie concertée pour le « vieillissement actif »

Les instruments mobilisés au niveau communautaire dans le cadre de la promotion du vieillissement actif sont donc multiples : ils comprennent la stratégie concertée de réforme des retraites (objectif 4), la stratégie européenne pour l'emploi (en particulier la ligne directrice 18), ainsi que les grandes orientations de politique économique (ligne directrice 2). A partir de ces instruments se dessine une politique globale centrée sur les aspects suivants :

- introduire des incitations aux travailleurs pour qu'ils prennent leur retraite plus tard et plus progressivement, et aux employeurs pour qu'ils engagent et conservent des travailleurs âgés, en réformant les régimes de retraite et en veillant à ce qu'il soit payant de rester sur le marché du travail ;

- promouvoir l'accès à la formation et aux autres mesures de politiques actives du marché du travail indépendamment de l'âge, et élaborer des stratégies d'éducation et de formation tout au long de la vie ;
- favoriser des conditions de travail propices au maintien dans l'emploi, en reconnaissant l'importance que revêt la santé et la sécurité au travail ainsi que des formes flexibles et novatrices d'organisation du travail tout au long de la vie professionnelle, y compris le travail à temps partiel et les interruptions de carrière.

Le Conseil européen de printemps 2006 a réaffirmé la priorité donnée au « vieillissement actif » et a mis l'accent sur l'importance de la formation tout au long de la vie dans les stratégies de réforme. Un groupe de travail a par la suite été constitué au sein du comité pour l'emploi, en collaboration avec le comité de protection sociale, et a remis un rapport sur le vieillissement actif en mai 2007[68].

***

L'importance de cette thématique s'explique par le déplacement du débat qui s'est opéré entre la mise en place de la stratégie de Lisbonne et le milieu des années 2000. En effet, à l'origine, l'option du vieillissement actif avait été choisie comme une stratégie de réforme pour assurer la soutenabilité financière des systèmes de retraite. Puis, le thème s'est élargi aux conséquences du tournant démographique sur le marché de l'emploi et les risques afférents de pénurie de main-d'œuvre. En ce sens, le vieillissement actif est devenue une stratégie globale pour l'emploi, qui n'est plus seulement ciblée sur un groupe prioritaire, les travailleurs âgés, mais prend en compte la problématique de la reconfiguration du marché de l'emploi dans le contexte du vieillissement démographique et les mesures globales qui doivent être prises sur l'ensemble du cycle de vie pour générer de l'emploi quel que soit l'âge. Ainsi, les mesures prises évoluent : en 2000, une directive avait été adoptée pour lutter contre la discrimination par l'âge (2000/78/CE), puis une stratégie concertée a été mise en place dans le cadre de la réforme des retraites, la dernière étape comporte l'adaptation du marché de l'emploi au vieillissement de la population.

A ce stade, la question qui se pose est naturellement celle de l'impact des préconisations européennes sur les politiques nationales. Dans la partie suivante, nous allons retracer l'histoire des préretraites en France et en Allemagne pour mettre en avant l'institutionnalisation de cette politique. Puis, nous nous efforcerons de montrer si et comment les deux pays ont utilisé les ressources européennes pour alimenter leur processus national de réforme.

---

[68] *Rapport du groupe de travail du Comité pour l'emploi sur le vieillissement actif*, adopté par le Conseil, le 7 mai 2007 (9269/07).

Partie 2. Histoire des préretraites en France et en Allemagne

Chapitre 3. Trois mondes de l'Etat-providence, trois mondes de préretraites

Traditionnellement, la main-d'œuvre âgée de plus de 50 ans apparaît comme une « population-tampon » (Balmary 2001) ou une « armée de réserve » (Guillemard 2003), qui permet aux entreprises d'ajuster leurs flux de salariés en fonction de la situation politique, économique et sociale. Pendant et après la seconde guerre mondiale, les entreprises ont ainsi fait appel aux travailleurs âgés pour faire face à la pénurie de main-d'œuvre. Au contraire, pendant les chocs pétroliers et la crise économique, au cours des années 1970, les pays industrialisés ont recouru massivement à une stratégie d'éviction de la main-d'œuvre âgée.

Cette tendance commune cache cependant des diversités, dans la mesure où cette stratégie a été plus ou moins utilisée selon les pays. Trois groupes se détachent et correspondent aux trois régimes de l'Etat-providence définis par Gosta Esping-Andersen (Esping-Andersen 1990). Ainsi, la place dans l'emploi des travailleurs âgés de plus de 55 ans ne serait pas seulement liée à l'évolution économique globale mais aussi à la configuration des systèmes de protection sociale. L'intervention de l'Etat conduit à l'élaboration d'une « police des âges », qui influe sur les comportements sociaux et participe à la construction d'une grille d'action (Guillemard 2003).

L'Allemagne et la France font partie des pays, dans lesquels les taux d'activité des plus de 55 ans ont le plus diminué, ce qui a conduit, selon certains auteurs, à une situation « d'état social sans travail » (Esping-Andersen 1996). Dans chacun de ces deux pays, l'intervention politique a été déterminante, puisque l'éviction des travailleurs âgés est devenue une « routine », qui a été alimentée par la montée en puissance de dispositifs institutionnels de préretraite (Jespen et al. 2003). Qu'elles aient été conçues comme un outil d'accompagnement des transformations structurelles en Allemagne ou une politique de l'emploi à part entière en France, les cessations anticipées d'activité se sont progressivement enracinées comme un mode de fonctionnement et ont conduit à l'institutionnalisation d'un « sentier de dépendance » (Pierson 1994).

1. Etat-providence et « police des âges »

Le déclin de l'emploi des hommes de 55 à 64 ans est l'une des transformations les plus importantes du marché de l'emploi et des économies industrielles modernes. Ce phénomène a accompagné l'apparition et la montée du chômage à partir du début des années 1970 dans l'ensemble des pays industrialisés. Dans tous les pays de l'OCDE, le taux d'emploi des salariés âgés est en diminution, et ce à un degré plus ou moins important. Chaque pays a utilisé la variable de l'éviction du marché du travail des salariés âgés comme un élément d'accompagnement social des récessions économiques. On observe en effet que les chiffres tendent à diminuer entre 1975 et 1985, et entre 1993 et 1995, ce qui correspond aux périodes pendant lesquelles les taux de chômage ont été les plus élevés. Les différences entre les pays concernent le degré de variation sur l'ensemble de la période, qui oscille entre une diminution de 10% aux Etats-Unis à 43% en France (Guillemard 2003, p. 26).

L'âge moyen de sortie du marché du travail s'est ainsi modifié en Europe au cours des trente dernières années, avec une diminution moyenne de la durée d'activité de cinq années, puisque la plupart des salariés quittent le marché de l'emploi avant 60 ans. De plus, les taux d'activité des 55-59 ans s'inscrivent progressivement eux aussi dans une tendance à la baisse, et ce phénomène d'éviction par l'âge du marché du travail tend à avoir un « effet ricochet » sur les 50-54 ans en particulier dans les pays européens (Italie, Allemagne, France, Finlande et Espagne) (Guillemard 2003, p. 31). La baisse de l'activité du groupe d'âge des 55-64 ans est généralisée. Néanmoins, dans certains pays comme le Japon, les Etats-Unis, le Royaume-Uni et la Suède, la diminution des taux d'emploi des 55-64 ans a eu lieu essentiellement entre 1971 et 1989, puis les taux se sont stabilisés. Dans les pays de l'Europe continentale, comme l'Allemagne, la France, l'Italie ou la Belgique, la décrue des taux d'activité s'est renforcée. Seuls deux pays ont réussi à inverser cette tendance à partir du milieu des années 1990, la Finlande et les Pays-Bas, qui ont initié des politiques de réformes actives pour relancer l'activité des quinquagénaires.

Les travaux d'Anne-Marie Guillemard montrent comment le paramètre de l'âge est progressivement devenu un critère déterminant l'accès à l'emploi[69]. La routinisation de l'éviction des salariés les plus âgés semble de ce fait marquer l'institutionnalisation de différentes « polices » et « cultures » de l'âge. Les différences dans l'évolution des taux d'activité des travailleurs âgés de plus de 55 ans dans les pays développés reflètent la façon dont les interventions publiques ont régulé les rapports entre âge et travail : « Elles déterminent l'âge de travailler et de cesser le travail et assignent des positions, selon l'âge, au sein du marché du travail et du système de protection sociale. En ce sens, elles constituent autant de « polices des âges » qui organisent et réglementent le parcours des âges et définissent des seuils de passage d'un statut professionnel à un autre, ou du statut d'actif à celui d'inactif indemnisé dans l'ordre de la protection sociale. L'agencement, dans un contexte national donné, de ces différentes polices des âges liées aux dispositifs publics d'emploi et de protection sociale, conduit à la construction d'une « culture de l'âge » spécifique. Cette dernière représente une problématisation particulière de la question de l'âge, de ses rapports à l'emploi, la protection sociale et à la société tout entière » (Guillemard 2003, p. 65).

L'auteur détermine quatre types de trajectoires des salariés âgés de plus de 55 ans, qui tendent à regrouper les pays de l'OCDE selon des approches différentes des politiques de l'emploi et de protection sociale. La première trajectoire rassemble des pays de l'Europe continentale (Allemagne, France, Pays-Bas) et la Finlande, qui ont associé un niveau de couverture élevé du risque de chômage en fin de carrière avec peu d'instruments d'intégration dans l'emploi. Dans ces pays, les dispositifs de

[69] Cf. Annexe 3 : Données internationales.

cessation anticipée d'activité financés par le système de protection sociale ont été prédominants et ont incité les travailleurs âgés à quitter le marché du travail. Cette stratégie d'indemnisation a conduit à la marginalisation des salariés âgés hors de l'emploi. La deuxième trajectoire comprend au contraire un faible niveau de couverture du risque de chômage en fin de carrière mais de nombreux instruments d'intégration dans l'emploi. Elle est illustrée par le Japon, qui a ciblé son action sur le principe de l'emploi à vie et la poursuite de l'activité à des âges élevés. La troisième trajectoire comporte à la fois un niveau d'indemnisation élevé par le système de protection sociale et des politiques de l'emploi actives (formation professionnelle, aménagement du temps de travail, discrimination positive, création d'emplois publics...). Elle est illustrée par la Suède et le Danemark, qui sont parvenus à stabiliser les taux d'emploi des salariés âgés à un niveau élevé. La quatrième trajectoire est synonyme de neutralité et de non-intervention, que ce soit par l'intermédiaire de la couverture sociale ou des politiques de l'emploi. Elle conduit au rejet ou au maintien dans l'activité des travailleurs âgés, selon la situation globale du marché du travail (Etats-Unis et Grande-Bretagne).

Les trajectoires des salariés âgés dans les pays de l'OCDE

Politiques d'intégration dans l'emploi	**Niveau de couverture du risque de non travail en fin de carrière par le régime de protection sociale** (-)	(+)
- Peu d'instruments d'intégration sur le marché du travail	4 Rejet/Maintien Selon la situation du marché du travail Etats-Unis, Grande-Bretagne	1 Marginalisation/relégation Allemagne, France, Pays-Bas, Finlande
+ Nombreux instruments d'intégration ou de réintégration sur le marché du travail	2 Maintien sur le marché du travail Japon	3 Intégration/réintégration Si la protection sociale est conditionnelle d'efforts de retour dans l'emploi Suède, Danemark

Source : Anne-Marie Guillemard (2003, p. 74).

Ces quatre trajectoires, si l'on excepte la situation du Japon, correspondent à la typologie des trois mondes de l'Etat-providence proposée par Gosta Esping-Andersen. Dans le régime conservateur-corporatiste, le choix a été celui de politiques d'indemnisation par l'intermédiaire des dispositifs d'assurance chômage, d'invalidité et de retraite. Cette police des âges illustre une culture des âges marquée par l'image du vieillissement dans l'emploi, le droit au repos, et par conséquent la retraite précoce. Pour répondre au problème du chômage, ces pays ont initié une politique de « gestion des âges » spécifique (Marchand, Thélot 1996).

Ces analyses renvoient par conséquent à la typologie des *Trois mondes de l'Etat providence* (Esping-Andersen 1990). Il apparaît en effet que les systèmes de protection sociale ont généré, par leurs caractéristiques institutionnelles, trois conceptions ou mondes de préretraites.

2. Les trois mondes de l'Etat-providence

Dans son ouvrage intitulé, *Les trois mondes de l'Etat-providence – Essai sur le capitalisme moderne*, Gosta Esping-Andersen réalise une classification des Etats-providence sous la forme d'idéaux-types (Esping-Andersen 1990). Il montre qu'il n'existe pas un Etat-providence, réponse fonctionnelle à la montée des besoins sociaux générés par la société industrielle, mais des Etats-providence qui diffèrent par leur histoire, le mode de relation entre la société et la protection sociale, la place accordée à l'Etat par rapport au marché et plus généralement par le paradigme qui sous-tend l'action en matière de politique sociale.

Trois critères rendent compte des principes fondamentaux qui sous-tendent les systèmes de protection sociale. Le premier est la « démarchandisation » des besoins des individus par le système de protection sociale. Ce critère permet de mesurer le niveau de générosité de la protection sociale et la mesure dans laquelle il permet aux individus et aux familles de préserver un niveau de vie socialement acceptable, indépendamment de leur participation au marché. Idéalement, la démarchandisation supposerait que les citoyens puissent opter librement pour le non-travail, lorsqu'ils considèrent cette solution comme nécessaire, sans perte potentielle d'emploi, de revenu ou de bien-être général. Le deuxième critère est la « stratification sociale », c'est-à-dire la façon dont le système de protection sociale participe à l'organisation sociale et à son maintien. Le troisième critère est l'agencement opéré par chaque régime entre les trois principales sources de bien-être, souvent désignées comme les trois piliers de la protection sociale que constituent l'Etat, le marché et la famille. Gosta Esping-Andersen différencie ainsi trois régimes de protection sociale : le régime libéral limite son intervention sociale aux plus faibles, qui sont protégés, mais aussi stigmatisés ; le régime social-démocrate se caractérise par un niveau élevé de protection sociale pour tous les citoyens, une offre importante de services sociaux, et une volonté de redistribution des revenus par l'impôt. Le troisième régime, qui rassemble les pays de l'Europe continentale est dit conservateur-corporatiste, dans la mesure où la protection sociale est adossée au travail salarié, visant moins une transformation de la société dans un objectif d'équité sociale, que le maintien des statuts sociaux et professionnels.

L'Etat-providence libéral

Dans ce premier régime, le degré de démarchandisation est faible. Le principe de l'assistance est prédominant et les droits sont moins attachés au travail qu'à un besoin démontrable. Dans les nations où ce modèle a été mis en place (principalement les pays anglo-saxons), la « marchandisation » ou régulation par le marché est un principe prééminent. Cet idéal-type s'inscrit dans la continuité de l'éthique libérale, selon laquelle l'individu est considéré comme responsable de son propre bien-être, accessible par le travail. Par conséquent, le système de protection sociale intervient peu, avec la volonté de ne pas se substituer aux règles du marché, et se limite à offrir un filet de sécurité. Financées par l'impôt, les prestations sociales sont modestes et principalement attribuées à ceux qui ont les plus bas revenus. Les règles de droit social sont strictes et souvent associées à des stigmates.

En matière d'organisation du système de protection sociale, les pays anglo-saxons n'ont pas suivi toutes les recommandations de Beveridge. Dans son rapport de 1942, Lord Beveridge soutient que c'est toute l'organisation de la nation qui doit tendre au problème économique et social afin de libérer l'individu du besoin : le *Welfare State* implique une politique de plein emploi, de hauts salaires, une fiscalité redistributive, etc. Pour sa part, la protection sociale doit garantir une protection aussi complète et efficace que possible face aux divers risques sociaux : maladie, invalidité, chômage... De ce fait, le système de protection sociale ne doit pas s'adresser à une fraction défavorisée de la population mais à l'ensemble de celle-ci. Les diverses législations doivent être réunies dans une institution commune afin de permettre une plus grande efficacité et une simplification des droits (*All benefits in the form of one stamp on a single document*). La doctrine beveridgienne est exposée en 1942 et résumée par les trois grands principes ou « trois U » : unité (un seul système, une caisse unique), universalité (couverture de tous les risques et de l'ensemble de la population) et uniformité (même prestation pour tous).

Par exemple, au Royaume-Uni, si l'accès à la protection sociale est possible pour tous les résidents, seul le système de santé (*National Health Service*) est véritablement universel. Les prestations en espèces (indemnités maladie, allocations chômage, retraites) servies par le système public (*National Insurance*) sont forfaitaires et peu élevées, ce qui laisse une place aux assurances privées et aux régimes d'entreprises. Ceux qui n'ont pas suffisamment cotisé à l'assurance nationale perçoivent des prestations sous condition de ressources (*Income Support*). Le système public, très unifié, est géré par l'appareil administratif de l'Etat central, et majoritairement financé par l'impôt (Ferrera 1996).

L'Etat encourage donc le fonctionnement du marché, qui régule les mécanismes d'allocation des richesses, en ne garantissant qu'un minimum social et en subventionnant le développement des projets privés de prévoyance. Ce type de régime érige un ordre de stratification sociale, qui délimite un dualisme politique de classe, entre les plus riches qui recourent peu au système public de protection sociale et s'assurent par l'intermédiaire de dispositifs privés, et les groupes les plus pauvres, généralement les classes ouvrières, qui relèvent de l'assistance publique financée par l'impôt. La classe moyenne est partagée entre ces deux groupes majeurs et oscille entre la difficulté de financer une assurance sociale dans le secteur privé, et le risque de bénéficier des prestations universelles publiques, ce qui induit socialement de tomber dans la catégorie des plus pauvres. Dans la mesure où les indemnités sont prises en charge par l'Etat et financées par l'impôt, les citoyens sont assez peu attachés au système de protection sociale et celui-ci semble de ce fait plus facile à réformer[70]. Les Etats-Unis, le Canada et l'Australie apparaissent comme les archétypes de ce modèle. Au niveau européen, le régime de l'Etat-providence libéral est représenté par la Grande-Bretagne.

---

[70] Les travaux de Paul Pierson ont cependant montré que les réformes étaient aussi difficiles dans ces pays en raison de l'attachement de la population au système de protection sociale et des phénomènes d'institutionnalisation, auxquels le gouvernement Thatcher a notamment été confronté lorsqu'il a voulu remettre en cause le système de protection sociale britannique (Pierson 1994).

L'Etat-providence social-démocrate

A l'inverse, le deuxième modèle apparaît comme le plus démarchandisant, dans la mesure où il offre une indemnité de base égale à tous, indépendamment des gains antérieurs ou des cotisations. La protection sociale incarne la logique universaliste et constitue un droit pour tous les citoyens, la plupart des prestations sont forfaitaires et d'un montant élevé, versées automatiquement en cas d'apparition du besoin social. Ces systèmes sont essentiellement financés par des recettes fiscales. Ils sont totalement publics, placés sous l'autorité directe des pouvoirs publics centraux et locaux. Les salariés reçoivent aussi des prestations complémentaires au travers de régimes professionnels obligatoires, financées essentiellement par les employeurs. Seule l'assurance chômage n'est pas intégrée au système public de protection sociale.

Plutôt que de tolérer un dualisme entre l'Etat et le marché, entre classe ouvrière et classe moyenne, les sociaux-démocrates ont choisi d'instaurer un Etat-providence qui encourage une égalité à partir des plus hauts standards et non des besoins minimaux. Toutes les classes sont incorporées dans un système universel d'assurance sociale, bien que les indemnités soient relatives aux revenus habituels. Ce modèle neutralise le marché et par conséquent établit une solidarité globale en faveur de l'Etat-providence.

La politique d'émancipation du régime social-démocrate concerne aussi la famille traditionnelle. Contrairement au modèle corporatiste, le principe n'est pas d'accompagner (voire de renforcer) l'interdépendance familiale, mais de rendre possible une indépendance individuelle. En ce sens, le modèle est une fusion particulière de libéralisme et de socialisme. Il en résulte un État-providence qui octroie des subsides directement aux individus et qui prend en charge la responsabilité directe des soins aux enfants, aux personnes âgées ou aux personnes sans ressources. Par conséquent, il est soumis à une lourde charge de service social, qui tend à s'équilibrer par un accès facilité à l'emploi pour les femmes.

La spécificité du régime social-démocrate est, d'après Esping-Andersen, sa fusion entre bien-être et travail : il vise à fournir une garantie de plein emploi et est dépendant de la réalisation de cet objectif. D'une part, le droit au travail a le même statut que le droit à la garantie de revenu. De ce fait, l'Etat-providence intervient sous la forme de politiques actives pour l'emploi (formation, reclassements, création d'emplois publics). D'autre part, les coûts de maintien du système nécessitent de préserver un quasi plein-emploi et la valeur travail est prééminente. Cet idéal-type rassemble les pays nordiques, c'est-à-dire la Suède, la Finlande ou le Danemark.

L'Etat-providence « conservateur-corporatiste »[71]

Le troisième modèle est celui de l'assurance sociale obligatoire adossée au travail, qui permet l'obtention de droits sociaux d'un niveau élevé, mais n'apparaît pas, selon Esping-Andersen, comme réellement « démarchandisant ». En effet, le

[71] Ce modèle a aussi été qualifié de « chrétien-démocrate » par Maurizio Ferrera (1996).

degré de démarchandisation dépend de la structure d'éligibilité et des règles d'indemnisation. Or, dans ce modèle, les indemnités dépendent des contributions et par conséquent de l'accès au travail et au marché. En ce sens, même si le droit social est présent, les règles d'indemnisation dictent le point jusqu'auquel les programmes sociaux offrent de véritables alternatives à la dépendance au marché.

Cependant, ce régime d'Etat-providence est moins régulé par le principe du marché que par celui du maintien de l'organisation sociale. La protection sociale s'inscrit dans l'héritage des assurances sociales bismarckiennes. L'ouverture des droits est conditionnée par le versement de cotisations et l'attribution des prestations sociales est directement liée à la position dans l'emploi. Les prestations en espèces sont contributives et proportionnelles aux revenus. Les cotisations sociales versées par les employeurs et les employés constituent l'essentiel des sources de financement du système. Ces systèmes, souvent très fragmentés, sont organisés de façon plus ou moins autonome de l'Etat et sont gérés par les représentants des employeurs et des employés. Ceux qui ne sont pas ou plus couverts par les assurances sociales peuvent recourir à un filet de sécurité constitué de prestations minimales, sous condition de ressources, financées par des recettes fiscales.

Le système corporatiste est subordonné à un édifice étatique, qui est prêt à se substituer au marché en tant que pourvoyeur de bien-être. En ce sens, l'Etat participe à l'organisation et au maintien des strates sociales, et son impact de répartition est faible. Les valeurs catholiques sont également présentes et conduisent à préserver les structures familiales traditionnelles. Dans ce contexte, les assurances sociales sont le plus souvent décernées au travailleur et à sa famille, les femmes n'accédant pas à l'emploi salarié et se dédiant aux soins familiaux. De ce fait, si le niveau des allocations familiales est le plus souvent élevé, les services familiaux (crèches, garderies…) sont sous-développés. Cet idéal-type de la protection sociale est commun aux pays de l'Europe continentale, c'est-à-dire l'Autriche, la France, l'Allemagne ou l'Italie. Dans ce modèle, le taux d'emploi élevé des femmes en France fait figure d'exception.

3. Trois mondes de préretraites

Dans les trois mondes de l'Etat-providence, le principe de la retraite n'a réellement émergé que quand les pensions sont devenues de fait « un salaire citoyen », ce qui n'est arrivé que lors de la consolidation des systèmes de protection sociale après la deuxième guerre mondiale. Dès lors, l'âge est considéré comme l'un des éléments à prendre en compte dans la régulation du marché du travail. D'un côté, le développement des pensions de retraite permet aux employeurs d'accroître la productivité de la main-d'œuvre en remplaçant les salariés âgés fatigués par des travailleurs plus jeunes. De l'autre côté, les syndicats ont défendu le principe d'une pension de retraite d'un niveau suffisant pour que les retraités puissent soutenir la consommation et l'emploi. Le principe des retraites a ainsi fait l'objet d'un contrat entre marché et protection sociale (*welfare trade-off*).

L'instrument des retraites a cependant été détourné de sa vocation originelle ; servir un revenu à des personnes trop âgées pour travailler, pour devenir un instrument de politique de l'emploi, permettant de faire face à la montée du chômage, la désindustrialisation et les transformations économiques. Au cours des années 1970, les retraites anticipées apparaissent dans tous les pays industrialisés comme une réponse à une situation dans laquelle les alternatives politiques paraissent rares. En effet, la montée du chômage, l'érosion du consensus keynésien et l'adoption de politiques de lutte contre l'inflation, sont autant de facteurs qui nuisent à la possibilité de mettre en œuvre des politiques de stimulation de l'emploi. La tentation a de ce fait été de diminuer la demande de travail : « Les employeurs prisonniers du droit du travail, trouvent dans la retraite anticipée un moyen de relancer la productivité et de tenir compte des exigences de rationalisation ; les syndicats, contraints par les droits d'ancienneté, considèrent la retraite anticipée comme un moyen acceptable de créer de l'emploi pour les jeunes ; et les gouvernements liés par leurs promesses de plein-emploi, trouvent un soutien dans la retraite anticipée. A ce consensus implicite, s'ajoute le travailleur âgé, souvent fatigué par un travail industriel contraignant, qui obtient une retraite acceptable grâce à l'Etat-providence » (Esping-Andersen, Sonnberger 1989, p. 3).

Les politiques de départ anticipé à la retraite correspondent à autant de pactes sociaux qui, par-delà les frontières, ont rendu commun le départ à la retraite à la fin de la cinquantaine. Si les taux d'activité des travailleurs âgés de 55 à 64 ans sont équivalents dans les trois mondes de l'Etat-providence dans les années 1960, les différences apparaissent puis se creusent au cours des années 1970 et 1980. Les arguments liés au marché *(« push factor »)*, tels que la détérioration des conditions économiques, le chômage et les stratégies de restructurations industrielles ne suffisent pas pour expliquer les différences dans les taux de sortie du marché du travail des salariés âgés de 55 à 64 ans. En ce sens, un autre argument *(« pull factor»)* se dégage, selon lequel les programmes proposés par les systèmes de protection sociale influent sur le développement des départs anticipés : « Certains types d'Etat-providence sont plus enclins que d'autres à utiliser les instruments démographiques pour gérer le marché de l'emploi » (Esping-Andersen, Sonnberger 1989, p. 14).

Le régime libéral : les Etats-Unis

Aux Etats-Unis, la régulation par le marché est prédominante. Au cours des années 1970 et 1980, la restructuration industrielle a eu un impact important sur l'emploi et a conduit à des difficultés sur le marché de l'emploi (*push factor*). Néanmoins, les taux de chômage des travailleurs âgés ont peu augmenté (3,3% en 1965 ; 4,3% en 1975 ; 4,1% en 1985). Cette relative stabilité peut s'expliquer par l'importance de la syndicalisation dans le secteur industriel de base, mais aussi par le fait que l'accès au système de retraite a été facilité après 1972-1973 (*pull factor*). Par ailleurs, la forte croissance du secteur des services a permis le développement de l'emploi des jeunes et des femmes.

Cependant, l'effet *« pull »* a été modeste : les départs anticipés ont été encouragés par l'augmentation du niveau des retraites et l'assouplissement des conditions d'âge d'éligibilité, mais l'attractivité financière est restée faible. L'âge de départ a été fixé à 62 ans, avec 27 années de cotisations requises pour recevoir une retraite complète, mais le niveau des pensions de sécurité sociale s'est limité à 50-

55% du salaire moyen. La main-d'œuvre du secteur industriel a reçu une pension complémentaire, qui ajoutait 20% à la retraite de base, ce qui a incité aux départs anticipés. Cette option est apparue comme la solution la plus viable, parce que les licenciements étaient concentrés dans certains secteurs et dans certaines régions, ce qui induisait que la probabilité de retrouver un emploi était faible. De plus, il n'existait pas de programmes de formation ou de reclassement pour cette catégorie de salariés licenciés, ni d'emplois aidés par l'Etat, qui auraient pu accompagner leur reconversion. Néanmoins, cette politique s'est limitée dans le temps (une génération de salariés) et l'espace (un secteur d'activité). De plus, le développement du secteur des services a permis de relancer l'économie américaine.

Le régime social-démocrate : la Suède

La Suède propose un système de retraite très généreux qui a accompagné le développement des départs anticipés. Le taux de remplacement s'élève en moyenne à 75-85% du salaire d'activité antérieur et des mesures sont proposées à ceux qui ne peuvent accéder aux retraites complémentaires, ce qui fait que rares sont ceux qui touchent moins de 70% du salaire antérieur. De plus, une série de mesures a été introduite pour accompagner les difficultés des travailleurs âgés. En 1963, la possibilité de partir à la retraite à 60 ans avec une pension réduite est introduite. Après 1970, la pension d'invalidité est rendue accessible en cas de difficultés sur le marché du travail. En 1972, les chômeurs ont accès à une pension de retraite complète dès 60 ans. Au milieu des années 1970, le principe des retraites partielles est introduit et permet une transition progressive vers la retraite, au cours de laquelle les salariés peuvent combiner revenu d'activité et pension de retraite.

Parallèlement, d'autres programmes offrent une aide financière attractive pour le reclassement, la formation ou proposent des emplois protégés, ce qui influe sur l'évolution dans l'emploi des travailleurs âgés. La tendance à la retraite anticipée est en effet moins élevée qu'en Allemagne ou aux Etats-Unis, dans la mesure où les politiques sociales incitent aussi à l'emploi des salariés âgés. Le taux de chômage parmi les travailleurs âgés a augmenté mais dans une proportion moindre que dans les deux autres pays (0,9% en 1969 ; 1,6% en 1975 ; 3,5% en 1985). Dans ce pays, les effets *« push »* et *« pull »* tendent à s'annuler. De plus, la perte d'emplois industriels a été contrebalancée par le développement des emplois publics, ce qui a diminué la pression économique visant à libérer de la place sur le marché de l'emploi en incitant les travailleurs âgés à partir à la retraite anticipée.

Le régime conservateur-corporatiste : l'Allemagne

En Allemagne, la retraite anticipée a été utilisée comme un instrument central pour accélérer la restructuration industrielle et combattre la montée du chômage. La réforme des retraites de 1972 a acté l'éligibilité à une pension de retraite pleine dès 63 ans, avec une durée requise de cotisation de 35 années. Un vecteur de développement plus important des départs anticipés est l'émergence des plans sociaux, conclus entre les syndicats et les employeurs (et implicitement l'Etat), qui permettent de faire partir à la retraite les salariés licenciés dès 58 ans. La loi sur les préretraites, votée en 1984, accentue le processus d'éviction des salariés âgés du marché du travail. Le chômage élevé, la demande croissante des femmes d'accéder au marché du travail et l'arrivée de nouvelles cohortes cherchant à entrer sur le marché du travail, ont conduit à utiliser les départs anticipés comme une politique de l'emploi permettant de libérer des emplois et de réduire la demande.

L'effet *« pull »* d'attractivité du système de protection sociale a été conjointement renforcé par la situation du marché du travail (*push*). C'est en Allemagne que les pertes d'emplois industriels ont été les plus importantes et elles se sont accompagnées d'un taux de chômage élevé pour les salariés âgés de 55 à 64 ans. Celui-ci est passé de 0,8% en 1965, à 3,7% en 1975 et 9,9% en 1985. Ces pertes d'emplois industriels ne conduisent pas nécessairement à une augmentation du taux de chômage, et par conséquent des départs anticipés, si la croissance d'un secteur alternatif est forte (comme c'est le cas des services aux Etats-Unis) ou si les travailleurs âgés bénéficient d'incitations à l'emploi (la Suède a proposé des mesures de replacement, de formation, d'incitation financières à l'emploi). Néanmoins, en Allemagne, la synchronisation des effets *« push »* et *« pull »* a été déterminante : le chômage explique 55% de la variance, tandis que la législation favorable aux départs anticipés explique 35% (Esping-Andersen, Sonnberger 1989, p. 27). En fait, c'est dans ce pays que se distingue le plus clairement un développement des préretraites, médiatisé par la législation sociale.

4. Vers l'Etat social sans travail : la réponse continentale à la montée du chômage

Le régime conservateur-corporatiste, ou régime continental, se caractérise par une couverture sociale large, qui est basée sur le principe de l'assurance dans la tradition bismarckienne, financée par les cotisations sociales, et offre un revenu de remplacement d'un taux élevé. L'Etat-providence agit selon une logique essentiellement indemnisatrice. Il compense l'occurrence d'un risque social plutôt qu'il ne le prévient. Les prestations sont considérées comme une forme de droits acquis qui (jusqu'à peu) ont été rarement soumis à un devoir de réhabilitation ou de recherche d'emploi. Par conséquent, le régime continental consacre une part importante des dépenses sociales aux transferts monétaires destinés à assurer un revenu de remplacement et accorde peu de place aux prestations en services. Traditionnellement, le système fonctionne en accord avec les principes familialistes, et les taux d'activité des femmes sont peu élevés. Comme nous l'avons écrit, la France constitue une exception dans ce domaine.

Le chômage de masse a par conséquent conduit à une croissance exponentielle des cotisations sociales. L'éviction des travailleurs âgés a constitué la principale marge de manœuvre et cette situation spécifique a été mise en avant par différents auteurs, qui ont proposé plusieurs appellations : « l'Etat social sans travail » (*Welfare Without Work*) (Esping-Andersen 1996) ou « le dilemme continental » (*Continental Dilemma*) (Scharpf 1998).

4. 1. La stratégie de l'éviction des travailleurs âgés[72]

L'Etat-providence fondé après-guerre s'appuyait sur la conception de carrières masculines à plein temps, longues et continues, suivies par quelques années en retraite avant la mort, et des carrières féminines à plein-temps consacrées aux activités de reproduction sociale. L'entrée des hommes sur le marché du travail était estimée à 15 ou 16 ans et la sortie à 65 ans, ce qui induisait une durée de vie active (et de cotisations) de 40-45 ans avant la retraite. En ce qui concernait le cycle de vie féminin, il était estimé qu'une courte période d'emploi pendant la jeunesse serait suivie par un retrait plus ou moins permanent au moment du mariage et de la construction d'une famille. Selon le modèle de l'homme gagneur de pain *(« male-breadwinner »)*, l'homme était conçu comme un soutien de famille, dont il assurait par son travail salarié la subsistance, tandis que la femme se consacrait aux soins pour contribuer au bien-être du foyer (*female-carer*) (Esping-Andersen 1996).

Le plein-emploi de l'après-guerre permettait aux politiques d'assumer (et d'encourager) la faible insertion des femmes dans l'emploi. Dans ce contexte, les politiques sociales et les relations professionnelles fonctionnaient en tandem. La dépendance de la famille vis-à-vis du salaire masculin induisait que les syndicats luttaient pour la sécurité de l'emploi (principe d'ancienneté, régulation des pratiques d'embauche et de licenciement) ainsi que pour le « salaire familial » (*family wage*). En réponse aux pénuries de main-d'œuvre dans les années 1960, le choix stratégique de pays comme l'Allemagne, la Belgique et la France a été de recourir aux travailleurs étrangers plutôt qu'aux femmes et a contribué à renforcer cette logique. Alors que, dès les années 1960, la participation de la main-d'œuvre féminine commençait à augmenter en Scandinavie et en Amérique du Nord, elle a continué à stagner dans les économies de l'Europe continentale jusqu'aux années 1980, moment à partir duquel la participation féminine s'est élevée.

Dans ces conditions, l'objectif au moment de l'apparition de la crise économique et du chômage, a été de préserver la situation dans l'emploi de l'homme d'âge médian, et par extension celle de sa famille. La stratégie politique choisie pour répondre à la désindustrialisation a été d'augmenter les sorties d'emploi des travailleurs les plus âgés. D'une part, ils étaient moins susceptibles d'avoir des enfants à charge que les plus jeunes, d'autre part, ils avaient accumulé suffisamment de droits sociaux, par leurs cotisations, pour bénéficier de prestations leur permettant de vivre dans des conditions socialement acceptables. La stratégie continentale d'éviction des travailleurs âgés s'est fondée sur trois hypothèses. La première est que le dividende de productivité, qui résultait des départs anticipés dans le secteur industriel, devait couvrir le coût passif du maintien des revenus par le système de protection sociale. La deuxième était que ceux qui étaient progressivement retirés de la main-d'œuvre étaient peu qualifiés, et de ce fait moins adaptés aux besoins de l'économie post-industrielle. La troisième hypothèse se basait sur le fait que le

[72] *« Labor Shadding Strategy »*, Ebbinghaus (2002).

surplus de main-d'œuvre était temporaire et que le problème s'estomperait lorsque le processus de restructuration industrielle serait achevé.

Cette approche a eu des conséquences favorables en termes de restauration de la compétitivité dans certains secteurs comme l'automobile. Cependant, les effets à long terme se sont avérés négatifs, dans la mesure où les rapports de dépendance entre actifs et inactifs se sont renforcés. La problématique a été reformulée au cours des années 1990 selon les termes suivants : le coût de cette politique s'est transmis sur les charges sociales et par conséquent sur le coût du travail, ce qui a contribué à décourager les créations d'emploi. Les dépenses de chômage « passives » absorbent dans les pays de l'Europe continentale en 1992 entre 1,5 et 2,0% du PIB (Esping-Andersen 1996). Selon l'OCDE, l'augmentation des prestations sous forme de « transferts » aux chômeurs a de plus entraîné la diminution des mesures « actives » pour l'emploi comme la formation, les créations d'emploi et les mesures favorisant la mobilité (OCDE 1993). Surtout, les préretraites ont accru le coût des dépenses de retraite. Par exemple, en Italie, l'absence d'une assurance chômage efficace a, dans le contexte des années 1980, contribué à détourner le fonctionnement des systèmes de retraite et en particulier des pensions d'invalidité. Celles-ci, qui ne sont pas soumises au principe de contribution, ont été trois fois plus utilisées dans les bassins d'emploi plus sinistrés du sud que dans ceux du Nord de l'Italie. Puisque le système d'invalidité est financé par le régime général des retraites (INPS), les taux de licenciements massifs ont accru les déficits de l'assurance retraite. Le système des pensions d'invalidité a également joué un rôle important pour accompagner les stratégies d'éviction des travailleurs âgés aux Pays-Bas, en Allemagne et en France.

4. 2. La constitution d'un dilemme

Ces systèmes de protection sociale se trouvent bloqués dans des « trappes à inactivité » (Scharpf 2000) et cette spirale négative s'est renforcée avec le temps. Les pays de l'Europe continentale semblent incapables de générer la croissance de l'emploi. En effet, le déclin de l'emploi chez les travailleurs âgés ne s'est pas accompagné d'un partage de l'emploi avec les générations des jeunes travailleurs, puisque le niveau total de l'emploi chez les jeunes générations a chuté et que l'âge moyen d'entrée des diplômés sur le marché du travail se situe autour de 25 ans en Europe continentale et 28-30 ans en Allemagne (Lestrade 2002).

Les conditions de l'emploi en Europe continentale ont les caractéristiques de marchés du travail séparant les « *insiders* » des « *outsiders* ». Les faibles taux de chômage parmi les hommes de 25-55 ans se combinent avec de larges parts de la population de travailleurs exclus ou marginalisés. De nouveaux risques sociaux ont émergé, liés à l'instabilité familiale croissante et au chômage de longue durée. Dans des pays comme la Belgique, l'Allemagne et la France, les parents célibataires représentent autour de 10% de l'ensemble des familles. Ils sont davantage confrontés à la pauvreté – 27% en Allemagne, 19% en France relèvent de programmes de l'assistance au cours des années 1980. En France, le nombre de familles monoparentales qui reçoivent des minima sociaux a augmenté de 185% entre 1978 et 1986 (Room 1990, p. 52). Entre 1970 et 1986, la part des chômeurs par rapport à l'ensemble des bénéficiaires de l'assistance sociale est passée de 1 à 33% en Allemagne, et de 3 à 67% aux Pays-Bas (Room 1990, p. 62).

Les difficultés de l'accès à l'emploi, et la proportion croissante d'inactifs qui en ont découlé renforcent donc le processus du vieillissement démographique qui a conduit à une augmentation du nombre d'inactifs. La situation semble de ce fait d'autant plus inextricable, puisque le nombre d'inactifs continue à augmenter, ce qui induit une augmentation des besoins financiers des systèmes de protection sociale.

***

L'Etat-providence continental, élaboré dans les conditions sociales, économiques et démographiques, qui prévalaient dans l'ère fordiste du plein-emploi, est ainsi remis en cause. Reposant principalement sur le marché pour garantir des salaires élevés et la croissance de l'emploi, la tâche majeure des politiques sociales était de sécuriser les familles pendant les étapes non productives du cycle de vie de l'homme comme « soutien de famille ». La relative passivité de l'Etat-providence se limitant à assurer contre une maladie non anticipée ou l'invalidité, et contre le risque marginal du chômage, était un problème mineur dans un contexte de forte croissance économique. Néanmoins, ces principes de fonctionnement ont été mis en échec par le développement d'une économie post-industrielle, basée sur les services, principal secteur de création d'emploi qui appelle plus de flexibilité et la déstandardisation des cycles de vie. Les stratégies classiques d'éviction de pans de la main-d'œuvre pour lutter contre le chômage sont de ce fait remises en cause, et les Etats-providence continentaux sont sommés de s'adapter à leur nouvel environnement économique, social et démographique.

Chapitre 4. La genèse des dispositifs de préretraite en France et en Allemagne

L'Allemagne apparaît comme une figure emblématique de l'Etat-providence continental : héritière des assurances bismarckiennes, instigatrice du modèle de l'homme gagneur de pain, elle se caractérise par un système de protection sociale généreux et fortement corporatiste. Par extension, la France s'intègre elle aussi dans ce régime de protection sociale, fondé sur l'assurance et les transferts financiers, et un système de sécurité sociale qui s'adresse aux travailleurs et leurs familles. Dans ces deux pays, l'emploi s'est de ce fait essentiellement focalisé sur le travailleur masculin d'âge médian, considéré comme le principal soutien de famille, et devant de ce fait être protégé.

À partir du début des années 1970, l'éviction des travailleurs âgés du marché du travail, de ponctuelle, est devenue récurrente, et s'est accompagnée de la mise en place de dispositifs adéquats. Les mécanismes de « départ anticipé à la retraite » gérés par l'assurance retraite, de « cessations anticipées d'activité » dans le cadre de l'assurance chômage ou maladie, ou de « préretraite » financés par l'assurance chômage et le budget de l'Etat, sont apparus pour accompagner ce processus, puis par un effet d'appel vis-à-vis du marché, se sont multipliés. Les choix politiques et les mécanismes institutionnels se sont mutuellement renforcés et ont conduit à l'institutionnalisation d'un « sentier de dépendance » des préretraites (Pierson 1994).

1. L'Allemagne : la routinisation d'une stratégie d'éviction des travailleurs âgés

En Allemagne, la majorité des institutions de retraite anticipée ont été élaborées relativement tôt, à un moment où le chômage n'était pas une menace et où la priorité était plutôt de mettre en place des dispositifs qui prenaient en compte les difficultés propres aux salariés âgés (problèmes de santé, pénibilité du travail, carrières longues…). Lorsque le chômage de masse s'est installé, les entreprises se sont saisies de ces mécanismes institutionnels, qui leur permettaient de se séparer de la partie de la main-d'œuvre la plus coûteuse et considérée comme la moins adaptable. Le nombre de bénéficiaires des dispositifs de préretraite s'est accru. L'Etat a choisi d'accompagner socialement les difficultés économiques et a répondu à la demande des entreprises en renforçant les mécanismes disponibles, ce qui a conduit à la construction ad hoc d'un instrument de politique publique.

1. 1. La sécurité sociale en Allemagne de Bismarck à nos jours

Le développement des dispositifs de cessations anticipées d'activité s'est inscrit dans la continuité des institutions de protection sociale bismarckiennes. En effet, deux principes, qui sont au cœur du système de protection sociale, ont conditionné l'introduction puis l'enracinement des préretraites : d'une part, le principe de l'assurance qui détermine le droit à l'indemnisation, et d'autre part le principe du maintien du revenu et du statut social. Dans un premier temps, nous présenterons donc brièvement le système de protection social allemand.

L'héritage Bismarckien

Le 18 novembre 1881, dans la Chambre blanche du Palais de Berlin, Bismarck lut à haute voix un message de l'empereur annonçant un plan complet de création d'un système public d'assurance sociale pour les travailleurs. Cette annonce politique a conduit à l'introduction du système de protection sociale allemand. Les principes mis en forme par Bismarck se sont par la suite diffusés dans l'ensemble de l'Europe continentale.

Ainsi, le concept « d'Etat social » ou d'Etat-providence, remonte en Allemagne au XIXe siècle et a été officialisé dans les articles 20 et 28 de la Loi fondamentale de la République fédérale sous les termes « d'Etat fédéral social » (*sozialer Bundesstaat*). Dès les années 1880, l'Etat social comprend une assurance obligatoire en matière de maladie, accidents du travail, vieillesse et invalidité, pour une grande partie de la population. Contrairement aux formes traditionnelles d'assistance destinées aux pauvres, qui comportaient des discriminations sociales et politiques, la sécurité sociale instaure un véritable droit aux prestations, adossé au travail salarié, selon le principe de l'assurance. L'une des raisons de la création des assurances sociales au XIXe est liée aux conséquences économiques et sociales de l'industrialisation et de l'urbanisation. L'ancien système des propriétaires terriens et de corporations était dissous. La famille avait perdu sa fonction d'unité productive et de structure susceptible de fournir une aide en cas de besoin. Enfin, la méthode traditionnelle d'assistance aux nécessiteux, basée sur l'aide du voisinage et la responsabilité de la communauté, commençait à s'effriter à cause des migrations de masse. Dans le système « capitaliste », les salaires n'étaient plus déterminés en fonction des besoins des travailleurs et de leurs familles, mais selon les lois du marché. L'avènement d'un prolétariat industriel et le danger de son appauvrissement constituait ce qui a à l'époque été conceptualisé comme « la question sociale ». L'agriculture et le travail à domicile, en perte de vitesse, fournissaient moins de travail aux femmes, aux enfants et aux personnes âgées, qui dépendaient de plus en plus du revenu du salarié masculin. L'utilisation des machines avait accru le risque d'accidents, alors que le chômage devenait une menace susceptible de conduire à une extrême pauvreté.

Néanmoins, ces difficultés socioéconomiques ne suffisent pas à expliquer l'apparition de l'Etat social allemand. En effet, le phénomène de l'industrialisation touchait de nombreux pays, comme la Grande-Bretagne, la Belgique, la France ou les Pays-Bas, sans que ceux-ci se soient dotés d'un appareil d'assurance sociale. En ce sens, d'autres éléments propres à l'Allemagne ont été déterminants. Il apparaît en effet que l'Allemagne comptait sur une bureaucratie nationale importante et prestigieuse, un appareil d'Etat interventionniste, et pouvait s'appuyer sur le concept devenu traditionnel de « réforme venue d'en haut » (Kott 1995). Les structures étatiques solides permettaient d'élaborer plus facilement un système de protection sociale initié par l'Etat. De plus, ce mouvement était soutenu par la tendance traditionnelle au catholicisme et certains secteurs de la classe moyenne en faveur des réformes sociales.

Par ailleurs, cet Etat fort, souvent qualifié d'autoritaire, se sentait menacé par l'apparition de nouveaux courants politiques, tels le libéralisme et le socialisme. La volonté d'instaurer un système d'assurance sociale peut être expliquée comme une tentative de Bismarck de stabiliser l'ordre institutionnel et social de l'époque grâce à des concessions dans le domaine social, ce qui permettait de contrôler la classe ouvrière. Les lois sur l'assurance sociale sont venues compléter celles de 1878 visant à contrer les socialistes, renforçant la stratégie, dont l'objectif était de contenir la social-démocratie et les syndicats socialistes. Ces éléments ont conduit à l'élaboration de l'architecture de l'assurance sociale allemande : celle-ci, étroitement liée à l'emploi, est obligatoire pour certains secteurs de la population. Elle est en grande partie financée par les cotisations sociales et patronales, l'Etat n'assurant qu'une très faible participation au financement du régime d'invalidité et de vieillesse. La redistribution des revenus est limitée en raison de l'échelonnement des barèmes de cotisations et des prestations.

Sur le plan politique, le plan de Bismarck a eu un succès limité, du moins à court terme, dans la mesure où le chancelier a échoué dans sa tentative d'affaiblir la social-démocratie et les syndicats. Au contraire, le mouvement ouvrier a renforcé ses positions en assurant sa présence dans les nouvelles institutions. Cependant, il est probable que sur le long terme, le système d'assurances sociales a facilité l'intégration progressive des travailleurs au sein de l'Etat social. Après la chute de Bismarck, l'évolution du système a été caractérisée par son extension à une plus large partie de la population et par l'amélioration progressive des prestations. En 1911, une assurance vieillesse séparée pour les employés a été établie, prévoyant des cotisations et des prestations plus élevées que pour les ouvriers, mais sans financement de l'Etat. Cette assurance séparée visait à empêcher la progression de la social-démocratie et des syndicats socialistes dans ce qui avait été appelé « la nouvelle classe moyenne ». Le régime d'assurance sociale des employés est progressivement devenu le modèle sur lequel se sont basées toutes les demandes pour l'amélioration de l'assurance sociale des travailleurs et l'établissement de l'égalité des droits dans ce domaine (Ritter 1989).

La République de Weimar et l'avènement d'une démocratie sociale

Après la Première Guerre Mondiale, la République de Weimar a introduit de grandes avancées en matière de politiques sociales. Si la politique sociale initiée sous l'Empire par Bismarck avait pour objectif de conserver l'ordre ancien et pouvait en ce sens être qualifiée davantage de Monarchie-providence que d'Etat-providence, la République de Weimar a associé à l'élargissement des droits sociaux la volonté de renforcer la nouvelle démocratie. En incluant des droits sociaux fondamentaux dans la Constitution, l'Allemagne a ainsi encouragé l'essor de l'Etat social, lequel a la responsabilité d'assurer le bien-être social de ses concitoyens. La Constitution garantissait désormais à chaque individu le droit au travail et à l'assistance, et de nouvelles dispositions ont été introduites dans le domaine de la protection de la santé et de la capacité de travail.

L'Etat social a pris la charge des victimes de la guerre (invalides, veuves et orphelins), et a choisi de se développer. Le gouvernement a ainsi lancé un programme de construction de logements sociaux et a introduit en 1927 une assurance chômage obligatoire qui s'est effondrée lors de la crise de 1929. En raison de la pratique de médiation dans les conflits du travail, l'Etat de la République démocratique de Weimar est aussi devenu plus présent dans les relations professionnelles, ce qui a participé à sa remise en cause au moment de la crise économique. D'un côté, les syndicats attendaient que l'Etat défende les intérêts des travailleurs confrontés au chômage de masse. De l'autre, les employeurs demandaient la suppression de l'Etat social pour réduire les charges salariales (*Lohnebenkosten*), ce qui leur permettrait d'accroître leur compétitivité. Dans la mesure où les industriels ont vu dans l'Etat social une conséquence du régime parlementaire, la lutte pour l'affirmation de la primauté politique de l'économie est devenue progressivement une lutte contre la démocratie (Kott 1995).

L'exemple de la république de Weimar montre que l'effet produit par l'Etat social sur le système social est ambivalent. Si, d'une part, il peut stabiliser l'Etat et la société en réduisant la pauvreté et en réglementant les conflits sociaux, d'autre part, il y a un risque que, en étant trop étroitement impliqué dans ces conflits et dans la redistribution des revenus, l'Etat soit surchargé et que le système politique tout entier s'effondre. L'accent mis en RFA sur l'autonomie des organisations d'employeurs et de travailleurs dans la négociation des conventions collectives sur les salaires et le règlement des conflits sociaux est une conséquence de cette expérience. Pendant la dictature nazie, après 1933, le système d'assurance sociale a été préservé. Néanmoins, les institutions ont été utilisées au profit de l'idéologie hitlérienne : le système de santé a servi les objectifs de la politique raciale (stérilisation forcée, euthanasie), et le système d'assurance chômage est devenu à partir de 1938 un instrument pour la mobilisation et le redéploiement de la main-d'œuvre.

L'affirmation du modèle allemand : « l'économie sociale de marché »

En dépit des efforts déployés par les alliés pour créer un système d'assurance sociale unifié, basé sur les principes de Beveridge, le système d'assurance sociale bismarckien a été maintenu en Allemagne de l'Ouest. Selon le concept d'économie sociale de marché (*soziale Marktwirtschaft*), la loi du marché, appliquée au domaine de la production, doit, dans celui de la distribution, être accompagnée d'interventions étatiques en faveur des couches les plus faibles de la population.

L'Etat-providence moderne a gardé les fondations bismarckiennes, c'est-à-dire un système assurantiel, adossé à l'emploi, financé par les cotisations sociales et géré par les partenaires sociaux. L'architecture du système de protection sociale s'est renforcée, et l'accès à la protection sociale a été généralisé aux artisans, aux travailleurs indépendants, ainsi qu'à des groupes particuliers comme les étudiants et les handicapés. La grande avancée sociale de l'après-guerre a sans doute été la réforme du système de retraite de 1957, qui a introduit le principe de la pension indexée à l'évolution économique du pays. L'objectif était de permettre aux bénéficiaires d'une pension d'invalidité ou de retraite de conserver leur niveau de vie, et de rompre ainsi le cercle vicieux qui associait vieillesse et pauvreté. Par ailleurs, en maintenant la tradition d'un lien étroit entre le niveau des pensions et le niveau des cotisations antérieures, le principe du travail comme voie d'accès aux droits sociaux était renforcé. À la fin des années 1960, avec la chute du taux de natalité, un nouveau principe a été introduit dans le système de retraite, le concept de « contrat de générations » (à savoir le financement des pensions par les cotisations des travailleurs au lieu d'avoir recours à des fonds de capitalisation). À côté du système assurantiel, le système d'assistance sociale a été élargi par la loi de 1961, qui a émis l'objectif, grâce à la protection sociale, de préserver pour chacun « une existence conforme à la dignité humaine ». Conçue comme une aide marginale, l'assistance sociale a pris de l'ampleur avec la crise économique qui a commencé au début des années 1970, devenant une protection sociale de base pour une part croissante de la population, composée essentiellement par les mères célibataires, les personnes handicapées et les chômeurs de longue durée. Le paysage de la protection sociale s'est modifié dans le sens de l'assistance avec l'introduction le 1er janvier 1995 de la « *Pflegeversicherung* », système d'assistance pour les personnes dépendantes (handicapés et personnes âgées), dont la charge reposait jusqu'alors sur la commune et s'était accrue avec le vieillissement de la population.

Ainsi, le système de protection sociale allemand fonctionne sur un mode assurantiel lié à l'emploi. L'Etat social intervient lors de l'occurrence d'un risque social (maladie, chômage, vieillesse), et garantit un revenu de remplacement dont le niveau est calculé en fonction des cotisations perçues. L'Etat-providence se base sur le principe du travail et non de la citoyenneté, ce qui explique que l'assurance sociale est prééminente et que les programmes d'assistance fondés sur le besoin et non-contributifs sont peu nombreux et relativement annexes.

En période de chômage de masse, ce système assurantiel peut être mis en difficulté, comme cela a été le cas lors de la crise de 1929, dans la mesure où les dépenses liées au chômage augmentent. Au moment des chocs pétroliers et de la crise économique des années 1970, les dépenses de l'assurance chômage ont également augmenté, et les autorités publiques ont été conduites à opérer un partage des coûts entre les systèmes d'assurance chômage et retraite, par l'intermédiaire des départs anticipés des travailleurs âgés.

1. 2. Le départ anticipé à la retraite : un outil d'accompagnement des transformations structurelles

En Allemagne de l'Ouest, le développement des préretraites pendant les années 1970 et 1980 n'était pas un sujet majeur dans les discours politiques, qui étaient dominés par l'apparition du chômage de masse. Le départ anticipé à la retraite n'était qu'une mesure parmi d'autres dans ce contexte socio-économique difficile et elle n'était pas la plus remarquée.

Pendant les années 1970, les préretraites n'étaient pas controversées (Jacobs, Rein 1988). Quand l'Etat et la Cour de justice ont franchi la première étape en introduisant des possibilités d'entrée dans le système de retraite avant l'âge légal de 65 ans, ces réformes ont été conçues comme une amélioration des conditions de vie pour cette population confrontée à des problèmes spécifiques liés au vieillissement. Ces décisions n'étaient pas prises avec l'intention d'élaborer une stratégie visant à promouvoir une politique de départs anticipés à la retraite ou comme une réponse aux difficultés à court terme du marché de l'emploi. L'existence de cette législation a cependant permis la création de l'infrastructure qui, dans le contexte du chômage de masse, a par la suite été utilisée par les entreprises pour élaborer une politique publique.

La seconde période était caractérisée par un large consensus social qui impliquait les différents acteurs concernés. Tous étaient pour la préretraite : l'Etat, parce que c'était un instrument simple et socialement accepté pour réduire le chômage ; les travailleurs âgés, parce que les dispositifs offraient des arrangements financiers favorables ; les syndicats, parce que cela augmentait les chances d'accès des jeunes au marché du travail ; et les entreprises, parce que les préretraites étaient un moyen peu coûteux de réduction de la main-d'œuvre. Les préretraites étaient aussi un instrument de gestion de la main-d'œuvre en termes d'âge, de salaire (en raison du principe d'ancienneté), de renouvellement des compétences, de rationalisation du système de production ou d'adaptation aux changements technologiques rapides. Malgré des tensions sur le coût et le financement des dispositifs, les départs anticipés à la retraite se sont ainsi institutionnalisés.

Progressivement, le principe du départ anticipé à la retraite s'est institué comme un « amortisseur social », qui a permis d'accompagner les périodes de crise et de changement. Les préretraites ont été développées au cours des années 1970-1980 pour lutter contre le chômage de masse. A priori, le compromis réalisé au milieu des années 1980 sur la réduction du temps de travail hebdomadaire devait permettre de contrer le développement des préretraites, cependant celles-ci ont connu un nouvel essor, dans la mesure où elles ont permis d'accompagner les transformations structurelles qui découlaient de l'aménagement du temps de travail. Enfin, les préretraites ont été largement utilisées pendant la réunification, et ont conduit à l'éviction de presque une génération de salariés âgés, pour limiter la montée du chômage en Allemagne de l'Est.

Les premières initiatives politiques

L'option du départ anticipé à la retraite est ancienne, puisqu'elle a été introduite pendant la crise économique de 1929-1930. À cette époque, les salariés âgés, lorsqu'ils avaient passé un an dans le système d'assurance chômage, avaient la possibilité de partir à la retraite à l'âge de 60 ans. Cette législation était censée être temporaire et devait expirer fin 1933 (*Gesetz zur Änderung des Angestelltenversicherungsgesetz*[73], 7 mars 1929). Néanmoins, elle a été prorogée à plusieurs reprises jusqu'à la réforme des retraites de 1957, qui, en introduisant la

[73] « Loi de réforme de l'Assurance sociale » (C'est nous qui traduisons).

règle des 59 ans, a ouvert l'accès à la retraite à l'âge de 60 ans après un an passé dans le système d'assurance chômage.

Les mesures de départs anticipés à la retraite se sont par la suite développées dans quelques secteurs en difficulté, principalement les mines. De nombreuses entreprises dans les secteurs du charbon, de l'acier ou du fer, ont ainsi été sujettes, dans le cadre de la codétermination (*Montanunionbestimmung*) à l'utilisation des préretraites pour les plans sociaux (*Sozialplanmassnahmen*). Ceux-ci ont émergé dans les années 1950 dans le secteur du charbon, puis se sont développés dans l'industrie du fer et de l'acier dans les années 1960. Pendant les années 1970, lorsque les plans sociaux ont été introduits dans la législation des entreprises (*Betriebsverfassungsgesetz* §112) comme un principe de codétermination qui pouvait être renforcé par les conseils du travail (*erzwingsbare Mitbestimmung*), la préretraite a ainsi pris une place croissante (Casey 1992).

En 1972, l'âge flexible de la retraite a été introduit à la demande des syndicats réunis dans le cadre du DGB (*Deutscher Gewerkschaftsbund*). L'acceptation de cette réforme par le gouvernement social-démocrate semble a priori avoir davantage été modelée par les stratégies électorales que par des considérations sociales (Hockerts 1992). Désormais, la retraite est accessible à 63 ans pour l'ensemble des travailleurs selon des conditions fixées par le régime de retraite, et à l'âge de 62 ans pour les handicapés et les invalides. De plus, l'usage des pensions d'invalidité (*Erwerbsunfähigkeitsrenten*) est facilité par deux jugements de la Cour sociale fédérale actés en 1969 et 1976, qui en ont défini les critères d'accès (Roth 2000). Le risque que la limite de l'âge flexible puisse être utilisée par les entreprises pour la mise à la retraite anticipée de salariés âgés n'a pas réellement été soulevé dans les débats parlementaires, dans la mesure où cette réforme, introduite dans une période de croissance économique, servait l'objectif d'une nouvelle expansion de la protection sociale. Même s'il avait été émis dans les débats que les entreprises puissent desservir l'objectif de l'âge flexible de la retraite lors de périodes de dépression économique, ce qui aurait été « l'opposé d'une politique sociale humaine » (*menschengerechte Sozialpolitik*), cette idée n'apparaissait pas comme un risque réel en période de plein emploi[74]. Par ailleurs, dans la mesure où il existait des réserves financières dans le système de retraite, le moment semblait opportun pour une nouvelle avancée sociale. Le Gouvernement Fédéral a expliqué dans le protocole de la loi l'objectif de cette réforme : « La limite d'âge actuelle de 65 ans dans le cadre de l'assurance retraite ne suffit pas pour prendre en compte l'efficacité différente des travailleurs âgés. Il est nécessaire de remplacer la limite d'âge rigide instituée dans le passé par une législation plus flexible qui garantit plus de liberté et d'autodétermination pour l'individu à la fin de sa vie active » (BT-Drks. VI/2916 : 67). La limite d'âge flexible devait ainsi servir l'objectif de protection de la santé des travailleurs (Hermann 1990).

---

[74] « *Schriftlicher Bericht des Ausschusses für Arbeit und Sozialordnung* » zu BT-Drks. VI/3767, 15/09/1972 (Rapport du Comité pour l'emploi et l'ordre social).

Ainsi, les premières législations permettant aux entreprises de financer les départs anticipés grâce au système de protection sociale n'ont pas été introduites dans l'optique de construire un système de préretraite. L'utilisation de la limite d'âge flexible pour les restructurations d'entreprises a néanmoins gagné de l'importance pendant la période de ralentissement économique, qui s'est développée pendant la deuxième moitié des années 1970. Les législations élaborées en 1957 et 1972 sont de ce fait devenues le vecteur principal de l'éviction des salariés âgés du marché de l'emploi pendant la crise économique. L'usage intensif de ces dispositifs, financés par les assurances chômage et retraite, a été promu par une série d'évènements qui ont poussé en avant les institutions de préretraites. L'expansion des préretraites accompagne ainsi les transformations économiques, sociales et politiques majeures, qui ont eu lieu au cours des trois dernières décennies : les changements structurels de l'économie dans les années 1970 ; l'accord sur la diminution de la durée de travail hebdomadaire et les conventions sur la flexibilité du temps de travail ; et enfin la réunification, qui a contribué à l'utilisation à grande échelle des préretraites.

Un outil d'accompagnement social de la crise économique

Jusqu'en 1974-1975, l'industrie métallurgique a utilisé les licenciements de masse pour gérer les flux de main-d'œuvre. En réaction au premier choc pétrolier, cependant, l'industrie automobile a commencé à utiliser le principe des « démissions » (*Aufhebungsverträge*), des licenciements subventionnés, la diminution du temps de travail et les retraites anticipées pour les salariés âgés (Semlinger 1990).

Dans les années 1970, les changements économiques structurels ont modifié l'emploi et les processus de travail. Les licenciements étaient orientés consciemment vers les travailleurs âgés qui pouvaient avoir accès à la préretraite (Kohli 1991). Les employés ont accepté les accords de démission volontaire (selon lesquels ils devenaient chômeurs à 59 ans) pour bénéficier des indemnités de chômage (12 mois à l'époque), avant d'accéder au régime de retraite à 60 ans. Les entreprises complétaient les prestations de chômage pour parvenir à un niveau de remplacement qui atteignait parfois l'intégralité du salaire d'activité. Les contributions aux systèmes de santé et de retraite des préretraités étaient financées par l'Office fédéral du travail (*Bundesanstalt für Arbeit*). Comme l'Etat-providence finançait les préretraites à un niveau équivalant à plus de 90% du salaire d'activité, les plans sociaux intégrant les préretraites se sont rapidement développés pendant les années 1970 et 1980, en particulier dans les grandes entreprises (Blüm 1996).

Un arbitrage sur le temps de travail pour lutter contre le chômage : la semaine des 35 heures

Au début des années 1980, les acteurs se sont interrogés sur les outils qui permettaient de lutter contre la montée du chômage de masse. L'instrument du départ anticipé à la retraite était conçu pour répondre au coup par coup aux chocs économiques et n'avait pas été élaboré dans l'objectif de constituer une politique pour l'emploi. Cependant, la réflexion sur les stratégies de réponse à la crise économique a essentiellement porté sur un sujet concomitant aux préretraites : le partage du temps de travail. Deux options ont été proposées. La première était d'opérer sur l'ensemble du cycle de vie, qui se décompose traditionnellement en trois temps (l'éducation pendant l'enfance, le travail pendant l'âge adulte et le repos pendant la vieillesse), pour réduire la durée de la vie passée dans l'emploi et libérer des places à ceux qui n'y avaient pas accès. Le principe était par conséquent le partage du travail entre les générations, et l'outil principal de cette politique, déjà présent, les départs anticipés à la retraite. La deuxième option était de mettre en œuvre un système de partage du temps de travail pendant la vie active, en diminuant la durée hebdomadaire du travail. Cette deuxième option a, suite à un conflit social important, été finalement choisie. La première option des préretraites n'a pas pour autant été écartée, dans la mesure où les départs anticipés ont été à nouveau conçus comme un instrument d'ajustement aux transformations entraînées par la flexibilisation du temps de travail.

Jusqu'au congrès d'IG Metall d'automne 1982, le syndicat avait oscillé entre la stratégie de réduire le temps de travail sur l'ensemble de la vie et celle de la réduction du temps de travail hebdomadaire (Trampusch 2005). L'arbitrage sur le partage du temps de travail a finalement conduit le syndicat à choisir l'option de la semaine des 35 heures, qui permettait de répondre à la demande de flexibilisation des entreprises, ce qui l'a opposé à l'autre grand syndicat allemand IG Chemie, qui préférait une réduction du temps de travail sur l'ensemble du cycle du vie, par l'intermédiaire des préretraites.

De ce fait, les deux grands syndicats de l'industrie, IG Metall[75] et IG Chemie[76], sont entrés dans un conflit intense sur la réduction du temps de travail. Pendant les négociations de 1983-1984, IG Metall a insisté sur le principe de la réduction du temps de travail hebdomadaire avec une compensation financière complète. Les autres syndicats, en particulier ceux qui ont été nommés le « Club des cinq » (IG Bau Steine Erden, IG Bergbau, IG Nahrungsmittel, Genuss und Gaststätten, IG Chemie und IG Textil[77]), ont à l'inverse commencé à demander des conventions collectives sur la réduction du temps de travail sur l'ensemble du cycle de vie. En opposition avec IG Metall, ces syndicats voulaient contribuer financièrement aux préretraites par une modération salariale. Ainsi, IG Chemie a offert aux employés de diminuer la part des augmentations salariales en échange de dispositions particulières pendant la retraite dans le cadre des conventions collectives (*Tarifrente*) pour tous les employés de plus de 58 ans (Schudlich 1982).

Dans la mesure où les employeurs de l'industrie métallurgique ont refusé d'accepter la réduction du temps de travail hebdomadaire, IG Metall a appelé à la grève. Celle-ci a été l'un des plus importants conflits sociaux de l'après-guerre. L'importance du conflit a conduit les employeurs à négocier et à accepter l'accord sur la réduction du temps de travail hebdomadaire et le passage à la semaine des 35

---

[75] Syndicat de la Métallurgie
[76] Syndicat de la Chimie
[77] Syndicats des secteurs de l'Acier, du Bâtiment, des Biens de consommation, du Textile.

heures en échange d'une flexibilisation du temps de travail et d'une modération salariale.

La réduction du temps de travail a inclus une transition vers des horaires de travail flexibles. Les employés se sont engagés dans un passage du temps de travail tel qu'il était auparavant institué pour l'ensemble des salariés vers un temps de travail étroitement associé au temps de production de l'entreprise. Entre 1984 et 1989, dans le secteur de la manufacture, le temps de production moyen mesuré par rapport au nombre des employés a ainsi augmenté de trois heures par semaine, passant de 60,6 heures à 63,6 heures. Dans les branches dans lesquelles il n'y avait pas eu d'accord collectif sur la réduction du temps de travail (par exemple la chimie, la raffinerie, le traitement du plastique et des déchets), le temps de production a au contraire diminué. Les grandes entreprises qui ont eu la possibilité de mettre en place de nombreuses « équipes de travail tournantes » (*Mehrschichtbetrieb*) ont eu considérablement plus d'opportunités pour découpler le temps de travail personnel du temps de production réel que les petites et moyennes entreprises (Vogler-Ludwig 1990, p. 6).

L'accord prescrivait une augmentation moyenne de 37 à 40 heures par semaine avec une période compensatrice individuelle de huit semaines. Les nouveaux dispositifs de gestion du temps de travail ont été développés après 1984, permettant une adaptation interne du volume d'heures de travail aux variations imposées par les rythmes de la production. Ce sont majoritairement les grandes entreprises du secteur automobile qui ont le plus travaillé sur les systèmes de temps de travail. La pleine utilisation des chaînes était possible grâce à la flexibilisation et le roulement des équipes, ce qui a permis à ces grandes entreprises de rationaliser la production. Dans l'industrie métallurgique, les opportunités de flexibiliser les horaires de travail ont été étendues dans les conventions collectives entre 1987 et 1990 (Zwiener 1993, p. 94). Les grandes entreprises étaient capables d'étendre le temps moyen de production entre 1984 et 1989, pendant que les petites et moyennes entreprises ont été obligées de réduire le temps de production parce qu'elles ne disposaient souvent pas des moyens nécessaires pour mettre en place un système de roulement des équipes de travail (Vogler-Ludwig 1990, p. 6 ; Zwiener 1993, p. 94-95). Cette stratégie des entreprises a cependant été à l'encontre des espoirs des syndicats quant à un effet positif sur l'emploi. De plus, elle a diminué le pouvoir de contrôle des syndicats sur la négociation salariale. Enfin, avec la clause de transition vers les horaires de travail flexibles, les employés pouvaient plus facilement être licenciés, et la préretraite financée par les assurances chômage et retraite est devenue la stratégie principale (Streeck 2002, p. 8-9).

Cette gestion de la main-d'œuvre par les entreprises a été permise par les nouvelles mesures introduites par le Gouvernement fédéral qui ont étendu la période d'accès au système d'assurance chômage pour les chômeurs âgés de 12 à 32 mois, transformant ainsi la règle des 59 ans en règle des 57,4 ans. La prolongation de la période d'indemnisation des chômeurs âgés a été actée par trois modifications de la législation : *« Gesetz zur Änderung von Vorschriften des Arbeitsförderungsgesetzes und der Gesetzlichen Renteversicherung »* 20 décembre 1984, *« 7.AFG-Änderungsgesetz »*, 20 décembre 1985, et *« Gesetz zur Verlängerung des*

Versicherungschutzes bei Arbeitslosigkeit und Kurzarbeit », 27 juin 1987[78]. La préretraite est ainsi devenue plus attractive pour les entreprises, qui pouvaient licencier les salariés à 57,4 mois, en sachant qu'ils recevraient les allocations de chômage (*Arbeitslosengeld*) pendant 32 mois, puis pourraient entrer dans le système de retraite à 60 ans.

Ces décisions politiques ont été justifiées par une réflexion sur le principe fondateur de l'assurance dans le système de protection sociale. Les dirigeants politiques ont appréhendé le principe de l'assurance comme une mesure permettant de donner des prestations en particulier à ceux qui avaient le plus cotisé. Par conséquent, les salariés âgés avaient une durée de droits d'indemnisation plus longue. Comme Norbert Blüm (CDU), à l'époque ministre fédéral du travail, l'a souligné dans son discours devant le Parlement allemand : « Les personnes âgées ont payé leurs cotisations pendant plus longtemps que les jeunes de vingt ans. Cela conforte mon idée de la solidarité selon laquelle ceux qui ont cotisé pendant une plus longue période pour la solidarité doivent pouvoir bénéficier d'une indemnisation plus longue[79] ».

La réunification

Alors que les préretraites se développaient en Allemagne de l'Ouest pendant les années 1980, cette pratique était limitée en Allemagne de l'Est. La réunification y a introduit l'usage de masse des préretraites. La situation en Allemagne de l'Est se caractérisait par des règles de retraite rigides qui n'offraient pas la possibilité de partir avant l'âge légal (65 ans pour les hommes et 60 ans pour les femmes), associées avec l'obligation pour les entreprises de garantir le plein emploi. Officiellement, les faibles taux de productivité s'expliquaient par une pénurie de main-d'œuvre, ce qui fait que même les plus de 65 ans restaient demandés. Le « droit au travail » était ainsi garanti également pendant la vieillesse, et la motivation des salariés à poursuivre leur activité était renforcée par le faible niveau des pensions. Les données sur l'emploi ne sont que peu disponibles, mais il semble que les préretraites n'existaient quasiment pas. Les seules données disponibles concernent en effet les taux d'emploi pendant la retraite. Comme en Allemagne de l'Ouest, ils avaient diminué, passant de 29,2% pour les hommes et 15,3% pour les femmes en 1972 à 11,0% et 9,5% en 1988, mais ils restaient plus élevés (Winkler 1990, p. 1990).

Depuis juillet 1990, de nombreux éléments de la législation de l'Allemagne de l'Ouest ont été importés à l'Est, ce qui inclut le système de retraite et les départs anticipés. Un programme de préretraite a été introduit en février 1990 comme l'une des plus importantes étapes de la transition dirigée par le gouvernement socialiste. Ce programme de préretraite a introduit le droit de partir cinq ans avant l'âge légal

---

[78] Loi de réforme de la Loi de promotion de l'emploi et de l'assurance retraite, Loi sur l'extension des conditions de protection en cas de chômage et de travail précaire (c'est nous qui traduisons).

[79] Norbert Blüm, ministre fédéral du travail et des affaires sociales, CDU, *Wortprotokoll*, Deutscher Bundestag, 10. Wahlperiode 108. Sitzung am 6/12/1984 : 8111 (C)-8111 (D).

pour des raisons de santé ou en cas de chômage avec des indemnités (payées par l'Etat) fixées à 70% du dernier revenu net (Trampusch 2005).

En ce sens, les préretraites ont à nouveau été considérées comme un outil d'ajustement de la main-d'oeuvre pendant la période de transition vers un système de marché de type occidental. Les experts avaient en effet prévu une forte augmentation du chômage, estimée à plus de quatre millions de personnes, soit environ la moitié de l'ensemble de la main-d'œuvre. Pendant cette période, l'usage intensif de la préretraite permettait d'accompagner socialement la restructuration de l'économie, au moins dans le secteur industriel, dans la mesure où les taux de productivité représentaient un tiers de ceux de l'Allemagne de l'Ouest. Les préretraites permettaient aussi de lutter contre les phénomènes de bureaucratisation qui s'étaient institués dans la plupart des secteurs d'activité. Pour diminuer le surplus de l'offre de travail, la préretraite accompagnait le problème des travailleurs les moins qualifiés pour le passage à l'économie de marché. Dans cette optique, l'âge de la préretraite a été abaissé à 55 ans en juillet 1991 (Trampusch 2005).

Les entreprises se sont tournées vers cet outil rôdé en Allemagne de l'Ouest pour accompagner les processus de restructuration. Les préretraites financées par le système de protection sociale sont ainsi devenues l'un des instruments les plus importants pour faire face à la crise de l'emploi en Allemagne de l'Est. En 1992, 30% de l'ensemble des sorties du marché de l'emploi avaient lieu dans le cadre de préretraites, ou de systèmes de ponts vers la retraite *(Age-bridge-benefits)* (Ernst 1993, p. 211). En 1995, 170 000 employés, ce qui représentait 42% des flux d'entrée en retraite dans les « nouveaux » *Bundesländern*, sont partis de façon anticipée à la retraite, alors que cette proportion s'élevait à 120 000 personnes, ou 14% des flux d'entrée dans le système de retraite, dans les « anciens » *Bundesländern* (Steffen 1996, p. 3). De ce fait, le marché du travail est-allemand était confronté à un nombre croissant de chômeurs, ce qui était dû d'une part à l'augmentation des coûts induite par le besoin de financement des préretraites, et d'autre part à la récession qui a suivi le boom de la réunification en 1993. La récession économique était d'autant plus sévère qu'elle avait lieu au moment où les pressions compétitives internationales et européennes se renforçaient (Streeck 2002, p. 9-10).

Les effets des changements institutionnels facilitant les départs anticipés ou les changements dans l'utilisation des mécanismes existants sont reflétés par le déclin des taux de participation dans l'emploi.

Le premier mouvement débute en 1973 avec l'introduction de la retraite flexible à 63 ans, il en résulte une diminution importante des départs à l'âge de 65 ans pour les hommes. Sur l'ensemble des hommes nés en 1906 qui ne sont pas entrés dans le système de retraite par le biais de l'invalidité avant 60 ans, plus de 60% accèdent à la retraite à 65 ans ; cette proportion chute à 40% pour ceux qui sont nés en 1910 et à 24% pour ceux qui sont nés en 1916. Le second mouvement correspond à l'abaissement de la limite d'âge de la pension de retraite pour les handicapés de 62 à 61 ans en 1979 et à 60 ans en 1980. L'impact peut être vu dans la diminution des taux de participation des cohortes nées en 1916 par rapport à celles qui sont nées en 1920 : 9% des hommes nés en 1916 et 10% de ceux qui sont nés en 1918 ont accédé à la retraite à 60 ans (respectivement en 1976 et 1978), mais plus de 21% de ceux qui sont nés en 1920 l'ont fait en 1980. Un troisième mouvement est visible par rapport aux pensions d'invalidité, qui suit les modifications des définitions de l'éligibilité par la Cour sociale fédérale. En 1976, environ 20% des nouveaux entrants étaient âgés de 55 à 59 ans. En l'espace de cinq ans, cette part a augmenté de 35%[80]. Un quatrième mouvement est basé directement sur l'emploi et le chômage (Kohli, von Kondratowitz 1987). La première mesure est l'intensification de l'utilisation des dispositifs de chômage à 59 ans et la pension de retraite pour les chômeurs à 60 ans. Le second est la loi sur les préretraites de 1984. Ces deux mesures n'ont pas d'effet lisible sur les chiffres du chômage, dans la mesure les chômeurs âgés et les préretraités ne sont pas répertoriés (Jacobs et al. 1991).

1. 3. Le positionnement des différents acteurs : du consensus à l'apparition de tensions

La politique des préretraites a fait l'objet d'un consensus large, qui rassemblait l'Etat, les partenaires sociaux et les salariés. L'Etat a trouvé dans la politique des préretraites un moyen de préserver le « contrat social », en proposant des voies de réponse à la crise économique, perçues comme socialement légitimes et acceptables. Les employeurs se sont appuyés sur les préretraites pour accompagner les transformations structurelles auxquelles ils étaient confrontés : la gestion des flux de main-d'œuvre, le renouvellement des pyramides des âges et des qualifications, les exigences de rationalisation des processus de production... Les syndicats ont soutenu les préretraites, dans la mesure où elles permettaient de faire face socialement au chômage de masse et de partager le travail entre les générations. Les préretraites bénéficiaient également du soutien de la population, que ce soit de la part des travailleurs âgés qui pouvaient partir plus tôt à la retraite tout en préservant leur niveau de vie, ou des travailleurs les plus jeunes qui étaient confrontés au chômage et espéraient que le départ des anciens leur permettrait de trouver plus facilement un emploi. Cependant, des tensions sont apparues au cours des années 1980 entre les différents acteurs, ainsi qu'au sein des groupes d'acteurs (Etat, employeurs et syndicats), les préretraites soulevant des difficultés et des conflits spécifiques.

L'Etat, confronté au coût de cette politique

Les institutions de sécurité sociale sont gérées par les représentants des employeurs, des syndicats et/ou des bénéficiaires, en accord avec l'administration d'Etat. L'Etat a été chargé de combler les déficits qui se sont creusés dans les différentes branches concernées par les départs anticipés à la retraite (retraites, chômage, santé). Par conséquent il a été conduit à une politique de gestion des coûts, le plus souvent par un rééquilibrage entre les systèmes de l'emploi et des retraites (*cost shifting*). Le partage des coûts entre les deux dispositifs a été récurrent entre 1975 et 1985 (Schmähl et al. 1986).

[80] Annexe 4 : Le développement des voies de sortie anticipée en Allemagne.

Le vecteur de réduction des coûts le plus important a été la redéfinition des règles d'accès au système de retraite. Les débats au Parlement et au Gouvernement étaient dominés par la possibilité de mener sur le long terme la politique des préretraites dans le contexte de la crise du système d'assurance retraite (Mares 2001, p. 309-310). Ces discussions ont conduit à la modification de la législation sur l'éligibilité aux pensions d'invalidité, qui a eu un effet immédiat sur l'accès à la retraite pour les femmes. Ainsi, les actions de l'Etat peuvent bloquer des dispositifs de départ anticipé, ce qui ne signifie pas une réduction du nombre de départs s'il y a un processus de substitution institutionnelle (*Instrument Substitution*, Casey 1989).

Au début des années 1980, le Gouvernement Fédéral a réalisé que l'usage intensif des pensions de chômage connecté aux plans de licenciement de masse (*sozialverträglicher Personalabbau*) créait un problème fiscal. Le départ anticipé des travailleurs âgés absorbait une large part des cotisations sociales. Or, le Gouvernement Fédéral était directement affecté en raison de ses subventions aux systèmes d'assurance chômage. Le Gouvernement Fédéral a blâmé les employeurs allemands pour avoir abusé de la législation et a essayé de mettre en place un mode de régulation qui obligeait les entreprises à partager les coûts des retraites anticipées.

Après ce conflit, un changement a été introduit en 1982, dans la Loi de promotion de l'emploi (*Arbeitsförderungsgesetz*), obligeant les entreprises à rembourser les indemnités de chômage payées pour leurs travailleurs qui avaient démissionné à 59 ans (§ 128 AFG, *Erstattungspflicht* (devoir de remboursement))[81]. En 1985 et 1986, le gouvernement a renforcé cette mesure par d'autres modifications de la législation[82]. Les amendes ont été augmentées pour réduire la charge des préretraites sur le système de protection sociale. Cependant, cette législation n'a jamais été appliquée. Les syndicats et les associations d'employeurs ont attaqué ces mesures et les branches de l'industrie et du commerce sont parvenues à obtenir un recours légal contre les amendes. En octobre 1990, la Cour constitutionnelle fédérale a par conséquent déclaré que le Gouvernement fédéral devait abroger cette loi en 1991[83]. En 1993, l'éventualité a été émise de remplacer cette législation par une autre moins controversée. Les associations d'employeurs et le Ministère fédéral du travail et des affaires sociales sont parvenues un accord. Les entreprises s'engageaient à verser 500 millions de DM au système de protection sociale. En échange, les régimes d'assurance sociale annulaient les réclamations envers elles (celles-ci s'élevaient à un montant d'1,2 milliard de DM) (Rosenow, Naschold 1994, p. 65-66). Selon les statistiques du Bureau fédéral du travail, sur 535 000 cas d'entrées au chômage pour des personnes âgées de 56 ans et plus en 1993 et

[81] *Gesetz zur Konsolidierung der Arbeitsförderung* (AFKG), 12 décembre 1981 (Loi de consolidation de la promotion de l'emploi).

[82] *Gesetz zur Änderung des Rechts der Arbeitsförderung und der Gesetzlichen Rentenversicherung an die Einführung von Vorruhestandsleistungen* (1985) (Loi de réforme du droit à l'emploi et de l'assurance retraite pour l'introduction de dispositions de préretraite), *Gesetz zur Änderung von Vorschriften des Arbeitsförderunggesetz und der Gesetzlichen Rentenversicherung* (1986) (Loi de réforme de la loi de promotion de l'emploi et de l'assurance retraite).

[83] *Gesetz zur Änderung arbeitsförderungsrechtlicher und anderer sozialrechtlicher Vorschriften*, 1er juillet 1991.

1994, seuls 8 800 étaient suivis d'un remboursement par les employeurs (Steffen 1996, p. 2).

Les employeurs n'ont pas seulement refusé de s'acquitter du « devoir de remboursement », ils ont aussi contourné cette législation. Pour éviter d'avoir à payer des amendes, ils ont en effet offert à leurs employés âgés de quitter l'entreprise à 55 ans par l'intermédiaire d'accords de licenciement volontaire (George 2000, p. 181). Par conséquent, le remboursement de la charge a conduit à un résultat opposé à l'intention initiale : la limite d'âge pour les préretraites a été abaissée conduisant ainsi à un nouveau développement de l'usage de la politique des départs anticipés par les employeurs.

Le conflit sur la charge des préretraites indique qu'au début des années 1980, le gouvernement était déjà conscient des conséquences financières. Le gouvernement fédéral s'est opposé au régime des préretraites, signalant l'apparition des premières tensions au sein du dispositif institutionnel. Les comités sociaux de la CDU (*Sozialausschüsse*) et l'aile gauche du parti chrétien-démocrate considéraient que le système de protection sociale était un élément vital de l'économie sociale de marché allemande. Par conséquent, ils soutenaient le renforcement du principe de l'assurance sociale pour les employés mais aussi pour les chômeurs. Les prestations généreuses des systèmes d'assurance chômage et retraite étaient servies dans l'objectif de renforcer le principe social de l'assurance, ce qui n'était pas le cas des préretraites.

Un dispositif de préretraite accroissant la charge du budget du Bureau fédéral du travail était d'autant plus problématique que le gouvernement fédéral devait compenser le déficit émergent lié à l'augmentation des dépenses de chômage. Ainsi, les comités sociaux ont estimé que les pratiques de préretraite étaient une violation des valeurs des assurances chômage et retraite. Par conséquent, les incitations que les institutions de protection sociale offraient aux entreprises contribuaient à diminuer leur légitimité institutionnelle, et la façon dont les employeurs et les employés utilisaient les assurances chômage et retraite n'était plus en accord avec les objectifs des législateurs.

Les employeurs : l'apparition de tensions entre les grandes et les petites entreprises

Par leur utilisation massive des préretraites, les grandes entreprises ont créé des tensions au sein des associations d'employeurs (Streeck 2002, p. 12). Tout d'abord, la politique de rationalisation a conduit à une augmentation des charges salariales en augmentant les cotisations de protection sociale. De plus, les grandes entreprises avaient le pouvoir dans les associations d'employeurs et étaient prêtes à accepter des augmentations salariales à un niveau supérieur à celui qui était accessible pour les petites et moyennes entreprises. Les grandes entreprises pouvaient s'appuyer sur les avantages du système de sécurité sociale pour compenser les hausses salariales et craignaient davantage une grève lancée par IG Metall que les petites et moyennes entreprises, dans la mesure où celle-ci s'accompagnerait de pertes sur les parts du marché international. Par conséquent, les politiques de préretraite menées par les grandes entreprises ont conduit à des tensions au sein des associations d'employeurs et ont souligné les différences d'intérêts entre les petites et moyennes entreprises et les grandes entreprises.

Dans les années 1980, les intérêts des grandes entreprises dans le secteur de la métallurgie se sont en effet détachés de ceux des petites et moyennes entreprises : la diminution des gains de productivité, les baisses de salaires, le changement de génération dans les petites et moyennes entreprises étaient autant de facteurs qui conduisaient à une diminution de la volonté de partage des fonctions au sein des associations d'employeurs (Silvia 1997). Ces tensions entre les entreprises de taille moyenne et les grandes ont conduit à un renforcement des prises de position des petites et moyennes entreprises et dans une certaine mesure à une redistribution des pouvoirs en leur faveur au sein des organisations d'employeurs. Jusqu'à ce moment, les trois grandes organisations d'employeurs étaient dominées par les grandes entreprises, mais au cours des années 1980 elles sont passées sous la direction de représentants issus d'entreprises de taille moyenne. De nouveaux visages ont permis de promouvoir davantage les intérêts des petites et moyennes entreprises au sein des trois grandes associations d'employeurs : Hans-Peter Stihl (DIHT, 1988-2001), Tyll Necker (BDI, 1987-1990 ; 1992-1994) et Klaus Murmann (BDA, 1986-1997)[84] et ont ainsi souligné que les préretraites, trop chères pour être accessibles par les petites entreprises, pesaient sur les charges sociales (Trampush 2005).

Les syndicats et la réduction du temps de travail

Quand la loi sur les préretraites a été votée en 1984 sous le gouvernement Schmidt, l'objectif était double. D'une part, les préretraites permettaient de diminuer la pression sur l'emploi et de répondre aux demandes réitérées des syndicats pour un abaissement de l'âge de la retraite. De plus, une telle mesure était populaire parmi les salariés. Les études d'opinion menées dans les années 1980 ont en effet montré que parmi les mesures de réduction du temps de travail, la diminution de la vie active était la plus populaire, y compris chez les jeunes.

Une rupture est cependant apparue parmi les syndicats. Les syndicats « modérés » (IG Chemie) ont choisi de se concentrer sur les préretraites, tandis que les « radicaux » (IG Metall) ont opté pour une réduction de la semaine de travail (sans baisse des salaires). Si les syndicats s'unissaient dans la volonté d'utiliser une partie des gains de productivité disponibles (traditionnellement attribués à l'augmentation des revenus) pour diminuer le temps de travail, ils s'opposaient sur la façon de gérer la diminution de la durée de l'activité. La grève pour la semaine des trente-cinq heures a été l'une des plus importantes et des plus coûteuses de l'après-guerre, et elle a été le premier affrontement entre les syndicats et le nouveau gouvernement conservateur.

[84] DIHT est l'abréviation de « *Deutscher Industrie- und Handelstag* » (association allemande des chambres de commerce et d'industrie), BDI renvoie au « *Bundesverband der Deutschen Industrie* » (Fédération des industries allemandes) et BDA est le « *Bundesvereinigung der Deutschen Arbeitgeberverbände* » (Confédération des fédérations d'employeurs allemands).

L'évolution de la préretraite a suivi ces lignes de conflits. Dans cette situation, les employeurs des branches dans lesquelles les syndicats « modérés » étaient dominants (Chimie, Bâtiment), ont accepté de compléter les indemnités prévues par la loi de 1984 sur les préretraites par des contrats qui seraient plus favorables à leurs syndicats, même s'ils étaient coûteux. Cependant, la loi sur les préretraites avait été lancée sur une durée limitée, expirant fin 1988, et a finalement été abrogée pour plusieurs raisons. Pour les employeurs, les préretraites se sont avérées plus coûteuses que ce qui était prévu. De plus, ils ont été contre l'option qui permettait aux salariés de réclamer le droit à la préretraite, ce qui induisait une perte de leur pouvoir de contrôle sur le processus. Les employeurs ont également refusé de prolonger le dispositif, dans la mesure où pour des raisons démographiques le trop plein de main-d'œuvre pouvait se transformer en pénurie. A priori, les syndicats qui avaient opté pour les préretraites ne voyaient pas de raison de changer. Le dispositif était devenu populaire. Les prévisions et listes d'attente indiquaient une orientation vers la construction d'un nouveau droit social acquis, qui serait pris en compte dans l'organisation du cycle de vie. Cependant, il y avait des réticences de la part des jeunes travailleurs qui estimaient que la majorité des efforts étaient faits pour les plus âgés, ce qui pouvait être le signe de l'amorce d'un conflit intergénérationnel. De plus, les syndicats et les employeurs s'accordaient pour penser que l'Etat devait prendre en charge une plus grande partie des coûts, ce que les acteurs politiques ont refusé. Même les sociaux-démocrates ont déclaré qu'il n'était pas possible de dégager un espace de cotisation pour les préretraites et que la seule option était de prolonger le dispositif en l'état. Au sein du gouvernement, l'aile gauche des chrétiens-démocrates a opté pour la prolongation, pendant que l'aile droite et les démocrates libres s'y sont opposés, en accord avec la majorité des employeurs (Jacobs et al. 1991).

Les acteurs se sont par conséquent retranchés sur la règle des 59 ans, dans la mesure où la tentative de l'Etat de transférer les coûts du dispositif sur les employeurs avait échoué. La Cour constitutionnelle avait statué en faveur des entreprises, satisfaisant ainsi leur désir de disposer d'un dispositif de préretraite financé majoritairement par l'assurance chômage. Ce dispositif moins coûteux leur permettait de contrôler les départs anticipés. Les employés avaient des intérêts différents : même si les dispositifs étaient équivalents sur le plan financier, seules les préretraites offraient la possibilité de choisir par eux-mêmes leur départ anticipé.

Une autre raison a pesé dans la décision d'abroger la loi sur les préretraites de 1984 : le débat sur les 35 heures s'était apaisé. Dans un premier temps, il est apparu que les revendications des syndicats modérés, qui militaient en faveur des préretraites, recevaient l'acquiescement des employeurs pour une prolongation de la loi et des contrats. Cependant, dans l'industrie métallurgique, les résultats de la grève sur la semaine des trente-cinq heures ont été moins préoccupants que ce que les employeurs craignaient. Le passage à la semaine des trente-cinq heures était prévu sur une période de transition longue, ce qui rassurait les entreprises. La menace devenait moindre et le moyen de pression que constituaient les préretraites avait perdu de son importance. De plus, dans la mesure où l'accord sur la réduction de travail hebdomadaire était conclu, même avec une mise en œuvre étalée dans le temps, les préretraites n'apparaissaient plus non plus pour les syndicats comme un moyen d'échange. Au contraire, elles augmentaient le mécontentement des salariés les plus jeunes, qui estimaient n'être pas pris en compte par rapport à leur situation dans l'accès à l'emploi.

Le conflit qui s'était déclaré entre les syndicats, séparant les modérés des radicaux, s'était articulé autour de la question des préretraites, qui était devenue une monnaie d'échange. Les syndicats modérés pouvaient espérer davantage des employeurs, mais cet avantage était contrebalancé par l'intérêt de sauvegarder la confédération syndicale. Bien que le président du syndicat de la chimie n'ait pas soutenu IG Metall dans sa grève, il a préféré éviter une escalade des tensions en déclarant que les préretraites et la semaine des 35 heures étaient « deux moyens séparés mais orientés vers le même but ». En 1987, IG Chemie, après s'être longtemps rallié aux préretraites, a abandonné sa défense. La raison invoquée a été que le syndicat devait négocier un nouveau contrat de salaire à long terme, qui abolirait les différences entre cols bleus et cols blancs, en incorporant ces derniers dans un système salarial unifié. Cette question était d'autant plus importante que la part des cols blancs s'accroissait dans le secteur de la chimie. Pour obtenir ce contrat, le syndicat était prêt à renoncer à ce qui n'apparaissait pas comme strictement nécessaire, ce qui incluait les préretraites.

Comme le gouvernement de coalition a estimé qu'il était risqué de simplement supprimer la loi sur les préretraites, celle-ci a été remplacée par une loi promouvant la retraite progressive. Cependant, puisqu'aucune option de retraite progressive n'avait été acceptée par les salariés et que les syndicats ne s'intéressaient pas à cette nouvelle loi, l'effet de celle-ci apparaissait plutôt sous une forme « cosmétique » sans effet concret. Les travailleurs âgés ont manifesté leur déception auprès des syndicats, dans la mesure où la question des préretraites était devenue un enjeu de pouvoir institutionnel, plus qu'une réflexion sur la lutte contre le chômage et la protection des droits des anciens.

Progressivement, l'éviction des salariés âgés s'est donc imposée comme une stratégie de routine, et s'est instituée comme l'un des principaux modes de régulation des flux de main-d'œuvre. La question de faire des départs anticipés à la retraite une politique de l'emploi s'est posée en Allemagne, mais elle a été sujette à controverses et a finalement été laissée de côté. La situation a été différente en France, dans la mesure où les acteurs politiques ont progressivement élaboré un consensus et ont choisi de faire des préretraites une politique de l'emploi à part entière. Les préretraites n'ont de ce fait pas seulement été plébiscitées en pratique, elles ont été conçues comme une réponse au chômage de masse et aux reconversions des entreprises, représentant en ce sens un choix de politique publique officiel.

2. La France

En France, les cessations anticipées d'activité sont progressivement devenues un phénomène de masse, qui concernait au milieu des années 1980 près d'un million de bénéficiaires (pour une population active qui comptait douze millions de personnes) (Guillemard 1986). La particularité française est sans doute d'avoir fait de la préretraite une politique pour l'emploi à part entière, qui a été perçue comme innovante et active, dans la mesure où elle permettait de protéger les salariés âgés soumis aux difficultés du marché du travail, tout en incitant à la création d'emplois pour les chômeurs et les jeunes. Dans un premier temps, nous présenterons le système de protection sociale français, puis nous retracerons l'itinéraire de la construction de la politique des préretraites et la façon dont le sentier des préretraites s'est institutionnalisé. Nous nous appuierons essentiellement sur les travaux d'Anne-Marie Guillemard pour retracer ce processus de réflexion sur la politique de la vieillesse en France, qui a conduit au développement d'une nouvelle police de l'âge (Guillemard 1986, 2003, 2010).

2. 1. Le système de protection sociale

Comme en Allemagne, le système de protection sociale est un point d'appui qui a conditionné le développement des préretraites. Les principes de l'assurance, de la générosité et du maintien du statut ont été déterminants pour le développement du système de protection sociale français.

Le développement des assurances sociales

Après avoir oscillé entre le principe de l'assistance et celui de l'assurance, les Français ont fait le choix d'un système assurantiel, qui s'est développé progressivement jusqu'à la deuxième guerre mondiale.

Les premières lois sociales (1880-1930)

Comme dans beaucoup d'autres pays, les politiques sociales trouvent en France leurs origines dans les actions dirigées envers les « indigents ». Elles relèvent de la bienfaisance, où l'église joue un rôle fondamental (charité, hôpitaux) et de l'assistance prise en charge par les communes ou l'Etat. À la fin du XIXe siècle, la Troisième République cherche à organiser ce domaine en mettant en place des lois d'assistance : loi du 24 juillet 1889 pour les enfants maltraités et abandonnés ; loi du 15 juillet 1893 sur l'assistance médicale gratuite ; loi des 27 et 30 juin 1904 sur les enfants assistés ; loi du 17 juin 1913 sur les femmes en couches ; loi du 14 juillet 1913 sur les familles nombreuses et nécessiteuses (Palier 2002, p. 67).

Parallèlement, un système d'assurance sociale se développe au fur et à mesure où le nombre de salariés s'accroît avec la révolution industrielle : loi du 9 avril 1898 sur les accidents du travail, loi du 5 avril 1910 sur les retraites ouvrières et paysannes ; loi du 1er juillet 1930 sur les assurances sociales obligatoires ; loi du 1er mars 1932 sur les allocations familiales. Progressivement, l'assurance se substitue aux programmes de l'assistance : « Les lois d'assistance de la IIIe République ont en commun avec les projets d'organisation des secours de la Révolution une définition territoriale de la collectivité sociale. Cette définition, à substrat organique, laisse peu à peu la place, dans les institutions de la protection sociale, à une conception socioprofessionnelle de la collectivité, divisée en secteurs d'activité. C'est dans ce cadre nouveau que l'idée du lien social est redéfinie… Les lois de 1928-1930 marqueront la transition d'une protection sociale organisée sur une base territoriale vers une protection sociale organisée sur une base professionnelle » (Renard 1998, p. 381).

Un système assurantiel

Les assurances sociales existaient depuis 1930 et offraient un recours aux travailleurs en cas de maladie, d'invalidité et de décès, ainsi qu'un droit à une pension de retraite. Cependant, le risque de chômage n'était pas pris en compte et relevait de l'assistance municipale.

Le système était obligatoire pour les salariés payés au-dessous d'un certain seuil, le « plafond ». Cependant, cette limite était suffisamment élevée pour inclure la quasi-totalité des ouvriers et une partie des employés (Vialat 2001, p. 15). Après plusieurs revalorisations dictées par l'inflation, le plafond a été supprimé en 1942 pour tous les travailleurs rémunérés « à l'heure, à la journée, à la semaine fixe, aux pièces ou à la tâche »[85]. Selon le principe de l'assurance, le financement était assuré par les cotisations salariales, partagées à égalité entre les employeurs et les employés. Pour s'assurer du respect de l'obligation, le législateur avait institué le précompte, ou retenue à la source pour la part ouvrière, les employeurs s'acquittant du versement de la totalité de la cotisation auprès des caisses chargées des prestations. Bien que limitées aux salariés, les assurances sociales étaient donc une législation de masse. À la Libération, le nombre de cotisants était estimé à sept millions de personnes, pour un effectif total de bénéficiaires sans doute deux fois supérieur, si l'on tient compte des ayants droit, c'est-à-dire les femmes et les enfants (Palier 2002).

Ce système est néanmoins mis à mal au cours des années 1940 pour différentes raisons : la première est d'ordre financier, dans la mesure où les assurances sociales sont menacées de faillite[86] ; la deuxième concerne l'architecture, dans la mesure où les caisses se sont multipliées ; la troisième est celle de l'insuffisance de la couverture pour certaines prestations, en particulier l'assurance vieillesse. Par ailleurs, les conditions politiques sont déterminantes dans la décision de restructurer la protection sociale, qui devient l'une des pierres d'angle de la construction de « l'ordre nouveau ».

---

[85] Article 1er de la loi du 6 janvier 1942, (*JO*, Lois et décrets, 10 janvier 1942).

[86] « La situation financière des assurances sociales est, à l'heure présente, particulièrement critique. Le déficit de l'ensemble du régime dépassera sans doute trois milliards et demi pour l'année 1944. la Caisse générale de garantie, les caisses primaires d'assurance maladie-maternité sont obligées d'aliéner des centaines de millions de valeurs mobilières pour assurer leur trésorerie. Le montant des comptes ouverts dans les écritures de la Caisse des dépôts et consignations au titre des assurances sociales est réduit pratiquement à néant. Les paiements ne peuvent être assurés qu'au prix d'expédients renouvelés de semaine en semaine. Il n'est pas exagéré de dire que les assurances sociales françaises sont aujourd'hui en faillite » (Direction générale des Assurances sociales, Rapport sur la situation financière des assurances sociales).

La construction de la Sécurité sociale

L'introduction de la Sécurité sociale permet d'introduire de nouveaux principes d'action, qui reprennent les idées véhiculées par le rapport Beveridge, notamment la doctrine des trois U. Toutefois, le principe de l'assurance est préservé. En ce sens, le système français vise à atteindre les objectifs de Beveridge avec les moyens de Bismarck (Palier 2002).

Les nouveaux principes d'action

Dans son ouvrage, *Gouverner la sécurité sociale*, Bruno Palier a retracé le processus de construction de la Sécurité sociale (Palier 2002). Le plan de sécurité sociale est élaboré entre octobre 1944 et juin 1945, sous l'autorité du Directeur général des Assurances sociales, Pierre Laroque. En Angleterre, Pierre Laroque s'est tenu informé de l'évolution des idées en matière sociale et des projets de réforme. Il a pris connaissance du plan élaboré à la demande du gouvernement britannique par Lord Beveridge, qui vise à apporter une réponse globale au problème de la pauvreté. Ces idées rencontrent un large écho en France, elles confortent celles qui circulent depuis les années 1930 sur le rôle de la protection sociale par rapport à l'économie, et alimentent la volonté émergente de s'appuyer sur les principes élaborés par Keynes, selon lesquels la protection sociale est un soutien aux politiques économiques[87]. Ainsi, le programme du Conseil national de la Résistance réclame un « plan complet de la sécurité sociale, visant à assurer à tous les citoyens des moyens d'existence dans tous les cas où ils sont incapables de se les procurer par le travail ».

Si elle prend en compte les principes conceptuels développés par Beveridge, la construction de la Sécurité sociale se fait cependant dans la continuité du mode d'action bismarckien. Le système français assoit ses fondations sur la notion de travailleur, contrairement au plan Beveridge qui s'adressait aux citoyens. Il n'est pas financé par l'impôt mais par les cotisations sociales, c'est un système corporatiste et non-universaliste, qui assure le remplacement du revenu d'activité et finance les dépenses par des cotisations sociales sans faire appel au budget de l'Etat. Le financement est assuré selon le principe de la répartition, et le principe de la capitalisation, abandonné par le régime de Vichy, est définitivement mis de côté. Enfin, le système n'est pas unifié, comme le préconise Beveridge, en raison de la multiplicité des régimes qui se sont développés au cours des années 1930, et qu'il paraît impossible d'unifier dans une perspective de court terme. La sécurité sociale va par conséquent se développer par l'addition de différents régimes propres aux catégories socioprofessionnelles, chacun s'attachant à préserver ses avantages et ses spécificités. L'unification du système éclaté d'avant-guerre, si elle est prévue, ne pourra se faire que sur le long terme. Le projet français insiste aussi sur la démocratisation de la Sécurité sociale, et le principe de la gestion par les assurés, représentés par les partenaires sociaux, est actualisé.

---

[87] Publication de John Maynard Keynes, *The General Theory of Employment*, en 1936.

La réforme des prestations

Le faible niveau des prestations, servies par le système des assurances sociales avant la guerre, constituait l'une des principales sources de mécontentement. En ce sens, c'est le volet le plus important du plan de réforme et il a réuni la quasi-unanimité des acteurs concernés.

Les décisions de réformes les plus importantes concernent l'assurance vieillesse. La situation des personnes âgées suscite la pitié et l'indignation de l'opinion à la fin de 1944, et la presse en fait l'écho : « Pensions à nos vieux » demande France Libre le 18 octobre ; « Les vieux ont faim et redoutent l'hiver » rappelle le Populaire le 6 novembre ; et l'Humanité va plus loin le 22 novembre en soulignant le faible revenu dont disposent les plus âgés pour survivre (« Dix francs par jour ») (Palier 2002, Guillemard 1986). L'esprit de la loi de 1930 reposait sur le principe de l'assurance et les pensions étaient financées par les intéressés grâce aux cotisations acquittées. Néanmoins, en 1941, le dénuement des personnes âgées avait conduit à créer une prestation qui relevait du principe de l'assistance, l'AVTS (Allocation des vieux travailleurs salariés), d'abord à titre provisoire, puis prolongée en raison de la situation des personnes âgées. Pour pallier ce manque, les dirigeants de la réforme s'engagent à reconstruire l'assurance vieillesse. Même si dans l'immédiat, il est impossible de supprimer l'AVTS, en raison de la faiblesse des pensions de retraite, l'objectif des législateurs est de recréer le mécanisme originel des retraites, qui fonctionnait selon le principe de l'assurance. L'ordonnance du 19 octobre reprend les dispositions antérieures à la loi de 1941, selon lesquelles une durée de cotisation de 30 ans permet d'acquérir le droit à une pension de retraite égale à 40% du salaire de base. La nouvelle législation apporte une amélioration, dans la mesure où le salaire de référence, qui sert de base pour le calcul des prestations, est désormais évalué non plus sur l'ensemble de la carrière mais sur les dix dernières années d'activité, lesquelles sont généralement, en accord avec le principe d'ancienneté, les mieux rémunérées. Cependant, l'âge d'accès à la retraite est repoussé de 60 à 65 ans. Il reste possible de liquider sa pension à 60 ans, mais le taux de remplacement se réduit à 20% du salaire de référence. Ces transformations reflètent en ce sens le contexte de 1945, elles posent les fondations de l'assurance vieillesse, mais au regard de la situation économique, ne permettent pas d'améliorer de façon radicale la situation des assurés sur le moment. Si la construction de la sécurité sociale correspond bien à la volonté de renouveau qui émerge en 1945, les réformes structurelles ont peu intéressé la population, dans la mesure où l'intérêt portait surtout sur le niveau des prestations, en particulier pour les personnes âgées.

La généralisation du système de sécurité sociale

Bruno Palier détermine trois phases d'évolution du système de sécurité sociale : la mise en place du système de Sécurité sociale (1945-1946) ; l'extension de la Sécurité sociale à toute la population (1947-1967) ; l'harmonisation de la Sécurité sociale et la création de nouvelles prestations (1968-1978) (Palier 2002).

L'extension de la Sécurité sociale

Pendant les Trente Glorieuses, le système de sécurité sociale se généralise aux salariés de l'industrie et du commerce non couverts par des régimes spéciaux (loi du 22 mai 1946). Puis, les catégories au statut professionnel incertain vont être intégrées : les étudiants (loi du 20 septembre 1948), les écrivains non-salariés (loi du 21 juillet 1949), les militaires de carrière (décret du 3 octobre 1949), les veuves et les orphelins de guerre (loi du 26 août 1954). La jurisprudence imposera aussi la couverture des chômeurs et des stagiaires par le régime général. Pour le reste de la population, le système de sécurité sociale reste fragmenté, en particulier parce que des corporations revendiquent des régimes spéciaux. En ce sens, la généralisation de la Sécurité sociale se fait davantage par un processus d'addition des régimes spécifiques pour différentes catégories professionnelles.

Il en est de même pour l'extension des droits. Par exemple, la mise en place de régimes de retraites complémentaires pour les assurés du régime général se différenciera selon les statuts (AGIRC pour les cadres en 1947, ARRCO pour les non-cadres en 1961). Plusieurs régimes spéciaux ont déjà été créés par le décret du 8 juin 1946 (pour les trois fonctions publiques, pour les employés des entreprises publiques – électricité, chemin de fer - de la Banque de France, des Chambres de commerce, les militaires, les mineurs…). La généralisation de la Sécurité sociale se fera moins par une unification que par une accumulation de plusieurs centaines de régimes. Néanmoins, l'objectif de la généralisation du système de sécurité sociale est atteint. En effet, les chiffres de la fin des années 1970 montrent que 99% de la population bénéficie d'une Sécurité sociale de base (Palier 2002, p. 129).

L'amélioration de la couverture sociale

En ce qui concerne la couverture des risques, il faudra attendre 1958, pour la création de l'assurance chômage, (ASSEDIC et UNEDIC) organisée sur le modèle du régime général. La réforme de 1967 institutionnalise la différenciation entre les risques en créant les quatre branches de la Sécurité sociale, qui sont administrativement et financièrement séparées : la branche maladie regroupe les assurances maladie, maternité, invalidité, décès ; la branche accidents du travail et maladies professionnelles (CNAMT, CRAM, CPAM), la branche de l'assurance vieillesse (CNAV et CRAM) ; et la branche des prestations familiales (CNAF et CAF). Ces caisses ont une trésorerie commune (ACOSS et URSSAF).

Au cours des années 1960-1970, les gouvernements et les partenaires sociaux vont multiplier les décisions tendant à augmenter le niveau et la générosité des prestations, ce qui va poser un problème, dans la mesure où les dépenses sociales augmentent plus vite que le PIB. L'expansion des prestations a été présentée sous le terme « d'inflation sociale », qui « ne traduit plus la conquête de nouveaux droits mais résulte du fonctionnement même des institutions en place et de mouvements invisibles reliés à la démographie ou au chômage » (Jobert 1985, p. 333). Dans les années 1950 et 1960, l'institution de la Sécurité sociale se voit attribuer de nouvelles fonctions, qui fondent l'État social moderne. Elle développe de nouvelles dépenses, qu'elles soient hospitalières ou pharmaceutiques, qui accompagnent l'élévation du niveau de vie des Français. La croissance des dépenses découle également du boom démographique. Dans un contexte de plein emploi, la Sécurité sociale réussit à équilibrer ses comptes, grâce à ses reversements de compartiments en compartiments. L'excédent de la branche famille sert à alimenter le risque maladie, tandis que les excédents du régime général permettent d'équilibrer les régimes spéciaux.

Les retraites vont connaître l'âge d'or au cours des années 1970. Jusqu'aux années 1960, le niveau des pensions restait faible : en 1958, la pension moyenne du régime général est inférieure au minimum vieillesse (instauré en 1956), lequel est touché par 60% des retraités. Les conditions d'une amélioration de la retraite par répartition des employés et des ouvriers se sont développées avec l'indexation du plafond sur la hausse des salaires directs, puis le déplafonnement à compter de 1967. Le régime de l'ARRCO, défini par la Convention de 1961, a étendu à l'ensemble des entreprises adhérentes au CNPF l'obligation des régimes de retraite complémentaires pour les non-cadres. La loi Boulin a amélioré les pensions du régime général en portant de 120 à 150 trimestres les cotisations prises en compte et en calculant le salaire de référence à partir des dix meilleures années et non des dix dernières années (Friot 1997, p. 158). Ainsi, « le pouvoir d'achat des pensions a augmenté. À prix constant, les pensions passent entre 1970 et 1978 de l'indice 100 à 122 pour les salariés cadres, de l'indice 100 à 130 pour les salariés non-cadres. La croissance du minimum vieillesse est encore plus rapide que celle des pensions du régime général. Le pouvoir d'achat de la première est relevé de 56% entre 1973 et 1980, celui des pensions du régime général de 15% seulement » (André, Delorme 1983, p. 420). Dans le contexte des Trente Glorieuses et du plein emploi, la Sécurité sociale acquiert une grande légitimité. Ce sont en ce sens ces années qui permettent d'expliquer l'attachement des Français à leur système de sécurité sociale.

2. 2. La construction d'une politique de « préretraites »

Entre le début des années 1950 et la fin des années 1980, la perception de l'âge s'est profondément modifiée en France. Pendant les années 1950, dans la mesure où le niveau des retraites était extrêmement bas, les travailleurs âgés étaient encouragés à poursuivre leur activité le plus longtemps possible. À partir de la fin des années 1960, les revendications syndicales se sont focalisées sur le relèvement des pensions et la mise en place d'un réel « droit au repos » avec l'abaissement de l'âge de la retraite à 60 ans. L'entrée dans l'âge d'or des retraites s'est accompagnée de la possibilité d'utiliser les pensions de retraite comme un vecteur de protection des salariés âgés contre les difficultés du marché du travail. Peu à peu, la retraite a été considérée un instrument pour l'emploi et la politique des « préretraites » a été élaborée. Dans son ouvrage de 1986, Anne-Marie Guillemard a retracé ce processus et a montré les différentes étapes de l'élaboration du compromis qui a rassemblé l'Etat et les partenaires sociaux (Guillemard 1986).

Incitations à la prolongation de la vie active (années 1950)

Dans l'immédiat après-guerre, les interventions de l'Etat visent à inciter les travailleurs âgés à la prolongation de la vie active. Cette action s'appuie sur des considérations d'ordre économique, démographique et financier. L'effort de reconstruction exige une mobilisation de toutes les forces de travail disponibles. Or, par ses structures démographiques, la France est un pays vieilli et sa population en âge d'activité est peu nombreuse. Celle-ci va, de plus, demeurer stationnaire pendant plus de dix ans, en raison de l'arrivée à l'âge actif de classes creuses, alors que l'augmentation de la natalité d'une part, et la progression de la population âgée d'autre part, font peser une charge accrue sur les actifs. Dans ces conditions, les travailleurs âgés sont incités à prolonger leur activité.

Toutefois, les pouvoirs publics se heurtent à l'opposition du patronat et des syndicats. Le premier, soucieux du rendement maximum de son équipement technique, cherche à n'utiliser son personnel que pendant sa période de pleine efficacité. Il souhaite donc se servir du nouveau droit à la retraite pour mettre à l'écart une main-d'œuvre qu'il estime moins rentable. Les seconds défendent activement le droit au repos qu'ils viennent de conquérir. Ils tentent même de l'étendre en revendiquant un abaissement de l'âge de la retraite. Face à ces oppositions, l'Etat de la Quatrième république, qui dispose d'une faible autonomie par rapport aux forces politiques et sociales, va développer des actions de persuasion, plutôt que mettre en œuvre des dispositions légales contraignantes. Celles-ci mettent l'accent sur les dangers que représente pour le pays le vieillissement de la population, et sur la nécessité d'une utilisation de la force des travailleurs âgés (Guillemard 1986, p. 220).

Cependant, aucune disposition légale ne vient prolonger ces recommandations. En ce sens, le système des retraites a constitué l'instrument principal de la politique publique d'emploi du groupe âgé pendant cette période. Le mode de calcul adopté pour le taux de la pension est en effet fortement incitateur au maintien en activité à un âge avancé. N'accordant que 20% du salaire moyen des dix dernières années à l'âge de 60 ans, contre 40% à 65 ans, il tend à retarder jusqu'à 65 ans l'âge effectif de liquidation de la pension. Il encourage même une liquidation plus tardive, avec son système de bonification de quatre points du taux de la retraite différée au-delà de 65 ans.

Un outil d'accompagnement des crises sectorielles (années 1960)

La loi du 18 décembre 1963 crée le Fonds national pour l'emploi (FNE), par l'intermédiaire duquel l'Etat introduit une nouvelle logique d'action en matière d'emploi pour les travailleurs vieillissants. Il prend l'initiative de faciliter la sortie anticipée des travailleurs âgés de la vie active par la création d'une allocation spéciale permettant, dans le cadre d'une convention Etat-entreprises pour certaines branches ou certaines zones d'activité, le départ en préretraite des licenciés de plus de 60 ans. Ainsi, après avoir incité à la prolongation de la vie active, l'action de l'Etat vise à introduire, sous son strict contrôle, plus de souplesse dans l'emploi des travailleurs vieillissants. L'aide publique n'est accordée que par voie de convention avec l'Etat, ce qui permet à l'Inspection du Travail de poser certaines conditions dans la négociation. Des possibilités d'anticipation sont ouvertes pour les travailleurs âgés de plus de 60 ans, mais elles conservent un caractère exceptionnel et sont placées sous le contrôle des pouvoirs publics.

Dans une conjoncture de croissance forte, il s'agit pour l'Etat d'aider à la restructuration et à la concentration de l'appareil français de production, en facilitant la sortie définitive d'activité, la reconversion des secteurs et des régions en difficulté. Les préretraites seront principalement utilisées dans le secteur du textile, de la construction navale, des houillères et se concentrent sur certaines régions : entre 1964 et 1968, les régions du Nord, de la Lorraine et des Pays de la Loire viennent très nettement en tête en matière d'allocations spéciales puisqu'elles totalisent 55% des bénéficiaires (Thomas, Balmary 1969). L'usage fait des allocations de préretraite FNE montre que la formule de la préretraite est rapidement apparue à tous les acteurs sociaux comme un palliatif à la crise sectorielle. En effet, le FNE avait, à sa création, une vocation plus étendue, et visait à favoriser la mobilité géographique et professionnelle des salariés licenciés ou menacés de licenciement. Il offrait, dans cette perspective, en plus des allocations spéciales de préretraite (AS-FNE), une large gamme d'interventions (aide au changement de domicile, allocations de formation, allocations dégressives de chômage). Ces aides furent relativement peu utilisées par les entreprises. Ainsi, en 1969, après six années d'existence, le FNE avait versé trois fois plus d'allocations spéciales que d'allocations pour la formation. Les préretraites rencontraient l'appui tant des employeurs, qui y voyaient une solution moins conflictuelle que les licenciements, que des syndicats qui les considéraient comme un premier pas vers un abaissement de l'âge de la retraite à 60 ans. Face à un large accord des forces sociales sur ces mesures, c'est finalement l'Etat qui en a limité le développement, dans la mesure où il conservait la maîtrise du dispositif par le biais du financement.

L'expansion de la cessation anticipée d'activité (début des années 1970)

Avec la crise économique, les tentatives de réadaptation et de reclassement des travailleurs âgés se raréfient et les pouvoirs publics se concentrent sur une meilleure indemnisation du chômage pour ce groupe d'âge. L'amélioration de l'indemnisation du chômage des travailleurs en fin de carrière entre en corrélation avec les stratégies des entreprises, qui, pour lutter contre la crise économique, mettent en œuvre des mesures de compression du personnel, majoritairement ciblées sur la main-d'œuvre âgée coûteuse et souvent déqualifiée.

L'accord national interprofessionnel du 27 mars 1972 institue dans le cadre de l'assurance chômage une « garantie de ressources licenciement » (GRL), qui s'adresse aux salariés licenciés âgés de 60 ans et plus. L'accord est étendu par un avenant du 13 juin 1977, qui étend le bénéfice de la garantie de ressources aux démissions des salariés âgés, et crée la « garantie de ressources démission » (GRD). Cette extension de l'accord du 27 mars 1972 n'a jamais donné lieu à des dispositions législatives. Elle est demeurée dans le champ conventionnel, et sa validité limitée à deux années, fut à deux reprises reconduite (mai 1979 et février 1981). De plus, un transfert de maîtrise du dispositif a été opéré : si l'Etat avait le contrôle du FNE, les garanties de ressources relevaient des accords et des compromis entre les partenaires sociaux.

Lors de l'institution de la GRD en 1972, l'Etat, les employeurs et les syndicats étaient en conflit, chacun essayant de proposer sa propre vision des politiques qui devaient être menées à l'égard des travailleurs âgés. Les syndicats luttaient contre l'exploitation des salariés et réclamaient l'institution d'un réel droit au repos, grâce à l'abaissement de l'âge de la retraite et le relèvement du niveau des pensions. Le gouvernement a répondu à l'offensive syndicale en essayant de mettre en œuvre une politique sociale d'intégration des personnes âgées. En 1971, un programme pour aider les personnes âgées à rester à leur domicile a ainsi été lancé et une législation a été adoptée pour relever le niveau des retraites en gardant l'âge de la retraite à 65 ans. Le CNPF a tenté d'orienter les termes du débat vers les questions de management du personnel et l'emploi des travailleurs âgés, et a soutenu que la politique des retraites devait être ajustée pour réguler et gérer la force de travail. L'accord de 1972 répond en ce sens à sa demande, dans la mesure où le dispositif a offert aux entreprises de faire partir les salariés âgés à 60 ans et a accru la possibilité pour les entreprises de les licencier sans coûts additionnels, puisque la garantie de ressource était financée par l'UNEDIC.

La signature, le 25 juin 1973, d'un avenant à l'accord interprofessionnel du 27 mars 1972 étend les conditions d'affiliation et de droit : l'avenant réduit de 15 à 10 le nombre d'années d'affiliation au régime de la Sécurité sociale pour le bénéfice de la garantie ; il ramène de 9 à 6 mois les délais d'attente pour la prise en charge ; abaisse l'âge minimal du bénéficiaire de 68 ans et 4 mois à 57 ans ; prévoit une possibilité de réversion et augmente le montant de la garantie minimale. De nombreuses possibilités de départs anticipés se mettent en place dans les entreprises entre 1973 et 1974. En janvier 1973, est signé l'accord de préretraite de Renault qui permet aux travailleurs de faire valoir leurs droits à la retraite à partir de 62 ans. Il deviendra un modèle de la retraite anticipée, très vite imité par d'autres entreprises (Chantiers navals de la Ciotat, Air France, etc.).

L'offensive syndicale pour un élargissement progressif du droit à la retraite perd progressivement de son ampleur, au regard du ralentissement de la croissance et à la détérioration de l'emploi, qui conduisent les centrales syndicales à accorder, à partir du milieu des années 1970, la primauté à la défense de l'emploi. Un glissement s'opère vers l'idée du partage de l'emploi entre les générations, et d'une protection renforcée pour les travailleurs âgés particulièrement exposés au chômage. À la fin de 1974, deux confédérations (CGT, CFDT) s'unissent pour « une action commune sur les retraites pour faire face à la crise de l'emploi ». Un slogan apparaît : « Mieux vaut payer des retraités que des chômeurs ». Selon ces acteurs, « (L)a gravité de la crise de l'emploi rend plus que jamais d'actualité le problème de la retraite. Si nos revendications étaient satisfaites, 300 000 à 400 000 emplois pourraient être créés »[88]. Les propositions concernent l'embauche des jeunes en remplacement des départs en préretraite ou la limitation du cumul entre revenu de

[88] *Syndicalisme*, 06/11/75.

retraite et revenu d'activité. Si les syndicats ne condamnent pas encore, en 1975, le cumul d'une pension et d'un salaire d'activité, ils considèrent cependant que l'embauche doit être en priorité réservée aux chômeurs. Les confédérations accentuent leur pression sur la question de l'abaissement de l'âge de la retraite (journées nationales d'action, grèves, débrayages) et plus particulièrement à l'automne, lors de la préparation par le gouvernement Chirac d'un plan de relance, incluant un plan d'amélioration des retraites (Guillemard 1986).

L'Etat, après avoir soutenu le principe du maintien en activité des travailleurs âgés, tend au regard de la conjoncture, à suivre les orientations des partenaires sociaux. Le gouvernement Chirac, à l'automne 1975, s'engage sur le principe d'une retraite à 60 ans à taux plein. Ainsi, ce qui était dénoncé comme une option préjudiciable tant au statut social de la vieillesse qu'au bon fonctionnement du système économique devient un objectif à moyen terme pour le gouvernement. Désormais, il existe une relative unanimité entre syndicats, patronat et gouvernement pour faire de la retraite un instrument de la politique de l'emploi. Les consultations menées par Jacques Chirac en vue « d'aménager le droit à la retraite » à l'automne 1975 reflètent ce nouveau consensus puisque selon Matignon, il y a accord entre les trois parties sur le « principe de la retraite à 60 ans au taux plein ». Toutefois le principe ne s'est pas transformé en droit. En effet, le patronat était hostile à un abaissement généralisé de l'âge de la retraite et préférait un abaissement catégoriel visant les travailleurs manuels estimés vieillis et non rentables bien avant 60 ans. On retrouve également dans l'interdiction limitée de cumul la position du CNPF, qui souhaitait que les retraités ne puissent cumuler leur pension avec leur activité, afin que cette nouvelle législation crée un effet sur l'emploi.

À partir de 1975, les acteurs se sont accordés sur la préoccupation commune de l'emploi. Alors que la croissance économique se ralentissait et que le marché du travail se détériorait, les acteurs ont choisi de modifier leurs stratégies. Les syndicats ont progressivement renoncé à leur volonté d'abaisser l'âge de la retraite et ont élaboré une stratégie défensive pour l'emploi. Sous la présidence de Valery Giscard d'Estaing, l'interventionnisme d'état dans les sphères économiques et sociales a diminué et les programmes pour l'intégration sociale des personnes âgées ont perdu de leur force. Le gouvernement tendait à laisser la question des préretraites aux négociations des syndicats et des employeurs, sans intervenir dans les négociations comme il l'avait fait en 1972.

En d'autres mots, il n'était plus question de mettre fin aux préretraites, et le CNPF et les syndicats ont accepté d'utiliser les préretraites comme un élément de leur politique de l'emploi. Ces nouvelles dynamiques ont conduit à l'accord du 13 juin 1977 pour l'extension de la garantie de ressources aux démissionnaires. Ce nouveau programme, initié pour une durée de deux ans, n'était pas pensé comme un plan de retraite flexible, mais comme une mesure d'accompagnement de la situation économique. Il donnait aux entreprises la marge de manœuvre qu'elles demandaient en matière de gestion du personnel, en particulier pour les salariés âgés. Selon les clauses de l'accord, les employeurs pouvaient offrir des incitations sous forme de primes aux salariés qui choisissaient de démissionner. Puisque le montant des indemnités de la garantie de ressources était, selon l'UNEDIC, calculé sur les salaires des trois derniers mois d'activité, il était possible de négocier une augmentation de salaire pour cette période de trois mois précédant le départ du salarié. Des conditions financières attractives étaient ainsi offertes aux employés à un coût modéré pour l'employeur. De ce fait, les dispositifs de garantie de ressources étaient devenus le principal vecteur du développement des préretraites.

L'accord du 13 juin 1977 instaure la consécration d'une nouvelle dynamique sociale de la politique d'emploi des travailleurs âgés. Un avenant à l'accord national interprofessionnel de mars 1972 signé le 13 juin 1977 par tous les partenaires sociaux, accentue l'accord de 1972, et renforce le système des garanties de ressources. Conclu pour une durée de deux années et renouvelable, il étend le bénéfice de la garantie de ressources, auparavant réservé aux seuls licenciés âgés, aux salariés démissionnaires, âgés de 60 à 65 ans. Par cet accord, toute une classe d'âge accède à la cessation anticipée d'activité, auparavant réservée aux salariés confrontés à un licenciement. L'avenant de 1977 transforme ainsi radicalement la nature de la convention de 1972. Celle-ci était conçue pour améliorer l'indemnisation des salariés âgés victimes de licenciement. Elle répondait à des préoccupations sociales, même si elle a encouragé simultanément des pratiques de licenciement des travailleurs âgés. La signature de l'avenant de 1977 répond moins à des préoccupations sociales qu'à des nécessités économiques, comme l'exprime le préambule du texte : « Les parties signataires sont convenues, dans le but de contribuer à l'amélioration de la situation de l'emploi dans la conjoncture actuelle, d'ouvrir aux salariés, pendant une période temporaire, la possibilité de demander volontairement le bénéfice de la garantie de ressources instituée par l'accord du 27 mars 1972 modifié. Les parties signataires attendent de cette mesure la libération d'emplois permettant l'engagement de nombreux demandeurs d'emploi ».

Les renouvellements successifs de l'accord de 1977 (mars 1979 et mars 1981) s'accompagnent d'un assouplissement des conditions d'accès : les salariés licenciés après l'âge de 55 ans sont admis au bénéfice de la garantie de ressources, même s'ils ne sont plus indemnisés à leur soixantième anniversaire. La réforme du FNE mise en place en 1979 permet aux salariés licenciés pour motif économique à partir de 56 ans et deux mois de bénéficier de la garantie de ressources jusqu'à la liquidation de leur retraite. Une autre dynamique de la politique d'emploi des travailleurs âgés est ainsi enclenchée, qui va donner lieu à une véritable explosion de la formule des préretraites. Cette dynamique va demeurer à l'œuvre pendant les années 1980, avec l'abaissement de l'âge de la retraite à 60 ans. Elle est devenue l'unique enjeu autour duquel s'affrontent désormais les différentes forces sociales. Aucune voix ne se fait plus entendre pour constituer un frein au développement des sorties anticipées d'activité.

« La décennie de la préretraite [89]» (années 1980)

Alors que durant ses cinq premières années d'existence, la garantie de ressources a connu une progression en indice du nombre de ses bénéficiaires de 100 à 400 et voit ses effectifs demeurer inférieurs à 100 000 allocataires, à partir de 1977, on assiste à une véritable explosion, puisque les effectifs dépassent 300 000 personnes en 1981 et connaissent sur la période une progression en indice de 400 à 1310. Une nouvelle accélération se produit après 1981, et les effectifs de préretraites se multiplient par trois entre 1981 et 1983, passant en indice de progression de 1000 à 3000 (Guillemard 1984). Le maximum des préretraites est atteint en 1984 avec un stock de 705 000 bénéficiaires (Balmary 2001, p. 31).

En 1982, l'abaissement de l'âge de la retraite à 60 ans pour obtenir une pension de retraite à taux plein signale le franchissement d'une nouvelle étape. En 1980, avant le changement de majorité, deux rapports officiels avaient analysé la question de l'abaissement de l'âge de la retraite et conseillaient de « ne pas généraliser la retraite à 60 ans », « substituer la durée d'activité à l'âge de la retraite », de « prévoir l'extinction rapide des préretraites », « réhabiliter le droit au travail des travailleurs âgés » et « cesser de partager le travail selon les critères d'âge »[90]. La réforme des retraites a pris le contre-pied de ces propositions et a donné la priorité au départ précoce, même avec un sacrifice financier.

Arrivé au pouvoir en 1981, le gouvernement socialiste fonde sa légitimité sur la redistribution non seulement des richesses mais aussi des emplois. À un moment où le chômage des jeunes prend de l'ampleur et préoccupe l'opinion, il propose d'intervenir à deux niveaux : abaisser l'âge légal de départ à la retraite et mettre en place une politique de l'emploi active basée sur un contrat de solidarité intergénérationnelle. Le problème de l'emploi, en particulier pour les jeunes, permet d'asseoir cette politique sur un consensus qui rassemble les syndicats et les employeurs. Au cours des années 1980, les préretraites ont donc un effet important sur la structure de la population active. Les mécanismes de préretraite apparaissent comme les seuls instruments de politique de l'emploi, qui permettent d'intervenir d'une façon massive, en termes d'impact financier, dans le secteur des entreprises. De ce fait, la négociation des conventions d'AS-FNE entre l'Etat et les entreprises a été un outil déterminant dans l'orientation des politiques de l'emploi et des politiques industrielles. Dans les années 1980, les interventions ont été ciblées sur les secteurs les plus en difficultés pour accompagner leur reconversion. La négociation des conventions de préretraite, et du montant de la participation financière de l'entreprise, est un moyen pour l'Etat de demander que soient mis en œuvre de véritables plans sociaux de licenciement. Depuis la suppression de

[89] Expression proposée par Xavier Gaullier, 1990, p. 3.

[90] *Vieillir demain, Rapport du groupe de travail « Prospective personnes âgées »,* présidé par R. Lion, Commissariat général au Plan, Paris, La Documentation française, 1980 ; *Le vieillissement de la population,* Rapport remis au ministre du travail par N. Questiaux, Haut Comité de la Population, Paris, La Documentation française, 1980.

l'autorisation administrative de licenciement en 1986, et jusqu'à l'adoption de la loi Robien sur le temps de travail en 1996, le dispositif des préretraites est resté le seul mécanisme qui a placé l'Etat en situation de négociation directe avec les entreprises (Join-Lambert 1997, p. 230).

Depuis le 1er avril 1983, chaque actif ayant cotisé 37,5 années a droit à une pension à taux plein à 60 ans. Vu par l'opinion publique comme une avancée sociale, l'abaissement de l'âge de la retraite répond aux revendications syndicales développées depuis les années 1970, et s'inscrit dans la tendance séculaire à l'augmentation du temps de retraite et à la diminution du temps de travail. En 1945, un actif sur deux parvenait à la retraite qui durait en moyenne treize ans. En 1983, la retraite s'adresse à tous les salariés et dure en moyenne vingt ans. Sur le plan financier, la réforme a été aussi perçue comme un substitut à la garantie de ressources, ce qui permet un transfert de charges. La retraite à 60 ans se veut par conséquent à la fois un progrès social et un moyen de lutter contre le chômage. Néanmoins, le coût de la réforme est lourd à long terme et l'augmentation des dépenses consacrées aux plus âgés est critiquée : « L'Etat, c'est les vieux » (Gaullier 1988, p. 99).

L'expansion des sorties anticipées du marché du travail est ainsi permise par le développement d'une nouvelle conception de la préretraite, qui devient un instrument actif de la politique de l'emploi. À partir du début des années 1980, elle est explicitement utilisée comme un moyen de partage du travail entre les générations. Tel est l'objectif des « contrats de solidarité » préretraite, créés par l'ordonnance du 16 janvier 1982, qui sont ouverts aux salariés de plus de 55 ans et dont le départ doit nécessairement être remplacé par une embauche. De plus, les dispositifs de départs anticipés à la retraite s'accumulent, ce qui augmente les possibilités de cessations anticipées d'activité. Certes, les pouvoirs publics décident en 1983 de supprimer les régimes de GRL et de GRD, dans la mesure où ils ont conduit à une crise financière de l'UNEDIC. Cependant, la redéfinition des prestations de chômage qui va suivre, en 1985, s'accompagne, pour les chômeurs âgés de 55 ans et plus, de la garantie de percevoir l'allocation de base d'assurance chômage au taux plein jusqu'à l'âge de la retraite. De plus, une « dispense de recherche d'emploi » (DRE) est proposée aux chômeurs âgés de 57 ans et six mois, ce qui induit que même s'ils continuent de figurer dans les chiffres du chômage, ils n'ont plus d'obligation à remplir en tant que chômeur indemnisé.

À partir de la deuxième moitié des années 1980, quelques mesures sont néanmoins proposées pour corriger les excès des préretraites, en particulier en ce qui concerne leur coût. Le gouvernement choisit de supprimer les systèmes de garantie de ressources du régime UNEDIC. Les contrats de solidarité vont à leur tour être abolis en 1986-1987. Un deuxième type de correction de trajectoire est mis en place pour pénaliser le licenciement des salariés âgés, moins dans l'objectif de réduire le volume des préretraites, que pour tenter de combattre les effets d'exclusion et de stigmatisation qui s'institutionnalisent dans les entreprises et sur le marché de l'emploi. La contribution Delalande est ainsi introduite en 1987 et s'assortit d'un système d'amende ; cependant, son effet est symbolique.

Ainsi, la préretraite représente une situation massivement attestée dans la société française contemporaine et tend à remonter dans le cycle de vie touchant des classes d'âge de plus en plus jeunes. Une nouvelle étape s'impose désormais, pour le plus grand nombre, entre la sortie d'activité et la retraite. Elle est gérée par l'assurance chômage qui, de ce fait, se transforme en partie en une autre assurance vieillesse.

Le coût des préretraites : du consensus aux doutes

À partir du milieu des années 1980, le problème du coût des préretraites apparaît. La politique du partage de l'emploi entre les générations n'est pas remise en cause, mais les acteurs tentent des procédures d'ajustement et de transferts qui conduisent à une stratégie de substitution des institutions de préretraite initiales par d'autres estimées moins coûteuses.

Le coût des préretraites s'élève à 650 millions de francs en 1973 et 44 milliards en 1984 (Gaullier 1988, p. 52). Au début, l'UNEDIC assume seule la charge des dispositifs, ce qui est l'origine de ses difficultés financières, et conduit à un transfert de la charge à l'Etat. À partir de 1979, la part de l'Etat est en augmentation constante, en 1984, il assure seul les dépenses, puis un rééquilibrage avec l'UNEDIC s'opère à partir de 1987.

L'explosion du coût des préretraites n'est pas seulement le résultat du succès et de la générosité du dispositif, elle a aussi une origine démographique. Entre 1975 et 1980, il n'y avait que 1 600 000 personnes de 60 à 64 ans, en raison des faibles cohortes nées entre 1915 et 1919, pendant la première guerre mondiale. Mais à partir de 1985, les classes pleines issues de l'après-guerre atteignent l'âge de départ et représentent 2 800 000 personnes (Guillemard 1991). Selon le Ministère des finances, l'UNEDIC ne peut plus supporter les coûts des garanties de ressources à ce niveau et celles-ci sont supprimées. Toutefois, au cours des années 1980, un nouvel essor est donné avec l'abaissement de l'âge de la retraite. Puisque la plupart des 60-64 ans ont cessé de travailler, l'objectif est de prendre en compte le groupe des 55-59 ans.

Dans ce contexte, la réforme de 1982, qui abaisse l'âge de départ légal à la retraite et transfère de fait les coûts de l'éviction des salariés âgés de 55 à 64 ans à l'assurance vieillesse a été en partie adoptée pour répondre à la crise financière de l'UNEDIC. Néanmoins, elle ne s'avère pas suffisante. Fin 1982, un décret rend moins avantageux le niveau et le mode de calcul des allocations de préretraite, et la cadence des départs en contrats de solidarité se ralentit, avant leur suppression en 1984. De même, la garantie de ressources est supprimée par l'abaissement de l'âge de la retraite à 60 ans. À cette époque, les différents dispositifs de cessation anticipée d'activité représentent la moitié des dépenses de l'assurance chômage. En ce sens, la réforme de 1984 de l'UNEDIC est une tentative de transférer les coûts sur le budget de l'Etat. Depuis 1979, la part de l'Etat s'est accrue passant de 13,1% à 36,4% en 1983 (Ragot 1985). Entre 1983 et 1984, les dépenses consacrées aux préretraites étaient supérieures aux dépenses totales consacrées au chômage, alors qu'en décembre 1983, s'il y avait 705 000 préretraités, il y avait plus de trois millions de chômeurs (Balmary 2001). Dans la mesure où les organisations qui géraient l'UNEDIC ont pris conscience que les difficultés financières étaient notamment dues aux nouveaux dispositifs de préretraite, des décisions ont été prises avec l'Etat pour un nouveau partage des coûts. C'était l'objectif de l'accord du 24 février 1984 sur la réforme de l'assurance chômage, qui a transféré les coûts des préretraites à l'Etat. Les prestations de préretraite ne sont plus payées par les cotisations des employeurs et des employés mais par l'impôt. Par conséquent, l'assurance chômage a retrouvé sa fonction antérieure de couverture des chômeurs pendant une durée limitée.

La prise en charge du coût des préretraites par l'Etat conduit à une diminution du nombre de dispositifs de préretraite et à un durcissement des conditions d'éligibilité. À partir du 1er avril 1984, seuls deux programmes de préretraite demeurent effectifs : l'AS-FNE et les contrats de solidarité sur les préretraites progressives. Les conditions d'éligibilité sont plus rigoureuses et la générosité diminue, ce qui conduit à une diminution du nombre d'admissions dans les dispositifs de préretraite publics en 1986 et 1987. Néanmoins, cette évolution ne signifie pas que la tendance de l'éviction des travailleurs âgés du marché du travail est à la baisse, puisque les chômeurs âgés sont revenus dans le cadre de l'assurance chômage classique, c'est-à-dire l'UNEDIC. En ce sens, même si les dispositifs de préretraite totale sont en recul après 1984, leur décroissance est en partie compensée par la montée en puissance de la dispense de recherche d'emploi (DRE). Après le licenciement, les chômeurs âgés passent une longue période dans le système d'assurance chômage avant d'entrer dans le dispositif de l'assurance vieillesse.

En France, les institutions de cessations anticipées d'activité ont pris la forme d'un véritable labyrinthe administratif, pour l'essentiel géré par l'assurance chômage, qui devient « une fausse caisse de retraite pour de vrais inactifs » (Gaullier 1988, p. 40). Il n'existe pas une mais des préretraites, qui se sont développées au travers d'une gamme de dispositifs particuliers et temporaires, par un processus cumulatif[91]. Les préretraites pèsent sur le système de protection sociale, elles ont exercé une charge trop lourde sur l'assurance chômage, ce qui a conduit à la réforme de l'UNEDIC et elles contribuent après la réforme de 1982 à alourdir le coût du système de retraite.

Parallèlement, les préretraites ont pris la forme d'un nouveau droit social acquis, qui s'intègre dans la gestion du cycle de vie et influe sur les perceptions sociétales. Le préretraité n'est ni salarié, ni retraité, ni chômeur, il n'appartient plus au groupe des adultes productifs mais ne fait pas encore partie du troisième âge. Cet entre-deux constitue progressivement une nouvelle forme de statut social, qui s'accorde à une étape de la vie. Alors qu'elle était subie, honteuse, au début des années 1970, elle est plutôt perçue comme l'avènement d'un nouveau droit individuel à la fin des années 1980. En ce sens, la préretraite s'est instituée politiquement et socialement et relève d'une nouvelle police des âges, qui s'est en l'espace de vingt ans ancrée dans les mentalités et le fonctionnement sociétal.

[91] Annexe 5 : Les préretraites en France.

***

Un sentier institutionnel (*pathway*) est défini comme un dispositif institutionnel ou une combinaison de dispositifs, qui sont utilisés pour gérer le processus de développement d'une politique. On observe souvent, notamment dans la protection sociale, des processus de « substitution » (*instruments substitution*) de dispositifs par d'autres qui permettent de poursuivre une politique en bloquant les processus de réforme (Pierson 1994, 2001). Cette situation est particulièrement visible dans le cas des préretraites en France et en Allemagne. Les deux pays illustrent le développement d'une stratégie routinière d'éviction des travailleurs âgés de plus de 55 ans, qui a progressivement conduit au resserrement des taux d'activité sur une période de plus en plus courte. Les principes étapes de la genèse et de l'expansion des sorties anticipées du marché de l'emploi sont similaires dans les deux pays. Au cours des années 1970, les mesures de cessations anticipées d'activité sont introduites pour accompagner socialement les difficultés économiques émergentes ; puis elles s'institutionnalisent pendant les années 1980, ce qui conduit à l'explosion du nombre de bénéficiaires et des coûts, et par conséquent à un questionnement sur l'avenir de cette recette de politique publique.

Dans les deux pays, cette option choisie pour lutter contre le chômage est consensuelle, dans la mesure où elle répond aux demandes des différents acteurs, et constitue une ressource importante à un moment où les marges de manœuvre se raréfient. La protection sociale agit par et pour l'emploi, elle intervient pour soutenir un groupe social identifié comme étant en difficulté, les travailleurs âgés, et favorise un partage du travail entre les générations, au bénéfice des jeunes.

Cependant, des différences apparaissent et se renforcent au cours des années 1980, quant au sens et à l'ampleur à donner aux préretraites. Les deux pays s'accordent sur la variable sur laquelle agir pour lutter contre le chômage, et qui est celle d'un partage du temps de travail. L'idée dominante est de diminuer le temps de travail pour ceux qui ont un emploi afin de libérer de l'espace et d'encourager la création de postes pour les chômeurs. L'Allemagne et la France choisissent des trajectoires différentes pour atteindre cet objectif. Après des hésitations, l'Allemagne opte pour la voie de la réduction du temps de travail hebdomadaire, et les sorties anticipées du marché du travail, sans être laissées de côté puisqu'elles seront largement utilisées dans la pratique, sont abordées comme un instrument secondaire, stratégiquement utile mais peu rationalisé dans un cadre politique. En France, la question de la réduction de la durée de travail hebdomadaire est abordée, mais paraît difficile à mettre en œuvre, et c'est l'option des préretraites qui est choisie pour gérer le temps de travail sur l'ensemble de la vie. Les préretraites deviennent une politique pour l'emploi, qui est au cours des années 1980, qualifiée « d'active », dans la mesure où elle vise à faciliter l'entrée des jeunes sur le marché du travail, et parce qu'elle permet d'intervenir dans les politiques économiques de restructuration puis de reconversion des entreprises.

Dans les deux pays, des questions apparaissent néanmoins quant au financement des dispositifs. Qui doit payer ? Les entreprises participent en partie au financement de cette mesure, mais elles visent à externaliser le coût de l'éviction des salariés âgés sur le système de protection sociale. En Allemagne comme en France, les charges sont partagées entre les branches de l'emploi, des retraites et le budget de l'Etat. Néanmoins, le phénomène de substitution des institutions qui en résulte (les dispositifs supprimés puis remplacés par d'autres), ne suffisent pas à résoudre le problème du coût et les préretraites commencent à être perçues comme problématiques à la fin des années 1980.

Chapitre 5. La première vague de réforme des retraites, vers une remise en cause des préretraites (années 1990)

Dans les deux pays, l'éviction des travailleurs de plus de 50 ans est devenue routinière. Néanmoins, de fortes critiques apparaissent en raison du coût des dispositifs et de la perte de sens des mesures de préretraite. Au cours des années 1990, l'Allemagne et la France se trouvent en situation de porte-à-faux, dans la mesure où les préretraites sont désormais affichées comme un problème sur la scène politique alors qu'elles sont largement utilisées dans la pratique.

La remise en cause des préretraites en France et en Allemagne s'inscrit dans un mouvement commun, qui est amorcé dans tous les pays européens à la même période. En effet, le contexte économique, social et politique a changé. Au regard des nouvelles orientations qui prennent corps dans le courant d'une économie basée sur les politiques de l'offre, les exigences de restrictions budgétaires augmentent. En deçà du problème du coût, l'efficacité des politiques de préretraite sur l'emploi est remise en cause, dans la mesure où ce sont souvent les pays qui ont le plus utilisé les dispositifs de cessation anticipée qui connaissent les taux de chômage les plus élevés. Surtout, la mise en exergue du vieillissement de la population et la nécessité conjointe de réformer les systèmes de retraite, impliquent le relèvement de l'âge de départ à la retraite, et ont pour conséquence la fermeture des dispositifs de préretraite.

Si les gouvernements allemand et français essaient d'insuffler un processus de réforme, ils se heurtent aux résistances institutionnelles liées aux dispositifs hérités. Alors que le chômage continue à croître et que la récession économique sévit à partir de 1993, le recours aux préretraites reste l'option la plus utilisée. Par conséquent, dans les deux pays, un phénomène de substitution institutionnelle va s'instaurer, et la suppression d'un dispositif va s'accompagner de la création d'un nouveau quelques mois plus tard.

De ce fait, un décalage va s'instaurer entre la politique de réforme qui est mise en œuvre dans le secteur des retraites, et le statu quo qui s'exerce dans le champ des politiques de l'emploi pour les travailleurs âgés. Les modifications de l'âge d'accès au système de retraite en Allemagne ou l'allongement de la durée de cotisation nécessaire pour obtenir une pension de retraite à taux plein en France induisent un changement des comportements dans le secteur de l'emploi, qui n'est que peu mis en oeuvre au cours des années 1990.

1. Le nouveau contexte socioéconomique : vecteur de l'introduction de politiques de repli dans le domaine de la protection sociale

Au début des années 1990, le contexte politique, économique et social a changé. Les principes d'une économie libérale se développent. Surtout, les Etats membres s'engagent dans la préparation de la monnaie unique, ce qui s'avère synonyme de rigueur budgétaire et implique une évolution des façons de faire.

1. 1. Un changement du paradigme économique en Europe

L'ouvrage collectif, dirigé par Bruno Jobert, *Le tournant néo-libéral en Europe*, analyse comment le référentiel macro-économique s'est transformé au cours des années 1980-1990 (Jobert 1994). Progressivement, les principes keynésiens ont été mis en cause par la crise économique, la montée de l'inflation et l'échec des politiques de relance dans une économie ouverte. La construction de l'Union économique européenne a été le vecteur qui a permis l'introduction en Europe de nouveaux principes d'action, qui s'articulent désormais autour de politiques de l'offre, de maîtrise de l'inflation et de restriction budgétaire.

La transformation du cadre conceptuel économique global influe sur la reconfiguration des Etats-providence (Scharpf, Schmidt 2000). De plus, le vieillissement de la population et de la pression qu'ils exercent sur le financement des systèmes de retraite préoccupent les *policy-makers*. La problématique de la réforme des retraites, prédominante au cours des années 1990, a permis l'ouverture d'une « fenêtre d'opportunité » qui a conduit à l'inscription sur l'agenda politique de la réforme des préretraites (Kingdon 1984).

Du référentiel keynésien aux politiques de l'offre

Le référentiel des politiques macro-économiques s'est modifié à partir du milieu des années 1970. Cette période est de ce fait marquée par la remise en cause des compromis keynésiens sur lesquels les systèmes de protection sociale avaient été élaborés après la deuxième guerre mondiale. La crise économique, l'internationalisation croissante des économies, la mise en avant du néolibéralisme sont autant de facteurs qui conduisent à la remise en cause des Etats-providence.

Ramesh Mishra dénonce l'impact de la mondialisation des économies sur les systèmes de protection sociale. En effet, si pendant les années 1960, l'idéologie keynésienne, en s'appuyant sur le plein emploi et la croissance économique avait permis le développement et la généralisation des politiques sociales, un mouvement inverse guidé par les tenants du néolibéralisme conduit à l'avènement de la conception d'une économie désocialisée et d'un marché du travail « recommodifié » ou « remarchandisé ». Ce mouvement initié au cours des années 1970 dans le monde anglo-saxon se propage et se généralise aux pays européens au cours des années 1980 et 1990. En ce sens, ce qui à l'origine pouvait être défini comme une tendance politique (*politics*), se révèle être une politique (*policy*) commune à l'ensemble des pays quelle que soit leur appartenance politique (Mishra 1999).

À la fin des années 1970 et au cours des années 1980, un mouvement de réforme de l'Etat-providence est mis en œuvre en particulier dans les pays anglo-saxons, qui tendent à adapter au nouveau référentiel économique global les systèmes de protection sociale. L'arrivée au pouvoir de gouvernements conservateurs (Thatcher, Reagan) s'accompagne de l'introduction de politiques de repli (*retrenchment policies*), qui ont pour objectif de contenir les coûts (*cost containment*) des systèmes de protection sociale (Pierson 1994). Des politiques de restructuration sont ainsi inaugurées dans les différents secteurs de la protection sociale : la santé, l'emploi et surtout les retraites. Toutes ces réformes tendent à diminuer la part de l'Etat dans le financement de la protection sociale et par conséquent à accroître la responsabilité individuelle ; par ailleurs elles mettent l'accent sur le rôle du marché dans la régulation de l'attribution des richesses. De nouvelles recettes d'action publique sont mises en place. Dans le domaine des politiques de l'emploi, la thématique du *workfare* devient le maître mot de l'action publique : des prestations de chômage trop généreuses désincitent au retour sur le marché de l'emploi, ce qui conduit à une volonté de limiter leur niveau, et surtout de renforcer les conditions qui ouvrent l'accès aux droits sociaux en les liant à un devoir de recherche d'emploi (*Welfare to work*).

Un autre secteur de la protection sociale est remodelé en profondeur au cours des années 1980. Les systèmes de retraite sont en effet mis sur la sellette. Ainsi, en Grande-Bretagne, le gouvernement Thatcher s'est attaché à diminuer le niveau des pensions publiques de base et à encourager le développement de retraites complémentaires privées financées par capitalisation qui ont progressivement remplacé le système de retraites complémentaires publiques. Ce changement institutionnel structurel a été justifié certes par l'idée que les retraites par capitalisation étaient moins sensibles aux évolutions démographiques mais aussi par celle que le développement d'un marché des retraites complémentaires permettait de dégager d'importantes masses financières, qui viendraient soutenir l'économie et participeraient à la libéralisation des mouvements de capitaux (Palier 2003).

Le mouvement de reconfiguration des Etats-providence inauguré dans les pays anglo-saxons se diffuse progressivement dans les pays européens au cours des années 1990. Un des facteurs qui expliquent que l'Allemagne et la France ont été assez peu touchées au cours des années 1980 par le mouvement de réforme de l'Etat-providence est sans doute la configuration institutionnelle de leurs systèmes de protection sociale. Les institutions bismarckiennes, qui se caractérisent par des prestations contributives généreuses financées par des cotisations sociales assises sur les salaires et gérées par les partenaires sociaux, sont plus difficiles à remettre en cause que les institutions qui sont en place dans les pays anglo-saxons, généralement forfaitaires, financées par l'impôt et gérées par l'Etat (Pierson 1994).

À première vue, l'Allemagne ne semble pas correspondre à l'image que l'on se fait de l'impact de la globalisation sur les économies nationales. Selon cette perspective, la compétition accrue a exercé des pressions sur les pays industrialisés et leurs systèmes de protection sociale. Or, année après année, l'Allemagne est restée l'une des nations qui exportait le plus, et a en ce sens plutôt profité que souffert de l'internationalisation des économies (Manow 2001, p. 264). Cependant, l'Allemagne présente aussi des problèmes économiques, comme la persistance du chômage de masse et la faible création d'emplois (Scharpf 1997). De ce fait, le débat politique sur les problèmes de l'Allemagne (*Standortdebatte*) s'appuie sur les changements économiques internationaux, mais aussi sur les pressions économiques induites par la réunification. Alors qu'elle avait endossé le rôle de « locomotive européenne » dans le domaine de l'économie au cours des années 1980, la question des réformes commence à se poser à la fin de cette décennie et les dépenses de protection sociale sont soumises à une entreprise de « consolidation » (Manow 2001).

De son côté, la France est touchée de plein fouet par la crise économique et les politiques de Sécurité sociale entrent dans une nouvelle phase. L'objectif est de mettre en œuvre des politiques de repli pour réduire le déficit de la Sécurité sociale. Au cours des années 1980, les interventions politiques tendent à « boucher le trou » de la Sécurité sociale, mais elles ne modifient pas le système en profondeur : « Les mesures prises dans le cadre des plans de redressement des comptes de la Sécurité sociale n'ont pas changé la logique bismarckienne du système d'assurance sociale, ni ses instruments (prestations contributives financées par des cotisations sociales assises sur les salaires). Elles n'ont fait que modifier le niveau d'utilisation de ces instruments : faible baisse de certaines prestations (principalement du niveau de remboursement des soins) et forte hausse des cotisations. Au cours des années 1980, les changements introduits dans le système français de protection sociale ne sont que des changements de premier ordre » (Palier 2002). Aussi, la question d'un changement paradigmatique ne se pose pas à l'époque. Cependant, il est probable que la construction de l'UEM a accentué la nécessité des réformes.

La construction de l'Union économique et monétaire

Au début des années 1990, le contexte économique se modifie avec le processus de l'intégration économique européenne. L'achèvement du marché unique en 1992, la préparation de la monnaie unique à partir de 1993, le pacte de stabilité à partir de 1997, sont autant d'éléments qui poussent les Etats membres à contrôler l'évolution de leurs dépenses sociales. En effet, la récession économique accentue « l'effet ciseaux » dans les pays bismarckiens : d'un côté, les dépenses sociales liées au chômage augmentent ; de l'autre, les recettes diminuent, ce qui conduit à un déséquilibre croissant des comptes de la protection sociale.

Le facteur exogène de la construction économique européenne contribue à la nécessité de réformer les systèmes de protection sociale dans les deux pays. La mise en place du marché unique, décidée par l'Acte unique signé en 1986, qui avait introduit les principes de la libre circulation des biens, des travailleurs, des capitaux et la libre prestation des services s'achève en 1992, et les Etats membres s'engagent dans la préparation de la monnaie unique européenne organisée par le traité de Maastricht. Les critères de convergence comprennent la stabilité des taux de change, un taux d'inflation bas, calqué sur la moyenne des trois meilleurs pays européens en la matière, le maintien des déficits sous la barre de 3% du PIB et de la dette publique en dessous de 60% du PIB. Les engagements européens induisent en ce sens une modification des recettes d'action publique sur le plan économique et social. La lutte contre l'inflation et la limitation des déficits publics empêchent la mise en œuvre de mesures nationales de relance, jusqu'alors utilisées en période de difficultés économiques. De même, il n'est plus possible de jouer sur les taux de change entre Etats membres, pour concilier l'évolution différente des coûts salariaux par unité produite et le maintien de la compétitivité (Palier 2002, p. 214). Au regard des critères européens, les déficits sociaux font partie des déficits publics. De ce fait, la stratégie d'augmenter les cotisations pour lutter contre les déficits des systèmes de protection sociale n'est plus viable et l'objectif va être désormais de réduire les coûts.

Dans une Europe qui se construit sur la base de l'Union économique et monétaire, les aspects sociaux apparaissent comme subordonnés aux impératifs de la compétitivité économique. Or la construction économique et monétaire peut avoir des conséquences indirectes sur les politiques sociales. Ce nouveau contexte économique a pesé sur les systèmes de protection sociale européens et plus particulièrement sur les systèmes bismarckiens de l'Europe continentale, dans la mesure où le poids des cotisations sociales accroît la charge sur les salaires et par conséquent sur la compétitivité. Les contraintes financières de l'unification monétaire constituent un argument supplémentaire pour légitimer les mesures de restriction des dépenses sociales. Par conséquent, l'achèvement du marché intérieur et la préparation de la monnaie unique ont sans doute joué un rôle important dans le calendrier des réformes des systèmes de protection sociale et en ont cadré l'orientation générale : contenir, voire réduire l'augmentation des dépenses publiques dans le domaine de la protection sociale (Pierson 1998).

Moderniser les systèmes de protection sociale

Les années 1990 sont marquées par les réformes qui transforment les systèmes de protection sociale européens en profondeur. Dans les années 1980, les Etats-providence de l'Europe continentale ont été les plus résistants aux réformes et ils ont évolué d'une façon similaire. En ce sens, les réformes mises en œuvre pendant les années 1980 ne remettent pas en cause les sentiers de dépendance qui s'étaient institués, elles restent « *path-dependent* ». À partir du milieu des années 1990, la tendance tend à s'inverser et plusieurs réformes sectorielles visent à sortir du sentier de dépendance (*path-departure* ou *path-shifting*, Pierson 2000). Progressivement, le paysage de l'Etat-providence continental, qui apparaissait comme « figé » (*frozen landscape*, Esping-Andersen 1996), se modifie et les réformes se multiplient dans les champs de l'emploi, de la santé et des retraites. Si dans les années 1980, l'objectif est de sauvegarder les arrangements institutionnels des systèmes de protection sociale, dans les années 1990, il s'agit de les transformer.

Les pressions économiques, qu'elles soient liées à la construction économique européenne ou à la récession qui sévit dans les pays européens à partir de 1993, sont essentielles pour expliquer et argumenter politiquement la nécessité d'inscrire sur l'agenda politique les réformes des différents secteurs de la protection sociale. Un autre facteur de réforme est lié à l'évolution démographique. Le vieillissement de la population européenne préoccupe en effet les acteurs politiques. L'allongement de la durée de la vie, l'arrivée à la retraite de la génération du *baby-boom*, la diminution du nombre d'années de cotisations liée à l'entrée plus tardive sur le marché du travail, aux périodes de chômage et aux départs anticipés à la retraite, sont autant de tendances qui se rejoignent pour peser sur le financement des systèmes de retraite. L'allongement de la durée de la vie conduit également à une augmentation des dépenses de santé et nuit à l'équilibre des systèmes d'assurance maladie en Europe. Par conséquent, l'augmentation des dépenses qui découle des transformations démographiques s'ajoute à l'arrivée à maturation des systèmes de protection sociale de l'Europe continentale. Ces différents éléments expliquent le calendrier des réformes des systèmes de protection sociale européens qui se sont concentrées sur la première moitié des années 1990 : la réforme des retraites de 1989 (*Rentenreform 1992*) et la réforme Seehofer de la santé en 1992 en Allemagne, les réformes des retraites Amato (1992) et Dini (1995) en Italie, la réforme des retraites Balladur en 1993 et le Plan Juppé de 1995 (mis en œuvre dans le secteur de l'assurance maladie) en France. Toujours dans la première partie des années 1990, certains pays européens (Pays-Bas, Irlande, Danemark, Espagne, Italie) ont conclu des « pactes sociaux » qui ont inclus d'importantes réformes de leurs systèmes de protection sociale (Rhodes 2001 ; Mandin, Palier 2002).

Parallèlement, les idées qui véhiculent et soutiennent ces réformes conduisent à leur insuffler un sens commun, qui s'inscrit dans la continuité de l'adaptation du paradigme de l'Etat-providence au nouveau référentiel économique qui s'instaure en Europe. Le principal objectif de la politique macro-économique a changé, passant de la lutte contre le chômage (grâce à une politique de relance inflationniste) à la lutte contre l'inflation (grâce à une politique monétaire et budgétaire stricte). Peter Hall a montré comment ce passage des politiques keynésiennes aux politiques monétaristes s'est effectué à la fin des années 1970 au Royaume-Uni et au début des années 1980 en France (Hall 1986). Les critères de Maastricht reflètent ce changement. La limitation des déficits publics et une inflation faible : ces nouvelles injonctions correspondent à une vision économique qui promeut la compétitivité et les restrictions budgétaires.

Ce tournant paradigmatique s'est effectué au début des années 1980 pour les politiques économiques de la majorité des pays européens, et les premiers éléments d'adaptation au nouveau référentiel économique global ont été introduits dans le champ de la protection sociale au cours des années 1990. Dans le domaine des retraites, malgré des cheminements différents, la plupart des pays s'interrogent sur la possibilité de développer un système à plusieurs piliers, qui inclut les principes de la répartition et de la capitalisation et mettent l'accent sur l'importance de la contributivité (lien entre le niveau de la pension et le volume de cotisations payées). Les changements sont particulièrement importants pour les systèmes fondés sur l'assurance et la répartition, comme dans les pays de l'Europe continentale (Bonoli, Palier 2000). Dans le secteur de la santé, l'introduction du principe de concurrence a modifié les systèmes nationaux, de même que l'assurance maladie (Hassenteufel et al. 2000). De même, le principe de « l'activation » commence à apparaître dans les réformes des politiques de l'emploi (Clasen 2000). En conséquence, l'augmentation des taux d'activité est en train de devenir un principe d'action commun pour faire face au chômage et au problème des retraites (Barbier, Gautié 1998). Cette tendance implique d'importants changements pour les Etats-providence bismarckiens qui ont adopté pendant les années 1980 une stratégie de « *welfare without work* » (Esping-Andersen 1996). Ces réformes laissent concevoir l'émergence d'une nouvelle architecture, de nouveaux principes et de nouveaux instruments (c'est-à-dire un nouveau paradigme) pour l'Etat-providence, quel que soit le régime auquel il appartient. Désormais, les Etats-providence doivent s'adapter à la compétition internationale.

Deux nouveaux principes d'action apparaissent progressivement et prennent une ampleur croissante à la fin des années 1990. Cibler les dépenses sur ceux qui en ont vraiment besoin est une de ces nouvelles normes, dans la mesure où la protection sociale ne doit plus seulement être le fait d'interventions publiques, mais est également la responsabilité d'autres acteurs (famille, associations, entreprises) (Daniel, Palier 2001). L'autre principe déterminant est de rendre les systèmes de protection sociale « favorables à l'emploi » en réduisant leurs coûts (en particulier les charges sociales), et en proposant des prestations qui ne désincitent plus au travail, c'est-à-dire en transformant les dépenses passives sous forme de transferts sociaux en mesures actives pour l'emploi (contrôle de la recherche d'emploi pour les chômeurs, formations, incitations fiscales...). Dans la seconde moitié des années 1990, l'Union européenne va soutenir ce mouvement de réformes dans le cadre de la stratégie européenne de l'emploi. Progressivement, les idées de « *welfare to work* », « *workfare* », « *making work pay* » vont être diffusées. La priorité va être donnée aux mesures permettant de « favoriser l'employabilité » et de « rendre les systèmes de protection sociale favorables à l'emploi » par l'intermédiaire des lignes directrices pour l'emploi.

Dans ce contexte, les préretraites sont elles aussi remises en cause sur le plan politique, et ce pour deux raisons. En premier lieu, les retraites anticipées perdent de leur sens dans le contexte des réformes des systèmes de retraite. Alors que les décideurs politiques choisissent d'augmenter la durée de cotisation nécessaire pour obtenir une pension à taux plein, les préretraites conduisent de fait à une diminution de la durée de la vie active et vont à l'encontre des décisions qui sont prises dans le secteur des retraites. En deuxième lieu, les réformes de l'assurance chômage visent à introduire en Europe continentale le principe de l'activation, c'est-à-dire des incitations qui favorisent le retour à l'emploi des chômeurs. La mise à l'écart définitive du marché de l'emploi, par l'intermédiaire des préretraites, symbolise l'essence même de ce qui est de plus en plus critiqué au cours des années 1990, c'est-à-dire les transferts sociaux passifs. De ce fait, même si les préretraites n'apparaissent pas comme un sujet prédominant dans l'agenda des réformes, elles sont critiquées et vouées à disparaître. Pourtant, les mesures de réformes concernant les préretraites restent rares et elles ne conduisent pas à un arrêt définitif de la tendance au départ anticipé à la retraite, qui reste la principale voie d'accès au système de retraite dans les deux pays. Même si de fortes critiques apparaissent, l'Allemagne et la France se trouvent en situation de porte-à-faux.

1. 2. Réformer les systèmes de retraite

Au cours des années 1990, la question de la réforme des systèmes de retraite se développe en Europe. Elle prend en compte le tournant démographique, mais aussi les choix institutionnels qui ont été faits et tendent à renforcer l'impact du processus démographique sur le financement des systèmes de retraite. Il apparaît en effet que le mode de financement des systèmes de protection sociale, et plus particulièrement des systèmes de retraite influence la capacité des systèmes à faire face au vieillissement démographique.

La plupart des systèmes de retraite sont organisés sur la base dite de répartition ou de *« pay-as-you-go »* (PAYG). Un système financé par répartition est organisé sur le principe que les actifs d'aujourd'hui paient les allocations versées aux retraités d'aujourd'hui. Des exemples significatifs de ce type de gestion sont les systèmes de retraite publics de la Belgique, la France, l'Allemagne, mais aussi les systèmes publics hollandais et britanniques. Au contraire, un système financé par capitalisation est organisé sur le principe que les contributions des actifs d'aujourd'hui servent à assurer les retraites de ces mêmes individus une fois qu'ils ont quitté le marché du travail. Cela signifie que les contributions des jeunes sont investies pour assurer le financement des dépenses de retraite futures avec le capital principal et les intérêts. Les exemples phares sont les fonds de pension privés, comme les fonds sectoriels hollandais ou les fonds de pension britanniques ou américains (Jousten 2003).

Les systèmes de retraite publics, dans la plupart des pays européens, datent dans leur forme actuelle de la fin de la deuxième guerre mondiale. Pendant la phase d'expansion du système, les premières générations ont pu profiter d'allocations relativement généreuses d'un système auquel ils n'ont contribué que de façon modeste. À la fin des années 1980, tous les systèmes de retraite ont connu leur âge d'or et entrent en phase de maturité. À partir du début des années 1990, apparaît la problématique de la non-viabilité de ce système sous une forme inchangée à moyen et long termes.

Dépenses projetées des systèmes de retraite publics en % du PIB

	1995	2000	2010	2020	2030	2040	2050
Allemagne	11.1	11.5	11.8	12.3	16.5	18.4	17.5
Canada	5.2	5.0	5.3	6.9	9.0	9.1	8.7
France	10.6	9.8	9.7	11.6	13.5	14.3	14.4
Italie	13.3	12.6	13.2	15.3	20.3	21.4	20.3
Japon	6.6	7.5	9.6	12.4	13.4	14.9	16.5
Pays-Bas	6.0	5.7	6.1	8.4	11.2	12.1	11.4
Royaume-Uni	4.5	4.5	5.2	5.1	5.5	5.0	4.1
USA	4.1	4.2	4.5	5.2	6.6	7.1	7.0

Source : Roseveare et al. (1996), OECD W/P n°168, tableau n°3.

L'augmentation des dépenses publiques de retraite entraîne une vague de réformes des systèmes de retraite au cours des années 1980 et 1990, qui vont transformer le paysage des systèmes de protection sociale.

La réforme anglaise, qui introduit un passage à un système de pensions privatisées, a sans doute été la plus radicale en Europe, cependant tous les autres pays ont mis en œuvre des réformes qui ont entraîné des changements modifiant à long terme les systèmes de retraite. Dans les pays bismarckiens, les mesures de réformes ont été pour la plupart incrémentales ; sans remettre en cause les principes de fonctionnement des systèmes, elles ont introduit des changements dans les formules de calcul des retraites, les conditions d'éligibilité, qui ont néanmoins conduit à une baisse conséquente des taux de remplacement (Pierson 1998). Face aux changements démographiques, deux options de réformes permettaient de modifier les paramètres en vigueur. Une première stratégie visait à augmenter les recettes du système, en relevant les taux de cotisation, mais aussi à renforcer la croissance de la productivité et donc des salaires, encourager une plus forte participation de la force du travail, prévoir des transferts plus importants du budget. Une deuxième stratégie était de diminuer les dépenses, en augmentant l'âge normal de la retraite, et en abaissant le taux de remplacement des prestations du système. Les deux pistes de réforme poursuivent l'objectif similaire d'abaisser le niveau relatif des prestations par rapports aux contributions. Dans le contexte de restriction des coûts, la deuxième option a été prédominante.

Au cours des années 1980, les gouvernements des différents pays avaient choisi de repousser les réformes structurelles des systèmes de retraite, essentiellement au regard de l'attachement des populations et des risques électoraux, et se sont de ce fait plutôt orientés vers une augmentation des taux de cotisation. Les résistances politiques aux changements étaient particulièrement importantes là où les systèmes de retraite fonctionnaient selon le principe de la répartition (Myles, Pierson 2001). Les mouvements de grèves lancés à l'encontre du gouvernement Berlusconi en Italie en 1994 ou du gouvernement Juppé en France en 1995 indiquent l'importance du rôle des syndicats dans la mobilisation des salariés et leur capacité à ériger un droit de veto (*veto player*, Ebbinghaus, Hassel 2000).

Cependant, pressés par l'Union économique et monétaire, la récession, et surtout l'urgence de parer au vieillissement démographique, les pays bismarckiens se sont engagés dans une vague de réformes au cours des années 1990, qui a essentiellement modifié les paramètres des pensions par répartition (relèvement de l'âge de la retraite ou allongement de la durée de cotisation, renforcement du lien entre les prestations et les cotisations, diminution du taux de remplacement...). La France, l'Italie, l'Allemagne, l'Autriche et l'Espagne ont ainsi connu plusieurs vagues de réformes au cours des années 1990 et au début des années 2000. Ces réformes ont constitué une première étape qui a permis à partir de la fin des années 1990 d'effectuer des changements plus radicaux, en particulier l'introduction de plans de retraite complémentaires financés par capitalisation, comme le propose la Réforme Riester en Allemagne (Bonoli, Palier 2007).

Dans la continuité, le coût et les pratiques de préretraites sont désormais ouvertement dénoncés. Il apparaît que les pays dans lesquels les coûts des dispositifs de préretraite sont les plus élevés sont à nouveau les pays de l'Europe continentale, qui sont les plus confrontés au problème du vieillissement de leur population et à l'exigence de réformer leur système de retraite. Au cours des années 1990, une nouvelle thématique se développe autour de la question : « Qui va payer pour les préretraites ? » (Casey 1992). La France et l'Allemagne sont les pays dans lesquels l'augmentation des dépenses en points de PIB est la plus forte : en Allemagne, les dépenses sont passées de 7,7% du PIB dans les années 1980 à 9,5% dans les années 1990, pour atteindre 10,9% en 2001 ; en France, les dépenses ont quasiment doublé entre les années 1980 et les années 1990, passant de 6,2% à 11,2% (Herbertsson, Orzsag 2001).

Coût des systèmes de retraite anticipée dans les pays de l'OCDE en% du PIB

	1980	1990	1998
Belgique		15.2	13.5
Allemagne	7.7	9.5	10.9
France	6.2	11.2	10.5
Pays-Bas	8.1	10.5	10.1
Espagne	4.8	9.7	9.2
Royaume-Uni		7.5	7.6
Canada	5.5	6.7	6.7
USA	5.8	5.4	4.7
Moyenne OCDE	5.8	6.7	6.3

Source : Herbertsson, Orzsag (2001).

Dans le contexte de la réforme du système de retraite, il apparaît de ce fait également nécessaire aux *policy-makers* de mettre fin aux politiques de préretraite, qui tendent à accroître la pression financière et entrent en contradiction avec les principes de « modernisation » – ou « d'activation » – de la protection sociale.

1. 3. Un mouvement de réforme des dispositifs de cessation anticipée d'activité en Europe

Peu à peu, la politique des préretraites est déconstruite. Il est désormais acquis que les pays qui ont utilisé les préretraites de la façon la plus intensive, comme la France, l'Italie et l'Allemagne, sont aussi ceux dans lesquels les taux de chômage des jeunes sont les plus élevés (Samek, Lodovici 2000). Conçues comme une mesure préventive et curative face aux licenciements et au chômage de masse, les préretraites sont critiquées et abordées sous l'angle de la panacée (« *wrong medicine* », Ebbinghaus 2002). Au lieu d'encourager la demande de l'emploi, la routinisation des préretraites a réduit l'offre de travail ; cet instrument de politique de l'emploi passif et extrêmement coûteux est de ce fait présenté comme inefficace et apparaît comme le vecteur d'une perte d'expertise et de capital humain (OCDE 1995).

Par conséquent, les décideurs politiques tentent de clôturer les dispositifs de cessations anticipées d'activité. Les sentiers institutionnels sont nombreux et ce champ de politique publique se trouve à l'intersection de plusieurs programmes de politiques sociales : les retraites, l'emploi, la santé et l'invalidité. Au cours des années 1990, les Etats-providence expérimentent des réformes structurelles de grande ampleur dans ces différents secteurs, qui signalent aussi la fin de l'âge d'or de l'Etat-providence et de l'expansion des politiques sociales. Celles-ci entrent dans une ère de repli et de restructuration (Pierson 2001). Trois problématiques appellent aux réformes et toutes ont des conséquences pour les politiques de préretraite : la soutenabilité financière des retraites, les charges salariales élevées et le besoin d'augmenter les taux d'activité (Bonoli, Sarfati 2002). Pour répondre à ces nouvelles injonctions, les gouvernements tentent de conjuguer différents instruments de politiques publiques : le recul de l'âge de la retraite, la réforme des systèmes d'invalidité, la fermeture des dispositifs de préretraite, l'introduction de mesures actives pour les travailleurs âgés et le recours à la retraite progressive (Ebbinghaus 2002).

Relever l'âge de départ à la retraite

Nombreux sont les pays qui ont, au cours des années 1990, relevé l'âge légal de la retraite. Même dans les pays dans lesquels l'âge de départ était élevé (65 ans et plus), comme la Suède, le Danemark, la Grande-Bretagne ou les Pays-Bas, les gouvernements ont tenté d'allonger la durée d'activité. En Suède, l'âge légal de départ à la retraite a ainsi été relevé, l'âge d'éligibilité pour une retraite flexible est passé de 60 à 61 ans et les options de sorties anticipées ont été fermées. Au Danemark, l'âge légal de la retraite est passé à 67 ans, mais l'âge effectif de départ est resté fixé dans la pratique à 61 ans, en raison des pensions d'invalidité et des préretraites (Hansen 2002). Tous les pays dans lesquels l'âge de la retraite se situait en dessous de 65 ans ont progressivement, soit relevé l'âge légal de départ, soit augmenté les durées de cotisations requises pour obtenir une pension à taux plein. Les gouvernements des pays, dans lesquels l'âge de départ à la retraite était moins élevé pour les femmes, ont décidé d'aligner l'âge de départ pour tous. Par exemple, le gouvernement allemand a décidé en 1989 (*Rentenreform 1992*) d'aligner l'âge de départ des femmes sur celui des hommes, c'est-à-dire de 60 à 65 ans. Ces mesures étaient principalement motivées par des préoccupations sur la stabilité à long terme des systèmes de retraite, mais elles avaient aussi pour objectif de relever les taux d'activité (Ebbinghaus 2002).

En Allemagne, les réformes ont été progressives. La réforme extrêmement consensuelle de 1992 avait prévu une longue période de transition, et la réforme de 1996 a suivi la même tactique, pour contourner les critiques émises par les syndicats et les sociaux-démocrates (Hinrichs 2000). Une coupe immédiate du niveau des retraites aurait en effet inquiété les salariés âgés qui attendaient d'entrer dans le système de retraite. Par conséquent, leurs droits ont été protégés, et l'effort s'est plutôt reporté sur les générations les plus jeunes, dont les politiques estimaient qu'ils étaient moins préoccupés par l'idée lointaine de la retraite et donc moins réticents aux réformes. Cette stratégie de transition progressive, de règles d'exemption et de clauses de confiance (*Vertrauensschutz*) a été essentielle dans le processus d'adoption des réformes.

Dans le contexte général de relèvement de l'âge de la retraite, la France fait figure d'exception. Alors que la majorité des pays européens s'engagent dans la limitation des désincitations à l'emploi des travailleurs âgés et le relèvement de l'âge de la retraite, l'âge de la retraite est resté fixé à 60 ans en France, en raison de l'attachement à ce qui apparaissait comme le symbole d'un progrès social. Cependant, de fait, la réforme Balladur-Veil de 1993 a étendu la période de cotisation de 37,5 années à 40 années, de sorte que « même si la retraite à 60 ans est un droit établi, nombreux sont ceux qui devront travailler au-delà de l'âge légal pour atteindre les 40 années de cotisation requises » (Reday-Mulvey 1996, p. 53). Les efforts pour imposer au secteur public les mêmes engagements sous le gouvernement Juppé en 1995 ont échoué en raison des grèves qui ont mobilisé les employés du secteur public (Bozec, Mays 2000). Le mouvement social de 1995, d'une ampleur sans précédent, a mobilisé non seulement les fonctionnaires mais aussi les salariés du privé, qui ont manifesté leur résistance contre l'érosion des retraites et de la protection sociale.

Quoi qu'il en soit, le relèvement de l'âge légal de départ à la retraite n'a pas conduit au déclin des départs anticipés du marché du travail, dans la mesure où les salariés âgés pouvaient recourir à d'autres dispositifs. Les gouvernements, malgré leur volonté de mettre fin aux préretraites, se sont majoritairement heurtés aux résistances syndicales et à l'acquis social que représentait la préretraite : une protection pour les plus âgés, considérés comme les plus fragiles. De plus, les employeurs ne souhaitaient pas renoncer à cet instrument de gestion de la main-d'œuvre qui leur permettait de gérer les restructurations à coût réduit.

Fermer les dispositifs de préretraite

Quasiment tous les pays européens ont mis en place au moins un système de préretraite pour lutter contre le chômage de masse (Mirkin 1987). Relativement tôt, les gouvernements ont réalisé que les coûts de ces systèmes souvent généreux allaient s'accroître dans le contexte du chômage de masse des années 1980. En Angleterre, le *Job Release Scheme* (JRS) a ainsi progressivement été modifié, pour être fermé définitivement en 1989 (Laczko et Philipson 1991). Au Danemark, la préretraite (*efterlon*) était promue par les syndicats, en particulier pour les salariés non qualifiés, puis elle s'est étendue aux cols blancs (Hansen 2002). Ce dispositif a été un important sentier de préretraite au cours des années 1980 et 1990. Pendant les années 1990, une période de transition vers la préretraite a été introduite en 1992 pour les 55-59 ans et en 1994 pour les 50-59 ans. Cependant, cette extension du dispositif a été supprimée en 1996. Dans le cadre de la réforme des retraites de 1999, les règles d'accès au dispositif ont été renforcées (augmentation de la période de cotisation requise). La popularité de la préretraite et la stratégie de défense du dispositif de la part des syndicats ont empêché sa fermeture. De même, le système de préretraite néerlandais (VUT) était fortement soutenu par la population. Il s'est rapidement étendu dans les années 1980 suite à la restriction des pensions d'invalidité. En Allemagne, le principal programme de préretraite, institué en 1984 pour une durée temporaire, a été fermé en 1988. Cependant, comme nous l'avons vu, il a été remplacé par d'autres programmes financés dans le cadre de l'assurance chômage ou retraite.

Ainsi, dans tous les pays européens, les gouvernements se sont attachés soit à fermer les dispositifs de préretraite soit à en restreindre l'accès au cours des années 1990, mais ces mesures ont souvent échoué. Par exemple, en France, un nouveau dispositif de préretraite a été négocié par les partenaires sociaux et mis en place en 1995, l'ARPE, puis a été renouvelé en 1998 (Jolivet 2002).

Réformer les pensions d'invalidité

L'utilisation des programmes d'invalidité pour les sorties anticipées du marché du travail a été fréquente en Europe, notamment aux Pays-Bas où elle a été considérée comme une « pathologie » (*Dutch disease*, Aarts, Burkhauser et de Jong 1996). Les pensions d'invalidité concernaient 15,2% de la population active en 1990 aux Pays-Bas et étaient, dans une moindre mesure, utilisées dans d'autres pays européens (7,8% en Suède, 6,8% au Royaume-Uni, 5,5% en Allemagne (Aarts, Burkhauser et de Jong 1996, p. 4). Le processus de réforme néerlandais a influencé les débats politiques sur cette question dans les autres pays au cours des années 1990. En 1987, un premier changement a été introduit pour harmoniser les pensions d'invalidité sur les prestations de chômage de longue durée. Alors que le gouvernement avait espéré que la réforme permettrait de diminuer de moitié les transferts du système d'invalidité, la réduction n'a été que de 10%. Par conséquent, le nouveau gouvernement de centre-gauche a décidé de faire de cette question sa priorité (Visser, Hemerijck 1997). Le gouvernement a changé les règles d'éligibilité et diminué le niveau des prestations, en transférant une partie de la charge financière sur les employeurs (Aarts, de Jong 1996).

Le système d'invalidité allemand était moins généreux et moins utilisé, il concernait un homme sur cinq, âgé de 60 à 64 ans et une femme sur six à la fin des années 1980 (Frick, Sadowski 1996). La loi budgétaire de 1984 a réduit les prestations et relevé la durée de cotisation minimale (ce qui a affecté les femmes qui avaient eu des carrières courtes et heurtées). Néanmoins, le système d'invalidité comporte toujours des pensions anticipées pour les travailleurs âgés handicapés qui ont une durée de cotisation de 35 années. En raison de la prise en compte de la situation de l'emploi dans l'attribution des pensions d'invalidité, ce système est resté utilisé au cours des années 1990. En 1996, le gouvernement conservateur a décidé de clore plus rapidement le système des pensions d'invalidité que ce n'était stipulé dans le cadre de la réforme de 1992, qui augmentait progressivement l'âge d'éligibilité de 60 à 63 ans d'ici 2003, tandis que le programme en cas de handicap sévère restait en place. Néanmoins, le gouvernement social-démocrate/verts a réintroduit une période de transition longue, bien que des réductions actuarielles des prestations aient été mises en place.

Lutter contre le chômage de longue durée en fin de carrière

Le sentier du chômage propose des options importantes pour les départs anticipés du marché du travail, en particulier dans les pays où les prestations sont généreuses et où des dispositions particulières ont été prises pour les chômeurs âgés. Le dispositif de l'assurance chômage est également un espace d'attente pour les chômeurs âgés qui n'ont pas l'âge requis pour accéder à un autre programme de préretraite. La fermeture progressive des dispositifs de préretraite a ainsi pu conduire au développement du chômage de longue durée pour les travailleurs de plus de 55 ans.

Dans la mesure où les chômeurs âgés ont peu de chances de retrouver un emploi, des prestations spécifiques ont été introduites au sein des systèmes d'assurance chômage. Des dispositifs de dispenses de recherche d'emploi ont ainsi été mis en place, garantissant le droit aux prestations de chômage jusqu'à l'accès au système de retraite. Dans les pays dans lesquels un appareil de mesures spécifiques a été introduit, en particulier les pays bismarckiens, les employeurs ont sous la pression des restructurations d'entreprises choisi de licencier parmi ce groupe d'âge, dans la mesure où ils bénéficiaient grâce à une indemnisation du chômage de longue durée, d'une protection particulière. Ainsi, la règle des 59 ans en Allemagne (devenue règle des 57,4 ans) (Naschold et al. 1994), la règle des 57,5 ans aux Pays-Bas (Trommel, de Vroom 1994) ou celle des 58,3 ans en Suède (Olofsson, Petersson 1994) permettent l'accès au chômage de longue durée sur critère d'âge et ont eu un effet similaire. D'autres dispositifs de préretraite financés dans le cadre de l'assurance chômage servaient le même objectif en France, au Danemark ou en Italie.

Traditionnellement, la Suède consacrait davantage de dépenses aux politiques actives pour l'emploi et les travailleurs âgés n'étaient pas exclus des mesures de formation professionnelle (Wadensjö 2002). Les taux de chômage étaient comparativement moins élevés au cours des années 1980, mais la crise économique du début des années 1990 a conduit à leur augmentation (Jochem 1998). Avec la fermeture des pensions d'invalidité pour les chômeurs âgés de 60-64 ans en 1991 et la suppression de la prise en compte de la situation économique pour l'attribution de pensions d'invalidité en 1997, les options de cessations anticipées ont été fermées. Cependant, le gouvernement a garanti une compensation temporaire pour les chômeurs âgés de plus de 60 ans en 1997, et un programme de création d'emplois publics pour les travailleurs âgés a été mis en œuvre jusqu'en 2001.

Au Danemark, la durée d'indemnisation du chômage est passée de 7 à 4 ans en 2000 pour l'ensemble de la population, indifféremment de l'âge, et la durée d'indemnisation pour les plus de 60 ans est passée à 2 ans et demi. Parallèlement, les plus de 60 ans ont désormais accès aux mesures d'activation qui ont été introduites pour les jeunes chômeurs en 1994 (Hansen 2002). De plus, à partir du milieu des années 1990, le gouvernement danois a choisi de promouvoir les politiques actives pour les travailleurs âgés (*Seniorpolitik*), qui visent à modifier les politiques de gestion des ressources humaines et à les encourager à maintenir dans l'emploi les travailleurs âgés.

En France, il existe de nombreux dispositifs parallèles de préretraite financés par l'assurance chômage et gérés par les partenaires sociaux (Guillemard 1991). Dans la mesure où les dispositifs de préretraite publics financés par l'Etat ont été restreints au cours des années 1990, les partenaires sociaux ont négocié un nouveau dispositif au sein de l'assurance chômage, l'ARPE, en 1995. L'ARPE a été établi par un accord entre les partenaires sociaux signé en 1994, il propose des pensions de préretraite aux travailleurs qui ont 40 années de cotisations, à condition que leur employeur embauche un nouveau salarié. De plus, les partenaires sociaux ont mis en place un fond de compensation (ACA) pour les chômeurs âgés de moins de 60 ans en 1997, qui propose des allocations de préretraite pour une durée de cinq ans dans le cadre d'accords collectifs.

Dans presque tous les pays, les réformes des sentiers de l'assurance chômage ont rencontré de grandes difficultés. Les pensions spéciales de préretraite pour les chômeurs âgés, comme celles qui étaient mises en œuvre dans le cadre du système de retraite allemand ou le système d'invalidité suédois pouvaient être supprimées ou restreintes, dans la mesure où elles servaient un objectif de politiques passives de l'emploi, qui était contraire à l'intention des législateurs. Cependant, la volonté des gouvernements de mettre fin aux préretraites s'est souvent heurtée aux positions des partenaires sociaux. Le cas français montre que les réformes menées par l'Etat peuvent être contrecarrées par les partenaires sociaux : ceux-ci ont négocié de nouveaux dispositifs de préretraite pour contrebalancer les coupes faites dans les dispositifs gérés par l'Etat. De même, en Italie, les limites apportées par la législation aux plans de licenciements dans les années 1990 n'ont pas réduit les sorties anticipées du marché du travail, dans la mesure où les conditions d'accès aux pensions d'ancienneté ont été élargies. De plus, les mesures de repli mises en œuvre dans d'autres secteurs de la protection sociale, n'ont pas arrêté les stratégies d'éviction du marché de l'emploi des travailleurs âgés. Surtout, alors que les conditions d'indemnisation se sont durcies, le chômage des travailleurs âgés n'a pas diminué, et ils ont toujours de faibles chances de retourner sur le marché de l'emploi. Par conséquent, la majorité des gouvernements se sont engagés dans une stratégie connexe à la fermeture des dispositifs de retraite anticipée qui a visé à encourager l'intégration dans l'emploi des plus de 50 ans. Dans cette optique, les systèmes de retraite progressive ont été perçus comme un moyen de favoriser le maintien dans l'emploi aux âges élevés.

La retraite progressive et le travail à mi-temps

L'exemple de cette stratégie a été principalement le système de retraite à mi-temps suédois mis en place en 1976. En 1987, le taux de remplacement a été relevé à 65%, ce qui a développé l'usage du dispositif, en particulier chez les femmes. Avec la fermeture du sentier de préretraite au sein de l'assurance chômage en 1991, la retraite partielle a été de plus en plus utilisée, un quart de la population éligible a en effet choisi cette voie (Delsen, 1996a, p. 58). Pour contrer l'effet de substitution, le gouvernement social-démocrate a décidé en 1995 de relever le critère d'éligibilité par l'âge pour l'entrée dans ce dispositif, qui est passé de 60 à 61 ans, et a coupé le niveau du taux de remplacement de 55% (Wadensjö 1996).

En 1987, le Danemark a introduit un dispositif de retraite partielle, qui offre aux plus de 60 ans une allocation proportionnelle au nombre d'heures travaillées, mais le programme a eu un impact faible. En 1991, il n'y avait que 6 000 bénéficiaires par année (Delsen 1996b). En effet, en raison du taux de compensation net pour une cessation totale d'activité (entre 63 et 75%), l'incitation financière pour choisir une retraite partielle était faible. À la fin des années 1990, moins de 3% des hommes (et 1% des femmes) âgés de 60 à 66 ans étaient en retraite partielle (*delpension*, NOSOSKO 1998). Les partenaires sociaux avaient pendant longtemps résisté à ce dispositif, mais en 1995, un nouveau dispositif à mi-temps, relativement généreux, a été introduit dans le cadre de l'assurance chômage (Delsen 1996b).

La réforme du système de retraite allemand de 1992 a créé de nouvelles règles pour la retraite progressive, en permettant la combinaison d'emplois à mi-temps avec une pension de retraite partielle, mais cela a échoué en raison des incitations financières limitées et des conditions restrictives (Schmähl, George et Oswald 1996). En 1996, les nouvelles pensions de retraite progressive sont complétées par les conventions collectives, qui couvrent en partie les coupes dans le niveau de la retraite future et garantissent au minimum 85% des revenus nets (EIRO : DE9708224F). Toutefois, contrairement à l'intention de la loi qui visait une transition progressive, les cinq années de travail à mi-temps complétées par une retraite partielle, sont principalement utilisées pour financer deux périodes consécutives, l'une de plein emploi et l'autre de retraite à temps plein (*Blockmodell*), ce qui permet de fait de quitter le marché du travail à 62 ½ ans (Barkohldt 2001). Cependant, cette politique a augmenté la responsabilité des partenaires sociaux, a permis un contrôle accru pour les managers et une internalisation d'une partie des coûts des départs anticipés dans les entreprises.

Le gouvernement français a aussi eu un succès limité en ce qui concerne les retraites progressives. La loi de 1988 permettait au travailleur âgé de 60 ans et plus de travailler à mi-temps et de recevoir une retraite partielle (Reday-Mulvey 1996, p. 54). Une nouvelle loi en 1992 offre l'accès au dispositif à 55 ans et plus. Celui-ci permet de travailler à 40 ou 50% du temps plein et abandonne l'idée d'un recrutement compensatoire à l'initiative de l'employeur. Depuis les années 1990, des conventions collectives entre les partenaires sociaux offrent des options pour des réductions du temps de travail (Reday-Mulvey 1996). Cependant, les préretraites progressives étaient beaucoup moins attractives que les préretraites totales proposées par l'ARPE (créé en 1995).

Dans l'ensemble, le soutien apporté par les gouvernements à la retraite progressive a été tardif et relativement modeste. Les politiques de repli ont conduit les gouvernements suédois à couper le niveau des prestations du dispositif qui avait été pris en modèle par d'autres pays. L'échec relatif des dispositifs dans les autres pays (Danemark, France, Allemagne) est majoritairement dû à l'insuffisance des incitations financières (Delsen 1996). L'obstacle majeur à la montée en puissance de ces dispositifs a été la présence d'alternatives plus généreuses qui permettaient un départ en préretraite. De plus, la décision de combiner un emploi à mi-temps avec une retraite partielle n'est pas un choix qui relève seulement du salarié, il dépend aussi de la volonté de l'employeur d'aménager le poste de travail et de permettre l'accès à un emploi à temps partiel. Bien que cela puisse être bénéfique de retenir les salariés âgés, en particulier ceux qui ont une expérience importante et des compétences spécifiques, les entreprises résistent à l'idée de réorganiser le travail sur des horaires à mi-temps, en particulier lorsque les salariés concernés sont peu qualifiés (Taylor, Walker 1998).

Si un mouvement de réforme des préretraites est donc insufflé en Europe au cours des années 1990, les acteurs politiques se heurtent à la difficulté de remettre en cause des « droits acquis », et à la « substitution des instruments » (*instrument substitution*, Casey 1989) en raison de la multiplicité des sentiers institutionnels. Restreindre ou fermer l'accès à un sentier peut conduire les travailleurs et les entreprises à choisir un autre sentier. Par exemple, si l'accès aux pensions d'invalidité en cas de chômage est aboli, sans que la situation du marché de l'emploi s'améliore, les taux de chômeurs de longue durée augmentent. La volonté politique de réduire les retraites anticipées va donc conduire à un transfert des coûts d'un programme public à un autre et les sorties anticipées vont continuer à être utilisées. Si un transfert des coûts du public vers le privé est mis en place (*public-private cost shifting*, Casey 1989), cela signifie que les acteurs privés (employeurs et salariés) cofinancent la préretraite, ce qui induit que les dépenses publiques vont diminuer, mais que la préretraite continuera. Même si les entreprises partagent les coûts en complétant les diminutions induites par les réformes dans les dispositifs publics, les départs anticipés restent une stratégie attractive de gestion de la main-d'œuvre. De ce fait, les employeurs veulent accroître leur contrôle sur les dispositifs et acceptent de cofinancer les préretraites si leur contrôle s'accroît sur les conditions d'accès (Mares 2001).

***

Est-il possible de sortir du sentier des préretraites ? Telle est la question qui se pose en Allemagne et en France au cours des années 1990. En raison de leur structure démographique, et de l'importance des générations issues du *baby-boom*, ces deux pays sont confrontés au déséquilibre croissant entre la proportion des actifs qui financent le système et les retraités. L'Allemagne et la France sont par conséquent contraintes de réformer leur système de retraite. Ainsi, la stratégie de lutte contre le chômage, qui avait conduit à faire du système de retraite un des instruments de la politique de l'emploi, est remise en question. La primauté de la réforme des retraites ouvre une fenêtre d'opportunité qui permet de justifier la nécessité de mettre fin aux préretraites. De même, l'efficacité du « traitement social du chômage » est remise en question, dans la mesure où la crise de l'emploi ne se résorbe pas. Les réformes des systèmes d'assurance chômage s'orientent de ce fait vers l'introduction de mesures « d'activation », qui incitent au retour sur le marché du travail.

Les gouvernements des deux pays s'engagent donc dans un processus de réforme des préretraites, qui tend d'une part à fermer les dispositifs existants et d'autre part à proposer des solutions de compromis, par le vecteur des préretraites progressives (combinaison d'un emploi à mi-temps et d'une retraite à mi-temps).

En ce sens, les trajectoires des deux pays s'inscrivent dans la tendance générale du mouvement de réforme des dispositifs de préretraite en Europe. Toutefois, les taux d'activité des travailleurs âgés ne remontent pas, au contraire ils continuent même à baisser : en Allemagne, les taux d'activité des hommes âgés de 55 à 64 ans diminuent de 51,7% en 1989 à 48% en 1999 ; en France, les taux d'activité chutent de 43,7% à 38,9% pendant la même période (Guillemard 2003).

Il semble que les deux pays se heurtent à des difficultés similaires. En effet, les préretraites se sont profondément institutionnalisées et sont conçues comme un bien culturel. Le consensus qui prédominait au cours des années 1980, même s'il est officiellement remis en cause, est toujours présent et est illustré par les comportements des acteurs politiques et sociaux. Les initiatives politiques sont elles aussi ambivalentes : dans le cadre des réformes des systèmes de retraite, elles promeuvent un relèvement de l'âge de départ ou un allongement de la durée de cotisation ; dans le champ de l'emploi, l'idée d'un partage de l'emploi entre les générations reste présente et s'accompagne de mécanismes de cessations anticipées d'activité.

2. L'Allemagne : *« Old Wine in New Barrels »*

Nous empruntons l'expression proposée par Maria Jespen *« Old Wine in New Barrels »*, pour refléter l'ambiguïté des politiques publiques en Allemagne vis-à-vis des travailleurs âgés au cours des années 1990 (Jespen 2002). Les tentatives politiques visant à supprimer les dispositifs de préretraite ou à les modifier, pour insuffler un nouveau sens de l'action publique se sont en effet heurtées au poids des institutions. Si les cadres ont changé, les pratiques sont restées les mêmes.

Depuis le début des années 1970, les problèmes économiques ont entraîné une même réponse de la part du système économique et politique, qui a conduit à chaque fois à une augmentation du chômage et des charges sociales, ce qui a affecté la croissance à long terme du secteur des services, dans lequel les taux de productivité sont restés faibles (Scharpf 2000). Dans cette stratégie, l'interface entre les acteurs a été cruciale : le gouvernement fédéral avait une capacité restreinte pour s'engager dans des politiques économiques actives, dans la mesure où la Banque centrale (*Bundesbank*) promouvait la discipline fiscale et une monnaie forte, tandis que les partenaires sociaux s'appuyaient sur l'Etat-providence pour gérer les conséquences sociales de la crise économique. L'indépendance de la Banque centrale a prohibé l'utilisation de stratégies de dévaluation ou de dépenses publiques massives pour contrecarrer les dépressions économiques et les niveaux élevés de chômage (Scharpf 1991). Dans ce contexte, le recours au budget des assurances sociales a été récurrent et l'Etat-providence est devenu le principal outil d'accompagnement des ajustements économiques. Au cours des années 1990, les pressions budgétaires ont conduit l'Etat à diminuer sa participation, ce qui a généré des réformes dans le domaine des politiques sociales. Le jour même de la chute du mur de Berlin, la réforme des retraites a été adoptée au Bundestag avec une large majorité (Manow 2001, p. 279).

En ce qui concerne les préretraites, l'Etat a oscillé entre deux objectifs : répondre aux demandes des entreprises qui cherchaient à externaliser les coûts humains dans le processus de rationalisation économique et limiter l'augmentation de dépenses sociales. L'Etat a ainsi tenté de fermer une partie des dispositifs institutionnels publics, en particulier par l'intermédiaire de la réforme des retraites. Néanmoins, la proportion des chômeurs âgés a augmenté au cours de cette décennie. Pour faire face à cette situation, le gouvernement a proposé la mise en place d'un dispositif de préretraite partielle (*Altersteilzeit*), qui permettait de travailler à mi-temps jusqu'à l'âge légal de la retraite. Ce dispositif a cependant été détourné de son objectif initial, le maintien dans l'emploi des salariés âgés, parce que les entreprises ont majoritairement préféré faire travailler les salariés âgés à plein temps pendant la moitié de la période de transition vers la retraite pour ensuite les faire passer en inactivité totale (*Blockmodell*).

2. 1. La réforme de la politique des retraites

Comme les autres pays européens, l'Allemagne s'engage au cours des années 1990 dans le processus de la réforme des retraites. Les réformes de 1992 et 1996 vont modifier les paramètres de calcul des pensions de retraite et vont relever les âges d'éligibilité à une pension de retraite.

De multiples dérogations permettaient d'accéder au régime de retraite avant l'âge de 65 ans. Les femmes avaient le droit d'entrer dans le régime de retraite dès leur soixantième anniversaire. Les pensions d'invalidité étaient indépendantes du critère d'âge et leur accès avait été étendu au cours des années 1970, dans la mesure où l'invalidité était liée à la situation économique. Les pensions d'invalidité étaient ainsi devenues l'un des principaux sentiers de préretraite. Enfin, la réforme des retraites remet en cause la pension de retraite attribuée aux chômeurs de longue durée âgés de 60 ans, qui doivent désormais attendre d'avoir 65 ans pour entrer dans le régime de retraite. Par conséquent, les décisions de réformes tendent à la fermeture progressive des dispositifs de départs anticipés qui avaient été mis en place pour répondre à la crise économique.

La structure du système de retraite allemand

En Allemagne, le système de protection sociale se compose en cinq branches : la santé (*gesetzliche Krankenversicherung*), les accidents (*gesetzliche Unfallversicherung*), le chômage (*gesetzliche Arbeitslosenversicherung*), les retraites (*gesetzliche Rentenversicherung* ou GRV), et depuis 1995 les soins aux personnes âgées (*gesetzliche Pflegeversicherung*). Le système de retraite allemand, fondé par Bismarck en 1889, est le plus ancien au monde. Il se caractérise par des pensions liées aux revenus d'activité, qui garantissent le maintien du niveau social après la retraite. Depuis sa création, le système allemand a évolué dans trois directions : l'augmentation du niveau des prestations, l'élargissement de l'éligibilité et une meilleure couverture sociale (Hinrichs 1999). Le système de retraite se compose de trois tiers. Le premier tiers, le cœur du système, consiste en un régime public financé par répartition avec des prestations définies. Il couvre environ 80% de la population allemande et prend en charge 70% des paiements de pensions (Schmähl 1999). La participation à ce tiers dépend de l'activité professionnelle : le droit à une pension de retraite est corrélé à la situation dans l'emploi. Ce système d'assurance sociale prévient contre le risque de la vieillesse et s'organise selon un contrat intergénérationnel.

Le premier tiers (*gesetzliche Rentenversicherung* ou GRV), institué en 1957, se compose de cinq institutions différentes. L'institution la plus importante en termes de couverture et de paiement des pensions est le régime de retraite des cols bleus (*Landesversicherungsanstalten* ou LVAen). Un deuxième régime de retraite couvre les cols blancs (*Bundesversicherungsanstalt für Angestellte* BfA). Ces deux régimes représentent 93,2% des pensions en 1998 et correspondent à un taux de remplacement de 71,6% (VDR 2000). Les trois autres régimes de retraite couvrent les mineurs (*Bundesknappschaft*), les cheminots (*Bahnversicherung*) et les marins (*Seekasse*). Les institutions du premier tiers sont gérées de façon paritaire (*Mitgliederversammlung*) et des représentants des employés et des employeurs sont élus pour constituer un bureau chargé de réguler le fonctionnement du système (*Vorstand*). Le GRV s'occupe de trois types de pensions ; les pensions de vieillesse (*Rente wegen Alters*), les pensions de survivants (*Rente wegen Todes*) et les pensions d'invalidité (*Rente wegen verminderer Erwerbsfähigkeit*). Le premier tiers du système de retraite prend aussi en charge les éléments redistributifs : service militaire, études, éducation des enfants, réhabilitation médicale ou professionnelle. Le deuxième tiers comporte les pensions complémentaires, qui sont plus rares et d'un niveau moins important. Alors que les employés du secteur public sont tous couverts, seulement la moitié des salariés du privé bénéficie de pensions de retraites complémentaires. Elles représentent environ 5% de l'ensemble des dépenses de retraite (Queisser 1996). Enfin, le dernier tiers du système de retraite allemand consiste en l'épargne volontaire. Les plans d'épargne retraite représentent dans les années 1990 en moyenne une part très faible du revenu de retraite (autour de 3%) (Queisser 1996).

Le système de retraite allemand, modifié en 1957, contribue à la légitimité de l'Etat social allemand, et est rapidement devenu le lieu d'un consensus au-delà des grands clivages socioéconomiques. Comme en France, le système de retraite s'est progressivement étendu en termes de prestations, de couverture et de gouvernance au cours des années 1960-1980. La loi de réforme de 1957 contenait un nombre important d'innovations institutionnelles, comme la formule de calcul dynamique des pensions, qui, en introduisant le principe d'un ajustement annuel des retraites sur la croissance du salaire brut a conduit les pensions à devenir la source principale du revenu des retraités (Schmähl 1999). D'autres changements concernant la gouvernance du système de retraite ont eu lieu pendant les années 1960. En 1969, le principe des prestations définies a été introduit, tandis que le niveau des réserves financières a été réduit d'un an à trois mois. Cette décision se conformait au fonctionnement d'une économie fermée, qui ne requérait pas de larges réserves, puisque le produit national brut suffisait à couvrir les besoins des retraites. Une importante réforme d'expansion a eu lieu en 1972 et conduira ultérieurement au développement des préretraites. L'introduction de la « retraite flexible » a en effet permis de partir à la retraite à 63 ans. Parallèlement, l'âge de départ à la retraite a été abaissé de 65 ans à 62 ans pour les handicapés et les invalides (*Berufs- und Erwerbsunfähige*). Un an après le passage de cette loi au

Parlement, la première crise pétrolière a éclaté. Le gouvernement et les hommes politiques ont dans le contexte de l'inflation, du chômage et du déclin économique, recouru au système de retraite pour permettre l'éviction des salariés âgés. Le consensus qui soutenait cette politique a permis l'expansion des préretraites au cours des années 1970-1980 (chapitre 4). Néanmoins, au cours des années 1980, le coût des préretraites et la pression financière exercée sur le système de retraite a progressivement conduit à des doutes de plus en plus présents, qui ont conduit à la réforme de 1989 (*Rentenreform 1992*).

La réforme de 1992

Les années 1980 marquent un point pivot dans le *policy-making* social allemand. Selon Nullmeier et Rüb (1993), l'adoption de la loi de réforme de 1992, a été le résultat d'une réorientation des idées et des recettes, qui s'est opérée à partir du milieu des années 1970. Entre le milieu des années 1970 et les années 1990, le *policy-making* allemand a fait une pause dans ses objectifs d'amélioration de lutte contre les risques sociaux. À la place, les hommes politiques se sont polarisés sur la sécurisation à long terme des structures institutionnelles du système de retraite. À la fin des années 1980, l'Etat-providence a de ce fait été qualifié d'« état sécuritaire » (*Sicherungsstaat*) (Nullmeier, Rüb 1993).

Dans cette optique, la politique de gestion du système de retraite a été modifiée au cours des années 1980. Les préretraites induisaient désormais des réductions actuarielles du niveau de la retraite, les pensions de retraite étant indexées sur les salaires nets et non plus sur les salaires bruts, et les conditions d'éligibilité par l'âge avaient changé (Hinrichs 2000). Des changements incrémentaux ont ainsi été introduits pour consolider le financement du système de retraite entre 1977 et 1985. Ces modifications concernaient un recalibrage annuel des pensions (1977, 1978, 1984) et une réduction de la prise en charge des avantages redistributifs comme l'éducation des enfants (1977 et 1984) et les pensions de survivants (1984, 1985). La loi de 1985 a institué l'égalité de traitement entre les hommes et les femmes en ce qui concernait les pensions de survivants, ce qui a conduit à des coupes importantes pour les retraites des femmes.

Progressivement, au cours de la deuxième moitié des années 1980, le climat idéologique de la communauté de politique publique des pensions s'est modifié (Nullmeier, Rüb 1993). Insatisfaits et frustrés par des réformes partielles, les *policy-makers* ont fait émerger le sentiment que « quelque chose devait être fait ». Le système de retraite - pour survivre comme une institution viable dans le long terme - devait être réformé de façon structurelle. La justification d'une réforme fondamentale a été donnée par la mise en exergue de l'argument démographique. Le vieillissement et les préretraites exerceraient dans l'avenir une pression qui mettrait en péril le système de retraite. Sans réforme, les taux de contribution exploseraient. Les spécialistes, situés dans et en dehors de la communauté des retraites, estimaient que les cotisations augmenteraient jusqu'à 36,3% en 2030 (contre 19,7% en 1989). Les *policy-makers* ont souligné les enjeux d'équité intergénérationnelle, dans la mesure où si aucune réforme n'était faite, le poids du financement pèserait sur les jeunes générations (Hinrichs 1998).

L'articulation législative d'une politique responsable a été la loi de réforme de 1992. Le premier objectif de cette loi a été de stabiliser l'augmentation des taux de contribution face aux changements démographiques. Plutôt que de laisser le taux de cotisation augmenter jusqu'à 24,9% en 2010 ou atteindre le stade menaçant de 36,3% en 2030, les mesures prises dans la loi de réforme de 1992, adoptée en 1989, permettaient de limiter l'augmentation des taux à 21,6% en 2010 et 26,9% en 2030 (Hinrichs 2000). La loi de réforme a ainsi stabilisé les taux de cotisation en faisant des coupes dans les pensions et en augmentant les subventions fédérales au système de retraite. Pour contenir les préretraites, la loi a aussi introduit une réduction actuarielle de 3,6% pour chaque année passée hors de l'emploi, jusqu'à l'âge légal de la retraite. Ces réductions étaient programmées sur une période de dix ans à partir de 2001. De plus, la loi de réforme a augmenté l'âge minimal de la préretraite à 62 ans pour les hommes et les femmes (Hinrichs 1998). En termes de gouvernance, la loi a introduit un mécanisme d'autorégulation dans le système de retraite. Auparavant, l'ajustement annuel des pensions et le niveau de la subvention fédérale requerraient une ratification explicite du Parlement. Désormais les pensions sont automatiquement ajustées sur le développement des salaires nets (et non plus bruts) et le *Bundeszuschuss* (dotation du budget fédéral) devient une part constante des dépenses de retraite.

Pour la communauté des pensions, cette réforme était la preuve que le système de retraite était flexible, adaptable et pouvait faire face aux débordements démographiques (Hinrichs 2000). Cependant, en développant le lien entre les cotisations et les prestations, la loi s'est éloignée de la fonction première du système de retraite, qui était de neutraliser les risques sociaux. Ainsi, la loi de réforme abandonne le lien entre la croissance annuelle des pensions et la croissance des salaires bruts. Enfin, la mise en avant des mécanismes d'autorégulation induit que des éléments importants du système de retraite deviennent hors de portée du contrôle politique et parlementaire, ce qui reflète un certain niveau de dépolitisation (Nullmeier, Rüb 1993). Le point marquant de la réforme de 1992 a sans doute été le large consensus qui a réuni les partis politiques majeurs (à l'exception des Verts), les associations d'employeurs et les confédérations syndicales.

Si la réforme des retraites a été adoptée le jour de la chute du Mur de Berlin, elle a été élaborée sans prendre en compte la situation de l'Allemagne de l'Est. Les projections démographiques qui ont servi de base à la réflexion politique avaient été élaborées en 1985, avec l'hypothèse qu'il n'y aurait pas de flux d'immigration. Selon les projections, l'Allemagne de l'Ouest était le pays de l'OCDE qui était le plus confronté au vieillissement démographique, c'est-à-dire une augmentation du nombre de personnes âgées et un déclin massif de la population (OCDE 1988). D'après les données nationales, un tournant de la structure des âges s'était opéré entre 1970 et 1985. Alors que la population totale était restée constante, le nombre de personnes de moins de 20 ans était passé de 18,2 à 14,4 millions tandis que le nombre de personnes âgées de 60 ans et plus s'était accru de 11,6 à 12,4 millions. Les projections à l'horizon de 2030 montraient que la population totale déclinerait de 15 millions de personnes et que le ratio de dépendance démographique serait multiplié par deux. En 1985, il y avait 36 personnes âgées de 60 ans et plus pour 100 personnes de 20 à 60 ans, cette proportion devait passer à 74% en 2030. L'évolution démographique exerçait une pression financière sur le système de retraite par répartition, ce qui, à législation inchangée, conduirait à un doublement du taux de cotisation (qui s'élevait en 1985 à 18,7% du revenu total brut). Dans ces conditions, le relèvement de l'âge d'entrée dans le système de retraite est apparu à la fin des années 1980 comme une des solutions nécessaires pour sauvegarder le système de retraite (Kohli 1991). Les premiers signes de l'impact de l'immigration en provenance d'Europe de l'Est ont été visibles à partir de 1987. En 1989, il y avait 344 000 immigrés issus d'Europe de l'Est (essentiellement Pologne et Russie), lesquels s'additionnaient aux 377 000 personnes provenant d'Allemagne de l'Est. Les populations issues de l'immigration étaient plus jeunes que les résidents ouest-allemands. À l'époque, le nombre d'Allemands vivant en Europe de l'Est, et qui, selon le principe du droit du sang, envisageaient de rejoindre l'Allemagne était estimé à trois millions (Kohli 1991, p. 216). Cependant, les *policy-makers* ont estimé que le recours à l'immigration n'était pas suffisant pour enrayer le changement démographique qui était en cours en Allemagne de l'Ouest et ne remettait pas en question la nécessité d'une réforme des retraites.

L'accord ratifié en 1989, effectif en 1992, a de ce fait introduit des modifications financières, comme l'augmentation des taux de cotisation ou de la contribution de l'Etat (20%). L'élément le plus controversé a été l'augmentation graduelle de la limite d'âge pour l'accès aux différents types de pensions, qui devait être mis en place à partir de 2001. Ainsi, à l'exception de la pension de retraite pour les handicapés qui restait fixée à 60 ans, les autres limites d'âge ont progressivement été relevées à 65 ans. Cette nouvelle législation concerne les femmes mais aussi les chômeurs âgés (dont l'âge d'accès à la retraite est progressivement relevé à 65 ans d'ici 2012) et la retraite flexible (relevée à 65 ans d'ici 2006). La possibilité de partir en préretraite est préservée, trois ans avant l'âge mandataire de 65 ans, mais chaque année passée hors de l'emploi est pénalisée d'une réduction actuarielle de 3,6% du montant de la retraite. Pour encourager le recul de l'âge de départ à la retraite, chaque année supplémentaire passée dans l'emploi après 65 ans conduit à une augmentation de 6% du niveau de la retraite.

Les modifications législatives sont explicitement motivées par la situation financière, mais aussi par l'évolution du marché de l'emploi, l'objectif étant d'allonger la durée de la vie active. Les sociaux-démocrates et les syndicats ont essayé d'éviter des échéances fixées pour l'augmentation des âges de départ, en argumentant que seules des améliorations substantielles de la situation de l'emploi pourraient permettre la mise en place des conditions nécessaires pour une extension de la vie active. Cependant, les protestations de la population ont été minimes, dans la mesure où le thème de la réunification était prépondérant, mais aussi parce que les échéances tardives de la mise en œuvre tendaient à vider le débat de son intérêt.

La réforme de 1996 et ses suites

Avant que les *policy-makers* aient pu mettre en œuvre les premiers éléments de la réforme de 1992, le système de retraite a été menacé par le processus de réunification. En 1991, l'extension du système de retraite ouest-allemand à l'Allemagne de l'Est a été mise en œuvre (*Rentenüberleitungsgezetz*), ce qui a accentué les pressions financières sur le premier tiers (GRV). De plus, l'effondrement de l'économie est-allemande a conduit à une vague de chômage et par conséquent de départs en préretraite. Ces différents facteurs ont généré d'importants transferts financiers de l'Allemagne de l'Ouest vers l'Allemagne de l'Est, en partie par l'intermédiaire du système de retraite. Pour faire face aux difficultés financières, les taux de cotisation ont été augmentés. Entre 1990 et 1997, les cotisations sociales ont augmenté de sept points, passant de 35,1% à 42,1% (Hinrichs 1998, p. 13). Le franchissement par les cotisations sociales de la barre des 40% a relancé le débat politique. Dans un climat idéologique marqué par la rhétorique de la globalisation, la compétitivité internationale et les restrictions budgétaires, la thématique des taux de cotisations sociales a pris une ampleur accrue.

En 1996, le gouvernement fédéral, dirigé par la coalition chrétienne-démocrate/libérale a réagi. La « loi de croissance et de modernisation de l'emploi » (*Wachstums-Beschäftigungsförderungsgezetz*) a inclus un certain nombre de mesures pour réformer à nouveau le système de retraite. En premier lieu, il a été décidé que les déductions actuarielles en cas de départs anticipés à la retraite seraient mises en œuvre plus tôt que cela n'avait été prévu dans la loi de 1992. Deuxièmement, l'âge minimum de la retraite pour les personnes qui recevaient une pension de retraite après avoir passé un an dans le système d'assurance chômage a été relevé de 60 à 63 ans en 1999. Troisièmement, l'élément de la législation qui prévoyait de relever l'âge standard de la retraite pour tous les types de pensions à 65 ans (hommes et femmes) devait être effectif en 2004. La loi a également réduit le nombre maximal d'années non contributives consacrées à l'éducation des enfants de sept à quatre ans (Schmähl 1999, p. 106 ; Hinrichs 1998, p. 21). Ces mesures ont de ce fait visé à renforcer le lien entre les cotisations et les prestations en mettant l'accent sur le principe de l'assurance.

Contrairement à l'atmosphère consensuelle qui caractérisait la réforme de 1992, la réforme de 1996 a été conflictuelle. En effet, le gouvernement a choisi d'adopter la loi sans consulter l'opposition et sans chercher à obtenir son accord. La rupture avec les pratiques politiques d'élaboration d'un consensus est devenue apparente, lorsque l'opposition a refusé l'invitation du gouvernement à participer à une commission sur les retraites, dirigée par le ministre social, Norbert Blüm, en déclarant que le consensus de l'après-guerre était rompu. L'opposition a choisi de mettre en place une contre-commission qui est parvenue à des conclusions opposées. Le gouvernement a laissé de côté les propositions sociales-démocrates et a fait passer la loi de réforme des retraites de 1999, par une majorité simple en 1997 (Hinrichs 1998, p. 21).

La loi de réforme de 1999 a augmenté la part de l'Etat fédéral (*Bundeszuchuss*) pour diminuer la pression sur les taux de cotisation, et s'est accompagnée de l'augmentation de la TVA d'un point (de 15 à 16%) pour renflouer le système de retraite. Elle a aussi étendu les éléments liés à la famille dans le GRV. De plus, les cotisations basées sur les salaires ne remplaceront plus les crédits liés à l'éducation. Un élément plus controversé a été l'introduction de mesures de retrait pour les pensions d'invalidité. Alors que les personnes ayant un handicap lourd pouvaient auparavant partir à la retraite à 60 ans avec des déductions actuarielles, la législation a repoussé l'âge de départ à la retraite à 63 ans et introduit des déductions actuarielles qui représentaient 17,5% de la retraite. Par ailleurs, une personne handicapée qui pouvait travailler de 3 à 6 heures par jour recevait la moitié d'une pension, ce qui induisait une restriction de l'accès aux pensions d'invalidité complètes. Ainsi, les conditions du marché de l'emploi ne sont plus un critère pour recevoir une pension d'invalidité. Enfin, la réforme de 1999 a introduit un facteur démographique dans la formule de calcul des retraites, qui vise à ajuster les prestations de retraite en fonction de l'évolution de l'espérance de vie. Le facteur démographique, d'un fonctionnement relativement opaque, induit une réduction du taux de remplacement de la pension moyenne de 70% en 1999 à 64% en 2030 (Schmähl 1999 ; Hinrichs 1998).

Après avoir gagné les élections, les sociaux-démocrates, en coalition avec les Verts, ont fait adopté une loi de correction de cette réforme (*Rentenkorrekturgesetz*) en 1999. Cette nouvelle législation a suspendu la mise en place du facteur démographique et les réglementations qui avaient été introduites pour les pensions d'invalidité. Le gouvernement a repoussé la résolution du problème de l'invalidité jusqu'en 2000, date à laquelle il promettait de proposer une réforme globale du système de retraite.

2. 2. Sortir du sentier des préretraites

L'un des enjeux principaux qui ont amené à la décision de faire cesser les préretraites a été la volonté politique de réduire les charges sociales. En effet, les coûts des dispositifs de préretraite avaient entraîné une augmentation des charges salariales, qui pesaient lourdement sur les entreprises, en particulier les petites et moyennes entreprises qui tout en faisant face à l'augmentation des cotisations, n'avaient pas les moyens financiers nécessaires pour utiliser les dispositifs de préretraite. Au milieu des années 1990, une solution de compromis a été trouvée avec le système de transition progressive vers la retraite (*Altersteilzeit*). Néanmoins ce dispositif de préretraite partielle a été détourné de sa fonction initiale et transformé en un nouveau dispositif de préretraite totale. Face à l'augmentation des taux de chômage des travailleurs âgés et à l'impossibilité des réformes, les experts se sont par conséquent interrogés sur les freins institutionnels et surtout culturels qui bloquaient les possibilités de réforme.

Supprimer les préretraites pour baisser les charges sociales

Quand la charge financière sur le système de retraite s'est accrue, l'administration Kohl a commencé à mettre en place plusieurs tentatives de repli (Streeck 2005). La première mesure de réforme contre le détournement de l'assurance retraite pour les préretraites a été l'augmentation de l'âge mandataire de la retraite qui a été acté par la réforme des retraites de 1989. Cette réforme a obtenu le soutien des organisations d'employeurs, et le BDA s'est déclaré en faveur de l'extension de la durée de la vie active[92]. De leur côté, les syndicats ont opposé peu de résistance à l'augmentation de la limite d'âge (Nullmeier, Rüb 1993, p. 268). Parmi les partis politiques (CDU/CSU, FDP et SPD), l'augmentation de la limite d'âge n'était pas non plus controversée. La CDU et le SPD ne se sont pas opposés à l'augmentation de l'âge de la retraite, mais ils ont interrogé les propositions de l'agenda quant à la mise en œuvre proposée par la réforme (Faupel 1989, p. 9).

Cependant, le processus de la réunification a conduit à la nécessité de repousser la mise en œuvre de la réforme pour parer à l'effondrement économique de l'ex-RDA et ses conséquences sociales. L'augmentation du chômage s'est accompagnée d'une utilisation accrue des préretraites en 1992-1993. Les dépenses sociales ont pesé lourdement sur le Budget Fédéral ; en 1993, le Gouvernement fédéral a dû combler un déficit de plus de 24 milliards de DM (Trampusch 2005). De plus, dans le contexte de la préparation de la monnaie unique, l'augmentation des coûts était particulièrement préoccupante, dans la mesure où la dette publique dépassait les limites fixées par les critères de Maastricht. Le Gouvernement a de ce fait choisi de s'orienter vers une politique de consolidation et de retrait, ce qui a entraîné des coupes dans les prestations sociales[93]. Ces décisions reflètent les problématiques qui étaient mises sur la sellette à l'époque : la négociation collective et les politiques salariales. Le BDI et l'aile économique du gouvernement de coalition (un groupe de membres de la CDU/CSU présidé par Wolfgang Schäuble et le FDP) ont exercé de nombreuses pressions sur le Chancelier pour diminuer les charges salariales en réformant les politiques sociales.

La pression sur les entreprises de taille moyenne était particulièrement forte. Elles avaient proportionnellement été plus affectées par les stratégies de négociation collective menées par les grandes entreprises, qui avaient davantage de marges de manœuvre pour recourir aux augmentations de salaires ou aux préretraites. L'accord collectif pour l'alignement des salaires de l'Allemagne de l'Est sur ceux de l'Allemagne de l'Ouest ont été le centre de l'intensification des discussions sur la négociation collective et la politique salariale. Pour les employeurs et les associations d'entreprises, le conflit sur la politique de la négociation collective des salaires a été particulièrement explosif au moment où une rupture s'est instaurée entre le BDI et le BDA. Des entreprises comme IBM se sont retirées de l'association d'employeurs et de nouvelles entreprises émergentes ont refusé de se joindre à elles. IG Metall a ainsi perdu plus de la moitié de ses adhérents dans les nouveaux Bundesländern entre 1991 et 1995 (Czada 1998, p. 69 ; DIW 1994 ; IWH 1994).

Face à des propositions plus radicales de la part du patronat, Helmut Kohl a finalement demandé à son ministre du travail de mettre en œuvre une réforme du

---

[92] *Wortprotokoll der öffentlichen Anhörung des Ausschusses für Arbeit und Sozialordnung*, 85, Sitzung, 28/04/1989 : 85/70-72. (Préambule du Comité pour l'emploi et l'ordre social).

[93] *« Gesetz zur Änderung von Förderungsvoraussetzungen im AFG und anderen Gesetzen »*, le 23 décembre 1992 ; *« Gesetz zur Umsetzung des Föderalen Konsolidierungsprogramms »*, adoptée en juillet 1993 (Loi d'introduction du programme fédéral de consolidation) ; *« Erstes Gesetz zur Umsetzung des Spar- Konsolidierungs- und Wachstumsprogramms »*, adoptée le 29 décembre 1993 (Première loi pour la mise en place du programme de consolidation financière et de croissance).

système de préretraite. Dans l'accord de coalition du dernier gouvernement Kohl, le recul des préretraites a été déclaré comme une priorité. Le Ministère de l'Economie, présidé par Jürgen Rexroth (FDP) et proche du groupe qui s'était développé autour de Schaüble a développé un « Programme d'action » (*Aktionsprogramm*), qui a été adopté par le Gouvernement Fédéral en janvier 1996. Ce programme est devenu le socle de la loi pour la croissance et l'emploi (*Wachstums- und Beschäftigungsförderungsgesetz*) adoptée en septembre 1996. Parmi d'autres mesures, elle incluait la diminution des contributions à l'assurance sociale pour ne pas dépasser la limite des 40%, une réforme du système de l'assurance et de l'assistance chômage, et l'accélération de la mise en œuvre de l'augmentation de l'âge d'éligibilité à une pension de retraite. Le « programme d'action » marquait en ce sens une étape importante vers une réforme du système des préretraites. Les réformes de 1996 (*Gesetz zur Förderung des gleitenden Übergangs in den Ruhestand*) et de 1997 (*Wachstums- und Beschäftigungsförderungsgesetz*) ont augmenté la limite d'âge des pensions de retraite pour les chômeurs âgés et ont introduit le principe de la retraite progressive. De même, la pension de retraite liée au chômage a été abolie, avec l'alignement progressif sur l'âge standard d'accès à la retraite (65 ans) d'ici 2012 (Trampusch 2005).

Une cessation anticipée d'activité s'accompagne désormais d'une diminution du niveau de la retraite conséquente puisque quitter le marché du travail à 60 ans conduit à une baisse du niveau de la pension de retraite de 18%. Après 2012, seules les personnes qui ont une longue période d'assurance sociale et qui sont gravement handicapées pourront partir plus tôt à la retraite. Le relèvement de l'âge de la retraite est supposé réduire implicitement la proportion des départs anticipés du marché du travail. Le gouvernement a en effet affirmé que cela permettrait de « corriger les pratiques de préretraites » (BT-Drks. 13/4610, p. 19). Le ministre du travail Norbert Blüm a expliqué que le financement de la préretraite ne devait pas être couvert par les assurances retraite et chômage, dans la mesure où les dispositifs de préretraite étaient « étrangers » à l'objectif des assurances sociales (*versicherungsfremde Leistungen*) (Blüm 1995, p. 12). Il a affirmé : « Une part de l'augmentation des charges sociales résulte des stratégies des entreprises. Je pense à la préretraite, qui est utilisée en particulier par les grandes entreprises, pour transférer les coûts aux assurances chômage et retraite » (Blüm 1995, p. 12). Le Gouvernement, les employeurs et les syndicats sont ainsi progressivement parvenus à un compromis, en construisant le principe politique de retraites progressives et les lois afférentes[94].

En soutenant les retraites progressives et les régimes de retraites d'entreprises, le gouvernement promeut une alternative pour financer et réguler un système de préretraites partielles qui s'appuie sur les conventions collectives.

---

[94] *« Gesetz zur Förderung des gleitenden Übergangs in den Ruhestand »* (1996) ; *« Gesetz zur Fortentwicklung der Altersteilzeit »* (1999) (Loi de renforcement d'une transition progressive vers la retraite) ; *« Zweite Gesetz zur Fortentwicklung der Altersteilzeit »* (2000) (Deuxième loi pour le développement du travail à mi-temps des travailleurs âgés).

Les retraites progressives : le travail à temps partiel pour les travailleurs âgés

En 1989, un dispositif avait été introduit pour permettre une transition graduelle vers la retraite (*Gesetz zur Förderung eines gleitenden Übergangs in den Ruhestand* / Loi sur la promotion d'une transition graduelle vers la retraite). La loi prévoyait que les salariés âgés de 59 ans minimum pouvaient convenir avec leur employeur de passer à un temps partiel de 18 heures minimum. L'employeur versait au salarié la moitié du salaire antérieur (plus ou moins 20%) et devait aussi s'acquitter d'au moins 90% de la cotisation à l'assurance retraite, calculée sur la base du salaire à temps plein. Les deux subventions lui étaient remboursées par l'Office fédéral du travail de Nuremberg jusqu'au départ à l'âge légal de la retraite (65 ans pour les hommes, 60 ans pour les femmes), s'il se conformait aux dispositions de la loi, en particulier l'obligation de recruter un chômeur sur l'emploi libéré (Lestrade 2006, p. 194-195). En 1996, la loi sur la transition graduelle vers la retraite a été modifiée. Le dispositif a été étendu aux salariés âgés de 55 ans et plus. Les autres règles, y compris les dispositions concernant les subventions, ont été maintenues, mais la durée de remboursement par l'Office fédéral du travail a été ramenée à cinq ans maximum. Enfin, les salariés, qui avaient travaillé à temps partiel pendant au moins 24 mois, pouvaient partir en préretraite à partir de 60 ans, mais avec une retraite diminuée de 3,6% par année manquante (par rapport à l'âge légal de 65 ans).

En deçà de la fragmentation et de la polarisation des intérêts au sein des associations d'employeurs ou de la CDU, les syndicats et les employeurs de l'industrie de la chimie ont joué un rôle important dans la réforme sur la retraite partielle et sur l'introduction des changements concernant le financement. Cette branche d'activité avait déjà mis en place des mesures de retraite partielle. Par conséquent, les développements législatifs étaient en continuité avec les politiques de négociation collective qui existaient déjà (BDA 1996 ; Hassel 2001). Dans le secteur de la chimie, les accords collectifs sont entrés en vigueur le 1er janvier 1999 (Karch 2000). Les conventions collectives sur les préretraites ont entraîné une augmentation des prestations de retraites partielles et parfois une refondation complète des réductions des retraites. Elles ont régulé les conditions d'éligibilité (âge minimum). Elles ont aussi régulé la transformation des paiements (du salaire à la retraite) et sa mise en œuvre. Pour gérer le système des retraites d'entreprises, un fond de retraite a été introduit dans l'industrie métallurgique (*Alterversorgung Metall und Elektro*). Selon le Bureau Fédéral du Travail, la retraite partielle est populaire. Entre 1996 et 2001, 118 641 demandes ont été faites (Trampusch 2005). Selon le Bureau fédéral du travail, le nombre de personnes en retraite progressive est de 3,5 à 4 fois supérieur au nombre de personnes qui figurent dans les statistiques (Klammer, Weber 2001, p. 109).

Ce système a cependant été critiqué en raison de son coût. Pour inciter les salariés à préférer l'option du temps partiel plutôt qu'une préretraite totale, la loi a prévu une augmentation importante de la rémunération horaire, pour que le salaire atteigne au moins 70% du niveau antérieur, et que les cotisations retraite soient maintenues à au moins 90% du salaire antérieur. La générosité du dispositif a été renforcée par les conventions collectives. Au total, les subventions atteignent sur l'ensemble de la période 85 000 euros par salarié, dont 70 000 sont versés par l'Office fédéral du travail, le reste provenant des subventions fiscales pour l'augmentation du salaire des travailleurs âgés à temps partiel. En effet, le complément de salaire d'au moins 20%, au-delà du salaire de 50% qui correspond à un mi-temps, n'est pas soumis à l'impôt sur le revenu (§ 3 n° 28 de la loi sur l'impôt sur le revenu, *Einkommenssteuergesetz*). Par conséquent, la charge financière du dispositif est estimée à 5 milliards d'euros par an (Lestrade 2006, p. 198).

Un deuxième élément qui a conduit à critiquer le dispositif est le détournement de la transition progressive vers la retraite en un nouveau système de préretraite totale. En effet, le système de la retraite progressive avait été introduit pour atteindre un objectif double : d'une part, c'était un instrument de lutte contre le chômage et de partage du travail, mais qui, à l'inverse des préretraites, permettait de maintenir les travailleurs âgés en activité et de véhiculer leur savoir et leur expérience aux générations suivantes de salariés avant leur départ définitif à la retraite. La loi de 1996 a proposé l'option du « *Blockmodell* », qui propose au salarié âgé non de travailler à mi-temps jusqu'à la retraite, mais de travailler à temps plein pendant la moitié du temps qui le sépare de la retraite, puis d'être inactif pendant la deuxième moitié de la période. Selon la loi, la durée d'un accord était réduite à trois ans (§2 alinéa 2, phrase 1, n°1), ce qui correspond au « petit modèle bloqué ». Cependant, il était possible d'étendre cette période d'accès au dispositif dans le cadre d'une convention collective ou d'un accord d'entreprise, et la durée pouvait être fixée à six ans, ce qui a été surnommé le « grand modèle bloqué ». Cette option qui transforme la retraite progressive en un dispositif de préretraite totale a été la plus usitée. Les entreprises expliquent leur préférence pour ce modèle par le fait qu'il est plus facile à organiser en interne. Ainsi, le modèle de la transition graduelle vers la retraite, telle qu'il était conçu à l'origine ne concerne en fait que 10% des emplois à temps partiel des seniors (Barkohldt et al. 2001).

Retraites et préretraites en Allemagne, nouveaux arrivants en 2001, selon âge et nature de la retraite

Age	Total	Dont en raison	
		Du chômage	De travail à temps partiel
Hommes			
60	128 876	79 730	11 809
61	37 540	23 521	6 924
62	34 805	21 909	8 619
63	72 911	5 821	2 660
64	10 139	937	97
65	96 516	51	3
66	1 708	13	-
67	948	9	-
68	701	2	-
69	611	6	-
70 et +	3 483	5	-
Total	388 243	132 121	30 112
Femmes			
60	202 224	4 760	478
61	19 319	390	30
62	9 482	561	48
63	15 656	346	17
64	3 973	156	2
65	168 776	7	-
66	2 158	1	-
67	1 184	-	-
68	947	2	-
69	806	-	-
70 et +	5 874	-	-
Total	430 399	6 123	575

Source : Verband Deutscher Rentenversicherungsträger, Lestrade 2006, p. 196.

Il est difficile d'accéder à des chiffres précis concernant les transitions graduelles vers la retraite. Selon les statistiques officielles, les bénéficiaires sont assimilés aux chômeurs en préretraite, ce qui laisse supposer que les concepteurs du dispositif le percevaient davantage comme un instrument de protection contre le chômage que comme un moyen de maintenir les salariés âgés dans l'emploi. Les chiffres datés de 2001 montrent que cinq ans après l'entrée en vigueur du dispositif, 30 112 hommes ont accédé à la retraite après une période de temps partiel, soit 7,75% du total des retraités, en comparaison avec 34% pour l'accès des chômeurs à la retraite (Lestrade 2006, p. 197). Pour les femmes, la retraite progressive joue un rôle relativement marginal, dans la mesure où l'âge légal de la retraite reste fixé à 60 ans. Il aurait été possible que l'accès des femmes à la retraite progressive se développe, en raison de l'alignement progressif de l'âge de départ à la retraite à 65 ans, tel qu'il était prévu par la réforme des retraites de 1992. Néanmoins, si la réforme avait prévu une durée de transition de 25 ans, jusqu'en 2017, le processus a été accéléré et l'alignement de l'âge est devenu effectif en 2009, date à laquelle le dispositif de retraite progressive devait également être clôturé.

Les chiffres de 2001 concernent les départs en retraite progressive, qui ont été signés au moment de l'ouverture du dispositif et ne rendent pas compte de la montée en puissance de celui-ci. L'association des assurances retraite avance pour 2002, contre 162 000 personnes en 2001, un total de 250 000 départs à la retraite anticipée après chômage ou temps partiel, et pour 2003 un chiffre de 400 000 personnes. Ainsi, le nombre des préretraites aurait été multiplié par six entre 1993 et 2003. Parmi les bénéficiaires, le nombre de départs à la retraite après une activité à temps partiel se situerait à 85 000 en 2003, contre 30 000 en 2001. Par conséquent, deux dispositifs de préretraite existent toujours au cours des années 1990 : la règle des 59 ans (*59er Regelung*), et la transition progressive vers la retraite. À ces deux dispositifs, s'ajoute une troisième voie d'accès à la retraite anticipée : le chômage pour les salariés de plus de 55 ans. Ceux-ci bénéficient de l'allocation chômage tout en étant dispensés de recherche d'emploi, et, à 60 ans, ils partent en retraite anticipée. En raison de l'accroissement continu du chômage, seulement 10% des salariés travaillaient jusqu'à 65 ans à la fin des années 1990 (Lestrade 2006, p. 195).

L'augmentation du chômage des travailleurs âgés

Au cours des vingt-cinq dernières années, le chômage en Allemagne de l'Ouest a été en augmentation constante, ce qui a conduit à une croissance du chômage structurel. Contrairement à la perception selon laquelle le risque de chômage s'est accru, l'incidence du chômage (pourcentage de la main-d'œuvre expérimentant une période de chômage sur une année donnée) n'a pas beaucoup augmenté entre le début des années 1980 et le milieu des années 1990 (Knuth, Kalina 2002, p. 397). La croissance en volume du chômage s'explique plutôt par une proportion croissante de la part de la main-d'œuvre qui expérimente le chômage et ne retrouve pas d'emploi (Erlinghagen, Knuth 2001). En 1996, les 10% de chômeurs étaient aussi ceux qui avaient la période de chômage la plus longue, et ils représentaient 46,7% de l'ensemble du volume du chômage (Karr 1999). La période de croissance économique qui a suivi n'a pas permis de fluidifier le chômage (Karr 2002).

Il existe une relation étroite entre l'âge et la durée du chômage, du fait de la diminution des chances de retrouver un emploi pour les chômeurs âgés. Au cours des années 1990, la question du faible niveau de qualification qui tendait à caractériser les chômeurs de ce groupe d'âge a conduit à des stratégies de dérégulation salariale, et de constitution de groupes cibles pour la mise en place de programmes sociaux de complément des bas salaires (Scharpf 1993 ; Falk, Klös 1997 ; Streeck, Heinze 1999). Les statistiques du marché de l'emploi reflètent une forte augmentation de la part des chômeurs âgés de 55 à 60 ans. La part des employés qui restaient dans l'emploi jusqu'à l'âge légal de la retraite de 65 ans est passée à 8% au début des années 1990 (Wübbeke 1999, p. 108) et a continué à diminuer au cours des années 1990 (Kruse 2001, p. 23). La part du groupe d'âge des 55-60 ans a augmenté d'une façon disproportionnée par rapport à leur place dans la population globale. Cependant, les statistiques officielles sont incomplètes, puisqu'elles ne prennent pas en compte les chômeurs âgés de 58 ans et plus qui, depuis 1986, bénéficient d'une dispense de recherche d'emploi et sont de ce fait exclus des chiffres de l'emploi. Le chômage reste donc l'un des principaux vecteurs de la cessation anticipée d'activité, dans la mesure où les chômeurs âgés qui ont expérimenté une période de chômage de plus de douze mois ont accès au système de retraite dès 60 ans. De fait, le chômage est un passage fréquemment utilisé pendant les années 1990, avant d'avoir accès au système de retraite, en Allemagne de l'Ouest et en Allemagne de l'Est (Rehfeld 1998, p. 169). Parmi les chômeurs âgés recensés, la part de ceux qui sont dans une situation de retraite anticipée est ainsi passée de 4% en 1983 à 11% en 1993. En 1993, au cœur de la récession économique, 27% d'entre eux étaient signalés comme étant en retraite anticipée (Knuth, Kalina 2002, p. 408).

Au cours des années 1990, la restructuration des secteurs de l'industrie et de la manufacture en Allemagne de l'Est après la réunification a conduit à un nouveau développement des retraites anticipées. A cause du rôle traditionnellement important de la manufacture industrielle en Allemagne, cela a eu un impact sur l'ensemble de l'économie. La stratégie d'éviction des salariés âgés a été particulièrement fréquente dans les entreprises de plus de 500 employés qui ont plus fait appel au chômage (31,6%) et aux retraites anticipées (55,4%), à un niveau qui est supérieur à ce que ne le laissait supposer leur part totale dans l'emploi (26,8%). Ainsi, 47% du chômage dans les entreprises de plus de 500 employés est lié aux retraites anticipées. La part globale des retraites anticipées dans l'ensemble du chômage s'élève de ce fait à 11% en 1993 (Knuth, Kalina, 2002, p. 410). Ainsi, dans les années 1990, la proportion des chômeurs dans le groupe des 55 à 59 ans était cinq fois supérieure à celle qui s'exerce dans le groupe des 25 à 29 ans (Deutscher Bundestag 1998). En Allemagne de l'Est, pendant les années 1990, environ deux-tiers des chômeurs de longue durée étaient âgés de plus de 45 ans. Après la réunification, cette proportion approche les 60% dans les nouveaux Etats de l'Allemagne fédérale (Bogai 2001). En ce sens, les mesures politiques prises pour sortir du sentier de dépendance des préretraites se sont heurtées à la situation économique. Si les voies d'accès aux dispositifs de préretraite ont été fermées ou limitées, d'autres voies de sortie se sont développées dans le cadre de l'assurance chômage. Par ailleurs, l'impact des mesures prises pour la réforme du système de retraite ne s'exerce pas ou peu au cours des années 1990, parce que la période de transition pour la mise en œuvre des réformes est particulièrement longue. Même si les réformes proposent un réalignement progressif de l'âge de la retraite pour les femmes et les chômeurs de 60 à 65 ans d'ici 2011, il reste possible d'utiliser ce dispositif pendant la période de transition. Les retraites anticipées peuvent en effet être « achetées » par l'acceptation d'indemnités moins généreuses. À partir de 2012, l'entrée la plus précoce dans le système de retraite se fera à l'âge de 62 ans, avec un coût d'une réduction de 10,8% dans les paiements mensuels.

En ce sens, la situation dans l'emploi des travailleurs âgés de plus de 50 ans ne s'est pas réellement améliorée au cours des années 1990. Les taux de chômage de ce groupe d'âge ont augmenté et le principe de la retraite progressive a été perverti, conduisant à la réplication des dispositifs de préretraite sous une forme différente.

Dans quatre cas sur cinq, la retraite progressive est mise en œuvre sous forme de « *blockmodell* », ce qui signifie que la période de travail à temps partiel est seulement nominale. L'échec relatif des mesures prises pour sortir du sentier de dépendance s'explique de ce fait par le problème de la substitution institutionnelle (*path dependency,* Pierson 2001).

2. 3. Les résistances au changement

Dans le contexte du vieillissement de la population active et des réformes du système des retraites, l'impossibilité apparente à mener à bien les réformes est apparue comme problématique. D'un côté, le relèvement progressif de l'âge de la retraite, s'il ne s'accompagne pas d'un allongement effectif de la durée de la vie active, va conduire à une diminution importante du niveau des pensions de retraite. En 1999, seulement 48,2% de la population allemande (hommes et femmes) dans le groupe des 50-64 ans est toujours dans l'emploi. L'âge estimé de départ à la retraite est de 60,5 ans pour les hommes et 58,4 ans pour les femmes. Par conséquent, des études se sont développées pour analyser les points de blocage à la fin des années 1990.

Le grisonnement de la main d'œuvre

Dans la deuxième moitié des années 1990, de nouvelles réflexions se développent sur la base de projections démographiques. En effet, le vieillissement de la population n'exerce pas seulement une pression sur le financement du système de protection sociale, et plus particulièrement le système de retraite, il conduit aussi à une reconfiguration de la population active.

Comme dans tous les pays de l'Europe de l'Ouest, en Allemagne, les prévisions démographiques montrent un vieillissement de la main-d'œuvre, particulièrement à partir de 2015. La composition par âge de la future main d'œuvre allemande se caractérisera par une proportion moindre de travailleurs de moins de 45 ans qu'il n'y en aura de plus de 45 ans. En 2010, pour la première fois, la proportion des travailleurs âgés de 50 ans et plus sera supérieure à celle des travailleurs âgés de 30 à 50 ans. En même temps, la main-d'œuvre sera en déclin. Par conséquent, le marché de l'emploi allemand sera confronté à partir de 2015, et encore plus à partir de 2030 à deux problèmes ; d'une part le vieillissement de la main-d'œuvre et d'autre part un risque de pénurie de travailleurs. Les prévisions allemandes révèlent en effet que la proportion des moins de 35 ans sur toute la population active devrait baisser de 40% à 35% en 2010, et à 33% en 2040. La proportion des employés de 45 ans et plus augmentera de 33% à 40% en 2010 et 43% en 2040 (Rössel, Schäfer et Wahse, 1999). Par conséquent, la structure de la population active sera inversée. Il y a un accord général parmi les décisionnaires politiques et les experts pour estimer que ce développement ne pourra pas être contrebalancé par l'immigration, une augmentation de la main-d'œuvre féminine ou les gains de productivité. En résultat, un consensus se construit sur l'idée que les futures cohortes de travailleurs âgés devront travailler plus longtemps. Pour analyser cette question, une Commission d'enquête est mise en place au milieu des années

1990 et publiera trois rapports de recherche entre 1994 et 2000 (Deutscher Bundestag 1994, 1998, 2000).

Composition par âges de la main d'œuvre allemande 1996 et 2040 (en millions et en %)

Groupe d'âge	1996	2000	2010	2020	2030	2040
	Millions de personnes					
15-24	4,7	4,8	5,2	4,5	4,0	4,0
25-34	11,5	10,4	8,4	8,7	7,7	7,0
35-44	10,9	11,8	11,2	9,1	9,4	8,3
45-54	8,3	8,7	11,3	10,6	8,7	9,0
55-64	5,0	4,8	4,8	6,5	6,0	5,5
Total	40,5	40,5	40,8	39,4	35,,8	33,8
	Pourcentages					
15-24	12	12	13	11	11	12
25-34	28	26	20	22	21	21
35-44	27	29	27	23	26	25
45-54	21	21	28	27	24	27
55-64	12	12	12	16	17	16
Total	100	100	100	100	100	100
	Années					
Moyenne	39,3	39,6	40,5	41,5	41,5	41,5

Source : Rössel, Schäfer et Wahse 1999, p. 38.

Dans ce contexte, relever les taux d'activité des salariés âgés de plus de 50 ans devient un enjeu prédominant. Néanmoins, les tendances du marché de l'emploi et les comportements des différents acteurs sont source de freins au changement.

Les obstacles au changement

Le premier obstacle au relèvement des taux d'emploi des travailleurs âgés est lié aux changements économiques qui ont modifié le paysage de l'emploi. L'augmentation des exigences de compétitivité dans le cadre de l'internationalisation entraîne des pressions accrues sur les coûts en particulier en ce qui concerne les charges salariales. Les changements économiques se caractérisent aussi par l'accélération de la dynamique d'innovation, ce qui implique de nouvelles compétences et qualifications. Les salariés doivent être plus qualifiés pour faire face à la compétition grandissante et aux changements technologiques et organisationnels rapides (Tessaring 1994). Enfin, l'organisation du travail devient plus flexible, ce qui conduit à un réaménagement des heures de travail et des relations professionnelles, par conséquent à une déstandardisation du travail. Tous ces facteurs conduisent à une situation dans laquelle le travail comme les coûts et les facteurs de flexibilisation deviennent des éléments de plus en plus centraux dans la gestion et le management (Döhl, Kratze 1998).

D'un point de vue économique, la main-d'œuvre âgée apparaît comme la moins adaptée et la moins adaptable à ces transformations. En raison du principe d'ancienneté, les travailleurs âgés sont ceux qui ont les salaires les plus élevés, ce qui par comparaison au nombre de jours d'arrêts maladie plus élevé que parmi les autres groupes d'âges, les rend particulièrement coûteux dans un contexte de rationalisation économique. Les salariés âgés sont aussi confrontés au problème de la déqualification et sont moins bien formés que les jeunes aux nouvelles technologies (comme l'informatique). Dans un contexte de déstandardisation de l'emploi, ils sont considérés comme moins mobiles et moins flexibles, bénéficiant de conditions de protection dans l'emploi. Ces problèmes cités par les employeurs semblent conduire à des stratégies de gestion des ressources humaines à court terme qui encouragent la discrimination et l'externalisation des salariés âgés, c'est-à-dire une politique de recrutement sélective en termes d'âge, un moindre investissement dans la formation pour ce groupe d'âge qui a une perspective limitée dans l'emploi et un moindre accès au processus de promotion interne. L'expérience des salariés âgés et leurs capacités à transmettre leurs compétences aux générations suivantes est mise en doute, tandis que des critiques se développent quant à la perte des capacités physiques et mentales et une mobilité réduite dans l'emploi (Behrens et al. 1999).
En ce sens, les stratégies des entreprises apparaissent comme le deuxième obstacle qui empêche le relèvement des taux d'activité des salariés âgés. L'éviction ou l'externalisation de cette part de la main-d'œuvre apparaît comme la plus rentable dans le contexte économique. Le comportement des entreprises est par ailleurs alimenté par les opportunités propres aux dispositifs de préretraite qui se sont développés dans le système de protection sociale. Par ailleurs, des dispositifs de préretraite internes aux entreprises se sont développés, dès les années 1970, mais surtout au cours des années 1990, en réponse aux restrictions de la part de l'Etat (Gatter, Hartmann 1995).

Cette façon de procéder s'est appuyée sur la « grande coalition » en faveur de la préretraite, qui, depuis les années 1970, a inclus tous les acteurs clés : les employeurs, les employés, les syndicats, l'Etat et les agences locales pour l'emploi. Dans les années 1990, malgré les tentatives de réformes, ce consensus est toujours présent dans la pratique, et est nourri par le sentiment « d'usure » des salariés âgés qui souhaitent quitter le marché du travail.

Il serait réducteur de limiter l'interprétation des préretraites à un consensus entre les entreprises et l'Etat, qui ne prendrait pas en compte les intérêts des salariés âgés. Dans les trente dernières années, ceux-ci ont exprimé une volonté croissante de quitter l'entreprise, « le plus tôt (étant) le mieux » (*Je früher, desto besser* ; Kohli et al. 1989). À la fin des années 1990, les études montrent que 52% des interviewés expriment leur désir de partir à 60 ans, tandis que 14% préfèrent l'âge de 63 ans et que seulement 6% voudraient rester après l'âge de la retraite (*Der Spiegel*, 11, 2001, p. 20). Dans ce contexte, la composante individuelle a également une importance, les salariés âgés revendiquant les préretraites comme un droit (Dieck 1988). Cela s'explique par une combinaison de facteurs divers selon lesquels le travail est de plus en plus perçu comme une charge, ce qui s'accompagne d'une augmentation du niveau des retraites, des incitations financières de la part des entreprises qui veulent les licencier, et enfin d'un changement dans l'évaluation du travail et des loisirs (Naegele 1992). Pour un grand nombre de travailleurs âgés allemands, le désir de partir en retraite anticipée a été estimé comme étant le résultat de la peur ou de conditions de travail intolérables ou encore comme le résultat de faibles perspectives sur le marché de l'emploi. Dans ce contexte, la préretraite pour raison de santé et/ou invalidité joue toujours un rôle important, en particulier chez les cols bleus faiblement qualifiés et ceux qui exécutent des travaux pénibles (travail à la chaîne, secteur du bâtiment...). Par conséquent, dans un nombre croissant de cas, partir en préretraite est une solution respectable et alternative au chômage de longue durée.

Ainsi, de nombreuses études révèlent que la préretraite s'est développée dans la conscience d'une large majorité de travailleurs âgés comme un « achèvement de la civilisation » (Rosenow 1996). La préretraite a été (et est toujours) estimée comme un « bien culturel » (Naegele 2001). Face à une longue vie de travail, souvent caractérisée par des conditions de travail difficiles, des charges lourdes, des risques pour la santé, etc., partir en retraite anticipée est de plus en plus perçu comme une forme de « réparation » pour une vie fatigante au service d'une entreprise. De ce fait, la préretraite est considérée comme un élément de la « biographie normale » (Kohli 2000). Dans un nombre croissant de cas, l'attente de la préretraite détermine le plan de vie et les choix stratégiques des travailleurs âgés et souvent des plus jeunes. Ainsi, les études réalisées dans la deuxième moitié des années 1990 soulignent le poids des résistances comportementales.

Les ambiguïtés du modèle allemand : travailler moins pour travailler tous

Pendant la décennie 1990, la question du temps de travail reste au centre des débats politiques : faut-il réduire la durée du travail pour vaincre le chômage ? La semaine des trente-cinq heures, décidée au milieu des années 1980, et mise en œuvre progressivement au cours des années suivantes, illustre le choix allemand de miser sur la réduction du temps de travail. Cette idée est parfois critiquée au cours des années 1990, Helmut Kohl allant jusqu'à qualifier son pays de « parc de loisirs collectif »[95].

En 1993, Volkswagen souhaite gérer la pénurie de travail en proposant la semaine des quatre jours, portant le nombre de travail hebdomadaire de 36 à 28,8 heures, dans l'objectif de sauver 30 000 emplois sur un effectif de 103 000 salariés. La réduction du temps de travail s'accompagnait d'une baisse de 20% des salaires[96]. En 1995, alors que le taux de chômage s'élève à 9,9% de la population, IG Metall demande, dans son programme axé autour du « pacte pour l'emploi », le passage à une durée hebdomadaire de 30 heures[97]. En 1997, Klaus Zwickel, représentant d'IG Metall relance cette idée en exigeant le passage à la semaine des 32 heures, à partir

---

[95] *Le Monde*, 23/02/1995.
[96] « La semaine de quatre jours chez Volkswagen ? », *Le Monde*, 13/11/1993.
[97] *Le Monde*, 07/11/1995.

de 1999, sans compensation intégrale des salaires[98]. Au fur et à mesure de l'augmentation du chômage, la question de la gestion du temps va se poser, oscillant progressivement de la réduction du nombre d'heures travaillées, avec la demande syndicale d'un passage à une semaine de trente heures de travail, à l'introduction de plus de flexibilité, suite aux revendications des entreprises. Lorsque la décision de réduire la durée hebdomadaire du travail à 35 heures avait été prise en 1984, l'arbitrage politique qui avait été fait devait conduire à la suppression des préretraites. En effet, le compromis était non de diminuer le temps de travail sur l'ensemble de la vie, mais sur la durée du travail hebdomadaire. Cependant, la question de la gestion du temps de travail sur l'ensemble du cycle de vie, alors qu'elle devait s'effacer devant le choix des trente-cinq heures, est restée d'actualité. Le pays se caractérise par une entrée tardive sur le marché du travail, qui est expliquée par l'allongement des études supérieures (jusqu'à 28-30 ans) et un départ précoce du marché du travail autour de 57-58 ans. Par conséquent, le nombre de personnes qui part en préretraite augmente au cours de cette période : 290 000 personnes ont ainsi été mises à la retraite anticipée en 1995 contre 54 000 en 1992. Pour 1995, le coût des préretraites est évalué à 66 milliards de marks dans les comptes des différentes caisses sociales[99].

Les institutions promues au cours des années 1980 pour lutter contre le chômage, par l'intermédiaire d'un partage du temps de travail, commencent à être remises en cause au cours des années 1990. Le consensus selon lequel la gestion du temps de travail, que ce soit par la réduction de la semaine du temps de travail ou par celle de la vie active, permettait de créer des emplois pour les chômeurs, est critiqué. La notion de politiques « passives » mise en relief par rapport à celle de politiques « actives », illustre de façon sous-jacente que les politiques de lutte contre le chômage après avoir été plébiscitées sont remises en cause. Désormais, les exigences de baisse des charges sociales et de flexibilité s'imposent comme les nouveaux objectifs de réformes. Face aux mécanismes de substitution institutionnelle (*cost-shifting*), l'Etat s'engage dans une stratégie de partage des coûts (*cost-sharing*), ce qui se traduit par une augmentation de la charge financière des préretraites pour les entreprises et pour les individus. Les réductions actuarielles induites par les sorties anticipées du marché du travail dans le cadre de la réforme du système de retraite augmentent en effet les coûts individuels de la sortie précoce. Les salariés qui quittent de façon anticipée le marché du travail n'auront pas une retraite complète.

[98] « Vor der Zerreissprobe », *Die Zeit*, 18/04/1997.
[99] *La tribune des fossés*, 24/01/1996.

3. La France et la culture de la préretraite

Comme en Allemagne, en France, au début des années 1990, une série d'interventions reflètent une révision de la position des pouvoirs publics. Après une longue période au cours de laquelle la cessation anticipée d'activité était une solution consensuelle, qui rassemblait les acteurs politiques et les partenaires sociaux, le débat devient plus houleux. Comme en Allemagne, le contexte démographique, économique et politique a changé. Le chômage reste un problème prioritaire, mais le vieillissement démographique s'accélère, et avec l'arrivée à la retraite de la génération du baby-boom, la question de l'équilibre financier du système de retraite devient un enjeu majeur. Dans ce contexte, la stratégie du « traitement social du chômage » (Palier 2002), qui avait conduit au développement massif des préretraites, est mise en question, dans la mesure où elle accentue la crise du financement de la protection sociale et accroît le déséquilibre entre le nombre des actifs et celui des inactifs.

Un décalage s'instaure de ce fait entre les conceptions qui avaient prévalu au cours des années 1980 et les décisions de réformes qui sont mises en œuvre dans les champs des retraites et de l'emploi. Par conséquent, les pouvoirs publics décident de clore « l'âge d'or des préretraites » (Guillemard 2003, p. 88). Cependant, puisque le chômage est toujours présent, une opposition s'instaure entre politique de l'emploi et politique des retraites. D'un côté, les préretraites incitent à la cessation anticipée d'activité, de l'autre, à partir de 1993, la durée de cotisation nécessaire pour obtenir une retraite pleine est allongée, ce qui induit que les salariés doivent travailler plus longtemps... Ces injonctions contradictoires, qui traduisent l'ambivalence des orientations politiques, donnent l'impression d'une « schizophrénie de l'action publique française » (Guillemard 2003). L'institutionnalisation de « la culture de la sortie précoce » qui a résulté de la mise en place des multiples dispositifs de préretraite dans le cadre de la politique de l'emploi, entre en conflit avec les orientations prises dans le champ des retraites suite à l'accélération du vieillissement de la population. Au cours des années 1990, les pouvoirs publics vont de la même façon que leur voisin européen se heurter dans leurs tentatives de réformes aux résistances institutionnelles, puisqu'en raison de l'inactivité croissante en fin de carrière, la norme pour le salarié âgé n'est plus l'emploi mais l'accès aux transferts sociaux.

3. 1. Réformer le système de retraite[100]

Dans le contexte de la lutte contre le chômage, la réforme de 1982 a abaissé l'âge de la retraite à 60 ans. Parallèlement, le gouvernement socialiste a procédé à la suppression des incitations à la prolongation de la vie active au-delà de l'âge d'accès à une retraite à taux plein. De ce fait, à partir du début des années 1980, le système

[100] L'analyse de la réforme du système de retraite français s'appuie sur les travaux de recherche réalisés avec Bruno Palier (Mandin, Palier 2005).

de retraite français fonctionne selon le principe de l'âge « couperet », qui délimite une rupture définitive vis-à-vis du marché du travail pour ceux qui ont atteint 60 ans. Les conséquences financières induites par la réforme de 1982 avaient été présentées par le gouvernement comme un « sacrifice » justifié par l'avancée sociale d'un droit au repos renforcé. Néanmoins, entre le milieu des années 1980 et le début des années 1990, une série de rapports ont été publiés et ont émis la nécessité de « réformer la réforme » (Gaullier 1988). Ils proposent sur la base de projections démographiques une analyse relativement alarmante de l'évolution du financement du système de retraite par répartition. Ainsi, les projections démographiques montrent que pour préserver l'équilibre du système de retraite en 2025, il faudra soit augmenter les cotisations de 170%, soit baisser les prestations de moitié (Ruellan 1993, p. 911-912). Chacun de ces rapports appelle par conséquent à une réforme urgente du système de retraite pour préserver sa viabilité financière à long terme[101].

Le Livre Blanc de 1991 propose une synthèse des propositions émises pendant les années 1980, lesquelles s'accordent sur un moyen d'action : modifier les paramètres de calcul pour l'obtention d'une retraite à taux plein. Selon ce rapport, il serait possible d'influer sur trois variables pour la formule de calcul des retraites : allonger la durée de cotisation nécessaire pour obtenir une pension de retraite à taux plein, changer le salaire de référence choisi pour calculer le montant de la pension, et/ou modifier le mode d'indexation pour la revalorisation du niveau des pensions de retraite. En dépit du pessimisme et de l'appel aux réformes, le système de retraite reste inchangé. Seules quelques mesures de correction ont été prises pour limiter l'augmentation des dépenses. Ainsi, entre 1985 et 1991, les cotisations retraite des salariés du régime général ont été augmentées, passant de 4,7 à 6,55% du plafond de la Sécurité sociale. De même, entre 1985 et 1996, le niveau du minimum vieillesse a été faiblement revalorisé, ce qui a conduit à un léger déclin de la prestation par rapport aux salaires (Bonoli, Palier 2000).

Les pouvoirs publics choisissent de repousser le moment de la réforme en raison de la sensibilité du sujet liée à l'attachement des Français au système de retraite, ainsi qu'à l'opposition des syndicats qui continuent à défendre les retraites et à jouer un rôle de veto (*veto player)* (Tsebelis 1995). Cette période est par conséquent consacrée à la préparation d'une réforme du système de retraite tant sur le plan de rapports que sur le lancement de nombreuses campagnes d'information sur les effets du vieillissement de la population et les influences négatives de celui-ci sur l'avenir des retraites en France (Palier 2002, p. 228). La réforme du système de retraite n'aura donc lieu qu'en 1993.

---

[101] Léon Tabah, *Vieillir solidaires, Rapport du Commissariat Général du Plan*, Paris, La Documentation française, 1986 ; Pierre Schopflin, *Evaluation et sauvegarde de l'assurance vieillesse*, ministère des Affaires sociales, 1987 ; René Teulade, *Rapport de la Commission protection sociale*, Paris, La Documentation française, 1989 ; *L'avenir des retraites*, rapport de l'INSEE, 1990 ; *Livre blanc sur les retraites. Garantir dans l'équité les retraites de demain*, Rapport du Commissariat général du Plan, 1991 ; *Rapport de la mission Retraites, Mission Cottave*, 1991 ; Bernard Bruhnes, *Rapport sur les retraites*, 1992.

La réforme de 1993

En mars 1993, les élections législatives ont donné une forte majorité des sièges à la coalition UDF-RPR, ce qui a permis l'ouverture d'une fenêtre d'opportunité pour une réforme du système de retraite. Dans un contexte où la situation de la sécurité sociale était décrite comme catastrophique, le gouvernement Balladur a adopté une réforme qui mettait en œuvre les propositions des rapports précédents. La réforme a été préparée par des rencontres avec les syndicats entre avril et juin 1993, pendant lesquelles le gouvernement a essayé d'obtenir le soutien de la CFDT et la neutralité des autres syndicats (Bonoli 1997). Elle proposait de réduire les prestations, mais se limitait au régime général des employés du secteur privé, ne touchant pas aux régimes spéciaux des salariés du secteur public, bien que ces systèmes soient plus généreux (mais dans lesquels les syndicats étaient aussi plus présents).

La réforme de 1993 a changé la formule de calcul et le mode d'indexation. Désormais, les retraites sont calculées en référence aux salaires des 25 meilleures années (alors qu'il s'agissait auparavant des dix meilleures années). Pour recevoir une pension pleine (50% du salaire de référence sous le plafond de la sécurité sociale), les salariés doivent s'acquitter d'une période de cotisation plus longue, qui passe de 37,5 à 40 années. Le processus de mise en œuvre est progressif et s'est achevé en 2004. De plus, les pensions ne sont plus indexées sur les salaires bruts mais sur l'évolution des prix. Cette proposition a été adoptée en 1993 pour cinq ans, mais a par la suite été étendue par le gouvernement Jospin. La réforme renforce le lien entre les cotisations et les prestations et prévoit selon les experts une forte réduction du taux de remplacement dans le régime général de 50% à 33% du salaire de référence en 2020 (Babeau 1997).

Pour obtenir l'accord des syndicats et atteindre un consensus, le gouvernement a proposé une autre réforme qui sépare les prestations de l'assurance retraite de celles qui sont liées à l'assistance. Un Fonds de solidarité vieillesse (FSV) a ainsi été créé pour financer les prestations non contributives[102]. Le FSV est financé par 1,3% de l'augmentation du taux de la contribution sociale généralisée (CSG). Par conséquent les prestations de l'assistance vieillesse ne sont désormais plus liées au budget de l'assurance vieillesse. La création du FSV correspondait à une demande très forte des syndicats, qui voulaient que le gouvernement paye pour les dépenses non contributives. Bien que le changement de la formule de calcul ne soit accepté que par le CNPF, la CFDT et la CFTC, la création du FSV a été encouragée par toutes les confédérations, à l'exception de la CGT (Bonoli 1997). Après cette négociation, le gouvernement a mis en œuvre la réforme annoncée en août 1993, pendant la période des vacances. Seules la CGT et FO ont officiellement protesté contre la décision gouvernementale, sans pour autant organiser de grèves (Palier 2003). Les partenaires sociaux ont aussi modifié le système des pensions complémentaires (ARRCO et AGIRC) en 1993 et 1994, en augmentant le niveau des cotisations et en diminuant le taux de remplacement par l'indexation de la

[102] Pour les employés qui n'ont pas cotisé suffisamment longtemps pendant leur vie professionnelle et reçoivent le minimum vieillesse.

revalorisation des pensions sur les prix et non plus sur les salaires bruts. En 1996, le CNPF a refusé d'augmenter davantage le taux de cotisation, et un nouvel accord a été conclu pour modifier la valeur du taux de remplacement (pour le même niveau de retraite, l'employé acquiert 25% de points en moins). Ce dernier accord indiquait une diminution importante du niveau des retraites complémentaires dans le secteur privé, alors que le secteur public n'était toujours pas concerné par les réformes.

Le plan Juppé

Dans le cadre de son plan présenté le 15 novembre 1995, Alain Juppé a annoncé sa volonté d'étendre la réforme Balladur-Veil aux régimes spéciaux des fonctionnaires et des salariés des entreprises publiques (SNCF, RATP, EDF-GDF…). Son objectif était de développer les nouvelles règles de calcul des retraites du secteur privé au secteur public en augmentant la période de cotisation nécessaire pour obtenir une retraite pleine de 37,5 à 40 années.

Alain Juppé bénéficiait du soutien de sa majorité politique et le calendrier électoral était favorable, dans la mesure où les prochaines élections étaient programmées trois années plus tard. Par ailleurs, il craignait les effets réducteurs d'une négociation avec les partenaires sociaux, ce qui explique la discrétion avec laquelle son projet de réforme a été élaboré. La réponse des syndicats au Plan Juppé a été rapide et d'une ampleur exceptionnelle. En effet, la mobilisation collective organisée par les syndicats a été la plus importante que la France ait jamais connue. Les grèves au sein de la Fonction publique (initiées en particulier par la SNCF et la RATP) ainsi que les manifestations nationales se sont enchaînées entre le 23 novembre et le 22 décembre. Face à l'envergure du mouvement social, le gouvernement a retiré son projet de réforme des retraites. La formule de calcul demeure inchangée dans le secteur public : les salariés du secteur public continuent à cotiser pendant 37,5 ans pour obtenir le droit à une retraite pleine. Celle-ci est toujours calculée en référence aux six derniers mois de carrière, au moment où le salaire est le plus élevé. Les pensions du secteur public représentent 75% du salaire d'activité. Par conséquent, une distorsion s'est instaurée entre le secteur privé et le secteur public. Les salariés du secteur privé doivent cotiser plus longtemps, et reçoivent une pension de retraite à un taux de remplacement moins élevé. En effet, selon les projections, le taux de remplacement devrait baisser de 20% dans le régime général d'ici 2040 (COR 2001).

La reprise des débats

Entre 1997 et 2002, le gouvernement Jospin a choisi de repousser une nouvelle réforme du système de retraite dans la perspective des élections présidentielles et a préféré alimenter le débat sur les retraites, en demandant aux principaux experts d'élaborer de nouveaux rapports.

La reprise du débat paraissait à nouveau nécessaire, dans la mesure où l'idée d'un nouvel abaissement de l'âge de la retraite, cette fois à 55 ans, tendait à émerger dans l'opinion publique. En effet, en 1997, six français sur dix (61%) estimaient qu'il fallait baisser l'âge de la retraite à 55 ans « afin de créer de nouveaux emplois », tandis que 31% étaient contre « car cela aggraverait le problème du financement des retraites »[103]. En ce sens, l'opinion publique était partagée quant à une nouvelle réforme et le thème du partage de l'emploi entre les générations par l'intermédiaire des départs anticipés à la retraite restait consensuel. Les conflits d'idées sur les retraites se sont par ailleurs développés au cours de cette période, notamment en raison de la montée en puissance d'un courant qui promouvait les retraites par capitalisation. La multiplication des rapports au cours de cette période a conduit au développement de prises de positions ainsi que le développement de conflits entre experts et *policy-makers*. Progressivement, le débat s'est déplacé, passant d'une perspective démographique et financière à une perspective économique, qui prenait en compte la donnée de l'emploi, et plus particulièrement les préretraites.

En 1999, le Premier ministre a confié à Jean-Michel Charpin, Commissaire au Plan, une mission de concertation pour préparer la réforme des retraites. Le rapport Charpin, intitulé *L'avenir de nos retraites*, a été remis le 29 avril 1999. Il conforte les hypothèses démographiques qui avaient été formulées au début des années 1990, et montre que le vieillissement de la population française va s'accélérer à partir de 2006, au fur et à mesure de l'arrivée à l'âge de la retraite de la génération du baby-boom. Le rapport estime que dans la poursuite des conditions démographiques contemporaines (faible taux de fécondité, faible taux d'immigration, baisse du taux de mortalité), un Français sur trois aura 60 ans en 2040. L'avenir du système par répartition sera de ce fait menacé à partir de 2010 en l'absence de mesures de réformes. Le rapport Charpin propose, d'une part d'allonger à nouveau la durée de cotisation nécessaire pour obtenir une pension de retraite à taux plein à 42,5 ans, et d'autre part d'aligner les régimes spéciaux sur le fonctionnement du régime général. À l'exception de la CFDT, les syndicats se sont opposés à cette idée. Cependant, le rapport a obtenu le soutien du CNPF qui a proposé de renforcer l'allongement de la durée de cotisation à 45 années (Palier 2003, p. 103).

Quelques mois plus tard, la fondation Copernic, composée d'universitaires opposés au néolibéralisme et de syndicalistes, présente un autre rapport qui remet en question les conclusions du rapport Charpin. Tout d'abord, la fondation Copernic estime que l'augmentation des dépenses de retraite de 12% en 1999 à 16% en 2040, présentée comme problématique par le rapport Charpin, est relativement faible dans une comparaison à long terme, dans la mesure où les dépenses de retraite ont doublé depuis les années 1950. De plus, la fondation s'oppose à ce qu'elle considère comme un interdit politique, c'est-à-dire le choix de ne plus augmenter les cotisations, alors que cette orientation permettrait de résoudre le problème des retraites et pourrait être financée par l'accroissement des gains de productivité. Enfin, le rapport souligne que le vieillissement de la population induira certes une hausse des dépenses de retraite, mais aussi, à cause de la diminution du nombre d'enfants et sans doute de chômeurs, une diminution des dépenses qui leur sont

[103] *Le Monde*, 09/01/1997.

consacrées. Ainsi, un rééquilibrage s'opérerait de fait entre les différents secteurs de dépenses de la protection sociale.

En septembre 1999, à la demande de Lionel Jospin, Dominique Taddéi présente une nouvelle étude qui illustre la position du Conseil d'analyse économique. Il propose une approche qui s'appuie sur des données liées à la situation de l'emploi, et en particulier celle des travailleurs âgés de plus de 50 ans. La question de la gestion des âges devient centrale et le rapport Taddéi dénonce la contradiction qui s'instaure entre l'allongement de la durée de cotisation et l'usage des préretraites. Puisque l'âge effectif de départ à la retraite en France est de 57 ans et que l'entrée sur le marché de l'emploi est de plus en plus tardive, l'allongement de la durée de cotisation signale une difficulté accrue pour les salariés de travailler suffisamment pour obtenir le droit à une retraite à taux plein. Dominique Taddéi met par conséquent l'accent sur la mise en place de « retraites choisies et progressives », qui permettent d'une part d'allonger la durée de cotisation en combinant revenus d'activité et de retraite, et d'autre part de renforcer les choix individuels grâce à un système de « retraites à la carte ».

Le dernier rapport de la décennie est proposé par René Teulade, dans le cadre du Conseil économique et social, et reflète le point de vue des syndicats. Comme le rapport Taddéi, le rapport Teulade récuse l'idée d'un allongement de la durée de cotisation dans un contexte de chômage et de faible taux d'activité des travailleurs âgés de plus de 50 ans. Par ailleurs, il conteste les prévisions démographiques émises dans le rapport Charpin, car il estime que des projections à un horizon de 40 ans sont peu fiables, et choisit de ce fait de se limiter à un horizon de cinq ans. En contradiction avec les positions des précédents rapports, il promeut l'idée d'une amélioration du niveau des retraites en revenant sur l'indexation des retraites du privé des salaires sur les prix et en prenant davantage en compte les périodes hors travail (chômage, formation, éducation des enfants...) pour le calcul des retraites. Il s'oppose à l'alignement des régimes spéciaux sur le régime général et soutient l'idée d'un renforcement de la participation de l'Etat en particulier pour le financement des droits non contributifs.

Ainsi, dans la deuxième moitié des années 1990, le débat sur la réforme du système de retraite public se déplace et s'enrichit. Alors que l'idée de la capitalisation se développe dans les cercles économiques et financiers et que les plans d'épargne retraite commencent à s'ancrer dans le comportement des ménages, le gouvernement Jospin choisit de consolider le système par répartition. Dans cette optique est créé le Fonds de réserve par la Loi de financement de la Sécurité sociale pour 1999 (votée en 1998), auquel est attribuée une première dotation de 304 millions d'euros en 1999. Ce fonds doit être alimenté par les excédents des régimes sociaux (CNAV, FSV, Contribution sociale de solidarité des sociétés), par la moitié du produit du prélèvement social existant sur les revenus du patrimoine et par des ressources exceptionnelles (par exemple la vente des licences de la nouvelle norme des téléphones portables, UTMS). Lionel Jospin a annoncé que ce fonds serait régulièrement abondé, dans l'objectif d'atteindre un montant de 150 milliards d'euros d'ici 2020 (Palier 2003, p. 105-106).

Par ailleurs, pour préparer la réforme, en particulier l'alignement des régimes spéciaux sur le régime général, Lionel Jospin a annoncé lors d'une conférence de presse en mars 2000, la création du Conseil d'orientation des retraites (mis en place en avril 2000), constitué d'experts et de partenaires sociaux. Cependant, le MEDEF a refusé de siéger dans cette instance, parce qu'il estimait que sa fonction principale était de repousser la réforme. Le Conseil d'orientation des retraites va, au cours des années précédant la réforme Fillon, permettre l'élaboration d'un nouveau consensus sur la question des retraites, qui, dans la continuité du rapport Taddéi, s'articulera sur la possibilité d'un développement du « vieillissement actif » et mettra en avant la thématique de « l'emploi des seniors ». Progressivement, la question des préretraites apparaît et le décalage entre l'âge supposé et l'âge effectif de départ à la retraite devient une donnée à prendre en compte.

3. 2. Limiter l'usage des préretraites : un échec politique ?

Au cours des années 1990, les pouvoirs publics tentent de restreindre l'usage des préretraites. Cette volonté politique est suivie de faits au début des années 1990, l'accès aux AS-FNE est limité et une solution alternative est proposée, les préretraites progressives, qui permettent de concilier un emploi à temps partiel et une pension de retraite jusqu'à 60 ans. Cependant, la récession de 1993 remet en exergue le problème de l'emploi. En 1995, la création du régime de l'ARPE donne un nouvel essor aux préretraites totales.

Durcir l'accès aux AS-FNE

L'expansion des préretraites au cours des années 1980 et les coûts qui en ont découlé ont conduit à des restrictions dès le milieu des années 1980 et à un transfert des charges financières de l'assurance chômage vers le budget de l'Etat. Suite à la crise financière de l'UNEDIC et à la réforme du régime de l'assurance chômage en 1984, les dispositifs de préretraite sont à la charge de l'Etat et celui-ci s'efforce d'en maîtriser le coût.

Dans cette optique, des mesures de restrictions sont apportées pour limiter l'usage par les entreprises des préretraites totales. La signature entre l'Etat et les entreprises de conventions d'allocations spéciales de préretraite (AS-FNE) dans le cadre des plans sociaux, est soumise à un contrôle accru et un resserrement des critères d'accès. Ainsi, l'âge d'éligibilité au dispositif qui était fixé à 55 ans est repoussé à 56 ans au début des années 1990. Les conventions AS-FNE sont considérées par l'Administration de l'emploi comme un « levier d'action » qui « doit permettre de rechercher une contrepartie systématique pour l'obtention d'un enrichissement et d'une diversification des mesures d'accompagnement des licenciements envisagés, afin d'éviter, notamment, le licenciement des salariés de plus de 50 ans. Ainsi, à l'aide financière de l'Etat, relevant du domaine quantitatif, doit correspondre un effort de l'entreprise d'ordre qualitatif [104]». Progressivement, le nombre de bénéficiaires annuel des ASFNE va diminuer au cours des années 1990, passant de 58 060 personnes en 1993 à 23 683 en 1995 et 11 993 personnes en 1999 (Guillemard 2003).

Le renforcement de la Contribution Delalande

Parallèlement à la restriction de l'accès aux préretraites, les pouvoirs publics s'efforcent de décourager le licenciement des salariés âgés de plus de 50 ans. Dans cette optique, la contribution Delalande qui oblige les entreprises à s'acquitter d'une amende lorsqu'elles licencient un salarié âgé est renforcée au début des années 1990.

En 1987, la reprise de la croissance et la baisse concomitante du chômage avait conduit à une réorientation des politiques publiques en faveur des travailleurs âgés et à l'introduction de la contribution Delalande, une taxe sur le licenciement des travailleurs de plus de 55 ans, qui s'élevait à trois mois de salaire brut. Elle devait être versée à l'UNEDIC, sauf dans des cas particuliers comme le reclassement des salariés licenciés. En 1992, le montant de la contribution est augmenté et elle s'adresse désormais aux travailleurs âgés de plus de 50 ans. Parallèlement, le barème est modulé en fonction de l'âge des personnes congédiées. Le décret de juillet 1992 instaure une cotisation dont le montant évolue en fonction de l'âge, oscillant d'un mois de salaire brut pour le licenciement d'un salarié de 50 ans à six mois de salaire brut pour un salarié âgé de 56 ans et plus. Pour ne pas décourager les embauches parmi les demandeurs d'emploi de ce groupe d'âge, la contribution Delalande ne s'applique pas aux licenciements de travailleurs embauchés après 50 ans et ayant plus de trois mois de chômage à l'embauche. En outre, pour ne pas accroître les difficultés des petites entreprises, la contribution est supprimée dans le cas de la première rupture de contrat de travail dans les entreprises de moins de vingt salariés sur une période de douze mois.

La mesure a été conçue à l'origine pour protéger du licenciement les salariés âgés par une hausse du coût de licenciement pour les entreprises. Cependant, il n'y a pas eu, suite à l'introduction de cette mesure, une diminution tangible des taux de sortie vers le chômage (Bommier, Magnac et Roger 2003, p. 68). Depuis 1994, les entreprises ont en effet tendance à utiliser les licenciements, qui même avec la prise en compte de la contribution Delalande, s'avèrent moins coûteux et moins contraignants que les dispositifs publics de préretraite qui dépendent d'un accord conclu avec le Ministère de l'emploi. Le second problème est l'effet indirect désincitatif du dispositif sur l'embauche (Garibaldi 1998). Les entreprises pourraient s'être abstenues de recruter des chômeurs qui se situent autour de l'âge-frontière de 50 ans, puisque le coût de leur emploi s'était accru du fait d'une hausse du coût de licenciement. Malgré les critiques, la contribution Delalande a doublé en décembre 1998 pour les entreprises de 50 employés et plus.

[104] *Note d'orientation du 22 octobre 1991*, Délégation à l'emploi, Ministère du Travail.

Dans la première moitié des années 1990, les pouvoirs publics s'efforcent donc de restreindre l'accès aux préretraites et de limiter les licenciements des salariés âgés de plus de 50 ans. Une nouvelle législation plus contraignante et aussi plus coercitive est mise en place. Parallèlement, l'Etat propose comme en Allemagne une solution de compromis et offre une voie alternative aux préretraites totales, la préretraite progressive.

La préretraite progressive

Le premier système de retraite progressive, le « contrat de solidarité de préretraite progressive » a été créé en 1983, pour diminuer la durée du travail pour les salariés âgés de 55 ans et plus, et permettre l'embauche compensatrice de jeunes chômeurs. Dans le cadre des contrats de solidarité, la préretraite progressive permettait de faire passer à mi-temps des salariés âgés de 55 ans. À côté du salaire versé par l'entreprise, proportionnel au temps de travail, le salarié recevait une allocation complémentaire de l'assurance chômage, comprise entre 25% et 30% du salaire antérieur. L'entreprise devait en contrepartie procéder à des embauches compensant les passages à mi-temps. Dans la mesure où il était peu attractif, puisqu'il existait des dispositifs de préretraite totale et que ceux-ci étaient financièrement plus généreux, le dispositif des préretraites progressives est resté marginal, oscillant entre 1987 et 1992 autour de 4 000 bénéficiaires par an (Guillemard 2003). Un deuxième dispositif a été créé en 1987 pour les salariés âgés de 56 ans et deux mois (et plus), qui acceptaient de travailler à mi-temps plutôt que de partir directement en préretraite après un licenciement.

En 1993, à travers la création de la « préretraite progressive » (PRP), ces deux systèmes ont fusionné et ont été étendus aux entreprises qui faisaient des plans de licenciement sans remplacement de personnel. La PRP autorisait les employés de 55 à 65 ans à travailler à mi-temps. Ils recevaient 50% de leur salaire à plein temps (incluant les primes) et une prestation de l'UNEDIC équivalant à 30% du salaire de base sous le plafond de la sécurité sociale et 25% de la part du salaire entre un et deux fois ce plafond. Même si la décision de passer en préretraite progressive relevait uniquement du salarié, un accord devait préalablement être conclu entre l'entreprise et le Ministère de l'Emploi. Cet accord indiquait en particulier les engagements requis par l'entreprise en termes d'embauche compensatoire parmi les groupes prioritaires ciblés par les mesures de politiques de l'emploi (jeunes de moins de 26 ans d'un niveau de qualification inférieur ou égal au niveau V, travailleurs handicapés, personnes seules ayant un ou plusieurs enfants à charge, chômeurs de plus de 50 ans, chômeurs de longue durée, bénéficiaires du RMI).

La loi du 23 décembre 1992 opère ainsi un élargissement du dispositif public de préretraite progressive, qui propose l'alternative d'un maintien partiel dans l'emploi pour les salariés de 55 ans et plus, associée à des possibilités d'embauches complémentaires pour les entreprises. Elle offre aux entreprises, non un substitut, mais une option alternative aux préretraites totales : « Le passage au temps partiel des salariés vieillissants apparaît, dans cette perspective, comme une solution de compromis, dans un contexte où les problèmes d'emploi demeurent aigus et où les réponses sont recherchées en matière d'aménagement du temps de travail et de partage du travail entre les générations » (Guillemard 2003, p. 91).

Deux modifications ont été introduites en 1992 et 1993 pour assouplir le dispositif des préretraites progressives. La clause de maintien des effectifs a été supprimée et remplacée par la possibilité de substituer aux embauches compensatrices une contribution financière. De plus, les embauches compensatrices devaient auparavant s'adresser aux publics prioritaires. Cette norme a également été supprimée. La nouvelle préretraite progressive s'adresse principalement à deux types d'entreprises. Les premières sont dans un contexte de réduction des effectifs, et le passage à temps partiel des salariés âgés leur permet d'éviter des licenciements, ce qui implique que les entreprises bénéficiaires du dispositif choisiront l'option de la contribution financière. Les deuxièmes, sans être en difficulté, ont une capacité d'embauche limitée, et les préretraites progressives deviennent un outil de gestion prévisionnelle de l'emploi. Le troisième assouplissement concerne la durée du travail. Le temps partiel correspond à 40% ou 50% de la durée antérieure du travail annuel à temps plein, et peut être calculé sur la base de la semaine, du mois ou de l'année. Depuis la mise en place de la Loi quinquennale sur l'emploi de 1994, le temps de travail peut être annualisé sur l'ensemble de la durée de la préretraite progressive. La durée du travail à temps partiel peut ainsi osciller entre 20% et 80% de la durée antérieure annuelle à taux plein, à condition que, sur l'ensemble de la durée de la préretraite, la réduction de la durée du travail soit en moyenne de 50% (Baktavatsalou 1995).

Un système de préretraite progressive existe également dans le secteur public. Le dispositif de « cessation progressive d'activité » (CPA) a été mis en place en 1982, et permet aux fonctionnaires âgés de 55 ans et plus, qui ont une durée de carrière d'au moins 25 ans, de travailler à mi-temps jusqu'à leur retraite. Ils reçoivent 50% de leur salaire à plein temps (incluant les primes) et un extra de 30% de leur salaire de base (sans les primes). Comme pour la PRP, le choix d'entrée dans le dispositif dépend de l'employé. Alors que le système des préretraites progressives était peu utilisé dans le secteur privé au cours des années 1980, le nombre de fonctionnaires qui accédaient au système similaire a augmenté de 1 300 en 1982 à 10 000 en 1986, puis à 26 000 au milieu des années 1990. Ce dispositif a aussi connu une baisse à partir de 1997, en raison de la création d'un dispositif de préretraite totale, le « congé de fin d'activité » (CFA) institué en 1996. À la fin de 1999, 21 900 personnes étaient cependant toujours en CPA.

La préretraite progressive a ainsi été présentée comme une solution de compromis, qui permettait de sortir en douceur des préretraites totales et offrait un instrument de transition pour l'accompagnement des restructurations économiques, tout en respectant les nouvelles tendances de l'allongement de la durée de la vie active. L'aménagement du dispositif originel de 1983 a permis un certain succès de celui-ci dans la première moitié des années 1990. Le Ministère du Travail a encouragé les entreprises mettant en place un plan social à recourir à ce dispositif et conditionné l'octroi des préretraites totales AS-FNE à la mise en œuvre de préretraites progressives, ce qui a incité à leur développement (Guillemard 2003, p. 92). Pour la première fois, en 1995, le nombre d'entrées en AS-FNE a été inférieur au nombre d'entrées en préretraites progressives. Les flux d'entrée en préretraites AS-FNE ont baissé de 12% en 1994 et de près de 50% en 1995, tandis que les préretraites progressives connaissaient une augmentation constante du nombre de bénéficiaires (Baktavatslou 1996). Toutefois, la diminution du nombre d'entrées en AS-FNE peut aussi s'expliquer par l'augmentation du nombre d'entrées de salariés âgés licenciés dans le régime de l'assurance chômage, suite à l'augmentation de la contribution des entreprises aux AS-FNE en 1993. Après les changements effectués en 1992, la PRP s'est rapidement développée entre 1993 et 1995. Néanmoins, le dispositif a été de moins en moins utilisé à partir de 1996 suite à l'introduction de l'ARPE.

Nombre de bénéficiaires de la Préretraite progressive (1993-2000)

	1993	1994	1995	1996	1997	1998	1999	2000
Flux	8 901	22 282	26 858	24 262	20 870	16 717	13 372	11 603
Stocks	17 145	30 910	52 520	54 672	55 032	52 112	44 675	40 658

Source : DARES, décembre de chaque année.

La volonté politique de restreindre progressivement l'accès aux préretraites va donc être remise en cause par la nouvelle dégradation du marché de l'emploi, avec la récession économique de 1993. À partir de 1995, les préretraites totales vont connaître un nouvel essor à travers la création de sentiers alternatifs, l'ARPE dans le secteur privé et le CFA dans le secteur public. La faible différence dans le niveau de remplacement a influé sur le choix d'une préretraite progressive ou d'une préretraite totale. Dans le secteur public, le taux de remplacement net était de 80% pour un CPA et 70% pour un CFA. Dans le secteur privé, le taux de remplacement s'élevait à 85% pour la préretraite progressive, contre 75% pour une préretraite totale financée par l'AS-FNE ou l'ARPE. Par conséquent, le choix de poursuivre une activité à mi-temps n'est que peu attractif financièrement et les préretraites progressives ont été supplantées par les dispositifs de préretraite totale.

La relance de la préretraite totale

À partir de 1995, la restriction du dispositif des AS-FNE a été ouvertement contrariée par le développement d'autres dispositifs financés par l'UNEDIC. En effet, le développement non contrôlé des préretraites dans le cadre de l'UNEDIC avait conduit à une crise financière de l'assurance chômage. Progressivement, les charges financières ont ainsi été transférées du régime d'assurance chômage au budget de l'Etat. La réforme de 1984 avait donné lieu à la création des préretraites-Etat, tandis que l'UNEDIC se concentrait sur l'indemnisation classique du chômage. En 1995, l'UNEDIC choisit de renouer avec le financement des préretraites.

Dans le cadre de l'UNEDIC, les partenaires sociaux mettent ainsi en œuvre, fin 1995, un nouveau dispositif de préretraite, sous une forme temporaire, mais qui sera renouvelé en 1996, 1998 et 2000. L'Allocation de remplacement pour l'emploi (ARPE) permet à l'employeur de faire partir les salariés âgés de 56 ans et plus, à condition que ceux-ci totalisent 40 années de cotisations aux régimes de base de l'assurance vieillesse, et que des embauches compensatoires soient effectuées. Sur le modèle de l'AS-FNE qui fonctionne dans le cadre d'un Fonds spécifique (le FNE), les allocations ARPE sont financées par le Fonds paritaire d'intervention en faveur de l'emploi, créé au sein de l'UNEDIC. La création de l'ARPE s'inscrit dans une volonté politique de relance de l'emploi selon le principe revalorisé du partage de l'emploi entre les générations. Elle est aussi justifiée comme une avancée sociale, dans la mesure où elle permet aux salariés âgés qui ont eu une longue carrière et sont « usés » de quitter plus tôt le marché du travail.

Dans la même perspective de justice sociale, l'Allocation chômeurs âgé (ACA) est créée en 1997, pour les chômeurs de moins de 60 ans qui ont cotisé à l'assurance vieillesse pendant 40 ans, et bénéficient d'une prolongation de leur indemnisation au régime de l'assurance chômage, sans dégressivité, jusqu'à la liquidation de leur retraite. Ces dispositions sont étendues en 1998 aux chômeurs âgés bénéficiant de l'assurance chômage de solidarité, et aux bénéficiaires du RMI avec la création de l'Allocation spécifique d'attente (ASA). Celle-ci garantit le maintien d'un revenu de remplacement minimal aux chômeurs de moins de 60 ans qui justifient de 40 ans de cotisations à l'assurance vieillesse.

La relance de la préretraite totale dans le cadre de l'assurance chômage va phagocyter le développement des préretraites progressives. La préretraite progressive est complexe à utiliser dans un contexte économique où le travail à temps partiel est peu développé. De plus, elle est peu avantageuse financièrement pour les employés. Le taux de remplacement net d'un salaire moyen pour quelqu'un qui est en préretraite progressive et travaille à mi-temps s'élève à 85%, alors qu'il est de 75% pour un salarié bénéficiant d'une préretraite totale par l'ARPE ou l'ASFNE, et de 65% pour l'ACA (Zaidman 2000, p. 109). De plus, à court terme, les préretraites permettent une baisse du chômage parce qu'elles réduisent le niveau de la population active. En 1997, le coût total des trois principaux dispositifs de préretraite (AS-FNE, PRP, ARPE) représentait 22 milliards de francs. Selon les estimations de l'UNEDIC, l'ACA atteignait un niveau de dépenses de 700 millions de francs en 1998. En 1994, avant le développement des nouveaux dispositifs, l'UNEDIC consacrait plus d'un quart de ses ressources à financer des allocations chômage à des salariés de plus de 55 ans (Guillemard 2003, p. 95).

Ainsi, un phénomène de substitution s'est exercé en France dans le cadre des préretraites totales. La restriction de l'accès aux AS-FNE a été compensée par l'extension de l'ARPE. La décision prise en 2000 de créer un nouveau dispositif de préretraite, CATS, met en question la volonté gouvernementale de mettre fin aux préretraites, même si ce nouveau dispositif s'accompagne d'un ciblage des préretraites pleines aux travailleurs qui ont connu des conditions de travail pénibles. La cessation anticipée d'activité pour certains travailleurs salariés (CATS) a été introduite par un décret de février 2000. Ce système est mis en œuvre par des accords de branches et d'entreprises et rend certains travailleurs éligibles pour une préretraite partielle ou pleine à partir de 55 ans pour une durée maximale de cinq ans. L'Etat couvre une partie des allocations de préretraite, quand les employés ont 57 ans et s'ils remplissent certains critères comme le travail à la chaîne, ou le travail de nuit (200 nuits par an pendant quinze ans) ou encore s'ils sont handicapés. La proportion couverte par l'entreprise est incrémentale et se base sur l'âge de l'employé quand il entre dans le dispositif (20% pour ceux qui entrent à 55 ans, 35%

à 56 ans, et 50% à 57 ans et plus). Les entreprises qui veulent utiliser ce dispositif doivent être passées aux 35 heures et avoir mis en place un système de GPEC (gestion prévisionnelle des emplois et des compétences) dans le cadre de leur politique de ressources humaines.

En décembre 2000, il y avait 59 500 personnes en AS-FNE, et 86 700 dans le dispositif de l'ARPE. En tout, 500 000 personnes étaient soit dans un dispositif de préretraite soit couvertes par l'assurance chômage avec une exemption de recherche d'emploi (DRE) contre 400 000 personnes en 1990 et contre le pic de 700 000 personnes en 1984. Si le nombre total de préretraites a légèrement diminué, cette réduction a été contrée par le développement de l'ACA, une catégorie qui regroupe 70% de tous les inactifs de 55 ans et plus (Jolivet 2001).

Les flux de préretraite (1993-2000)

	ASFNE	ARPE	CATS	CFA	ACA	ASA
1993	58 060					
1994	49 462					
1995	23 683	2 650				
1996	21 015	52 211				
1997	21 669	35 353		12 500	51 322	
1998	18 672	43 438		7 000	25 056	
1999	11 993	45 170		10 700	25 008	8 480
2000	8 071	37 634	6 177	10 000	27 525	6 270

Source : DARES, Jolivet, 2001.

Comme en Allemagne, les grandes entreprises sont celles qui ont le plus recours aux dispositifs publics de préretraite, en particulier pour faire face aux problèmes de déséquilibre de la structure des âges. De plus, depuis que les préretraites publiques sont moins facilement accessibles, les dispositifs privés se sont largement développés au cours des années 1990 (Renault, Peugeot, IBM...). Les allocations servies par ces plans privés varient entre 60% et 80% de l'ancien salaire net (complété par les allocations chômage), tandis que l'âge d'admission est lui aussi évolutif selon les entreprises, il peut descendre jusqu'à 49 ans chez IBM en 1999. Trois voies d'accès aux préretraites privées sont pratiquées : le licenciement, qui s'accompagne d'un complément par l'employeur des prestations de l'assurance chômage, le licenciement avec une prime (parachute), ou une suspension du contrat de travail avec un congé de fin de carrière.

Les dispenses de recherche d'emploi, un dispositif de préretraite à part entière qui dépend de l'assurance chômage

Le taux de chômage n'est pas un indicateur significatif pour mettre en avant les difficultés des travailleurs âgés sur le marché de l'emploi. En effet, nombreux sont ceux qui sont dispensés de recherche d'emploi et ne figurent plus dans les chiffres des demandeurs d'emploi.

Pour être considéré comme chômeur selon la définition du Bureau international du travail, une personne doit avoir une activité effective de recherche d'emploi. Cette condition est aussi nécessaire en France pour être éligible aux allocations chômage. La dispense de recherche d'emploi constitue une exception à cette règle. Suite à la montée des taux de chômage des 55-59 ans, un accord a été signé le 24 février 1984 autorisant les chômeurs âgés de plus de 57 ans et demi, et indemnisés par le régime de solidarité (les chômeurs de longue durée), à bénéficier d'une dispense de recherche d'emploi (DRE). Cette mesure a ensuite été étendue par l'UNEDIC. A compter de juillet 1985, tous les chômeurs âgés de 57 ans et demi, indemnisés par le régime d'assurance chômage, ont été dispensés de recherche d'emploi. De plus, à partir de cette date, la dégressivité des allocations chômage n'a plus été appliquée aux plus de 55 ans et trois mois. En juin 1999, la dispense de recherche d'emploi a été étendue aux chômeurs de 55 à 57,5 ans, qui bénéficient de l'allocation de chômeur âgé (ACA). En décembre 2000, il y avait 348 800 DRE contre 353 500 chômeurs enregistrés par l'ANPE âgés de 50 ans ou plus (Jolivet 2001).

La mise en place d'un tel dispositif influence les changements de situation des travailleurs âgés. En effet, la baisse de l'intensité de recherche des chômeurs, en lien avec la fin de l'obligation de recherche effective, diminue leur probabilité d'avoir une offre d'emploi et donc de sortir du chômage (Fougère, Pradel et Roger 1998 ; Van den Berg, 2001). De plus, la fin de la dégressivité des allocations chômage a un effet désincitatif sur la reprise d'emploi (Dormond, Fougère et Prieto, 2001). Le dispositif peut aussi avoir un effet indirect sur les sorties d'emploi. Les DRE peuvent induire un effet de substitution de la part des employeurs entre les dispositifs qu'ils utilisent, c'est-à-dire, comme cela a été le cas dans les années 1990, une augmentation des licenciements des travailleurs âgés et une baisse des sorties vers l'inactivité par le biais des préretraites (Bommier et al. 2003, p. 64). Les estimations montrent en effet que la mise en place de la mesure a donné lieu à une hausse significative des transitions de l'emploi vers le chômage. La création de ce dispositif, nouveau substitut aux préretraites au cœur de l'assurance chômage, dénote l'impuissance des politiques de l'emploi face à la problématique.

3. 3. Une faible implication des politiques pour l'emploi

Les mesures pour l'emploi des travailleurs âgés de plus de 55 ans sont limitées au cours des années 1990, même si quelques unes ont été prises pour restreindre et cibler les préretraites et encourager le maintien dans l'emploi des chômeurs âgés. L'âge effectif de départ du marché du travail se situe en moyenne à 58 ans.

Les pouvoirs publics sont conscients que la réforme des retraites sera inopérante en termes de rééquilibrage des rapports entre actifs et inactifs, si l'éviction du marché du travail des plus de 50 ans continue. Cependant, les travailleurs de plus de 50 ans ne constituent pas un public prioritaire pour les politiques d'insertion ou de réinsertion dans l'emploi, lesquelles visent surtout les jeunes, les femmes et les bénéficiaires du RMI. En 1992, l'intervention en faveur des travailleurs de plus de 50 ans représentait seulement 7% des mesures offertes aux demandeurs d'emploi de 25 ans et plus (Monchois, Gelot 1994, p. 143). Cependant, quelques mesures pour l'emploi des travailleurs âgés sont prises dans la deuxième moitié des années 1990, d'une part pour faciliter le retour à l'emploi des plus de 50 ans, et d'autre part pour encourager leur maintien dans l'emploi.

La situation dans l'emploi des travailleurs âgés de plus de 50 ans

La baisse des taux d'activité au cours des dernières décennies reste le constat principal de la majorité des études réalisées sur les travailleurs âgés (Bommier, Magnac et Roger, 2001). L'étude de l'évolution sur longue période des taux d'activité réalisée par Blanchet et Marioni (1996) met en évidence une accélération de la baisse des taux d'activité aux âges élevés en France vers le milieu des années 1970, notamment suite au développement des systèmes de retraite. D'après ces auteurs, la proportion d'actifs dans la population des travailleurs âgés de plus de 55 ans a été divisée par deux entre 1968 et 1995 et le poids des plus de 55 ans dans la population active est passé de 18,7% à 8,6% au cours de cette période. Pour les plus de 60 ans, Blanchet et Marioni montrent que les taux d'activité baissent sur l'ensemble de la période, avec un léger pic autour de 1980. Pour les 55-59 ans, les auteurs mettent en évidence une baisse importante des taux d'activité entre le début de l'année 1982 et le début de l'année 1984, le taux d'activité des hommes ayant diminué de 8 points et celui des femmes de 3,5 entre ces deux dates. Ces années correspondent au développement des politiques de préretraite, puis à l'abaissement de l'âge de la retraite à partir de 1983. Les estimations montrent que les taux d'activité se stabilisent ensuite pour les hommes de 55 à 59 ans.

La situation est plus complexe chez les femmes car l'effet des dispositifs de préretraite mis en place sur cette période est contrecarré par la hausse tendancielle de l'activité féminine. Après 1984, le taux d'activité des femmes de cette classe d'âge a longtemps oscillé entre 41 et 46% et a commencé à croître à partir de 1992. Ces tendances se sont confirmées au cours des années 1990. Pour les hommes, le taux d'activité des 55-59 ans reste stable (autour de 65%). Pour les femmes, le taux d'activité a continué à croître légèrement pour atteindre 51% en 1999. De plus, les taux d'activité des plus de 60 ans ont continué à baisser entre 1996 et 1999, même si cette diminution est faible et moins forte pour les femmes que pour les hommes (Bommier, Magnac et Roger 2003, p. 29).

Cette relative stabilité des taux d'emploi des 55-59 ans au cours des années 1990 s'accompagne cependant d'une évolution des statuts (Burricand, Roth 2000). Pour les hommes comme pour les femmes, on observe une hausse importante des taux de chômage et du travail à temps partiel en fin de carrière. Même si le travail à temps partiel reste une pratique minoritaire, une proportion croissante de travailleurs de plus de 50 ans en bénéficie. Entre 1984 et 1997, la proportion d'hommes travaillant à temps partiel a triplé chez les 55-59 ans (passant de 1,9% à 5,5%), et augmenté de 65% chez les 50-54 ans (de 1,7 à 2,8%). Bien qu'à un niveau déjà plus élevé, la proportion de femmes à temps partiel parmi ce groupe d'âge a aussi augmenté sur cette période. En 1999, 28% des femmes en emploi, âgées de 50 à 54 ans, travaillent à temps partiel, contre 22,9% en 1982. Pour les 55-59 ans et les 60-64 ans, ces taux sont passés de 25 à 35% et de 29 à 40% (Bommier, Magnac et

Roger, 2003, p. 30). L'augmentation du travail à temps partiel chez les hommes correspond à la simplification du dispositif de préretraite progressive, en 1993, et le nombre de bénéficiaires a beaucoup augmenté à cette période. Le travail à temps partiel pour les hommes âgés s'apparenterait ainsi à une réduction progressive de l'activité en fin de carrière. Pour les femmes, le temps partiel est en progression pour l'ensemble des classes d'âge depuis 1992, à la suite de l'abattement forfaitaire de cotisations patronales en cas de travail à temps réduit, et le recours accru des femmes âgées de plus de 50 ans au temps partiel semble plus traduire une évolution générale de l'activité féminine qu'un phénomène propre aux fins de carrière (Bloch-London et al. 1996).

Les années 1990 sont donc marquées par une hausse des taux de chômage des travailleurs âgés, pour les hommes comme pour les femmes. Alors qu'en 1982, 4,5% des hommes âgés de 50 à 54 ans et 5% des hommes âgés de 55 à 59 ans étaient au chômage, ces proportions ont augmenté à 8,7% et 11% en 1999. Pour les femmes de 50 à 54 ans, le chômage est passé, au cours de la même période, de 3,3% à 8,2%. La même tendance s'observe pour les femmes de 55-59 ans avec un taux de chômage qui est passé de 4,0% à 10,1%. Au total, avec l'augmentation du chômage et du travail à temps partiel, la proportion de femmes qui travaillent à temps complet a nettement diminué (en 1999, 63,7% chez les 50-54 ans ; 52% chez les 55-59 ans ; 46,8% chez les 60-64 ans) (Bommier et al. 2003, p. 32). Pour ce groupe d'âge, que ce soit pour les hommes ou les femmes, le retour sur le marché du travail après l'inactivité est quasiment inexistant (Mathieu, Sédillot 2001). Environ 2% des individus de 50 à 65 ans entrent à nouveau sur le marché du travail quand ils sont en inactivité. Les comportements des hommes et des femmes sont sur ce point presque identiques (2,4% de sorties pour les femmes).

La quasi-absence de mesures facilitant le retour à l'emploi des travailleurs âgés

Au cours des années 1990, la problématique des difficultés du retour à l'emploi des chômeurs âgés apparaît. En effet, seulement 35% des plus de 50 ans sont susceptibles de retrouver un emploi dans l'année, contre 73% pour les 30-50 ans (Cohen, Dapas 2000). Cependant les pouvoirs publics n'ont pas proposé de mesures favorisant le retour à l'emploi qui incluent directement les chômeurs âgés, dans la mesure où l'emploi des jeunes est la priorité. Toutefois, trois programmes d'emplois aidés sont accessibles aux chômeurs âgés :

- Le contrat emploi solidarité (CES), créé en 1989, permet aux associations publiques et non lucratives de recruter des personnes cibles en temps partiel pour des contrats à durée déterminée de trois à douze mois. L'Etat finance de 65% à 65% du salaire, dans la limite du SMIC ;
- Le contrat emploi consolidé (CEC), créé en 1992, offre la possibilité d'accéder à un emploi plus stable, en particulier pour les anciens bénéficiaires du CES. L'Etat finance le salaire de façon dégressive (60% la première année, puis 50% la seconde année, et 20% pour le reste de la période) pendant une durée de cinq ans. Ce type de contrat s'adresse toujours aux organisations publiques ou non lucratives.

- Le contrat initiative emploi (CIE), créé en 1995, s'adresse au secteur privé. Pour certaines populations cibles, dont les plus de 50 ans, il offre une prime de 300 euros à l'employeur.

Cependant, rares sont les chômeurs de plus de 50 ans qui ont bénéficié de ces dispositifs pendant les années 1990 : 11% des bénéficiaires du CES, et 21% des bénéficiaires du CEC et du CIE (Jolivet 2001). Depuis le 1er juillet 2001, le PARE (plan d'aide au retour à l'emploi) est appliqué à tous les chômeurs indemnisés par l'UNEDIC. L'ACA devait être supprimée le 31 décembre 2001, mais beaucoup d'employés de moins de 56 ans avaient accepté d'être licenciés avant le 1er janvier 2001, pensant qu'ils recevraient l'allocation jusqu'à ce qu'ils atteignent 60 ans. Les partenaires sociaux ont donc accepté en juin 2001 le maintien du dispositif pour cette catégorie de salariés au chômage.

Le maintien dans l'emploi des plus de 50 ans

Dans la mesure où le retour à l'emploi des chômeurs âgés est particulièrement difficile, les pouvoirs publics se sont efforcés d'agir en amont, pour tenter de préserver l'employabilité des travailleurs âgés, et limiter le risque d'entrée (définitive) dans le dispositif d'assurance chômage.

La discrimination par l'âge

L'action en amont sur l'emploi des travailleurs âgés s'appuie en premier lieu sur la prise en compte de la perception de ce groupe d'âge. Les études réalisées sur les travailleurs âgés au cours des années 1990 montrent un phénomène de discrimination par l'âge dans les entreprises. En 1992, 61% des cadres pensent qu'une augmentation de la proportion relative des travailleurs âgés dans une équipe peut provoquer, « certainement » ou « peut-être », une « moindre acceptation des nouvelles technologies », tandis que 41% expriment une crainte quant à « une baisse de la productivité » chez les travailleurs âgés de plus de 50 ans (Le Minez 1995). Les effets de la discrimination par l'âge peuvent conduire à un moindre accès à la formation ou aux promotions, ainsi qu'à une rupture du contrat de travail (licenciement, départ en préretraite) (Verkindt, Wacongne 1993). De plus, dans les entreprises, il existe de fait une limite d'âge (40-45 ans) pour les recrutements externes.

Depuis 1997, les pouvoirs publics ont pris des initiatives pour combattre la discrimination par l'âge. En octobre 2000, l'Assemblée nationale a ainsi adopté en première lecture une loi pour combattre la discrimination. Le projet initial faisait partie de la Loi sur la modernisation sociale, qui était en projet de discussion au printemps 2000. Après discussion au Sénat, une seconde version de la loi a été adoptée par l'Assemblée nationale en avril 2001. La loi ajoute aux éléments du Code du travail quatre nouveaux critères de discrimination, incluant l'âge. Le critère d'âge, qui n'était pas mentionné dans la première version de la loi, a été inclus parmi les critères discriminatoires après le débat au Sénat, contre l'opinion du gouvernement.

Réformer la formation

Depuis 1971, il existe un niveau minimal d'investissement dans la formation continue. Cependant, l'accès aux formations est très diversifié selon les secteurs et les âges. En effet, les employeurs privilégient l'accès à la formation aux jeunes salariés : en 1991, les 25-34 ans représentaient 36% des stagiaires, contre 20% pour les 45 ans et plus (Aventur 1994).

En 1991, la loi de 1971 a été étendue aux entreprises de moins de dix personnes et le niveau des dépenses consacrées à la formation a été augmenté. En 1992, une loi a été adoptée pour certifier les acquis de l'expérience (Validation des acquis professionnels, VAE). Ce nouveau processus apparaissait comme particulièrement intéressant pour ceux qui étaient en deuxième moitié de carrière, qui étaient entrés relativement tôt sur le marché de l'emploi et par conséquent qui étaient souvent moins diplômés que les nouveaux entrants. En ce sens, la prise en compte des acquis de l'expérience leur permettait de justifier de leur niveau de qualification pour une promotion interne ou un changement d'entreprise.

Dans le cadre de la Loi quinquennale de l'emploi de 1993, deux dispositifs ont été adoptés concernant la formation. Le Congé individuel de formation (CIF) et le Capital temps formation (CTF) offrent la possibilité aux salariés de planifier leur propre programme de formation. La seconde étape a été de favoriser l'établissement d'un nouveau droit à la formation, collectivement reconnu et par conséquent transférable d'une entreprise à l'autre. Dans le cadre de la Loi sur la modernisation sociale adoptée par l'Assemblée nationale en janvier 2001, le processus de certification des acquis professionnels a ainsi été élargi et renforcé, dans l'objectif de promouvoir la mobilité professionnelle et l'employabilité tout au long de la vie.

Aménager le temps de travail

Au cours des années 1990, la France a mobilisé les instruments d'aménagement du temps de travail pour soutenir l'emploi. Ce type de dispositif a été inauguré dans le cadre de la Loi quinquennale pour l'Emploi de 1993, qui a également introduit l'annualisation de la durée du travail. Il a culminé en 1998 avec les Lois Aubry sur les 35 heures. Parmi les instruments de 1993, le « compte épargne temps » propose une vision plus négociée et choisie de la distribution des temps sociaux sur le cycle de vie. Elle n'est pas ciblée sur les travailleurs âgés, mais offre des possibilités de globaliser la fin de carrière. Le dispositif, créé par la Loi du 27 juillet 1994 relative à la participation des salariés dans l'entreprise, permet ainsi de capitaliser, par la voie conventionnelle, des droits à congés indemnisés.

Le compte épargne temps peut être alimenté de différentes manières : reports de congés ou de jours résultant de l'aménagement et de la réduction du temps de travail, conversion de primes d'intéressement et abondement libre par l'entreprise. Ce compte permet d'indemniser partiellement ou totalement des congés sans solde de longue durée (six mois minimum). Toutefois, l'innovation que constitue ce type de droit à créance, théorisé par Alain Supiot comme « droits de tirage sociaux », a été entravée (Supiot 1999). En effet, les employeurs se sont montrés réservés quant à ce dispositif. Surtout, les droits acquis ne sont pas transférables d'une entreprise à l'autre. L'usage de ce dispositif a cependant permis à certaines entreprises de développer les congés de fin de carrière pour quelques catégories de travailleurs âgés en les couplant avec la préretraite progressive. En ce sens, les comptes épargne temps sont devenus un instrument complémentaire de sortie précoce dans le contexte des restrictions des préretraites totales de l'Etat.

***

Au cours des années 1990, une nécessité de rééquilibrage entre les enjeux des politiques de retraite et des politiques de l'emploi apparaît, sans que ni la France ni l'Allemagne ne parviennent réellement à changer les mesures de politiques sociales pour les travailleurs âgés de plus de 50 ans. Dès lors, un constat d'impuissance apparaît. Il semble en effet impossible de mettre fin aux préretraites en raison de leur ancrage institutionnel et culturel. Par ailleurs, les gouvernements font face à un choix impossible : d'un côté, le vieillissement démographique conduit à la nécessité de réformer le système de retraite (et par conséquent à relever l'âge de départ), d'autre part, les préretraites restent un outil consensuel de traitement social du chômage qui semble difficile à supprimer dans un contexte économique difficile. En ce sens, les gouvernements se trouvent dans une situation de double contrainte (*double bind*), les acteurs nationaux étant partagés entre la nécessité de mettre fin aux préretraites dans le contexte de la réforme des systèmes de retraite et celle de continuer à les utiliser dans le cadre des politiques de l'emploi comme un outil de lutte contre le chômage.

Ce phénomène est renforcé par l'institutionnalisation des sentiers de préretraite. Paul Pierson, dans son analyse des institutions, souligne que celles-ci sont réfractaires au changement, en raison de la force des engagements hérités du passé, de l'autorenforcement des mécanismes et de leur ancrage culturel. Cependant, il montre aussi que des transformations sont possibles, à condition qu'elles s'exercent sur un mode incrémental. Progressivement, des modifications qui paraissent à première vue marginales exercent un effet qui tend à s'accroître au fur et à mesure du temps. Pour illustrer son propos, il utilise l'exemple des réformes des retraites. En effet, les pays bismarckiens ont choisi essentiellement de mettre en place des ajustements paramétriques de leurs systèmes de retraite, qui introduisaient des modifications progressives, peu visibles à court terme mais qui ont eu un impact important sur le long terme. Le relèvement de l'âge de la retraite, les modifications des taux de cotisations ont entraîné sur une période transitoire longue des transformations substantielles en France et en Allemagne.

Un phénomène similaire peut être observé dans le cas des préretraites. En Allemagne, le recul de l'âge de départ entraîne la fermeture progressive des dispositifs de départs anticipés à la retraite. En France, les conditions d'éligibilité aux dispositifs de préretraite ont été restreintes, ce qui induit sur le long terme une diminution des possibilités d'entrée dans les dispositifs de préretraite. Cependant, ces apports apparaissent le plus souvent insuffisants et décevants au cours des années 1990, dans la mesure où ils ne permettent pas de contrecarrer la diminution des taux d'activité de ce groupe d'âge à court terme.

En ce qui concerne le type de changements introduits, nous pouvons aussi observer des différences par rapport à la fin des années 1980. L'expansion des préretraites avait au cours de la décennie 1980 entraîné une perte de contrôle au niveau des coûts, et conduit de ce fait à des modifications qui correspondent dans la classification de Peter Hall à des changements de premier ordre. Peter Hall a en effet différencié trois types de changement de politiques publiques (Hall 1986 et 1993). Un programme d'action publique est caractérisé par des buts, des instruments d'action et le niveau ou le mode d'utilisation de ces instruments. Un changement de premier ordre consiste à modifier le niveau ou le mode d'utilisation des instruments, tel a été l'objectif des premières mesures de réformes qui à partir de la fin des années 1980 ont conduit à limiter l'usage des préretraites pour contrôler les coûts ou encore à faire appel à des mécanismes de transfert des charges financières entre les différentes institutions (assurance chômage, assurance retraite et budget de l'Etat). Un changement de deuxième ordre consiste en l'introduction de nouveaux instruments de politiques publiques sans modification des buts qui orientent cette politique. Tel semble avoir été l'objectif de fond des réformes mises en œuvre au cours des années 1990. L'idée d'un partage de l'emploi, qui constituait l'une des fondations essentielles de la politique des préretraites, n'a pas réellement été remise en cause. Les préretraites sont restées un moyen de lutter contre le chômage et de générer de l'emploi pour les jeunes générations. Néanmoins, les instruments qui permettaient de mettre en œuvre cette politique ont été modifiés, en particulier grâce à l'initiative de la retraite progressive. Les mécanismes de l'*Altersteilzeit* en Allemagne ou des préretraites progressives en France reflètent la même volonté politique d'adapter les instruments de la cessation anticipée d'activité en passant de l'inactivité totale à l'emploi à mi-temps, ce qui permet à la fois de partager l'emploi grâce à des embauches compensatrices et de respecter les nouvelles implications liées au vieillissement de la population, c'est-à-dire maintenir plus longtemps dans l'emploi les salariés âgés.

Cependant, cette solution de compromis ne paraît plus suffisante à la fin des années 1990 et plus encore au début des années 2000. Un changement de troisième ordre, c'est-à-dire un changement paradigmatique, qui transforme à la fois le niveau d'utilisation, les instruments, mais aussi les buts de la politique publique est considéré comme nécessaire. Il s'agit désormais non seulement de fermer les dispositifs de préretraite mais aussi d'inverser les orientations politiques vis-à-vis des travailleurs âgés, en les incitant à rester dans l'emploi le plus longtemps possible. Dans ce contexte, les propositions des organisations internationales, notamment celles de l'Union européenne, vont permettre de donner un nouvel essor aux débats nationaux. La construction d'un nouveau cadre cognitif commun au niveau européen va sans doute constituer un appui pour impulser un changement paradigmatique.

Partie 3. La crise de la politique des préretraites en France et en Allemagne : l'Europe comme levier d'action ?

Chapitre 6. L'Europe, ré-initiatrice du débat ?

En 2000, le Sommet de Lisbonne officialise l'inscription de la réforme des retraites au niveau européen. Les Etats membres s'engagent dans une stratégie concertée de réforme des systèmes de retraite. Le « vieillissement actif » est au cœur du compromis européen et la question de l'emploi des seniors devient cruciale. L'Europe apparaît de ce fait dans les débats nationaux, et favorise la possibilité de relancer le débat sur les préretraites en apportant une solution conceptuelle qui permet de sortir de la double contrainte.

1. Du « vieillissement actif » à l'emploi des seniors, la construction d'un nouveau paradigme de référence

Dans un premier temps, nous referons un point rapide sur les orientations européennes, puis nous mettrons l'accent sur le poids des idées européennes dans la réorientation des politiques nationales envers les seniors.

1. 1. L'état des lieux et les enjeux

Dans l'Union européenne (UE 27), il y avait plus de 87 millions de personnes âgées de 65 ans et plus au 1er janvier 2010, soit 17,4% de la population totale. Ces chiffres sont en augmentation constante. En comparaison, au 1er janvier 1985, il y avait seulement 59,3 millions de personnes âgées de plus de 65 ans dans l'Union européenne des 27 (12,8% de la population totale) (Eurostat 2012, p. 7). L'augmentation de l'espérance de vie dans l'Union européenne au cours du dernier siècle conduit à un accroissement de la longévité, tandis que, au cours des récentes décennies – notamment depuis les années 1970 – l'Union européenne a expérimenté une baisse des taux de fertilité. Ces deux critères ont un impact sur le vieillissement démographique, processus qui a été identifié au cours des 30-40 dernières années et qui est supposé se renforcer dans la première moitié du prochain siècle. Ces changements conduisent à des enjeux clés pour la société avec notamment des implications lourdes pour les politiques publiques et les budgets des Etats membres. Pour le moment, selon l'Union européenne, il existe de sévères contraintes sur les politiques fiscales et un besoin constant de consolidation fiscale pour les années futures, ce qui aggrave les développements budgétaires contraires résultant du vieillissement.

Les enjeux définis au niveau européen incluent par conséquent :

- les pressions sur les budgets publics et les systèmes fiscaux ;
- les contraintes sur les systèmes de sécurité sociale et les retraites ;
- les ajustements de l'économie et en particulier des postes de travail pour les travailleurs vieillissants ;
- les possibles pénuries de main-d'œuvre dans la mesure où le nombre d'actifs diminue ;

- la nécessité d'adapter en fonction des projections de demandes la proportion des professionnels de santé ;
- un conflit potentiel entre les générations sur la distribution des ressources.

1. 2. Les outils européens

L'UE a reconnu l'importance du challenge du vieillissement actif depuis de nombreuses années et a développé des politiques dans différents domaines. Làszlo Andor, Commissaire pour l'Emploi, les affaires sociales et l'inclusion, a ainsi noté que « la clé pour faire face au défi d'une proportion croissante de personnes âgées dans nos sociétés est le « vieillissement actif » : encourager les travailleurs âgés à rester actifs en travaillant plus longtemps et en partant à la retraite plus tard, en s'engageant dans un travail volontaire après la retraite, et en menant des vies autonomes et saines[105]. »

Le Conseil européen de Stockholm qui s'est tenu en 2001 avait posé les fondations pour une stratégie visant à faire face avec les principaux défis économiques et budgétaires liés à une population âgée, en encourageant les Etats membres à :
- réduire rapidement les dettes publiques ;
- augmenter les taux d'emploi et la productivité, et ;
- réformer les retraites, les systèmes de santé et de prise en charge de la dépendance[106].

La stratégie européenne pour l'emploi prévoit aussi une série d'actions et de lignes directrices ciblées sur les travailleurs âgés, qui comprend des mesures pour améliorer la santé sur le lieu de travail, encourager l'activité et décourager les préretraites. Les lignes directrices promeuvent des systèmes de protection sociale qui sont basés sur la soutenabilité financière. Les politiques pour l'emploi visent aussi à améliorer le capital humain à travers une meilleure éducation et de meilleures compétences. Ainsi, des stratégies efficaces de formation tout au long de la vie peuvent renforcer les perspectives d'emploi des seniors. La Stratégie européenne pour l'emploi vise à mettre en œuvre une approche en termes de cycle de vie.

La méthode ouverte de coordination sur la protection et l'inclusion sociale est un cadre de coopération politique qui vise à étendre les bonnes pratiques et à renforcer la convergence vers les principaux objectifs européens, qui inclut la lutte contre la pauvreté et l'exclusion sociale, la réforme des systèmes de protection sociale, et la prise en compte des défis posés par le changement démographique.

---

[105] « the key to tackling the challenges of an increasing proportion of older people in our societies is « active ageing »: encouraging older people to remain active by working longer and retiring later, by engaging in volunteer work after retirement, and by leading healthy and autonomous lives" (Eurostat 2012, p. 8). C'est nous qui traduisons.

[106] http://www.consilium.europa.eu/uedocs/cms_data/docs/pressdata/en/ec/00100-r1.en1.html.

C'est le principal outil en ce qui concerne la question des retraites et de l'emploi des seniors (cf. chapitre 2).

Enfin, le Fonds social européen a, depuis 1957, eu pour mission de soutenir les Européens dans l'accès à de meilleurs emplois et à acquérir de meilleures compétences. Le 6 octobre 2011, la Commission européenne a proposé un nouvel ensemble de règles pour le fonctionnement du FSE entre 2014 et 2020[107]. Les objectifs sont d'améliorer les opportunités d'emplois, de promouvoir l'éducation et la formation tout au long de la vie, de renforcer l'inclusion sociale et contribuer à combattre la pauvreté.

1. 3. Les dernières orientations

A un Sommet informel qui s'est tenu à Hampton Court en 2005, les chefs d'Etat et de gouvernement ont reconnu que le vieillissement démographique serait l'un des principaux défis auxquels l'Europe serait confrontée dans les prochaines années. En octobre 2006, la Commission européenne a présenté ses orientations sur les défis démographiques dans une communication intitulée *« The demographic future of Europe – from challenge to opportunity »*[108]. La communication a identifié cinq réponses politiques qui aideraient les Etats membres à répondre aux changements démographiques, en promouvant :

- le renouveau démographique grâce à un meilleur soutien pour les familles ;
- l'emploi – notamment à travers de meilleurs emplois et des vies actives plus longues et de meilleure qualité ;
- une Europe plus productive et compétitive ;
- l'accueil et l'intégration des immigrants en Europe ;
- des finances publiques soutenables en Europe – en garantissant une sécurité sociale adéquate et l'équité entre les générations.

Lors du comité de l'emploi et du comité de la protection sociale sur le vieillissement actif de mai 2007, la quasi-totalité des Etats membres de l'Union européenne ont déclaré être en train de réformer les systèmes nationaux de sécurité sociale afin de promouvoir l'allongement de la durée de la vie active. Tous ont considéré que la hausse effective de l'âge de départ à la retraite était l'une des clés du processus d'adaptation des systèmes de retraite au vieillissement des populations. Le comité a également lancé deux études parallèles sur « la valorisation de l'allongement de la vie active à travers une réforme des retraites ». La première étude considère les différentes dispositions en vigueur concernant l'âge de la retraite et les dispositions réglementaires en matière de retraite anticipée, de retraite différée et de retraite partielle[109]. Elle réunit les informations disponibles dans les Etats membres pour

[107] COM(2011) 607, disponible sur : http://eur-lex.europa.eu.
[108] COM(2006) 571, disponible sur : http://eur-lex.europa.eu.

[109] *Promoting longer working lives through pension reforms – first part : Flexibility in retirement age provision,* comité de la protection sociale, Commission européenne, Bruxelles, avril 2007,

démontrer qu'un âge de retraite flexible contribue à allonger la vie active. La deuxième étude se concentre sur les départs anticipés du marché du travail[110]. Elle examine l'impact qu'ont sur le comportement des seniors des mesures comme la retraite anticipée, les régimes de prestations d'invalidité et les pensions de réversion ou les régimes de retraite complémentaire. Dans l'Europe des 25, le niveau d'emploi des travailleurs âgés est passé de 37% en 2000 à 44% en 2006 (Commission européenne 2008).

Le 29 avril 2009, la Commission européenne a proposé une autre communication sur le thème de l'impact du vieillissement démographique dans l'UE[111]. Elle présente les projections des dépenses par âge à la lumière de la crise financière et économique. Elle souligne le besoin d'introduire d'autres réformes pour prendre en compte les coûts budgétaires futurs, notamment pour les retraites et la santé, et pour encourager les travailleurs à rester plus longtemps sur le marché de l'emploi. Cette communication propose une révision de la communication de 2010 *« Europe 2020 – a strategy for smart, sustainable and inclusive growth »*[112], du 3 mars 2010, qui fixait pour objectif d'atteindre un taux d'emploi total de 70% en 2020. Cette fois, l'objectif est d'atteindre pour l'UE des 27 un taux d'emploi de 75% pour les 20-64 ans d'ici 2020.

Le 7 juillet 2010, la Commission européenne a lancé un débat sur l'avenir des retraites dans un livre vert intitulé *« Towards adequate, sustainable and safe European pension systems »* [113]. L'objectif était de stimuler le débat sur les thèmes suivants :

- atteindre un équilibre entre le travail et la retraite, en facilitant les prolongations d'activité ;
- réformer les systèmes de retraite, ce qui l'une des dix actions identifiées dans le processus de suivi de la Stratégie Europe 2020 ;
- rendre les pensions plus sûres dans le contexte de la crise économique récente ;
- assurer des revenus adéquats pendant la retraite en rendant les systèmes de retraite sûrs et soutenables à long terme ;
- renforcer la sûreté et la transparence des retraites pour que les personnes puissent être informées des décisions concernant leur propre retraite.

---

http://ec.europa.eu/employment_social/spsi/docs/social_protection_committee/spc_flexible_age_report_en.pdf..

[110] *Promoting longer working lives through pension reforms – second part: Early Exits from the labour market,* comité de la protection sociale, Commission européenne, Bruxelles, février 2008, http://ec.europa.eu/employment_social/spsi/docs/social_protection_committee/spc_study_on_early_exits_final_en.pdf.

[111] COM(2009) 180, disponible sur : http//eur-lex.europa.eu.

[112] COM(2010) 2020, disponible sur :http://eur-lex.europa.eu.

[113] COM(2010) 365. , disponible sur : http://eur-lex.europa.eu.

Enfin, l'Union européenne a désigné 2012 comme l'Année européenne pour le vieillissement actif et la solidarité entre les générations le 23 septembre 2011[114]. Cette initiative tend à :

- aider à créer de meilleures opportunités d'emploi et de meilleures conditions de travail pour la proportion croissante de travailleurs âgés en Europe ;
- les aider à jouer un rôle actif dans la société, et
- les encourager à vieillir de façon saine et selon un mode de vie indépendant.

L'un des principaux objectifs de l'Année européenne 2012 est de transformer l'idée que les personnes âgées sont une charge pour la société. Elle a pour objectif de mettre en avant ces idées, d'identifier et de publiciser les bonnes pratiques, et d'encourager les *policy-makers* à promouvoir le vieillissement actif.

Dans l'ensemble, l'Union européenne souligne les progrès réalisés en termes d'emploi des seniors entre 1990 et 2010. En effet, le taux d'emploi des personnes âgées de 60 à 64 ans variait de 13% en Hongrie à 61% en Suède en 2010. Selon l'Union européenne, l'emploi de la population âgée a fortement augmenté au cours de la dernière décennie. Alors que le taux d'emploi des personnes âgées de 20 à 64 ans a augmenté dans l'UE27 de 2,1% (passant de 66,5% en 2000 à 68,6% en 2010), le taux d'emploi des seniors a augmenté plus fortement : de 10,6% pour les 55-59 (de 50, 3% à 60,9%) et de 7,5% pour les 60-64 ans. Le taux d'emploi des personnes âgées de 65 ans et plus est demeuré autour de 5%.

En 2010, les taux les plus élevés pour les personnes âgées de 55 à 59 ans ont été enregistrés en Suède (80,7%), au Danemark (75,9%) et en Finlande (72,5%), et les plus faibles en Pologne (45,8%), en Slovénie (46,9%) et à Malte (49,3%). Pour les personnes âgées de 60 à 64 ans, les taux les plus élevés ont été observés en Suède (61,0%), au Royaume-Uni (44,0%) et en Estonie (42,8%), et les plus faibles en Hongrie (13,0%), à Malte (14,2%) et en Slovaquie (17,2%). Pour les personnes âgées de 65 ans et plus, les taux d'emploi les plus élevés ont été constatés au Portugal (16,5%), en Roumanie (13,0%) et à Chypre (12,9%), et les plus faibles en France et en Slovaquie (1,6% chacun) ainsi qu'en Hongrie (1,9%).

[114]Décision 940/2011/Union européenne.

Taux d'emploi par groupes d'âge (%)

	2000				2010			
	20-64 ans	55-59 ans	60-64 ans	65 ans et plus	20-64 ans	55-59 ans	60-64 ans	65 ans et plus
UE27	**66,5**	**50,3**	**23,0**	**5,0**	**68,6**	**60,9**	**30,5**	**4,7**
Belgique	66,3	37,9	12,4	1,6	67,6	53,1	20,2	2,0
Bulgarie	56,5	33,5	10,5	2,9	65,4	62,2	26,6	2,8
Rép. tchèque	70,9	50,2	16,9	4,1	70,4	67,1	25,2	4,7
Danemark	77,9	72,6	30,9	2,5	76,1	75,9	39,6	6,2
Allemagne	**68,7**	**56,4**	**19,6**	**2,6**	**74,9**	**71,5**	**41,0**	**4,0**
Estonie	67,4	58,6	29,9	7,5	66,7	63,1	42,8	8,3
Irlande	70,1	53,1	35,8	8,1	64,9	58,8	40,2	8,6
Grèce	62,1	48,4	31,9	5,3	64,0	53,9	30,5	4,0
Espagne	60,6	46,2	26,7	1,6	62,5	54,4	32,0	2,0
France	**67,4**	**48,1**	**10,2**	**1,1**	**69,1**	**60,6**	**17,9**	**1,6**
Italie	57,1	36,5	18,0	3,1	61,1	52,7	20,5	3,1
Chypre	72,0	60,6	35,3	10,3	75,4	69,7	41,9	12,9
Lettonie	63,4	49,3	21,8	6,6	65,0	64,3	29,4	5,6
Lituanie	66,1	56,2	25,8	7,8	64,4	61,1	33,8	4,5
Luxembourg	67,5	38,9	14,5	(1,6)	70,7	55,7	20,1	(3,4)
Hongrie	60,9	33,7	7,6	1,7	60,4	51,7	13,0	1,9
Malte	57,5	45,3	(10,8)		60,1	49,3	14,2	(3,5)
Pays-Bas	74,2	54,1	18,5	2,6	76,8	70,1	37,3	5,9
Autriche	70,7	42,4	12,1	2,9	74,9	61,0	22,3	5,3
Pologne	61,1	37,7	20,9	7,6	64,6	45,8	19,1	4,7
Portugal	73,4	57,7	44,7	18,0	70,5	57,8	40,2	16,5
Roumanie	70,5	56,6	48,0	38,2	63,3	50,2	29,5	13,0
Slovénie	68,5	29,0	15,1	7,4	70,3	46,9	19,5	7,3
Slovaquie	63,0	34,5	6,1	0,8	64,6	57,9	17,2	1,6
Finlande	72,3	58,5	6,1	0, 8	64,6	57,9	17,2	1,6
Suède	76,3	78,6	46,0	4,9	78,7	80,7	61,0	6,3
Royaume-Uni	73,9	63,2	36,1	5,2	73,6	70,8	44,0	8,5

() Données à fiabilité réduite en raison de la taille de l'échantillon.
: Données non publiées en raison de la petite taille de l'échantillon.
Source : Eurostat 2012, *« Active Ageing and solidarity between generations – a statistical portrait of the European Union 2012 ».*

2. Les idées comme vecteur de changement

Quel peut être l'impact d'une politique cognitive ? La stratégie européenne se base en effet sur la formulation et la diffusion de nouvelles idées sans empiéter sur les prérogatives des Etats membres. En nous appuyant sur les travaux réalisés sur l'européanisation souple des politiques publiques, nous nous efforcerons dans cette sous partie d'identifier les apports et les limites de la méthode ouverte de coordination (MOC).

2. 1. Les apports de la méthode ouverte de coordination

La méthode ouverte de coordination se distingue des méthodes classiques d'européanisation, dans la mesure où elle n'instaure pas un cadre législatif contraignant. Une différenciation a ainsi été instaurée entre *« hard »* et *« soft law »* dans le processus d'européanisation (Trubek, Trubek 2005, p. 83). La méthode ouverte de coordination ne peut cependant être réduite à une politique symbolique sans effets concrets. En effet, elle peut conduire à des changements de politiques publiques compatibles avec les orientations européennes, mais aussi avoir un impact plus subtil sur l'élaboration des diagnostics, les principes et les valeurs mis en avant dans l'élaboration des politiques publiques, les débats et les discours nationaux (Jacobsson 2001).

Pour comprendre les dynamiques de réformes de l'Etat-providence, il faut de ce fait ouvrir « la boîte noire » des outils cognitifs et normatifs utilisés par les acteurs (De la Porte, Pochet 2002, p. 43). La méthode ouverte de coordination, par le biais d'un processus d'apprentissage qui implique l'ensemble des acteurs (européens et nationaux) pourrait sur le long terme être un élément qui accompagne les Etats-providence nationaux dans le passage d'un paradigme à un autre. Ainsi, la stratégie pour l'emploi a permis d'élaborer peu à peu des principes d'action communs : les lignes directrices indiquent un passage de politiques de l'emploi passives à des politiques actives. Il est probable que nous retrouvions un processus similaire en ce qui concerne les retraites et les préretraites. Ces orientations conduisent en effet à un nouveau paradigme d'action dans lequel les systèmes continentaux commencent à s'inscrire.

L'ambiguïté est que les Etats-providence sont plus susceptibles de changer grâce à des dynamiques et des intérêts nationaux, même si les propositions européennes participent à un changement paradigmatique. L'harmonisation est de ce fait indirecte, car les responsables nationaux ré-interprètent et se réapproprient les propositions européennes pour les inclure dans les formulations de politiques publiques nationales (Coron, Palier 2002, Mandin, Palier 2004) ou légitimer une action (Dyson, Featherstone 1996). Cependant, la méthode ouverte de coordination peut aussi devenir une ressource précieuse dans l'architecture européenne. Elle permet en effet d'élargir la sphère de compétence de l'Union européenne tout en respectant la diversité des systèmes et l'autorité des responsables nationaux. La subsidiarité cesse d'être un jeu à somme nulle entre les institutions européennes et les Etats membres. Gosta Esping-Andersen, Duncan Gallie, Anton Hemerijck et John Myles estiment que cette pratique qui vise à l'élaboration d'un consensus entre les Etats membres permet de construire une « réponse européenne distincte, et dans certains cas déjà positive » aux défis sociaux. La méthode ouverte de coordination pourrait ainsi devenir l'un des vecteurs d'un « processus dynamique d'auto-transformation du ou des modèles sociaux européens » (Esping-Andersen et al. 2001, p. 260-261).

2. 2. Le poids des normes

Dès lors, il est nécessaire d'analyser la cohérence idéologique des orientations véhiculées par la méthode ouverte de coordination. Quelle nouvelle conception de la protection sociale ces lignes directrices et objectifs communs sont-ils en train de construire ? Ici se pose la question de l'influence d'une conception cohérente des politiques de l'emploi et de la protection sociale face au poids des institutions et des intérêts nationaux. Quel peut être le rôle des idées ? A partir de l'étude des textes et des discours européens, il est possible de mettre à jour un nouveau cadre cognitif qui modifie la perception traditionnelle des systèmes de protection sociale et propose un modèle alternatif, plus compatible avec les évolutions sociétales et le nouveau paradigme économique global. L'Union européenne deviendrait en ce sens un lieu de traduction de « l'idéologie dominante » (Surel 2000).

La transmission des idées est un vecteur d'influence qui apparaît opaque. Dans la mesure où le processus n'est pas contraignant, la pression européenne semble faible. Cependant, David et Louise Trubek montrent que même s'il n'existe pas de sanctions formelles, le processus de la méthode ouverte de coordination peut s'accompagner de sanctions informelles (Trubek, Trubek 2005). La première forme de sanction informelle qui peut pousser au changement est la honte (*shaming*). Les Etats membres peuvent choisir de se plier aux orientations européennes pour éviter les critiques négatives lors des revues par les pairs et les recommandations du Conseil, qui mettent en lumière les faibles performances et peuvent être source de publicité négative. Par exemple, la France apparaît au niveau européen au début des années 2000 comme la « lanterne rouge » de l'Europe au regard de son utilisation des préretraites. Cette politique passive a fait l'objet de multiples recommandations dans le cadre des lignes directrices pour l'emploi. Le deuxième vecteur d'impact est celui de la diffusion des normes dans le cadre d'un phénomène mimétique (*mimesis*). Les acteurs européens (Commission et « pairs ») mettent en avant un modèle cohérent qu'ils encouragent à suivre. La sélection de « bonnes pratiques », qui sont communiquées aux autres Etats membres pour encourager un processus d'apprentissage, sont aussi le vecteur de diffusion des nouvelles normes d'action.

Un autre vecteur de changement d'ordre discursif (*discursive transformation*) a été mis en avant par Kerstin Jacobsson (2005). Elle montre que la Stratégie européenne pour l'emploi a introduit une série de concepts comme l'employabilité, l'adaptabilité, la flexibilité, l'activation des politiques publiques. Certains de ces concepts sont renforcés par des indicateurs statistiques (benchmarks) qui mettent en exergue une certaine organisation de la réalité et orientent vers un nouveau sens de l'action publique.

Ces mécanismes de diffusion suggèrent que les différents processus, qui incluent la réalisation des rapports nationaux, les rencontres de comités, les revues par les pairs et les différents processus de contrôle, transforment progressivement les discours et les orientations politiques nationales. En effet, les rapports sont écrits au niveau national par rapport aux termes qui sont fixés par les lignes directrices ; les nouveaux concepts élaborés au niveau européen favorisent ainsi la diffusion au niveau national d'une terminologie et d'une interprétation du monde. Ce processus requiert en ce sens l'acquisition de nouveaux cadres cognitifs : « des mécanismes qui déstabilisent les cadres d'interprétations existants, qui mettent en commun de personnes ayant des points de vue différents, qui provoquent l'érosion des frontières entre les domaines politiques traditionnels et la reconfiguration des réseaux politiques, produisent de l'information sur l'innovation, requièrent le partage de bonnes pratiques et des expérimentations, encouragent les acteurs à comparer leurs résultats avec ceux qui apparaissent comme les meilleurs dans ce domaine, et obligent les acteurs à redéfinir collectivement des objectifs et des politiques » (Trubek, Mosher 2003, p. 46-47). En ce sens, la méthode ouverte de coordination permet la mise en place d'un processus d'apprentissage qui se diffuse (*infuse*) dans les débats nationaux et apporte des concepts politiques, des liens causaux et des explications, qui modifient la façon dont les acteurs conçoivent les problèmes et les solutions (Jacobsson 2004a et 2004b).

En ce qui concerne notre champ d'analyse, une terminologie spécifique s'est développée au niveau européen autour de nouveaux concepts comme le « vieillissement actif », « la formation tout au long de la vie », « le cycle de vie », « les seniors », « un Etat-providence actif »... Ce vocabulaire commun s'articule autour d'une notion centrale : « l'activation » des politiques de l'emploi et des politiques de protection sociale. Cette notion ancienne prend ses racines d'une façon ambivalente dans deux répertoires opposés de la protection sociale, le régime universel des pays nordiques et le régime libéral des pays anglo-saxons. La notion de politiques actives pour l'emploi prend en effet ses origines dans les recettes d'action utilisées dans les pays nordiques dans les années 1940, qui encourageaient l'insertion sur le marché de l'emploi grâce au développement d'emplois publics tout en favorisant un niveau de protection sociale élevé. Une interprétation différente a été proposée par les régimes libéraux (Etats-Unis puis Royaume-Uni) au cours des années 1980 avec la dynamique du *« workfare »*, qui s'accompagnait de sanctions en cas de refus de recherche active d'emploi (Barbier 2005). L'activation des politiques pour l'emploi est un principe directeur au niveau européen, qui s'adresse en particulier aux états de l'Europe continentale, qui sont encouragés à passer de politiques passives à des politiques actives.

Les préretraites sont sans doute l'un des programmes d'action qui illustre le plus le principe d'une politique passive. Le vieillissement actif apparaît donc comme un enjeu particulier, qui vise non seulement à changer le paradigme d'action dans un domaine politique précis, mais symbolise aussi le passage vers une nouvelle façon de relier emploi et protection sociale, en faisant de la protection sociale un facteur productif pour l'emploi dans tous les champs des politiques sociales. Cette problématique est partagée par la plupart des Etats membres et fait l'objet d'un consensus dans le contexte du vieillissement de la population et de la réforme des retraites. Dans la mesure où elle correspond aux préoccupations nationales, la stratégie européenne peut de ce fait constituer une ressource supplémentaire, voire un levier d'action (*leverage effect*) dans les stratégies de réformes.

2. 3. Les limites de la méthode ouverte de coordination

La mise en place de la méthode ouverte de coordination suivait plusieurs objectifs. Tout d'abord, il s'agissait de réconcilier les objectifs européens de construction d'une Europe sociale avec le respect du principe de subsidiarité et de la diversité des systèmes de protection sociale nationaux qui s'est accrue avec l'élargissement à 27 pays. La méthode ouverte de coordination proposait un processus alternatif, qui d'après un mode itératif permettait la mise en œuvre des orientations européennes grâce à l'apprentissage mutuel guidé par le *benchmarking* et les bonnes pratiques. Elle initiait un nouveau mode de gouvernement qui promouvait l'émulation et l'apprentissage transnationaux grâce à une comparaison des différentes approches utilisées pour résoudre des problèmes communs. La méthode ouverte de coordination instituait une troisième voie dans les méthodes d'européanisation, qui permettait de dépasser l'opposition entre néofonctionalisme et intergouvernementalisme

Cependant, la mise en œuvre de la méthode ouverte de coordination a conduit à des critiques. En effet, la déclinaison de la méthode ouverte de coordination a mené à un délitement ; les « lignes directrices » ou « objectifs communs » devenant plus flous dans les secteurs dans lesquels les compétences européennes étaient faibles, sans chiffres ni indicateurs d'évaluation fiables. De même, il n'existe pas de plans d'action nationaux concertés dans tous les secteurs, et pas de recommandations spécifiques pour chaque pays. En ce sens, la question s'est posée de savoir si la méthode ouverte de coordination était réellement un instrument de construction de l'Europe sociale, ou plutôt un moyen d'éviter une nouvelle législation européenne dans ce secteur, ce qui permettait de protéger le principe de subsidiarité (Zeitlin 2007). Cette remise en question a aussi été renforcée par l'évolution du contexte politique : les gouvernements de centre-gauche étaient en effet majoritaires et avaient soutenu l'introduction de cette méthode de coordination souple, néanmoins dans un nombre croissant de pays, un tournant politique s'est institué depuis 2001 laissant place à une majorité de gouvernements de centre-droit, qui pour la plupart étaient opposés à une intervention européenne dans le domaine social.

Pour l'ensemble de ces raisons, la méthode ouverte de coordination a été contestée en 2004-2005, d'une part quant à la coordination entre les différents processus au niveau européen et d'autre part quant à l'efficacité de cette méthode à faire progresser les Etats membres vers la réalisation des objectifs européens. En 2004, le rapport Kok a critiqué la faiblesse des incitations à la réalisation des objectifs européens dans les politiques nationales, et a appelé à la nécessité de se recentrer sur les objectifs de croissance et d'emploi, lesquels seraient soutenus par une pression accrue par les pairs. Cependant, le rapport Kok n'a pas remis en question le principe même de la méthode ouverte de coordination, dans la mesure où la méthode communautaire classique (directives et législation) n'avait pas permis l'obtention de meilleurs résultats (KOK 2004). Une autre évaluation a été demandée à un institut externe (*Tavistock Institute*) en 2005, lequel a noté que la méthode ouverte de coordination ne pouvait pas être taxée d'être « un succès ou un échec », dans la mesure où « elle n'avait simplement pas été mise en œuvre » (Zeitlin 2007). La Commission Barroso a sur la base de cette analyse appelé à une réforme des partenariats entre la Commission et les Etats membres, et au passage de la coordination multilatérale de politiques sectorielles à un dialogue bilatéral et intégré sur les programmes nationaux de réformes. Les acteurs européens et nationaux se sont de ce fait confrontés à la difficulté d'évaluer ce nouveau processus de gouvernement, basé sur un fonctionnement itératif et sans contraintes légales.

Néanmoins, les travaux de recherche se sont développés pour analyser l'impact de la méthode ouverte de coordination au niveau national, montrant que les connections entre les politiques nationales et les orientations européennes sont certes incertaines et complexes, mais qu'il est possible d'observer des changements substantiels en particulier dans les façons de penser les politiques publiques au niveau national (Zeitlin, Pochet 2005). Progressivement, en particulier dans le cadre du processus le plus ancien, la Stratégie européenne pour l'emploi, des défis communs ont été identifiés, les acteurs nationaux ont une meilleure connaissance des problèmes et des pratiques politiques mises en œuvre dans les autres Etats membres, les indicateurs statistiques ont été rationalisés et permettent une comparaison… L'ensemble de ces développements tend à pousser les Etats membres à repenser leurs propres approches et pratiques sur la base de comparaisons avec d'autres pays et des obligations de réévaluer leurs propres performances au regard des objectifs européens.

Un changement important a été introduit en 2005 dans le champ de l'emploi, dans la mesure où les lignes directrices pour l'emploi sont désormais intégrées avec les grandes orientations de politiques économiques (GOPE). Cette transformation a sans doute accru les tensions qui existaient entre les acteurs économiques et les acteurs sociaux, et la crainte que la protection sociale soit considérée comme subsidiaire par rapport aux orientations économiques. En 2007, la pression pour réorienter la stratégie de Lisbonne s'est accrue, avec la déclaration de neuf ministres de l'emploi et des affaires sociales des Etats membres de donner « un nouvel élan pour l'Europe sociale ». Néanmoins, les acteurs européens s'interrogent sur la capacité de la MOC à servir cet objectif dans le domaine des pensions, de la santé ou de l'inclusion sociale.

La formation de lectures communes de la réalité et l'élaboration de pratiques coordonnées peuvent favoriser l'harmonisation des schémas d'analyse des responsables nationaux. S'il n'est pas possible de tracer un lien causal direct entre les orientations européennes et les politiques nationales, il est possible de montrer combien le discours européen entre en résonance avec les pratiques des Etats membres. Dès lors que les Etats membres s'accordent au niveau européen sur ce que doit être une « bonne » politique dans un secteur donné, même si le processus reste intergouvernemental et non contraignant, dans la mesure où ils sont soumis à des pressions d'adaptation.

2. 4. Du discours européen aux réformes nationales : un nouveau chemin cognitif

L'élaboration d'une réforme nationale est aussi un processus intellectuel, dans lequel les idées européennes jouent un rôle. Les normes d'action évoluent et s'accompagnent d'un changement des valeurs. Dans le cadre de la stratégie européenne de réforme des retraites, deux axes d'action sont proposés : le premier est le maintien des dépenses publiques de retraite à un niveau compatible avec le pacte de stabilité et de croissance. Pour ce faire, l'Union européenne préconise un développement des régimes complémentaires privés financés par capitalisation. Le deuxième axe, issu de la stratégie de Lisbonne, est d'atteindre un niveau d'emploi élevé pour que le ratio entre actifs et retraités demeure acceptable.

En ce qui concerne le recours au développement de deuxième et troisième piliers financés par capitalisation, on observe une continuité entre le discours européen et les orientations nationales. Désormais, si chaque pays suit son propre chemin pour réformer son système de retraite, cela se fait dans un nouveau paysage commun, structuré par un modèle global où la capitalisation joue un rôle important (Palier, Bonoli 2000). L'analyse des réformes menées en Europe au cours des années 1990 et 2000 tend ainsi à montrer que la tendance générale est à la rétraction des régimes de base (publics et obligatoires) et la croissance de retraites financées par capitalisation (privées, individuels et volontaires) (Mandin, Palier 2004). L'axe de la stratégie européenne qui consiste à s'appuyer sur le vieillissement actif se retrouve dans les décisions plus récentes de réformes. Plusieurs exemples de bonnes pratiques ont été mises en avant au niveau européen[115].

La suppression des barrières à l'emploi envers les travailleurs âgés de plus de 50 ans

En ce qui concerne la suppression des barrières à l'emploi des seniors, c'est-à-dire leur maintien dans l'emploi et la mise en place d'incitations au retour à l'emploi pour les chômeurs âgés de plus de 50 ans, plusieurs initiatives ont été retenues. Les politiques actives du marché du travail sont multiples, elles incluent les mesures de conseil et de « replacement » mises en place par les Services de l'emploi, la création d'emplois, les subventions à l'emploi, les compensations salariales par rapport au dernier emploi occupé, les stages de formation, les emplois protégés, les mesures facilitant la création d'entreprises et le travail indépendant, et les mesures de mobilité (Union européenne 2007, p. 4). Plusieurs pays ont mis en œuvre des approches personnalisées. En Allemagne, une approche globale a été introduite avec *« l'Initiative 50plus »*, qui inclue des subventions à l'intégration des

[115] *« EMCO Working Group Report on Active Ageing »*, 9269/07.

chômeurs âgés et des mesures salariales spécifiques pour les salariés âgés. En Pologne, le « Programme 50 plus » mis en œuvre en 2004, comprend des projets pilotes pour favoriser l'intégration des seniors dans l'emploi. Un programme a été lancé au Royaume-Uni qui propose des « prestations d'incapacité » (*Incapacity Benefits*), et dont la moitié des bénéficiaires a plus de 50 ans. Cette initiative lancée en 2003 a doublé le nombre d'entrées sur le marché du travail de personnes qui souffraient de problèmes de santé et d'invalidité. En Grèce, un autre programme propose des subventions aux entreprises qui emploient des chômeurs proches de l'âge de la retraite. Dans la plupart des pays, des incitations financières sont introduites pour les employeurs qui engagent des chômeurs âgés. De même, la tendance à l'exclusion des chômeurs âgés des mesures d'activation à partir de 58 ou 59 ans est en diminution. Ainsi, cette pratique a été abolie en Allemagne en 2006 au Danemark en 2007.

Les discriminations liées à l'âge restent fortes en Europe en particulier pour les raisons suivantes : une perception négative quant à la capacité d'adaptation et la productivité des travailleurs âgés, une régulation de l'emploi stricte qui désincite à l'embauche des plus de 50 ans (ancienneté, protection dans l'emploi). Dans certains pays européens, en particulier les pays de l'Europe continentale, un consensus social s'est institutionnalisé selon lequel, il est socialement acceptable de cibler les licenciements en cas de restructuration sur les travailleurs âgés, dans la mesure où ils bénéficient de prestations sociales particulièrement généreuses. En ce sens, l'héritage des préretraites devient l'un des facteurs qui conduit à la discrimination par l'âge. Selon l'Union européenne, la pratique institutionnelle est renforcée par les stéréotypes à l'encontre des travailleurs âgés, qui influent sur les politiques des entreprises dans les champs de l'embauche, du licenciement, des formations… De ce fait, l'Union européenne met l'accent sur les campagnes d'information et de sensibilisation à l'égard des entreprises. Par exemple, au Royaume-Uni, une expérience fondée sur le partenariat (*Age Partnership Groups*) a été lancée en 2002 et a conduit à la constitution de groupes de travail, composés d'employeurs, de représentants du gouvernement, de lobbies et de syndicats. Ceux-ci ont introduit une campagne de sensibilisation intitulée *« Be ready »*, qui procure des informations et une aide pratique aux employeurs et prépare l'introduction d'une législation sur la discrimination par l'âge, en particulier dans le domaine du recrutement. En France, l'accord national interprofessionnel de 2005-2006 s'est accompagné d'une campagne de communication à l'égard des entreprises. Un consensus s'est établi sur la nécessité de prendre en compte l'impact culturel des préretraites pour introduire un changement paradigmatique. L'exemple phare de cette stratégie est celui de la Finlande qui a institué depuis la fin des années 1990 un Programme national sur le vieillissement, lequel a dénoncé les effets des préretraites et la nécessité de changer les attitudes culturelles vis-à-vis des seniors. Ce programme de sensibilisation a été crucial dans l'introduction d'une nouvelle politique des âges et a permis la remontée des taux d'activité des seniors.

D'autres exemples de bonnes pratiques ont été identifiés au niveau européen. En 2006, la Belgique a initié un programme actif de management des restructurations des entreprises. Les salariés âgés qui sont victimes de licenciement collectif n'ont accès aux dispositifs de préretraite que si les dispositifs de retour à l'emploi ont échoué. Les mesures actives doivent avoir été planifiées et approuvées par les pouvoirs publics. Sur la base d'un « plafond d'emploi », conclu entre l'employeur, les syndicats et les services publics pour l'emploi, les salariés de plus de 45 ans doivent participer à des mesures de réintégration dans l'emploi pendant une période de six mois. Pendant ce laps de temps, ils bénéficient de mesures de replacement financées par l'employeur et continuent à recevoir leur salaire qui est financé en partie par l'employeur. Seuls ceux qui participent activement à ces mesures de réintégration sont habilités à recevoir des indemnités de chômage ou à avoir accès à un dispositif de préretraite à la fin de la période de six mois. Cette mesure a été approuvée par les institutions européennes, qui estiment que ce programme initie « un changement des mentalités à 180° » (Union européenne 2007, p. 7).

Les Pays-Bas mettent l'accent sur la mobilité intersectorielle des travailleurs âgés grâce à la mise en place de douze projets pilotes qui étudient les obstacles financiers, psychologiques et physiques qui nuisent à la mobilité dans l'emploi dans différents secteurs (santé, bâtiment). Les projets pilotes ont montré que, en particulier dans le secteur des petites et moyennes entreprises, les salariés âgés hésitaient à changer d'emploi au regard de problèmes de santé ou de perspectives incertaines. Les premiers résultats de ces programmes sont encourageants, dans la mesure où dans le secteur de la santé, 50% des bénéficiaires ont trouvé un nouvel emploi qui prend davantage en compte leurs difficultés et est mieux adapté à la réduction de leurs capacités.

En Pologne, le Programme 50 Plus vise aussi, à travers la mise en place de projets pilotes, à faciliter la réintégration dans l'emploi des chômeurs âgés. Les services nationaux pour l'emploi, les organisations d'employeurs et les syndicats ont été invités à participer à la mise en œuvre de programmes d'intégration qui concernent de 50 à 250 personnes.

Au Portugal, un « programme d'intervention pour les seniors » (55 et plus) agit non seulement dans un sens préventif en luttant contre les préretraites mais aussi dans un sens réparateur, en réintégrant les chômeurs âgés dans le marché de l'emploi, en promouvant leur employabilité et en donnant la priorité pour les recrutements. Le Programme prévoit des formations, des initiatives de reconversion et la certification des acquis professionnels. Cette initiative a permis la réinsertion dans l'emploi de 15 000 personnes en 2006.

Combattre les barrières à la formation tout au long de la vie

Le taux de participation à la formation chez les travailleurs de plus de 55 ans est bas en Europe et se situe à 5,3%. Dans la mesure où l'accès à la formation permet de préserver les compétences et de ce fait l'employabilité des seniors, ce champ de l'action publique est particulièrement mis en avant par l'Union européenne. Plusieurs initiatives ont été approuvées par les institutions européennes.

Au Danemark, une négociation tripartite, entre l'Etat, les employeurs et les syndicats a en 2006 conclut à la nécessité de renforcer la formation continue chez les adultes et les responsabilités de chacun des acteurs (individus, entreprises, partenaires sociaux et secteur public) dans ce processus. Le Danemark a constitué un fonds de 134 millions d'euros pour la formation tout au long de la vie, ciblé sur les adultes et la formation continue, qui s'adresse en particulier à ceux qui ont un faible niveau de formation initiale. L'allocation de subvention dépend de la capacité des partenaires sociaux à renforcer leur propre contribution à la formation continue, ce qui a conduit à la signature d'un accord collectif entre les partenaires sociaux.

Le Portugal a établi « l'Initiative pour de nouvelles opportunités » comme une priorité stratégique pour augmenter le niveau d'éducation et de qualification de l'ensemble de la population. En ce qui concerne la formation pour les adultes, des offres spécifiques sont faites pour ceux qui ont le niveau de formation initiale le plus bas. Parallèlement, un système de reconnaissance et de certification des acquis professionnels a été institué pour valoriser les compétences des salariés. Ces mesures participent en amont à la prévention de la perte de compétences des salariés âgés. En 2006, 15 000 personnes ont participé à des mesures de formation et 25 000 ont obtenu un certificat.

En Suède, un système de formation continue a été mis en place pour renouveler les compétences des salariés en accord avec l'évolution des besoins. Ce programme met l'accent sur la formation sur le lieu de travail, qui représente un tiers de l'ensemble de la période d'apprentissage. Par conséquent, les cours sont organisés en collaboration étroite avec les entreprises et sont ouverts à ceux qui ont terminé leur formation initiale et aux salariés qui veulent remettre à niveau leurs compétences.

Au Royaume-Uni, un programme national intitulé *« Train to Gain »* offre aux employeurs un accès facilité à des formations adaptées à leurs besoins. Ce programme comprend des expériences pilotes qui s'adressent aux publics difficiles à atteindre comme les petites entreprises et les secteurs dans lesquels les employés ont un faible niveau de qualification. Fin mars 2006, 29 141 employeurs sont entrés dans le programme qui a admis en formation 256 689 personnes. 17% des stagiaires avaient plus de 50 ans.

Combattre les obstacles liés aux conditions de travail

Selon l'Union européenne, le décalage entre les conditions de travail et les capacités spécifiques des travailleurs âgés constitue l'un des principaux obstacles à leur maintien dans l'emploi. Or, dans la mesure où la structure de la population active est en train de se modifier, ce qui induit qu'une proportion croissante des actifs sera âgée de plus de 50 ans au cours des 20 prochaines années, la mise en place de conditions de travail adéquates est essentielle pour permettre l'adaptation de l'emploi au changement démographique. Les transformations à mettre en œuvre impliquent le maintien et la promotion de la santé et des capacités de travail quels que soient l'âge, le développement des compétences et de l'employabilité des travailleurs âgés, des conditions de travail adaptées à une main-d'œuvre vieillissante. Une gestion appropriée des âges comprend des mesures permettant de combattre les barrières liées à l'âge et de promouvoir la diversité par l'âge. Les grandes entreprises ont tendance à opter pour des horaires de travail flexibles combinés avec des mesures de protection de la santé (ergonomie). Pour le moment, les mesures actives présentées par les Etats membres à ce sujet sont rares. Un autre thème d'action est la régulation des marchés internes de l'emploi : comment gérer l'attribution des tâches en fonction de l'âge sur l'ensemble du cycle de vie ?

Les bonnes pratiques identifiées mettent en avant les mesures préventives ou compensatrices d'un déclin physique, qui s'attaquent au problème de la pénibilité du travail (charges lourdes et répétitives, nécessité de se baisser…).

L'Autriche a lancé un projet pluriannuel pour insuffler une prise de conscience dans les entreprises sur cette question, en mettant l'accent sur l'ergonomie, la promotion de la santé, la prévention des accidents… La Belgique a lancé une étude sur la qualité du travail en collaboration avec la recherche. Au Royaume-Uni, la stratégie « *Health, Work and Well-being* » promeut la protection de la santé sur le lieu de travail pour favoriser l'allongement de la vie active. Au Danemark, l'Etat a établi un Fonds de Prévention, dont l'objet est de financer des activités permettant de prévenir les sorties anticipées du marché du travail en raison de problèmes de santé. Le Fonds a un capital d'environ 403 millions d'euros, et peut accorder des subventions aux entreprises, aux municipalités, aux associations pour la mise en œuvre d'un projet spécifique. L'amélioration des conditions de travail comprend aussi un versant psychosociologique, puisqu'il vise à lutter contre l'âgisme, en mettant l'accent sur les compétences spécifiques des seniors.

L'adaptation de l'environnement du travail aux seniors comprend aussi la thématique de la flexibilisation du temps de travail, en particulier par le recours à la retraite flexible ou l'annualisation du temps de travail.

En France, le Plan national d'action concerté pour l'emploi des travailleurs âgés introduit pour la période 2006-2010 inclut des mesures prioritaires dédiées à l'amélioration des conditions de travail et du bien-être dans l'emploi des travailleurs âgés. L'Agence nationale pour l'amélioration des conditions de travail (ANACT) a défini des plans d'action pour prévenir le vieillissement prématuré, et l'exclusion des personnes les moins qualifiées et ayant un problème d'incapacité au travail, qui propose une réflexion sur le transfert de compétences entre générations, la gestion des secondes parties de carrière, l'emploi à mi-temps à la fin de la vie active… Par ailleurs, le Fonds spécial pour l'amélioration des conditions de travail (FACT) consacre désormais une partie de ses actions à la gestion de l'âge.

En Allemagne, un projet promouvant la qualité de l'emploi (INQA) rassemble le gouvernement fédéral, les états fédéraux, les institutions de protection sociale, les partenaires sociaux et les entreprises privées. L'objectif est de combiner les attentes des employés sur le plan de la santé et des conditions de travail avec les exigences économiques de compétitivité : « Agir ensemble – avec la responsabilité individuelle ». Les acteurs impliqués se sont engagés à organiser un large débat sur l'avenir du travail. L'objectif est d'accroître la sensibilité de l'opinion sur l'évolution des demandes des entreprises, et de parvenir à concilier ces nouvelles exigences avec les attentes personnelles. Le programme se base sur la sélection d'exemples de bonnes pratiques parmi les entreprises qui ont mis en place des initiatives d'amélioration des conditions de travail. Par ailleurs, une partie du travail réalisé comprend le transfert des compétences et des savoirs entre les générations (INQA Demographie).

Favoriser le développement de systèmes de protection sociale adaptés au vieillissement actif

Dans la plupart des pays européens, les systèmes de protection sociale comprennent des institutions héritées des années 1970-1980 qui avaient soutenu l'expansion des préretraites. L'Union européenne met l'accent sur la fermeture de ces dispositifs et l'introduction de nouvelles régulations qui promeuvent le vieillissement actif.

Le premier axe d'action est l'augmentation de l'âge légal de la retraite et la réduction des systèmes de préretraite. Presque tous les Etats membres ont ou envisagent de relever l'âge légal de départ à la retraite ou bien d'allonger la durée de cotisation nécessaire pour obtenir une pension de retraite à taux plein. Ces mesures sont incrémentales et la période de mise en œuvre est souvent très longue. Les gouvernements des Etats membres s'orientent vers un âge de départ fixé à 67 ans en Allemagne, au Danemark et en Suède. Certains pays prennent aussi des mesures qui allongent la durée d'activité nécessaire pour obtenir une pension de retraite à taux plein en fonction de l'allongement de l'espérance de vie. Au Danemark, une indexation de l'âge de la retraite par rapport à l'espérance de vie sera effective en 2025. A partir de 2025, tous les cinq ans, l'âge de départ à la retraite sera réévalué, et pourra être augmenté de six mois à un an sur la base de l'évolution de la longévité enregistrée parmi la génération âgée de 60 ans. Certains Etats membres, comme l'Allemagne, ont égalisé l'âge d'accès à la retraite entre les hommes et les femmes, et d'autres envisagent de le faire (Belgique, Malte). D'autres Etats membres renoncent à un âge fixe de la retraite et s'attachent surtout à relever l'âge effectif de départ. Par exemple, l'Irlande a supprimé l'âge mandataire de la retraite à 65 ans pour les nouveaux entrants dans le service public. La Finlande a introduit un âge flexible de la retraite qui oscille entre 63 et 68 ans. Le relèvement de l'âge de la retraite est souvent combiné avec de nouvelles provisions sur le nombre d'années de cotisations nécessaires pour l'obtention d'une pension de retraite complète. L'Autriche s'attache à réduire le taux de remplacement des pensions pour allonger la période de contribution.

Les Etats membres cheminent tous vers la fermeture ou la réduction des dispositifs de préretraite, en repoussant l'âge d'éligibilité aux dispositifs de sortie anticipée ou en les rendant moins attractifs financièrement. Au Danemark, l'âge d'éligibilité pour un départ en préretraite a été augmenté de 60 à 62 ans. En Lituanie, le niveau des pensions de retraite a été diminué en cas de départ anticipé, avec une réduction actuarielle de 0,4% par mois jusqu'à l'âge légal de la retraite. L'Union européenne encourage l'introduction d'incitations à rester plus longtemps sur le marché de l'emploi. Premièrement, les travailleurs peuvent opter pour la poursuite d'activité et choisir de différer leur départ après l'âge légal. La deuxième option est de partir à la retraite de façon progressive en combinant revenu de l'emploi et revenu de la retraite. Au cours des années 2000, ces mesures actives se sont multipliées dans les pays européens (France, Allemagne, Belgique, Finlande, Italie, Grèce, Royaume-Uni).

Par ailleurs, plusieurs Etats membres continuent aussi le mouvement initié au cours des années 1990, qui vise à supprimer les désincitations à l'emploi dans le cadre de l'assurance chômage pour les plus de 50 ans. Le Danemark a diminué la période d'attribution des prestations d'assurance chômage pour les plus de 50 ans ce qui les place sur un pied d'égalité par rapport aux autres groupes d'âge. Les Pays-Bas et l'Allemagne ont aussi diminué la période d'éligibilité spécifique pour les plus de 55 ans (de 7 ½ années à 38 mois aux Pays-Bas, et de 32 à 12 mois en Allemagne). De même, des exemptions de charges sociales ont été proposées pour favoriser l'embauche des plus de 50 ans. L'Autriche a introduit un système de diminution des charges sociales pour les employeurs lorsqu'ils embauchent un chômeur de plus de 56 ans. Au Portugal, l'embauche d'un senior ouvre l'exemption des cotisations aux systèmes d'assurance vieillesse. Au Luxembourg, un nouveau système a été introduit en 2006 qui implique que les employeurs qui embauchent une personne de plus de 45 ans, au chômage depuis un an, sont dispensés de cotisations au système de sécurité sociale, jusqu'à ce que la personne embauchée atteigne l'âge d'éligibilité pour une pension de retraite.

Rares sont les Etats membres qui remplissent l'objectif de Stockholm, et atteignent un taux d'emploi de 50% pour les travailleurs âgés de plus de 55 ans au début des années 2000. De même, l'UE continue à encourager les gouvernements à repousser l'âge moyen de départ de 5 ans, comme le préconise l'objectif de Barcelone. En l'espace de quelques années, les Etats membres se sont cependant engagés dans une reconfiguration des politiques à mener à l'égard des seniors, et une nouvelle grille de lecture commune semble se propager en Europe.

***

Progressivement un nouveau paradigme s'est élaboré au niveau européen autour de la notion du vieillissement actif. L'introduction de la méthode ouverte de coordination témoigne aussi d'une évolution des méthodes communautaires et de la mise en exergue d'un nouveau mode de gouvernement qui se fonde sur un fonctionnement cognitif : *« The distinctive features of the substance of the new social policy paradigm reveal a shift away from earlier attempts at harmonisation of social law towards creating a core of social rights in the employment field through a process of regulation, coordination and convergence. (...) Alongside these policies nestles a policy of coordinating Member States' economic, social protection and employment policies emphasizing the need to modernize, create flexibiliy and reduce public expenditures especially on passive labour market policies »* (Szyszczak 2001, p. 1129).

L'objectif européen, dans le cadre de cette nouvelle politique, n'est pas l'harmonisation mais la coordination et l'initialisation d'un sentier de convergence, par lequel les Etats membres s'engagent dans un cheminement commun. D'après la classification européenne, les « bons élèves » dans ce domaine sont les pays nordiques. En effet, le principe des politiques actives est au cœur de l'organisation de leur système de protection sociale et ils ont au cours des années 1990 renforcé cette orientation dans les mesures sociales concernant les salariés âgés (retraites progressives, réinsertion, formation tout au long de la vie, campagnes de sensibilisation...). Les pays anglo-saxons n'ont que peu recouru aux systèmes de préretraite pour protéger les salariés âgés en accord avec leur conception libérale de la protection sociale. De ce fait, ce sont essentiellement les pays de l'Europe continentale qui sont encouragés à réviser leurs politiques, à sortir du sentier de dépendance des préretraites et plus largement des politiques passives, ce qui signifie qu'ils doivent introduire un changement culturel et paradigmatique radical.

Chapitre 7. La crise des préretraites et la seconde vague de réforme des retraites en Allemagne et en France (2000 - 2012)

En mettant l'accent sur le « vieillissement actif », l'Union européenne tente d'insuffler un nouveau sens de l'action publique. Les acteurs européens insistent sur la nécessité de réformer les politiques sociales pour les plus de 50 ans, dans les champs des retraites et de l'emploi, et encouragent le passage de mesures passives à des mesures actives (allongement de la durée de la vie active, réforme des allocations chômage, incitations financières et fiscales, formation tout au long de la vie...). Ces orientations de réformes induisent un changement en profondeur dans les pays de l'Europe continentale, symboles de la culture des préretraites. Les acteurs nationaux eux-mêmes utilisent dans les deux pays l'expression de « changement paradigmatique[116] ».

On constate que les orientations européennes sont en écho avec les préoccupations allemandes et françaises. Les deux pays sont représentatifs de l'idéal type de l'Etat-providence continental : les politiques de protection sociale fonctionnent essentiellement sur un mode passif, sous forme de transferts sociaux et avec peu d'incitations au retour à l'emploi, même si les réformes mises en œuvre à partir de la deuxième moitié des années 1990 ont modifié ces recettes d'action (par exemple, le PARE en France ou les *minijobs* en Allemagne). Les jeunes, les femmes et les travailleurs âgés de plus de 50 ans sont les premiers touchés par cet état de fait, dans la mesure où les stratégies de lutte contre le chômage se sont essentiellement construites sur une gestion des âges, dont l'objectif était de privilégier l'accès à l'emploi à l'homme considéré comme le « soutien de la famille » (*male breadwinner model*).

En ce qui concerne le groupe des travailleurs âgés de plus de 50 ans, nous avons analysé dans le chapitre 4, la façon dont un (ou des) sentier(s) institutionnel(s) avait conduit à l'élaboration d'une culture des préretraites. Au cours des années 1990, les gouvernements des deux pays ont tenté de mettre fin à la politique d'éviction du marché du travail des plus de 50 ans pour faire face au contexte du vieillissement démographique et à la réforme des systèmes de retraite et ont été confrontés à un phénomène de double contrainte, ce qui a conduit à une situation de blocage (chapitre 5). La montée en puissance de la thématique du vieillissement actif au niveau européen apparaît de ce fait comme une ressource additionnelle et un levier d'action pour transformer (selon les termes utilisés par certains acteurs) le « cercle vicieux » des préretraites en « cercle vertueux » (Guillemard 2003). L'émergence d'un problème, considéré jusqu'alors comme national, au niveau européen, a permis une prise de distance, et l'intervention des acteurs européens permet de reformuler le problème et de clarifier les pistes d'actions possibles. L'espace politique européen est ainsi utilisé comme un lieu de médiation.

---

[116] Dans ce chapitre, nous privilégions l'emploi du terme « paradigme » car c'est le mot utilisé spontanément par les différents acteurs.

Certes, les nouvelles orientations européennes correspondent aux préoccupations nationales, mais la méthode communautaire choisie, la méthode ouverte de coordination (MOC), est déconnectée de contraintes légales. Si une pression européenne s'exerce dans ce domaine d'intervention, elle se situe essentiellement à un niveau cognitif et normatif, et est de ce fait peu visible et difficilement démontrable. Aussi, il est nécessaire d'adopter un autre positionnement par rapport à la méthode classique d'analyse des processus d'européanisation (Mandin, Palier 2004). En changeant de perspective de recherche, c'est-à-dire en dépassant l'objectif d'étudier l'impact *top-down* des orientations européennes sur les politiques nationales, nous pourrons adopter un autre point de vue et étudier, dans quelle mesure les orientations prises dans le cadre de la méthode ouverte de coordination s'inscrivent réellement dans les politiques nationales. Nous pourrons également étudier dans quelle mesure les interprétations du problème et les normes d'action ont changé. La participation de la France et de l'Allemagne à l'élaboration d'une nouvelle matrice sectorielle dans le secteur des préretraites au niveau européen induit, pour chaque Etat et de manière propre, le réajustement des politiques nationales. Par conséquent, les engagements européens peuvent moins être abordés sous l'ordre d'une « contrainte extérieure » (*vincolo esterno*) qui obligerait les Etats membres à changer de politique, que comme une ressource.

Quels sont les présupposés qui nous permettent d'appuyer cette hypothèse de recherche ? Le premier élément qui conduit à s'interroger sur une corrélation entre les préconisations européennes et la réorientation des politiques sociales envers les salariés âgés en France et en Allemagne est le calendrier des réformes. En effet, dans les deux pays, les gouvernements ont introduit un processus de transformation en profondeur des mesures sociales pour les salariés de plus de 50 ans à partir des années 2000. En Allemagne, les lois Hartz, adoptées en 2002, préconisent une réorientation des politiques de l'emploi pour les salariés âgés. En France, l'emploi des seniors fait irruption sur l'agenda politique dans le cadre de la réforme des retraites de 2003. Le deuxième élément concerne le contenu des réformes. En effet, des thèmes similaires se développent dans les deux pays comme « l'emploi des seniors », le « vieillissement actif » ou la « formation tout au long de la vie ». La terminologie employée est très proche des vocables européens. Enfin, dans les deux pays, les gouvernements appellent à un « changement paradigmatique » dans ce secteur de l'action publique, ainsi que l'Union européenne le recommande.

Un autre type de coïncidence s'exerce entre les deux pays. En effet, les trajectoires et les processus de réformes sont proches. En France comme en Allemagne, des commissions ont été mises en place et ont participé à la reconstruction intellectuelle de la thématique des plus de 50 ans. Elles pourraient constituer en ce sens au niveau national un deuxième espace de médiation entre le nouveau référentiel (véhiculé au niveau européen) et son adaptation au niveau national en fonction des particularités culturelles. Ces structures, les Commissions Hartz et Rührup en Allemagne et le Conseil d'orientation des retraites en France, ont analysé les différentes composantes du construit social qui s'était institué par rapport aux seniors et ont peu à peu élaboré de nouvelles normes d'action. L'appropriation culturelle de nouvelles façons de penser et de faire, ou « styles de politiques publiques » (Radaelli 2001), a permis la stabilisation des options de réformes, qui ont par la suite été déclinées dans les champs des retraites et de l'emploi.

Nous insisterons donc dans l'analyse du processus de changement des politiques publiques à l'égard des salariés de plus de 50 ans sur le « cheminement sociologique des idées » (Mandin, Palier 2009), c'est-à-dire les interactions entre les acteurs et la façon dont elles ont conduit, d'une part à reconstruire le problème et d'autre part à négocier de nouvelles mesures politiques. L'accumulation progressive de mesures incrémentales qui se renvoient les unes aux autres participe à la sortie du sentier institutionnel des préretraites et à la mise en œuvre d'un changement paradigmatique[117].

Dans un premier temps, nous montrerons comment en Allemagne une réorientation progressive vers des mesures actives pour l'emploi a pu émerger. Les commissions Hartz et Rühurp, l'Alliance pour l'emploi ont constitué les principaux vecteurs qui ont conduit à un changement de paradigme. Dans un deuxième temps, nous montrerons que la France, à l'occasion des réformes des retraites de 2003 et 2010, a construit elle aussi de nouvelles normes d'action pour les travailleurs âgés. Il existe de ce fait de fortes coïncidences entre les propositions européennes et les décisions politiques prises au niveau national. L'ambiguïté est que les acteurs nationaux ne font pas ou peu référence à l'Europe dans le processus de réforme. L'indépendance des discours nationaux est marquée par rapport aux orientations européennes, en particulier en France. L'impression qui se dégage est celle de processus parallèles qui se développent de façon indépendante, sans se croiser, même si elles ont un point de fuite identique. La dernière partie de ce chapitre visera par conséquent à mettre en avant les interactions entre le niveau européen et le niveau national, en montrant comment les acteurs nationaux se sont positionnés par rapport aux propositions européennes. Ce sera l'occasion de souligner la fonction de la méthode ouverte de coordination (MOC), qui se distingue des méthodes classiques de l'européanisation : méthode « horizontale » (inscrite dans les politiques nationales), en permettant de faire émerger une ressource cognitive et en constituant un levier d'action dans le processus de changement qui s'exerce selon le principe de la co-construction (Erhrel, Mandin et Palier 2005).

1. L'Allemagne : vers un changement de paradigme vis-à-vis des seniors

A partir des années 2000, les gouvernements allemands mettent de nouveau l'accent sur la problématique des seniors et s'engagent dans une nouvelle vague de réformes dans les champs des retraites et de l'emploi, avec l'objectif d'impulser un « changement paradigmatique » (*Paradigmwechsel*).

[117] Annexe 7 : Chronologie des principales mesures prises pour les travailleurs âgés en Allemagne et en France.

1. 1. Une nouvelle vague de réformes du système de retraite

Lors de son arrivée au pouvoir en 1999, le gouvernement de coalition sociaux-démocrates/verts (SPD/Grüne), a fait adopter une « loi de correction » (*Rentenkorrekturgesetz*), qui a annulé la réforme des retraites votée par le gouvernement précédent. Le gouvernement Schröder suspend de ce fait la mise en œuvre des derniers éléments de réforme proposés par le gouvernement Köhl, qui avaient suscité de nombreuses controverses, en particulier le « facteur démographique », qui visait à ajuster le niveau des pensions en fonction de l'évolution de l'espérance de vie. Le facteur démographique conduisait à une baisse du taux de remplacement moyen de 70% en 1999 à 64% en 2030.

Le gouvernement annonce qu'il proposera un projet de réforme globale des retraites en 2000. Dans l'intervalle, il étend les mesures d'assurance retraite aux travailleurs atypiques (*gerindfügige Beschäftigte*) et aux pseudo-travailleurs indépendants (*scheinselbständigkeit*), qui sont souvent les nouveaux groupes de travailleurs précaires. Face au contexte de consolidation du budget fédéral, le gouvernement choisit de suspendre en 2000 et en 2001 la revalorisation des pensions par rapport aux salaires nets et celles-ci augmentent en fonction de l'inflation. De plus, les revenus de l'écotaxe sont reversés au système de retraite pour stabiliser le taux de cotisation à 19,3% en 2000 (VDR 2000).

La réforme Riester (Riester-Rente)

Fin 1999, le ministre des affaires sociales, Walter Riester, révèle ses projets de réforme. Ses objectifs sont ambitieux, ils dépassent les mesures incrémentales d'ajustements du système de retraite, qui avaient jusque là prévalu, puisqu'il prévoit une reconfiguration du paradigme du système de retraite allemand. En effet, il envisage de restructurer le système de retraite en proposant une retraite de base au sein du GRV, qui serait financée par l'impôt (*Bundeszuschuss*) et permettrait de prévenir la pauvreté pendant la vieillesse. Parallèlement, un pilier supplémentaire est ajouté au système de retraite par répartition et financé par capitalisation. Les travailleurs sont encouragés par des incitations financières à placer 4% de leur revenu dans une assurance retraite privée de leur choix.

Ces mesures ont été extrêmement controversées et trois groupes d'acteurs se sont divisés autour de récits de politiques publiques différents. Ces affrontements autour d'une interprétation du monde et de nouvelles normes d'action nous renvoient à la notion de « coalition de cause » (*advocacy coalition framework*) proposée par Paul Sabatier et Hank Jenkins-Smith en 1993. Ces auteurs analysent les changements de politiques publiques en s'appuyant sur les coalitions ou les alliances qui rassemblent différents groupes d'acteurs autour d'un système de croyances partagées (*policy-belief system*). Le système de croyances se divise en trois niveaux : le premier comprend les croyances fondamentales sur l'interprétation du monde (*deep core beliefs*), le deuxième rassemble les stratégies de politiques publiques qui reflètent ces croyances (*policy core beliefs*), le troisième concerne les décisions et instruments mis en œuvre (*secondary elements*). Les niveaux diffèrent dans leur sensibilité au changement : le premier niveau (*deep core beliefs*) est celui qui est le moins souvent touché par le changement, dans la mesure où il rassemble les fondations ; le deuxième niveau (*policy core beliefs*) est également difficile à modifier, par conséquent, c'est essentiellement le troisième niveau (*secondary elements*) qui est le plus sujet au changement (Sabatier, Jenkins-Smith 1993).

En ce qui concerne le projet de réforme des retraites, trois groupes d'acteurs s'affrontent autour de principes et d'orientations de réformes qui renvoient à une interprétation diversifiée du problème et du cadre global dans lequel il s'inscrit (Ney 2001).

Le premier groupe rassemble essentiellement les acteurs économiques et financiers, les employeurs, les banques et les sociétés d'assurance, et préconise une réforme en profondeur. Selon eux, le système actuel risque de faire peser une charge indue sur la population active. De plus, il interfère avec la possibilité des choix individuels. Selon ces acteurs, le système de retraite n'a pas de valeur intrinsèque, ce n'est qu'un instrument, qui s'il n'est plus adéquat, doit être transformé. Or, ils estiment que le système actuel est défectueux et ne remplit plus les objectifs de justice sociale (*deep core beliefs*). Ces acteurs proposent de nouveaux principes d'action (*policy core beliefs*), qui s'articulent autour de la stabilisation des taux de cotisation et le développement d'un système alternatif fondé sur la capitalisation, et rejoignent une interprétation du monde socioéconomique basée sur la primauté de la liberté individuelle, la non-intervention de l'Etat, la réduction des charges sociales et des désincitations au marché du travail, et enfin la croissance du marché des capitaux… Ces acteurs sont partagés quant à la mise en œuvre des principes de réforme, c'est-à-dire les instruments d'action (*secondary elements*). Un premier courant d'expertise préconise de réduire la place occupée par le premier pilier financé par répartition à une pension universelle de base permettant de lutter contre la pauvreté, financée par l'impôt, et de développer un marché privé de retraites financées par capitalisation. Le deuxième courant défend l'option d'un tournant complet vers la capitalisation, avec des portefeuilles d'actions diversifiés pour limiter les risques financiers. Le troisième courant propose de réduire le niveau des prestations (changement de la formule de calcul, réintroduction du facteur démographique…), et d'introduire un plafond de cotisations qui limite leur augmentation à 20%. Il insiste aussi sur la suppression des désincitations à l'emploi, et critique l'usage qui a été fait du système de retraite, qui a financé l'expansion des politiques de préretraite, et a remis en cause le principe de contributivité. Parallèlement, ce courant soutient l'idée du développement d'un marché privé des pensions pour compenser la diminution du niveau de la retraite de base.

Le deuxième groupe d'acteurs est composé par les gestionnaires du système de retraite, les syndicats et autres acteurs sociaux, et propose un scénario d'action qui se base sur la stabilité. Ces acteurs défendent les principes fondateurs du système de retraite allemand : sa fonction première est la lutte et la prévention de la pauvreté, il accompagne et temporise l'évolution du marché et est de ce fait synonyme de la stabilité de l'ordre socioéconomique (*deep core beliefs*). Les principes d'orientation de l'action publique s'articulent autour de la préservation du niveau de vie (*Lebenstandardprinzip*), de la justice et de l'équité (*policy core beliefs*). Ces acteurs défendent le mécanisme de l'assurance sociale, qui est le plus à même de garantir le respect des principes sociaux. Selon eux, le système de retraite actuel (GRV) est adapté à ces nouveaux enjeux. En effet, le financement par répartition permet une redistribution intra- et intergénérationnelle et limite les risques sociaux. Dans ce contexte, un pilier financé par capitalisation ne serait qu'un complément. En ce qui concerne les orientations de réformes, les acteurs acceptent l'idée du développement d'un pilier complémentaire au GRV, financé par capitalisation. Par ailleurs, ils préconisent une nouvelle réforme des paramètres du GRV qui comprendrait les éléments suivants : une coupe modérée des prestations (changement de la formule de calcul, introduction d'un facteur démographique), l'augmentation contenue des cotisations et un principe de contributivité renforcé (introduction de réductions actuarielles), ainsi que le relèvement de l'âge de départ à la retraite mais en préservant la possibilité des préretraites (*secondary elements*).

Le troisième groupe d'acteurs est essentiellement composé par le parti des Verts (*die Grünen*) et met en exergue le principe de la justice sociale, mais dans une acception différente de celle proposée par les acteurs sociaux traditionnels. Ils reprennent les principes fondamentaux, selon lesquels le système de retraite confère des droits positifs et représente le lien institutionnel avec la responsabilité morale de répartition des richesses sur l'ensemble du cycle de vie (*deep core beliefs*). Les principes d'action sont également proches de ceux proposés traditionnellement par les acteurs sociaux : garantir à chacun une pension de base, réduire les inégalités sociales, prévoir un niveau de sécurité adapté selon les besoins (*policy core beliefs*). Toutefois, ces acteurs se différencient par rapport à l'évaluation du système actuel et les orientations d'action. Les Verts estiment en effet que la configuration actuelle du système de retraite contribue à perpétuer les inégalités et ne prend pas suffisamment en compte la montée en puissance du travail atypique et de la dérégulation du marché de l'emploi. Ainsi, il préserve les intérêts acquis de la génération des Trente Glorieuses et ne se préoccupe pas suffisamment de ceux des générations futures. De même, sur le plan intragénérationnel, le système de retraite renforce les inégalités pour les femmes et les travailleurs précaires. De ce fait, ces acteurs préconisent une nouvelle expansion du système, qui comprend l'harmonisation de la couverture sociale aux groupes sociaux menacés par la montée en puissance de nouveaux risques sociaux (familles monoparentales, femmes seules, travailleurs précaires...), et met l'accent sur la redistribution, grâce à l'introduction d'une pension forfaitaire de base, financée par l'impôt (Ecotaxe) et découplée du revenu des salaires (*secondary elements*).

Si certains éléments soulevés par les Verts, comme l'écotaxe, ont été pris en compte, le SPD a décidé que les autres propositions étaient trop coûteuses. Même si l'accord de coalition entre les Verts et le SPD incluait de nombreux éléments proches de la conception défendue par le parti écologiste, comme la justice sociale, l'harmonisation du système de retraite, l'extension de la couverture, la mise en place d'une pension forfaitaire, le SPD ne les a pas inclus dans le projet de réforme (SPD, Bündnis 90, die Grünen 1998). De ce fait, les débats se sont plutôt concentrés sur la controverse entre les deux premiers groupes d'acteurs.

Les protagonistes du premier groupe (acteurs économiques et financiers) estimaient que les gestionnaires du système de retraite, les syndicats et le gouvernement, avaient floué le grand public. En effet, les politiciens et les experts avaient au cours des vingt dernières années répété que les pensions étaient sûres, alors que le système était menacé dans son ensemble. Les experts économiques et financiers attirent de ce fait l'attention des médias sur une nouvelle vision du problème des retraites. Ils dénoncent l'utilisation abusive qui a été faite du système de retraite en particulier sur le plan des préretraites. En contrepartie, les acteurs sociaux critiquent les acteurs économiques et financiers, qui cherchent à « saper le modèle social allemand ». Ils soutiennent que les banques et les assurances veulent récupérer une partie des fonds du GRV, qui représente un flux annuel de 200 milliards d'euros. Ils dénoncent la prise de position des organisations d'employeurs allemands qui se concentrent sur la question des coûts des retraites au détriment des besoins sociaux, se servent du bouc émissaire de la mondialisation, et ne mentionnent pas les impacts réels d'une telle réforme sur le niveau des pensions.

Les débats ont donc été conflictuels sans élaboration de compromis entre les différentes coalitions de cause. La réforme des retraites a finalement été adoptée en deux temps (le 16 février et le 11 mai) et comporte deux volets. Le premier concerne la réduction du niveau des retraites publiques, le deuxième l'introduction des *Riester-Rente*, des pensions complémentaires, facultatives, financées par capitalisation et subventionnées par l'Etat.

La première partie de la réforme, votée le 16 février 2001, vise à stabiliser les taux de cotisation à 22% en 2030. Elle prévoit aussi que le calcul du taux de remplacement se fasse désormais en référence à la totalité des salaires perçus. Cet élément avait déjà été proposé par le gouvernement Kohl en 1997 mais avait été suspendu par le gouvernement Schröder. La réforme introduit à partir de 2030 une garantie du taux de remplacement fixé à 67% du salaire de référence, lequel ne prend pas en compte les cotisations versées aux *Riester-Rente*, ce qui conduit en fait à un taux de remplacement réel de 64%. Par ailleurs, la réforme introduit de nouveaux changements dans la formule d'indexation, qui fixent la revalorisation des retraites à 90% de l'augmentation des salaires nets. Un des objectifs de la réforme était de réduire les inégalités entre les hommes et les femmes, ce qui s'est traduit par l'attribution de crédits relatifs à l'éducation des enfants (deux années de cotisations pour le premier enfant, et une année pour les suivants). Toutefois, elle a aussi réduit le niveau des pensions de réversion, de 60% à 55% de la pension du conjoint décédé, à partir de 2010. Dans le cadre de l'objectif de lutte contre la pauvreté, la loi prévoit enfin la création d'une pension minimale sous condition de ressources.

Pour contrebalancer la diminution du niveau moyen des retraites de 70% à 67% des revenus d'activité, la loi de réforme prévoit l'introduction d'un complément de retraite par capitalisation, surnommé *« Riester-Rente »*, du nom du ministre fédéral du travail et de l'ordre social qui l'a introduite, Walter Riester. Les *Riester-Rente* ont progressivement été mises en place à partir de 2002. Elles sont abondées par les cotisations individuelles volontaires et peuvent aller jusqu'à 4% du revenu. L'Etat soutient le développement de ces comptes épargne retraite par des versements directs et des exemptions fiscales. Le niveau des aides financières est renforcé en fonction de la situation du bénéficiaire (en charge de famille), et des prestations spécifiques sont prévues pour les couples mariés. Ainsi, selon les calculs du Ministère des Finances, les aides de l'Etat représentent 40% des cotisations versées par les salariés. Pour les personnes à faible revenu qui ont des enfants à charge, les aides peuvent représenter jusqu'à 90% des cotisations versées. La loi introduit aussi des règles prudentielles pour garantir les actifs des comptes d'épargne retraite. En effet, les fonds ne peuvent pas être reversés avant l'âge de 60 ans et le versement se fait obligatoirement sous forme de rente.

La réforme allemande a fait l'objet de négociations houleuses, qui ont été ouvertes par la mise en avant de deux chiffres-clés : limiter l'augmentation des cotisations à 22% des salaires et garantir un taux de remplacement de 67% (en prenant en compte les revenus de la *Riester-Rente*). De plus, l'introduction de la *« Riester-Rente »* constitue un tournant dans l'histoire des assurances sociales, car c'est la première fois en Allemagne qu'un dispositif d'assurance retraite tourne le dos au système par répartition et s'engage sur la voie de la capitalisation. L'adoption de la réforme a été extrêmement difficile pour le gouvernement. En raison des conflits politiques qui se sont développés, il était impossible de penser à une solution consensuelle. De plus, le gouvernement social-démocrate a dû faire face à une opposition interne et à l'opposition des syndicats (Bonoli, Palier 2007). Par conséquent, la stratégie politique de Gerhard Schröder a été d'isoler les opposants à la réforme qui se situaient dans l'aile gauche du SPD plutôt que de les inclure dans le processus politique, et d'aller à la recherche d'un compromis qui apparaissait impossible à trouver (Hering 2004).

La réforme de 2007, relever l'âge de la retraite à 67 ans (Rente mit 67)

Peu après la formation de la deuxième Grande coalition (entre les Chrétiens-démocrates et les Sociaux-démocrates) à la fin de 2005, le thème de la réforme des retraites est réapparu dans le débat politique. En effet, de nouvelles projections démographiques pessimistes ont poussé les leaders du gouvernement d'Angela Merkel à s'interroger sur une nouvelle proposition de réforme : l'augmentation de l'âge légal de départ à la retraite de 65 à 67 ans. Le gouvernement d'Angela Merkel a ainsi proposé de relever progressivement l'âge légal de la retraite entre 2012 et 2029. Une augmentation de la durée de cotisation requise pour une pension pleine de deux ans risque de conduire à des coupes importantes du niveau de la retraite, même si cet effet est modéré par le fait que ceux qui ont des carrières longues et une durée de cotisation élevée pourront obtenir une pension plus élevée (Bonoli, Palier 2007). Cette mesure n'avait jamais été mentionnée pendant la campagne électorale de 2005, mais n'a cependant généré que peu d'opposition.

En effet, dans le cadre de la réflexion sur la réforme des retraites, la Commission Rürup avait déjà préconisé de porter l'âge légal de la retraite de 65 à 67 ans en 2003[118]. Cependant, devant l'écart entre l'âge légal et l'âge réel de départ à la retraite, ce projet avait été abandonné et avait laissé place à la préoccupation politique de pousser une proportion croissante de travailleurs à rester effectivement dans l'emploi jusqu'à 65 ans. Ainsi, l'opposition à ce projet a été telle que le gouvernement a dû faire marche arrière. Le DGB était particulièrement réfractaire au relèvement de l'âge de la retraite proposé par la Commission Rürup :

> « Le projet de la Commission Rürup comprend le relèvement de l'âge de la retraite à 67 ans. Le DGB estime que c'est insensé de relever l'âge de la retraite à 67 ans alors que l'âge de départ effectif se situe à 60,2 ans. Cette initiative ne conduira qu'à une baisse du niveau de la pension de retraite. Nous sommes contre cette prise de position. Pour que cette mesure soit possible, il faut d'abord créer les conditions qui permettent aux salariés de travailler plus longtemps, tant sur le plan ergonomique qu'en ce qui concerne la remise à niveau de leurs qualifications par le biais de la formation professionnelle. Par ailleurs, il y a encore beaucoup de travailleurs qui ont eu une carrière longue parce qu'ils ont commencé à travailler à 16 ans, en particulier dans le secteur du bâtiment. Ils n'ont pas eu les mêmes conditions de vie que les cadres qui de plus commencent à travailler à 30 ans. C'est injuste de fixer un âge standard sans prendre en compte ces éléments. Nous défendons l'idée d'un âge flexible de la retraite[119] ».

Toutefois, au vu de la situation dite catastrophique des comptes sociaux, le nouveau gouvernement CDU/CSU-SPD d'Angela Merkel a remis sur la table des négociations le projet du gouvernement précédent visant à porter l'âge légal d'accès à la retraite de 65 à 67 ans. Par ailleurs, les deux grands partis politiques (CDU et SPD) soutenaient cette orientation de réforme et l'opposition politique ne provenait que des plus petits partis, ce qui a facilité son adoption.

La proposition de loi, présentée le 29 novembre 2006, met l'accent sur la nécessité d'allonger la durée de la vie active au regard de l'allongement de l'espérance de vie. Selon le texte, « la durée de la retraite a augmenté au cours des quarante dernières années de 7 à 17 années. De plus, l'espérance de vie devrait encore s'accroître de 2,8 années chez les hommes et les femmes âgés de 65 ans d'ici 2030 »[120]. Toutefois, les taux d'activité des 55-64 ans se situent à environ 45%, par conséquent ils restent inférieurs au taux d'activité de la population tous âges confondus (65%). Parallèlement, en raison du vieillissement de la population, la proportion de jeunes diplômés va diminuer au cours des prochaines années.

La volonté politique de relever l'âge de départ légal à la retraite à 67 ans est justifiée par l'enjeu de respecter la limite fixée à 22% pour l'augmentation des

---

118 La Commission Rürup (*Rürup-Kommission*) a été créée le 21 novembre 2002. Composée d'experts en politiques sociales, elle a été chargée de réfléchir à la possibilité d'une nouvelle réforme des retraites et a préconisé en particulier le relèvement de l'âge de départ à 67 ans. Le rapport de la Commission (*Rürup Bericht*) a été remis au gouvernement, le 28 août 2003.

119 Entretien réalisé avec un membre du DGB, Berlin, le 16-03-2003. (Nous traduisons les extraits d'entretien).

120 Proposition de loi du gouvernement : proposition de loi pour le relèvement de l'âge légal de la retraite en raison du tournant démographique et pour renforcer la situation financière du régime de retraite (*Gesetzentwurf der Bundesregierung, « Gesetzentwurf eines Gesetzes zur Anpassung der Regelaltersgrenze an die demographische Entwicklung und zur Stärkung der Finanzierungsgrundlagen der gesetzlichen Rentenversicherung (RV-Altersgrenzenanpassungsgesetz) », am 29/11/2006*).

cotisations de retraite ainsi que par celle de ne pas diminuer davantage le niveau moyen des pensions. Par ailleurs, le gouvernement estime que cette mesure participe à la stratégie plus globale de relèvement des taux d'activité des seniors : « Le relèvement de l'âge de la retraite et les exigences accrues concernant les travailleurs âgés s'expliquent par des raisons économiques. Avec le changement démographique, le nombre des jeunes travailleurs qualifiés va diminuer. Le relèvement de l'âge de la retraite permettra de ce fait de prévenir le risque de pénurie de main-d'œuvre »[121]. De ce fait, le gouvernement décide de relever progressivement l'âge de départ à la retraite à partir de 2010 et jusqu'en 2029, pour porter l'âge légal de 65 à 67 ans.

Le relèvement progressif de l'âge de la retraite en fonction de l'année de naissance :

Année de naissance	Allongement de la durée de cotisation	Année de naissance	Allongement de la durée de cotisation
1947	1 mois	1956	10 mois
1948	2 mois	1957	11 mois
1949	3 mois	1958	1 an
1950	4 mois	1959	1 an et 2 mois
1951	5 mois	1960	1 an et 4 mois
1952	6 mois	1961	1 an et 6 mois
1953	7 mois	1962	1 an et 8 mois
1954	8 mois	1963	1 an et 10 mois
1955	9 mois	1964	2 ans

Source : « Anhebung der Altersgrenzen », *Gewerkschaft Erziehung und Wissenschaft*, 2006.

Cette nouvelle réforme des retraites a été adoptée le 9 mars 2007 malgré la réticence des syndicats, qui craignaient qu'elle ne conduise à une nouvelle augmentation du chômage parmi les plus de 55 ans, et ce jusqu'à l'âge de 67 ans. Le DGB a en effet estimé que cette décision conduirait à « une réduction factice » de la durée de la retraite, sans résoudre le problème de fond[122]. IG Metall a donné un avis similaire : « Le gouvernement veut relever l'âge de la retraite par étapes jusqu'en 2029, pour atteindre le seuil de 67 ans. C'est le mauvais chemin. Il faudrait privilégier l'idée d'un passage flexible à la retraite jusqu'à 65 ans[123] ».

[121] Idem.

[122] DGB, *Pressemitteilung vom 08/03/07*.

[123] « Länger arbeitslos – nun bis 67 : Bundestag beschliesst Anhebung der Rentenalters gegen der Stimmen der Opposition », *Neues Deutschland*, 10/03/07. (traduction : Plus longtemps chômeur – maintenant jusqu'à 67 ans : le Bundestag décide de relever l'âge de la retraite malgré l'opposition)

Avec cette nouvelle vague de réformes, il semble que l'on a bien affaire à ce que Karl Hinrichs appelle un « nouveau paradigme » (Hinrichs 2005, p. 47). En effet les « *Riester-Rente* », qui introduisent des éléments de capitalisation ainsi que le relèvement de l'âge de la retraite, qui induit de sortir de la politique traditionnelle des préretraites conduisent sur le chemin d'une autre conception de l'emploi des seniors. Cependant, devant la réalité de la situation de l'emploi de ce groupe d'âge, on peut douter de l'effectivité de ce changement.

1. 2. Un « changement de paradigme » dans le secteur de l'emploi ?

L'impression dominante est que les travailleurs âgés ont longtemps été perçus par les *policy-makers* comme un groupe cible pour les initiatives de réduction des coûts des retraites, sans réellement attirer leur attention sur les mesures pour l'emploi. Jusqu'aux années 2000, il n'existait pas de politique publique pour l'emploi des travailleurs âgés en Allemagne, que ce soit en termes de législation spécifique ou de programmes d'action pour l'emploi. Pourtant, un débat politique s'est développé sur la notion d'activation au cours des années 1990 et a contribué à élaborer une nouvelle approche de la question des seniors.

Un débat politique sur la notion « d'activation »

Au milieu des années 1990, une nouvelle impulsion a été donnée aux politiques de l'emploi en Allemagne, avec le « Programme pour l'emploi et la croissance » adopté en 1996. L'objectif de cette réorientation politique était double : d'une part le gouvernement souhaitait consolider le budget fédéral, d'autre part, les présupposés idéologiques étaient en train de changer. En effet, les « façons de faire » ou styles de politiques publiques qui étaient jusqu'alors prédominants dans le domaine de l'emploi, sont à l'époque remis en cause. Il apparaît que les politiques pour l'emploi ne doivent plus se limiter à des transferts sociaux, mais qu'elles doivent soutenir l'intégration sur le marché de l'emploi. Les prestations passives sont critiquées et les *policy-makers* veulent accroître la proportion de mesures actives, c'est-à-dire d'incitations à la réinsertion des chômeurs âgés. En ligne avec cette approche, les prestations d'assurance chômage ont été réduites et l'accent a été mis sur l'introduction de mesures actives.

Cette réorientation vers des mesures dites « actives » pour l'emploi a été source de débats et de conflits qui ont opposé le gouvernement d'Helmut Kohl à Gerhard Schröder et au SPD, dans la mesure où les différents acteurs défendaient deux interprétations différentes de l'activation. Ce débat a dans un premier temps porté sur la volonté de réformer l'acte fondateur pour l'emploi de 1969, qui avait été élaboré selon des principes keynésiens et qui s'articulait sur l'interdépendance vertueuse de l'économie et de la protection sociale dans un contexte de plein-emploi. A cette époque, l'Etat-providence apparaissait comme un élément constitutif de la croissance économique. En 1994, le gouvernement conservateur a annoncé sa décision de réformer l'acte de 1969, indiquant sa volonté de repenser les interactions entre protection sociale et emploi. Dans une économie ouverte, qui s'appuie sur les principes issus du néolibéralisme, l'Etat-providence est plutôt présenté comme un facteur de coût, tandis que les cotisations sociales élevées sont considérées comme néfastes pour l'emploi. Ainsi, le gouvernement souhaite introduire une nouvelle philosophie d'action qui se base sur le *Workfare* (Trampusch 2001). En 1996, le gouvernement Kohl présente son projet de réforme qui vise à réduire le niveau des cotisations sociales à 40% d'ici 2000, à réformer le système d'assurance chômage et à diminuer les taux de cotisation dans ce secteur de 6,5% à 4,5% (Bundesregierung 1996). Parallèlement, le projet souligne la responsabilité individuelle des chômeurs, et remet en cause le principe selon lequel les droits sociaux sont « acquis » pour mettre l'accent sur la notion de « devoir ». Ces mesures induisent de ce fait un tournant qui s'inscrit en continuité avec les politiques de *workfare* développées dans les pays anglo-saxons (Rabe, Schmidt 1999).

Cette conception de l'activation des politiques sociales a suscité la colère des partis de gauche et des syndicats, qui ont refusé cette réforme et ont proposé un projet alternatif, s'appuyant sur une autre conception des politiques actives, telle qu'elles sont pratiquées dans les pays nordiques (Zohlnhöfer 2001). En collaboration avec les syndicats, le SPD a ainsi proposé une autre conception, qui réaffirmait la responsabilité des pouvoirs publics dans le processus de création d'emplois et présentait le plein emploi comme l'objectif à atteindre (*Arbeits- und Strukturförderungsgesetz* BT-Drs. 13/1440). Le SPD a rejeté l'interprétation du gouvernement de la « responsabilité » des chômeurs, soutenant que le problème principal n'était pas le comportement velléitaire des chômeurs mais la pénurie d'emplois disponibles. Selon le SPD, il manquait à l'époque 6 millions d'emplois en Allemagne (BT-Drs. 13/5936). Le projet présenté par l'opposition s'appuyait essentiellement sur une meilleure coordination des politiques de l'emploi au niveau local et régional et la création d'emplois publics. Le SPD, soutenu par le parti des Verts, proposait aussi une réorientation des dépenses de l'assurance chômage des mesures passives vers des mesures actives, qui devaient représenter 50% du budget (contre 35%), et devaient concerner l'ensemble des chômeurs de plus de six mois.

Par ailleurs, le SPD introduisait des pistes d'action pour faciliter la réintégration des chômeurs âgés, en encourageant leur capacité à la création d'entreprise (*Abeitsbeschaffungsmassnahme*). Le passage de mesures passives à des mesures actives pour l'emploi était estimé à un coût additionnel de 7 milliards d'euros (FAZ, 18-05-1995). Dans la même optique, le papier Blair/Schröder proposé en 1999 a montré que le Chancelier défendait une réforme du marché de l'emploi dans la continuité des principes de l'activation des politiques sociales. Néanmoins, l'influence des partis de l'opposition et des syndicats est restée limitée par rapport au processus de réforme lancé par le gouvernement Kohl.

Après l'élection de Gerhard Schröder en 1998, l'Alliance pour l'emploi (*« Bündnis für Arbeit »*) a été mise en place. Ce pacte pour l'emploi a rassemblé des représentants du gouvernement et les partenaires sociaux, qui ont abordé les différentes thématiques liées à l'emploi et à la réforme de l'assurance chômage selon une optique active. Dans ce cadre de réflexion, la question des travailleurs âgés a été problématisée et les partenaires sociaux ont annoncé leur volonté d'un changement de paradigme.

L'Alliance pour l'emploi, vecteur d'un « changement paradigmatique » pour les travailleurs âgés

En 1999, le gouvernement a introduit « l'Alliance pour l'emploi » (*Bündnis für Arbeit*). L'objectif était de rassembler les représentants du gouvernement et les partenaires sociaux pour fixer de nouvelles orientations permettant de répondre aux deux problèmes prééminents : combattre le chômage, en particulier le chômage de longue durée, et créer de nouveaux emplois.

A partir de 2000, la thématique des travailleurs âgés a été perçue comme l'un des éléments prioritaires dans la réflexion globale pour l'emploi au regard du vieillissement démographique et des risques de pénurie de main-d'oeuvre. Dans un premier temps, l'accent a été mis sur la modernisation de l'emploi, ce qui a conduit à une réflexion sur le renforcement de l'attractivité de l'emploi à temps partiel et l'introduction de comptes épargne temps. Dans ce contexte, en novembre 2000, une loi a été introduite sur le temps partiel des seniors (*Gesetz über Teilzeit und befristete Beschäftigungsverhältnisse*), qui visait à renforcer les droits contre toutes les formes de discrimination à l'emploi des travailleurs à temps partiel, et à permettre aux salariés travaillant à temps plein de s'orienter vers un temps partiel si leurs entreprises le permettaient. La notion de comptes épargne temps a aussi été mise en avant comme un sentier innovant pour l'organisation du temps de travail sur l'ensemble du cycle de vie. Les comptes épargne temps peuvent en effet être utilisés pour prendre des congés sabbatiques ou pour prendre un congé en fin de carrière jusqu'à l'âge légal de la retraite. Une autre voie de réflexion a été la question de la rotation de l'emploi, qui permettait d'employer temporairement un chômeur (Naegele 2002).

Une étape a été franchie en janvier et en mars 2001, dans la mesure où les partenaires sociaux se sont engagés à « un changement de paradigme » concernant les politiques d'emploi pour les travailleurs âgés. Ils ont souligné l'importance de la formation tout au long de la vie dans le processus de promotion de l'emploi des salariés de ce groupe d'âge et ont émis la volonté de lancer une « offensive pour la formation » (*Qualifiezierungsoffensive*). Le gouvernement a apporté son soutien à cette idée en annonçant le lancement d'un programme de formation spécifique (*Lebensgleitendes Lernen*). Les partenaires sociaux ont également signé un accord avec un double objectif : prévenir les risques de chômage et renforcer les mesures de réintégration dans l'emploi des chômeurs âgés. L'accord de 2001 reprend l'idée du levier d'action de la formation tout au long de la vie dans la prévention des risques de chômage, et introduit un abaissement de l'âge de qualification des mesures d'intégration pour les chômeurs âgés, qui passe de 55 ans à 50 ans (*Gemeinsame Erklärung* 2001).

Cet accord marque la fin de « la grande coalition » pour les préretraites en Allemagne. En effet, les partenaires sociaux prennent ouvertement position contre les départs anticipés à la retraite et choisissent d'annoncer officiellement la fin du consensus qui prévalait dans le champ des préretraites. Toutefois, les oppositions entre le BDA (organisation des employeurs allemands) et le DGB (organisation des syndicats allemands) semblent impossibles à dépasser.

En décembre 2000, le BDA (organisation des employeurs) a en effet lancé le débat en publiant un document de réflexion qui appelait à une nouvelle politique vis-à-vis des travailleurs âgés (BDA 2000). Le BDA s'attaquait notamment aux coûts salariaux élevés qui caractérisaient ce groupe d'âge et nuisaient à leur insertion dans l'emploi. L'organisation des employeurs allemands soutenait que la réduction des coûts salariaux des salariés améliorerait automatiquement leurs perspectives d'emploi. Le document mettait en avant les points suivants :

- la suppression des protections liées à l'âge dans les procédures de licenciement ;
- la réduction des privilèges liés à l'âge dans le système d'assurance chômage ;
- la réduction des privilèges liés à l'âge dans les dispositifs de création d'emploi et de subventions publiques ;
- la remise en question des protections liées à l'âge dans les conventions collectives ;
- la réduction du principe d'ancienneté dans la politique salariale ;
- la promotion d'un temps partiel réel pour les travailleurs âgés (remise en cause du *blockmodell*) ;
- la possibilité de créer des emplois à durée limitée pour les chômeurs âgés ;
- le relèvement progressif de l'âge de la retraite après 2010 ;
- l'introduction d'incitations financières encourageant la prolongation de la vie active avec l'âge légal de la retraite.

Jusqu'en mars 2001, les syndicats allemands n'avaient pas officiellement pris position par rapport à la préretraite. Cependant, les syndicats les plus importants, comme IG Metall (industrie métallurgique) et ÖTV (secteur public), avaient récemment demandé la poursuite des options de préretraite à des conditions financières et sociales acceptables. Jusqu'en 2001, IG Metall avait par ailleurs revendiqué la retraite à 60 ans (*Rente mit 60*) (Naegele 2002). Les éléments qui expliquent la volonté des syndicats de préserver l'option des préretraites sont essentiellement liés à la situation du marché de l'emploi, mais ils relèvent aussi de l'idée toujours présente de la solidarité intergénérationnelle et d'un partage de l'emploi au bénéfice des plus jeunes. De ce fait, les syndicats restent favorables à une poursuite de la politique des préretraites. Toutefois, ils ont accepté de participer au changement de paradigme, dans la mesure où ils souhaitaient l'introduction d'une politique officielle de l'emploi pour les travailleurs âgés. Dans cette optique, ils ont défendu dans les négociations d'entreprises et de branche la promotion du travail à temps partiel et la formation tout au long de la vie.

Les partenaires sociaux s'accordent donc sur la nécessité de remettre en question le consensus qui s'était institué par rapport à l'éviction des travailleurs âgés et acceptent de reconstruire la politique pour les travailleurs âgés, mais gardent des avis et des stratégies d'action différentes. Ainsi, le DGB estime que la politique des préretraites a été efficace au cours des années 1980-1990 pour promouvoir un partage de l'emploi entre les générations :

> « Face à la dégradation de la situation de l'emploi, nous n'avons pas pu trouver d'autre solution pour les jeunes. Les syndicats voulaient protéger l'emploi, tout en préservant

aussi la sécurité dans l'emploi. Les préretraites apparaissaient comme la meilleure option pour servir ce double objectif. Cette politique n'était pas particulièrement bon marché, mais il y avait une obligation d'embauche compensatoire. Dans les années 1980-1990, les syndicats ont essayé de renforcer la sécurité de l'emploi, de renforcer les qualifications pour éviter les licenciements. Dans pratiquement tous les pays, il y avait un taux de chômage élevé pour les jeunes. L'Allemagne a été relativement préservée. D'autre part, les salariés âgés avaient envie de partir. A l'époque, il n'y avait pas de problème démographique. La question principale était celle de l'emploi des jeunes. La charge pour le système d'assurance sociale n'était pas aussi lourde. Les préretraites étaient plébiscitées pour protéger l'emploi des jeunes, maintenant elles sont critiquées à cause de l'évolution démographique[124] ».

Néanmoins, le BDA (organisation des employeurs) est d'un avis différent, notamment quant à l'efficacité des préretraites pour le partage de l'emploi entre les générations :

« Les préretraites se sont développées pour faire face au contexte du chômage de masse. L'objectif était de libérer des emplois pour les jeunes en offrant la possibilité aux plus âgés de partir plus tôt. Très vite, on a constaté qu'il n'y avait pas d'impact positif sur l'emploi des jeunes et que le bilan était plutôt négatif[125] ».

Par conséquent, les avis des partenaires sociaux sont partagés quant à l'efficacité de la politique des préretraites. Cependant, le DGB et le BDA s'accordent sur la difficulté de continuer en l'état cette politique. Pour le DGB, les conséquences démographiques pèsent sur la possibilité de continuer à mener une politique de préretraites. Néanmoins, les risques de chômage sont toujours élevés pour les travailleurs âgés, et tant que les licenciements des salariés âgés seront monnaie courante, les préretraites resteront un outil de protection sociale pour ce groupe d'âge. En ce sens, les conditions ne sont pas réunies pour insuffler un réel changement de politique et « la suppression des préretraites n'est pas pour le moment à l'ordre du jour »[126]. Le BDA est d'un avis différent. Pour l'organisation des employeurs, l'usage des préretraites a prouvé l'échec de cette politique dans son ensemble. De plus, les mesures qui ont été prises dans les années 1990 pour réajuster cette politique, en promouvant l'emploi à temps partiel des seniors, ont été détournées de leur vocation initiale et sont devenues un instrument de préretraite comme les autres. De ce fait, le BDA souligne la nécessité de clore cette politique :

« La position du BDA est que bien que les préretraites soient de plus en plus préjudiciables, elles sont quand même pratiquées, ce qu'on ne peut plus se permettre. On se demande si les gens réalisent vraiment ce que ça implique en termes de coupes du niveau de la retraite et de charges sociales. Jusqu'à présent, les tentatives de réforme ont échoué. L'ATZ n'était qu'un nouvel instrument pour nettoyer les statistiques. Le modèle classique était la transition progressive vers la retraite, mais 80% des bénéficiaires choisissent le « Blockmodell », ils travaillent trois ans à temps plein puis ne travaillent plus pendant les trois années suivantes. Le BDA essaie d'influer sur les mesures de

[124] Entretien réalisé avec un membre du DGB, Berlin, le 17/02/2003.
[125] Entretien réalisé avec un membre du BDA, le 16/03/2003.
[126] Entretien réalisé avec un membre du DGB, Berlin, le 17/02/2003.

politiques de gestion des ressources humaines. Que va-t-il se passer dans dix ans, quand on va manquer de main-d'œuvre[127] » ?

Le DGB oscille pour sa part entre les problèmes générés par les préretraites vis-à-vis du financement du système de retraite et l'augmentation du risque de chômage en cas de suppression des préretraites :

« L'âge légal de la retraite est de 65 ans, mais l'âge effectif de départ est de 60,2 ans. Cela signifie que l'option des préretraites reste fortement usitée. Cela crée un problème de financement pour l'assurance vieillesse : d'une part, on contribue moins longtemps puisqu'on travaille moins longtemps, d'autre part on reste plus longtemps à la retraite en raison de l'augmentation de l'espérance de vie et des départs anticipés. Cela a un double effet négatif. C'est pour cette raison que la réforme des retraites a supprimé la possibilité de partir en préretraite à partir de 2011, en introduisant des coupes du niveau de la pension. Par la suite, les préretraites ne seront plus possibles. Mais pour que cette option politique soit viable, il faut que les conditions du marché du travail changent. On ne peut pas engager un changement de politique publique si les conditions ne sont pas présentes pour le faire[128] ».

Par conséquent, le DGB s'oppose au relèvement de l'âge de la retraite, dans la mesure où il estime que cette mesure est incompatible avec la situation de l'emploi des salariés âgés. Pour le syndicat, la réforme de l'âge de la retraite est indissociable de l'introduction d'une politique de l'emploi qui favorise la poursuite d'activité parmi les seniors. Le syndicat s'insurge contre la mauvaise formulation du problème qui prédomine dans les débats de réforme :

« Sur le plan idéologique, le relèvement de l'âge de la retraite ne fait qu'induire une coupe au niveau des pensions. Cela ne pose en aucune façon la question de la situation de l'emploi, de cet écart entre l'âge réel de départ et l'âge légal de la retraite. Pour travailler plus longtemps, il faut que les salariés le veuillent et le puissent. Décider de nouvelles coupes du niveau de la pension de retraite n'indique pas la mise en œuvre d'une nouvelle politique. Personne ne pose la question : qu'est-ce qui doit être fait pour créer les conditions nécessaires à la poursuite d'activité des travailleurs âgés[129] » ?

De même, du côté des pouvoirs publics, la possibilité de mettre fin aux préretraites s'avère difficile :

« Aujourd'hui, les dispositifs de préretraites jouent encore un rôle important en Allemagne. Il y a eu une augmentation de l'utilisation de l'ATZ au cours des dernières années. Les politiques de gestion du personnel se font toujours à court terme. Il y a eu de petites modifications de la SGBIII (*Sozialgesetzbericht III*), puisqu'il était auparavant possible de partir à 54 ans, avec 32 mois d'indemnisation de l'assurance chômage.

[127] Entretien réalisé avec un membre du BDA, le 16/03/2003.
[128] Entretien réalisé avec un membre du DGB, le 16/01/2003.
[129] Entretien réalisé avec un membre du DGB, le 17/02/2003.

Aujourd'hui, l'âge minimal de départ est de 57 ans. Cependant, nous n'avons pas réussi à mettre fin aux préretraites[130] ».

Dans la mesure où les avis des acteurs diffèrent, on peut se demander dans quelle mesure l'accord conclu sur le changement de paradigme vis-à-vis des travailleurs âgés ne se limite pas à un texte d'affichage. Cependant, les partenaires sociaux ont réaffirmé leur volonté d'un réel changement dans ce domaine de l'action publique. Les partenaires sociaux ne remettent pas en question l'option du changement paradigmatique, même s'ils restent divisés sur les conditions de mise en œuvre :

« Le changement de paradigme était un signal politique. Il faut poursuivre la réflexion et pas seulement sous ses aspects démographiques. Le chômage de masse ne diminuera pas à court terme. Il faut des propositions valables[131] ».

Toutefois, ils s'opposent sur sa mise en œuvre : le BDA met l'accent sur la flexibilité tandis que le DGB soutient l'idée de la sécurité de l'emploi. Ces notions nous renvoient au terme de flexisécurité, introduit par les débats européens sur l'emploi, notion qui est aussi mise en avant par le DGB.
Ainsi, le BDA explique :

« En novembre 2000, avec le Pacte pour l'emploi, on avait conclu à un changement de paradigme. Nous ne revenons pas sur cette idée, bien au contraire ! Mais le DGB veut renforcer la protection des salariés âgés et le principe d'ancienneté, ce que le BDA n'accepte pas. Trop de protection est un obstacle à l'emploi[132] ».

De son côté, le DGB déclare :

« Si le BDA voulait aussi protéger l'emploi, nous avancerions d'un pas. Il faut un mixte de flexibilité et de sécurité[133] ».

Même s'ils restent divisés, les partenaires sociaux sont parvenus à plusieurs accords dans le cadre de l'Alliance pour l'emploi. Un petit nombre de mesures existaient préalablement pour faciliter la réinsertion des chômeurs âgés de 55 ans et plus. Elles se composaient essentiellement de subventions salariales (*Lohnkostenzuschüsse*) et de mesures de création d'emplois (*Arbeitsbeschaffungsmassnahmen*) (Bogai 2001). De plus, les travailleurs âgés font partie des publics ciblés par les mesures d'ajustement structurel (*Strukturanpassungsmassnahmen*), qui promeuvent la création d'emplois temporaires à vocation sociale. Des subventions pour la réinsertion sont également proposées aux employeurs qui choisissent de recruter des chômeurs âgés, et sont

[130] Entretien réalisé avec un représentant du Ministère de l'Emploi et des Affaires sociales, Berlin, le 04 /01/2003.
[131] Ibid.
[132] Entretien réalisé avec un membre du BDA, le 16/03/2003.
[133] Entretien réalisé avec un membre du DGB, le 16-01-2003.

justifiées comme compensatoires d'une performance supposée moins importante pour ce groupe d'âge (*Eingliederungszuschusse*) (Naegele 2002). En mars 2001, l'Alliance pour l'emploi a annoncé sa décision d'abaisser à 50 ans l'âge d'éligibilité à ces dispositifs. Depuis l'été 2000, une nouvelle initiative publique, nommée '50 plus' (*50plus – die können es*) a aussi été lancée par le Bureau fédéral du travail, pour promouvoir la réintégration des chômeurs âgés qualifiés, en particulier les ingénieurs. Cette initiative a pour objectif de combler la pénurie de travailleurs qualifiés qui apparaît dans certaines régions allemandes ou dans certains secteurs économiques (communication, informatique) (Deutscher Bundestag 2001).

Quoi qu'il en soit, les partenaires sociaux estiment que le chemin à parcourir reste long, pour remettre en question la construction sociale des préretraites. Chacun défend les idées qui lui sont propres, le BDA met l'accent sur la flexibilité, la dérégulation salariale et la remise en cause du principe de l'ancienneté, tandis que le DGB souligne l'importance de la lutte en amont contre les préjugés et l'âgisme ainsi que les apports de la formation tout au long de la vie :

> « La préretraite est toujours utilisée, c'est normal, le marché du travail est tellement régulé et encadré, qu'il n'y a pas d'autre alternative en cas de retournement de conjoncture. Y a t-il un autre choix ? C'est un consensus très fort entre les syndicats et les employeurs, qui s'est construit autour de la priorité de l'emploi des jeunes. Et c'est vrai qu'en Allemagne, le taux de chômage des jeunes est resté relativement peu élevé, contrairement à la France où il a beaucoup augmenté. Pour que les taux d'activité soient plus élevés, il faudrait plus de flexibilité, de neutralité des coûts et des charges sociales, comme au Japon ou aux Etats-Unis. Cela concerne la politique de l'emploi dans son ensemble. Les travailleurs âgés illustrent le problème des charges sociales trop élevées, d'un salaire trop lourd par rapport à leur niveau de productivité. L'augmentation des salaires est liée à l'ancienneté et ce principe est inscrit dans la plupart des conventions collectives et accords de branches. Les travailleurs sont trop protégés. C'est un grand risque d'employer un travailleur de plus de 55 ans, qui a une espérance de vie active limitée à dix ans, et qui est peu flexible en termes de salaire[134] ».

> « On ne parle pas des préjugés, en ce qui concerne les politiques de gestion des ressources humaines. La question de la réduction des rentes d'invalidité n'est pas non plus discutée. L'initiative « 50plus – Die können es » avait pour objectif de lutter contre les préjugés à l'égard des salariés âgés. De même, le pacte pour l'emploi a instauré un changement de paradigme et a posé la question de la déqualification et des mesures de formation dans les petites et moyennes entreprises. De grandes questions doivent encore se poser. Comment une politique de formation est-elle efficace pour les entreprises ? On critique les préretraites d'un point de vue politique, mais qu'en est-il du point de vue de la politique des ressources humaines ? Cela rejoint la question de la formation. On propose de diminuer le niveau de protection des salariés âgés, mais on ne parle pas du problème de déqualification pourtant prééminent dans les petites et moyennes entreprises. Ou encore des conditions de travail. Pour que cela change, il faut que les mentalités changent. Quand quelqu'un est épuisé, ce n'est pas étonnant qu'il veuille partir à 60 ans. Et ce n'est pas non plus facile pour l'entreprise de se trouver face à un

[134] Entretien réalisé avec un membre du BDA, le 16/03/2003.

salarié qui dit : je ne peux plus et je ne veux plus. C'est difficile de donner une chance après 50 ans[135] ».

Une nouvelle fenêtre d'opportunité a été ouverte en 2002, lorsqu'un scandale a éclaté, dénonçant le manque d'efficacité des agences pour l'emploi dans leur tâche d'orientation et de conseil. Le gouvernement a appelé à une nouvelle réforme du système de l'assurance chômage. Au début de l'année 2002, le gouvernement allemand a de ce fait créé la commission *« Moderne Dienstleistungen am Arbeitsmarkt »* (Services modernes pour le marché du travail), chargée de proposer des mesures susceptibles de restructurer le marché de l'emploi et de combattre le chômage. Présidée par le DRH de Volkswagen, Peter Hartz, la commission s'est intéressée non seulement à la réforme des agences pour l'emploi, mais aussi au système des revenus de substitution. Elle a suggéré différentes mesures innovantes permettant une réinsertion plus rapide des chômeurs dans les entreprises, qui ont donné lieu à l'adoption des lois Hartz (I à IV).

Les lois Hartz, une nouvelle impulsion pour l'emploi des seniors

Après avoir gagné les élections, le gouvernement de coalition SPD-Verts a commencé à mettre en œuvre les propositions de la Commission Hartz. La mise en œuvre a été prévue en quatre étapes, tout d'abord, les lois Hartz I et II, puis les lois III et IV, qui nécessitaient plus de préparation. Le rapport de la commission Hartz reflète les interrogations qui se posent par rapport à la place dans l'emploi des travailleurs âgés.

La première mesure pour les travailleurs âgés, proposée par la Commission Hartz, était l'introduction d'un « pont d'argent » (*Brückengeld*) entre la date de cessation anticipée d'activité et l'âge d'éligibilité à l'entrée dans le système de retraite. Ce dispositif, accessible aux salariés âgés de 55 ans, leur permettait de bénéficier de l'assurance chômage jusqu'à l'âge de 60 ans puis d'accéder aux prestations de retraite. L'intérêt principal de ce dispositif était que les bénéficiaires de ce nouveau système de préretraite ne figuraient pas dans les chiffres du chômage. Cependant, le gouvernement a choisi de ne pas intégrer cette nouvelle mesure dans la loi de réforme, dans la mesure où elle s'opposait à la stratégie globale souhaitée par le gouvernement. Cette proposition a été extrêmement critiquée, et ce pour plusieurs raisons. Tout d'abord, elle s'opposait au mouvement de fermeture des dispositifs de préretraite. De plus elle allait à l'encontre de la volonté gouvernementale de passer de mesures passives à des mesures actives pour l'emploi. Enfin, cette proposition de loi a été retirée, parce qu'elle reflétait une différence de traitement selon les statuts sociaux, privilégiant les cadres aux ouvriers :

> « Cette mesure s'adressait aux cadres, pas aux ouvriers. En effet, les allocations chômage représentent en moyenne la moitié du revenu d'activité. Si on peut se permettre

[135] Entretien réalisé avec un membre du DGB, le 17/02/2003.

de ne toucher que la moitié de son ancien salaire pendant cinq ans, cela présuppose qu'on bénéficie d'un certain statut financier, qu'on a de l'épargne disponible. Cette mesure était critiquable sur le plan social. Elle s'adressait aux cadres, afin de leur éviter d'aller pointer à l'assurance chômage. Vous imaginez, pour un cadre, attendre à la porte, tirer un numéro, recevoir chaque semaine une prestation de l'assurance chômage... Cette rémunération un peu particulière a été proposée avec l'objectif de leur éviter d'être confrontés à l'agence pour l'emploi. On leur offrait la possibilité de se retirer. Ils n'auraient pas eu besoin de se faire enregistrer tous les mois, de demander : « Est-ce que vous avez un travail pour moi ? » Cette mesure s'adressait à une clientèle particulière. Elle était contraire à l'esprit général de la loi, qui ne comprenait par ailleurs que des mesures actives[136] ».

Par conséquent, le gouvernement a choisi de supprimer cette mesure de la proposition de loi, tant dans un souci d'équité sociale, que parce qu'elle allait à l'encontre de la volonté politique de réorientation :

« Nous ne pouvions pas laisser passer cette mesure passive alors que nous souhaitions mettre en avant le principe d'activation dans les mesures de réformes. Nous voulons clore les dispositifs de préretraite. Cette mesure était contre-productive[137] ».

La loi ne comprend donc dans sa version finale, adoptée en 2003, que des propositions actives (incitations financières, contrats à durée déterminée pour les seniors). Ces mesures proposées par la Commission Hartz sont en effet orientées vers l'emploi et la réinsertion des chômeurs âgés. La première consiste en une subvention salariale, qui permet aux chômeurs âgés de plus de 50 ans qui sont prêts à reprendre une activité salariée moins bien rémunérée que ne l'était leur emploi précédent, de recevoir la moitié de la différence entre le revenu de l'emploi antérieur et le nouveau salaire :

« D'après nous, le système des subventions salariales peut inciter à la reprise d'emploi. La mesure est relativement généreuse. Par exemple, une subvention de 500 euros financée par l'assurance chômage sera versée pour compléter le revenu d'un chômeur âgé qui acceptera de reprendre un emploi payé 3000 euros, alors que son ancien travail lui rapportait 4000 euros[138] ».

La deuxième mesure comprend une réduction des charges sociales pour les employeurs qui embauchent des demandeurs d'emploi de plus de 55 ans. La troisième propose l'introduction de contrats à durée déterminée pour les seniors. Elle entraîne une modification du droit du travail, puisqu'il n'est pas possible en Allemagne d'employer quelqu'un dans le cadre d'un contrat à durée déterminée pour une période qui excède deux ans :

[136] Extrait d'entretien réalisé avec un représentant du ministère de l'économie, Berlin, le 13/02/03.
[137] Extrait d'entretien réalisé avec un représentant du Ministère de l'Emploi et des affaires sociales, Berlin, le 13/02/03.
[138] Extrait d'entretien réalisé avec un représentant du Ministère de l'Emploi et des affaires sociales, Berlin, le 13/02/03.

« La mesure propose la suppression de la durée légale d'un contrat à durée déterminée à condition que l'employeur ait un motif pour le faire, par exemple un projet limité dans le temps. Il y avait déjà la possibilité d'embaucher un demandeur d'emploi de 58 ans pendant plus de deux ans, et ce sans motif précis. Avec la commission Hartz, il devient possible de proposer un contrat de deux ans dès le cinquantième anniversaire, puis de renouveler ce contrat à 52 ans… Nous attendons beaucoup de cette mesure. Nous sommes en train de modifier la limite d'âge d'accès aux aides pour l'emploi. On sait désormais que les difficultés d'emploi apparaissent dès 50 ans, et pas 55 ans comme on le pensait auparavant[139] ».

Le choix de l'âge d'éligibilité aux mesures d'incitations rend compte de la mouvance de la notion sociale de l'âge. En effet, la notion de « travailleur âgé » est particulièrement floue. A partir de quel âge est-on « âgé » ? Les frontières d'âge ont particulièrement évolué dans le secteur de l'emploi, l'éviction des salariés du marché du travail à un âge de plus en plus précoce par le biais du système de retraite. Cette idée avait déjà été soulevée dans le cadre de l'Alliance pour l'emploi, et les partenaires sociaux avaient demandé l'abaissement des mesures d'âge de 55 ans à 50 ans. Progressivement, une nouvelle définition du rapport entre âge et travail tend ainsi à se profiler. Le BDA comme le DGB sont satisfaits de l'orientation générale des réformes, parce qu'elles signalent l'introduction du principe d'activation dans les mesures pour l'emploi des seniors.

Le BDA est satisfait de l'ensemble des nouvelles dispositions proposées par la loi :

« C'est positif, la loi a introduit des contrats à durée déterminée. Normalement, le droit du travail ne permet les contrats à durée déterminée que pour une période maximale de deux ans, puis le salarié est considéré comme passant de fait en contrat à durée indéterminée. Il y avait déjà la possibilité d'utiliser des contrats à durée déterminée pour les salariés de plus de 58 ans, mais la limite d'âge a été relevée à 52 ans. Pour le BDA, c'est une bonne initiative, cela permet d'être plus flexible, dans la mesure où les travailleurs âgés sont très chers. Avec le principe d'ancienneté, les travailleurs âgés deviennent avec le temps trop coûteux pour l'entreprise.
Les mesures d'incitations financières (*Lohnkostenzuschüsse*) sont elles aussi positives. A partir de 50 ans, les chômeurs qui retrouvent un emploi reçoivent la moitié de la différence par rapport à leur ancien salaire, payée par l'assurance chômage. L'autre type d'incitation est lui aussi intéressant. Les employeurs qui embauchent un salarié de plus de 55 ans bénéficient d'une exonération de charges sociales. La part de l'employeur (3,25%) est prise en charge directement par l'assurance sociale, ce qui permet de diminuer les coûts salariaux.
Ces trois mesures ont été adoptées, la quatrième a été mise de côté parce qu'elle était trop contraire aux nouvelles orientations. Elle prévoyait un « pont d'argent » vers la retraite. Les chômeurs de 55 ans et plus qui choisissaient de ne plus travailler pouvaient se retirer. Ils recevaient l'assurance chômage pendant cinq ans, 60 mois, le double de la durée actuelle. C'était un nouveau mode de préretraite. Est-ce qu'on pouvait se le

[139] Ibid.

permettre ? Ce point de la loi a été retiré. Il n'est plus d'actualité. Il était trop contraire au changement de paradigme[140] ».

Si la proposition de loi a reçu le soutien de la principale association d'employeurs allemands, les syndicats ont été plus réticents. En effet, le DGB a dénoncé les risques de précarisation de ce groupe d'âge dans l'emploi :

> « La loi est la remise en cause du droit à la protection dans l'emploi, elle entraîne un nouveau risque pour les travailleurs âgés. Aujourd'hui, on peut commencer à faire travailler les gens à partir de 50 ans en contrat à durée déterminée et ce jusqu'à la retraite. Avec un nouveau contrat tous les ans, quelle protection aura le salarié ? Le jugement porté sur les raisons qui empêchent les entreprises d'engager les plus de 50 ans a conduit à induire que les travailleurs âgés n'étaient plus assez compétents, qu'on n'avait pas besoin d'eux. La diminution des charges sociales, c'est tourné vers le coût de ce groupe d'âge. A ce prix-là, je suis prêt à l'engager. Qu'est-ce qu'on fait de l'expérience, des compétences des travailleurs âgés ? La nouvelle législation accentue le handicap des travailleurs âgés. L'instauration de contrats à durée déterminée les déprécie[141] ».

Ainsi, les avis des partenaires sociaux reflètent deux interprétations du problème de l'emploi des seniors. D'un côté, on retrouve l'argument patronal selon lequel la flexibilisation et la dérégulation salariale permettront aux salariés de ce groupe d'âge de retrouver une place dans l'emploi. De l'autre côté, les syndicats craignent l'impact de ces nouvelles mesures qui font des salariés âgés une main-d'œuvre « au rabais ». En ce sens, la réorientation des politiques de l'emploi va à l'encontre des orientations qui avaient été prises par les syndicats. En effet, depuis les années 1970, les syndicats se sont efforcés d'élaborer des protections particulières pour contrebalancer la fragilité de ce groupe d'âge dans l'emploi, ce qui avait conduit à la mise en place des préretraites. Or, le changement de paradigme, ne semble pas s'accompagner pour l'instant, comme le souhaitaient les syndicats, d'une mise en avant des compétences particulières, liées à l'expérience, qui caractérisent ce groupe d'âge. Les mesures de réforme semblent plutôt s'attaquer aux mesures de protection dans l'emploi en particulier contre le licenciement. De ce fait, les syndicats craignent que les travailleurs âgés sortent « perdants » de ce réajustement des politiques de l'emploi.

La difficulté concerne aussi le contexte économique. L'adoption des lois Hartz en 2003 coïncide avec une conjoncture difficile, dans laquelle la réinsertion dans l'emploi des seniors apparaît comme peu crédible au regard des taux de chômage. Cette idée a été mise en avant par le BDA :

> « De toutes façons, on va vers la fin des préretraites. Les coûts sont déjà supportés par les entreprises aujourd'hui. Le poids est déjà lourd et il sera difficile de revenir en arrière. Existe-t-il une autre possibilité ? Les dispositifs de préretraite sont progressivement fermés. D'un autre côté, le BDA ne peut pas dire : « Les entreprises doivent engager plus de travailleurs âgés ». Nous n'avons pas le pouvoir de le faire. Cela

[140] Entretien réalisé avec un membre du BDA, le 16/03/2003.
[141] Entretien réalisé avec un membre du DGB, le 16/03/2003.

relève de la décision des entreprises. Et là, on se heurte au principe d'ancienneté et à la très forte régulation du marché du travail. La loi Hartz propose de bonnes orientations. Elle permet une diminution des coûts salariaux et va dans le sens de « je dois travailler ». Ce n'est plus une question de paresse mais de rationalité économique. La question reste comment. Je pense que l'impact de cette loi sera marginal et pourtant l'idée est bonne. Le point intéressant, ce sont les contrats à durée déterminée qui permettent une réelle flexibilisation[142] ».

De même, le DGB reste partagé quant à l'efficacité de cette loi par rapport à la situation économique globale, en particulier celle de l'Allemagne de l'Est. Face au contexte économique, les syndicats estiment que les préretraites resteront usitées, quel que soit le sentier institutionnel emprunté :

« La situation de l'Allemagne de l'Est n'est pas thématisée. Etant donné la situation économique, les entreprises n'ont pas le choix. Soit elles font faillite, soit elles licencient. Dans les nouveaux Länder, l'usage de la sortie anticipée d'activité était un outil politique permettant de préserver la paix sociale. Aujourd'hui encore, la politique de l'emploi est orientée par des décisions sociales. Est-ce qu'on préfère l'invalidité, la préretraite ou le chômage ? La plupart vont vouloir continuer à travailler parce qu'ils ne pourront pas se permettre une coupe de 18% de la retraite. Mais ce choix dépendra de la conjoncture et de la situation de l'emploi[143] ».

Ainsi, la thématique de l'emploi des seniors apparaît toujours comme un problème insoluble. Dans le contexte de la réforme des retraites, le sens des réorientations politiques est devenu consensuel. Néanmoins, les éléments conjoncturels, en particulier la situation de l'emploi, apparaissent comme un facteur de blocage des réformes. Les acteurs politiques hésitent encore sur la stratégie à insuffler et sur le choix des instruments de politique publique à privilégier dans la réalisation du changement paradigmatique au niveau des entreprises :

« Du point de vue des entreprises, il faut prendre en compte leur situation interne. Elles sont elles aussi confrontées au changement démographique. Et encore plus tôt dans les nouveaux Länder, où le tournant s'amorce à partir de 2006. Dès 2005, il y aura moins de jeunes diplômés. Il ne s'agit pas seulement d'un changement de paradigme, il faut aussi modifier les politiques de gestion du personnel au sein des entreprises, ce qui implique notamment d'influer sur les politiques de formation pour développer l'employabilité des seniors. Cela implique de responsabiliser les salariés. Il faut aussi analyser les rapports intergénérationnels au sein des entreprises. Comment les jeunes et les plus âgés vont-ils vivre et travailler ensemble ? Dans les dix prochaines années, il faudra être prêt à se confronter à ce problème et à mobiliser les compétences de chacun. Un autre point concerne le recrutement. Quand le nombre de jeunes va diminuer, les entreprises devront recruter les plus âgés. Or, aujourd'hui, les politiques de recrutement sont centrées sur les plus jeunes. Cela implique un véritable tournant, un changement dans les mentalités, les entreprises vont devoir apprendre à recruter des gens qui ont 40 ou 50 ans. Depuis 2000, cette question a pris de l'importance, de groupe problématique, les travailleurs âgés sont en train de devenir une population cible. La situation est connue depuis longtemps, mais

[142] Entretien réalisé avec un membre du BDA, le 16/03/2003.
[143] Entretien réalisé avec un membre du DGB, le 16/01/2003.

l'échéance approche. C'est aujourd'hui un thème consensuel, la question est : comment est-ce qu'on y arrive[144] » ?

Si une nouvelle impulsion pour l'emploi des seniors est initiée, on voit bien les difficultés et tensions que créent les tentatives pour faire émerger un nouveau paradigme. La complexité de la thématique des seniors rend parfois difficile la mise en œuvre de réformes dont le sens apparaît pourtant maintenant comme relativement consensuel. Toutefois, un nouveau programme législatif est entré en application le 1er mai 2007 et renforce les orientations de « l'initiative 50plus » :

- le développement de formations professionnelles (modification des critères d'éligibilité par l'âge) ;
- le développement de mesures d'incitations à l'embauche des travailleurs âgés : pendant une année, les pouvoirs publics financent 30% de la rémunération de nouveaux entrants âgés de plus de 50 ans ;
- une attractivité accrue du système de compensation salariale en raison de l'extension du dispositif d'assistance à 2 ans, et la réduction de la période d'éligibilité de 180 à 120 jours passés dans le cadre de l'assurance chômage ;
- un amendement à la loi concernant les contrats à durée déterminée pour les plus de 52 ans en conformité avec la législation communautaire : les contrats à durée déterminée ne sont accessibles que pour les chômeurs de quatre mois, et peuvent être conclus pour une durée maximale de cinq ans.

1. 3. La réforme de l'ATZ : un ciblage renforcé des préretraites

Le gouvernement a, dans la continuité de ce processus, voulu réformer le dispositif de l'ATZ (*Altersteilzeit*), controversé parce qu'au lieu de favoriser de réelles transitions progressives vers la retraite, il avait été détourné de sa vocation première et transformé en un dispositif de préretraite totale.

La réforme de l'ATZ

Au début 2000, deux dispositifs de départ en préretraite à 60 ans coexistent en Allemagne, le départ volontaire et la transition graduelle au moyen du travail à temps partiel. A ces deux dispositifs qui permettent au salarié de rester ou non dans l'emploi, s'ajoute une troisième voie d'accès à la retraite anticipée : le chômage pour les plus de 55 ans. Ceux-ci bénéficient de l'allocation chômage sans être obligés de se mettre à la recherche d'un nouvel emploi, et à 60 ans, ils partent en retraite anticipée. En raison de l'accroissement continu du chômage, le nombre de personnes accédant aux dispositifs de retraite anticipée s'accroît régulièrement, et seuls 10% des seniors travaillent jusqu'à l'âge légal de 65 ans (Lestrade 2006, p. 195). Le système de travail à temps partiel des seniors (ATZ), mis en place en 1996,

[144] Entretien réalisé avec un membre du BDA, le 16/03/2003.

a cependant suscité, sept ans après son entrée en vigueur, de très vives critiques en raison de son coût, ce qui a entraîné sa réforme le 1er juillet 2004[145].

En effet, pour encourager les seniors à profiter du dispositif de l'emploi à temps partiel (ATZ), la loi prévoyait une augmentation substantielle de la rémunération horaire, pour que le salaire atteigne au moins 70% du niveau antérieur. Les conventions collectives de branche ont par ailleurs accru la générosité du dispositif. Les subventions étatiques atteignent sur la totalité de la période pendant laquelle le salarié bénéficie du dispositif, un montant de 85 000 euros, dont environ 70 000 sont versés par l'Agence fédérale du travail[146], le reste correspond aux subventions fiscales prévues par la loi. Le complément de salaire d'au moins 20% décidé par le législateur, au-delà du salaire de 50% auquel le salarié a droit pour son travail à mi-temps, n'est pas soumis à l'impôt sur le revenu[147]. Au total, la charge financière occasionnée par le travail à temps partiel des seniors est estimée à 5 milliards d'euros par an. Le ministre de l'économie du Land de Bade-Wurttemberg, Ernst Pfister, a qualifié le travail à temps partiel des seniors de « mesure de création d'emploi probablement la plus onéreuse qui soit ». Il a estimé « qu'il n'est guère de doute que les subventions excessives du travail à temps partiel des seniors induisent une destruction d'emploi de grande envergure, mis à part le fait que personne ne peut expliquer à une mère élevant seule ses enfants et qui travaille à temps partiel, pourquoi elle doit se passer de subventions alors que l'emploi à temps partiel des seniors est subventionné par les pouvoirs publics à hauteur de presque 100 000 euros[148] ».

Lorsque le gouvernement Schröder a annoncé sa volonté de réformer les retraites en 2003 pour tenir compte de la dégradation de la situation démographique et de la mise en péril des comptes sociaux, il avait été suggéré de mettre fin au dispositif de l'ATZ. Le gouvernement a déclaré que le dispositif de préretraite partielle allait à l'encontre de la volonté politique d'allonger la durée du travail et d'augmenter l'âge de départ à la retraite. Par ailleurs, en 2003, le décalage était particulièrement grand entre les orientations proposées par le gouvernement et les perceptions de la population. Selon les sondages, les entreprises, notamment les DRH, les syndicats et les salariés estimaient que l'âge optimal de départ à la retraite était de 60 ans, l'âge maximum étant de 63 ans, même en tenant compte de la dégradation du système de financement de la retraite. Un sondage réalisé auprès de salariés proches de l'âge de la retraite, conduit en 2004, a montré que 70% des salariés interrogés souhaitaient partir à 60 ans et 30% à 63 ans (Lestrade 2006). Pour atteindre cet objectif, ceux-ci étaient prêts à renoncer à une partie de leur retraite et acceptaient des abattements plus importants que ceux prévus par la loi[149].

---

[145] *Bundesministerium für Wirschaft und Arbeit. Änderungen des Altersteilzeitgesetzes zum 1. Juli 2004.*

[146] L'Office fédéral du Travail de Nuremberg a été renommé Agence fédérale du travail dans le cadre de la réforme du marché du travail intégrée à l'Agenda 2010 du Chancelier Gerhard Schröder.

[147] § 3 n° 28 de la loi sur l'impôt sur le revenu, *Einkommerssteurgesetz.*

[148] « *Pressemitteilungen des Wirtschaftsministeriums Baden-Württemberg* » (Conférence de presse du ministre de l'économie du Bade-Wurttemberg), cité par Brigitte Lestrade, 2006, p. 198.

[149] Depuis la réforme des retraites de 1996, la législation prévoit un abattement de 3,6% par année de cotisation manquante, ce qui représente une coupe de 10,8% de la pension de retraite, pour un départ

L'opinion publique étant opposée à la suppression du dispositif de travail à temps partiel des seniors (ATZ), le gouvernement a décidé de le maintenir en le réformant. La loi de 1996 avait en effet limité la durée de vie du dispositif à l'horizon 2005, et le gouvernement l'a prorogée jusqu'en 2009, tout en modifiant certains éléments dans le double objectif de rendre le travail partiel des seniors moins attractif financièrement. L'amendement de la loi sur le travail à temps partiel des seniors a été voté le 1er juillet 2004 et fait partie de la troisième loi en faveur des « prestations modernes sur le marché du travail » (*Moderne Dienstleistungen der Arbeitsmarkt*), prévue dans le cadre de l'Agenda 2010 du gouvernement Schröder.

Comme la loi de 1996, elle maintient le cadre réglementaire permettant aux salariés seniors qui le souhaitent de convenir avec leur employeur d'une transition graduelle vers la retraite. Cette possibilité est offerte aux salariés travaillant à temps plein et à ceux qui travaillent déjà à temps partiel. Le dispositif fonctionne par conséquent selon un mécanisme volontaire. Inversement, le salarié n'y a pas droit automatiquement et son entreprise peut s'y opposer dans l'intérêt du fonctionnement du service ou si 5% des effectifs bénéficient déjà de cette mesure. En théorie, si l'entreprise dépasse le quota des 5%, elle n'a pas droit au remboursement des suppléments de salaire et de cotisations. Cependant, en pratique, l'Agence fédérale du travail rembourse aussi régulièrement ces montants supplémentaires versés par l'employeur (Schabelstiel, Tenbrock 2005). S'il remplit les conditions posées par la loi, l'employeur s'adresse à l'Agence fédérale du travail pour solliciter les subventions et recruter un nouvel employé pour remplir la vacance créée par le passage à temps partiel du salarié.

Les critères d'éligibilité pour bénéficier du dispositif sont les suivants :

- le salarié doit avoir 55 ans révolus ;
- la durée de l'accord sur le travail à temps partiel doit courir jusqu'à la perception de la retraite ;
- le temps de travail doit être réduit de moitié ;
- l'emploi doit être assujetti aux assurances sociales ;
- et le salarié concerné doit avoir occupé un emploi pendant au moins 1080 jours au cours des cinq années précédentes. Le dispositif du travail à temps partiel prévu par la loi peut avoir une durée variable, oscillant entre cinq et dix ans. Les subventions ne sont cependant versées que pendant une durée maximale de six ans. En ce qui concerne l'aménagement du temps de travail, l'entrée dans le dispositif conduit à un passage à mi-temps, qui est calculé soit à partir du temps de travail pratiqué immédiatement avant l'entrée dans le dispositif, soit la moitié de la moyenne des 24 derniers mois avant le passage à temps partiel. La répartition du temps de travail est laissée à l'appréciation des parties contractantes. L'aménagement du temps de travail est de ce fait flexible, il peut constituer en un travail à mi-temps

réalisé trois ans avant l'âge légal. Selon les estimations de l'Institut de l'économie allemande de Cologne (*Institut der deutschen Wirtschaft*), les coupes du niveau de la retraite ne sont pas suffisamment élevées pour décourager un départ anticipé. L'Institut préconise de relever le niveau de l'abattement à 5,4% par année de retraite anticipée, et un abattement de 14,4% pour trois années de cotisation manquante.

classique, ou une alternance travail/temps libre sur la journée, la semaine, le mois ou la saison. Une répartition dégressive dans le temps est aussi envisageable.

Une des modifications principales de la loi de 2004 porte sur la définition du salaire à verser au salarié. Auparavant, celui-ci était défini comme la moitié du salaire à temps plein et comprenait tous les versements afférents comme les primes de Noël, de vacances, etc. Depuis le 1er juillet 2004, la rémunération considérée comme base de calcul se limite aux salaires mensuels assujettis aux assurances sociales. L'employeur ne peut de son côté prétendre aux subventions versées par l'Agence fédérale du travail que si le poste libéré est pourvu par un chômeur inscrit à l'Agence pour l'emploi ou par un salarié ayant terminé sa formation. Les petites entreprises de 50 salariés ou moins bénéficient d'une clause particulière, dans la mesure où elles peuvent pourvoir au poste vacant en recrutant un apprenti. Par ailleurs, les subventions versées par l'Agence fédérale du travail ne portent que sur les montants fixés par la loi et les dépassements conclus dans le cadre de conventions collectives de branche ne sont pas remboursés par l'Etat.

La nouvelle loi se différencie aussi de la législation précédente par la restriction de la population salariale à laquelle elle s'applique. Elle précise en effet que « toute personne ayant pratiqué le travail à temps partiel des seniors pendant au moins 24 mois et remplissant toutes les autres conditions peut prétendre en principe à l'obtention d'une retraite en raison de l'âge (*Altersrente*) ». Toutefois, cette retraite ne peut être obtenue que par les assurés nés avant 1952. En effet, depuis 1997, les limites d'âge pour l'obtention d'une retraite dite « normale » après un passage par l'emploi à temps partiel (ATZ), ont été progressivement relevées pour atteindre 65 ans. Cela signifie que la retraite anticipée ne peut être obtenue, sauf exception, qu'avec un abattement annuel de 3,6%. De ce fait, accéder à une retraite à taux plein après un minimum de 24 mois de travail à temps partiel est désormais réservé à certains groupes seulement de salariés. Ainsi, la réforme des retraites, dont la loi sur le travail à temps partiel fait partie, stipule que la limite d'âge pour l'accès à une retraite anticipée à taux plein sera progressivement relevée pour tous les salariés nés après 1945 de 60 à 63 ans pendant la période allant de 2006 à 2009. Lorsque le dispositif du travail à temps partiel des seniors a été mis en place dans les années 1980, il obéissait à un double impératif : combattre le chômage (comme les préretraites classiques) tout en permettant aux salariés âgés, par un maintien prolongé en activité, de transmettre leur savoir et leur expérience aux jeunes générations avant leur départ définitif. Toutefois, ce dispositif n'a pris son essor qu'en 1996 avec l'introduction de l'ATZ, et concomitamment du *« Blockmodell ».* Afin de revenir à la vocation initiale du temps partiel des seniors, la Confédération des syndicats allemands (DGB) suggère que l'Agence fédérale du travail augmente sa subvention de 10% pour tous les cas de véritable temps partiel, si, en même temps, l'entreprise recrute un apprenti ou un chômeur.

Cependant, cette disposition ne s'applique pas aux assurés ayant conclu un accord de temps partiel seniors avant le 1er janvier 2004. Cette clause a été ajoutée sous l'impulsion des syndicats qui estimaient que la volte-face du gouvernement en matière de réglementation des conditions d'accès à la retraite anticipée après un passage en emploi à temps partiel lésait les salariés qui avaient recours à l'ATZ. Comme sous la législation précédente, les partenaires sociaux sont invités à conclure des conventions collectives de branche pour adapter le cadre général à la situation particulière des entreprises. Celles-ci se sont développées notamment dans les secteurs des services, comme la santé, les banques, les assurances et l'administration publique, mais aussi dans l'industrie comme l'automobile, la chimie et les machines-outils. La plupart des conventions reprennent les termes de la loi et sont peu nombreuses à offrir des conditions plus généreuses. Ainsi, les conditions régissant le temps partiel des seniors ont globalement été durcies. Toutefois, une innovation a été émise par le législateur, qui a introduit une obligation pour l'employeur de souscrire une garantie contre l'insolvabilité, ce qui apporte une protection au salarié en cas de défaillance de l'entreprise.

La nouvelle réglementation raccourcit sensiblement le délai entre le départ de l'emploi et le début d'une retraite sans abattement. Depuis le 1er janvier 2006 pour les hommes et le 1er janvier 2009 pour les femmes, il n'y a par conséquent plus de retraite sans abattements avant l'âge de 65 ans. La durée de l'allocation chômage pour les seniors a été réduite de 32 à 18 mois, l'assistance chômage, désormais fusionnée avec l'aide sociale, l'équivalent allemand du RMI, n'est plus versée que si le chômeur n'a pas d'autres ressources (salaire du conjoint, économies, etc.). La préretraite financée par l'Etat, entre la fin de l'activité professionnelle et le début de la retraite pleine, sera au maximum de 18 mois et ne débutera que si l'ayant droit a au moins 63 ans et demi.

***

Plutôt que de supprimer la loi sur le temps partiel des seniors, le gouvernement allemand a préféré la maintenir jusqu'en 2009, tout en durcissant les conditions d'accès à la retraite pour les bénéficiaires. En effet, ceux-ci devront désormais patienter jusqu'à 63 ans (au lieu de 60 ans) avant d'accéder à la retraite. S'il est difficile de qualifier le temps partiel des seniors de dispositif de maintien dans l'emploi, la loi sur la réforme du marché du travail de 2003 (Hartz 1) a introduit certaines dispositions qui, elles, pourraient contribuer à rendre le marché de l'emploi des seniors plus fluide et à faciliter la réinsertion des chômeurs âgés dans l'entreprise. En effet, la tendance de ne pas vouloir employer ou recruter des salariés d'un certain âge est très répandue en Allemagne et donne lieu à de vives inquiétudes. Le taux de chômage des travailleurs âgés est le plus élevé de tous les pays industrialisés. On estime que 50% des entreprises allemandes n'emploient aucun salarié de plus de 50 ans (Lestrade 2006, p. 207).

En considération de l'évolution démographique en Allemagne et du taux de chômage élevé des seniors, le gouvernement a souhaité lever certaines barrières à leur recrutement, notamment le renchérissement du coût salarial lié à l'ancienneté et la protection renforcée des salariés âgés contre le licenciement. Ainsi, les chômeurs de plus de 50 ans qui acceptent un emploi moins bien rémunéré que le précédent, reçoivent de l'Agence fédérale du travail un complément de rémunération

(*Entgeltsicherung*) qui couvre la moitié de la différence par rapport à leur situation précédente. Pour faciliter leur réinsertion dans les entreprises, il a été décidé que celles-ci ne verseraient pas de cotisations aux assurances chômage pour les salariés de ce groupe d'âge. En outre, les entreprises peuvent désormais recruter les seniors en CDD sans aucune restriction à partir de 52 ans, et ce jusqu'à l'âge de la retraite. Les dispositions régissant le recrutement en CDD permettent à une entreprise d'embaucher un salarié pour une durée maximale de deux ans. Cette possibilité, ainsi que la nouvelle réglementation des CDD pour les seniors, conduisent de fait à une situation où un salarié âgé de plus de 50 ans peut être recruté sur la base de contrats à durée déterminée jusqu'à l'âge légal de la retraite, soit une durée de 15 ans. De ce fait, les syndicats s'étaient opposés à cette mesure. Ils estimaient qu'elle facilitait certes la réinsertion des seniors dans l'entreprise mais dans un cadre précaire.

Au terme de cette réflexion sur le cas de l'Allemagne, on peut légitimement parler d'un changement de paradigme, mais qui s'opère à tâtons, avec parfois des soubresauts qui freinent le processus en cours. L'exemple de la prorogation de l'ATZ est à cet égard éclairant : il faut l'interpréter plutôt comme une trace d'un modèle amené à disparaître que comme le signe du maintien d'un référentiel antérieur. On peut donc entrevoir une transformation du système bismarckien qui, peu à peu, ouvre la voie à un changement en profondeur : l'introduction d'un élément de capitalisation, le relèvement de l'âge de la retraite sont autant de signes avant-coureurs qui indiquent le sens des transformations. De même sur la question de l'emploi, la volonté d'un changement de paradigme, avec l'accord des partenaires sociaux, semble établie. Progressivement, les taux d'emploi des seniors ont augmenté au cours des dernières années. Cependant, on observe une hausse des emplois précaires et un flou dans les statistiques concernant les travailleurs âgés. Quoi qu'il en soit, officiellement, les préretraites n'existent plus aujourd'hui en Allemagne[150].

2. La France : un fossé croissant entre réforme des retraites et enkystement des préretraites

Comme l'Allemagne, la France s'engage au début des années 2000 dans une seconde vague de réforme des retraites. Le débat est initié par la réforme de 2003, qui permet d'inscrire sur l'agenda politique la question de l'emploi des seniors, laquelle sera centrale dans la réforme de 2010 qui relèvera l'âge de départ à la retraite à 62 ans. En l'espace de dix ans, les dispositifs de préretraite vont être fermés. Ce changement, source d'anxiété au niveau politique et social, suffira-t-il pour autant à faire en sorte que la France ne soit plus la « lanterne rouge » de l'Europe en matière d'emploi des seniors ?

---

[150] Frédéric Lemaître, « En Allemagne, la fin des préretraites a permis d'augmenter le nombre de salariés âgés », *Le Monde*, 01/02/2011.

2. 1. La seconde vague de réforme du système de retraite (2003, 2010, 2012)

Dix ans après la réforme de 1993[151], la loi n° 2003-775 du 21 août 2003[152], portant réforme des retraites, est entrée progressivement en application à compter du 1er janvier 2004. L'introduction d'une nouvelle réforme du système de retraite français s'inscrit dans la continuité des débats et des réformes engagés depuis une vingtaine d'années.

A partir des années 1980, les perspectives de l'arrivée à l'âge de la retraite de la génération du baby-boom conjuguées avec la fin de la montée en charge des régimes de retraite ont en effet conduit à des réflexions portant sur leur avenir à long terme. A cette époque, les premières projections relatives à l'équilibre futur du système de retraite sont réalisées, tandis qu'une série de concertations sont organisées au sein de commissions qui réunissent administrations et partenaires sociaux sous l'égide du Ministère des affaires sociales et du Commissariat général au Plan. En 1991, le Livre blanc est publié pour alimenter le débat public[153]. La réforme Balladur de 1993 reprend les pistes esquissées et discutées au cours des années précédentes. Elle allonge, dans le régime général et les régimes alignés, la durée de cotisation requise pour obtenir une retraite à taux plein (de 37,5 ans à 40 ans), fait passer le calcul de la pension des 10 aux 25 meilleures années et pose pour cinq ans une règle d'indexation des pensions de retraite sur les prix[154]. La loi de réforme institue par ailleurs le Fonds de solidarité vieillesse, alimenté par des recettes fiscales et remboursant aux régimes de retraite une partie des dépenses de solidarité (validation de droits pour les chômeurs, majorations des pensions au titre des enfants). Parallèlement, les taux de cotisations ont été augmentés pour les régimes complémentaires.

Cette réforme était cependant partielle, dans la mesure où elle ne concernait pas les régimes de fonctionnaires et les régimes spéciaux. De plus, la lisibilité du niveau à venir des pensions était faible pour les assurés. Enfin, la poursuite de la politique des préretraites et le développement continu des dispositifs de cessation anticipée d'activité a contribué à brouiller le message de la réforme de 1993, dont la mesure phare était l'allongement de la vie active. Le conflit de 1995, qui a fait suite à la tentative du gouvernement Juppé de poursuivre le mouvement de réforme pour les régimes du secteur public, a conduit à l'ouverture d'une nouvelle phase d'étude et de concertation, avec, en 1995, la publication du rapport Briet[155] puis, en 1999, celle du rapport Charpin[156]. Les propositions contenues dans le rapport Charpin, et

---

[151] Loi n° 93-936 du 22 juillet 1993 relative aux pensions de retraite et à la sauvegarde de la protection sociale, dite « loi Balladur ».

[152] *Journal officiel* du 22 août 2003.

[153] Jean-Michel Charpin, *L'avenir de nos retraites*, La Documentation française, 1999.

[154] Dans la pratique, l'indexation sur les prix a été poursuivie, dans le cadre de dispositions législatives annuelles, calant l'évolution des pensions sur les prix avec d'éventuels coups de pouce.

[155] Groupe de travail présidé par Raoul Briet, *Perspectives à long terme des retraites*, La Documentation française, 1995.

[156] Jean-Michel Charpin, *L'avenir de nos retraites*, La Documentation française, 1999.

en particulier celle consistant à allonger la durée de cotisation à 42,5 ans dans l'ensemble des régimes de retraite d'ici 2020, ont fait l'objet de multiples controverses qui ont conduit à la proposition de nombreux nouveaux rapports à la fin des années 1990[157]. Dans ce contexte, le Premier ministre Lionel Jospin a préféré repousser la réforme des retraites après les élections présidentielles de 2002, pour déconnecter la résolution de ce problème des luttes partisanes. Il a néanmoins introduit le Fonds de réserve pour les retraites[158] et a mis en place une nouvelle instance de suivi des régimes de retraite.

La proposition de créer une instance permanente réunissant l'ensemble des acteurs (parlementaires, représentants des principales organisations de salariés, d'employeurs et de travailleurs indépendants, représentants de l'Etat et experts) avec pour mission d'organiser un processus de concertation dans le domaine des retraites et de proposer des orientations de réforme, avait déjà figuré successivement dans le rapport Charpin et dans le rapport Teulade. Lionel Jospin a choisi de mettre en œuvre cette préconisation et a, dans le cadre du discours du 21 mars 2000, annoncé la création du Conseil d'orientation des retraites[159]. A l'image de ce qui était déjà fait dans certains pays étrangers, par exemple en Suède, la France s'est ainsi dotée d'une institution chargée d'assurer dans la durée le diagnostic et la concertation sur la retraite, sans que la publication d'un rapport ou la mise en œuvre d'une réforme ne mettent un terme à son existence. La pérennité et la stabilité de cette organisation doit permettre que des projections à long terme soient régulièrement faites avec une analyse de la situation, le Conseil d'orientation des retraites étant chargé de remettre un rapport au moins une fois tous les deux ans. Le COR a aussi été chargé de préparer une nouvelle réforme des retraites.

Le Conseil d'orientation des retraites : vecteur de l'élaboration d'une nouvelle réforme des retraites (réforme de 2003)

Annoncée par le Premier ministre dans son discours du 21 mars 2000, la création du Conseil d'orientation des retraites résulte d'un décret du 10 mai 2000, qui en a fixé la composition et les missions. Le Conseil d'orientation des retraites est composé de trente-deux membres. Il réunit à un rythme régulier (une fois par mois en règle générale) l'ensemble des parties concernées par la question des retraites : partenaires sociaux des secteurs privé et public, parlementaires, représentants de l'Etat (directeurs du budget, de la Sécurité sociale, de la fonction publique et de la réforme de l'Etat, Commissaire au plan), représentants des associations familiales et du Comité national des retraités et des personnes âgées, ainsi que des experts[160]. Cependant, la composition, telle qu'elle était prévue par le décret n'a pas été suivie

---

[157] Voir chapitre 5.

[158] Le Fonds de réserve pour les retraites a été créé par la loi de financement de la sécurité sociale pour 1999 et est devenu un établissement public autonome par la loi du 17 juillet 2001.

[159] La création du Conseil d'orientation des retraites a été officialisée par le décret du 10 mai 2000, qui régule son organisation et son fonctionnement.

[160] Nous avons eu la possibilité d'adopter une démarche d'observation participante en assistant aux réunions du Conseil d'orientation des retraites entre 2000 et 2004, et avons suivi de façon régulière l'évolution des travaux du Conseil sur l'ensemble de la période (2000-2012).

dans la pratique, dans la mesure où le MEDEF a refusé de siéger au COR avant la réforme de 2003. Le MEDEF a en effet refusé de participer à une nouvelle commission, dans la mesure où selon l'organisation patronale, elle n'était qu'un moyen de repousser la réforme :

> « Depuis dix ans, il y a une succession de rapports, depuis Rocard et le Livre blanc, il y a un rapport tous les deux ans. On est arrivé à une maturité de la réflexion. Même entre les partenaires sociaux, tous admettaient la nécessité d'une réforme. C'est vrai qu'on n'a pas participé au COR. Le COR a été fondé par Jospin au moment où le MEDEF demandait une réforme. On a essayé de faire pression politiquement[161] ».

Le décret du 10 mai 2000 a assigné au Conseil trois missions :

- « décrire la situation financière actuelle et les perspectives d'évolution des régimes de retraite, compte tenu des évolutions économiques, sociales et démographiques ;
- apprécier les conditions requises pour assurer, à terme, la viabilité financière de ces régimes ;
- et veiller à la cohésion du système de retraite par répartition, en assurant la solidarité entre les régimes et le respect de l'équité, tant entre les retraités qu'entre les différentes générations » (Conseil d'orientation des retraites 2002, p. 296).

L'élaboration d'un diagnostic partagé

Au moment de la création du COR, les partenaires sociaux étaient divisés sur la nécessité de mettre en œuvre une nouvelle réforme du système de retraite. De ce fait, la première étape a été de réaliser un nouveau diagnostic de la situation du système de retraite et les débats ont porté sur la nécessité ou non d'élaborer une nouvelle réforme :

> « Le débat portait surtout sur la réalité des besoins de financement et leur ampleur. Les représentants du COR sont parvenus à un consensus sur ce point, ce qui a permis de réamorcer la réflexion sur les modalités de la réforme. On savait que Lionel Jospin voulait préserver le principe de la répartition, c'était aussi une bonne base de départ pour les partenaires sociaux[162] ».

Ainsi, la première étape du travail de concertation lancée au sein du Conseil d'orientation des retraites a été de réaliser un examen critique des travaux existants sur l'avenir des retraites et de proposer de nouvelles analyses chiffrées de la situation financière du système de retraite. Les travaux réalisés sur la période 2000-2040 avec différentes variantes démographiques et économiques ont permis d'évaluer le besoin de financement qui s'élèverait de 1,6 à 1,8% du PIB en 2020 et 3,5 à 3,8% du PIB en 2040 (Conseil d'orientation des retraites 2002, p. 129).

---

[161] Entretien réalisé avec un membre du MEDEF, le 11/07/2003.

[162] Entretien réalisé avec le représentant de la CFTC au Conseil d'orientation des retraites, le 10/07/2003.

Progressivement, les échanges de points de vue et d'expertise ont permis l'élaboration d'un « diagnostic partagé » sur la nécessité d'engager une nouvelle réforme du système de retraite :

> « Nous avons élaboré un diagnostic partagé en ce qui concerne l'état des lieux, comprenant des variantes par rapport au scénario de référence. Le test de la sensibilité des résultats découle des variantes démographiques, économiques et réglementaires. Cela correspondait à l'une des missions du COR[163] ».

L'élaboration d'un « diagnostic partagé », notion qui a été reprise par de nombreux acteurs au cours des entretiens, et en particulier les syndicats, était en effet la base de la reprise du dialogue. Les partenaires sociaux ont été satisfaits de l'approche proposée par le COR :

> « Cela a conduit à analyser et à expertiser de l'intérieur, avec le Ministère du budget, des relations du travail, la DSS, les représentants du Parlement, du Sénat… Il y avait des personnalités du monde économique et social. On a fait un travail sérieux en abordant tous les points laissés de côté. On a élaboré un diagnostic partagé, c'est l'aspect constat. Cela tient aussi à la personnalité de Yannick Moreau[164], elle a mené le débat en sérénité, a permis que chacun puisse exposer ses positions. Le premier rapport contenait des pistes, des propositions élaborées en commun. On a demandé des chiffres. Il n'y avait pas de sujet tabou, on a même abordé la capitalisation. Cela a permis de lancer le débat sur la réforme. Le travail du COR a contribué à faire avancer le dossier, notamment sur les besoins de financement, avec des projections un peu plus optimistes que dans le rapport Charpin[165] ».

De même, la forme proposée, c'est-à-dire une structure de concertation rassemblant l'ensemble des acteurs concernés par la réforme, a répondu aux attentes des partenaires sociaux et a permis l'instauration d'un climat de confiance qui a facilité le recours à une « parole libérée » :

> « L'objectif était d'amener les gens qui gèrent ensemble depuis longtemps les retraites à un consensus, la CNAVTS, les partenaires sociaux, les représentants des ministères. Les travaux du COR ont permis une réflexion prospective commune. Le premier rapport a permis de réfléchir ensemble à demain, et de rapprocher les points de vue, on a élaboré de nombreux constats communs, des états des lieux communs[166] ».

> « Les apports du COR ont été importants même si en fait ils n'ont conduit qu'à une mise en forme des travaux précédents. Mais c'était un travail nouveau qui associait les partenaires sociaux, au contraire des commissions antérieures, qui étaient surtout menées par des experts. Le COR a fait un travail de diagnostic, d'élaboration de propositions avec les partenaires sociaux. Sur le fond, on est arrivé à un diagnostic partagé, à identifier les différents choix possibles sans prédéterminer l'un ou l'autre[167] ».

---

[163] Entretien réalisé avec la secrétaire générale du Conseil d'orientation des retraites, le 27/01/2004.
[164] Présidente du Conseil d'orientation des retraites.
[165] Entretien réalisé avec le représentant de FO au Conseil d'orientation des retraites, le 11/07/2003.
[166] Entretien réalisé avec le représentant de la CFTC au Conseil d'orientation des retraites, le 10/07/2003.
[167] Entretien réalisé avec le représentant de la CGT au Conseil d'orientation des retraites, le 02/07/2003.

Les valeurs

Le décret qui a conduit à la création du COR mettait l'accent sur une valeur principale dans le processus qui visait à assurer la « solidité financière » du système de retraite : « l'équité ». Toutefois, ce terme n'a pas été repris dans les travaux du COR, dans la mesure où les membres du Conseil ont estimé que ce terme avait « des connotations différentes selon le contexte dans lequel il était utilisé ». Par conséquent, « les termes d'égalité entre cotisants et régimes, ou de justice ont donc été préférés à celui d'équité » (COR 2002, p. 8). En ce qui concerne le diagnostic et la nécessité ou non d'élaborer une nouvelle réforme du système de retraite, le Conseil a mis en avant l'importance du principe de « justice », notamment entre les générations :

> « Nous ne pouvons faire supporter le poids du financement non contrôlé de l'augmentation des dépenses liées au vieillissement aux jeunes générations. Ce serait une forme de non respect du contrat social[168] ».

Le respect de l'égalité de traitement et du principe de justice dans le droit à une pension de retraite quelle que soit la génération concernée a ainsi participé à l'élaboration d'un accord tacite. Cette notion est apparue de façon intermittente mais régulière dans les débats parfois houleux. A l'une des réunions, un représentant du syndicat CFTC a ainsi déclaré :

> « Est-on vraiment sûr qu'il faille à nouveau réformer le système de retraite ? De nouvelles formes de solidarités intergénérationnelles se mettent en place notamment au niveau familial. On sait de source sûre que les jeunes générations profiteront d'héritages généreux. C'est la même chose qu'en Allemagne sur ce point-là. Les héritages vont contrebalancer l'éventuelle diminution du niveau de retraite et les taux de financement accrus liés au vieillissement. Cela reviendra au même ».

Ces propos ont été relevés par la Présidente du Conseil qui a souhaité resituer le débat au nom du principe de justice :

> « Certes, le niveau global des héritages est en augmentation. Mais tout le monde n'a pas la chance de faire un héritage. »

En ce sens, la réforme était justifiée par cette notion de justice : justice intergénérationnelle, dans la mesure où une répartition des coûts et des richesses équitable devait être respectée dans l'attribution des droits à pension, ce qui induisait qu'il n'était pas possible de faire supporter le poids des dépenses aux jeunes générations, et justice intragénérationnelle, le système de retraite devant participer à l'accès à un droit égal pour tous, à l'intérieur d'une même tranche d'âge, à une pension suffisante :

---

[168] Propos tenus par l'un des membres du Conseil, lors de la réunion qui s'est tenue le 4 septembre 2002.

« Il faut réformer le système de retraite, sans quoi ce sont les jeunes qui vont tout payer. Il faut un partage entre le temps de travail et le temps de repos. L'ouvrier a une espérance de vie de 7 ans inférieure, il y a aussi une forte différence entre les hommes et les femmes. Le principe, c'est qu'il ne faut pas séparer les options de réforme en fonction des particularités, mais plutôt aménager la question du temps de travail sur toute une vie[169] ».

Parallèlement, le thème de la diversité et des inégalités de situations vis-à-vis de la retraite a été abordé. Diverses données ont été analysées par rapport aux inégalités de situations, que ce soit en termes d'espérance de vie ou de retraite. Les travaux du Conseil ont rapidement mis l'accent sur les inégalités qui transparaissaient au sein d'une même classe d'âge selon les situations professionnelles et sociales. En effet, même si l'espérance de vie augmente de façon continue, les inégalités entre catégories socioprofessionnelles restent stables et il existe toujours un écart relativement important entre les cadres et les ouvriers. Ainsi, l'espérance de vie à 60 ans s'élève à 22,5 années pour les hommes qui sont cadres ou issus de professions libérales (26 années pour les femmes) et à 17 années pour les ouvriers (23 années pour les femmes). Le Conseil a souhaité prendre en compte cette problématique dans sa réflexion :

« Si tous accèdent désormais à la retraite, il apparaît que les ouvriers sont ceux qui commencent à travailler le plus tôt, qui ont de ce fait de longues carrières, cotisent longtemps, et bénéficient d'une espérance de vie moins longue que les cadres, donc reçoivent moins longtemps une pension de retraite. Sans compter qu'on ne prend pas suffisamment en compte la pénibilité du travail ouvrier… Cela doit changer[170] ».

L'élaboration de nouvelles normes d'action

La première norme d'action qui a constitué la pierre d'angle des réflexions du Conseil a été la préservation du principe de la répartition. Le Conseil a rapidement identifié trois thématiques principales autour desquelles organiser ses travaux : « Age et travail », « Diversité et inégalités de situations vis-à-vis de la retraite », « Prospective générale et perspectives financières ». Sur chacune de ces thématiques, un groupe de travail permanent s'est réuni une fois par mois environ (soit trois réunions mensuelles pour l'ensemble des groupes), de juillet 2000 à septembre 2001, jusqu'à la remise du premier rapport en décembre.

Les membres du COR ont choisi de mettre l'accent sur un thème particulier, celui des rapports entre âge et travail. Le COR a ainsi reconstruit la problématique des retraites en proposant une nouvelle approche. L'idée a progressivement émergé que la solution se trouvait au point d'intersection de la politique des retraites et de la politique de l'emploi. Le constat a été approuvé : dans la situation actuelle d'éviction régulière des travailleurs âgés de plus de 55 ans du marché de l'emploi, allonger la durée d'activité nécessaire pour obtenir une pension à taux plein est impossible. Or, l'option de modifier le paramètre de l'âge ou de la

---

169 Propos tenus par le représentant de la CFDT.

170 Propos tenus par le représentant de la CGT.

durée de cotisation apparaît comme l'une des mesures centrales pour préserver la viabilité financière du système de retraite par répartition.

Le processus de réflexion a visé à modifier progressivement la construction sociale des préretraites et à élaborer un nouveau consensus avec les partenaires sociaux sur les orientations politiques à prendre. Les travaux du COR se sont organisés en trois étapes principales : l'état des lieux, les raisons qui conduisent à la nécessité de changer (« pourquoi changer ») et les propositions d'action (« comment changer »). En ce qui concerne l'état des lieux, le Conseil a proposé une analyse chiffrée de la situation des travailleurs âgés, qui a été mise en perspective avec des comparaisons internationales. Les études réalisées au niveau européen dans le cadre de la méthode ouverte de coordination ont souligné la place « en queue de peloton européen » de la France par rapport aux autres pays. En 2001, le taux d'emploi des salariés de 55 à 64 ans s'élevait à 32% pour les hommes et 25% pour les femmes (COR 2001). En ce sens, les analyses européennes ont alimenté les débats qui se sont déroulés dans l'enceinte du COR :

> « Nous sommes l'un des pays européens où le taux d'activité est le plus faible. C'est pourquoi l'un des thèmes principaux étudiés au COR concernait les rapports entre âge et travail[171] ».

De ce fait, les données européennes ont permis de relancer le débat en France, en proposant des comparaisons chiffrées. De même, les normes d'action européennes ont nourri les réflexions sur le sens des réformes à mettre en place :

> « On y est favorable… Dans d'autres pays européens, on fait la même chose. Les changements se recoupent avec ce qu'on a pu faire ailleurs. Il y a un même sens des réformes. Avec les 35 heures, on travaille moins longtemps pendant la semaine, c'est normal qu'on travaille plus longtemps[172] ».

La façon dont la problématique a été formulée et dont de nouvelles normes d'action ont été proposées rejoint par ailleurs la terminologie européenne. La notion de « vieillissement actif » était au cœur des débats, et a progressivement été assimilée par les différents membres du Conseil :

> « Le « vieillissement actif », le terme fusait dans les couloirs du COR, notamment au moment de la préparation du premier rapport. Je me demandais d'où venait cette expression[173] ».

> « C'est nourri par le contexte des lignes directrices pour l'emploi, qui prônent le vieillissement actif. En France, il y a un problème particulier. On a eu plusieurs recommandations. Le Conseil adopte les lignes directrices. Chaque pays est obligé de

---

[171] Entretien réalisé avec un représentant de FO, le 11/07/2003.

[172] Entretien réalisé avec la représentante de la CFE-CGC au Conseil d'orientation des retraites, le 03/07/2001.

[173] Entretien réalisé avec l'un des experts qui a travaillé dans le cadre du Conseil d'orientation des retraites, le 03/02/2004.

reprendre, de dire : « je fais ceci, cela ». Cela a fait des étincelles, ça a été un élément déclencheur dans le cadre de l'assurance-chômage et des retraites. Le constat a émergé : il faut faire quelque chose[174] ».

De même, les expériences menées dans d'autres pays européens ont été mises en avant pour modifier les principes d'action et démontrer qu'il était possible d'insuffler une nouvelle police des âges et de passer du « cercle vicieux de la retraite précoce » au « cercle vertueux de l'activation des politiques sociales ». Le Conseil a dans ce contexte fait appel aux travaux réalisés par des experts, en particulier Anne-Marie Guillemard, qui a analysé, dans quelle mesure deux pays européens, les Pays-Bas et la Finlande, après avoir largement fait appel aux préretraites, sont parvenus à insuffler un changement de paradigme dans ce secteur[175]. Ainsi, progressivement un accord a été élaboré sur la nécessité d'un changement institutionnel et sociétal :

> « Avec la crise économique, et aussi en raison de la psychologie de certains régimes spéciaux, on a admis dans la culture qu'il valait mieux être un préretraité qu'un jeune chômeur, sans vérifier la validité de ce qu'on affirmait. Ce n'est pas en mettant un salarié en préretraite qu'on embauche un jeune. Nous avons à trouver et à négocier un droit du travail qui permette l'accès à l'emploi[176] ».

Très vite, le débat s'est développé autour de la question de l'âge : Qu'est-ce qu'un « travailleur âgé » ? Quels sont les rapports entre l'âge et l'emploi ? Comment expliquer que dans un contexte démographique où l'espérance de vie augmente, on soit considéré comme âgé de plus en plus tôt ? Qu'en est-il de l'âgisme ? Comment changer les préjugés et les perceptions négatives liées à l'âge ? Ces questions ont progressivement conduit à l'élaboration à tâtons d'une nouvelle terminologie. Tout d'abord, les membres du Conseil ont étudié la question de la régulation des « temps sociaux ». La société industrielle a en effet conduit à l'instauration d'un cycle de vie en trois temps séparés, chaque phase étant consacrée à une occupation régulée socialement : la jeunesse (l'éducation), l'âge adulte (emploi) et la vieillesse (retraite). L'âge est ainsi devenu une norme sociale qui régule les parcours de vie et les relations à l'emploi. Cet élément, qui a pendant longtemps prévalu et fait l'objet d'un consensus, est mis en question et apparaît comme une forme de discrimination :

> « Il faut affirmer que c'est un problème de discrimination, ce n'est pas un service qu'on rend aux travailleurs âgés de les mettre en préretraite, c'est une discrimination par l'âge. Il y en a trois formes. La première se situe au démarrage pour l'emploi des personnes, les employeurs considèrent qu'il faut une expérience professionnelle et ralentissent

---

[174] Entretien réalisé avec un représentant de la CFDT, le 03/07/2003.

[175] Anne-Marie Guillemard, « Les enseignements des comparaisons internationales », Conseil d'orientation des retraites (ed.), *Age et travail – Un axe de réflexion essentiel pour l'avenir des retraites*, Paris, La Documentation française, 2001.

[176] Entretien réalisé avec un représentant de la CFDT, le 03/07/2003.

l'accès à l'emploi des jeunes. La deuxième forme, c'est au-delà de 50 ans. La troisième, c'est l'insertion des femmes, on n'est pas au niveau de certains pays d'Europe[177] ».

Comment reconstruire socialement la problématique des rapports entre âge et travail ? Le Conseil a recouru aux travaux d'experts pour analyser l'évolution du parcours des âges et la « déstandardisation » des cycles de vie, qui s'est opérée au cours des dernières années et a conduit à déstabiliser l'organisation des temps sociaux (périodes de chômage ou accidents de la vie, familles monoparentales et apparition de nouveaux risques sociaux). D'un côté, le principe de « l'emploi à vie » tend à disparaître et les formes de précarisation du travail se multiplient, de l'autre, le vieillissement démographique conduit à augmenter la durée de cotisation pour avoir droit à une retraite pleine. Les entrées tardives sur le marché de l'emploi, une vie professionnelle parfois heurtée et entrecoupée de périodes de chômage, des sorties précoces en raison des préretraites : la dérégulation des temps sociaux conduit à une multiplication des risques pour le système de retraite par répartition et ses adhérents. La diminution de la durée de la vie active implique en effet une diminution de la période de cotisation, ce qui nuit, d'une part au financement du système de retraite et d'autre part induit que les individus n'auront pas forcément la possibilité de cotiser suffisamment longtemps pour obtenir une retraite à taux plein :

> « Le nombre de personnes qui n'ont pas dix ans de cotisations à trente ans a été multiplié par trois au cours des dix dernières années. Chez les non qualifiés, le risque de se retrouver dans une situation hors emploi est de six ans. Il est quatre fois plus élevé que pour les cadres. Nécessairement, il y a des catégories sociales qui seront victimes : les femmes, les jeunes avec une entrée tardive, ceux dont les parcours professionnels sont chaotiques[178] ».

Le Conseil d'orientation des retraites a étudié ces questions, en mettant l'accent sur le groupe des plus de 50 ans. Les débats ont porté sur la façon dont le critère d'âge était en lien avec les capacités à occuper un emploi, les perceptions sociales et les aspirations des individus :

> « Si l'on se sent « vieux travailleur » et si l'on est perçu comme tel dans l'entreprise, il est probable que l'on préférera accéder sans tarder à la catégorie « jeune retraité », statut plus vivable et plus valorisé dans notre société. Mais cette condition de « vieux travailleur » ne renvoie pas seulement à des caractéristiques personnelles, au premier rang desquelles figurerait l'âge : le parcours professionnel antérieur, sa longueur, sa pénibilité et la façon dont le travail actuel tient compte ou non des spécificités d'un quinquagénaire expérimenté, entrent également en ligne de compte[179] ».

Le Conseil s'est donc attaché à déconstruire les préjugés et idées reçues, pour analyser jusqu'à quel âge il était socialement possible de poursuivre une activité.

---

[177] Entretien réalisé avec un représentant de la CFDT, le 03/07/2003.

[178] Entretien réalisé avec un représentant de la CGT, le 02/07/2003.

[179] Intervention de Serge Volkoff, expert au Conseil d'orientation des retraites, lors du Colloque « Age et travail », publication des actes, Paris, La Documentation française, 2001, p. 26.

L'une des justifications qui avait prévalu dans l'approche consensuelle était « l'usure » des travailleurs de plus de 50 ans, les analyses du Conseil ont de ce fait porté sur la « pénibilité » de certains emplois qui légitimait un départ précoce à la retraite, en particulier dans les secteurs où les facteurs physiques sont importants (par exemple, le bâtiment ou l'industrie automobile). De même, les conditions de travail ont une importance croissante au fur et à mesure que le salarié vieillit (travail à la chaîne, travail de nuit, etc.) :

> « Cela comprend les conditions de travail, l'adaptation des postes, pas l'usure par l'âge. Moi, j'ai 57 ans. Pour de nombreux emplois, je ne suis pas valable, j'ai des rhumatismes, je m'essouffle. C'est clair que dans l'automobile, sur une chaîne, un gamin de 30 ans est plus habile qu'un vieux de 50 ans. Mais il reste possible d'adapter certains postes avec l'ergonomie[180] ».

Le Conseil a aussi analysé la question du rapport entre productivité et âge, dans la mesure où l'une des critiques fréquemment émise à l'égard de ce groupe d'âge est l'importance des coûts salariaux par rapport à une productivité décroissante. Les travaux d'expertise ont montré que l'efficacité des salariés de plus de 50 ans n'était pas amoindrie, mais différente, ce groupe d'âge s'appuyant sur les acquis de son expérience, pour contrebalancer par exemple une sensibilité accrue par rapport aux contraintes de temps ou l'adaptation à des procédures nouvelles. Pour éviter une perte de compétences qui réduirait la mobilité et l'employabilité des salariés âgés de plus de 50 ans, le Conseil a de ce fait à nouveau mis l'accent sur une notion européenne ; « la formation tout au long de la vie » :

> « A 50 ans, on est dans la deuxième partie de carrière, il faut un droit à la formation entre 40 et 50 ans, pour se refaire un projet professionnel, comme le projet d'un chômeur dans le PARE, avec un bilan de compétences, une formation, pour « remotiver » la personne, offrir de la souplesse pour la mobilité de certains salariés usés par un poste, faire une autre proposition que d'attendre la retraite[181] ».

Les membres du Conseil se sont donc attachés à dépasser les préjugés qui caractérisaient les travailleurs de ce groupe d'âge et ce travail a donné lieu à l'évolution de la terminologie. La notion de « travailleur âgé » apparaissait en effet comme une marque de discrimination, les membres du Conseil ont cherché un autre terme et ont oscillé entre « travailleurs expérimentés » et « seniors ». L'un des échanges qui s'est déroulé au cours de l'une des réunions du COR reflète cette volonté de faire évoluer la perception vis-à-vis des travailleurs de ce groupe d'âge :

> « Les travailleurs âgés, cette notion ne renvoie plus à rien. Agé par rapport à quoi, à partir de quel âge ? De même, la notion de « travailleur expérimenté » ne semble pas réellement adéquate, elle sous-entend qu'un salarié de 30 ans aurait un niveau de

[180] Entretien réalisé avec un représentant de la CFDT, le 03/07/2003.

[181] Entretien réalisé avec un représentant de la CFDT, le 03/07/2003.

compétences moindres… Pourquoi ne pas adopter une notion plus neutre, par exemple les seniors[182] » ?

Pour combattre les préjugés sur le lieu de travail, le COR a insisté sur la nécessité d'un changement culturel de grande ampleur, qui intègrerait les entreprises. Dans cette optique, un colloque sur le thème « Age et travail » a été organisé le 6 avril 2001 et a rassemblé plus de 500 personnes. En conclusion de ce colloque, la Présidente du COR a appelé à un « changement de paradigme » vis-à-vis des travailleurs de plus de 50 ans dans les entreprises. En ce sens, les orientations de réformes choisies par le Conseil sont globales, elles préconisent l'introduction de nouvelles normes d'actions basées sur la promotion de l'emploi pour tous et en particulier pour les seniors, dans la mesure où un nouvel allongement de la durée de cotisation serait inefficient s'il ne s'accompagnait pas d'une durée d'activité effectivement plus longue. De ce fait, le COR a souligné la volonté politique d'insuffler une nouvelle politique des âges qui prendrait en compte l'ensemble du cycle de vie et favoriserait par exemple l'instauration de comptes épargne temps ou plus précisément de « droits de tirage sociaux »[183], à tout âge, pour reprendre ses études, construire un projet professionnel ou personnel. De même, un questionnement se pose sur les différents modes de transition entre emploi et retraite, ce qui touche la problématique des « marchés transitionnels » de l'emploi (Gazier 1998).

Le vieillissement actif apparaît bien comme l'axe majeur, du point de vue des normes d'action, de la réforme du système de retraite. Il s'agit bien là d'articuler politique d'emploi et réforme des retraites. L'Europe est donc bien présente dans ces orientations.

Les instruments d'action

Le Conseil d'orientation des retraites a mobilisé une approche globale pour faire face au problème de financement qui inclut politique de l'emploi et politique des retraites. Les orientations de réforme ont été élaborées par rapport à un scénario économique qui prévoyait le retour au plein emploi en 2010, avec un taux de chômage de 4,5% (COR 2001, p. 113). Les partenaires sociaux ont soutenu ce « pari optimiste pour l'emploi », même si certains ont fait preuve de réticences et d'inquiétudes :

> « Ce pari sur l'emploi est sans crédibilité, il entraînera un accroissement des injustices, une baisse du niveau des pensions[184] ».

---

[182] Propos tenus par l'un des membres du COR.

[183] Cette notion définie par Alain Supiot vise à rendre possible, via l'organisation de solidarités, l'exercice concret d'une liberté pour un salarié.

[184] Entretien réalisé avec un membre de la CGT, le 02/07/2003.

En ce qui concerne la composition par âge de l'emploi, le scénario de référence suppose une augmentation du taux d'activité des jeunes, avec un abaissement de l'âge moyen de sortie d'études d'un an et le développement du cumul entre études et activité professionnelle. De même, le scénario prévoit une poursuite de l'accroissement de l'activité féminine, même si les marges potentielles sont faibles, dans la mesure où le taux d'activité des femmes s'élève à 78% (COR 2001, p. 121). Néanmoins, le Conseil d'orientation des retraites envisage de poursuivre ce processus de promotion de l'activité féminine et fixe l'objectif d'atteindre un taux d'emploi de 85%, à l'instar des pays nordiques.

Le troisième groupe concerné par l'augmentation des taux d'emploi est celui des plus de 50 ans. En 2001, il y avait un peu plus de 500 000 préretraités et dispensés de recherche d'emploi, ce qui représentait environ 2% de la population active. Entre 2001 et 2006, la population des 55-59 ans devait s'accroître de plus d'un million et atteindre 4 millions. Dans ce contexte, la poursuite de la stratégie d'éviction des plus de 50 ans conduisait à une augmentation du nombre des inactifs de ce groupe d'âge de 530 000 en 2000 à 750 000 en 2010. Le scénario proposé par le COR ne présuppose pas la suppression totale des préretraites, qui apparaissent toujours comme « un palliatif nécessaire » dans certains cas de restructuration des entreprises. Néanmoins, il appelle à une « résorption significative » des préretraites et des dispenses de recherche d'emploi : « La projection estime à 1 490 000 l'accroissement entre 2000 et 2010 du nombre de personnes de 55 à 64 ans actives au sens du BIT, soit + 73%. Dans cet accroissement, + 45% s'expliquent par les effets de la démographie (croissance des effectifs de 55 à 64 ans liés au baby boom). Le reste, soit 420 000 actifs supplémentaires, correspond pour l'essentiel à une résorption partielle des préretraites et du chômage dispensé de recherche d'emploi et correspond à un recul moyen de l'âge de cessation anticipée d'un peu plus de six mois » (COR 2001, p. 122).

Pour réaliser cet objectif, le Conseil insiste sur la nécessité « d'une rupture forte que seule une action volontariste dans le champ de l'emploi est susceptible de produire » (COR 2001, p. 123). Cette « politique volontariste » s'appuie sur un consensus qui réunit désormais la plupart des acteurs concernés, mais aussi sur la reconfiguration des politiques vis-à-vis de ce groupe d'âge. Le Conseil insiste en effet sur les risques de substitution institutionnelle qui ont bloqué jusqu'alors les réformes dans ce secteur : « L'histoire des vingt-cinq dernière années montre que la fermeture ou la restriction d'un dispositif institutionnel se traduit par des transferts vers d'autres dispositifs de cessation anticipée » (COR 2001, p. 122). Par conséquent, l'accent est mis sur l'importance de mettre en place de nouvelles mesures actives qui encouragent à la poursuite d'activité, notamment en ce qui concerne les conditions de travail, la formation tout au long de la vie, ou la gestion des ressources humaines dans les entreprises.

La situation dans l'emploi par âge (en %)

	Taux d'activité		Nombre de points d'accroissement	Effectifs en milliers		Accroissement des effectifs
Années	**2000**		**2010**	**2000-2010**	**2000**	**2010**
Ages						
15-24 ans	29,5%	38,0%	8,5%	2 290	2980	690
25-54 ans	86,2%	87,8%	1,6%	22 000	21 700	- 300
55-64 ans	37,2%	44,3%	7,1%	2 050	3 540	1 490
65 ans et plus	1,3%	1,0%	-0,3%	130	110	-20

Source : Direction de la prévision (DP) pour COR, premier rapport, 2001, p. 123.

En ce qui concerne la réforme du système de retraite par répartition, deux principales options de réforme ont été analysées par le Conseil : relever l'âge de départ à la retraite ou allonger la période de cotisation pour obtenir le droit à une retraite à taux plein. Les membres du Conseil ont choisi d'écarter la possibilité de diminuer le niveau de la pension et ont fixé l'objectif de préserver un niveau de pension élevé. En ce qui concerne la possibilité d'augmenter les taux de cotisation, cette option a provisoirement été laissée de côté, malgré le désir de certains membres du Conseil ou partenaires sociaux de renouer avec cette option de réforme. Aussi, les partenaires sociaux (y compris le MEDEF) estiment que cette option de réforme n'est pas suffisante :

> « Le point crucial, c'est l'augmentation de la durée de cotisation. Il y avait trois solutions : la baisse du niveau des pensions, l'augmentation des taux de cotisation, l'allongement de la durée de cotisation. L'allongement de la durée de cotisation, c'est un compromis symbolique, même si à terme, on va toucher un peu à tout. Le point négatif, c'est le financement de cette réforme qui repose sur la variable aléatoire du chômage, on mise sur la croissance sans créer les conditions de la croissance, que va-t-on faire si les plans ne se réalisent pas comme prévu ? A la prochaine rencontre avec les partenaires sociaux, la question du financement va se poser. Il faudra jouer sur les taux de cotisation ou le niveau de la pension. Mais on est peut-être allé aussi loin que le corps social pouvait aller. A moins que le plan optimiste sur l'emploi ne se réalise et permette un transfert des charges du chômage vers la retraite[185] ».

> « Est-ce qu'on va augmenter les taux de cotisation ou baisser le niveau des prestations de retraite ? La réforme n'est pas suffisante sur le plan financier : dans trois ans, il faudra remettre le couvert et augmenter les cotisations. Le transfert ne sera pas suffisant pour combler le déficit des régimes de retraite, ce ne sera pas possible de baisser encore le

[185] Entretien réalisé avec un représentant du MEDEF, le 11/07/2003.

niveau de la retraite ou les jeunes vont s'apercevoir que le rendement de la retraite par répartition ne sera pas suffisant, et le principe de la répartition sera discrédité[186] ».

Les débats ont de ce fait essentiellement porté sur la question de l'allongement de la durée de la cotisation. Le Conseil a choisi de ne pas modifier l'âge légal de la retraite, au regard de l'opposition des syndicats :

> « On s'est peut-être trop focalisé sur le mythe de la retraite à 60 ans, c'est devenu un droit sur lequel la question se pose. Beaucoup de pays ont joué plus sur l'âge que sur la durée de cotisation. Est-ce que c'est une erreur de la part des organisations syndicales ? Mécaniquement, le recul de l'âge de départ à la retraite est inévitable[187] ».

De ce fait, l'option de l'allongement de la durée de cotisation a été choisie comme la principale réforme paramétrique à mettre en œuvre. Cependant, les membres du Conseil ne sont pas parvenus à un compromis sur cette question. En effet, certains membres du Conseil ont estimé que l'alignement entre les salariés du secteur privé et des fonctionnaires devait se faire sur la durée de 40 annuités, compte tenu des besoins de financement et de l'allongement de l'espérance de vie. D'autres membres du Conseil ont estimé que l'alignement de la durée de cotisation devait se faire par un retour de l'ensemble des actifs à une durée de cotisation de 37,5 années. Un autre point de vue, essentiellement défendu, par les organisations d'employeurs, était l'allongement de la durée de cotisation à 42 ans, voire 45 ans. Par conséquent, le processus de concertation n'a pas permis l'élaboration d'un accord entre les partenaires sociaux sur ces questions importantes.

Néanmoins, d'autres modalités ont été discutées et ont conduit à des compromis, notamment autour de la retraite progressive, de la retraite à la carte ou du cumul emploi-retraite. Les membres du Conseil sont en effet parvenus à un consensus pour sortir du phénomène de la « retraite couperet » et changer les modalités d'accès à la retraite, en favorisant les choix individuels par des incitations à la poursuite d'activité (système des décotes et des surcotes) ou des rachats de cotisations. Cette idée intègre le thème de la « pénibilité » et le Conseil propose des dispositions de départ avant l'âge légal pour les personnes qui ont commencé à travailler à 14, 15 ou 16 ans.

L'une des missions du COR était de préserver la stabilité du système par répartition, et la proposition de financements alternatifs par capitalisation et individualisés n'est que peu intervenue dans les débats. Toutefois, le Conseil a proposé de recourir à de nouvelles formes de financement pour alimenter le système par répartition : le redéploiement de marges de manœuvres dégagées par ailleurs dans le champ des comptes sociaux (excédents des branches famille et chômage), l'élargissement de l'assiette de prélèvements, le fonds de réserve, les contributions de l'Etat et l'augmentation des taux de cotisation de l'assurance vieillesse.

Ainsi, le processus de concertation a permis d'élaborer un consensus sur la nécessité de réformer le système par répartition. De même, des orientations de

[186] Entretien réalisé avec le représentant de FO, le 11/07/2003.
[187] Entretien réalisé avec le représentant de FO, le 11/07/2003.

réformes ont été proposées, qui préconisent un allongement de la durée de cotisation, des retraites choisies mettant l'accent sur les situations individuelles, un niveau de retraite élevé, avec un taux de remplacement fixé à 66% du revenu, et une générosité accrue pour les « petites pensions ». Cependant, le Conseil n'est pas parvenu à un accord sur l'alignement des droits à la retraite entre les secteurs public et privé. L'élément nouveau est le « pari sur l'emploi » et l'introduction d'une « politique volontariste » pour l'emploi des seniors.

Le Conseil a rendu public son premier rapport en décembre 2001[188]. Le rapport proposait des projections à 40 ans de la situation financière des régimes de retraite, avec de nombreuses variantes. Il proposait aussi des pistes de réforme, et renvoyait à la négociation et à la décision politique les choix à opérer entre les différentes options possibles. Il présentait enfin trois grandes orientations structurantes à long terme : la nécessité de réaffirmer mais aussi de compléter les termes du contrat social au sein du système de retraite autour de la solidarité entre les générations, le lien étroit à établir entre politique de l'emploi (particulièrement des seniors) et politique des retraites, et enfin, la nécessité de donner à long terme une visibilité sur le niveau des pensions. Le Conseil proposait de réaffirmer trois principes structurants : le choix d'un système par répartition, le choix d'un système liant retraite et travail et comportant une part de redistribution, et la reconnaissance d'un droit au travail indissociable du droit à la retraite. Le travail collectif de concertation a joué un rôle important dans la préparation des discussions qui se sont ensuite déroulées entre le gouvernement et les partenaires sociaux pour la préparation de la réforme de 2003.

De la concertation à la négociation

Au lendemain des élections de 2002, le nouveau gouvernement a annoncé son intention d'engager une réforme des retraites. Le 3 juillet 2002, dans son discours de politique générale, le Premier ministre, Jean-Pierre Raffarin, a énoncé la question des retraites au nombre des chantiers prioritaires et s'est engagé à mener à bien la réforme avant la fin du premier semestre 2003. Lors de la cérémonie des vœux, le 6 janvier 2003, le Président de la République Jacques Chirac a confirmé la décision du Gouvernement d'arrêter « avant l'été les décisions nécessaires » sur la réforme des retraites, « en suivant la voix du dialogue avec les partenaires sociaux ».

Au début de l'année 2003, un travail de préparation de la réforme est engagé et conduit à des rencontres bilatérales, entre février et juin 2003, avec les différentes formations politiques représentées au Parlement et avec l'ensemble des partenaires sociaux. La responsabilité de la conduite du processus de négociation est confiée à François Fillon, ministre du travail, des affaires sociales et de la solidarité, en liaison étroite avec Jean-Paul Delevoye, ministre de la fonction publique. La

188 *Retraites : renouveler le contrat entre les générations. Orientations et débats*, premier rapport 2001, Paris, La Documentation française, 2002.

réforme avait été prévue dans les programmes électoraux de Jacques Chirac et Lionel Jospin, de plus le gouvernement estimait que la phase de diagnostic était à terme, et qu'il était temps de lancer le processus de négociation politique :

> « La phase de diagnostic avait largement été réalisée, il y avait eu une multitude de rapports. Dans sa déclaration de politique générale, le 3 juillet 2002, Jacques Chirac a édicté le choix de conduire la réforme entre le 1er janvier et le 30 juin 2003. Le dossier devait être bouclé avant la fin du premier semestre. On a fait le choix de l'été 2002 pour aborder la question de la sécurité sociale, à l'automne 2002, on a annoncé la décision de l'assouplissement de la loi des 35 heures. C'était la première loi Fillon. Dans ses vœux, l'année suivante, le 6 janvier 2003, le Président de la République a fait appel aux forces vives de la nation pour soutenir la réforme des retraites. Le processus politique était lancé[189] ».

Comment passer de la concertation à la négociation ? Si des éléments de consensus avaient été dégagés par le Conseil des retraites, il restait des points de désaccord importants en particulier en ce qui concernait l'alignement entre secteur public et privé. En tant qu'instance de concertation, le COR s'est déconnecté du processus de négociation politique :

> « Par rapport aux travaux du Conseil, on s'était bien situés dans le cadre de cette problématique. Il était attendu que lors du passage à la décision, il faudrait trancher sur les points de désaccord. Le Conseil n'était pas en mesure de les surmonter[190] ».

Néanmoins, les responsables de la négociation politique ont accueilli les travaux du COR, et les propositions de réforme, qui leur ont permis de préparer la réforme. Le Conseil a fait en ce sens office de *think tank* en mettant à jour les éléments constitutifs du projet de réforme :

> « Pour la préparation, on s'est fondus dans le COR. Le rapport du COR a servi pour les chiffres et les orientations, en particulier en ce qui concerne le problème de l'emploi des travailleurs âgés[191] ».

La mise sur l'agenda politique de la réforme politique s'est accompagnée d'un processus politique spécifique, qui se signale par une phase de négociation particulièrement courte. Dans un premier temps, François Fillon a effectué un voyage avec les principales organisations syndicales, la CFDT, FO, la CGC et la CFTC ; la CGT ayant préféré ne pas participer à ce périple. Les différents acteurs se sont déplacés dans plusieurs capitales européennes et ont rencontré leurs homologues dans ces pays (l'Allemagne, la Suède, la Finlande et l'Espagne), lesquels avaient déjà participé au processus de réforme de leurs propres systèmes de retraite. L'échange d'idées et d'expériences a alimenté les perspectives de réformes qui avaient déjà été abordées et a permis d'engager le débat. Le 3 février 2003, le Premier ministre a tenu un discours devant le Conseil économique et social et a

---

[189] Entretien réalisé avec un Conseiller technique de François Fillon, le 13/01/2004.
[190] Entretien réalisé avec la Secrétaire générale du Conseil d'orientation des retraites, le 27/01/2004.
[191] Entretien réalisé avec un représentant du Cabinet Fillon, le 13/01/2004.

annoncé l'ouverture des négociations pour la réforme des retraites. Entre février et mars, une vingtaine de rencontres ont été organisées et ont réuni les principales forces politiques, c'est-à-dire les organisations patronales et syndicales. Les discussions se sont déroulées sans base écrite, et cette période a plutôt été décrite comme une poursuite de la concertation plutôt qu'un passage à la négociation :

> « On a pris le temps de la décision même si elle est imparfaite. Il n'y a pas vraiment eu de négociation, mais le gouvernement a pris le temps de la concertation. Morgenstern est partie avec Fillon, il y avait un représentant de chaque confédération, tout le monde y est allé sauf la CGT. Ils ont rendu visite dans les autres pays à ceux qui avaient négocié, et ils ont rencontré les syndicats. C'était en novembre-décembre 2002. Il n'y a pas eu de négociation réelle, mais il a bien préparé le terrain, ce n'était pas complètement fermé[192] ».

Le 18 avril 2003, le ministre des affaires sociales et le ministre de la fonction publique ont initié l'entrée dans la deuxième phase de la réforme et ont présenté aux organisations patronales et syndicales un texte intitulé « Principales orientations du Gouvernement ». Le projet de loi a ensuite été transmis au Conseil d'Etat et aux Caisses de sécurité sociale le 7 mai. Sur la base de ce texte, a eu lieu une réunion de négociation qui a commencé le 14 mai et s'est poursuivie tard dans la nuit. Le 15 mai, le projet de loi a été approuvé par la CFDT, la CGC et trois organisations patronales. Le court laps de temps consacré à la négociation proprement dite du projet de loi a suscité une forte amertume parmi les organisations syndicales qui ont refusé de l'approuver. Ainsi le représentant de la CGT, qui avait siégé au COR et participé à la négociation, a exprimé sa colère :

> « Le gouvernement s'est appuyé sur sa majorité pour faire passer ses « bons » choix. Nous avons négocié six heures dans la nuit du 14 au 15 mai. Il n'y a pas eu de négociation réelle. Le Parlement a eu vingt fois plus de temps, même plus avec la deuxième lecture. Le gouvernement a eu la volonté de « squeezer » le dialogue social. On n'a jamais vu une réforme pliée en six heures de négociation. Ce sont quand même des choix qui vont porter sur 22 millions de salariés. Cela traduit une subordination au politique, au calendrier et à la logique institutionnelle. Le 15, la CFDT a tenu des négociations séparées. A quatre heures, on s'est quittés et nous n'étions pas d'accord. C'est contre le syndicalisme, contre la revalorisation du dialogue social. La négociation a pour objectif d'améliorer la réforme, de mettre les débats sur la table. Elle donne à la société le sentiment de participer. C'était notre priorité. La CFDT a signé un texte pour être associée à une réforme qu'elle jugeait essentielle. Ce n'est pas seulement une différence d'appréciation tactique, c'est aussi un débat sur la stratégie syndicale, la démocratie sociale articulée à la démocratie politique. Face au gouvernement, ils ont eu peur, ils ont pensé que c'était trop risqué[193] ».

---

[192] Entretien réalisé avec un représentant de la CFE-CGC, le 03/07/2003.

[193] Entretien réalisé le 02/07/2003.

De plus, la CGT était extrêmement réticente quant au contenu de la réforme, qui reposait sur le pari sur l'emploi et l'allongement effectif de la durée de vie, deux éléments qui ne lui paraissaient pas crédibles dans la période actuelle :

> « Nos organisations syndicales ont toujours affirmé qu'elles étaient là pour négocier un progrès social, par une régression. Sur les retraites, on revient en arrière, sur une situation qui a permis d'améliorer le niveau de retraite et l'indépendance financière des retraités. Ils ont un pouvoir de consommation qui dans les périodes de crise sert d'amortisseur, ils ont porté secours à leurs enfants et à leurs petits-enfants pendant la crise. Sur les douze millions de retraités, il y en aura 18 millions en 2020, 22 millions en 2040. Selon l'argument des syndicats, si on baisse le niveau de la retraite, on va réveiller le réflexe de l'épargne complémentaire. Comme il y aura plus de retraités que d'actifs, on va freiner la consommation et ralentir la croissance. Par ailleurs, le droit à la retraite à 60 ans va devenir virtuel. Il y a des entrées tardives sur le marché du travail, à 25 ans et après, ils partiront à la retraite à 64, 65 ans, voire au-delà de 65 ans. On va jouer les prolongations. On ne va pas accepter une réforme sans financement pour la pérennité des régimes. Le refus d'augmenter la durée de cotisation au regard de la situation de l'emploi est justifié. Il y a 2,5 millions de chômeurs, l'âge de départ effectif est de 57 ans, l'activité moyenne de 37 ans. Partir plus tôt avec un système de décote, cela conduit à une amputation des revenus. Quand on met en place des décotes et des surcotes, on individualise les droits. La décote va fonctionner mais il n'y aura pas de bénéficiaires pour les surcotes. On n'a pas dit qu'on était contre la réforme, il y a une prise de conscience mais on ne peut pas demander aux organisations syndicales d'être là pour défendre les intérêts des salariés d'un côté et de les brader de l'autre[194] ».

FO a aussi exprimé son opposition à la réforme, tant sur le fond que sur la forme. Le syndicat a regretté que la réforme des retraites n'ait pas été faite sous le gouvernement Jospin et a estimé qu'elle servait le calendrier électoral du nouveau gouvernement :

> « La gauche ne s'est pas saisie de l'opportunité de la réforme, la droite avait fait des promesses électorales… C'était une opération à haut risque. Chacun a joué sa partition. Le gouvernement n'a jamais eu l'intention de négocier, il avait au départ son calendrier, et il voulait éviter que le débat ne tombe pendant les élections prud'homales. Le gouvernement a déroulé son programme : il y a eu la concertation, une campagne de sensibilisation pour proposer le projet de loi. C'était un exercice de pédagogie. Il n'y avait pas de place pour la négociation dans ce programme[195] ».

De même, la CFTC a refusé de signer le texte de réforme, dans la mesure où le syndicat estimait que ses propositions n'étaient pas suffisamment prises en compte. Le représentant s'est plaint d'un « manque de reconnaissance » de la part du gouvernement :

> « Pour la CFTC, le compte n'y était pas. L'Assemblée nationale a elle-même voté les amendements qui tempèrent les aspects un peu choquants. Il y avait eu une rencontre avec le ministre pour l'avant projet de loi. Ce n'est pas tant qu'on a été insuffisamment

[194] Ibid.
[195] Entretien réalisé le 11/07/2003.

entendus mais plutôt que le gouvernement a été maladroit. La CFTC était à l'origine du SMIC retraite : au début, le gouvernement envisageait 70% puis il est passé à 85% du SMIC. Le gouvernement a repris cette idée au profit de la CFDT. Nous, on disparaissait. Nous ne sommes pas de simples signataires. C'est une maladresse de ne pas avoir reconnu la paternité de certaines dispositions à la CFTC, nous ne sommes pas un signataire d'appoint[196] ».

Les deux syndicats qui ont signé le texte de réforme, la CFDT et la CFE-CGC ont un avis différent et se sont estimés satisfaits du texte de réforme. De même, ils pensent, notamment la CFDT, avoir eu le temps et l'occasion de négocier et de faire passer leurs idées :

« Tout le monde est pour la réforme, mais personne n'est d'accord avec une réforme. Il y a eu 21 réunions, certes, la négociation a duré 6 heures, une nuit, mais c'était la conclusion de tout un cycle. Après l'exposé des motifs de la loi, il y a eu deux mois de négociation en février/mars. J'ai assisté à 21 réunions au ministère. Ce n'est pas une question de prudence mais de statu quo. C'est un mensonge, ils y étaient dans ces réunions, comme moi. Moi, si je n'étais pas là pour négocier, je n'y allais pas[197] ».

La CFDT est satisfaite des avantages obtenus pendant la négociation :

« On a pérennisé le système par répartition, on ne crée pas un étage de retraite par capitalisation. De plus, l'harmonisation public/privé est essentielle pour la cohésion nationale. Qu'est-ce qu'on a obtenu ? Des avancées en matière de carrières longues pour ceux qui ont commencé à travailler à 14, 15 ou 16 ans. Pour les basses pensions, on a obtenu 85% du SMIC, la suppression des inégalités pour les polypensionnés, et cela concerne une personne sur trois, la prise en compte des primes dans le calcul des retraites des fonctionnaires, la pénibilité avec une possible négociation tous les trois ans, le temps partiel accordé comme temps plein, la parité hommes/femmes en matière d'évènements familiaux. On a aussi la retraite choisie, la retraite à la carte, le rachat des années d'études dans une limite de trois ans, l'amélioration pour les pensions de réversion, les handicapés. La liste des contreparties est longue. Mais c'est vrai, il y a une augmentation des cotisations de 0,2%, sûrement plus. C'est vrai, on a allongé la durée de cotisation pour les fonctionnaires et il y a aussi la non-remise en cause de certaines mesures balladuriennes. Je n'ai pas d'état d'âme sur cette réforme. C'est une grande victoire. Ce sur quoi j'étais mandaté, je l'ai obtenu. Je n'ai pas négocié une régression. Je mets au défi quiconque de trouver un pays en Europe qui cumule la répartition totale, 85% du SMIC minimum, les départs pour les 14, 15 et 16 ans, l'amélioration du taux de remplacement pour les fonctionnaires en tenant compte des primes[198] ».

De même, la CFE-CGC s'estime favorable à la réforme :

« Le projet de loi était courageux, il a au moins le mérite d'exister, et Fillon, même s'il n'y a pas eu de réelle négociation, a pris le temps d'écouter les partenaires sociaux. Pour moi, cette réforme est importante parce qu'elle dépasse aussi les luttes partisanes, elle a

[196] Entretien réalisé le 10/07/2003.
[197] Entretien réalisé le 03/07/2003.

[198] Entretien réalisé le 03/07/2003.

été préparée par un gouvernement de gauche et mise en œuvre par un gouvernement de droite. On a suivi les orientations proposées par le COR[199] ».

Les organisations patronales ont également approuvé le projet de réforme, néanmoins, le MEDEF estime que les avancées ont été trop timides et aurait souhaité des mesures plus radicales :

> « Le MEDEF avait demandé que l'on augmente la durée d'activité de trois mois par an à partir d'aujourd'hui et jusqu'à atteindre l'âge de 65 ans. C'était fondé sur l'allongement de la durée de l'espérance de vie. On défendait l'idée selon laquelle la retraite n'était pas faite pour subventionner une deuxième vie mais pour assurer contre un risque, le risque vieillesse, qui survient aujourd'hui bien au-delà de l'âge effectif de cessation d'activité. Il faut consacrer une partie de ce surplus de vie au travail. Dans la pratique, il faudra une transformation culturelle et législative. On devrait atteindre 42 ans en 2020 ».

Par ailleurs, le MEDEF regrette que la loi n'ait pas institué un financement complémentaire par capitalisation plus important :

> « Les fonds de pension sont devenus un mot tabou en France depuis la crise boursière. Dans le cas des systèmes complémentaires, le système par capitalisation apparaît comme un bon équilibre. Mais on prend ce sujet selon un angle politique, pas économique ou même rationnel. Il faut rappeler que c'est la gauche qui a introduit l'épargne salariale, ce sont des fonds de pension. Mais ils sont extrêmement risqués, dans la mesure où ils ne permettent que d'acheter des actions de sa propre société. On se retrouve dans le schéma de l'affaire Enron. Le principe de base, c'est de diversifier les placements. Les fonds de pensions sans autorisation de diversification des placements sont dangereux. Cela pose aussi la question de la réduction des inégalités de traitement : les fonctionnaires ont depuis longtemps la Préfon. On a introduit un élément d'épargne dans la loi, mais si cela ne permet pas de diversifier les placements, on n'est pas d'accord. Du moins, c'est un bon début. C'est un problème idéologique, il faut le prendre par petits bouts. On finira par reproduire le schéma typique de l'évolution de l'assurance-vieillesse qui se met en place dans tous les pays. Mais là, je suis peut-être trop optimiste[200] ».

Le projet de loi a été adopté par le Conseil des ministres le 28 mai. Alors qu'un mouvement social de grande ampleur se développait, le débat parlementaire s'est ouvert le 10 juin 2003. Le texte de loi a été transmis au Sénat qui a donné son accord deux semaines plus tard. L'adoption définitive du projet de loi a eu lieu le 24 juillet. La discussion devant le Parlement a duré un peu plus de six semaines et a conduit au dépôt de plusieurs milliers d'amendements. Cependant, peu d'amendements ont été finalement adoptés, même s'ils portaient sur des points importants. Les dispositions concernant les plans d'épargne retraite ont été étayées et renforcées. D'autres changements ont été entérinés, comme la possibilité pour les entreprises de mettre les salariés à la retraite avant 65 ans, en cas d'accord de branche. Toutefois, malgré la réticence du Parlement, la logique globale du projet a

[199] Entretien réalisé le 07/07/2003.

[200] Entretien réalisé le 11/07/2003.

été conservée, de même que les dispositions proposées. Déférée devant le Conseil constitutionnel et validée par ce dernier le 14 août, n'annulant aucun article, la loi n° 2003-775 du 21 août 2003 a été promulguée et publiée au Journal officiel le 21 août 2003.

Les apports de la réforme

Le choix d'un système par répartition, qui lie les droits à pension à l'activité professionnelle est réaffirmé dans les premiers articles de la loi (articles 1 et 2), même si la constitution de compléments de retraite par capitalisation est facilitée (articles 107 et suivants). De même, la loi énonce un objectif de haut niveau de retraite : le titre 1 fixe un objectif quantifié, pour les salariés les plus modestes, égal en 2008 à 85% du SMIC net. De plus, elle met l'accent sur l'équité entre assurés et entre régimes (art. 3) en fixant un objectif de convergence progressive vers de mêmes normes de durée d'activité et d'évolution des pensions, par la prise en compte des carrières longues et par l'amélioration de la situation des polypensionnés. Enfin, elle renforce les marges de choix individuel des assurés sur la date de départ en retraite, en proposant divers mécanismes : surcote, décote, rachats, assouplissement du cumul emploi retraite, retraite progressive, etc.

La réforme de 2003 est dite « globale » : contrairement à la réforme de 1993, elle concerne la plupart des régimes, privés ou publics, de base, complémentaires[201] ou supplémentaires (elle propose une refonte totale du régime des professions libérales). Toutefois, elle ne concerne pas les régimes spéciaux de retraite autres que ceux de la fonction publique, comme les régimes de grandes entreprises publiques (SNCF ou RATP). La loi s'inscrit aussi dans un processus d'harmonisation des régimes de retraite.

Enfin, la loi met en place un processus d'adaptation à l'horizon 2020, en intégrant les effets des réformes précédentes et avec l'objectif de « garantir le financement des régimes de retraite » jusqu'à cette date et d'« assurer un haut niveau de retraite, de l'ordre en moyenne des deux tiers du revenu d'activité ». Dans l'intervalle, la loi prévoit des rendez-vous quadriennaux, à l'occasion desquels le Gouvernement fixera la durée d'assurance requise au cours des cinq années suivantes, après avis du Conseil d'orientation des retraites et de la Commission de garantie des retraites, de manière à stabiliser le rapport entre durée d'assurance et durée de retraite, en moyenne, au niveau atteint en 2003.

La principale mesure de réforme consiste donc en un allongement progressif de la durée de cotisation requise pour obtenir une retraite à taux plein à partir de 2009 dans l'ensemble des régimes, après avoir procédé à un réalignement de la situation des régimes publics et privés d'ici 2008. Parmi les trois paramètres de

[201] La loi traite directement de certains régimes complémentaires, notamment de non-salariés. Cependant, son influence est d'ordre indirect pour les régimes des salariés du privé (ARRCO-AGIRC). Les partenaires sociaux ont fait après la loi le choix d'adapter les règles de fonctionnement des régimes complémentaires aux nouvelles orientations.

fonctionnement du système de retraite (le niveau des pensions, l'âge de liquidation de la retraite et le niveau des prélèvements), la loi a privilégié l'âge de liquidation de la retraite (même si l'âge officiel de la retraite reste fixé à 60 ans), en encourageant l'allongement de la durée d'assurance et celui de la durée d'activité. Cette augmentation de la durée de cotisation est justifiée par la loi comme découlant d'un partage des gains de l'espérance de vie après 60 ans selon la formule suivante : 2/3 sous forme d'un allongement de la durée d'assurance et 1/3 sous forme d'un allongement de la durée de retraite.

La mise en application de cette nouvelle orientation est progressive. De 2004 à 2008, la loi prévoit l'alignement de la durée d'assurance requise pour les fonctionnaires sur celle du régime général (passage de 37,5 ans à 40 ans). De 2009 à 2012, elle prévoit un allongement de la durée de cotisation d'un trimestre par an, ce qui conduit à 41 ans en 2012. De 2012 à 2016, si les gains d'espérance de vie anticipés se réalisent, la durée de cotisation passera de 41 ans à 41,75 ans (soit un trimestre tous les deux ans). Le processus de l'allongement de la durée de cotisation est semi-automatique. En effet, les règles de fonctionnement sont fixées jusqu'en 2012, puis il sera de nouveau fait appel à la décision politique pour juger de l'évolution à donner à la réforme. A partir de 2012, des rendez-vous quadriennaux sont prévus pour fixer la durée d'assurance requise au cours des cinq années suivantes, à partir de la prise en compte d'une part de l'espérance de vie, et d'autre part de la situation financière des régimes et de celle de l'emploi. Il est prévu qu'avant chaque rendez-vous, le Gouvernement élabore un rapport portant sur la situation des régimes et sur celle de l'emploi (notamment des seniors). Par ailleurs, une conférence tripartite sur l'emploi, réunissant l'Etat, les représentants des employeurs et les représentants des salariés, est également prévue.

La loi affiche ainsi un lien étroit entre politique de l'emploi et politique des retraites. En effet, selon l'exposé des motifs, l'allongement de la durée d'assurance dans les régimes de retraite « ne présente de sens que si la durée d'activité est également allongée », grâce à « une mobilisation nationale en faveur du travail des salariés de plus de 55 ans ». L'élément novateur est que la loi de réforme des retraites comprend des dispositions modifiant le Code du travail et le droit de la fonction publique, qui sont destinées à favoriser l'emploi des seniors et à inciter les intéressés et les entreprises ou les collectivités publiques qui les emploient à prolonger leur activité.

L'incitation au maintien en activité avant 60 ans

La loi de réforme des retraites insiste sur la limitation de l'accès aux préretraites. Ainsi, les préretraites d'entreprises, conclues après le 27 mai 2003, sont soumises à une contribution spécifique des employeurs, qui s'élèvera progressivement pour atteindre 23,85% en 2008[202]. Cette contribution sera versée au Fonds de solidarité vieillesse (art. 17). Parallèlement, le dispositif de cessation

[202] Le décret n° 2003-1316 du 30 décembre (Journal officiel du 31 décembre 2003) a provisoirement allongé la contribution imposée aux entreprises pour leur permettre de s'adapter à la réforme.

anticipée d'activité de certains travailleurs salariés (CATS) est recentré sur les métiers à forte pénibilité (art. 18). Enfin, la possibilité de recourir aux préretraites progressives du Fonds national pour l'emploi (FNE) est supprimée à partir du 1er janvier 2005.

Dans la Fonction publique, les règles de la cessation progressive d'activité (CPA) sont aménagées (art. 73)[203]. Le dispositif de la CPA, qui permet aux agents de travailler à mi-temps tout en percevant un revenu de remplacement est désormais ouvert à partir de 57 ans, à condition d'avoir une durée de cotisation de 33 ans et 25 années de service dans la fonction publique. Cette modification intervient après la mise en extinction progressive du congé de fin d'activité (CFA) par la loi de finances de 2003.

La loi de réforme donne par conséquent une nouvelle impulsion pour repenser la gestion des âges en France et invite les partenaires sociaux à prendre en compte cette nouvelle orientation. Ainsi, les partenaires sociaux doivent engager une négociation au niveau interprofessionnel, dans un délai de trois ans après la publication de la loi (soit d'ici au 22 août 2006) sur la définition et la prise en compte de la pénibilité au travail dans le secteur privé (art. 12). Après la conclusion d'un accord, la pénibilité deviendra un thème obligatoire de la négociation de branche, tous les trois ans, couplé avec les conditions de travail, la gestion prévisionnelle des emplois et des compétences des salariés dits « âgés ». Dans le cadre de la fonction publique, une concertation est aussi engagée pour développer une démarche de prévention de la pénibilité et des risques.

De plus, la loi prévoit (art. 5) qu'une conférence tripartite, réunissant représentants de l'Etat et partenaires sociaux au niveau interprofessionnel, examinera l'ensemble des problématiques liées à l'emploi des plus de 50 ans préalablement aux ajustements de calendrier de mise en œuvre de l'allongement de la durée d'assurance prévus à partir de 2003, 2012 et 2016. Dans ce contexte, les missions de la Commission nationale de la négociation collective sont élargies au suivi de l'évolution des taux d'activité des seniors. Enfin, l'accès et le maintien dans l'emploi des salariés âgés, ainsi que leur accès à la formation professionnelle, deviennent un thème obligatoire de négociation au niveau de l'entreprise, tous les trois ans (art. 11).

L'incitation à la prolongation de l'activité professionnelle après 60 ans

L'objectif de la loi de réforme est de proposer une incitation financière à la prolongation de l'activité et de lever les obstacles qui peuvent résulter du droit du travail. Ainsi, une surcote de 3% majore le montant de la pension pour toute année effectuée, à compter du 1er janvier 2004, au-delà du moment où l'assuré, âgé d'au moins 60 ans, remplit les conditions pour bénéficier d'une pension sans abattement ou décote. Parallèlement, l'âge auquel un employeur peut décider de mettre un salarié à la retraite est repoussé de 60 à 65 ans. La portée de cette mesure est cependant atténuée

[203] Salariés de plus de 55 ans, avec 15 années de travail à la chaîne ou en équipes successives, ou ayant travaillé habituellement 200 nuits ou plus pendant 15 ans, et travailleurs handicapés.

par des possibilités de dérogation, en cas d'accord étendu conclu avant le 1er janvier 2008, d'une convention de préretraite « CATS », de préretraite progressive ou de tout autre avantage de préretraite défini avant la date de publication de la loi (art. 16). Dans ce cas, l'accord doit prévoir « des contreparties en termes d'emploi ou de formation professionnelle » (art. 16 de la loi). Nombreuses sont les entreprises qui ont choisi cette option dans le cadre d'accords de branches (métallurgie, industrie textile, industrie pharmaceutique, industrie chimique, automobile...). De même, les fonctionnaires peuvent prolonger leur activité au-delà de la limite d'âge dans la limite de 10 trimestres maximum, s'ils n'ont pas la durée d'assurance requise, sous réserve de leur aptitude physique et de l'intérêt du service (art. 46 et 69).

La loi prévoit aussi l'assouplissement de la contribution Delalande (art. 19) pour éviter qu'elle ne constitue un frein à l'embauche et à la mobilité professionnelle des salariés de plus de 45 ans. En effet, elle exonère du paiement de cette contribution le licenciement d'un salarié de 50 ans et plus, dès lors que celui-ci a plus de 45 ans au moment de son embauche. Enfin, les règles concernant le cumul entre un emploi et une retraite sont simplifiées et allégées (art. 15 et 64). Dans le secteur privé, le retraité peut cumuler sa retraite avec une autre activité jusqu'au montant de son salaire antérieur. De plus, le dispositif de la retraite progressive est assoupli (art. 30) : la retraite couperet s'efface devant un mode transitoire, qui permet à l'assuré de poursuivre son activité à temps partiel et d'améliorer ses droits à la retraite.

Le développement des marges de choix individuels autour de la norme commune : vers une retraite à la carte ?

Les possibilités de départ anticipé sont préservées pour les assurés qui ont eu des carrières longues, en raison d'une entrée précoce sur le marché du travail (art. 23 de la loi). Les conditions d'âge et de durée d'assurance qui permettent un départ avant 60 ans ont été arrêtées dans le relevé de décision du 15 mai 2003 et précisées par décret[204].

Conditions d'âge pour le départ à la retraite

Début de carrière	**Trimestres validés**	**Dont trimestres cotises**	**Age possible de départ**
14 ans	168 (soit 42 ans)	168	56 ans
15 ans	168	168	57 ans
14 ou 15 ans	168	164 (soit 41 ans)	58 ans
14, 15 ou 16 ans	168	160 (soit 40 ans)	59 ans

Source : Retraites : les réformes en France et à l'étranger ; le droit à l'information, deuxième rapport du Conseil d'orientation des retraites, Paris, La Documentation française, 2004, p. 65.

[204] Le décret n° 2003-1307 du 26 décembre 2003 (*Journal officiel* du 30 décembre 2003) fixe les modalités de mise en œuvre du temps partiel et de la cessation progressive d'activité.

Cet élément de la loi introduit une distinction entre années cotisées et années validées et met de ce fait l'accent sur une plus grande contributivité. Les périodes validées correspondent à la somme des durées d'assurance et de périodes n'ayant pas donné lieu à cotisations : chômage, maladie, majorations pour enfant. La durée cotisée se définit comme la durée d'assurance ayant réellement donné lieu à cotisation à la charge de l'assuré et les périodes qui sont par assimilation réputées cotisées, telles que la période de service national, dans la limite de douze mois et les périodes de perception d'indemnités journalières pour cause de maladie, maternité et accidents du travail, dans la limite de quatre trimestres. Dans le cadre de ce nouveau dispositif, des conditions de durée minimale d'activité en début de carrière sont posées : les assurés devront avoir validé au moins cinq trimestres avant la fin de l'année civile de leur 16ième anniversaire pour un départ à 56, 57 ou 58 ans, ou avant la fin de l'année civile de leur 17ième anniversaire pour un départ à 59 ans. Les partenaires sociaux ont prolongé cette nouvelle législation dans le cadre des régimes complémentaires (AGIRC et ARRCO), par l'accord interprofessionnel du 13 novembre 2003[205].

Une autre disposition de départ anticipé a été prise pour les travailleurs handicapés qui sont atteints d'une incapacité permanente d'au moins 80% (art. 24 et 99)[206]210, et permet à partir du 1er juillet 2004 une possibilité d'abaissement de l'âge de départ de la façon suivante :

Dispositif de départ à la retraite pour les travailleurs handicapés

Age de la retraite	**Durée d'assurance (en trimestres)**	**Durée cotisée (en trimestres)**
55 ans	120	100
56 ans	110	90
57 ans	100	80
58 ans	90	70
59 ans	80	60

Source : Retraites : les réformes en France et à l'étranger ; le droit à l'information, deuxième rapport du Conseil d'orientation des retraites, Paris, La Documentation française, 2004, p. 66.

L'un des objectifs de la loi est ainsi d'augmenter la marge des choix individuels, pour « permettre à chacun de construire sa retraite, en donnant davantage de souplesse et de liberté de choix ». Dans ce contexte, le droit à l'information est renforcé pour faire en sorte que les choix individuels par rapport au départ à la retraite soient exercés « en toute connaissance de cause ». Les éléments individualisés renvoient aux mesures de « surcote » et de « décote », et sur les

[205] Signé par le MEDEF, l'UPA et la CGPME pour les employeurs, et la CFDT, la CFTC, CGT-FO et la CFE-CGC pour les salariés.
[206] Les conditions d'applications ont été précisées par le décret n° 2004-232 du 17 mars 2004. *JO* du 18 mars 2004.

possibilités de « rachat » de périodes non cotisées, notamment les périodes d'études. La nouvelle législation insiste sur la liberté de choix individuel tout en incitant à la prolongation de la vie active : l'assuré peut partir plus tôt mais avec une retraite moindre (principe de la décote), il peut aussi choisir de travailler plus longtemps pour obtenir des revenus de remplacement plus importants (principe de la surcote). De même, les possibilités de racheter des annuités manquantes, notamment au titre des années d'études, doivent permettre aux assurés entrés tardivement dans la vie active de partir en retraite au taux plein avant l'âge de 65 ans.

« Surcote » et « décote »

S'il souhaite prolonger son activité professionnelle, l'assuré bénéficie d'une majoration de sa pension de 3% par année de travail supplémentaire à compter du 1er juillet 2004 (soit 0,75% par trimestre supplémentaire[207]), qu'il relève du régime général ou des régimes alignés (art. 25) ou de la fonction publique (art. 51). Jusqu'à la réforme de 2003, il existait un abaissement du niveau de la pension dans le secteur privé, qui était très élevé : 10% du montant de la pension par année manquante entre 60 et 65 ans pour un salarié n'ayant pas 40 années de cotisation. En revanche, ce dispositif n'existait pas dans le secteur public. L'objectif de la réforme est de parvenir à une convergence dans ce domaine entre secteur public et secteur privé à un taux de 5% en 2015. La décote monte toutefois progressivement en charge dans le secteur public, compte tenu du relèvement progressif de la durée d'activité.

Le rachat d'annuités manquantes

La loi a aussi ouvert deux nouvelles possibilités d'acquisition des droits à pension : le rachat au titre des années d'études supérieures, et le rachat d'années d'activité, qui, compte tenu de la modicité des revenus cotisés n'ont pas permis la validation de quatre trimestres pour la retraite. Dans les deux cas, le rachat ne peut pas excéder 12 trimestres. Ce dispositif a aussi été prolongé dans les régimes complémentaires AGIRC et ARRCO par l'accord du 13 novembre 2003.

L'épargne retraite

Plusieurs dispositifs d'épargne retraite existaient avant la réforme : la Préfon pour les agents de l'Etat, les agents des collectivités territoriales et les contractuels, CGOS pour le personnel hospitalier, COREM (ex-CREF) pour les enseignants et les adhérents des mutuelles de la fonction publique, contrats « loi Madelin » pour les professions indépendantes et « Madelin agricole » (ex-COREVA) pour les exploitants agricoles. D'autres dispositifs d'épargne retraite étaient proposés pour certains salariés des entreprises. Enfin, les individus pouvaient à titre privé cotiser à des plans d'assurance-vie, d'épargne populaire ou d'épargne

[207] Décret n° 2004-156 du 16 février 2004 (*JO* du 19 février 2004).

logement, ou souscrire des plans d'épargne en actions ou des plans d'épargne salariale. La loi du 21 août 2003 ouvre désormais « la faculté pour toute personne d'accéder à titre privé ou dans le cadre de son activité professionnelle, à un ou plusieurs produits réservés à la retraite, dans des conditions de sécurité financière et d'égalité devant l'impôt, en complément des régimes de retraite obligatoire par répartition » (art. 107). Deux nouveaux dispositifs d'épargne retraite sont définis :

- un produit d'épargne individuel : le « plan d'épargne retraite populaire » (PERP) ;
- un dispositif collectif, le « plan d'épargne pour la retraite collective » (PERCO) qui se substitue au « plan partenarial d'épargne salariale volontaire » (PPESV).

Le PERP, institué par l'article 108 de la loi, est un produit d'épargne individuelle qui offre la possibilité de constituer en franchise d'impôt un complément de retraite sous forme d'une rente viagère liquidée à l'âge de départ à la retraite. Les PERP sont gérés par les compagnies d'assurance, les institutions de prévoyance ou mutuelles. Le PERCO remplace le PPESV, dont la durée était limitée à dix ans. Désormais, les sommes sont bloquées jusqu'à l'âge de départ à la retraite, sauf en cas de déblocage anticipé prévus par décret (acquisition de la résidence principale, accidents de la vie comme l'invalidité, le surendettement ou l'expiration des droits au chômage). La sortie doit normalement s'effectuer en rente viagère, mais l'accord établissant le plan peut prévoir une sortie en capital. Le PERCO est instauré par un accord collectif de travail et peut être négocié au niveau d'une entreprise, qui fixe les modalités d'alimentation du plan, les formules de placement et les conditions d'information des bénéficiaires. L'employeur peut aussi participer à l'abondement du PERCO par des versements complémentaires, dont le montant maximal annuel est fixé à 4 600 euros par participant. Pour favoriser la constitution d'une épargne retraite individuelle, la loi du 21 août a mis en place un avantage fiscal sous la forme d'une déduction sous plafond du revenu net global des cotisations versées à titre individuel et facultatif (art. 111). Les cotisations sont déductibles dans la limite de 10% des revenus d'activité professionnelle pour chaque membre du foyer fiscal, ou lorsque les revenus sont inférieurs au plafond, notamment pour les personnes inactives (conjoints au foyer, par exemple), de 10% du plafond annuel de la sécurité sociale.

Il apparaît clairement que la réforme de 2003 prend appui sur les travaux réalisés par le COR. Et il est probable que le Conseil d'orientation des retraites a considéré l'Union européenne comme un réservoir d'idées, et a en ce sens constitué un espace de médiation qui a permis aux idées européennes de nourrir la réflexion française. Le Conseil d'orientation des retraites, en mettant en exergue la notion de vieillissement actif, a servi de relais pour son introduction en France[208]. Même si celle-ci n'apparaît pas comme telle dans la réforme, elle constitue bien l'orientation stratégique centrale qui permet d'articuler politique d'emploi et réforme des

[208] Rappelons que ce concept est central dans la stratégie européenne concertée de réforme des retraites.

retraites. La loi a donc bien permis d'inscrire sur l'agenda politique le thème de l'emploi des seniors et par là a contribué à insuffler un changement paradigmatique qui vise à dépasser la culture française des préretraites. Un nouveau pas est franchi en 2010 avec le relèvement de l'âge de la retraite à 62 ans.

La réforme de 2010 : le relèvement de l'âge de la retraite à 62 ans

Le problème en France est de parvenir à mener des réformes sur les deux fronts : celui des retraites et celui de l'emploi. La réforme des retraites de 2003, qui a allongé la durée de cotisation nécessaire pour la retraite à taux plein et instauré des décotes et des surcotes, s'appuyait sur l'hypothèse de la remontée du taux d'activité des seniors. Pour servir cet objectif, les dispositifs publics de préretraite ont été mis en extinction ou resserrés, tandis que le coût des préretraites d'entreprises était progressivement augmenté. Cependant, cet objectif, sans doute en partie à cause de la situation globale de l'emploi et de la difficulté du changement paradigmatique n'a pour le moment pas été atteint. Toutefois, le taux de sortie du marché du travail a progressé depuis la réforme de 2003 et l'âge de départ à la retraite est officiellement de 61,5 ans en 2009. Néanmoins, les chiffres peuvent s'avérer trompeurs, dans la mesure où l'âge effectif de sortie d'activité n'a pas changé et reste fixé à 58 ans (58,4 en 2008) (Guillemard 2010, p. 312). Cela signifie que les salariés âgés finissent leur vie professionnelle non plus d'une façon protégée comme c'était le cas dans les systèmes de préretraite mais le plus souvent dans les régimes d'assurance chômage ou d'assurance maladie.

La réforme du système de retraite se poursuit toutefois. En 2008, la durée de cotisation est portée à 41 ans à l'horizon 2010 et étendue aux régimes spéciaux. La réforme de 2010 constitue dans ce contexte une nouvelle étape, même si la France s'avoue en mauvaise posture en ce qui concerne l'emploi des seniors et les engagements européens à ce sujet. En effet, le septième rapport du COR (2010) estime que l'objectif européen de 50% de taux d'emploi en 2010 est inatteignable, puisqu'il supposerait une hausse du taux d'emploi des seniors de l'ordre d'un million (COR 2010a, p. 62). En préparation de la réforme du 9 novembre 2010, les projections effectuées par le COR montrent l'étendue des déficits des régimes de retraite quels que soient les scénarios économiques (COR 2010b[209]). Le diagnostic reste le même. Si la crise économique qui sévit depuis 2008 et le taux d'emploi des seniors (38,9% fin 2009 pour les 55-64 ans contre 45,6% dans l'Europe des 27) contribuent à réduire les recettes des régimes, la cause principale des déficits est démographique : l'arrivée à l'âge de la retraite des générations du baby-boom, qui ne devrait s'infléchir qu'à partir de 2035 et l'allongement de l'espérance de vie[210].

A la différence de la loi de 2003 qui allongeait la durée d'assurance, celle de 2010 se concentre sur l'âge de départ à la retraite, jusqu'alors considéré comme un symbole politique fort et auquel les partenaires sociaux restaient très attachés. Les débats écartent d'autres options de réformes : la hausse générale des

---

[209] Cf. le huitième rapport du COR, *Retraites actualisées à moyen et long terme en vue du rendez-vous de 2010,* adopté le 14 avril 2010.

[210] *Etude d'impact du gouvernement sur le projet de loi portant réforme des retraites,* juillet 2010.

prélèvements obligatoires afin de ne pas nuire à la compétitivité des entreprises ; la baisse du niveau des pensions pour préserver le pouvoir d'achat des retraités ; une nouvelle augmentation de la durée d'assurance, dans la mesure où celle-ci ferait peser tous les efforts sur les travailleurs entrés tardivement sur le marché du travail. D'après les projections du COR, cette mesure aurait de plus un impact financier limité, parce que la poursuite de l'augmentation de la durée d'assurance en lien avec l'espérance de vie selon le principe posé par la loi de réforme des retraites du 21 août 2003, jusqu'à atteindre 43 ans et demi en 2050, ne comblerait que 15% du besoin de financement de la CNAV en 2050[211].

Malgré l'allongement de la durée d'assurance prévu par la loi Fillon de 2003, l'âge moyen de liquidation des pensions de retraite a diminué entre 2003 et 2007 (de 61,8 en 2003 à 61,1 ans en 2007), notamment en raison de la mise en place du dispositif de retraites anticipées concernant les assurés qui ont eu des carrières longues. (Verkindt, Graujeman 2011). A nouveau, la réforme met donc l'accent sur l'emploi des seniors et mise sur un changement de paradigme. Le risque est que les pratiques n'évoluent pas et qu'on observe à nouveau un phénomène de substitution institutionnelle, c'est-à-dire un transfert des charges vers l'assurance chômage et l'assurance maladie, notamment la branche de l'invalidité. Cette tendance est déjà présente. Selon une étude de la DREES, les salariés du secteur privé liquident en moyenne leur retraite à 61,3 ans, mais sortent de l'emploi dès 58,8 ans, pour entrer dans des dispositifs de chômage, de préretraite ou d'invalidité (DREES 2009).

Dans ce contexte, le relèvement de l'âge de la retraite à 62 ans, même s'il se situe dans la continuité du cheminement des autres pays, apparaît peu crédible au regard de la situation effective des seniors sur le marché de l'emploi en France. Au cours des débats parlementaires, le texte du projet de loi sera amendé à plusieurs reprises. Adopté à la fin du mois d'octobre 2010, le texte a été déféré au Conseil constitutionnel. Les requérants estimaient que le report à 62 ans de l'âge de la retraite serait à la fois une atteinte au principe d'égalité et au principe posé par l'alinéa 11 du préambule de la Constitution de 1946[212]. De plus, la fixation à 67 ans de l'âge de départ à la retraite sans décote irait à l'encontre du principe d'égalité entre les hommes et les femmes. Enfin, les dispositions relatives aux services de santé au travail ne présenteraient pas de lien suffisant avec le projet de loi et auraient été adoptées de façon non conforme à l'article 45 de la Constitution. Le Conseil a validé l'ensemble des dispositions sur les retraites, mais a considéré que les articles 63 à 75 de la loi modifiant les règles d'organisation des services de santé au travail ne présentaient pas de lien suffisant avec le projet de loi initial. Ces dispositions devaient donc être invalidées[213]. Malgré l'opposition syndicale et le climat social tendu, le texte de loi de réforme des retraites n° 2010-1330 du 9 novembre 2010 a été rapidement promulgué et publié au Journal officiel (*JO* du 10 novembre 2010).

---

[211] Cf. COR, *« Variantes de durées d'assurance et d'âge de la retraite »*, 11 mai 2010.

[212] Selon ce texte, la Nation *« garantit à tous, notamment à l'enfant, à la mère et aux vieux travailleurs, la protection de la santé, la sécurité matérielle, le repos et les loisirs. Tout être humain qui, en raison de son âge, de son état physique ou mental, de la situation économique, se trouve dans l'incapacité de travailler a le droit d'obtenir de la collectivité des moyens convenables d'existence »*.

[213] Décision du Conseil constitutionnel n° 2010-617 DC du 9 novembre 2010.

Le volet de la retraite complémentaire a été exclu de la réforme et renvoyé à la négociation pour les partenaires sociaux qui pilotent les régimes Arrco et Agirc de façon autonome. Par contre, la loi encourage le développement de l'épargne retraite, notion apparue dans la loi Fillon, en la définissant dans son titre VIII. Selon l'article 107 de la loi, « l'épargne retraite, qui vise à compléter les pensions dues au titre des régimes de retraite par répartition légalement obligatoires, permet de disposer, à partir du départ à la retraite, de ressources provenant d'une épargne constituée individuellement ou collectivement à partir de versements sur une base volontaire ou obligatoire réalisés à titre privé ou lors de l'activité professionnelle ».
L'épargne retraite comprend tous les produits concourant à son objectif, quels que soient les bénéficiaires (salariés, travailleurs non salariés, fonctionnaires, etc.), quel que soit le cadre dans lequel ils sont souscrits (privé ou professionnel), et quelles que soient leurs modalités de financement.

Les réactions des acteurs à cette réforme sont mitigées, cependant celle-ci a été adoptée sans grande difficulté, dans la mesure où elle s'inscrivait dans la continuité de la réforme de 2003 :

> « La réforme des retraites de 2010 qui a concerné les régimes spéciaux (régimes assurant les fonctionnaires des trois fonctions publiques ainsi que les salariés de certaines entreprises publiques et…les clercs de notaires) est cohérente avec les réformes de 2003 concernant les fonctionnaires et de 1993 concernant les salariés du secteur privé et les professions alignées sur les salariés. Elle a correspondu à une concertation menée depuis longtemps avec l'ensemble des régimes. Elle a, en outre, permis de remettre en cohérence les règles juridiques de ces régimes. Le coût des contreparties salariales est mal connu. Il a été parfois critiqué comme élevé mais ce jugement doit peut-être être relativisé dès lors que la réforme a été acceptée comme valant non seulement pour l'allongement de la durée de cotisation mais aussi pour la transposition de réformes futures à ces régimes, ce qui a été effectif en 2012[214] ».

« La réforme de la réforme » : le retour partiel à la retraite à 60 ans en 2012

Dans sa campagne présidentielle, François Hollande, élu Président de la République le 6 mai 2012, s'est engagé à permettre aux salariés ayant commencé à travailler tôt à partir à la retraite à 60 ans, contre 62 ans actuellement. Le projet a été présenté au Conseil des ministres par la ministre des affaires sociales Marisol Touraine le 6 juin 2012[215].

La mesure prévoit d'étendre le dispositif « carrières longues », instauré en 2003, actuellement réservé aux salariés ayant commencé à travailler à 17 ans et avant, à ceux qui ont commencé à travailler à 18 ou 19 ans. Elle devrait concerner 20% des départs à la retraite. Les grandes lignes de la « réforme de la réforme » visent à permettre aux salariés qui ont commencé à travailler à 18 ou 19 ans et ayant cotisé 41 annuités de prendre leur retraite à 60 ans et non 62 ans. Les salariés pouvant partir avant l'âge minimum légal devront avoir rempli la totalité de leur

[214] Extrait d'entretien mené avec un haut-fonctionnaire, le 20/07/2012.
[215] Jean-Baptiste Chastand, « Retraite à 60 ans : un arbitrage très politique », *Le Monde*, 07/06/2012.

durée de cotisation, une durée fixée par exemple à 166 trimestres, soit 41,5 ans, pour les personnes nées en 1955 et après, un peu moins pour les générations précédentes. Pour les salariés ayant commencé plus tôt, à 14 ou 15 ans, il continuera d'être demandé une durée de « validation », qui comprend les périodes de chômage ou de maladie, un peu plus longue que la durée de cotisation. Il ne devrait pas ainsi être possible à un salarié ayant commencé à 14 ans de partir à 55,5 ans.

Jusqu'à présent, seuls les trimestres effectivement cotisés dans le cadre d'une activité salariée étaient pris en compte. Une exception était faite au titre du service militaire et des arrêts maladie-maternité. Ces deux périodes pourraient être « cotisées », dans la limite de quatre trimestres chacune. Le gouvernement a aussi décidé de permettre de cotiser deux trimestres au titre du chômage, qui ne comptait pas jusqu'ici. Deux trimestres supplémentaires pourront être déclarés « cotisés » au titre de la maternité seulement, et non de la maladie. Cette mesure pourrait permettre aux femmes qui ont trois enfants ou plus, ou ont connu des arrêts-maladie de longue durée d'être moins pénalisées.

Le gouvernement estime que le dispositif devrait concerner entre 110 000 et 120 000 départs dès 2013. Le coût de la mesure est chiffré à environ 1,2 milliard d'euros dès cette année-là. Les années suivantes, le nombre des bénéficiaires resterait stable, mais le coût continuerait d'augmenter, en raison du relèvement progressif de l'âge minimum de départ. A l'horizon 2017, le coût devrait être de 3 milliards d'euros par an. Pour financer la mesure, le gouvernement prévoit pour le moment un relèvement de 0,2 points de cotisation pour 2013 (0,1 point pour les salariés, 0,1 point pour les employeurs[216]. Enfin, le relèvement éventuellement moins fort que prévu des cotisations vieillesse pourrait être une solution qui laisserait plus de marge de manœuvre aux partenaires sociaux sur le volet des régimes complémentaires, sur lequel des mesures de réforme restent à prendre[217].

Les acteurs politiques restent généralement perplexes quant à l'impact financier de cette mesure et le bien-fondé de celle-ci dans le contexte général de relèvement de l'âge de la retraite :

> « C'est une réforme qui a un « rendement » financier certain et rapide. On peut néanmoins se poser des questions sur la manière dont elle a été préparée et sur la bonne adéquation de cette méthode de réforme aux besoins de la société d'aujourd'hui. On peut aussi se poser des questions d'équité et de périodes de transition qui, précisément, n'ont guère été approfondies[218] ».

Le retour à l'âge de la retraite à 60 ans pour certaines catégories de salariés pose naturellement la question de savoir si ce dispositif ne constitue pas un nouveau sentier institutionnel pour les préretraites, mais il est trop tôt pour répondre à cette question même si elle reste ouverte. Aussi, à la question, est-il possible de formuler l'hypothèse que le retour à l'âge de la retraite à 60 ans pour une certaine catégorie

---

[216] Jean-Baptiste Chastand, « La mesure devrait concerner plus de 20% des départs », *Le Monde*, 07/06/2012.

[217] Sylvain Mouillard, « Retraites à 60 ans : le gouvernement plus généreux que prévu ? », *Libération*, 04/06/2012.

[218] Entretien réalisé avec un haut fonctionnaire le 20/07/2012.

de salariés âgés conduise à l'instauration d'une nouvelle forme de préretraite financée par l'assurance vieillesse, nous a-t-il été répondu :

> « Je ne le pense pas sauf si l'on entend par là que les catégories concernées par cette réforme sont peut-être celles qui auraient peut-être eu le plus de difficulté à rester en emploi jusqu'à l'âge du droit à la retraite. Mais cela mériterait un examen des chiffres que je n'ai pas fait et une réflexion[219] ».

Le « Décret n°2012-847 relatif à l'âge d'ouverture du droit à pension de vieillesse » a été adopté le 2 juillet 2012[220]. Il s'adresse aux assurés justifiant de la durée d'assurance cotisée requise pour leur génération et ayant commencé à travailler avant 20 ans et est financé par une augmentation des cotisations d'assurance vieillesse. Le nombre de trimestres « réputés cotisés » est élargi : le nouveau dispositif ajoute aux quatre trimestres de service national et quatre trimestres de maladie, maternité, accidents du travail, précédemment retenus, deux trimestres de périodes de chômage indemnisé et deux trimestres supplémentaires liés à la maternité. Au titre du financement de cet élargissement des possibilités de départ anticipé, les articles 5 à 13 procèdent à une augmentation progressive des cotisations d'assurance vieillesse. Les cotisations salariales comme les cotisations à charge de l'employeur seront à terme, chacune augmentées de 0,25 points.

2. 2. L'emploi des seniors

La réforme des retraites de 2003 a inscrit sur l'agenda politique français la question de l'emploi des seniors. De même, la loi de réforme a introduit un calendrier politique qui a régulé le développement de cette problématique : des dates ont été fixées, incitant les partenaires sociaux à engager un processus de négociation dans différents domaines, en particulier la formation professionnelle. Le gouvernement a par ailleurs indiqué que si les partenaires sociaux ne respectaient pas ce calendrier de réformes, il interviendrait par la législation. Le texte de réforme portant sur les retraites induit par conséquent un programme de travail qui a orienté l'action du gouvernement des partenaires sociaux.

L'accent est mis sur la promotion du « vieillissement actif », notion qui a été introduite en France par le Conseil d'orientation des retraites, que l'on peut considérer à ce stade comme un espace de médiation des préconisations européennes. Les axes d'orientation comprennent certes la limitation des préretraites mais aussi et surtout une reconfiguration des politiques pour l'emploi des seniors. Autour du principe de la « gestion des âges », une impulsion forte est donnée à la formation tout au long de la vie (accord international professionnel de septembre 2003, puis loi de mai 2004), l'interdiction de la discrimination par l'âge (loi de novembre 2001). Progressivement, ces initiatives induisent la volonté politique d'introduire un changement paradigmatique, qui est acté dans un premier temps par l'accord interprofessionnel sur l'emploi des seniors de 2005 puis par le Plan national

---

[219] Ibid.

[220] *JORF* n°0153 du 3 juillet 2012, p. 10896, texte n°12.

concerté sur l'emploi des seniors de 2006. L'objectif politique affiché se précise au cours des années 2000-2010 et devient clairement de mettre fin aux préretraites.

Une impulsion donnée par la loi Fillon, qui suscite l'inquiétude des syndicats

Selon la loi de réforme des retraites de 2003, l'allongement de la durée d'assurance dans les régimes de retraite « ne présente de sens que si la durée d'activité est également allongée », grâce à « une mobilisation nationale en faveur des salariés de plus de 55 ans ». La loi comporte, ce qui est une innovation s'agissant d'une loi de réforme des retraites, diverses dispositions modifiant le Code du travail et le droit de la fonction publique. Ainsi, les préretraites d'entreprise, conclues après le 27 mai 2003, sont soumises à une contribution spécifique des employeurs, de 23,85% à terme, affectée au Fonds de solidarité vieillesse (art. 17). Le dispositif de cessation anticipée de certains travailleurs salariés (CATS) est recentré sur les métiers à forte pénibilité (art. 18). Par ailleurs, la possibilité de recourir aux préretraites progressives du Fonds national de l'emploi (FNE) est supprimée à partir du 1er janvier 2005 (art. 18). Dans la fonction publique, les règles de la cessation progressive d'activité (CPA) sont aménagées[221]. Ces dispositions interviennent après la mise en extinction progressive du congé de fin d'activité (CFA) par la loi de finances pour 2003. Selon les nouvelles règles, la cessation progressive d'activité, qui permet aux agents de travailler à mi-temps tout en percevant un revenu de remplacement, est désormais ouverte à partir de 57 ans, à condition d'avoir une durée de cotisation de 33 ans et 25 années de service dans la fonction publique.

Les partenaires sociaux ont réagi de façon ambivalente à ces orientations qui conduisent à une forte limitation des options de préretraite, qu'elles soient publiques ou privées. La plupart des syndicats se disent « désillusionnés » quant à la possibilité de sortir du sentier des préretraites, qui sont devenues une « habitude » pour les entreprises et répondent à « une demande chez les salariés qui sont dégoûtés du travail. » En ce sens, ils doutent qu'il y ait une réelle alternative aux préretraites, et sont d'avis que celles-ci ne seront pas supprimées malgré l'effet d'annonce du gouvernement. Le premier élément mis en avant par les partenaires sociaux est la détérioration générale du rapport au travail, qui induit chez les individus une aspiration au départ anticipé. Même si les acteurs politiques souhaitent encourager un changement de politique, ils vont se heurter à cette difficulté qui pose problème dans les entreprises :

> « Le rapport au travail est devenu catastrophique. En 1980, quand on partait à la retraite à 65 ans, c'était un traumatisme, on avait une impression d'inutilité. Aujourd'hui, c'est l'effet inverse. Dès 53-55 ans, on attend de partir, on en a ras-le-bol. C'est un constat. Comment changer dans la pratique un consensus qui est aussi ancré dans les mentalités ? J'ai demandé aux responsables RH comment ils percevaient cette situation. Ils ont dit

[221] Le décret n° 2003-1307 du 26 décembre 2003 (*JO* du 30 décembre 2003) fixe les modalités de mise en œuvre du temps partiel et de la cessation progressive d'activité.

leur désarroi sur un problème qui les dépasse. Cela dépend de la stratégie du chef d'entreprise qui est en partie dictée par le contexte économique. Les RH n'ont pas la maîtrise des flux, des emplois, face aux exigences de la direction financière[222] ».

Ainsi, FO explique que plusieurs entreprises ont accéléré leur rythme de signatures d'accords collectifs sur les préretraites, pour conclure les accords avant la mise en œuvre de la nouvelle législation :

« Je ne me fais pas d'illusions. Il y a un durcissement des départs en préretraites, on a fermé un peu le robinet du FNE. Taxer au niveau des cotisations les préretraites maison n'empêchera pas les entreprises de continuer à licencier les travailleurs âgés. Ou alors il faudra passer par la loi. On a signé deux accords de préretraites pendant que la réforme était adoptée : un chez Rhodia, qui instaure des départs en préretraite, une filiale de Rhône-Poulenc, qui depuis vingt ans est en perpétuelle restructuration et fait des préretraites et des plans sociaux à répétition ; l'autre chez ADS qui a besoin de renouveler sa pyramide des âges[223] ».

Le MEDEF s'insurge contre cette pratique des syndicats qui va à l'encontre des nouvelles orientations politiques :

« On en appelle à la responsabilité des syndicats, ils continuent à signer des accords de préretraites au niveau des branches. D'un côté, on demande l'abrogation, de l'autre on continue à signer des accords à tire-larigot[224] » !

Dans la mesure où les pratiques des entreprises sont profondément ancrées et que le contexte économique n'est pas favorable à un changement, une partie des partenaires sociaux est donc réticente aux orientations prises par le gouvernement. Pour eux, le signal lancé dans le cadre de la réforme des retraites ne sera pas réellement suivi, notamment, parce que le gouvernement lui-même ne sera sans doute pas en mesure de changer ses propres pratiques en la matière :

« Comment l'Etat fera-t-il quand il sera confronté à un problème chez Daewoo, Metall Europe ou Moulinex ? Ce n'est pas comme Danone qui crée d'autres emplois et offre généralement de bonnes conditions. Dans les catastrophes industrielles, que faire quand le désespoir commence à monter ? Tout ministre des affaires sociales, face à ce problème de terrain, va rouvrir le robinet du FNE pour satisfaire le besoin vital ou ne pas risquer l'explosion sociale dans un bassin d'emploi qui n'est pas capable de faire face à la désindustrialisation. Moulinex est à l'origine de l'emploi dans la région normande. Quand il y a une fermeture d'usine, il n'y a pas de capacité de réembauche. On a 1000 personnes sur le carreau. Qu'est-ce qu'on fait en dehors des préretraites et de l'amiante ? Il faut un système pour calmer les gens dans les situations dramatiques, d'autant plus si ça tombe en période électorale…[225] »

---

[222] Entretien réalisé le 02/07/2003.
[223] Entretien réalisé le 11/07/2003.
[224] Entretien réalisé le 11/07/2003.
[225] Entretien réalisé avec le représentant de FO, le 11/07/2003.

Face à cette interrogation, le gouvernement explique qu'il ne remet effectivement pas en cause la possibilité de recourir ponctuellement aux préretraites comme amortisseur social dans une situation de crise. Cependant, le représentant interviewé estime qu'une intervention sporadique et ponctuelle ne remet pas en cause la tendance lourde qui va s'opérer dans ce secteur :

> « La politique est très dépendante de la conjoncture. S'il y a un énorme plan social, c'est clair que l'Etat va intervenir. C'est sûr, il ira financer les préretraites, mais cela ne sera pas pour autant un retour en arrière. Il faut tenir compte des évènements médiatiques, du temps politique, mais cela n'influence pas forcément le temps des réformes de structure. Il est sûr que si avant les élections régionales de juin 2004, il y a trois énormes plans sociaux, il y aura une dotation exceptionnelle pour les préretraites. Ce sera un retour en arrière ponctuel, mais cela ne remettra pas en cause le mouvement de fond[226] ».

Toutes les confédérations s'inquiètent quant aux risques sociaux liés à cette nouvelle orientation politique et en craignent les effets dans un contexte économique de crise :

> « Avec l'allongement à 41 ans en 2012, 42 ans en 2020, qu'est-ce qui va se passer ? Pour le fonctionnaire qui ne peut pas être au chômage, l'administration fera en sorte qu'ils travaillent plus longtemps. Pour le secteur privé, cela pourrait avoir un effet dévastateur dans les dix ans qui viennent, si on ne met pas en place de filets de sécurité[227] ».

Ils dénoncent les risques de substitution institutionnelle, la restriction des préretraites pouvant entraîner une augmentation du nombre de bénéficiaires âgés dans d'autres dispositifs de protection sociale. Ainsi, la CFTC fait le constat que la baisse du nombre de préretraites au cours des dernières années a conduit à un accroissement de la proportion des plus de 50 ans dans les dispositifs de l'assurance chômage ou l'assurance maladie :

> « Les gens resteront plus longtemps à la charge de l'UNEDIC ou de l'assurance maladie, c'est le chien qui se mord la queue. Depuis l'année dernière, la commission des comptes, avec Mattéi, souligne que l'augmentation des indemnités journalières est concentrée sur les 55-60 ans. La même année, un mécanisme de préretraite avait disparu. Il y a clairement une relation de cause à effet. Les dirigeants d'entreprises ont poussé à user des indemnités journalières. S'ils ne sont pas en préretraite, il faut bien qu'ils soient quelque part, en congé maladie ou au chômage. C'est un sujet schizophrène. On allonge la durée d'assurance sans laisser la possibilité de travailler plus longtemps. Dans le contexte actuel, il y aura de plus en plus de décotes, mais qui aura la surcote entre 60 et 65 ans[228] ».

De ce fait, certains syndicats, notamment la CGT, dénoncent l'option gouvernementale et estiment que les éléments contenus dans le texte Fillon

---

[226] Entretien avec un représentant de la DGEFP, le 16/07/2003.
[227] Entretien réalisé avec un membre de la CFDT, le 11/07/2003.
[228] Entretien réalisé le 10/07/2003.

répondent aux nouvelles exigences européennes en matière de retraite et de promotion du vieillissement actif, sans être adaptés au cas français :

> « Selon le diagnostic, la réforme envisagerait de passer de 57,5 ans à 62 ans en 2020, c'est pratiquement un objectif d'allongement de la durée de cotisation de cinq ans. Certes, c'est très cohérent avec l'objectif de Barcelone. Seulement, un relèvement de cinq ans est-il quelque chose de crédible en France ? On va trouver des palliatifs, ou bien partir plus tôt avec une retraite plus basse, une alternative à la préretraite d'aujourd'hui. Pour les plus de 55 ans, les indemnités journalières de maladie ont augmenté de 18% ces deux dernières années. Il y a un phénomène de ce type en Finlande ; on a moins de « retraite » mais plus de « maladie » et de longues périodes de chômage en fin de carrière[229] ».

Comment gérer la transition, pour mettre en œuvre une politique de vieillissement actif ? L'ambiguïté est sans doute que les syndicats sont favorables à cette réorientation globale, mais craignent qu'elle ne s'accompagne d'une détérioration de la protection pour ce groupe d'âge. Pour dépasser ce conflit interne, la CFDT insiste sur la possibilité que ce changement politique radical insufflé dans le secteur des retraites permette un effet de levier dans celui de l'emploi des seniors :

> « En dehors des préretraites de l'Etat, il y a les préretraites maison, on fait un cadeau à ceux qui partent à 53, 54, 57 ans avec un pécule de 1500 euros par mois. On a fait un pari, cela risque d'aboutir à la catastrophe. Il faut travailler plus longtemps pour obtenir le même niveau de retraite. Il y a moins de possibilités de recourir au chômage mais parallèlement les entreprises n'embauchent pas. Cela risque d'être la catastrophe, avec un niveau de chômage beaucoup plus élevé et une situation choquante de difficultés humaines et sociales importantes. Ou alors, cela fait effet de levier, avec une campagne de pub qui aura facilité le changement de regard, des modifications dans la politique de formation, une GPEC améliorée, une restructuration des CIE. Cela peut avoir un effet vertueux[230] ».

L'engagement des négociations collectives

Les partenaires sociaux sont invités par la loi de réforme des retraites à se saisir de la question de l'emploi des salariés vieillissants dans le cadre de la loi de réforme des retraites sur les thèmes suivants : la pénibilité, l'emploi des seniors et la formation tout au long de la vie. Sur la pénibilité au travail, les partenaires sont poussés à engager au niveau interprofessionnel une négociation dans un délai de trois ans après la publication de la loi (soit d'ici au 22 août 2006) sur la définition et la prise en compte de la pénibilité au travail dans le secteur privé (art. 12). Un bilan de ces négociations sera établi, au moins une fois tous les trois ans, par la Commission nationale de la négociation collective. Sur l'amélioration de l'emploi des salariés âgés de plus de 50 ans, la loi prévoit (art. 5) qu'une conférence tripartite, rassemblant représentants de l'Etat et partenaires sociaux au niveau

[229] Entretien réalisé le 02/07/2003.
[230] Entretien réalisé le 11/07/2003.

interprofessionnel, examinera l'ensemble des problématiques liées à l'emploi des plus de 50 ans préalablement aux ajustements du calendrier de mise en œuvre de l'allongement de la durée d'assurance prévus à partir de 2008, 2012 et 2016. Enfin, l'accès et le maintien dans l'emploi des salariés âgés, ainsi que leur accès à la formation professionnelle, deviennent un thème obligatoire des négociations au niveau de l'entreprise, tous les trois ans (art. 11). La loi stipule que dans le cas où les partenaires sociaux ne parviendraient pas à un accord par la négociation collective dans les délais impartis, l'Etat légiférerait. La méthode et le calendrier proposé par le gouvernement, ainsi que la possibilité d'un recours à la législation en cas d'échec des négociations collectives a soulevé la colère des organisations syndicales :

> « Face à une société qui n'arrive pas à se réformer, on finit par gouverner par décret. C'est une évolution qui m'inquiète[231] ».

> « On va nous obliger à discuter de l'emploi des seniors à l'automne, alors qu'aujourd'hui toutes les entreprises qui le peuvent sont en train de signer des préretraites sur les 5, 10 années qui viennent[232] » !

L'Accord national interprofessionnel sur la formation tout au long de la vie

De nouveau, la maladresse des méthodes gouvernementales est soulignée. Cependant, sur le fond, les partenaires sociaux soutiennent les nouvelles orientations de fond en particulier dans le champ de la formation tout au long de la vie. Un consensus réunit toutes les organisations, qu'elles soient patronales ou syndicales sur cette question. Ainsi, le MEDEF déclare :

> « La clé principale, c'est la réforme de la formation. Nous soutenons le principe de la formation tout au long de la vie. C'est le principal vecteur de l'employabilité des salariés âgés. Cela va accroître les facultés d'adaptabilité et de mobilité professionnelle[233] ».

La CFDT a par ailleurs fait de la formation tout au long de la vie « un cheval de bataille » pour l'emploi des seniors :

> « Il y a aussi la négociation sur la formation qui va déboucher en septembre. C'est l'une des orientations en France. La CFDT est très motivée, il faut prendre le problème par les deux bouts. S'il faut augmenter les taux d'activité, il faut agir sur les deux bouts, et cela pose le problème de la formation tout au long de la vie, et pas seulement pour les seniors. Dans la négociation, la formation est présentée comme une assurance-emploi, elle tourne autour de la modalité d'un crédit formation personnalisé donné à chaque salarié, et portable d'entreprise en entreprise. Il reste des modalités à fixer par la discussion, mais il y a un accord sur le principe, cela devait aboutir en juillet mais cela a été reporté à l'automne. C'est suivi de près par le gouvernement, ce sera l'un des projets

[231] Entretien réalisé avec un représentant de la CFDT, le 11/07/2003.
[232] Entretien réalisé avec un représentant de la CGT, le 10/07/2003.
[233] Entretien réalisé avec un représentant du MEDEF, le 11/07/2003.

positifs de l'année prochaine. Raffarin avait dit : « Si les partenaires sociaux ne parviennent pas à un accord, nous allons légiférer[234] ».

Le thème de la formation tout au long de la vie apparaît d'autant plus intéressant aux partenaires sociaux, qu'il permet de dépasser une approche ciblée uniquement sur le critère de l'âge, ce qui leur apparaît comme un signe de discrimination, même si elle s'exerce sous un angle positif. Pour les partenaires sociaux, la formation est un moyen d'agir sur l'ensemble du cycle de vie, à tous les âges, en fonction des besoins des entreprises et des salariés. En ce sens, cette thématique permet d'initier une nouvelle politique de gestion des âges :

« C'est l'une des analyses du MEDEF, le problème ne porte pas uniquement sur l'activité des seniors mais sur celle des jeunes. On a fait une opération sur ce thème : « L'entreprise voit jeune ». Ce programme est prévu pour deux ans, avec des forums dans toute la France[235] ».

De même, la CGT propose une approche globale :

« On refuse de s'enfermer dans la question de l'emploi des seniors. Cela résulte du fonctionnement global du marché du travail. Quand la situation de l'emploi est très défavorable, les entreprises se déchargent sur les catégories les plus fragiles : les jeunes, les femmes et les travailleurs âgés. Relever la place des travailleurs âgés, ne permettra que de changer leur positionnement dans la file du marché du travail. La formation permet de toucher tous les groupes fragilisés. Il faut dépasser les discours[236] ».

Plusieurs orientations apparaissent dans l'accord national interprofessionnel (ANI) du 5 décembre 2003 relatif à l'accès des salariés à la formation tout au long de la vie professionnelle : « Dans une économie de plus en plus ouverte sur le monde, les entreprises sont confrontées en permanence à la nécessité d'une adaptation maîtrisée à leur environnement. Le renouvellement accéléré des techniques de production et de distribution des biens et des services sollicite toujours davantage l'initiative et la compétence de chacun des salariés ; leurs aspirations à une meilleure maîtrise de leur évolution professionnelle nécessitent de renouveler les objectifs et les moyens de la formation professionnelle continue ». Ainsi, dans le préambule de l'accord, les partenaires sociaux affirment leur volonté d'insuffler de nouvelles orientations : une formation tout au long de la vie centrée sur la personne et son parcours.

La préoccupation, au-delà d'une répartition des coûts, concerne l'accès aux actions de formation pour tous les publics, y compris les seniors, considérés comme expérimentés, donc n'ayant plus besoin de complément de formation puisqu'ils sont compétents et n'entrevoient pas d'évolution professionnelle à court terme. Différentes combinaisons de mesures sont possibles pour accompagner les processus

[234] Entretien réalisé le 11/07/2003.
[235] Entretien réalisé le 11/07/2003.
[236] Entretien réalisé le 02/07/2003.

individuels de formation : une personne peut recourir à un bilan puis à une période de professionnalisation et un recours au congé individuel de formation (CIF) articulé avec un droit individuel à la formation (DIF). Les différentes étapes proposées s'articulent pour accompagner l'évolution d'une personne tout au long de sa vie : entretien et bilan, validation des acquis de l'expérience (VAE), DIF, période et contrat de professionnalisation (réservé aux jeunes), tutorat (transfert d'expérience). Le bilan est spécifié après 45 ans ou vingt ans d'ancienneté. Par ailleurs, des publics cibles ont été définis : « Pour réduire les inégalités d'accès et favoriser l'accès à la formation du plus grand nombre, les parties signataires du présent accord décident que les jeunes, les seniors, les femmes et les salariés des TPE-PME constituent des publics prioritaires pour lesquels des objectifs d'accès à la formation seront définis lors des négociations de branche ». L'objectif est de créer une dynamique qui favorise le salarié comme acteur de sa formation et de son parcours personnalisé.

La Loi du 4 mai 2004[237] transcrit les dispositions de l'ANI, confirme le nouveau droit individuel à la formation, et met l'accent sur les actions qui favorisent le développement des compétences, en particulier pour les travailleurs âgés.

Principales dispositions de l'ANI du 5 décembre 2003

L'entretien professionnel et le bilan de compétences (titre 1, chapitre 1). Droit pour tout salarié, au minimum tous les deux ans, à un entretien professionnel réalisé dans l'entreprise. Droit pour tout salarié, après 20 ans d'activité professionnelle et/ou à compter de 45 ans, à un bilan de compétences en dehors de son temps de travail et à une priorité d'accès à une VAE : une utilisation prioritaire du CIF ou du DIF.

Le passeport formation (titre 1, chapitre 2) qui reste la propriété du salarié, recense les diplômes, formation initiale ; expériences professionnelles (stages, formation en entreprise) ; certifications professionnelles ; actions de formation ; le ou les emplois occupés et les connaissances, les compétences et les aptitudes professionnelles mises en œuvre dans le cadre de ces emplois, décisions de formation et de bilans…

La validation des acquis de l'expérience (titre 1, chapitre 3). Développer l'information des salariés et des entreprises ; favoriser l'accès des salariés ; accord à négocier au premier semestre 2004 sur un dispositif d'accès aux certifications de qualifications professionnelles et sur une harmonisation. Est mentionné le souhait d'organiser des passerelles entre les certifications.

Les principes de la formation tout au long de la vie professionnelle pour les salariés (titre 2, chapitre 2). « Les partenaires sociaux considèrent que chaque salarié doit être en mesure, tout au long de sa vie professionnelle, de développer, de compléter ou de renouveler sa qualification, ses connaissances, ses compétences et ses aptitudes professionnelles ». Ce principe est envisagé de façon large en considérant tout type d'action dont le DIF, le bilan de compétences et l'accès à la VAE, contrat et période de professionnalisation.

Droit individuel à la formation (DIF) (titre 2, chapitre 3), d'une durée de 20h/an minimum, cumulable sur 6 ans (120h).

Quelle modalité : à prendre à l'initiative du salarié, mais avec l'accord de l'employeur (frais

[237] Loi n° 2004-391 relative à la formation professionnelle tout au long de la vie et au dialogue social (*JO* du 5 mai 2004).

de formation, d'accompagnement, éventuelle allocation de formation à la charge de l'entreprise, imputables sur sa participation au développement de la formation).
Mise en œuvre de la période de professionnalisation pour des salariés des entreprises (art. 11)
Objectif : « favoriser le maintien dans l'emploi de salariés sous CDI »
Public : salariés dont la qualification est insuffisante au regard de l'évolution des technologies et des organisations, ainsi qu'au-delà de 45 ans ; salariés qui envisagent la création ou la reprise d'entreprise ; femmes ; travailleurs handicapés.
Contraintes : pas plus de 2% de l'effectif, ou si moins de 50 salariés, de 1 salarié absent dans ou hors temps de travail.

L'accord interprofessionnel sur l'emploi des seniors du 13 octobre 2005

Si la loi d'août 2003 sur la réforme des retraites prévoyait une négociation interprofessionnelle sur la définition et la prise en compte de la pénibilité, elle ne fixait, concernant l'emploi des seniors, qu'une obligation de négocier au niveau des branches et des entreprises. Les partenaires sociaux ont néanmoins décidé d'engager également sur ce thème une négociation interprofessionnelle. A la demande des organisations syndicales, les négociations sur l'emploi des seniors ont démarré en février 2005. Les positions syndicales et patronales sont restées longtemps très éloignées, le compromis ayant été obtenu dans la dernière ligne droite. Un projet d'accord national interprofessionnel relatif à l'emploi de seniors a finalement été obtenu le 13 octobre 2005.

L'accord fixe explicitement l'enjeu d'atteindre un taux d'emploi des 55 à 64 ans de 50% en 2010, avec un objectif chiffré : faire progresser ce taux de deux points par an. En ce sens, l'accord s'inscrit directement dans la continuité de l'objectif européen de Stockholm. Quatre grandes thématiques sont abordées : l'évolution des représentations socioculturelles, la sécurisation des parcours professionnels, la gestion des fins de carrière et le retour à l'emploi des chômeurs âgés. L'accord souligne la persistance d'idées reçues sur la productivité des seniors, et appelle les branches et les territoires à se mobiliser et à sensibiliser les chefs d'entreprise, l'encadrement, les salariés et leurs représentants. L'accord stipule qu'un plan national d'action devra intégrer l'action de l'Etat et des partenaires sociaux.

L'accord national interprofessionnel pour l'emploi des seniors

Quatre grands thèmes sont couverts :

- **La sécurisation des parcours professionnels :** il s'agit de mettre en place les moyens d'anticiper les conditions dans l'emploi et d'évolution des salariés de plus de 45 ans.
L'accord de 2005 rappelle que, dans le cadre de l'entretien professionnel prévu par l'accord national interprofessionnel de décembre 2003, un droit à un *entretien professionnel de deuxième partie de carrière* est créé pour chaque salarié à partir de 45 ans, puis tous les cinq ans.
De plus, l'amélioration des conditions de travail et l'aménagement des conditions d'emploi (en particulier du temps de travail) doivent permettre de rechercher la plus grande compatibilité entre le poste de travail et l'évolution des capacités de chaque salarié. Cela implique notamment les services de médecine du travail et le CHSCT.
Le droit individuel à la formation (DIF) peut être utilisé de plein droit par un salarié de 50 ans et plus, par dérogation à l'accord du 5 décembre 2003.
Pour les salariés de 45 ans et plus, le bilan de compétences et la validation des acquis de l'expérience bénéficieront de financements réservés et d'une prise en charge administrative accélérée. Les 45 ans et plus bénéficient également d'une priorité d'accès au dispositif *période de professionnalisation.*
- **Le retour à l'emploi :** la mesure-phare de l'accord, la plus contestée, est l'aménagement d'un contrat à durée déterminée spécifique pour les chômeurs de plus de 57 ans, inscrits comme demandeur d'emploi depuis plus de 3 mois ou en convention de reclassement personnalisé. Alors que la durée maximale, renouvellement inclus, est de 18 mois, les plus de 57 ans pourront être employés jusqu'à trois ans en CDD.
Sont également mentionnés le développement du travail à temps partagé via la mise en place de groupements d'employeurs, la priorité donnée au contrat de professionnalisation pour les 45 ans et plus et l'interdiction de l'âge comme critère de recrutement.
- **La fin de carrière** : il s'agit essentiellement des aménagements d'horaires et de durée du travail.
L'accord renvoie sur certains points à d'autres négociations et aux pouvoirs publics :
Les aménagements en fin de carrière liés à la pénibilité (en particulier via un rétablissement de la préretraite progressive) sont renvoyés à la négociation interprofessionnelle en cours sur ce thème ;
Les dispositifs susceptibles de favoriser le retour à l'emploi des seniors seront examinés dans le cadre de la négociation sur l'assurance-chômage ;
Les pouvoirs publics doivent apporter d'éventuels correctifs à la contribution Delalande, après étude des effets de cette contribution sur l'emploi des seniors, et en concertation avec les partenaires sociaux. L'accord demande également que les décrets d'application de la réforme des retraites relatifs à la retraite progressive soient enfin publiés.

Le plan national concerté pour l'emploi des seniors (2006-2010)

Suite à la demande des partenaires sociaux, le gouvernement a en 2006 présenté un plan national d'action concerté pour l'emploi des seniors, qui s'inscrit dans la continuité de l'ANI de 2005, et conduit à une rationalisation de l'action gouvernementale dans ce domaine. En préparation de ce plan, plusieurs rapports ont été présentés : un rapport de l'IGAS, « Gestion des âges et politiques de l'emploi »

(2004) ; un rapport du Conseil d'analyse économique intitulé « Les seniors et l'emploi en France » (2005), le rapport Cahuc : « Le difficile retour en emploi des seniors » (2005), et le rapport Jacquet: « Le défi de l'emploi des seniors » (2005). Le plan tend à impulser une « nouvelle gestion des âges au travail » qui est considérée comme « une condition de notre prospérité économique »[238]. De nouveau, le Plan insiste sur la nécessité d'un changement de paradigme dans ce secteur : « C'est donc une véritable révolution culturelle qu'il nous faut désormais mener, si nous voulons rompre avec cette culture des départs anticipés »[239]. Dans la continuité de ce processus, le plan a par conséquent été réalisé en concertation avec les partenaires sociaux. Il reprend de ce fait l'objectif fixé par l'ANI de concourir à une augmentation du taux d'emploi des 55-64 ans de l'ordre de 2 points par an sur la période 2006-2010 pour atteindre un taux de 50% à l'horizon 2010. La spécificité du Plan est sans doute qu'il signale une appropriation de la problématique des seniors en France, qui est resituée par rapport aux objectifs européens. De même, les axes d'action s'inscrivent dans la continuité des préconisations européennes. Il s'agit en effet de « faire évoluer les représentations socioculturelles » (objectif 1), « favoriser le maintien dans l'emploi des seniors » (objectif 2), « favoriser le retour à l'emploi des seniors » (objectif 3), « aménager les fins de carrière » (objectif 4), et « assurer un suivi tripartite dans la durée » (objectif 5).

La première phase du plan est d'informer et de sensibiliser sur les atouts et l'expérience des seniors. De ce fait, une campagne de communication de dimension nationale est prévue sur deux ans (2006 et 2007), qui selon les termes du Plan, « s'inspirera des campagnes menées aux Pays-Bas et en Finlande, et sera centrée sur les thèmes de l'emploi des seniors et de leur image dans la société ». Cette campagne associe les différents médias nationaux (télévision, radio, affichage, site internet), et vise à toucher différents types de publics (entreprises et particuliers). Parallèlement des « assises régionales sur les pratiques des entreprises » en matière de gestion des âges sont prévues sur l'année 2007 pour atteindre l'ensemble des acteurs locaux (Etat et collectivités locales, partenaires sociaux, chambres de commerce et d'industrie, chambres des métiers…). Elles sont organisées par les directions régionales de l'emploi, du travail et de la formation professionnelle (DRTEFP) avec l'appui de l'Agence nationale pour l'amélioration des conditions de travail (ANACT). Des sessions de formation et des séminaires sont également prévus sur des sujets tels que la pénibilité, les atouts des travailleurs âgés, la manière de les motiver et de faire bénéficier les entreprises de leurs expériences au niveau national et local. Enfin, un programme de recherche pluridisciplinaire est également lancé pour souligner notamment les « bonnes pratiques » dans ces différents domaines.

Pour favoriser le maintien dans l'emploi des seniors (objectif 2), le Plan s'appuie de nouveau sur les acquis des ANI et propose d'impulser le développement d'une démarche de gestion des ressources humaines spécifique pour les deuxièmes moitiés de carrière. Le Plan préconise de ce fait de généraliser la pratique des

---

[238] *Plan national d'action concerté pour l'emploi des seniors 2006-2010*, p. 2.

[239] Op. cit., p. 2.

entretiens de deuxième partie de carrière et des bilans de compétence. Dans les entreprises, les modalités de ce dispositif doivent être définies dans les accords de branche, pour « encourager la définition d'un projet professionnel pour la deuxième moitié de carrière, après vingt ans d'activité professionnelle, et en tout état de cause, à compter du 45ème anniversaire » (article 8 de l'accord national interprofessionnel du 13 octobre 2005). Un dispositif similaire est mis en place dans les ANPE pour les demandeurs d'emploi de plus de 45 ans qui auront un accès privilégié aux bilans de compétences. Dans ce cadre d'action, l'accent est mis sur la formation (passeport formation, VAE, DIF…).

La Gestion prévisionnelle de l'emploi et des compétences (GPEC) est donc au cœur des orientations prises par le Plan, qui vise à amplifier le développement des accords en particulier dans les petites et moyennes entreprises et a été rendue obligatoire pour les entreprises de plus de 300 salariés[240]. Dans le cadre des négociations, les entreprises sont engagées à réfléchir sur l'adaptation des emplois et des compétences aux enjeux sociaux, économiques et opérationnels propres à leur entreprise et leur secteur professionnel. L'accent est également mis sur la formation et l'amélioration des conditions de travail. Parallèlement à ces mesures qui s'inscrivent dans une perspective « active », le Plan annonce sa volonté de limiter le recours aux mesures « passives », c'est-à-dire les préretraites. Pour éviter les risques de substitution institutionnelle, un suivi statistique régulier de l'évolution des pensions d'invalidité et des indemnités journalières attribuées par l'assurance maladie est mis en place.

Pour favoriser le retour à l'emploi des seniors (objectif 3), le Plan s'appuie aussi sur un nouvel objectif chiffré : le taux de retour à l'emploi à 12 mois des demandeurs d'emploi de plus de 50 ans est de 33% contre 60% pour l'ensemble. L'objectif est de réduire de moitié cet écart à la moyenne, pour parvenir à un taux de retour à l'emploi dans les 12 mois de 45% en 2010. L'ANPE est au cœur de ce processus et est incitée à mener une politique interne et externe de sensibilisation (formation des conseillers, actions de communications, construction de parcours renforcés pour les seniors). Par ailleurs, le plan préconise de mobiliser les contrats aidés, notamment les contrats initiative emploi (CIE), et tend à toucher 20 000 bénéficiaires de plus de 50 ans en 2006. Il s'appuie également sur le développement des CDD pour les plus de 57 ans, qui ont été introduits par l'ANI de 2005. Pour favoriser le retour à l'emploi, le Plan met aussi l'accent sur le refus de la discrimination par l'âge lors du recrutement, ce qui s'accompagne de la suppression des freins à l'emploi liés à la contribution Delalande, laquelle devrait être supprimée en 2010. Enfin, le plan envisage de renforcer l'aide dégressive aux employeurs pour l'embauche de demandeurs d'emplois de plus de 50 ans et de mettre en place des mécanismes d'intéressement à la reprise d'activité pour les chômeurs de plus de 50 ans. Dans cette perspective, le dispositif de l'aide au retour à l'emploi (ARE) mis en place par la convention du 18 janvier 2006, constitue une allocation compensatoire mensuelle pour combler un différentiel de revenu par rapport à l'emploi précédent,

---

[240] La loi du 18 janvier 2005 porte sur l'obligation de négociation triennale sur la GPEC pour les entreprises de plus de 300 salariés.

et ce pendant la durée de versement des allocations chômage. Enfin, l'objectif 4 vise à l'aménagement des fins de carrière et propose de développer la pratique du tutorat dans les entreprises pour inciter à la transmission des savoirs et des savoir-faire, le passage à temps partiel tout en continuant à cotiser à taux plein pour la retraite, l'utilisation des comptes épargne temps, la promotion de la retraite progressive, le renforcement du caractère incitatif de la surcote et la promotion du cumul emploi-retraite pour les bas salaires.

Le Plan adopté en 2006 s'articule clairement dans la volonté d'une « révolution culturelle » qui se fonde sur le principe de l'activation. Cependant, l'efficacité de ce plan est largement remise en cause. Par exemple, la mesure phare du plan, celle du CDD senior de dix-huit mois, renouvelable une fois, pour les chômeurs de 57 ans et plus, n'a pas été suivie de faits. En 2009, on dénombrait moins d'une vingtaine de CDD seniors signés (Guillemard 2010, p. 317). De plus, elle pose comme en Allemagne la question des « emplois-vieux » qui renvoie à celle des « emplois-jeunes » et montre que les pratiques politiques dans les pays de l'Europe continentale ne changent que peu. De plus, comme en Allemagne, l'objectif n'est pas a priori de supprimer complètement les dispositifs de préretraite et les débats autour de la pénibilité, engagés en 2005 par les partenaires sociaux, montrent la difficulté à proposer une politique cohérente dans son ensemble.

Pénibilité au travail : entre reconnaissance et réparation

La négociation interprofessionnelle sur la reconnaissance de la pénibilité au travail a commencé en février 2005. Les représentants des organisations syndicales se sont montrés très pessimistes concernant les chances de parvenir à un accord sur un dispositif de départs anticipés à la retraite à partir de 55 ans pour les salariés ayant exercé tout au long de leur carrière des activités jugées pénibles. Les négociateurs ont parlé de « stock » pour qualifier cette population dont l'espérance de vie est bien moindre que les salariés non exposés. Le risque de décéder entre 35 et 65 ans est en outre chez les ouvriers le double de celui des cadres et des professions libérales. La pénibilité pesant sur l'espérance de vie des salariés, elle légitime la question des départs anticipés.

Cependant, la mise en place d'un dispositif de retraite anticipée interprofessionnel fondé sur la pénibilité va à l'encontre de la volonté de l'Etat d'accroître le taux d'activité des plus de 55 ans. Dans cette logique, celui-ci ne tient pas à participer au financement d'un tel dispositif[241]. Enfin, le financement d'un tel régime de départs anticipés fondé sur la reconnaissance de la pénibilité se heurte au manque de solidarité entre les branches professionnelles. Ainsi, les secteurs de l'assurance et des banques, peu concernés par la pénibilité, ne sont pas enclins à participer au financement d'un tel régime. Le MEDEF s'oppose quant à lui aussi à toute contribution financière des employeurs à ce dispositif, évoquant plutôt la possibilité que les salariés puissent verser une partie des primes liées à la pénibilité sur des Comptes épargne temps. Converties en temps, ces dernières permettraient

[241] Neuf milliards d'euros de finances publiques ont pourtant déjà servi à faire partir 850 000 salariés de plus de 55 ans, au cours des vingt dernières années, au travers des dispositifs de départs anticipés.

d'avancer le départ à la retraite de quelques mois. La proposition patronale ne mentionne pas, en revanche, un possible abondement des employeurs. L'avis des syndicats est partagé. Force ouvrière estime qu'il ne doit pas incomber aux salariés de financer leurs départs anticipés. Le point de vue est moins tranché du côté de certains représentants syndicaux, notamment dans la métallurgie, qui admettent qu'il va falloir progressivement préparer les salariés au fait qu'ils ne peuvent pas partir avant l'âge légal et conserver toutes les indemnisations financières inhérentes à la pénibilité.

L'alternative tient donc à l'éventuel financement du dispositif par des transferts de caisses. La délégation patronale a ainsi demandé un chiffrage du poids de la pénibilité dans les dépenses de l'UNEDIC et de la CNAM. Par ailleurs, une composante « conditions de travail », tenant compte des politiques de prévention et de leurs résultats, pourrait être introduite dans le calcul des cotisations de chaque branche au titre des accidents du travail et des maladies professionnelles et l'indemnisation pourrait ne plus être nécessairement conditionnée par une incapacité de travail. Comme le note le rapport « Pénibilité et retraite » d'Yves Struillou, remis en 2003 au Conseil d'orientation des retraites : « L'assurance invalidité ne joue que dans les cas où la pénibilité a induit un handicap répondant aux conditions d'accès définies par ce régime et, en tout état de cause, ne joue pas lorsque la pathologie survient après la cessation d'activité ». En outre, tous les salariés ne sont pas couverts par des accords de prévoyance. En tout cas, l'approche strictement individuelle allait éviter des départs massifs.

Ces négociations sur la pénibilité ont permis aux partenaires sociaux de s'entendre sur une définition des facteurs qui contribuent à la pénibilité. Qu'ils soient physiques (port de charges lourdes, travail sous cadences imposées, postures pénibles, bruit, chaleur), qu'ils concernent des horaires atypiques (travail de nuit) ou qu'ils impliquent la manipulation de produits cancérigènes. Le patronat a admis que le stress représentait un facteur de pénibilité. Les partenaires sociaux s'accordent également sur la nécessité de mesurer la pénibilité sur le parcours professionnel de tous les salariés au travers d'un système de points. Un tel système pourrait donner droit à des bonifications dans le cadre d'un éventuel régime de départs anticipés (entre 1 et 3 mois de bonifications par année de travail pénible) et aussi favoriser et améliorer les politiques de prévention.

Le patronat a accepté, le 5 juin 2006, d'envisager un mécanisme de retraite anticipée pour les salariés usés prématurément par leur activité et d'impliquer financièrement les entreprises, lors d'une réunion au siège du MEDEF avec les organisations syndicales. L'objectif est de permettre aux salariés de plus de 55 ans exposés à une forte pénibilité de partir en retraite plus tôt que les autres, ne serait-ce que pour tenir compte de leur espérance de vie réduite, alors qu'un allongement de la durée de cotisation doit en principe être la règle pour tous.

Le retour à la législation

L'article 12 de la loi du 23 août 2003 avait donc introduit une négociation interprofessionnelle, qui devait être engagée dans les trois ans pour parvenir à une loi « sur la définition et la prise en compte de la pénibilité », et à partir de la fin de la négociation interprofessionnelle sur la pénibilité, une obligation triennale de négocier sur « les conditions de travail et la gestion prévisionnelle des emplois et des compétences des salariés âgés et sur la prise en compte de la pénibilité du travail ». Dans la mesure où la négociation sur la pénibilité n'a pas abouti et a conduit à un affrontement entre les partenaires sociaux sur la question de la prise en compte de la pénibilité dans l'organisation de la fin de carrière et sur la volonté patronale de s'en tenir à une approche individuelle, le législateur a choisi d'inclure cette question dans la loi de 2010. Elle fait donc l'objet de mesures que le législateur a définies dans l'intitulé du chapitre II du Titre IV de la loi comme des mesures de « compensation ». La première consiste à permettre un départ anticipé de l'assuré lorsque la « pénibilité » de son parcours a conduit à des pathologies professionnelles génératrices d'une incapacité permanente partielle. La seconde est prévue à l'article 86 (non codifié) de la loi : il s'agit de la possibilité donnée aux partenaires sociaux de la branche de mettre en place jusqu'au 31 décembre 2013 un dispositif d'allègement ou de compensation de la charge de travail des salariés occupés à des travaux pénibles. Un volet complémentaire de la loi concerne la prévention, ce que la loi nouvelle réalise en modifiant sur plusieurs points le Code du travail. Cette réforme a en définitive avorté, le Conseil constitutionnel ayant invalidé les dispositions relatives à la médecine du travail[242]. Toutefois, la prévention des situations de pénibilité au travail est revenue au cœur du débat sur les retraites. L'obligation de prévention est désormais juridiquement sanctionnée, trouvant son fondement dans l'article L. 4121-1 du Code du travail.

Le Titre IV de la loi adoptée comprend donc trois chapitres : le premier est consacré à la pénibilité, le deuxième à la compensation de cette pénibilité et le troisième comprend des dispositions communes aux deux volets précités. Ce troisième chapitre prévoit que le Gouvernement présentera au Parlement un rapport sur l'application du dispositif de prévention et de compensation de la pénibilité, ce rapport devant par ailleurs comporter des dispositions quant à la prise en compte de la « pénibilité à effets différés ». Le comité scientifique prévu à l'article 88 de la loi a pour mission « d'évaluer les conséquences de l'exposition aux facteurs de pénibilité sur l'espérance de vie avec et sans incapacité des travailleurs » (Verkindt, Graujeman 2011, p. 140). Par ailleurs, la loi confirme le rôle du Conseil d'orientation sur les conditions de travail, l'obligation de couverture par un accord ou un plan d'action sur le même modèle que celle prévue en matière d'emploi des seniors et le rôle des instances de représentation du personnel et des services de santé au travail.

Toutefois, les résultats s'avèrent décevants, dans la mesure où ce qui était au cœur du débat lancé sur la pénibilité en 2003, c'est-à-dire la question de la pénibilité sans incapacité, mais susceptible d'exercer une influence sur l'espérance de vie, est renvoyée à de futurs débats, ce qui signifie qu'elle n'aboutira sans doute pas. En l'état des textes actuels, le départ à la retraite à 60 ans est possible à la

[242] Décision du Conseil constitutionnel n° 2010-617 DC du 9 novembre 2010.

condition d'un taux d'incapacité permanente de 20%, en cas de maladie professionnelle ou en cas d'accident du travail.

La fin des préretraites : recourir à la contrainte pour obliger au changement ?

Le dernier acte de la politique d'emploi des seniors consiste en une obligation à négocier des accords contractuels, qui apparaît en 2009-2010. Fin 2008, dans le cadre du projet de loi de financement de la Sécurité sociale (PLFSS) 2009, une obligation de négocier et d'aboutir à un accord sur l'emploi des seniors pour toutes les entreprises d'au moins 50 salariés, avant le 1er janvier 2010. En cas de non-respect, les entreprises seront soumises à une pénalité d'1% de leur masse salariale, qui sera affectée à la Caisse nationale d'assurance vieillesse. L'Etat renvoie ainsi à nouveau la responsabilité du dossier aux entreprises et aux partenaires sociaux.

Suite à cette mesure, les entreprises ont ratifié un certain nombre d'accords en faveur de l'emploi des seniors mais cela s'est fait dans l'urgence. En effet, les décrets d'application relatifs au contenu et à la validation des accords ne sont parus que le 20 mai 2009, ce qui laissait seulement un peu plus de six mois aux entreprises pour négocier. Apparemment, cette action politique a cependant été efficace : plus de 8 000 entreprises et 80 branches ont mis en place un dispositif en faveur du travail des plus de 55 ans, ce qui induit que la quasi-totalité des entreprises échappera à la taxe (Guillemard 2010, p. 324). Cependant, selon les syndicats, ces accords sont extrêmement limités, ils se cantonnent au temps partiel en fin de carrière et au tutorat. Le recrutement des salariés âgés a rarement été retenu. Dans ces conditions, le scepticisme quant à une évolution du problème reste plus que jamais de vigueur.

En 2003, les conditions d'accès aux dispositifs de préretraite ont été durcies avec la réforme des retraites et les objectifs du PNAE qui visent à favoriser le maintien des travailleurs âgés sur le marché de l'emploi. Depuis janvier 2003, il n'y a plus d'admission à l'allocation de remplacement pour l'emploi (ARPE). De plus, les conditions d'accès à l'allocation spéciale du fonds national de l'emploi (AS-FNE) sont plus strictes et la participation financière de l'employeur a été relevée. Par ailleurs, la loi du 21 août 2003 portant réforme des retraites abroge les préretraites progressives (PRP). Elle recentre le dispositif de cessation anticipée de certains travailleurs salariés (CATS) et met en place une taxe sur les préretraites d'entreprises. Ces dernières mesures sont mises en œuvre à partir de 2005. Ainsi, les entrées dans les dispositifs publics de préretraite reculent. Entre 2004 et 2005, la baisse du nombre d'entrées dans un dispositif de préretraite public est de 24%. Le repli des préretraites se poursuit en 2005 : 26 700 personnes seulement sont entrées dans un dispositif de préretraite public : allocation spéciale du fonds national de l'emploi (AS-FNE), préretraite progressive (PRP), cessation d'activité de certains travailleurs salariés (CATS) ou cessation anticipée d'activité des travailleurs de l'amiante (CAATA).

Cependant, les entrées en chômage progressent, avec un pic en 2003. Pour les 55-59 ans, le taux de chômage en 2003 est de 7%, et le taux d'emploi de 58%.

L'entrée dans le système de l'assurance chômage est toujours pour les chômeurs âgés synonyme d'une sortie définitive du marché du travail. En 2004, parmi les 528 000 chômeurs indemnisés de 55 ans et plus, 409 000 sont dispensés de recherche d'emploi. 102 000 perçoivent l'allocation de solidarité spécifique (ASS), et 29 000 l'allocation équivalent retraite (AER). Par conséquent, 32% des dispensés de recherche d'emploi sont indemnisés par le régime de solidarité, les autres l'étant par le régime de l'assurance chômage (Merlier 2005). Le nombre de chômeurs de plus de 55 ans indemnisés par les ASSEDIC s'élève à 583 000, dont 70% sont dispensés de recherche d'emploi (Merlier 2006).

En l'espace de dix ans, on assiste à l'extinction des régimes de préretraite publics. Selon une étude de la Dares, en 2010, 41 000 salariés du secteur privé étaient encore en préretraite « publique » (cofinancées par l'Etat et les entreprises) (DARES, 2010). Il y a dix ans, on en comptait près de 200 000[243]. En 2011, seuls trois dispositifs restent en vigueur : l'allocation spéciale du Fonds national pour l'emploi (AS-FNE) pour les salariés d'au moins 57 ans victimes d'un licenciement économique ; la cessation anticipée d'activité de certains travailleurs salariés (CATS) dont le travail a été particulièrement éprouvant ou ayant le statut de handicapé ; enfin, la cessation anticipée d'activité des travailleurs de l'amiante (CAATA). Les deux premiers dispositifs sont très encadrés. Le premier nécessite la signature d'une convention entre l'Etat et l'entreprise du salarié, le second exige l'existence d'un accord entre la branche professionnelle et l'entreprise concernée. Ils totalisent moins de 20% des nouveaux retraités. Le dispositif principal est donc la cessation anticipée d'activité des travailleurs de l'amiante (CAATA), créé en 1999, qui représente 8 entrées sur dix en préretraite et les trois-quarts du stock des bénéficiaires en 2010.

Un demi-tour de politique publique est en train de s'opérer en France par rapport aux préretraites, avec la fermeture de la majorité des dispositifs et la restriction de l'accès à ceux qui restent. Cependant, le risque d'une substitution dans le cadre de l'assurance chômage est visible. De plus, on observe qu'en 2004, un tiers des dispenses de recherche d'emploi sont indemnisées par le régime de solidarité, ce qui signale l'émergence d'un nouveau risque social pour ce groupe d'âge. De ce fait, la question de l'emploi des seniors prend une importance croissante, à partir du moment où l'accès à la préretraite est limité, sans que les taux d'emploi des seniors remontent réellement.

Les « contrats de génération »

Selon le principe du tutorat, le ministre du travail Michel Sapin a transmis, le mardi 4 septembre 2012, le document d'orientation du gouvernement sur le contrat de génération, l'un des principaux engagements de la campagne de François Hollande.

243 Maxime Bourdeau, « Les départs en préretraite en chute libre », *Le Figaro*, 04/08/2011.

Ce nouveau dispositif doit permettre l'embauche dans les entreprises, en CDI, de jeunes qui seront accompagnés par un senior lui-même maintenu dans l'emploi jusqu'à son départ à la retraite. Le gouvernement espère signer 500 000 contrats de génération pendant son quinquennat. Le patronat et les syndicats sont invités à ouvrir rapidement une négociation sur les modalités d'application (l'accompagnement des jeunes, la valorisation du tutorat par l'entreprise, etc.). Le président de la République souhaite que le projet de loi sur le contrat de génération puisse être présenté en conseil des ministres avant la fin de l'année. Ce projet, axé sur la jeunesse, notamment à faible niveau de qualification vise aussi à sortir de l'enkystement des préretraites. Il s'attaque donc aux deux principaux maux du chômage en France.

***

De ce fait, l'emploi des seniors reste une priorité de politique publique en France et en Allemagne. Selon les chiffres d'Eurostat de 2011, les taux d'emploi par tranches d'âge s'élèvent à 29,9% pour les 15-24 ans en France, contre 47,9% en Allemagne, et 33,6% en Europe (UE 27) ; 81,3% pour les 25-49 ans en France, 82,8% en Allemagne, les deux pays se situant au-dessus de la moyenne européenne qui est de 77,6%. Pour les 55-64, les chiffres en France seraient de 41,4%, 59,9% en Allemagne et 47,4% dans l'Union européenne des 27[244].

L'étude des cas allemands et français atteste de l'existence d'une orientation globale qui apparaît de manière nette dans les réformes mises en œuvre ou réfléchies. Si une forme d'ambivalence subsiste, les acteurs nationaux ne faisant pas ou peu référence à l'Europe, il est légitime de s'interroger sur les modes d'appropriation des « recommandations européennes » puisqu'en de nombreuses occurrences, on trouve la trace des idées européennes. Peut-on trouver des raisons qui rendent la référence à l'Europe à la fois discrète mais aussi si présente dans les débats ? Le chapitre suivant tente de mettre à jour les leviers d'action, qui, au-delà du principe de subsidiarité, permettent de rendre compte de la concomitance des processus engagés.

[244] « Le gouvernement lance son plan pour l'emploi des jeunes et des seniors », *Le Monde*, 06/09/2012.

Chapitre 8. Quand l'Europe s'efface... la renationalisation

Quel lien existe-t-il entre les préconisations européennes et les réorientations nationales ? De nombreux indices laissent penser que les injonctions européennes ont influencé les réflexions nationales, générant un « cheminement commun des réformes » (Palier 2006). Le premier est d'ordre temporel et concerne le calendrier des réformes. Lors du Sommet de Lisbonne, en mars 2000, une stratégie européenne concertée de réforme des retraites est introduite, et de façon presque concomitante, la France et l'Allemagne s'engagent dans une nouvelle vague de réforme de leur système de retraite qui aboutit en Allemagne en 2001 (Réforme Riester) et en 2006, et en France en 2003 avec la Réforme Fillon puis en 2010, avec le relèvement de l'âge de la retraite à 62 ans. La réforme de 2012, qui réajuste le départ à 60 ans pour certains salariés, va cependant à l'encontre des orientations européennes.

Le deuxième indice d'une influence européenne est apporté par les références récurrentes des acteurs nationaux aux préconisations européennes dans le processus de reformulation des politiques nationales et aux allusions qui sont faites à l'Europe dans le processus de négociation. Enfin, le troisième indice se situe dans le contenu des réformes. En effet, dans les deux pays, une nouvelle thématique apparaît, qui s'inscrit dans la continuité du terme de « vieillissement actif », proposé au niveau européen, et s'accompagne de la volonté politique de sortir du sentier des préretraites et d'impulser une nouvelle dynamique pour l'emploi des seniors.

Ainsi, la relation entre les orientations européennes et la réorientation des politiques nationales semble aller de soi. Toutefois, les entretiens ont montré que les *policy-makers* avaient un positionnement ambivalent par rapport aux préconisations européennes. S'opposant à la notion d'une possible influence dans un secteur qui relève de la subsidiarité, ils ont réaffirmé leur indépendance. Cette prise de position des acteurs nationaux fait écho à celle des acteurs européens qui refusent l'idée d'une harmonisation dans le champ de la protection sociale et mettent en avant le principe de la seule « coordination » des politiques nationales dans ce secteur.

En ce sens, le rejet de la notion « d'influence » européenne par les acteurs nationaux ne semble pas seulement découler d'un choix politique. Les Etats membres ont des positions différentes par rapport au rôle de l'Union européenne dans la réforme des retraites. La plupart refusent son intrusion dans le champ de la protection sociale. D'autres, en particulier, l'Italie ont choisi une orientation différente, et l'Union européenne a été présentée comme un facteur exogène déterminant dans le processus de réforme des retraites. L'idée d'une contrainte extérieure (*Vincolo Esterno*) ou d'un bouc émissaire a permis de justifier une réforme impopulaire. Ainsi, Silvio Berlusconi a souhaité que l'Europe s'engage dans un « Maastricht des retraites ». L'Allemagne et la France, sans doute parce qu'elles bénéficient d'un positionnement fort dans le processus de la construction européenne, ont au contraire affirmé leur indépendance dans ce champ de la protection sociale.

Au-delà de la question du positionnement et du choix politiques, il est possible que la notion d'influence soit rejetée par les acteurs nationaux parce qu'elle n'est pas adéquate pour définir le processus ténu qui s'est tissé au cours des années

2000, dans le cadre de la MOC, notamment sur la question du vieillissement actif. La méthode ouverte de coordination se distingue des méthodes classiques de l'européanisation. Elle ne vise pas un objectif d'harmonisation *top-down* et ne fonctionne pas sur le mode de la contrainte et de l'obligation légale. Cette méthode est dite « horizontale », c'est-à-dire inscrite dans les politiques nationales. L'échange de bonnes pratiques et la « revue par les pairs » (*Peer Review*) sont autant d'éléments constitutifs qui tendent à partir des problématiques et des politiques nationales. Ainsi, si une influence s'exerce, c'est sur le mode cognitif, chaque pays se positionnant selon ses besoins et ses préoccupations par rapport à un « paysage commun » (Palier 2003).

1. Faire ou non référence à l'Europe : un choix politique[245]

L'introduction de la stratégie européenne dans le secteur des retraites conduit à la réalisation de premiers rapports de stratégie nationale en 2002, qui ont donné lieu à l'élaboration d'un rapport conjoint en mars 2003. L'objectif de cette première vague de rapports était de dresser un état des lieux et de présenter les éventuels projets de réformes. Une deuxième vague de rapports a été lancée en 2005, qui a montré l'avancée des réformes, le Conseil européen rappelant que le processus n'était pas encore à son terme dans tous les pays.

Au début des années 2000, la France et l'Allemagne s'engagent dans une deuxième vague de réforme de leur système de retraite. En ce sens, la stratégie européenne a pu alimenter leur processus de réflexion. Cependant, ces deux pays ont choisi d'affirmer leur indépendance par rapport au « monstre bruxellois » dans le processus de négociation politique.

1. 1. Des préoccupations nationales qui renvoient aux orientations européennes (fit/misfit)

Des dépenses publiques élevées

Au début des années 2000, la France et l'Allemagne sont parmi les Etats membres qui sont le plus concernés par les orientations européennes de réforme des retraites. Les deux pays sont en effet confrontés à une forte augmentation des dépenses publiques liées au vieillissement et à la difficulté des réformes (Plan Juppé en France, '*Reformstau*' (blocage des réformes) en Allemagne. D'après les données élaborées par le Comité de politique économique, le niveau des dépenses publiques consacrées aux pensions de retraite en pourcentage du PIB en 2000 peut être évalué à partir de la moyenne de l'Union européenne qui s'élève à 10,4% du PIB.

---

245 Cette sous-partie s'appuie sur une étude réalisée pour le Conseil d'orientation des retraites en 2004, intitulée : *« La référence à l'Union européenne dans les débats nationaux sur les retraites »*. Ce travail a été supervisé par Bruno Palier.

Récapitulatif des dépenses publiques consacrées aux pensions en pourcentage du PIB en 2000

Belgique	10,0	Luxembourg	7,4
Danemark	10,5	Pays-Bas	7,9
Allemagne	11,8	Autriche	14,5
Grèce	12,6	Portugal	9,8
Espagne	9,4	Finlande	11,3
France	12,1	Suède	9,0
Irlande	4,6	Royaume-Uni	5,5
Italie	13,8	Moyenne Union européenne	10,4

Source : CPE 2001.

Dans le groupe des pays dans lesquels les dépenses sont les plus élevées, on retrouve certains pays de l'Europe du sud, dans lesquels le vieillissement démographique est rapide, en particulier en raison d'un phénomène de dénatalité, et parce qu'elles s'inscrivent dans une tradition de retraites généreuses, comme c'est le cas de l'Italie. Sont également présents les pays de l'Europe continentale, qui doivent également faire face à un vieillissement démographique important, dont l'impact sur les systèmes de retraite est renforcé par l'utilisation des préretraites depuis le milieu des années 1970. L'Allemagne est le pays de l'Europe continentale, qui est le plus marqué par la dénatalité et fait face à une transition démographique rapide. Dans ce groupe, se trouvent aussi deux pays de l'Europe du Nord, la Finlande et le Danemark. Outre la générosité des systèmes de retraite, le poids des dépenses publiques est là aussi accentué, notamment en Finlande, par l'usage massif des préretraites.

Parmi les pays où les dépenses publiques de pension se situent au-dessous de la moyenne européenne, on retrouve la Suède, qui fait figure de modèle en matière de retraite. C'est en effet le seul pays d'Europe qui a réformé en profondeur la structure de son système de retraite, de façon consensuelle et qui parvient aujourd'hui à remplir les deux objectifs du compromis européen sur les retraites : un système financièrement viable et socialement équitable. Nous retrouvons également les Pays-Bas, dont l'exemple est cité au niveau européen, dans la mesure où le gouvernement a impulsé un changement de paradigme par rapport à l'emploi des seniors, qui a conduit à la fermeture des procédures de départs anticipés qui s'effectuaient majoritairement par la voie de l'invalidité (VUT). Deux autres pays de l'Europe du sud sont représentés, l'Espagne et le Portugal. Néanmoins, la situation de ces deux pays est ambiguë, dans la mesure où ils bénéficient d'un vieillissement démographique différé, dont les conséquences financières seront marquées à partir de 2015. Par conséquent, ils sont régulièrement poussés par l'Union européenne à réformer leur système de pensions.

Enfin, le dernier groupe de pays comprend l'Irlande et le Royaume-Uni, pays dans lesquels les dépenses de retraite en pourcentage du PIB sont inférieures de moitié au reste de l'Union européenne. Le modèle de retraite choisi, qui a été insufflé au cours des années 1980, a conduit à une limitation de l'intervention publique (pensions forfaitaires de base), qui a laissé la place au développement des retraites privées par capitalisation. Ce modèle permet de contenir l'augmentation des dépenses publiques. Pourtant, l'Union européenne souligne le risque de pauvreté inhérent à ce système qui se limite à un filet de sécurité. De ce fait, le pays ne répond pas à l'objectif communautaire présenté comme prioritaire ; garantir un revenu suffisant pendant la retraite.

Un faible taux d'emploi chez les travailleurs âgés de plus de 55 ans

Trois grands objectifs socioéconomiques avaient été proposés par l'Union européenne dans le cadre de sa stratégie concertée de réforme des retraites. Ils comprennent le renforcement du processus de contrôle budgétaire pour limiter l'augmentation des déficits publics, la réforme des systèmes de retraite (modification des paramètres et introduction de piliers complémentaires par capitalisation), et enfin une augmentation des taux d'emploi d'ici 2010 (70% pour la population totale, 60% pour les femmes, 50% pour les travailleurs âgés de plus de 55 ans). Selon les travaux du Conseil et de la Commission, relever l'âge effectif de départ à la retraite de cinq ans pourrait permettre de diminuer d'un tiers l'augmentation des dépenses publiques de retraite à l'horizon 2050[246].

Taux d'emploi en Europe en 2000 (en %), pour la population totale, les femmes et les travailleurs âgés de plus de 55 ans

Allemagne	65,8 / 58,8 / 37,7	Irlande	65,7 / 55,0 / 46,8
Autriche	68,4 / 60,1 / 28,6	Italie	54, 8/ 41,1 / 28,0
Belgique	59,9 / 50,5 / 24,1	Luxembourg	62,9 / 50,9 / 24,4
Danemark	76,2 / 72,0 / 58,0	Pays-Bas	74,1 / 65,2 / 39,6
Espagne	56,3 / 41,9 / 38,9	Portugal	68,9 / 61,1 / 50,3
Finlande	68,1 / 65,4 / 45,7	Royaume-Uni	71,7 / 65,1 / 52,3
France	63,1 / 56,1 / 31, 0	Suède	71,7 / 70,4 / 66,5
Grèce	55,4 / 40,9 / 38,0	Moyenne UE	63,9 / 54,9 / 38,5

Source : CCE, 2002

1.2. Des institutions plus ou moins en continuité avec les orientations européennes

Même si elles ne proposent pas un modèle de réforme, les orientations européennes tendent à définir ce que doit être une « bonne » politique des retraites, d'une part en proposant des orientations d'action, et d'autre part en identifiant les bonnes pratiques qui tendent à classer les Etats membres les uns par rapport aux autres, différenciant les « bons » des « mauvais élèves » (Jacobsson 2005).

246 Conseil européen (2003), *Rapport conjoint de la Commission et du Conseil sur des pensions sûres et adéquates*, Bruxelles, le 3 mars 2003.

Les pays qui répondent totalement ou en partie aux objectifs européens

Le modèle suédois

Le système de retraite suédois fait figure de modèle au niveau européen, dans la mesure où le système de retraite répond aux trois grands objectifs socioéconomiques européens. C'est le seul pays d'Europe qui est parvenu à mettre en place un processus structurel de réforme de son système de retraite, et ce sur le mode de la concertation. La réforme de 1998 a en effet été approuvée par les partenaires sociaux et les cinq partis politiques (Anderson 2002). Jusqu'à cette réforme, la retraite se composait de deux tiers : la pension de base universelle forfaitaire (*folkspension*) introduite en 1914, et la pension complémentaire (ATP), qui date de 1960, dont le montant est lié au revenu d'activité et est calculé sur le principe des prestations définies. Une pension complète ATP représentait 60% du revenu d'activité moyen pour les 15 meilleures années d'une période de cotisation obligatoire de 30 ans. Les pensions étaient indexées chaque année sur l'inflation. En 1990, la cotisation pour la retraite de base représentait 7,45% des charges sociales et finançait 85% des prestations (le reste était financé par l'Etat), pendant que les cotisations pour les retraites complémentaires (ATP) (13,5% des charges sociales) finançaient à la fois les prestations de retraite et l'accumulation des réserves des fonds AP.

Comme les autres pays européens, la Suède a dû faire face à l'augmentation des dépenses publiques de retraite : en 1965, elles représentaient 4,3% du PIB, mais elles s'élevaient à 12,2% du PIB en 1992 (Anderson 2002). De plus, la récession de 1991-1993 a déstabilisé le modèle social suédois et a conduit à la remise en cause du principe du « chômage zéro » : pendant cette période, le taux de chômage est passé de 1,7% à 8,2% de la population. Par conséquent, la pression fiscale s'est accrue sur les politiques sociales, la Suède a dû puiser dans ses réserves et est arrivée à un déficit de 12,3% du PIB en 1993 (OCDE 2000). Le système de retraite était particulièrement vulnérable, dans la mesure où les déficits liés à l'évolution démographique commençaient à se faire sentir au début des années 1980. De plus, le financement de la pension de base contribuait au déficit de l'Etat central. Enfin, le poids des charges sociales qui pesaient uniquement sur les employeurs est apparu comme inacceptable et a été l'un des facteurs déclencheurs de la réforme.

Entre 1991 et 1998, les décideurs ont engagé un processus de réforme à deux niveaux, qui a d'une part introduit des coupes à court terme pour diminuer rapidement le niveau des dépenses et d'autre part permis l'élaboration d'une réforme structurelle du système de retraite pour garantir sa viabilité sur le long terme. Les ajustements à court terme se sont basés sur le renforcement de la participation des retraités (annulation du relèvement des prestations), une modification des règles d'indexation (limitation du montant de la retraite de base à 60% du plafond de la sécurité sociale) et une réduction du niveau des prestations (diminution de 2%). Entre 1991 et 1995, la valeur de la retraite de base a diminué de 11% par rapport à l'inflation (Folksam 1996).

Parallèlement, le processus de négociation a conduit à l'adoption d'une réforme globale en 1998. Désormais, les prestations ATP sont calculées sur les revenus de l'ensemble de la vie active et non plus sur les 15 meilleures années d'une période requise de cotisations de 30 ans. De plus, les cotisations sont partagées entre les employeurs et les employés. Un nouveau mode d'indexation lie les cotisations à l'évolution des salaires et à la croissance économique réelle, tandis que les pensions de retraite sont ajustées en fonction de l'évolution de l'espérance de vie moyenne. Enfin, pour contrebalancer les effets négatifs induits par la contributivité accrue du nouveau système, notamment pour les cadres et les femmes, des droits à pension sont acquis pendant les périodes non cotisées comme le service militaire, l'éducation des enfants et la poursuite d'études. Comme dans l'ancien système, les périodes de maladie et de chômage permettent aussi d'acquérir des droits à pension mais ces cotisations sont désormais à la charge de l'Etat. L'augmentation des dépenses qui sont à la charge de l'Etat est financée par les fonds de réserve AP. Enfin, le nouveau système comprend une part d'épargne individualisée : sur le total des cotisations de 18,5%, 2,5% sont placés dans des fonds de pension individuels. La réforme se base sur la transparence, dans la mesure où, tous les ans, chacun reçoit une évaluation des droits acquis et une projection de sa retraite future. La transition est prévue sur une période de vingt ans (Anderson 2002). Les mesures prises pour réduire les dépenses de l'Etat et le programme de réduction des déficits et de consolidation fiscale ont permis un rétablissement de la situation budgétaire.

Evolution du déficit public en Suède en % du PIB

Année	**1993**	**1994**	**1995**	**1996**	**1997**	**1998**	**1999**	**2000**
Déficit public en % du PIB	- 11,9	- 10,8	- 7,9	- 3,4	- 1,8	1,7	1,8	4,1

Source : OCDE 2000

De même, l'Union européenne considère que le régime de retraite est financièrement et socialement viable : « ... dans le système public de pension de vieillesse, on estime que les dépenses devraient passer de 9% du PIB en 2000 à 11,4% en 2040, après quoi elles se mettront à diminuer. Cette augmentation est relativement restreinte et ne devrait pas causer de difficulté financière majeure »[247].

De plus, la Suède répond à l'objectif européen concernant les travailleurs âgés. La politique de vieillissement actif suédoise s'appuie sur la combinaison de dispositifs de retraite anticipée et sur des mesures incitant à la poursuite d'activité (création d'emplois, formations, incitations fiscales...), qui s'avère fructueuse puisque l'âge réel de sortie du marché de l'emploi se situe à 61,9 ans[248]. En 2010, les taux d'emploi des travailleurs âgés se situent toujours au dessus de la moyenne européenne et l'objectif de 50% : ils s'élèvent à 80,7% pour les 55-59 ans, 61,0% pour les 60-64 ans et 6,3% pour les 65 ans et plus (Eurostat 2012).

247 *Rapport conjoint*, 2003, p. 184.

248 *Panel des ménages de la Communauté européenne*, UDB, Eurostat, décembre 2002.

Le Royaume-Uni

Un autre pays se détache parmi les Etats membres, le Royaume-Uni, dans lequel les dépenses publiques de retraite sont comparativement extrêmement faibles (5,5% du PIB en 2001). En 1982, le gouvernement Thatcher a souhaité remettre en cause le système public de retraite. Dans un premier temps, le gouvernement a progressivement diminué le niveau des retraites de base (*basic pension*), en modifiant la formule d'indexation des salaires sur les prix, ce qui a conduit à une baisse du niveau des pensions de base de 21% du salaire brut moyen en 1986 à 17,3% en 1995 (Palier 2003, p. 72). Dans un deuxième temps, à partir de 1986, le niveau des retraites publiques complémentaires a été diminué. La réforme a prévu de baisser le taux de remplacement de 25% du salaire moyen des vingt meilleures années à 20% du revenu moyen sur l'ensemble de la vie active d'ici 2009. Parallèlement, le gouvernement a offert la possibilité de quitter le système public de retraite complémentaire (SERPS) pour accéder au système privé et acquérir une pension individuelle par capitalisation. Cette possibilité est fortement encouragée par l'Etat qui propose des réductions d'impôts et une exemption de 2% des cotisations pendant cinq ans. La conjonction de la diminution du niveau des retraites complémentaires publiques et de l'attractivité des aides étatiques pour un basculement dans le secteur privé a été efficace. En 2001, seulement 33% des salariés étaient couverts par le SERPS qui garantissait un taux de remplacement de 20% des salaires. En comparaison, 37% d'entre eux avaient choisi les fonds de pension professionnels et 29% étaient affiliés à des plans personnels d'épargne retraite (Palier 2003, p. 73).

Ce système a été critiqué au cours des années 1990 à cause des faillites et des risques boursiers qui ont généré une crise des fonds de pension et une perte de crédibilité (Affaire Maxwell). Par ailleurs, il s'est avéré que le système était mal adapté pour ceux qui avaient des bas salaires, étaient en contrats atypiques ou changeaient souvent d'emplois. L'appauvrissement des retraités – près d'un ménage sur cinq vit avec des revenus inférieurs à 60% de la moyenne nationale, a choqué l'opinion publique. Par conséquent, le gouvernement travailliste a mis en place en 1999 un revenu minimum d'assistance sous condition de ressources pour les plus de 60 ans (*Minimum Income Guarantee*), qui est d'un niveau plus élevé que le revenu minimum général (*Income Support*). Parallèlement, la pension de base a été fortement augmentée en 2002, passant de 67£ à 75,5£, et l'objectif a été fixé de garantir un minimum de 100£ par semaine pour une personne seule et 154£ pour un couple. En 2002, les retraites complémentaires du SERPS ont été remplacées par des retraites complémentaires d'Etat (*State Second Pension*), plus généreuses pour les bas revenus. Dans la mesure où le gouvernement souhaite toujours favoriser l'épargne retraite privée, le système public reste désavantageux pour les revenus moyens et élevés. Cependant, un cadre réglementaire plus strict (*Stakeholder Pension Scheme*) a été introduit en 2001 pour limiter les frais administratifs et améliorer la portabilité d'une entreprise à l'autre.

En ce qui concerne les travailleurs de plus de 55 ans, les taux d'activité sont supérieurs à l'objectif de 50% fixé à Stockholm (52,3% en 2002)[249], ce qui n'empêche pas le gouvernement de mettre l'accent sur le vieillissement actif. Ainsi, un système d'incitations financières a été mis en place pour les demandeurs d'emploi de plus de 50 ans qui reçoivent un complément de salaire (*Employment Credit*) pendant 52 semaines s'ils acceptent un travail moins bien rémunéré que le précédent. De même, un programme de formation a été introduit pour renforcer les compétences et l'employabilité des plus de 50 ans (*New Deal 50 plus*). Enfin, toute année d'activité effectuée après l'âge légal de la retraite donne droit à un taux de majoration de la pension de 10,4%. Le système semble fonctionner. En 2010, les taux d'emploi des travailleurs âgés étaient parmi les plus élevés d'Europe : 70,8% pour les 55-59 ans, 44,0% pour les 60-64 ans, et 8,5% pour les 65 ans et plus (Eurostat 2012).

Le Royaume-Uni remplit donc les grands objectifs socioéconomiques européens et pourrait en ce sens constituer un autre modèle en Europe : les dépenses de retraite sont contenues à un niveau inférieur de moitié par rapport à la moyenne européenne, le taux d'emploi des plus de 55 ans est élevé et les gouvernements continuent à encourager le vieillissement actif. Néanmoins, le Royaume-Uni ne respecte pas le principal objectif social, préserver et garantir un niveau de retraite suffisant. En ce sens, si les retraites sont viables économiquement, elles n'apparaissent pas sûres socialement. Selon l'Union européenne, « le Royaume-Uni a beaucoup progressé pour résoudre les difficultés liées à l'adéquation, mais il reste à voir dans quelle mesure il pourra maintenir et étendre l'accès de pensions professionnelles et personnelles et à encourager les individus à économiser suffisamment pour répondre à leurs besoins futurs de retraités. (...) Pour ceux qui atteindront l'âge de la retraite dans un avenir proche, travailler plus longtemps demeurera la façon la plus efficace pour augmenter leur niveau de vie ; les réformes récentes ont considérablement amélioré les incitants à le faire. La viabilité financière semble assurée, mais dépend davantage que dans d'autres pays, de financements privés. (...) Si les pensions privées fournissent une couverture ou un niveau de retraite très inférieur aux attentes, il se peut que les prochains gouvernements doivent faire face à une plus grande demande de prestations sous conditions de ressources »[250].

La situation du Royaume-Uni signale les risques de pauvreté générés par les réformes. De ce fait, la démarche suédoise est la seule qui soit globalement citée en exemple au niveau européen.

L'Europe continentale sur la sellette ?

Dès lors que l'Union européenne propose un modèle de ce que doit être une « bonne » politique de réforme des retraites, les Etats membres sont soumis à des pressions d'adaptation. L'échange de « bonnes pratiques », la « revue par les pairs », l'adoption « d'objectifs communs » sont autant d'éléments qui visent à rassembler les

[249] Rapport de stratégie nationale du Royaume-Uni, septembre 2002.

[250] *Rapport conjoint*, mars 2003, p. 191.

Etats membres par rapport à la problématique des retraites. Aussi, même si chaque pays reste libre de mener à bien les réformes qu'il juge nécessaires, celles-ci s'inscrivent dans un cadre commun qui s'appuie sur la comparaison.

Selon les théories de l'européanisation, l'Europe exerce une pression d'adaptation, lorsqu'il y a divergence, incompatibilité ou dissonance avec le niveau national. En effet, quand le contenu de la politique européenne est déjà présent au niveau national, il n'est pas nécessaire de modifier en profondeur les politiques d'essence nationale (*fit*). Dans le domaine des retraites, c'est le cas des pays nordiques et dans une moindre mesure du Royaume-Uni, qui respectent les critères budgétaires et se situent au-dessus de l'objectif de Stockholm. Au contraire, lorsque l'écart entre les orientations européennes et les politiques nationales est trop important, le coût du changement est lourd et les acteurs nationaux préfèrent le choix de l'inertie (*misfit*). Ainsi, le degré de possibilité de changement est le plus élevé lorsque les pressions au changement sont contenues entre ces deux extrêmes (*goodness of fit*) (Cowles et al. 2001).

Les pays de l'Europe continentale se trouvent à mi-chemin dans cette configuration. En effet, depuis les années 1980, les gouvernements des différents Etats membres tentent de réformer leurs systèmes de retraite et se heurtent à un phénomène de blocage. L'ancrage institutionnel bismarckien a permis la constitution de systèmes généreux, dans lesquels les prestations sont liées aux revenus d'activité, en accord avec le principe d'assurance, générant une perception des retraites comme un « salaire différé ». L'attachement de la population conforte le poids des partenaires sociaux, qui sont chargés de la gestion du système et tendent à jouer un rôle de veto lors des négociations de réformes. La difficulté des réformes du système de retraite est renforcée par le développement massif des préretraites dans la plupart des pays de l'Europe continentale. De plus, il semble peu efficace de jouer sur le paramètre de l'âge (ou l'allongement de la durée de cotisation), dans la mesure où l'âge effectif de départ est déjà inférieur à l'âge légal.

Les GOPE ont émis plusieurs recommandations qui s'adressent notamment aux pays de l'Europe continentale : « la qualité et la viabilité des finances publiques peuvent être grandement améliorées, dans la plupart des pays, la viabilité à long terme des finances publiques n'est pas encore garantie (…) ». Aussi, le Conseil Ecofin souligne « une détérioration des positions budgétaires » en Allemagne, en France, en Irlande et en Autriche, et ajoute « le Conseil a décidé que l'Allemagne et le Portugal connaissaient un déficit excessif. Il a par ailleurs adopté une recommandation en vue de donner rapidement l'alerte à la France pour empêcher l'apparition d'un déficit excessif ». En ce qui concerne les travailleurs âgés, le Conseil signale que « (…) les réformes actuelles du marché du travail sont limitées, en particulier, lorsqu'il s'agit de répondre à l'appel lancé par le Conseil européen de Barcelone visant à relever de cinq ans l'âge moyen auquel les gens mettent un terme à leur carrière, et davantage d'efforts doivent être déployés pour favoriser la mobilité de la main-d'œuvre et accroître l'efficacité des politiques actives du marché du travail. Il est urgent d'entreprendre des réformes, notamment en raison des défis majeurs découlant du vieillissement de la population »[251].

Aussi, les préoccupations en matière de retraite des pays de l'Europe continentale entrent en résonance avec les orientations européennes. Les gouvernements cherchent en effet à diminuer le poids des dépenses publiques de retraite, et à laisser de côté l'alternative de l'augmentation des taux de cotisation, qui accroît les charges sociales, dont le niveau est particulièrement élevé. En ce sens, les deux autres options de réformes principales qui guident les processus de réflexion dans les différents pays, concernent la proposition d'un pilier complémentaire par capitalisation qui compensera la baisse du niveau des pensions et évitera un accroissement incontrôlé des dépenses publiques, et le relèvement de l'âge effectif de départ, ce qui induit de sortir du sentier des préretraites.

2. La co-construction, principe d'action pour l'européanisation des politiques sociales ?

Dans les deux pays étudiés, nous retrouvons un processus parallèle. Dans le domaine des retraites, les *policy-makers* ont officiellement dénié la référence européenne, pourtant celle-ci apparaît de façon récurrente. En ce qui concerne l'emploi des seniors, les acteurs sont unanimes : l'Europe a facilité la re-conceptualisation de la problématique des préretraites et a permis l'essor de la thématique de l'emploi des seniors.

2. 1. Un positionnement ambivalent par rapport à la référence européenne dans le champ des retraites

Au moment où la stratégie européenne concertée de réforme des retraites est lancée, l'Allemagne et la France ont déjà initié un nouveau processus de réforme. En effet, le gouvernement Schröder a en 1999 annoncé son projet de réforme des retraites, qui propose de limiter l'augmentation des taux de cotisation à 20% d'ici 2020 et 22% d'ici 2030, et d'encourager le développement de l'épargne retraite (*Riester-Renten*)[252]. En France, l'introduction du COR dénote aussi la volonté du gouvernement Jospin de lancer un nouveau processus de réforme du système par répartition. La concomitance des processus européens et nationaux pourrait laisser penser que les gouvernements feront référence à l'Europe, pourtant celle-ci apparaît peu dans les débats nationaux sur les retraites.

Trois facteurs peuvent permettre d'expliquer pourquoi un pays choisit ou non de faire référence à l'Europe : l'importance des dépenses de retraite, la structure des

---

[251] Conseil Ecofin, *« Projet de conclusions du Conseil Ecofin sur la mise en œuvre des grandes orientations des politiques économiques pour 2002 »*, n° 6310/03, adopté le 13/02/2003.

[252] Bundesministerium für Arbeit und Sozialordnung (1999), *Informationen zur geplanten Rentenstrukturreform*.

institutions nationales et enfin la variable politique qui découle de la perception de l'Europe dans l'opinion et du poids des pays dans le processus de la construction européenne qui détermine leur pouvoir de négociation. Il est intéressant de noter que les deux pays qui répondent le mieux aux orientations européennes en matière de retraite au début des années 2000, la Suède et le Royaume-Uni, sont aussi ceux dans lesquels l'euroscepticisme est le plus fort. Cependant, il ne faut pas nier le rôle de l'Union européenne dans les débats nationaux. En effet, lors du référendum qui a eu lieu en Suède, en automne 2003, l'avenir de l'Etat-providence scandinave dans un cadre européen a sans doute influencé le choix du « non ». Participer à l'euro implique en effet de se plier aux engagements européens dans tous les domaines. Or, l'intrusion des acteurs européens est source d'une possible remise en cause du modèle de protection sociale nordique, auquel la population est profondément attachée. Ce problème d'une possible course vers le bas des systèmes de protection sociale dans le contexte de l'UEM est source d'inquiétude dans la majorité des pays européens, relayée dans les débats nationaux sous la forme d'une référence négative, ce qui explique pourquoi les gouvernements se réfèrent peu à l'Europe dans ce domaine.

En fait, le seul pays en Europe qui a fait référence de façon positive à l'Union européenne dans le domaine des retraites est l'Italie. Au début des années 1990, l'adoption des critères de Maastricht et la volonté de l'Italie de participer à la première vague d'entrée dans l'Union économique et monétaire ont été des éléments-clés, qui ont permis l'inscription de la réforme du système de retraite sur l'agenda politique. En effet, l'Italie était loin de remplir les conditions fixées par le Traité de Maastricht, dans la mesure où son déficit public s'élevait à 9,4% du PIB en 1993 (Sbragia 2001). Parallèlement, l'Italie était le pays d'Europe dans lequel les dépenses publiques de retraite étaient les plus élevées (14,9% du PIB), et la problématique de la réforme des retraites est rapidement apparue au cœur des débats sur le rétablissement des finances publiques (Anderson 2002). La perception selon laquelle le coût des retraites mettait en péril la capacité de l'Italie à participer à l'euro, alors que l'entrée dans l'UEM était perçue comme un enjeu essentiel pour l'économie et l'emploi, a conduit à l'introduction de réformes qui apparaissaient jusqu'alors impossibles. En effet, les technocrates italiens ont présenté l'UEM comme « une contrainte extérieure » (*Vincolo Esterno*) pour parvenir à imposer la nécessité d'une réforme du système de retraite. Risquer d'être exclu de l'Union européenne a fait accepter aux Italiens ce qui leur paraissait auparavant inacceptable et la promesse de l'euro a constitué un levier d'action pour les réformes Amato et Dini.

Silvio Berlusconi a envisagé de faire appel au levier européen pour faire passer une nouvelle réforme des retraites au cours du second semestre 2003, au moment où l'Italie assumait la présidence du Conseil européen. Il a ainsi proposé l'idée d'un « Maastricht des retraites ». Cependant, il s'est heurté à la réticence des acteurs nationaux et européens. En Italie, les syndicats et l'opposition ont estimé avoir accompli les modifications nécessaires et ont refusé de subordonner la politique des retraites aux exigences de redressement budgétaire lancées par les acteurs économiques à Bruxelles. La réaction européenne a également été forte. En effet, Anna Diamantopoulo, Commissaire européen des affaires sociales, s'est opposée à l'expression du « Maastricht des retraites », dans la mesure où elle allait à l'encontre du processus initié dans le cadre de la MOC, selon lequel chaque pays restait autonome dans son processus de réforme, tout en gardant une continuité avec les orientations lancées au niveau européen. Les réticences européennes s'expliquent aussi par des raisons politiques :

> « En raison de la sensibilité politique du dossier des retraites, la Commission choisit de rester sur ses gardes, dans la mesure où elle ne veut pas générer l'opposition des opinions publiques des pays membres. Surtout, les autres Etats membres ne voulaient pas renforcer la pression européenne sur le processus de réforme des retraites, et prendre de nouveaux engagements qui les auraient liés eux aussi, seulement pour faire plaisir à l'Italie[253] ».

L'Allemagne et la France sont au cœur du processus politique de la construction européenne, de ce fait, s'ils ne respectent pas les préconisations européennes, ils remettent en cause la légitimité des nouvelles orientations politiques en matière de retraite. Cependant, de par leur positionnement global fort, ils ont aussi un pouvoir de négociation et de résistance élevé, comme l'ont montré leurs prises de position par rapport au pacte budgétaire européen. Ces éléments peuvent expliquer l'ambivalence des acteurs impliqués dans les processus de réformes.

***

L'Allemagne

Les acteurs allemands ne font pas ou peu référence à l'Union européenne dans leur processus de réforme de système de retraite, ou alors de façon ambiguë. En effet, les *policy-makers* ressentent une pression d'adaptation dans ce secteur, mais elle s'exerce de façon indirecte, par le biais de l'UEM :

> « L'Europe exerce des pressions budgétaires, il faut réduire les dépenses de protection sociale, que ce soit dans le domaine des retraites ou des préretraites. Mais on n'en parle pas dans les négociations. Cela fait partie des non-dits[254] ».

Par conséquent, les acteurs allemands choisissent de ne pas faire référence à l'Europe, notamment dans le secteur des retraites, et refusent l'idée d'un « diktat européen[255] » dans ce secteur qui relève du principe de subsidiarité. Pourtant, après la réforme de 2001, la situation du système de retraite reste préoccupante. Dans le rapport conjoint de mars 2003, la Commission et le Conseil ont approuvé la réforme Riester « qui a donné lieu à des progrès tant sur l'adéquation, de la viabilité financière et de la modernisation du système de pensions ». Néanmoins, le rapport conjoint souligne qu'une « certaine amélioration du taux d'emploi est possible, en particulier pour les travailleurs âgés, même si elle ne pourra pas suffire à garantir l'équilibre financier du système. Des efforts restent [...] nécessaires pour garantir la viabilité à

---

253 Propos extrait d'un entretien réalisé avec un haut fonctionnaire européen, le 06/01/2004.

254 Entretien réalisé avec un représentant du BDA, le 16/02/2003.

255 Extrait d'entretien réalisé avec un représentant du DGB, le 16/02/2003.

long terme dans le cadre du processus permanent de modernisation et d'adaptation du système [...][256] ».

Ce problème a aussi été soulevé par les experts gouvernementaux chargés de vérifier les comptes sociaux qui ont remis le 15 octobre 2003 un rapport faisant état d'un probable déficit de 8 milliards d'euros dans les caisses de retraite. Quelques jours plus tard, le dimanche 19 octobre, après un sommet d'urgence réunissant les dirigeants de la coalition gouvernementale, Gerhard Schröder a annoncé les grandes lignes d'un nouveau plan de réforme. Le Gouvernement a proposé de ne pas augmenter les taux de cotisation, à cause de l'opposition des employeurs, et malgré le soutien du SPD et du ministre des affaires sociales, Ulla Schmidt. Il a préféré geler la revalorisation annuelle des retraites prévue pour juillet 2004, et recourir pour la deuxième fois dans la même année aux réserves des fonds de retraite[257]. La Commission Rürup, nommée en 2002, avait par ailleurs proposé de repousser l'âge de la retraite de 65 à 67 ans. Cependant, l'opposition des syndicats a poussé le gouvernement Schröder à ajourner cette réforme, qui a été mise en place par le gouvernement d'Angela Merkel en 2006. L'ambiguïté en Allemagne est sans doute que les orientations de réforme nationales répondent aux orientations de réformes européennes, tandis que les acteurs dénient un lien entre les préconisations européennes et la politique des retraites. En effet, un haut fonctionnaire a ainsi déclaré :

> « Il n'y a pas d'influence européenne dans ce secteur. Les retraites sont du domaine de la souveraineté nationale, et nous y tenons...[258] »

Cette prise de position est révélatrice de la volonté des responsables politiques de préserver leur autonomie d'action dans ce secteur et aussi d'une inquiétude quant à l'impact supposé d'une éventuelle influence européenne. En effet, il est apparu au cours des entretiens que les hauts fonctionnaires allemands en charge des retraites étaient extrêmement réticents à l'introduction de la MOC dans ce secteur. En ce sens, l'introduction du processus européen de réforme concertée a moins été perçue comme une ressource que comme une menace. Dans un premier temps, la MOC est apparue comme une charge de travail supplémentaire et superflue et les acteurs nationaux ne se sont pas impliqués dans le processus. Cette perception négative est aussi peut-être liée à un problème de diffusion des informations entre les niveaux européen et allemand :

> « Les représentants allemands des comités au niveau européen n'ont que peu de contacts avec les personnes qui sont en charge des politiques au niveau national. Le processus bureaucratique est lourd et ils n'ont pas le temps, ou ils estiment ne pas avoir le temps[259] ».

Cette difficulté à susciter l'intérêt des responsables nationaux a été soulignée par le représentant allemand du comité de protection sociale, en charge de la mise en œuvre

256 *Rapport conjoint*, 2003, p. 134.

257 George Marion, « Gerhard Schröder gèle le montant des retraites et annonce leur réforme », *Le Monde*, 21/10/2003.

258 Entretien réalisé le 16/03/2003.

259 Entretien réalisé avec Fritz Scharpf, le 13/11/2003, Cologne.

de la MOC dans le secteur des retraites. Il a en effet expliqué que la plupart des responsables nationaux « n'étaient pas prêts à une intervention européenne » dans ce secteur, qui risquait de réduire leur marge d'autonomie. Néanmoins, il a aussi souligné que ceux-ci pouvaient avoir un intérêt à prendre parti au niveau européen, à cause de la redistribution des rapports de force en faveur des acteurs économiques au niveau national :

> « Au début, les responsables allemands de la politique des retraites estimaient qu'il n'était pas nécessaire de créer un processus de coordination au niveau européen, parce qu'ils craignaient que cela ne diminue leurs prérogatives. Cependant, les responsables économiques ont imposé leur point de vue au niveau européen grâce à leur implication et leur position institutionnelle forte. Aujourd'hui, les représentants nationaux des politiques sociales commencent à comprendre qu'ils ont besoin d'être présents au niveau européen. Ce qui peut les décider, c'est qu'une redistribution des pouvoirs entre la sphère économique et sphère sociale est aussi en train de s'opérer au niveau national. Les acteurs économiques commencent à participer au processus de réforme des retraites, à la prochaine négociation, ils seront là…[260] »

La France

Comme l'Allemagne, la France est marquée par le phénomène du vieillissement démographique, ce qui a été souligné par le rapport conjoint de 2003 : « l'ampleur du phénomène du baby-boom que la France a connu et sa survenue précoce fait que le nombre de retraités augmentera plus tôt et sera plus important que dans les autres Etats membres de l'Union européenne (dès 2007, même si les conséquences financières ne se concrétiseront pas avant 2010) »[261]. Aussi, la Commission et le Conseil ont encouragé la France à mettre en œuvre une nouvelle réforme du système de retraite. Selon les acteurs européens, la situation française est d'autant plus préoccupante que le taux d'emploi des plus de 55 ans est particulièrement bas (31% en 2002). Plusieurs recommandations de la Commission ont souligné cette particularité française, présentée comme une « lanterne rouge ». De même, en France, l'ambiguïté est forte dans la mesure où les partenaires sociaux ressentent comme en Allemagne une pression européenne indirecte liée à l'UEM :

> « Les contraintes budgétaires, liées au pacte de stabilité, obligent à réduire les coûts de la protection sociale[262] ».

Par ailleurs, ils estiment que les orientations françaises correspondent aux préoccupations européennes et rejoignent un cheminement commun à l'ensemble des Etats membres :

---

[260] Extrait d'un entretien réalisé avec le représentant allemand du Comité de Protection sociale, Bonn, le 23/11/2002.

[261] *Rapport conjoint de mars 2003*, p. 145.

[262] Entretien réalisé avec un représentant de FO le 11/07/2003.

« Dans d'autres pays européens, on fait la même chose. Les changements se recoupent avec ce qu'on a pu faire ailleurs, il y a un même sens des réformes. Avec les 35 heures, on travaille moins longtemps pendant la semaine, c'est normal qu'on travaille plus longtemps...[263] »

Pourtant, les responsables politiques qui ont été en charge de la réforme de 2003 ont nié la possibilité d'une influence européenne dans le secteur des retraites. En effet, la France disposait déjà d'une multitude de données et les orientations avaient été élaborées par le COR. En ce sens, selon les responsables politiques, les documents européens élaborés dans le cadre de la MOC ne leur ont pas apporté de données supplémentaires[264]. De plus, les responsables politiques français ont fait le choix de ne pas faire référence à l'Europe. De ce fait, ils ont plutôt perçu le processus de la MOC comme une contrainte qui intervenait à un mauvais moment par rapport à leur calendrier de réforme :

« Nous avons élaboré le rapport de stratégie nationale pour septembre 2002, avant la mise en œuvre de notre réforme, nous ne pouvions pas dévoiler des informations sur le contenu de celle-ci sinon nous aurions donné l'impression que la réforme était déjà faite. C'était un enjeu capital. Surtout, nous craignons la réaction des partenaires sociaux, qui auraient pu accuser le monstre bruxellois de dicter le processus de réforme en France[265] ».

Dans la mesure où les orientations européennes en matière de réforme étaient perçues de façon négative en France, les responsables politiques ont en effet craint que le processus européen ne constitue un élément de blocage des réformes :

« La proposition de rapport de la Commission est parue en décembre, en France elle n'a eu aucun écho. Dans d'autres pays, comme l'Espagne, les dirigeants étaient très fâchés, le rapport avait fait la une des journaux, ça a été le cas en Italie, en Autriche. Une petite moitié des Quinze a eu une expérience douloureuse avec la presse. Nous, on n'a rien eu, on était contents que ça passe inaperçu. Quand le rapport est sorti officiellement en mars, la France était déjà embarquée dans la réforme, on n'entendait pas parler de ce rapport. Pour la presse, cela a été le silence en France[266] ».

Le « silence de la presse » peut en effet sembler étonnant, dans la mesure où des articles avaient précédemment été publiés soulignant les pressions européennes exercées sur la France par rapport aux retraites : « L'Union demande à la France de réformer ses retraites »[267], « L'Europe demande une accélération de la réforme des régimes de retraite »[268], « Retraites : les Quinze poussés à harmoniser leurs systèmes »[269], « Retraites : Bruxelles presse la réforme »[270]... Selon les responsables

---

[263] Entretien réalisé avec un représentant de la CGC le 03/07/2003.

[264] Entretien réalisé le 13/01/2004.

[265] Entretien réalisé le 13/01/2004 avec un membre du Cabinet Fillon, qui avait participé au processus de réforme.

[266] Entretien réalisé le 16/01/2004.

[267] Arnaud Leparmentier, *Le Monde*, 14/02/2002.

[268] Arnaud Leparmentier, *Le Monde*, 04/04/2002.

[269] Bérangère Mathieu de Heaulme, *Le Figaro Economie*, 08/07/2002.

politiques, ce silence s'explique sans doute par l'engagement du processus de réforme des retraites en France, qui a focalisé l'attention des journalistes[271]. Ainsi, la MOC, alors qu'elle était proposée au niveau européen comme un outil d'accompagnement des réformes est apparue en France comme une contrainte supplémentaire. Les responsables politiques ont en effet choisi de réaffirmer leur autonomie dans le processus de réforme, qui risquait d'être mise en question et aurait entraîné un risque de perte de crédibilité :

> « Nous sommes d'accord avec les orientations européennes. Il n'y a pas de conflit ou de différence de point de vue avec l'Europe, seulement il était important de montrer que la réforme était faite par le gouvernement français, qu'elle ne paraisse pas dictée par Bruxelles[272] ».

Ces propos soulignent l'ambivalence de la position française. Dans un contexte où la construction européenne se renforce, il devient en effet difficile de faire « cavalier seul » (COR 2002), mais les engagements européens ne doivent pas empiéter sur la souveraineté nationale :

> « Il n'y a pas d'influence européenne dans le secteur des retraites. Après, si nous sommes dans les clous européens, tant mieux[273] ».

Paradoxalement, ces prises de position entrent en résonance avec la vocation de la MOC, qui a été présentée par les acteurs européens comme une méthode de gouvernement horizontale, basée sur l'échange de bonnes pratiques entre les pays, l'Europe n'intervenant que comme espace de médiation. Néanmoins, les acteurs français se sont interrogés sur les apports véritables de la MOC dans le secteur des retraites, dans la mesure où ils estiment que les dirigeants politiques ont d'eux-mêmes privilégié de mettre l'accent sur les expériences menées dans d'autres pays :

> « François Fillon privilégie les relations bilatérales et ne passe pas par l'Europe. En ce sens, il fait de la MOC sans le savoir[274] ».

Ces propos nous ont été confirmés par un autre responsable de la politique des retraites :

> « Le voyage n'avait pas de lien avec la MOC. A Bruxelles, nous avons dit que l'expérience était importante, mais s'il n'y avait pas eu la méthode ouverte de coordination, la tournée aurait quand même eu lieu[275] ».

Ainsi, dans le domaine des retraites, les acteurs ont un discours ambivalent par rapport aux préconisations européennes. D'un côté, ils sont engagés au niveau

---

270 Sébastien Maillard, *La Croix*, 18/12/2002.

271 Entretien réalisé le 07/01/2004.

272 Entretien réalisé avec un fonctionnaire qui avait participé à la réforme, le 14/01/2004.

273 Entretien réalisé avec un membre du COR le 24/01/2004.

274 Entretien réalisé avec un membre du Cabinet Fillon, le 13/01/2004.

275 Entretien réalisé le 13/01/2004.

européen et estiment que les orientations européennes sont en conformité avec leurs propres objectifs. De plus, la pression de l'UEM exerce une pression indirecte sur le processus de réforme, qui est souligné par les acteurs. Cependant, ceux-ci ont fait le choix de ne pas faire référence à l'Europe dans leur processus de réforme. Au-delà des questions d'arbitrage politique, il apparaît que dans les deux pays l'agenda européen proposé pour la MOC dans le secteur des retraites a heurté le processus national de réforme. En ce sens, la MOC n'a pas été considérée comme une ressource mais comme une contrainte. Les acteurs reflètent en ce sens une perception révélatrice de la conception de l'Europe comme une menace : les mots de « diktat », « monstre bruxellois », « spectre » dénotent une position politique ambivalente par rapport à l'Europe dans ce secteur de l'action publique :

> « En France, il y a la volonté de ne pas montrer l'importance européenne, Bruxelles qui régit tout, cela apparaît comme un spectre. On oublie que ce sont les Etats membres qui négocient. Même si on ne le voulait pas, il fallait bien voir le défi démographique. Mais il y a une volonté politique de droite comme de gauche de ne pas faire de lien entre les impulsions européennes et la politique nationale. En France, cela apparaît comme moins porteur que les dossiers purement nationaux, même si les politiciens ont de l'Europe plein la bouche. De même, le voyage de Fillon en Europe, il ne l'a pas présenté comme de la MOC. Ce voyage n'était pas fait dans l'esprit de la MOC, mais il a fait de la MOC sans le savoir. On fait de la MOC sans le dire[276] ».

Cet extrait d'entretien révèle bien l'ambivalence des acteurs politiques français, qui semblent « faire de la MOC sans le savoir » ou « sans le dire ». Il semble que cette ambiguïté est portée par le risque d'une interprétation caricaturale, qui conduirait à attribuer la responsabilité d'une réforme à l'Europe, et en ce sens à une perte de « paternité » des orientations nationales. L'extrait d'entretien qui suit montre bien cette situation, en essayant de confronter le poids réciproque des idées européennes et idées françaises en un juste équilibre dans le cadre de la Réforme Fillon :

> « Dire que la réforme Fillon a pris le meilleur des réformes à l'étranger ne serait pas juste. Le gouvernement savait ce qu'il voulait faire. Mais sur le sujet des dépenses publiques, il y a un lien très fort avec le pacte de stabilité. Le système de surcotes est d'inspiration européenne, mais le système reste idiosyncrasique. Cela a sans doute joué aussi pour le vieillissement actif[277] ».

Néanmoins, il est probable que si nous réalisions aujourd'hui une deuxième vague d'entretiens, y compris avec les mêmes acteurs, nous obtiendrions des réponses bien différentes. Nous avons tenté l'expérience avec la présidente du COR qui a mené la préparation de la réforme de 2003, et nous lui avons demandé s'il y avait une influence européenne dans le secteur des retraites en France et sa réponse a été différente de celle qu'elle nous avait donné en 2003. A l'époque, elle avait en effet affirmé qu'il n'y avait pas d'influence européenne, dans un entretien mené en juillet 2012, elle déclare :

---

[276] Entretien réalisé avec un membre de la Délégation aux affaires européennes et internationales, le 02/01/2004.

[277] Entretien réalisé avec un membre du Comité de protection sociale, le 15/01/2004.

> « Sûrement, ne serait-ce que parce que les pays européens rencontrent des problèmes démographiques ayant des points communs, sont soumis à l'influence de courants de pensée qui ne s'ignorent pas, se « citent » les uns les autres lorsque les gouvernements s'adressent aux opinions publiques. Les rencontres européennes entre experts ou partenaires sociaux peuvent aussi jouer un rôle. Mais, c'est une fois que ces constats ont été faits qu'il devient difficile de faire la part de ces différents facteurs et de dire ce qui relève d'une influence européenne que l'on peut distinguer des autres facteurs. D'où la difficulté et l'intérêt des études menées sur ce sujet[278] ».

Le processus est similaire dans le champ de l'emploi des seniors, néanmoins, l'Europe y est officiellement plus présente et acceptée :

> « Le même type de réponse peut être fait encore que la médiatisation par l'Europe est peut-être plus facile sur une question de ce type où il y avait et il y a à rechercher la « catalyse » d'une évolution de représentation économique et sociale[279] ».

2. 2. Un levier d'action dans le champ de l'emploi des seniors

Si l'Europe a été abordée de façon ambivalente dans le secteur des retraites, d'autres éléments se dégagent dans le secteur de l'emploi. Cette différence entre les deux secteurs s'explique sans doute par l'institutionnalisation de la stratégie européenne pour l'emploi, qui apparaît comme « rodée ». De même, la notion de « vieillissement actif » s'inscrit dans la continuité du principe global de l'activation qui dans les deux pays est encouragé par les acteurs politiques. En Allemagne, un tournant vers des politiques actives s'opère depuis l'introduction de la *Job-Aktiv Gesetz* en 2001. De même, en France, les mesures « actives » tendent à se développer (PARE, RMA...) En s'appuyant sur la notion de « vieillissement actif », les acteurs nationaux ont en effet eu recours à ce qui est apparu comme un levier d'action (Erhel, Mandin, Palier 2005), sur le plan cognitif, d'une part, dans la mesure où il permet d'avoir une lecture différente de la problématique des travailleurs âgés, et sur le plan politique d'autre part, puisque l'Europe a constitué une ressource additionnelle dans les négociations.

L'Allemagne

En Allemagne, les chercheurs et experts ont émis des doutes quant à un réel apport de la MOC, qui a souvent été présentée comme un simple « exercice bureaucratique ». Néanmoins, il semble que l'Europe a été considérée comme une ressource cognitive et politique qui a été utilisée par les acteurs politiques pour mettre en avant la problématique de l'emploi des seniors.

---

[278] Entretien réalisé avec un haut-fonctionnaire, le 20/07/2012, cf. annexe 8.
[279] Ibid.

« Un exercice bureaucratique [280]»

Les traces d'un éventuel impact de la MOC sont difficiles à évaluer en Allemagne, comme le montrent la plupart des études réalisées sur cette question dans le secteur de l'emploi, alors que c'est dans ce domaine que le processus est le plus ancien, et pourrait de ce fait être le plus ancré (Büchs 2003 ; RWI/ISG 2002 ; Richardt 2004). Ainsi, Fritz Scharpf avait montré que le processus de la MOC se limitait à un « exercice bureaucratique » conduit par les hauts-fonctionnaires (Scharpf 2001). De même, Milena Büchs et Dawid Friedrich émettent l'idée selon laquelle la MOC ne conduit qu'à une « intégration de surface » (*Surface Integration*) (Büchs, Friedrich 2005). Ces doutes sont tout d'abord liés à la complexité des structures politiques nationales. En effet, le système fédéral allemand s'organise en trois niveaux : le gouvernement fédéral, les Länder, et les autorités locales, avec des compétences partagées qui peuvent entrer en compétition dans le secteur des politiques de l'emploi (« *non-hierarchical multi-level system* », Mayntz 1999). Le niveau fédéral et les Länder ont en effet des responsabilités partagées en ce qui concerne la législation et l'administration des politiques de l'emploi, tandis que les autorités locales jouent un rôle important dans la mise en œuvre.

Le processus de réalisation des PNAE est coordonné au niveau central par le Ministère fédéral. Le choix du ministère en charge de la coordination a changé plusieurs fois depuis l'introduction de la stratégie européenne pour l'emploi, pour des raisons connectées aux changements de gouvernement. La première vague des PNAE a été réalisée sous la houlette du Ministère fédéral de l'économie, alors que le gouvernement Kohl était au pouvoir. En automne 1998, sous le gouvernement de coalition rouge-verte, la responsabilité des PNAE a été transférée au Ministère fédéral des finances. Puis, suite aux élections de 2002, un remodelage des responsabilités ministérielles a eu lieu. Le Ministère fédéral de l'économie et l'ancien Ministère de l'emploi et des affaires sociales ont été réunis en une seule structure, le Ministère fédéral de l'économie et du travail (*Bundesministerium für Wirtschaft und Arbeit*, BMWA), alors que l'ancien Ministère de la santé devenait le Ministère de la santé et de la sécurité sociale. Quelques mois plus tard, l'ensemble du processus de la MOC a été transféré au BMWA.

Les autres ministères[281] qui participent à la rédaction des PNAE, ce qui inclut la recherche et la présentation de données, transfèrent donc leurs contributions au BMWA, qui est en charge de la compilation finale des données. Lorsque la première version globale du PNAE est terminée, elle circule à nouveau parmi les acteurs impliqués, c'est-à-dire les autres ministères et les deux grandes organisations syndicales et patronales (DGB et BDA), puis via les ministères respectifs, ils sont communiqués aux Länder. L'accord pour le texte final est élaboré au Cabinet. Ce n'est qu'à ce moment que le PNAE est transmis au Bundestag et au Bundesrat, qui en discutent les différents éléments. Puis, le rapport est soumis à la Commission. Le

---

[280] Expression proposée par Fritz Scharpf en 2001.

[281] Finances, Santé et Sécurité sociale, Education et Recherche, Affaires familiales, Citoyens âgés, Femmes et jeunes, Transport, Logement.

processus de préparation implique de nombreux acteurs, ce qui peut être source de conflits lorsqu'ils estiment que leur contribution sur la présentation de leurs activités n'est pas suffisamment respectée. La majorité d'entre eux considère l'exercice de rédaction des PNAE moins comme un moment de réflexion sur le sens à donner sur les politiques ou de formulation de nouvelles idées que comme un rapport d'activité du gouvernement au niveau européen. Les partenaires sociaux participent aussi à l'élaboration des PNAE. Pour le BDA et le DGB, cet exercice est une occasion supplémentaire d'exprimer leurs demandes vis-à-vis du gouvernement. En principe, le DGB met plutôt l'accent sur le renforcement de la dimension sociale de l'Europe, les politiques actives pour l'emploi, l'égalité des genres, et le respect d'un équilibre entre sécurité et flexibilité, cependant ils émettent des réserves sur certaines lignes directrices qu'ils perçoivent comme d'obédience néolibérale.

A l'opposé, le BDA est plus sceptique sur les tentatives européennes mises en œuvre pour renforcer la dynamique de l'Europe sociale, mais soutiennent les orientations sur la flexibilisation et l'activation des politiques pour l'emploi. L'ambivalence est que le gouvernement, s'il recueille l'avis des partenaires sociaux, n'exprime pas ouvertement dans les PNAE leurs opinions et leurs divergences, et préfère présenter sa propre stratégie. Ainsi, le PNAE est considéré comme un « produit gouvernemental » par les partenaires sociaux, ce qui tend à limiter son statut dans le processus national. Les Länder ont aussi une position mitigée par rapport au processus de la MOC. Tout d'abord, ils estiment ne pas être suffisamment impliqués dans le processus. Ainsi, en 1998, ils se sont plaints que le PNAE avait été envoyé au Bundesrat après avoir été communiqué à Bruxelles, ce qui a conduit à un changement de procédure. Par ailleurs, ils sont confrontés à des situations de l'emploi différentes et ont une perception mitigée de la MOC. Dans la mesure où le Fonds social européen participe au financement de certains programmes pour l'emploi, certains Länder, en particulier ceux de l'Allemagne de l'Est, accueillent de façon positive le processus de la MOC et l'intègrent dans leurs orientations politiques. D'autres, principalement ceux qui sont dirigés par des gouvernements conservateurs, sont critiques, estiment que la MOC remet en question le principe de subsidiarité, et permet à l'Europe de gagner de l'influence dans des domaines qui ne relèvent pas de sa responsabilité. De même, les autorités locales pensent en majorité que le processus de la MOC va à l'encontre de leur volonté de préserver leur autonomie.

Selon l'étude réalisée par Milena Büchs et David Friedrich, le processus de la MOC dans le secteur de l'emploi n'a donc pas un statut important. Il est plutôt perçu comme un processus bureaucratique, qui oblige les différents acteurs à délivrer des informations et des rapports au gouvernement, puis à l'Europe. Il est de ce fait essentiellement conçu comme un exercice de *reporting*, et non comme un instrument stratégique, par l'intermédiaire duquel le gouvernement formulerait de nouvelles orientations d'actions. Cette idée est essentiellement nourrie par le fait que l'élaboration du PNAE ne nécessite pas de discussion parlementaire, ce qui réduit de fait son pouvoir d'influence dans le processus politique. En ce sens, l'apport principal du dispositif semble être la diffusion des informations sur les politiques de l'emploi au niveau national. Le PNAE rassemble en effet l'ensemble des mesures qui sont proposées, et constitue en ce sens un cadre commun auquel les différents acteurs peuvent se référer. Cette idée a aussi été émise en France, le PNAE étant présentée comme « la bible »[282], dans la mesure où il rassemblait dans un seul document l'ensemble des initiatives introduites dans le secteur de l'emploi sur une période donnée, qui était de ce fait pratique et utilisé au quotidien.

Un cadre cognitif

Si l'exerce de la MOC n'influe pas directement sur le processus politique, il est néanmoins possible qu'il participe à l'élaboration d'un cadre de références communes. En effet, le principe directeur qui sous-tend le processus d'élaboration du PNAE est de présenter les orientations de politiques nationales par rapport au cadre d'analyse européen. Se soumettre à la trame ou au canevas européen conduit à une réorientation dans la présentation des mesures nationales en accord avec les objectifs et les lignes directrices de la SEE. De fait, cela conduit à une réinterprétation des politiques nationales : dans les PNAE, les politiques et les réformes sont davantage présentées comme des réponses aux engagements européens que comme le résultat de débats et de luttes entre les forces politiques nationales (Büchs, Friedrich 2005, p. 262). De plus, les indicateurs européens induisent une reformulation indirecte des orientations nationales. Il faut en effet collecter de nouvelles données qui participent à l'élaboration de nouveaux cadres d'analyse et d'interprétation. Au niveau national, l'élaboration d'indicateurs a mis en avant l'idée d'évaluation des politiques publiques, qui ne faisait que peu partie de la culture politique, comparativement à d'autres Etats membres :

> « A partir du moment où la SEE propose des objectifs chiffrés et des indicateurs, nous devons mettre en place au niveau national ces nouveaux indicateurs. Ça conduit les acteurs politiques à s'interroger, à se situer par rapport à ce qui apparaît progressivement comme une norme. Maintenant que le processus de la MOC est bien rôdé, on s'en rend compte, cela change les perspectives d'analyse[283] ».

De même, le vocabulaire européen tend à se diffuser autour de notions telles que l'employabilité, l'adaptabilité, ou la formation tout au long de la vie. Cette terminologie est désormais utilisée dans les discours nationaux sur l'emploi et favorise un tournant conceptuel vers une approche basée sur l'activation des politiques sociales (*work-welfare*) :

> « Les termes européens se sont progressivement inscrits dans les propos des acteurs nationaux. L'employabilité, l'activation, la flexisécurité, ce sont des termes qui n'existaient pas en Allemagne et font maintenant partie du vocabulaire usuel pour les responsables politiques[284] ».

Une ressource politique

---

[282] Entretien réalisé le 17/01/2004.

[283] Entretien réalisé avec le responsable de la réalisation des PNAE en Allemagne, le 10/01/2003.

[284] Idem.

Depuis 2000, l'Allemagne a reçu cinq recommandations par an, qui tendent à se concentrer sur les mêmes thématiques : diminuer le chômage de longue durée, réduire les désincitations à l'emploi pour les travailleurs âgés, revoir le système d'imposition et de sécurité sociale, réduire les charges sociales sur l'emploi en particulier pour les bas salaires, encourager l'emploi des femmes, réduire les écarts salariaux, flexibiliser les contrats et l'organisation du travail, et mettre l'accent sur la formation pour réduire les fossés de compétences.

Il est possible que les thématiques européennes aient dans certains cas eu un impact sur le processus politique. Par exemple, Richardt a montré que les demandes de la SEE concernant l'amélioration des services de garde pour les enfants ont été influentes, dans la mesure où les références à la SEE ont été faites par le gouvernement et les représentants des organisations d'employeurs et ont contribué à l'élaboration d'une stratégie cohérente en Allemagne. Cette analyse montre que les références européennes peuvent être et sont utilisées par les acteurs politiques si ces arguments correspondent à leurs intérêts et leurs stratégies. Richardt explique que le gouvernement a eu un intérêt à renforcer sa position contre les Länder et les autorités locales, qui sont responsables des crèches, et que les employeurs ont exercé des pressions sur les fonds publics pour éviter de prendre à leur charge la mise en place de crèches d'entreprises. Toutefois, malgré les références à l'Europe dans ce secteur, l'impact réel, c'est-à-dire l'introduction d'un changement de politique, reste peu visible (Richardt 2004).

Surtout, les auteurs, qui ont travaillé sur le possible impact de la MOC en Allemagne, s'accordent à penser qu'un thème européen tend à influencer l'orientation des politiques sociales : « l'activation ». Ainsi, des références à la SEE apparaissent par exemple dans les textes de préparation de plusieurs lois qui s'articulent autour de cette question : *Job-Aktiv Gesetz*, Lois Hartz, *SBG III Änderungsgesetz*. A la fin des années 1990, les échanges avec le Royaume-Uni et l'Allemagne se sont intensifiés au cours des interrogations sur le développement d'une Troisième voie (*Third Way*). Le Papier Blair-Schröder de 1999 étudie en effet de nouvelles propositions d'action permettant de s'orienter vers une société active pour l'emploi (*Welfare-to-Work*). D'autres échanges ont été réalisés avec le Danemark sur le thème de la rotation de l'emploi (*Job Rotation*), un concept qui a été introduit dans la *Job-Aktiv Gesetz* en 2001. Ces éléments peuvent participer à l'introduction de « nouveaux styles de politiques publiques » (Radaelli 2001), qui se basent sur la comparaison avec d'autres pays, et de phénomènes de transferts de politiques publiques (Büchs, Friedrich 2005).

Un nouvel indice du développement de ce processus basé sur l'ouverture aux idées et expériences européennes est visible dans le cadre des Lois Hartz. En ce sens, il est apparu que les références européennes ont été importantes sur la thématique de l'intégration dans l'emploi des travailleurs âgés. Tout au long du processus d'élaboration de la loi, tant dans la préparation que dans la négociation, des références explicites ont été faites aux expériences menées dans d'autres pays.
Le travail de préparation des Lois Hartz a intégré les expériences menées dans d'autres pays, qui avaient été recensées dans le cadre de la SEE :

> « Nous avons utilisé les PNAE d'autres pays pour la préparation de la loi. Les expériences menées à l'étranger, en particulier dans les Pays nordiques, étaient une bonne source d'informations[285] ».

L'Europe a influencé l'orientation des débats entre le gouvernement et les partenaires sociaux, en délimitant le cadre des actions possibles, c'est-à-dire ce qu'il était et ce qu'il n'était plus possible de faire. Ainsi, le représentant du DGB, sur la question du rôle de l'Europe par rapport à l'emploi des plus de 55 ans, a dit :

> « Avec l'Europe, on ne peut plus faire de préretraites. Mais je crains les implications de cette nouvelle politique pour les travailleurs âgés. Ce n'est pas parce que l'Europe le dit qu'il y aura plus d'emplois. Qu'est-ce qui va se passer ? Ils vont recourir aux mini-jobs[286] ? »

De même, le représentant du BDA a déclaré :

> « L'Europe a donné une nouvelle impulsion pour sortir des préretraites. C'est une bonne chose, cela participe à notre volonté de donner un nouvel essor à l'emploi, à soutenir des politiques actives de l'emploi[287] ».

Dans ce contexte, il semble que la référence européenne est apparue comme une ressource. Certes, les différents acteurs étaient conscients de la nécessité de limiter la politique des préretraites pour améliorer la « soutenabilité » financière du système de retraite. Cependant, cette mesure était perçue comme impopulaire, parce qu'elle remettait en cause un acquis social, à un moment où le chômage était élevé. Réorienter la politique de l'emploi pour ce groupe d'âge (*path-shifting*) soulevait des enjeux politiques, économiques et sociaux extrêmement délicats et cette nouvelle approche de politique publique avait besoin d'un appui extérieur, dans ce cas, les recommandations et les lignes directrices européennes. De ce fait, le gouvernement a fait référence aux nouvelles orientations européennes, pour appuyer sa volonté de changement :

> « La référence européenne est apparue en creux dans les négociations avec les partenaires sociaux. Nous voulions insuffler une nouvelle politique active pour les plus de 55 ans. Les partenaires sociaux le savaient[288] ».

Le gouvernement s'est aussi appuyé sur les recommandations européennes pour soutenir un élément considéré comme crucial dans son projet de loi, et obtenir l'accord du Parlement pour retirer la mesure du « pont d'argent », qui s'adressait notamment aux cadres, et était perçue comme une nouvelle forme de préretraite :

---

[285] Entretien réalisé avec un représentant du Ministère de l'économie et de l'emploi (BMWA) le 08/02/2003.

[286] Entretien réalisé avec un représentant du DGB, le 16/01/2003.

[287] Entretien réalisé avec un représentant du BDA le 16/03/2003.

[288] Entretien réalisé avec un représentant du Ministère de l'économie et de l'emploi (BMWA) le 16/03/2003.

« On en a longuement discuté avec les parlementaires, on a fini par leur dire : Ecoutez, ce n'est pas possible, cette mesure va casser l'esprit même de la loi, le passage à des mesures actives pour les plus de 55 ans. En plus, cela va à l'encontre des orientations européennes. On ne peut pas faire ça... Heureusement, ils ont fini par accepter de retirer cette mesure, elle ne figure pas dans la version finale[289] ».

En ce sens, la référence européenne est apparue de façon discrète mais peut-être décisive dans les négociations. Il n'est pas anodin de signaler la façon dont le responsable politique nous a relaté cet événement. En effet, à ce moment de notre entretien, il s'est levé et a été fermer la porte de son bureau. Ce n'est qu'après avoir effectué ce geste qu'il a raconté cette discussion avec les parlementaires. Puis, il a ajouté :

« Ce n'est pas parce qu'on ne parle pas de l'Europe dans la presse que l'Europe ne compte pas. C'est un sujet délicat[290] ».

La problématique de l'emploi des seniors est ancienne en Allemagne. En ce sens, il est certain que l'Europe n'a pas introduit une prise de conscience des difficultés qui avaient largement été analysées par les acteurs nationaux. De même, l'Europe n'aurait sans doute pas joué de rôle dans le processus de négociation, si elle n'avait pas été une ressource supplémentaire permettant d'alimenter la réorientation de la politique de l'emploi dans ce domaine ; réorientation qui apparaissait de toute façon nécessaire pour les acteurs politiques et les partenaires sociaux. Cependant, l'Europe a été présentée par les différents acteurs impliqués dans le processus d'élaboration et de négociation des Lois Hartz comme une sorte de toile de fond, ou cadre cognitif, délimitant le champ des actions possibles. De plus, l'Europe a eu un effet de catalyse (*catalysing effects*, de la Porte et Pochet 2002, p. 29) dans le processus politique, qui a, d'une part renforcé la position du gouvernement, et d'autre part limité l'espace de négociation et de discussion pour une politique alternative.

La France

La prise en compte des idées européennes a aussi sans doute été importante en France pour faire émerger la question de l'emploi des seniors. Par conséquent, nous nous sommes efforcés de retracer le cheminement sociologique des idées européennes qui ont été reprises par les acteurs français. En effet, l'Europe a pu jouer un rôle « d'amplificateur » par rapport à la thématique de l'emploi des seniors et constitue un levier d'action pour sortir du sentier des préretraites.

L'avènement de l'emploi des seniors

Comme nous l'avons écrit précédemment, la problématique de l'emploi des travailleurs âgés de plus de 55 ans est apparue officiellement en France dans le cadre

---

[289] Idem.

[290] Idem.

de la réforme des retraites de 2003. Le Conseil d'orientation des retraites est en ce sens un espace de médiation, au sein duquel les acteurs politiques et les partenaires sociaux se sont longuement interrogés sur le construit social des préretraites et se sont efforcés d'élaborer une approche consensuelle pour insuffler un changement paradigmatique. Selon les travaux réalisés notamment par Kerstin Jacobsson, la MOC est un vecteur d'apprentissage (*learning*), qui permet d'ouvrir les débats nationaux grâce à la comparaison avec d'autres pays, et peut conduire à l'introduction de nouvelles façons de faire basées sur les expériences étrangères (mimétisme) (Jacobsson 2001 et 2005). Les références à l'Europe sont apparues de façon ténue mais récurrente au cours des réflexions menées par le COR. Les experts français, en particulier Anne-Marie Guillemard, ont dans ce contexte, eu un rôle de relais, pour véhiculer, en France, les expériences menées dans d'autres pays. Le 31 janvier 2001, un « Séminaire de comparaison internationale des réformes des systèmes de retraite » a ainsi été organisé par le COR. S'adressant essentiellement aux membres du Conseil et aux partenaires sociaux, il a réuni des experts reconnus qui ont présenté et analysé les réformes menées dans les différents pays européens. Cette journée d'étude a permis aux membres du Conseil de prendre connaissance des orientations de réformes récentes et de confronter la situation française par rapport aux autres pays. En avril 2001, un deuxième colloque a été organisé, dans une optique différente sur le thème des rapports entre « Age et travail ».

L'ambition de ce colloque était double : il visait d'une part à présenter une première avancée des travaux du COR à un large public (500 personnes), et d'autre part à mettre en avant le problème de l'emploi des seniors, qui était l'un des axes essentiels de réflexion pour la réforme des retraites. Au cours de l'introduction du Colloque, la Secrétaire générale, Anne-Marie Brocas, a justifié cette orientation vers l'emploi des seniors, en expliquant : « Pourquoi parler d'emploi alors que la mission du Conseil est centrée sur les retraites ? (...) Le débat sur les retraites est en effet largement conditionné par la situation du travail et de l'emploi. Il est impossible de traiter aujourd'hui de la cessation de l'activité en se limitant au champ de la retraite. Actuellement, on le sait, les modes les plus courants de sortie de l'activité professionnelle pour les salariés du secteur privé sont la préretraite, le chômage, voire l'invalidité. Le vécu d'une grande partie de la population est aujourd'hui celui des cessations d'activité précoces, bien loin des discussions sur l'évolution de la réglementation de l'âge de la retraite. (...) L'exclusion de l'emploi des travailleurs âgés hypothèque par ailleurs l'équilibre des régimes de retraite. Si les tendances historiques se prolongeaient, on devrait assister, nous dit l'INSEE, à une diminution de la population active qui commencerait en 2010 pour se poursuivre par la suite, cependant que le nombre des plus de 60 ans augmenterait de près de 5 millions d'ici 2010 ! Sans exclure tout recours à l'immigration, on sait que les réserves de main-d'œuvre susceptibles de répondre dans les prochaines années aux besoins d'une croissance économique durable et de fournir, par là même, des recettes aux régimes de retraite, résident pour une large part, dans les classes d'âge les plus anciennes »[291].

---

[291] Anne-Marie Brocas, « Discours d'ouverture », *Actes du Colloque*, Paris, La Documentation française, 2001, p. 10-11.

L'objectif du colloque était par conséquent de dresser un état des lieux de la situation des travailleurs de plus de 55 ans en France, en soulignant l'impact des mesures de sortie anticipée du marché du travail, et la nécessité de changer de politique. Au cours de cette rencontre, les participants ont souligné l'ancrage institutionnel des préretraites et la difficulté de trouver des « leviers d'action » pour insuffler un nouveau sens de l'action publique. En ce sens, les préconisations européennes et les expériences menées dans d'autres pays, notamment les Pays-Bas et la Finlande, sont apparues comme un élément supplémentaire pour mettre l'accent sur la nécessité de changer et surtout montrer qu'il était possible de mener à bien ce changement. De ce fait, l'Europe a pu jouer un rôle « d'amplificateur » (Visser 2005) qui a servi de soutien à la stratégie nationale vers un changement paradigmatique : « Les conclusions du Conseil européen de Stockholm donnent une actualité particulière au débat et l'éclairage international (...) est, à cet égard, tout à fait bienvenu, même si nous n'avons pas attendu l'interpellation communautaire pour nous emparer du sujet »[292].

Les nouvelles orientations européennes en matière de retraite se sont précisées lors du Sommet de Lisbonne, les 23 et 24 mars 2000, lorsque le Conseil a proposé l'objectif d'un taux d'emploi de 50% pour les 55-64 ans à atteindre d'ici 2010. Dans la mesure où le colloque organisé par le COR a eu lieu en avril, il était de nouveau sans doute délicat de gérer la concomitance des événements vis-à-vis du public. D'un côté, les orientations européennes ont ainsi eu un effet d'appel, soulignant l'actualité et l'importance du problème, de l'autre le COR ne voulait pas que son intervention soit perçue comme découlant directement des orientations européennes. Ainsi, la Présidente du COR, Yannick Moreau, a fait écho aux propos de la Secrétaire générale en déclarant lors de la conclusion du colloque : « Les organismes internationaux n'ont pas toujours tort et ils nous disent unanimement qu'il faudra remonter les taux d'activité des seniors. Le Conseil de Stockholm n'avait pas rendu ses conclusions lorsque nous avons décidé de faire ce colloque, mais nous savions l'Europe très engagée dans une politique de remontée des taux d'activité pour faire face, dans un contexte de baisse du chômage, à une forte évolution démographique. Et si les oppositions entre les différents rapports ont été largement commentées, leur accord pour dire que « la gestion des fins de carrière doit être repensée » (J.-M. Charpin), qu' « il est indispensable de parvenir, au cours des cinq ou dix prochaines années, à enrayer, puis à inverser la pratique actuelle des cessations anticipées d'activité » (R. Teulade), qu'il est nécessaire de mettre en place « une politique nouvelle pour les deuxièmes parties de carrière » (D. Taddéi) ne nous avait pas échappé » (COR 2001, p. 143).

De ce fait, les orientations européennes ont constitué l'un des fils directeurs, qui, s'il n'était pas central dans l'analyse, participait à la construction d'un cadre cognitif commun. Dans ce contexte, il apparaissait logique de replacer la situation de la France par rapport à ses voisins européens. Les expériences menées dans d'autres pays ont permis un éclairage différent de la question des préretraites en France. Dans d'autres pays européens, le passage d'une logique « d'indemnisation » à des systèmes

---

292 Ibid, p. 13.

« d'incitation » leur aurait permis de « reconnecter le système de protection sociale avec les politiques du travail ».
La Finlande apparaît comme un exemple phare dans ce domaine, avec un plan national de politique active de l'emploi qui a été mis en place pour les travailleurs de plus de 45 ans. Ce pays se détachait en effet des autres pays nordiques, dans la mesure où il avait utilisé massivement les préretraites, s'écartant en ce sens du modèle scandinave basé sur l'activation des politiques sociales. Ainsi, en 1997, alors que l'âge officiel de la retraite se situait à 65 ans, l'âge effectif de départ était de 58 ans. Pour résoudre ce problème, un programme national pour l'emploi des travailleurs âgés a été adopté pour cinq ans, sur la période 1998-2002. Ce programme comprend six axes d'action. Le premier axe comprend une campagne d'information et de formation qui vise à changer les mentalités et à valoriser l'expérience des travailleurs âgés. Le slogan adopté, « L'expérience est une richesse nationale », est significatif de la volonté des acteurs nationaux d'insuffler un nouvel élan dans ce sens. Les autres axes d'action s'articulent autour de la santé et de la protection au travail, le développement de la formation professionnelle pour les salariés âgés de 55 ans et plus, des actions actives d'accompagnement des chômeurs âgés, la flexibilisation des fins de carrières (travail à temps partiel, retraite flexible) et la mise en place d'incitations à prolonger la vie active (bonifications des retraites). Enfin, le programme national comporte un volet consacré aux études et à la recherche, pour évaluer les résultats (mise en place d'un baromètre sur le retour à l'emploi des plus de 55 ans) et proposer éventuellement des réorientations. Ce changement de politique public devrait s'effectuer sur une période de 10 à 15 ans. Aux Pays-Bas, le taux d'emploi des hommes de plus de 55 ans est passé de 39,9% en 1995 à 56,1% en 2003. En Finlande, les chiffres ont suivi une forte progression, passant de 37,8% en 1995 à 51,4% en 2003 (Guillemard 2006, p. 25).

Ce colloque a sans doute constitué une étape importante dans la réflexion du Conseil. Placé sous le signe du « vieillissement actif », il a en effet permis aux membres du Conseil de présenter leurs premières orientations de réformes. La concomitance du colloque avec les nouvelles exigences formulées à Stockholm a en ce sens peut-être permis au COR d'appuyer ses axes de réforme. Par ailleurs, il a donné la possibilité d'ouvrir le débat, et, dans ce contexte les expériences européennes, en particulier celle de la Finlande, ont été sources d'idées. En effet, les acteurs politiques se sont régulièrement référés à l'expérience finlandaise, notamment pendant les discussions du COR, pour explorer les thèmes d'un « changement culturel », s'appuyant sur un « programme actif pour l'emploi », « la formation tout au long de la vie » et « une campagne d'informations ».

L'Europe comme levier d'action

Si dans le domaine des retraites, les acteurs sont extrêmement réticents à utiliser le terme d'influence, la situation est différente en ce qui concerne les préretraites :

> « Dans ce domaine, l'influence européenne est forte. La définition d'un objectif de taux d'emploi a été faite au niveau de l'Union européenne, il y a une inscription de l'action française dans les objectifs communautaires. Ce sujet a été bien porté par l'Union européenne, cela a permis de faire émerger le sujet sur l'agenda politique français. Même si

> c'était une nécessité interne. Mais c'est un sujet sur lequel l'influence européenne est forte. Avec le benchmarking, on peut prendre exemple sur d'autres modèles européens, de l'Europe du Nord, de l'Irlande, des Pays-Bas, du Royaume-Uni, c'est intéressant. C'est une dynamique européenne qui a créé le sujet, l'échange d'expérience est important, et il y a aussi un financement important au niveau du FSE, du programme Equal, qui financent des expériences transnationales, des aides au conseil, à la formation. Ce sont des ressources pour nous. La priorité qu'on apporte à ce sujet en France est nourrie par le fait que l'Europe porte ce sujet[293] ».

Par conséquent, dans ce champ de l'action publique, l'Europe apparaît à la fois comme un levier d'action et une ressource, mais sans la notion de contrainte :

> « C'est un levier qui facilite le changement, même si les raisons restent nationales. La comparaison joue : la France est l'un des pays ou le taux d'activité est le plus bas pour les salariés âgés.
> C'est une ressource aussi pour la négociation avec les partenaires sociaux qui se développe sur ce sujet au niveau européen. Cela permet un travail d'évolution du regard. C'est un élément qui a permis de favoriser le changement. L'objectif est partagé au niveau européen avec les partenaires sociaux : il y a une influence importante dans l'évolution, la prise de conscience tant au niveau des pouvoirs publics que pour les partenaires sociaux.
> Mais ce n'est pas une contrainte. Non, l'objectif est clair, les mesures ne sont pas contraignantes, c'est un système sur lequel on peut s'appuyer pour faire avancer le sujet de la gestion des âges : la politique est assez stable, il n'y aura pas de retour en arrière à l'occasion d'une alternance politique[294] ».

En 2003, le Gouvernement français souhaite introduire une nouvelle politique des âges et insiste sur l'urgence d'introduire un paradigme d'action fondé sur le vieillissement actif, qui s'accompagne d'un changement des instruments et des recettes de politiques publiques. Cette volonté d'un changement s'inscrit dans la continuité de la réforme des retraites, ainsi que dans une stratégie globale de réduction des coûts des préretraites. Elle vise d'une part à poursuivre le mouvement de limitation des préretraites et d'autre part à mettre en place des mesures actives pour l'emploi des seniors :

> « Le problème est discuté depuis un certain temps, il a pris de l'acuité en raison de l'urgence, ce qui conduit à un durcissement des règles de l'assurance-chômage cette année pour les plus de 55 ans. Avant, il y avait l'ACA pour ceux qui avaient cotisé 160 trimestres, ou qui avaient atteint l'âge de 55 ans. Ce dispositif garantissait une indemnisation jusqu'à 60 ans. Cela s'est terminé dans la dernière convention. C'est un problème pour les vieux chômeurs de 58-59 ans qui n'ont pas encore accès à la liquidation et qui n'ont plus d'indemnisation.
> Seulement, on a un des taux d'activité les plus faibles en Europe, il y a énormément de préretraites, c'est pourquoi on a choisi de minimiser les dispositifs de prestations de préretraites et de s'orienter vers le vieillissement actif. Certes, il y a un objectif financier, les mesures actives coûtent moins cher, mais c'est surtout lié au contexte politique. Le gouvernement pousse à travailler plus longtemps, à rester plus longtemps sur le marché du

---

293 Entretien réalisé avec un membre de la DGEFP, le 16/01/2004.

294 Entretien réalisé avec un membre de la DGEFP, le 16/01/2004.

travail, en ciblant sur des mesures actives. On s'appuie notamment sur le CIE, un contrat aidé dans le secteur marchand créé en 95, qui s'adresse aux chômeurs de longue durée. La réforme récente du 1er juillet renforce le dispositif pour les plus de 50 ans, et les bénéficiaires qui retrouvent un emploi bénéficient de primes pendant 5 ans au lieu de deux. Le décret est paru, la mesure va commencer.
Les partenaires sociaux commencent à se sensibiliser sur ce thème. Dans le cadre de l'assurance-chômage, ils ont recentré l'aide dégressive à l'employeur et créé une catégorie spéciale pour les plus de 50 ans. Si on dégrade les filières d'indemnisation, c'est dans le cadre du vieillissement actif, pas pour faire des économies, mais c'est vrai que c'est aussi d'abord pour faire des économies parce que ces filières sont très coûteuses[295] ».

Cet extrait d'entretien, réalisé avec un membre du Cabinet Fillon, est révélateur de la façon dont l'Europe alimente le processus français de réorientation des politiques de l'emploi pour les seniors. En effet, l'Europe apparaît dans le discours gouvernemental, de façon ténue mais récurrente. Ainsi, le représentant politique interviewé rappelle que la situation de l'emploi pour les plus de 50 ans est mauvaise en France et que les mesures de limitation des préretraites risquent d'avoir un impact lourd sur les conditions de vie de ce groupe d'âge. Cependant, cette prise de risque est présentée comme nécessaire, parce que le taux d'activité des plus de 50 ans est « l'un des plus faibles en Europe ». Même si la transition s'avère difficile, les risques apparaissent de ce fait comme justifiés par rapport à l'objectif de retrouver une situation de l'emploi normalisée par rapport à celle des autres Etats membres. Par ailleurs, le terme de « vieillissement actif » apparaît deux fois en quelques lignes. La mise en exergue de cette notion européenne révèle la volonté gouvernementale d'un changement paradigmatique, qui s'appuie sur les expériences menées dans d'autres pays.

Cette impression est renforcée par la suite de cet entretien, au cours duquel le *policy-maker* souligne l'impact de la MOC sur la décision de mettre en place une politique volontariste pour l'emploi des seniors :

> « C'est nourri par le contexte des LD pour l'emploi, qui prônent le vieillissement actif. En France, il y a un problème particulier. On a eu plusieurs recommandations de la Commission. Le Conseil adopte les lignes directrices, c'est un engagement. Chaque pays est obligé de reprendre, de dire : je fais ceci, cela… Cela a fait des étincelles, des éléments déclencheurs dans le cadre de l'assurance-chômage et des retraites. Il faut faire quelque chose. Les LD sur le vieillissement actif existent depuis trois-quatre ans. La France commence à réagir mais c'est minime. Les CIE ne concernent que 70 000 personnes par an, dont seulement un tiers ont plus de 50 ans. Cela représente 20 000 personnes. On n'a pas réglé le problème des préretraites. Les partenaires sociaux commencent à se sensibiliser. Le problème, c'est qu'il faudrait que les entreprises acceptent de garder ces salariés. Chacun joue son rôle, ce n'est pas décisif mais on crée des conditions très favorables ».

Si dans le domaine des retraites, la MOC était présentée par les *policy-makers* comme un élément de contrainte, qui heurtait le processus national de réforme, sans constituer un apport décisif, la position adoptée dans le champ de l'emploi est

[295] Entretien réalisé le 13/01/2004.

différente. En effet, la MOC apparaît comme un vecteur d'influence positive, qui alimente le processus national, peut servir de « déclencheur » pour sortir du phénomène de double contrainte lié aux préretraites et s'orienter vers le « vieillissement actif ». En ce sens, les acteurs choisissent d'utiliser la MOC comme ressource et levier d'action pour l'emploi des seniors. Cette différence entre les secteurs montre les diversités de « l'usage de la MOC » (Jacquot, Woll 2004).

Les partenaires sociaux se réfèrent aussi à l'Europe, et plus particulièrement aux expériences menées dans d'autres pays. La Finlande est citée par les différents acteurs pour son expérience par rapport au changement de paradigme. Elle apparaît de ce fait comme une sorte de modèle, auquel les acteurs peuvent se référer, pour s'appuyer sur les éléments positifs et aussi évaluer les risques inhérents aux changements qui ont été mis en œuvre. Le représentant de la CFDT cite l'exemple de la campagne menée en Finlande sur le thème « L'expérience est une richesse nationale » et propose de s'appuyer sur une démarche similaire, en préalable d'un programme national pour l'emploi des seniors :

> « Les réformes doivent être globales, les sociétés sont systémiques. Quand on a réformé un point, l'ensemble du système doit être modifié. Il faut faire une campagne d'informations sur ce thème. En Finlande, là par exemple, il y aurait un spot, on serait côte à côte, et moi je deviens un papier qu'on chiffonne. Et puis, vous, vous me prenez et vous me jetez à la poubelle. Cela oblige à réfléchir, est-ce qu'à 50 ans, je ne peux plus servir ? Après, il y aurait une petite phrase qui dirait, ce n'est pas un salarié âgé, c'est un salarié expérimenté[296] ».

La CGT fait référence à l'Europe et la Finlande pour souligner les risques d'un changement radical de politique, en insistant d'une part sur le fait que la volonté politique française cadre avec les orientations européennes, mais que la situation nationale risque d'en souffrir, et que le changement paradigmatique a eu des conséquences négatives en Finlande sur les conditions de vie des plus de 55 ans:

> « Selon le diagnostic, la réforme envisagerait de passer de 57,5 ans à 62 ans, c'est pratiquement un objectif d'allongement de cinq ans. Certes, c'est très cohérent avec l'objectif de Barcelone. Seulement, un relèvement de cinq ans est-il quelque chose de crédible ? On va trouver des palliatifs, une alternative à la préretraite d'aujourd'hui. Pour les plus de 55 ans, les indemnités journalières de maladie ont augmenté de 18% ces deux dernières années. Il y a un phénomène de ce type en Finlande, on a moins de retraite, mais plus de maladie et de longues périodes de chômage[297] ».

Ainsi, les différents acteurs tendent à se positionner par rapport aux références européennes. Celles-ci constituent bien un cadre cognitif commun, qui est source d'idées et de nouvelles recettes d'action. Les orientations prises en France dénotent une prise en compte des ressources européennes et un effet de mimétisme. Suite à l'impulsion gouvernementale, les partenaires sociaux ont conclu l'ANI de 2003 sur la Formation tout au long de la vie. L'introduction de cette expression européenne

---

[296] Entretien réalisé avec un représentant de la CFDT le 11/07/2003.

[297] Entretien réalisé avec un représentant de la CGT le 03/07/2003.

est révélatrice de la prise en compte des préconisations de l'Europe en France, et de l'engagement des partenaires sociaux par rapport à ce thème qui apparaît comme un levier d'action positif.

En effet, l'Accord sur l'emploi des seniors prend en compte l'objectif de Stockholm et « se fixe explicitement pour objectif d'atteindre un taux d'emploi des 55 à 64 ans de 50% en 2010, avec un objectif chiffré : faire progresser ce taux de 2 points par an. » De même, les orientations choisies s'inscrivent dans une réflexion sur les préconisations européennes, mettent en exergue la formation tout au long de la vie, tout en interrogeant le principe européen de flexisécurité. En effet, le patronat voulait en effet mettre en place un contrat de travail spécifique pour les travailleurs âgés de plus de 50 ans qui se fondait sur la flexibilité. Les syndicats ont fortement réagi contre cette idée d'un « contrat vieux », qu'ils considéraient comme fortement stigmatisant et discriminant dans la mesure où il s'appuyait sur l'idée sous-jacente qu'un salarié âgé était moins performant ou moins productif. Les syndicats se sont érigés contre ce principe d'action et ont mis l'accent sur la « sécurisation » des parcours professionnels[298].

Le compromis, qui a permis d'aboutir à la signature de l'accord le 13 octobre 2005, s'est donc réalisé sur l'introduction d'un objectif de « sécurisation des parcours professionnels », qui comprend le droit à un entretien professionnel de deuxième partie de carrière pour chaque salarié à partir de 45 ans, puis tous les cinq ans, la priorité à l'accès aux bilans de compétences qui s'accompagne d'un droit individuel à la formation à partir de 50 ans, et un renforcement de la VAE. En réponse à la demande du MEDEF, la mesure-phare de l'accord qui est aussi la plus contestée est l'aménagement d'un contrat à durée déterminée spécifique pour les chômeurs de 57 ans et plus, sur une période qui passe de 18 mois à 3 ans.
La mobilisation syndicale et la difficulté des négociations en France sur cette question renvoient aux positions syndicales en Allemagne qui ont dénoncé le risque accru d'insécurité en fin de carrière suite à la fermeture des dispositifs de départs anticipés à la retraite et la proposition de CDD pour les seniors. Ainsi, Jean-Marie Toulisse a déclaré dans les Echos:

> « Il ne faut pas s'y tromper : ce n'est pas l'avenir des préretraites qui est en jeu, mais, ce qui est bien plus grave, le sort de dizaines de milliers de salariés seniors qui perdent leur emploi, et se retrouvent dans le cycle infernal du chômage de longue durée, tous ces quinquagénaires qui sont condamnés à vivre avec les 14 euros par jour de l'ASS[299] ».

De même, la référence européenne se retrouve dans le Plan national d'action concerté pour l'emploi des seniors adopté le 6 juin 2006. En effet, la CFDT avait appelé le gouvernement à proposer un plan d'action pour l'emploi des seniors, avec l'objectif d'insuffler un changement culturel vis-à-vis de ce groupe d'âge. Jean-Marie Toulisse avait ainsi déclaré qu'il était nécessaire de recenser « les bonnes pratiques » et d'impulser une campagne de sensibilisation comme cela l'avait été fait en Finlande :

---

298 « Sécuriser les parcours professionnels », Entretien avec Jean-Marie Toulisse, *Les Echos*, mis en ligne sur le site de la CFDT le 3 octobre 2005.
299 Idem.

« Nous souhaitons une grande campagne de communication sur le thème « L'expérience est une richesse nationale ! », une campagne qui s'appuie sur des pratiques déjà négociées et en vigueur dans certaines entreprises[300] ».

Le Secrétaire national de la CFDT fait ainsi de nouveau référence à l'expérience finlandaise, et reprend le titre de la campagne impulsée en Finlande à la fin des années 1990. Le gouvernement a repris cette idée, et a inclus dans le plan national concerté pour l'emploi des seniors une campagne de communication nationale qui a associé différents médias (presse, radio, télévision, etc.) en 2006-2007. Selon les termes mêmes du Plan de 2006, « cette campagne s'inspirera des campagnes menées aux Pays-Bas et en Finlande, et sera centrée sur les thèmes de l'emploi des seniors et de leur image dans la société »[301]. Parmi les quatre actions prioritaires, le plan propose de « renforcer et mieux coordonner l'observation notamment des bonnes pratiques, en matière d'emploi des seniors » (Action n°4). Les propositions et la méthode choisie dans le cadre du Plan national concerté pour l'emploi des seniors signalent un aboutissement, non du processus politique dans son ensemble, mais du moins de la réflexion menée sur l'emploi des seniors en France. D'une part, il reflète une appropriation des références européennes, qui apparaissent de façon explicite, et sont désormais intégrées. D'autre part, le plan tire les enseignements des travaux du COR et des avancées faites par les partenaires sociaux. Il initie un nouveau « style de politique publique », qui comprend des orientations d'ordre cognitif, et se fonde sur l'ouverture et la concertation.

Dans le domaine logique, on peut se demander s'il existe des coïncidences entre les orientations européennes et le contenu des orientations politiques nationales. Or, la comparaison entre la situation française et les orientations européennes montre une convergence progressive et partielle. Cependant, la coïncidence ne prouve pas que ces tendances nationales sont dues aux orientations européennes. Par conséquent, une seconde approche, à un niveau sociologique, est nécessaire pour tenter de retracer une possible influence ou l'usage des instruments européens au niveau national. Il apparaît que si les acteurs nationaux nient qu'ils ont mis en œuvre les prescriptions européennes, ils reconnaissent aussi qu'ils ont parfois utilisé les instruments et les ressources européennes offerts notamment dans le cadre de la MOC pour les aider dans leur action au niveau national (négociation, légitimation, rapports de force...) (Ehrel et al. 2005). En ce sens, la MOC permet de développer de nouveaux modes de coordination, davantage basés sur les idées que sur la législation. Une solution politique se construit au travers d'interactions sociales, et les aspects cognitifs et normatifs permettent de comprendre dans quelle mesure et pourquoi une solution plutôt qu'une autre est choisie. Le processus d'élaboration d'une réforme est aussi intellectuel et les idées européennes jouent un rôle.

Le développement des nouvelles orientations politiques autour de la thématique du vieillissement actif illustre cette interaction entre idées européennes et idées nationales qui tendent à s'articuler parce qu'elles entrent en résonance. Ce

---

[300] Idem.

[301] *Plan national d'action concerté pour l'emploi des seniors*, 2006, p. 6.

mouvement participe aux tendances globales qui interrogent depuis le début des années 2000 les processus de réorientation des politiques sociales autour des thématiques de l'activation, de la nécessité de réduire les coûts des systèmes classiques, tout en prenant en compte les risques induits par ces réorientations pour les individus.

Conclusion

Notre recherche a été motivée et guidée par une réflexion sur l'Etat-providence, qui a servi de fil directeur dans notre appréhension des problématiques conjointes que sont les retraites et les préretraites, et qui s'est articulée autour de trois grandes questions. La première, d'ordre globale, est aussi la plus complexe, puisqu'elle concerne l'évolution de l'Etat-providence face aux transformations de son environnement politique, économique et social. Depuis une trentaine d'année, un courant d'analyse s'est développé autour de cette thématique, rassemblant des chercheurs issus de disciplines diverses (historiens, philosophes, économistes, sociologues et politologues), qui s'attachent à étudier pourquoi et comment l'Etat-providence est aujourd'hui confronté à la nécessité de changer.

L'augmentation des coûts, l'inadaptation de l'Etat-providence moderne fondé après guerre dans une économie fermée au contexte de la globalisation, l'enlisement dans le chômage, les nouveaux enjeux démographiques et sociaux, nombreux sont les éléments évoqués pour caractériser cette remise en cause. Au-delà de ces problèmes qui sont conjoncturels et structurels, l'élément politique s'est aussi présenté comme un facteur de changement. La montée en puissance du néolibéralisme a en effet heurté de front les fondations politiques des systèmes de protection sociale, qui s'articulaient autour du compromis keynésien. La complexité du problème se reflète dans la difficulté à mettre en place des réponses adaptées pour sortir de la crise.

En effet, les gouvernements se sont confrontés dans leurs tentatives de réformes à des problèmes qui sont apparus comme insolubles, dans la mesure où ils rejoignaient un questionnement sur les fondamentaux sociaux. Comment réduire les dépenses des politiques de l'emploi dans un contexte de chômage de masse ? Comment réformer les systèmes de retraite alors que le vieillissement démographique va conduire à une augmentation des besoins de la population âgée ? Pourquoi remettre en cause les systèmes de protection sociale au moment où de nouveaux risques sociaux apparaissent, et conduisent à une réapparition de la pauvreté ? Ces questions ne sont que rarement posées de façon directe, sans doute parce qu'elles entrent en conflit avec le principe ou la norme qui détermine les réflexions : contenir les coûts. En ce sens, la conception classique de l'Etat-providence, comme garant du bien-être social, tend à s'effacer devant un nouveau principe d'action qui conduit à une reformulation du rôle de l'Etat-providence selon les termes suivants : comment, dans un contexte où la norme de l'économie de marché prédomine, garantir un système de protection sociale juste et adapté aux besoins sociaux ?

De ce fait, le débat autour des termes « d'égalité » et « d'équité » est révélateur des enjeux liés aux réformes et d'une interrogation quant à la conception de la justice sociale et du rôle occupé par l'Etat dans ce processus. De même, les études réalisées montrent la difficulté des réformes, tant sur le plan politique, qu'en raison de l'ancrage des systèmes de protection sociale et des phénomènes de substitution institutionnelle. Pourtant, progressivement, les systèmes de protection sociale évoluent, moins par des changements radicaux, que grâce à des mesures incrémentales. Ainsi, les systèmes de protection sociale, qui apparaissaient comme immuables (« *immovable objects* »), se transforment par étapes. Les recherches récentes montrent ce phénomène de « vagues de réformes », notamment dans le champ des retraites, qui visent à sortir des sentiers de dépendance, les premières vagues constituant une étape permettant d'envisager de nouvelles réformes, souvent plus radicales (Bonoli, Palier 2007).

Si les systèmes de protection sociale sont capables de changement, quel est le sens des réformes ? Telle était notre deuxième interrogation. Dans la plupart des pays qui ont mis en œuvre un processus de réforme de leur système de protection sociale, des orientations communes se dégagent. Dans le secteur des retraites, les réformes paramétriques ont dans un premier temps conduit à une diminution du niveau des pensions, et se sont accompagnées du développement de piliers complémentaires privés financés par capitalisation. Dans le secteur de l'emploi, les prestations ont aussi été diminuées et un nouveau principe d'action a été introduit, « l'activation », qui a renforcé le lien entre le droit aux prestations et la responsabilité individuelle, qui s'exprime par le « devoir » d'une recherche active d'emploi. Parallèlement, un processus de ciblage a été mis en œuvre, avec l'introduction de minima sociaux à l'attention de ceux qui avaient épuisé leurs droits à l'assurance sociale. Tous ces éléments semblent concourir à une individualisation plus marquée de l'accès aux prestations sociales, qui se détachent notamment dans les systèmes bismarckiens de leur fonction initiale de préservation du statut social.

Le troisième élément qui avait attiré notre attention était la place de l'Europe dans ce processus de reformulation de l'Etat-providence. Jusqu'au début des années 2000, la majorité des recherches ne prenaient pas en compte la composante européenne dans les réformes des systèmes de protection sociale, affirmant que les réformes étaient essentiellement endogènes et obéissaient à des problématiques nationales. Cette perspective d'analyse paraissait d'autant plus justifiée que l'Europe, en raison du principe de subsidiarité, n'avait pas les compétences institutionnelles nécessaires pour intervenir sur les politiques nationales de protection sociale. Cette certitude a cependant été remise en cause au fur et à mesure de la construction de l'UEM, qui s'est accompagnée de façon concomitante de réformes des systèmes de protection sociale dans les Etats membres. L'introduction de la MOC dans le secteur de l'emploi en 1997 et sa propagation à partir de 2000 dans le champ des retraites, de l'inclusion sociale ou de la santé a renforcé ce doute. Alors que l'intervention européenne se renforce de façon indirecte, et que des axes d'action sont officiellement proposés, est-il possible de continuer à faire abstraction de son influence sur les réformes nationales ?

La construction d'une démarche inductive

Ces différentes interrogations ont modelé notre démarche qui s'est construite de façon essentiellement inductive. Notre question de départ portait sur la réforme des systèmes de retraite, et plus précisément sur le rôle des idées dans le processus de changement. Dans cette perspective, nous avions analysé l'élaboration de la stratégie concertée de réforme des systèmes de retraite au niveau communautaire, et nous envisagions de décliner cette recherche en étudiant comment dans deux pays, la France et l'Allemagne, les orientations européennes entraient en résonance avec les politiques nationales de réforme. Les entretiens exploratoires nous ont poussés à modifier notre orientation première, dans la mesure où les acteurs interviewés ont dénié une influence européenne dans le secteur des retraites. Parallèlement à ces entretiens, nous avions commencé une démarche d'observation participante au Conseil d'orientation des retraites et remarqué qu'une notion, qui était centrale dans la stratégie européenne concertée des réformes, apparaissait de façon régulière dans les débats : le « vieillissement actif ». Un mouvement similaire apparaissait en Allemagne, le terme de « vieillissement actif » se développait dans la presse et les discours politiques.

Comment expliquer cette dissociation, puisque d'un côté, les *policy-makers* choisissaient de ne pas inclure le thème de l'Europe dans le processus de réforme des retraites, tandis que de l'autre, la notion de vieillissement actif était mise en avant ? Certes, la notion de « vieillissement actif » n'était pas spécifiquement européenne puisque l'OCDE l'avait aussi présentée comme un « mot d'ordre » (OCDE 2000). Cependant, la concomitance entre la proposition au niveau européen d'une stratégie basée sur le « vieillissement actif », et l'utilisation de ce terme au niveau national était surprenante. Elle supposait de fait une question sur l'interaction entre niveau européen et niveau national. Progressivement, notre objet d'étude s'est ainsi affiné, et de la question des retraites, nous avons évolué vers celle des préretraites, d'une part, parce que cette problématique était particulièrement aigue dans les deux pays, d'autre part, parce que la stratégie européenne du « vieillissement actif » s'attaquait à ce problème. Il nous est apparu que ces deux thèmes – retraites et préretraites – étaient indissociables pour comprendre le processus dans son ensemble.

Si beaucoup d'encre avait déjà coulé sur la réforme des retraites, le thème des préretraites nous est apparu par ailleurs moins balisé. Certes, de nombreux travaux ont été réalisés notamment pendant les années 1990 et ont souligné l'importance du consensus social dans l'élaboration de cette politique ainsi que la force de l'ancrage institutionnel des préretraites. Ces travaux s'articulaient souvent sous une forme comparative, qui permettait de montrer comment trois groupes de pays se détachaient, les pays nordiques, les pays anglo-saxons et les pays de l'Europe continentale. Ils soulignaient le phénomène de blocage des réformes notamment dans les pays de l'Europe continentale.

Notre recherche s'est inscrite dans la continuité de ce courant de recherche, mais avec des hypothèses et une stratégie différentes. Comme les autres chercheurs, nous avons fait le choix d'une démarche comparative, mais en choisissant des pays qui se signalent par leurs similarités et non par leurs différences. La France et l'Allemagne sont en effet deux idéaux-types, mis en avant dans la littérature pour illustrer l'instauration d'une culture des âges, centrée sur le travailleur d'âge médian, qui a conduit à l'éviction en cas de problème de l'emploi des femmes, et des travailleurs les plus jeunes et les plus âgés. Dans ces deux pays, les politiques de protection sociale ont été élaborées selon une vocation « passive », qui visait à proposer un revenu de substitution en cas de retrait du marché du travail (chômage, invalidité, maladie, maternité, vieillesse). De ce fait, ces deux pays sont parmi ceux qui ont le plus utilisé les préretraites.

Depuis le début des années 1990, ces deux pays sont aussi parmi ceux dans lesquels la situation de l'emploi, notamment l'emploi (ou absence d'emploi) chez les jeunes et les plus de 50 ans, a été qualifiée de pathologique. Gosta Esping-Andersen a ainsi développé les termes « d'Etat social sans travail » pour illustrer les pays de l'Europe continentale et les problèmes structurels qui leur sont propres (Esping-Andersen, 1996). De même, la notion de « dilemme continental », proposée par Fritz Scharpf, révèle l'enchevêtrement des difficultés auxquelles ils sont confrontés : l'augmentation des dépenses sociales liées au chômage a conduit à l'accroissement des charges sociales, ce qui a un effet négatif sur les créations d'emploi et mène au développement des « trappes à inactivité », effet qui est accentué par les rigidités du marché de l'emploi. De même, les mutations démographiques, notamment le vieillissement de la population, conduit à une augmentation des dépenses de retraite qui est aggravée par le développement des préretraites. Enfin, ces systèmes ont des difficultés à s'adapter aux transformations sociétales, en particulier les aspirations des femmes à entrer dans le marché du travail, le développement de nouvelles formes de pauvreté notamment chez les familles monoparentales et les travailleurs peu qualifiés (Scharpf 2000). Les problèmes auxquels ces pays font face sont multiples et tendent à se rejoindre autour d'un même constat : ils se trouvent pris au piège d'une conception passive de la protection sociale, qui, dans un contexte de chômage structurel, apparaît comme inadéquate.

Par conséquent, la politique des préretraites est révélatrice des difficultés de l'Etat-providence continental. Elle symbolise tout d'abord les termes du consensus social, qui favorise l'emploi du travailleur masculin qui a à sa charge une famille (*male breadwinner model)*. Dans ce contexte, l'idée d'un « partage de l'emploi », qui a conduit à l'effacement de groupes considérés comme non-prioritaires (femmes, jeunes, travailleurs âgés) est profondément ancrée dans les représentations et corrélativement dans les institutions de protection sociale. Cette politique reflète ainsi le fonctionnement des politiques de protection sociale bismarckiennes fondées sur le principe de l'assurance. Les travailleurs âgés sont en effet ceux qui ont le plus cotisé, et ont un accès légitime à des prestations sociales sur une période longue. L'ensemble de cette organisation révèle l'obédience « passive » qui caractérise les systèmes bismarckiens. La protection sociale n'est pas un chemin d'accès vers l'emploi, elle permet au contraire de gérer la sortie temporaire, et souvent définitive – comme dans le cas des préretraites, du marché du travail.

Dans la stratégie de « traitement social du chômage » (Palier 2002), les préretraites sont progressivement apparues comme l'une des principales politiques de l'emploi, dans la mesure où elles permettaient de faire face aux conséquences sociales de la crise économique, tout en offrant un mode de régulation des flux de main-d'œuvre. Le sentier des préretraites reflète la force du construit social, qui s'appuie sur un consensus économique, politique et social. Dans ce contexte, ces deux pays sont aussi ceux dans lesquels les réformes des préretraites sont apparues comme les plus difficiles. Aussi, les recherches mettent en avant les résistances au changement et l'impossibilité de réformer ce secteur emblématique de l'Etat social sans travail. Nous avons choisi une approche différente, qui met l'accent non sur l'impossibilité de changer, mais sur l'idée que ces deux pays se sont engagés dans un processus de changement en profondeur, qui s'appuie sur un nouveau paradigme de politique publique, lequel entre en résonance avec les orientations européennes.

Notre deuxième piste d'analyse était d'étudier dans quelle mesure l'Europe constituait une ressource dans le processus de reformulation des politiques sociales pour les plus de 50 ans en France et en Allemagne. Les préconisations européennes, depuis le milieu des années 1990, s'appuient sur deux principes, l'activation et la flexisécurité, pour moderniser les politiques de l'emploi et de protection sociale. Ces orientations ont été renforcées par la politique lancée dans le cadre de la stratégie concertée de réforme des retraites en 2000-2001, qui s'articule autour de la notion de vieillissement actif. Dans quelle mesure l'Union européenne a-t-elle participé à l'élaboration d'une nouvelle matrice cognitive dans le secteur des préretraites ? Comment deux pays, qui ont une position forte sur le plan politique, mais qui sont confrontés à un problème aigu dans un champ politique donné, lequel est en dissonance par rapport aux préconisations européennes, réagissent-ils ?

D'une part, il s'agissait de retranscrire le processus d'élaboration d'une politique, en l'occurrence de retracer l'histoire des préretraites en France et en Allemagne, en soulignant les enjeux politiques, sociaux et institutionnels. D'autre part, l'enjeu était d'analyser la place occupée par l'Europe dans le processus de reconfiguration. L'étude de ce processus de changement de politique publique a permis d'étudier dans un secteur donné, pourquoi et comment le diagnostic d'une crise a été élaboré et a conduit à la remise en cause d'une politique, puis d'analyser les vecteurs utilisés pour un changement de paradigme, avec l'introduction de nouvelles recettes d'action et de nouvelles ressources politiques, qui ont montré l'ambiguité des relations entre l'Europe et les deux pays qui ont un rôle central dans la construction européenne, c'est-à-dire l'Allemagne et la France.

L'ancrage d'un sentier de préretraite

La crise des préretraites apparaît en filigrane de la remise en cause des politiques de l'emploi et des retraites, telles qu'elles ont été conçues et mises en place en Europe continentale. Elle s'inscrit de ce fait dans le contexte de restructuration et de « recalibration » de l'Etat-providence *(recalibration,* Pierson 2001). Nous avons montré que la majorité des pays industrialisés avait eu recours à l'éviction des travailleurs les plus âgés dans leur politique de lutte contre le chômage, et que cette stratégie s'était développée pendant les années 1970, conduisant à une baisse généralisée des taux d'emploi des plus de 55 ans. Néanmoins, les implications de cette tendance globale sont très différentes selon les pays. Ainsi, trois « mondes de préretraites » se sont progressivement élaborés, dans la continuité des « trois mondes de l'Etat-providence » (Esping-Andersen 1990).

La constitution de « polices des âges » relève donc non seulement d'une volonté gouvernementale d'introduire un mode de régulation de la main-d'œuvre mais aussi de la structure du système de protection sociale, de sa conception, de son organisation et de son fonctionnement (Guillemard 2003). La France et l'Allemagne apparaissent comme des archétypes, dans la mesure où l'institutionnalisation des préretraites a conduit à une « culture des âges » qui se fonde sur le retrait anticipé du marché du travail. En Allemagne, la politique des préretraites s'est développée de façon spontanée et le gouvernement a répondu au coup par coup aux demandes des entreprises, ce qui a conduit à l'élaboration d'un cadre institutionnel facilitant l'usage des cessations anticipées d'activité (départ anticipé à la retraite, préretraite, invalidité, règle des 59 ans, etc.). Les préretraites se sont moins développées dans le cadre d'une politique de l'emploi volontariste, que comme une stratégie de routine qui s'est progressivement institutionnalisée.

La poursuite de cette politique a été facilitée par le large consensus qui réunissait les différents acteurs politiques, économiques et sociaux. L'institutionnalisation des préretraites découle aussi de leur compatibilité avec le système de protection sociale allemand. Selon la logique bismarckienne, le principe de l'assurance est central et détermine le droit aux prestations sociales. Or les plus de 50 ans sont aussi ceux qui ont travaillé le plus longtemps, et qui ont de ce fait acquis des droits sociaux, qui justifient une indemnisation sur une période longue et permettent de ce fait leur sortie anticipée. Par ailleurs, le modèle de l'homme comme soutien de famille (*male breadwinner model*) est lui aussi déterminant : les préretraites étaient considérées comme un outil de partage de l'emploi entre les générations, qui permettaient de préserver l'accès à l'emploi du travailleur d'âge médian qui avait à sa charge une famille. Le troisième élément qui a permis le développement des préretraites est la volonté d'une protection particulière pour les travailleurs les plus âgés, pour des raisons économiques (ce sont les premiers touchés par le chômage) mais aussi pour des raisons sociales et politiques. Le vieillissement s'accompagne en effet de risques de santé, de fatigue, et d'un sentiment « d'usure ». Dans les années 1970-1980, elles étaient aussi considérées comme une forme de « réparation » pour la génération qui avait subi la deuxième guerre mondiale.

Ces mêmes justifications se retrouvent en France. Cependant, les préretraites ont été appréhendées de façon différente, dans la mesure où elles se sont développées dans le cadre d'une politique de l'emploi à part entière, présentée comme « active » dans les années 1980. L'objectif d'un partage de l'emploi entre les générations a permis de faire des préretraites un instrument pour intervenir à un niveau macro-économique sur les restructurations sectorielles. De même, le développement des préretraites s'est inscrit en parallèle des luttes syndicales qui, à la fin des années 1960, défendaient le principe du « droit au repos » dans les politiques de la vieillesse. Par conséquent, dans les deux pays, le développement institutionnel des préretraites est légitimé par une dynamique qui conduit à l'élaboration d'un construit social. Les préretraites correspondent bien à la conception d'un Etat-providence généreux et interventionniste, au sein duquel la protection sociale constitue un relais qui permet de palier les difficultés de l'emploi. Le principe du partage de l'emploi est fondamental dans l'élaboration de cette politique et son appropriation. En effet, dans un premier temps, partir en préretraite était considéré comme honteux, sentiment qui s'est effacé devant l'idée du « partage » intergénérationnel. Progressivement, les préretraites ont été conçues comme un élément positif, un droit social acquis, revendiqué sur le plan collectif et individuel.

Ces différents éléments ont conduit à l'institutionnalisation d'un sentier de préretraites dont la remise en cause a été perçue comme difficile, voire impossible. Les acteurs politiques ont dès le milieu des années 1980 étaient inquiétés par le coût des dispositifs de sortie anticipée. Si dans les années 1970, il était possible de détourner la politique des retraites pour financer les départs anticipés et en faire un instrument de la politique pour l'emploi, à partir du milieu des années 1980, le vieillissement démographique conduit à la volonté politique croissante de réformer le système de retraite. En 1989, une réforme du système de retraite allemand est adoptée. En France, le débat émerge au début des années 1990, avec le Livre Blanc sur les retraites et la phrase devenue célèbre du Premier ministre, Michel Rocard : « Dans vingt ans, le système va sauter, et il y a de quoi faire sauter les cinq ou six gouvernements qui seront amenés à s'en occuper »[302]. La réforme de 1982 qui a abaissé l'âge légal de la retraite à 60 ans est par conséquent mise en cause, et les acteurs politiques envisagent de « réformer la réforme », ce qui sera partiellement fait en 1993 avec la réforme Balladur.

Le tournant démographique conduit à l'émergence d'une conception problématique des préretraites. Cependant, les propositions de réformes se heurtent d'une part à l'ancrage institutionnel de cette politique, et d'autre part à la difficulté de supprimer l'un des principaux outils de lutte contre le chômage alors que la situation de l'emploi reste critique. De façon systématique, la fermeture d'un dispositif est suivie par l'introduction d'un nouveau, souvent plus généreux, quelques mois plus tard. Ce phénomène de substitution institutionnelle s'explique par la force du construit socioéconomique : dans un contexte de chômage élevé, les préretraites demeurent l'instrument principal de gestion de la main-d'œuvre. Ainsi, les acteurs s'enferrent dans un processus qui pourrait être comparé à un phénomène de « double contrainte » (*double bind*). [303]

Cette notion, issue des théories de la communication, a été proposée par une équipe dirigée par Gregory Bateson, en 1956, pour qualifier une situation dans laquelle deux contraintes s'opposent, assortie d'une troisième qui empêche toute sortie. Gregory Bateson avait élaboré cette notion en s'appuyant sur l'observation des relations mère-enfant à Bali : une mère demandait à son enfant de l'embrasser, mais réagissait par un mouvement de raideur ou de recul lorsque l'enfant s'exécutait. Le discours verbal et le discours corporel étaient contradictoires et il n'y avait pas de moyen de satisfaire l'un sans ignorer l'autre. En ce sens, la double contrainte se présente quand il y a une obligation de choisir dans une situation de choix impossible, qui est assortie de l'interdiction de ne pas choisir. Le terme de « lien » (*bind*) évoque cette situation d'enfermement, dans laquelle l'acteur est pris entre deux ordres impossibles à exécuter avec un troisième ordre qui interdit le refus d'obéissance et tout commentaire sur l'absurdité de cette situation d'ordre et de contre-ordre dans l'unité de temps et de lieu. Ce mécanisme, étudié pour la première fois par l'école de Palo Alto dans les années 1950, a par la suite été intégré dans plusieurs disciplines scientifiques (mécanique, communication, psychologie, philosophie)[304].

Cette notion semble éloignée de notre terrain d'analyse et pourtant nous en retrouvons la dynamique. Dans le contexte du vieillissement de la population et de la réforme du système de retraite, il ne faut plus faire de préretraites, dans la mesure où elles sont le vecteur d'un accroissement des dépenses. Cependant, le chômage de masse justifie l'utilisation des préretraites, qui sont considérées comme l'un des

---

302 « Rétrocontroverse 1991 : que faire des seniors ? », *Le Monde*, 05/08/2007.

304 Cette étude est disponible dans l'ouvrage dirigé par Gregory Bateson, *La nouvelle communication*, qui rassemble aussi un aperçu des travaux de Watzlawick, Goffman et Hall (2000). Les travaux de Michel Foucault (*Les mots et les choses*, 1966), Jacques Derrida (*L'écriture et la différence*, 1967), Harold Searles (*L'effort pour rendre l'autre fou*, 1977) ont sans doute constitué des étapes importantes dans la compréhension de ce mécanisme.

principaux outils de la politique de l'emploi. Cette double injonction conduit à une situation insoluble, qui a pu être qualifiée de « schizophrénie » de l'action publique (Guillemard 2003).

Comment dépasser cette situation de double contrainte ? Nous avons émis l'idée selon laquelle l'Europe participait à une reconstruction de la problématique de l'emploi des travailleurs âgés. En effet, le « vieillissement actif » permet de reformuler le problème et de dépasser cette double injonction. Il ne s'agit plus de faire un choix entre deux priorités, l'emploi ou les retraites, ou de privilégier l'une par rapport à l'autre dans un contexte où le choix est impossible. En fait, la recette du vieillissement actif se présente comme une réponse aux deux problèmes : elle permet d'assainir le financement des retraites et de réintégrer les salariés âgés dans l'emploi. De ce fait, l'Union européenne devient un espace de médiation au sein duquel se co-construisent de nouvelles normes et principes d'action communs qui réorientent le sens des politiques sociales envers les plus de 50 ans.

Le vieillissement actif, un nouveau chemin cognitif européen

L'élaboration de cette réponse s'est faite à différents niveaux et s'inscrit dans le cadre d'une réflexion globale qui a été élaborée sur un temps relativement long. La construction de l'espace économique européen entraîne une transformation des cadres économiques nationaux et exerce une pression sur les politiques nationales de protection sociale. L'UEM et le Pacte de stabilité constituent en ce sens des vecteurs par lesquels l'Union européenne intervient de façon indirecte sur les systèmes de protection sociale. Par un effet d'engrenage, l'influence européenne s'exerce de fait dans ce domaine, qui même s'il relève de la souveraineté nationale, est désormais soumis à des pressions d'adaptation. L'influence « négative » européenne sur les politiques de protection sociale a été mise en avant depuis le début des années 1990 (réformes des retraites, de la santé, de l'emploi...), et s'accompagne de nouvelles normes d'action (limiter les dépenses et les déficits publics, ne plus augmenter les taux de cotisation).

Dans ce contexte, la question de la légitimité de l'Union européenne sur le plan de la protection sociale est source de conflits aux niveaux européen et national. Les pressions économiques européennes exercent une menace sur les systèmes de protection sociale, qui pourrait conduire à une « course vers le bas » en Europe (*race to the bottom*). L'effet indirect généré par la construction de l'UEM conduit par conséquent à un questionnement sur le principe de subsidiarité. Même si l'Union européenne n'a pas la capacité institutionnelle pour intervenir au niveau de la protection sociale, la construction d'un cadre économique commun conduit à une perte d'autonomie des acteurs nationaux dans le secteur de la protection sociale. Une interrogation se pose quant aux implications futures de ce qui apparaît au début des années 2000 comme un « jeu à somme nulle ».

En ce sens, la stratégie européenne de réforme des retraites apparaît comme le vecteur de l'élaboration d'un compromis politique et institutionnel. La méthode ouverte de coordination ne remet pas en cause le principe de subsidiarité, qui est au contraire réaffirmé lors du Traité de Nice. Cependant, elle permet de construire au niveau européen un espace de réflexion et de médiation pour l'élaboration et la diffusion de nouvelles normes d'action communes dans le secteur de la protection sociale. Elle permet aussi de créer un cadre politique qui apporte à l'Union européenne une légitimité pour proposer des orientations d'action dans le champ de la protection sociale. Ces acquis peuvent sembler limités, puisqu'ils se cantonnent à une politique cognitive dont il est et sera difficile de mesurer les effets. Pourtant, ces apports ne peuvent pas être occultés, dans la mesure où ils participent à l'élaboration d'une conception commune de la protection sociale.

Par exemple, depuis le Sommet de Luxembourg, la Stratégie européenne pour l'emploi a permis la diffusion de nouvelles normes d'action, notamment celle de « l'activation » qui vise à renforcer le lien entre protection sociale et emploi. La mise en exergue de cette idée au niveau européen est concomitante aux débats qui se développent au niveau national sur les politiques de *workfare*. Elle participe au cours des années 1990 à la remise en cause des politiques de protection sociale traditionnelles telles qu'elles sont mises en œuvre dans les pays bismarckiens de l'Europe continentale, lesquelles sont qualifiées de « passives ». Progressivement, la notion de « droits acquis » par l'assurance à une indemnisation lors de l'occurrence d'un risque social, en l'occurrence le chômage, est mise en balance avec celles de la « responsabilité » et du « devoir » d'une « recherche active » d'emploi. Il apparaît que le système de protection sociale ne doit pas se limiter à garantir une indemnisation sous forme de transferts mais doit aussi favoriser le retour à l'emploi. Cet objectif se traduit au niveau européen par l'item : « Rendre le système de protection sociale favorable à l'emploi ». Deux expressions s'opposent et traduisent la réflexion qui se construit tant au niveau national qu'au niveau supranational : « *Welfare Without Work* » vs. « *Welfare to Work* ».

Au Conseil européen de Lisbonne, en 2000, « la mise en place d'un Etat social actif et dynamique » est présentée comme « une des transformations nécessaires pour devenir l'économie de la connaissance la plus compétitive et la plus dynamique du monde ». Compte tenu de la persistance du chômage et du vieillissement de la population, la promotion de l'emploi devient l'objectif principal des politiques sociales. L'Union européenne propose un programme d'action pour accompagner la conversion de l'Etat-providence, qui comprend plusieurs objectifs à atteindre dans le domaine des taux d'emploi : 70% pour l'ensemble de la population, 60% pour les femmes et 50% pour les travailleurs âgés à l'horizon 2010. Ces objectifs reflètent une recette de base simple : plus de cotisants et moins d'allocataires sociaux. Elle constitue en ce sens une réponse globale au problème de la crise de l'Etat-providence : « Selon les partisans de l'Etat social actif, la Sécurité sociale devrait revoir la hiérarchie de ses priorités en mettant au premier rang de celles-ci l'intégration ou la réintégration des individus sur le marché du travail. Ce faisant, une réponse semble apportée aux trois dimensions de la crise de l'Etat-providence : assainissement financier, résorption du chômage et enfin mise en phase de la protection sociale avec le paradigme dominant, pour qui le marché fait figure de valeur essentielle » (Cassiers et al. 2005).

La promotion du « vieillissement actif » au moment de l'introduction de la stratégie européenne concertée de réforme des retraites s'inscrit dans la continuité de ce mouvement et donne une nouvelle impulsion au débat sur la réforme des retraites. En effet, pendant la décennie 1990, la polémique s'était principalement développée sur l'opposition entre répartition et capitalisation. Le débat sur les « fonds de pension » cristallisait un conflit politique plus profond sur l'avancée du néolibéralisme en Europe et la remise en cause de la protection sociale au profit de mécanismes individuels et privés. Le « vieillissement actif » offre de nouvelles perspectives, qui apparaissent comme positives, dans la mesure où elles promeuvent l'emploi. Le modèle nordique, cité en exemple au niveau européen, signale de plus la volonté politique de réaffirmer une conception « bénéfique » de l'Etat-providence, qui s'articule dans une dynamique vertueuse entre emploi et protection sociale. En ce sens, la notion de « vieillissement actif » est consensuelle et retient l'attention des Etats membres. Elle permet d'insuffler une nouvelle dynamique dans le domaine de la protection sociale, pour « moderniser et adapter » les politiques nationales aux nouveaux enjeux économiques, démographiques et sociaux. Cette notion reflète de ce fait la volonté des acteurs politiques de passer d'un « jeu à somme négative » à un « jeu à somme positive ».

L'élaboration d'une politique concertée au niveau européen est aussi l'expression d'un « retour du politique », qui renvoie à la question « *Does Politics matter ?* » (Xavier-Merrien 2002). Suite à ses travaux sur les faibles résultats des politiques conservatrices aux Etats-Unis et en Grande-Bretagne (1994), Paul Pierson s'est intéressé au poids du politique (*Politics*) et a élaboré la thèse des « nouvelles configurations de la politique dans le domaine social ». Paul Pierson différencie la période d'expansion des Etats-providence de celle de repli (*Retrenchment*). Au cours de la phase de développement des Etats-providence, l'objectif était d'améliorer les systèmes de protection sociale, en couvrant de nouveaux risques et de nouveaux besoins et en incluant l'ensemble de la population, c'est-à-dire de mettre en place des politiques plus favorables aux intérêts des classes salariées. Dans ce contexte, les politiques partisanes s'affrontaient sur la légitimation politique (« *the old politics of partisan credit claiming* », Pierson 2001). Les acteurs politiques qui soutenaient ce mouvement étaient essentiellement le mouvement ouvrier et les partis politiques de gauche. La deuxième phase est celle du repli, il s'agit d'adapter les politiques sociales à l'économie post-industrielle, ce qui conduit le plus souvent à des coupes budgétaires ou à la réduction de droits sociaux. Paul Pierson différencie au sein des politiques de retrait celles qui sont d'ordre « programmatique » et visent des politiques sociales spécifiques et celles qui sont d'ordre « systémique » et tendent à la réorientation de l'Etat-providence dans son ensemble. Ce processus est porté par les mouvements libéraux et les partis de droite qui deviennent prédominants. Cette analyse est soutenue par Gosta Esping-Andersen qui note que : « les forces sociales qui ont construit les Etats-providence, en particulier les syndicats, les partis socialistes et la démocratie chrétienne semblent avoir perdu de l'importance » (Esping-Andersen 1996, p. 244).

La nouvelle orientation politique repose sur quatre arguments. Le premier est le caractère objectif de la « crise » de l'Etat-providence. Le deuxième est le déclin du rôle des syndicats et des partis de gauche ainsi que des forces politiques engendrées par la croissance de l'Etat-providence. Le troisième concerne l'impopularité des réformes et les stratégies politiques visant à éviter l'échec électoral (*Blame avoidance*). Le quatrième argument énonce que les nouvelles politiques sont dépendantes des politiques passées et des institutions héritées (*Path dependence*), qui tendent à médiatiser et à déterminer le jeu politique. Ainsi, dans les pays où les systèmes de retraite par répartition sont les plus anciens (*earlycomers* comme l'Allemagne ou la France), les réformes semblent impossibles à mettre en œuvre, par contre dans les pays où ils sont plus récents (*latecomers* comme la Grande-Bretagne) les réformes sont plus aisées (Myles, Pierson 2001). L'héritage historique est renforcé par les intérêts et les ressources de ceux qui représentent et soutiennent les institutions. Il a été beaucoup plus facile de durcir le système de l'assurance chômage que celui de l'assurance retraite. Même si dans les deux cas, les droits sociaux apparaissent comme subjectifs, l'ensemble de la population se sent concerné par le droit au repos pendant la retraite, en revanche la majorité espère échapper au chômage. Parallèlement, les défenseurs du droit à la retraite sont plus nombreux et mieux représentés que les défenseurs du droit au chômage, ce qui détermine les capacités de résistance (Gallie, Paugam 2000).

Les références aux cadres cognitifs et normatifs de l'action sont peu présentes dans ces analyses. Néanmoins, comme le note François Xavier-Merrien, « (A priori), l'institutionnalisation du sens, la mémoire historique, l'influence des communautés épistémiques ne jouent absolument aucun rôle dans la reconfiguration des politiques sociales. Cependant, seule la prise en considération des mécanismes de reconstruction sociale de la réalité, du rôle des communautés épistémiques, et plus largement des luttes sociales et symboliques pour la domination expliquent que des idées similaires (capitalisation, « *welfare-to-work* », qui peuvent prêter largement à discussion) inspirent les réformes de l'Etat social au sein de sociétés où les pressions économiques, sociales ou démographiques sont fort différentes » (Merrien 2002).

L'Europe se présente comme un espace qui échappe aux clivages de la politique partisane, mais elle n'est pas pour autant apolitique. Tant les discours que les orientations communautaires reposent en effet sur une orthodoxie économique et budgétaire. Le même consensus économique et politique soutient donc les projets européens. L'appropriation du principe d'activation s'accompagne également d'un questionnement politique : deux conceptions de l'activation s'opposent, la conception libérale, développée dans les pays anglo-saxons qui propose restrictions et sanctions (diminution des prestations sociales considérées comme une « désincitation » à la recherche d'emploi, incitations financières, contrôle et sanctions…), et la conception sociale-démocrate, initiée dans les pays nordiques qui s'articule sur la base d'un renforcement de la protection sociale, perçue comme un levier d'action pour l'emploi (formations, incitations financières, créations d'emplois, notamment d'emplois publics). Au cours des années 1990-2000, les débats politiques se développent sur cette question en Europe et la stratégie de Lisbonne coïncide en ce sens avec la volonté d'introduire une « Troisième voie » en Europe. Au début des années 2000, les gouvernements de centre-gauche sont majoritaires en Europe (Blair, Schröder, Jospin) et promeuvent une option alternative à la seule rigueur budgétaire. Ce mouvement politique participe sans doute à l'appropriation d'une conception de l'activation qui s'articule avec un niveau élevé de protection sociale. Il est probable que ce choix a évolué au cours des années suivantes avec l'arrivée au pouvoir d'une majorité de gouvernements de centre-droit qui ont promu une version plus libérale de l'activation.

Par conséquent, le « vieillissement actif » est une clé de lecture qui permet d'élaborer une autre interprétation de la question des préretraites. Tout d'abord, l'idée « d'un partage de l'emploi » est remise en cause, et l'Europe souligne que les pays qui ont mis en œuvre les préretraites sont aussi ceux dans lesquels les taux de chômage sont les plus élevés, notamment chez les plus jeunes. A travers la notion de « vieillissement actif », elle met l'accent sur une vision dynamique du marché du travail, l'objectif n'est plus de pallier un déficit d'emplois en s'appuyant sur la protection sociale, mais d'utiliser la protection sociale comme un levier pour relever les taux d'emploi. Un processus de remise en cause du construit social des préretraites est mis en œuvre et s'accompagne de l'élaboration de nouvelles normes d'action, par lesquelles l'Europe propose d'impulser un changement paradigmatique.

Cette nouvelle lecture permet donc de dépasser l'impossibilité du choix qui caractérisait le phénomène de double contrainte : à partir du moment où le vieillissement actif tend à maintenir dans l'emploi les salariés âgés, voire à faciliter la création de nouveaux emplois, la justification des préretraites se délite. De même, le consensus social qui présupposait l'introduction des préretraites au cours des années 1970 s'est effrité, puisque l'expérience a montré que l'éviction des salariés âgés n'avait pas permis une remontée des taux d'emplois des plus jeunes. Poussé à l'extrême, ce raisonnement conduirait à l'idée que les préretraites deviennent un élément supplémentaire qui remet en cause l'équité intergénérationnelle : les préretraites n'ont pas permis de résoudre le problème du chômage des jeunes, mais elles constituent une protection particulière pour les travailleurs âgés, lesquels sont aussi ceux qui profiteront de l'âge d'or des retraites et auront des pensions élevées. En ce sens, c'est la même génération qui bénéficie à la fois des préretraites et de retraites généreuses, tandis que les générations suivantes devront faire face à des charges financières élevées sans obtenir les mêmes avantages.

Par conséquent, le « vieillissement actif » devient l'un des éléments clés de la stratégie européenne de réforme des retraites, qui, même s'il ne permettra pas à lui seul de résoudre le problème de financement des retraites, y contribuera. Selon les acteurs européens, relever de cinq ans l'âge effectif de départ à la retraite permettrait de réduire d'un tiers les dépenses de retraite d'ici 2050. Dans ces conditions, l'Union européenne devient le vecteur d'une harmonisation souple des politiques sociales pour les plus de 50 ans, qui sous-tend le processus de réforme dans les Etats membres, en proposant un sens commun de l'action à mener.

Interdit et « transcodage » : la réorientation des politiques nationales

Dans quelle mesure les nouvelles orientations européennes participent-elles à une réorientation des politiques dans ce champ de l'action publique en France et en Allemagne ? Notre troisième hypothèse de recherche tend à répondre à la question de l'impact des préconisations européennes sur les politiques nationales : la participation de l'Allemagne et de la France à l'élaboration d'une nouvelle matrice sectorielle au niveau européen induit, pour chaque Etat et de manière propre, le réajustement des politiques nationales.

Les orientations européennes en matière de retraite et de vieillissement actif répondent aux problématiques nationales. A partir du moment où des Etats membres prennent des engagements au niveau européen, ils sont soumis à une pression d'adaptation, d'autant plus forte que l'écart est important (*fit/misfit*, Cowles et al. 2000). Or, depuis le début des années 2000, on observe un processus de changement dans les deux pays, qui s'appuie sur une volonté politique forte d'insuffler un nouveau sens de l'action publique vis-à-vis des travailleurs âgés de plus de 50 ans. Dans les deux pays, la notion de « vieillissement actif » est au cœur des débats et constitue un levier d'action pour sortir du sentier des préretraites. En Allemagne, le processus a débuté en 2000, dans le cadre de l'Alliance pour l'emploi, qui a annoncé un « changement de paradigme » dans ce champ de l'action publique. Puis, les Commissions Hartz et Rürup ont en 2002 renforcé cette idée en proposant de nouvelles orientations d'action. L'adoption des Lois Hartz a permis d'initier un nouveau mouvement dans le champ de l'emploi, qui s'appuie sur des mesures actives pour les plus de 50 ans. De même, le relèvement de l'âge de la retraite à 67 ans, préconisé par la Commission Rürup, a, après de nombreux débats et malgré les réticences des syndicats, été intronisé par la loi de réforme des retraites adoptée en mars 2007. En France, la loi de réforme des retraites de 2003 a aligné la situation des régimes des fonctionnaires du service public sur le secteur privé et a introduit un nouvel allongement progressif de la durée de cotisation nécessaire pour obtenir une retraite pleine. De façon systémique, la loi de réforme des retraites a inscrit la question de l'emploi des seniors sur l'agenda politique et a invité les partenaires sociaux à se saisir de cette question. L'ANI de 2003 sur la formation tout au long de la vie, puis celui de 2005 sur l'emploi des seniors, ont montré l'implication des partenaires sociaux sur cette question. Le Plan national concerté pour l'emploi des seniors constitue sans doute un point d'aboutissement dans ce processus, dans la mesure où il rassemble les différents axes d'action (campagne de communication, limitation des préretraites, maintien dans l'emploi des plus de 50 ans et développement des deuxièmes parties de carrière, réintégration dans l'emploi des demandeurs d'emploi de plus de 50 ans). La réforme de 2010 a renforcé ces orientations en relevant l'âge de départ à la retraite à 62 ans. La « réforme de la réforme » lancée par François Hollande en 2012 apparaît en ce sens surprenante, dans la mesure où elle suppose un retour en arrière. Cependant, au-delà des implications politiques qu'elle suppose, elle est sans doute plus proche de la réalité actuelle de l'emploi des travailleurs âgés. Et elle ne remet pas officiellement en cause la volonté politique d'une action politique dans le champ de l'emploi des seniors. Cependant, nous ne pouvons nier l'hypothèse que cette mesure conduise à l'introduction d'un nouveau sentier de préretraite.

Ainsi, au cours des dernières années, les gouvernements ont dans les deux pays annoncé et impulsé un changement de paradigme dans le secteur des préretraites. Les différentes réformes introduites dans les champs des retraites et de l'emploi visent à allonger la durée de la vie active, à limiter et à cibler les dispositifs de préretraite, et à introduire des mesures « actives » pour favoriser le maintien dans l'emploi ou la réinsertion des plus de 50 ans (formation tout au long de la vie, incitations financières, accompagnement personnalisé des chômeurs de plus de 50 ans, contrats de travail à durée déterminée…). Cette évolution montre que les réformes sont possibles, y compris dans ce qui apparaissait en Europe continentale, comme une situation figée (*Frozen Landscape*), mais que les systèmes bismarckiens de protection sociale se transforment de façon séquentielle, les réformes passées ouvrant de nouvelles opportunités (Martin, Palier 2008).

Quelle place a l'Europe dans ce processus ? Les similarités sont fortes, tant en termes de calendrier qu'en ce qui concerne la logique des orientations de réforme. Pourtant, les acteurs nationaux ont une position ambivalente par rapport aux préconisations européennes. Dans le secteur des retraites, les acteurs nationaux affirment leur indépendance par rapport à l'Europe. Il apparaît que le calendrier européen, insufflé dans le cadre de la MOC, a posé problème aux acteurs nationaux. Dans un contexte où la population est eurosceptique, et où les acteurs sociaux réaffirment le principe de subsidiarité, les préconisations européennes en matière de retraite sont apparues comme intrusives. En France, notamment, les acteurs politiques ont craint un impact négatif lié à la perception par l'opinion d'un « diktat européen », qui aurait pu être un élément de blocage des réformes. Ainsi, les injonctions européennes sont apparues moins comme une ressource que comme une contrainte sur le plan politique.

Plusieurs éléments permettent d'expliquer cette prise de position. Sur le plan cognitif, les acteurs nationaux ont estimé que les apports européens étaient limités et qu'ils disposaient de suffisamment d'éléments en raison de la multitude des rapports. Sur le plan politique, ils ont fait le choix de ne pas faire référence à l'Union européenne, se détachant ainsi de l'Italie qui avait utilisé au début des années l'élément européen comme une « contrainte extérieure » (*Vincolo Esterno*), pour justifier la réforme des retraites. En raison de la sensibilité politique du sujet, l'Union européenne est en ce sens apparue en creux, sous la forme d'un interdit ou inter-dit. Si le gouvernement n'a pas fait référence à l'Union européenne dans le processus de réforme, les partenaires sociaux ont pour leur part estimé que l'Europe était présente dans les débats, et apparaissait en creux dans les exigences de maîtrise des dépenses et des déficits publics, mais aussi dans la mesure où certaines options étaient écartées, notamment l'augmentation des taux de cotisation. L'Europe semble aussi être apparue comme inter-dit, dans la mesure où les vocables européens transparaissent dans les débats nationaux et dans les réformes.

Dans le secteur de l'emploi, la situation est différente, dans la mesure où les acteurs nationaux font référence à l'Europe de façon explicite dans le processus de réforme. Cela peut s'expliquer par le fait que la MOC y est plus ancienne, institutionnalisée, et que les acteurs ont pris l'habitude de ce processus. D'autre part, dans le champ de l'emploi, la référence européenne a une connotation positive, l'Europe est en effet considérée comme un levier d'action pour favoriser l'emploi. Progressivement, les mesures actives se développent en France (PARE, RMA) et en Allemagne (*Job-Aktiv Gesetz,* Lois Hartz) à partir des années 2000, et signalent une réorientation de l'action publique dans son ensemble. De ce fait, l'introduction du « vieillissement actif » s'inscrit dans la continuité d'un changement paradigmatique dans les différents secteurs. Dans ce contexte, l'Europe apparaît comme une ressource sur le plan cognitif et politique. En Allemagne, les acteurs politiques ont utilisé les PNAE dans le cadre de la préparation des Lois Hartz, de même, l'Europe est apparue dans la négociation et l'arbitrage final qui a conduit à retirer de la loi le système des « ponts d'argent » vers la retraite (*Brückengeld*). En France, les objectifs de Stockholm et de Barcelone ont été pris en compte dans les réflexions et apparaissent dans les textes de réformes (ANI 2003 et 2005 ; Plan national concerté pour l'emploi des seniors 2006-2010). De plus, l'expérience de la Finlande a été utilisée pour insuffler un changement paradigmatique, dans la mesure où elle montre qu'il est possible de sortir du sentier des préretraites, et d'obtenir des résultats sur un temps relativement court. De même, les acteurs nationaux se sont inspirés des instruments d'action mis en œuvre en Finlande, lesquels sont présents notamment dans le Plan national concerté pour l'emploi des seniors de 2006 (campagne de communication, formation tout au long de la vie, mesures actives, baromètre du changement...).

Les acteurs nationaux soulignent cependant les risques inhérents à ce changement radical qui renvoie aux choix sociaux, et donc aux fondations de l'Etat-providence. Les préretraites étaient l'une des principales recettes pour rendre les restructurations socialement moins douloureuses. Alors que la crise économique est plus que jamais d'actualité, on peut se demander quelles seront les conséquences de la suppression de l'amortisseur social que constituent les préretraites. De plus, dans des pays où la culture des préretraites est profondément institutionnalisée, les nouvelles orientations politiques restent bloqués face aux pratiques d'éviction des seniors et conduisent à de nouveaux phénomènes de substitution, dans les secteurs du chômage et de l'assurance maladie.

Enfin, si l'objectif est de maintenir dans l'emploi les seniors, la question non résolue porte sur la qualité de ces emplois. Dans les deux pays, l'accent est mis sur la formation toute au long de la vie, qui apparaît comme le levier d'action principal pour prévenir les risques d'exclusion du marché du travail. Cependant, la formation n'offre pas une solution à court terme. Les débats ont dans les deux pays opposé les partenaires sociaux sur le sujet des « emplois-vieux », c'est-à-dire des contrats à durée déterminée qui diminuent le coût et l'engagement des entreprises vis-à-vis de ce groupe d'âge, mais qui sont associés à un risque de précarisation. Le débat sur la pénibilité et la sécurisation de l'emploi en France souligne aussi l'enjeu social, en mettant l'accent sur l'accès à un droit à réparation, pour ceux qui ont eu une carrière longue et des conditions de travail difficiles. Les résistances concernent moins l'orientation générale des politiques pour l'emploi des seniors que ses modalités et expriment une inquiétude globale par rapport au principe de l'activation. L'Etat social actif est en effet marqué par l'ambivalence, puisqu'il peut potentiellement emprunter deux voies très différentes, qui sont illustrées par les trajectoires d'une part des pays nordiques et d'autres part des pays anglo-saxons. Or, le contexte politique a changé, avec dans les deux pays l'arrivée au pouvoir de gouvernements de centre-droit. Ainsi, le débat sur l'activation a pris une importance accrue, dans la mesure où il peut être le vecteur « d'une sortie par le haut » de la crise de l'Etat-providence, ou devenir à l'inverse le vecteur d'une « dérive » vers un système de protection sociale, qui se limiterait à un filet de sécurité (Cassiers, Reman 2007, p. 24).

Cette ambivalence s'exprime dans les débats politiques qui se développent dans les deux pays sur les valeurs de solidarité dans l'ensemble de ce processus de reconfiguration de l'Etat-providence. Cette réflexion touche en ce sens, non seulement les travailleurs âgés, mais aussi les autres groupes prioritaires : les jeunes, les femmes et les bénéficiaires des revenus sociaux. Elle participe au problème de l'avènement de « nouveaux risques sociaux », et à la façon dont l'Etat-providence continental y répond (Mandin, Palier 2003). Le principe de l'activation est un facteur de relance des débats : certes, le fonctionnement « passif » est mis en question, et le principe « actif » est au cœur des réformes, toutefois il reste à définir comment articuler cette norme avec les valeurs politiques et enjeux sociaux du système de protection sociale.

Les difficultés méthodologiques : comment appréhender une politique cognitive ?

Pour réaliser cette recherche, nous avons mobilisé différents outils théoriques et méthodologiques qui nous sont apparus complémentaires par rapport à notre objet. Tout d'abord, nous nous sommes appuyés sur l'approche institutionnaliste pour montrer comment un « sentier de préretraite » s'était progressivement élaboré en France et en Allemagne. De même, nous avons souligné les phénomènes de résistances et de substitutions institutionnelles qui constituaient des freins au changement et avaient conduit à un blocage des réformes. Cependant, malgré les « viscosités institutionnelles », des transformations incrémentales ont été introduites au cours des années 1990, qui au moment où elles ont été mises en place, se présentaient comme marginales mais ont un effet sur le long terme, et constituent par ailleurs un point d'appui pour les réformes qui ont eu lieu au cours des années 2000. Ainsi, dans les deux pays, l'allongement de la durée de cotisation nécessaire pour obtenir une pension à taux plein, et l'alignement des conditions d'accès à la retraite pour les différents groupes sociaux (salariés du secteur public en France, femmes et chômeurs en Allemagne), implique de résoudre rapidement le problème des préretraites et justifie l'introduction de réformes en profondeur dans ce secteur.

Le deuxième type d'outils mobilisés relève du courant de l'européanisation des politiques publiques. Dans un premier temps, nous nous sommes positionnés par rapport aux deux approches principales : l'intergouvernementalisme et le néo-fonctionnalisme. Selon la première, les Etats restent premiers et les accords conclus au niveau européen ne mettent pas en cause leur autonomie et leur souveraineté. Selon la deuxième, la construction européenne conduit progressivement à un transfert de compétences du niveau national au niveau européen. Un effet d'engrenage conduit à un accroissement progressif des compétences européennes qui se développent de fait d'un secteur à l'autre. Nous avons montré que l'inscription de la question des retraites sur l'agenda communautaire découlait d'un effet d'engrenage. En effet, la construction économique et monétaire a eu un impact indirect sur les systèmes de protection sociale. De plus, les acteurs économiques européens ont souligné le problème de la « soutenabilité financière » des systèmes de retraite, et les conséquences négatives de l'augmentation des dépenses de retraite sur les déficits publics. L'Union européenne a de fait acquis une légitimité à intervenir dans ce secteur, même si en fonction du principe de subsidiarité, il ne relevait pas de sa compétence. Cependant, la méthode de gouvernance choisie, la MOC, s'inscrit dans une perspective intergouvernementaliste. Le principe de subsidiarité a été réaffirmé, et l'espace européen se limite à être un lieu d'échange des expériences et des bonnes pratiques entre les Etats membres. L'objectif n'est pas l'harmonisation mais la coordination des politiques nationales, l'Union européenne se cantonnant à favoriser l'émergence et la diffusion de nouvelles idées et à jouer un rôle d'arbitre par rapport au respect des nouvelles normes d'action. En ce sens, la formulation d'une politique européenne en matière de retraite ne s'accompagne pas d'un accroissement des compétences institutionnelles de l'Europe.

Dans ce contexte, la politique européenne en matière de retraite fonctionne sur un mode cognitif et normatif, dont l'objectif est de conduire à une convergence souple des politiques nationales. De ce fait, nous avons été conduits à utiliser les outils de l'approche cognitive des politiques publiques. Comment étudier une politique cognitive et, surtout, comment mesurer son impact ? Cette problématique renvoie aux difficultés fréquemment rencontrées dans le cadre d'études qui utilisent les outils de l'approche cognitive.

La première difficulté est sans doute d'établir un lien de causalité à partir des idées. Ainsi, l'ouvrage de Max Weber, *L'Ethique protestante et l'esprit du capitalisme*, explique le développement du capitalisme à partir du milieu du XVIIIe siècle par le développement parallèle de l'ethos protestante et plus particulièrement puritaine (Weber 1964). Max Weber montre que la Réforme a permis à ses adeptes de dépasser le tabou du travail (considéré comme avilissant chez les catholiques), en invitant les croyants à faire pénitence devant Dieu par le travail et en accumulant les richesses, sans toutefois pouvoir en jouir. L'éthique protestante a ainsi favorisé l'essor de l'esprit capitaliste en Europe du Nord. Cependant, il est difficile de présenter cette évolution sous la forme d'un déterminisme causal, le développement parallèle de l'éthique protestante et du capitalisme laisse plutôt supposer une interaction qui est source d'auto-renforcement.

Nous avons retrouvé cette difficulté. A priori, nous pouvions appréhender l'Union européenne comme variable indépendante, qui influerait sur les variables dépendantes, c'est-à-dire les politiques nationales. Sur le plan théorique, supposer un tel lien permet d'avoir une lecture simplifiée du processus. Néanmoins, l'influence européenne ne s'exerce pas sur un mode institutionnel mais sur un mode cognitif et normatif. Et il est extrêmement difficile d'identifier un mouvement de causalité des idées. De plus, si cette articulation supporte l'examen des faits, puisque les réorientations nationales sont en continuité avec les préconisations européennes, elle devient problématique lorsqu'on aborde l'analyse du discours des acteurs.

Le rejet du terme « d'influence » par les acteurs, qu'ils soient européens ou nationaux, nous a intéressé, au-delà de la question de l'arbitrage politique, dans la mesure où il s'articulait avec une volonté politique de penser autrement les interactions entre le niveau national et le niveau européen. En effet, la MOC présuppose une prise de distance par rapport à la notion classique d'européanisation, dans la mesure où elle suggère moins un lien vertical (*top-down*) entre Union européenne et Etat membres, qu'un développement des relations horizontales et bilatérales entre les différents Etats membres. Ce fonctionnement est ambivalent, puisque les « bonnes pratiques » sont identifiées au niveau européen, selon leur compatibilité avec les objectifs européens, ce qui signifie qu'en dernière lecture, c'est l'Europe qui définit ce qu'est « une bonne politique ». Néanmoins, cette méthode de gouvernement favorise surtout au niveau national le recours à la comparaison avec d'autres pays et l'ouverture à d'autres façons de faire.

Sous cet angle d'attaque, une influence européenne est identifiable, reconnue et même revendiquée par les acteurs nationaux. En ce sens, la référence à l'Europe découle essentiellement d'un choix des acteurs, qui l'utilisent moins dans l'objectif de se conformer aux normes européennes, que pour renforcer une orientation des politiques nationales. L'Europe apparaît dans ce champ comme une ressource ou un levier d'action, mobilisée par les acteurs selon leurs besoins dans les processus d'élaboration des diagnostics, de justification des nécessités de changement, de source d'inspiration pour les orientations de réformes, voire de moyen de négociation.

Pour montrer cette ambivalence entre secteurs des retraites et de l'emploi, nous avons élaboré une lecture topologique de ce processus, en retraçant l'itinéraire des idées dans différents lieux ou « espaces de médiation ». Nous nous sommes appuyés sur les travaux de Peter Hall, Bruno Jobert et Pierre Muller qui ont mis en exergue les notions de « paradigme » et de « référentiel » pour expliquer le rôle des idées dans le changement de politique publique. Nous avons aussi utilisé les outils « cognitifs » proposés dans le cadre du courant de l'européanisation des politiques publiques. Par exemple, Bruno Palier et Guiliano Bonoli ont mis en avant le processus d'une coordination souple des politiques sociales, qui par le biais d'une influence européenne, qui s'exerce sur un mode cognitif et normatif, conduit à un « cheminement commun des réformes » (Bonoli, Palier 2000). Par conséquent, l'Europe propose « une grille de lecture commune », qui permet de comprendre « le sens » des réformes (Palier 2006). De même, nous avons mobilisé les outils proposés par Claudio Radaelli (2001), Kerstin Jacobsson (2001, 2005) et Philippe Pochet (2005b) pour étudier le fonctionnement de la MOC et l'impact cognitif des politiques européennes : mimétisme, catalyseur, levier, diffusion, pollinisation, apprentissage, styles et façons de faire…

En ce qui concerne les entretiens, nous nous sommes essentiellement appuyés sur la méthode utilisée par Pierre Bourdieu (Bourdieu 1993). Cela signifie que comme Pierre Bourdieu l'a fait dans *La misère du monde*, nous avons, pour souligner le langage des acteurs, montrer les phénomènes de double contrainte et les contradictions de leurs discours, mais aussi leurs difficultés à parler du sujet tabou qu'est l'européanisation des politiques de retraite, choisi de retranscrire tels quels les entretiens, en les commentant au minimum.

Ces différents outils nous ont semblé complémentaires pour comprendre les différents mécanismes inhérents à notre terrain. D'une part, la notion de « paradigme » permettait d'illustrer la façon dont un changement de troisième ordre était introduit dans ce secteur de l'action publique (modification des buts et objectifs, des instruments et de leur niveau d'utilisation). D'autre part, la notion de « référentiel » nous a été utile pour proposer une explication de la dynamique de ce changement, c'est-à-dire l'adaptation entre niveau global et niveau sectoriel. Elle nous a aussi semblé importante pour comprendre le rôle des acteurs dans ce processus de « transcodage » : nous avons choisi d'évoluer de la notion de « médiateur » vers celle « d'espace de médiation », pour souligner d'une part les controverses entre différents groupes d'acteurs, et d'autre part pour illustrer la façon dont les idées européennes transparaissaient au cours des réflexions menées dans le cadre des *think tank* ou réseaux, plus qu'elles n'étaient diffusées ou véhiculées par certains acteurs.

Si l'Europe est l'un des vecteurs de l'introduction d'un nouveau référentiel sectoriel, ou d'un nouveau paradigme selon la terminologie utilisée, son appropriation au niveau national est conditionnée par la nécessité d'un « transcodage », qui est l'œuvre des acteurs nationaux. Dans les deux pays, des commissions ont été introduites en amont du processus de changement, et ont eu une fonction de « *think tank* » ou « boîtes à idées », qui promeuvent les idées du « vieillissement actif » et de la « formation tout au long de la vie ». En Allemagne, la Commission Hartz a permis de faire avancer les réflexions sur le thème de « l'activation », et a été à l'origine des propositions de loi pour les travailleurs âgés de plus de 50 ans. De même, la Commission Rürup a contribué à introduire l'idée de vieillissement actif et a proposé de relever l'âge légal de la retraite à 67 ans. Ces nouvelles normes d'action, qui s'inscrivent dans la continuité des orientations européennes, ont permis de concrétiser la décision de l'Alliance pour l'emploi, d'insuffler un « changement de paradigme » vis-à-vis des plus de 50 ans.

En France, le COR a joué un rôle important pour l'appropriation de la notion de « vieillissement actif ». Cette instance de concertation, créée pour réfléchir à la réforme des retraites, a été le vecteur d'un changement paradigmatique, qui s'est articulé autour de la construction d'un nouveau consensus social sur le vieillissement actif. Ces différentes instances peuvent être considérées comme des espaces de médiation, qui ont favorisé la construction de nouveaux réseaux d'acteurs issus d'horizons différents (politiques, chercheurs, partenaires sociaux) et ont pris en compte la thématique nouvelle du vieillissement actif quand elle leur était utile. C'est en effet dans le cadre des réflexions et discussions entre acteurs que les idées européennes transparaissaient, contribuant à la création d'un nouveau cadre cognitif commun.

Le processus de « médiation » renvoie par conséquent aux travaux de Bruno Latour, qui différencie « intermédiaire » et « médiateur » : « Un intermédiaire désigne, dans mon vocabulaire, ce qui véhicule du sens ou de la force sans transformation : définir ses entrées, ses inputs suffit à définir ses sorties, ses outputs. A toutes fins utiles, on peut considérer un intermédiaire non seulement comme une boîte noire, mais comme une boîte noire qui compte pour un, même si elle se compose intérieurement de plusieurs parties. En revanche, on ne saurait comptabiliser des médiateurs comme de simples unités ; ils peuvent compter pour un, pour zéro, pour de grands nombres, ou pour une infinité. Leur input ne permet jamais de prédire vraiment leur output : il faut à chaque fois prendre en compte leur spécificité. Les médiateurs transforment, traduisent, distordent, et modifient le sens ou les éléments qu'ils sont censés transporter » (Latour 2006, p. 58).

L'appropriation des idées : l'élaboration d'une terminologie nationale

Active Ageing, Life course, Lifelong Learning, ces trois notions-clés se retrouvent de façon récurrente dans les textes et les discours proposés par les acteurs européens. De même, ils sont présents à partir du début des années 2000 dans les discours des acteurs nationaux.

En Allemagne, les acteurs utilisent le vocable « *Active Ageing* » ou sa traduction « *Aktiv Altern* ». En continuité, d'autres notions se développent, telles que « *Lebensbegleitenden Lernen* » (formation tout au long de la vie), « *Lebenslauf* » (cycle de vie), « *Lebensphasen* » (étapes de vie), « *Altersgrenzen* » (frontière de l'âge) ou « *die zweite Lebenshälfte* » (deuxième partie de la vie). Elles s'articulent pour illustrer la construction d'un nouveau paradigme (*Paradigmwechsel* ou *Bedeutungswechsel*) vis-à-vis des « travailleurs âgés ». Plusieurs notions sont utilisées pour désigner les salariés de ce groupe d'âge : « *ältere Arbeitnehmer* » (travailleurs âgés), « *die Senioren* » (les seniors), « *die Fünfziger/ 50er* » (quinquagénaires). Simultanément, en France, une nouvelle terminologie se développe : « cycle de vie », « parcours de vie », « deuxième moitié de carrière », « vieillissement actif », « formation tout au long de la vie », « emploi des seniors », « gestion des âges »… Les acteurs cherchent une terminologie adaptée pour qualifier ce groupe d'âge : « les travailleurs âgés », « les travailleurs expérimentés », « les seniors », « les quinquas/quinquaes »… Un nouvel idiome se développe ainsi pendant les années 2000. Ce langage illustre la réflexion politique qui se développe sur ce thème. La diffusion d'une nouvelle terminologie nous a interrogé à deux niveaux : d'une part, elle signale une interaction cognitive entre le niveau national et le niveau européen, d'autre part, elle reflète le processus de déconstruction/reconstruction de la conception sociale et politique des travailleurs de plus de 50 ans. L'introduction de la notion de « vieillissement actif » (*Active Ageing*) en France et en Allemagne à partir de 2001 est étonnante, dans la mesure où elle apparaît comme étrangère. En Allemagne, c'est le terme anglais, *Active Ageing*, qui est plus fréquemment utilisé par les acteurs au début de la décennie. En France, la notion de « vieillissement actif » surprend et certains acteurs se sont interrogés sur son origine. Nous nous sommes de ce fait attachés à retranscrire l'itinéraire des mots, entre niveau supra-national et national, en nous appuyant sur les travaux de la sociologie de la traduction. Michel Callon et Bruno Latour ont en effet montré dans leurs travaux l'importance des phénomènes de traduction et la formation de réseaux (acteurs-réseaux) dans ce processus, en s'appuyant notamment sur le cheminement des objets et des discours (Callon 1986, Latour 2005).

Les auteurs mettent en avant la complexité du processus de traduction, qui conditionne la possibilité de formation d'un réseau d'acteurs. En effet, une opération de repérage est indispensable à toute action de changement consistant à faire la part dans une situation de ce qui unit et de ce qui sépare, ce qui conduit à la formulation d'une interrogation qui réunit les acteurs concernés, et à faire passer chaque entité d'un contexte d'une position singulière à travers une acceptation de coopération, c'est-à-dire en fait à la constitution d'un réseau. Cette problématisation ne peut être assurée que par un traducteur dont le rôle est accepté par les protagonistes du réseau, et ceci d'autant plus que la problématisation est le fruit d'un travail collectif. Ainsi, Michel Callon écrit : « Si l'apprenti traducteur s'exprime d'un lieu illégitime aux yeux des autres actants de la situation alors c'est moins la qualité de ce qui sera dit que le lieu d'où elle sera formulée qui importera. On a là une confirmation de l'absence d'essence d'un fait comme énoncé ; sa qualité n'est pas dans son contenu mais dans son processus d'énonciation ou de production » (Callon, 1986). Les auteurs s'intéressent de ce fait à la notion « d'entre-définition », qui renvoie à une sorte de dialectique qui s'instaure entre le fait et le réseau. Le fait est donné par le réseau qui le porte, lequel n'existe que par le fait autour duquel il se forme. Et par suite, la robustesse du fait dépend de l'irréversibilité du réseau, elle-même liée au degré d'ancrage du fait. Une fois le réseau constitué autour du fait, le fait gagne en réalité.

Comment s'effectue la « traduction » ou le « transcodage » des idées européennes au niveau national ? Nous retrouvons la même problématique de la médiation, l'intermédiation, l'interprétation dans cette notion d'« entre-définition ». Au-delà d'un aspect rhétorique, selon lequel il convient de reconstruire une terminologie positive et dynamique, pour accompagner un changement paradigmatique, en passant par exemple du qualificatif « d'usé » à celui « d'expérimenté », en transformant la notion de « fin de carrière » en « deuxième partie de carrière », de « travailleur vieillissant » au « senior », le travail sur les mots renvoie à l'introduction d'une nouvelle herméneutique. C'est en effet le signe qu'une nouvelle interprétation de la question des travailleurs âgés de plus de 50 ans se construit, dans l'objectif de déboucher sur une autre catégorisation sociale des rapports entre âge et travail. En France, le processus de médiation a ainsi conduit à une réappropriation nationale du problème, qui a été actée par le passage progressif de la notion de « vieillissement actif » à celle « d'emploi des seniors ». L'appropriation de cette problématique et l'élaboration d'un lexique identifié tend ainsi à signaler « une stabilisation de la controverse » (Latour 2006).

Sortir du sentier des préretraites : une confirmation des principes de reconstruction de l'Etat-providence

Les stratégies mises en œuvre dans les deux pays comportent des points communs et des différences. L'Allemagne est intervenue plus tôt, et a agi davantage par l'intermédiaire de mesures incrémentales notamment dans le cadre de la réforme de son système de retraite, qui ont par la suite été complétées dans le champ de l'emploi (Lois Hartz, Initiative 50plus, Programme INQAL). La France est intervenue de façon tardive, et la réforme des retraites de 2003 a été une étape essentielle qui a permis de sortir du blocage des réformes et a donné une impulsion dans le champ de l'emploi (ANI de 2003 et 2005, Programme national concerté pour l'emploi des seniors 2006-2010, Plan pour l'emploi des seniors de 2012). En Allemagne, le ministre du travail et des affaires sociales de la grande coalition, Franz Müntefering, a mis fin au financement public des préretraites le 1er janvier 2007. Depuis lors, ne subsistent que les cas antérieurs qui bénéficient encore du système, ou éventuellement des préretraites financées à 100% par les entreprises. Mais celles-ci doivent être rares : en raison du manque de main-d'œuvre qualifiée, le patronat cherche à conserver les salariés les plus âgés, et non à les faire partir. Avec la crise économique de 2009, la DGB a tenté de rouvrir le dossier en vain. Cependant, la situation n'est peut-être pas aussi claire qu'elle le semble. En effet, les préretraités ont disparu des statistiques officielles, et il apparaît aujourd'hui qu'une proportion non négligeable des travailleurs âgés allemands se trouvent dans une situation préjudiciable. Confrontés aux « emplois-vieux », au chômage et à une posssible résurgence de la pauvreté.

En ce sens, on observe effectivement un changement de paradigme dans ce secteur de l'action publique, qui a conduit à une transformation des objectifs ou buts et des moyens et instruments d'action. Ce changement radical pourrait être interprété comme instaurant une rupture par rapport à une approche institutionnaliste. Pourtant, le poids des institutions est toujours présent et constitue un facteur de résistance au changement. En France, le mouvement global de réforme conduit à une limitation et un ciblage des dispositifs de préretraite publics, mais celui-ci s'accompagne d'une hausse des bénéficiaires âgés dans les dispositifs de l'assurance chômage et de l'assurance maladie. Par conséquent, si le changement politique est tangible, les gouvernements restent prudents quant aux risques de substitution institutionnelle, qui tendent à conforter les pratiques et attitudes des différents acteurs. Le deuxième facteur d'inquiétude est lié à l'émergence de nouveaux risques sociaux pour cette classe d'âge, dans la mesure où le changement de paradigme conduit à une remise en cause de leurs avantages acquis.

Faire abstraction de l'Europe et des organisations internationales aurait donc conduit à avoir une perspective d'analyse tronquée, même si la difficulté a été de retracer sur le plan sociologique ce processus d'européanisation souple, qui s'exerce sur un mode cognitif et normatif. Notre stratégie de recherche a été moins de prouver une « influence européenne », c'est-à-dire indirectement une redistribution des pouvoirs entre niveau national et européen, que de partir des politiques nationales, pour étudier comment les acteurs nationaux avaient choisi ou non, à certains moments, de mobiliser les ressources européennes. L'étude de ce processus politique montre ainsi comment l'Europe alimente les réflexions nationales, sans que celles-ci perdent de leur spécificité. Par conséquent, dans ce champ de politique publique, l'interaction ne se présente pas comme un rapport de subordination, les politiques nationales étant sommées de s'adapter aux préconisations européennes. L'objectif semble plutôt être, conformément à la stratégie de Lisbonne, de parvenir à une co-construction, qui facilite une sortie par le haut de la crise des préretraites. Le recours aux expériences menées dans d'autres pays est aussi symptomatique d'une évolution des styles de politiques publiques et de l'introduction d'une nouvelle méthodologie d'action fondée sur l'ouverture et la comparaison.

Aussi, ce sujet participe à une réflexion sur les réponses apportées en Europe continentale à la crise de l'Etat-providence, ou « Etat social sans travail ». Que ce soit dans les débats, les discours ou les entretiens, les acteurs nationaux ont réaffirmé leur attachement au système bismarckien, et leur volonté d'en préserver les principales caractéristiques, notamment un taux de protection sociale élevé. Cependant, ils s'accordent sur la nécessité, tout en préservant la logique bismarckienne, d'adapter le système, et reconnaissent ses manques, notamment à prendre en compte certains groupes sociaux (jeunes, femmes, exclus, chômeurs de longue durée…). En ce sens, la logique du système est remise en cause non seulement au regard du coût, mais aussi de son inadéquation face aux transformations sociétales, qui dans un monde postindustriel favorisent l'émergence et le développement de nouveaux risques sociaux.

Au cœur de ces stratégies se pose la question non résolue de valeurs jusqu'alors fondamentales et dont la stabilité a été remise en cause : la solidarité, la justice et l'égalité. En situation de crise, la politique apparaît plus que jamais comme la science des choix, qui relèvent de l'ordre du savoir et du pouvoir mais aussi de celui des valeurs. Dans un monde globalisé, les pratiques de politiques publiques ont changé et nous ne pouvons occulter la façon dont émerge progressivement un paradigme libéral de la protection sociale.

Annexes

Annexe 1: Liste des entretiens

Annexe 2: Liste des sigles

Annexe 3: Age légal de départ à la retraite dans les pays de l'OCDE en 2011

Annexe 4: Données internationales

Annexe 5: Le développement des voies de sortie anticipée en Allemagne

Annexe 6: Les préretraites en France

Annexe 7: Chronologie des principales mesures prises pour les travailleurs âgés en Allemagne et en France

Annexe 8: Exemple d'entretien

Annexe 1. Liste des entretiens

Mme Céline Allard-Prigent, Ministère de l'économie et des finances, Secrétariat général de la commission économique de la nation, Direction de la prévision, Paris, le 16/04/2001.

M. Alexander Böhne, BDA, Responsable du service « Betriebliche Personalpolitik », Berlin, le 16/03/2003.

M. Raoul Briet, Président du Comité de la protection sociale, Cour des comptes, Paris, le 05/03/2001.

Mme Anne-Marie Brocas, Secrétaire générale du Conseil d'orientation des retraites, Paris, le 27/01/2004.

M. Laurent Caussat, sous-directeur de la DRESS, membre du Comité de protection sociale, Paris, le 15/01/2004.

M. S. Chomel, Délégation aux affaires européennes et internationales, Paris, le 02/01/2004.

M. Thierry Christophoul, Directeur du service international, Caisse des Dépôts et Consignations, Branche retraites, Paris, le 06/12/2000.

M. Godefroy de Colombes, Chargé de mission, MEDEF, Paris, le 11/07/2003.

M. Declan Costello, Commission européenne, Direction Générale économie et finances, Bruxelles, le 05/02/2001.

M. Xavier Coyer, Bureau des affaires européennes et internationales, DGAS (Direction générale des affaires sociales), Ministère de l'emploi et des affaires sociales, Paris, le 23/12/2003.

M. Bernard Devy, Secrétaire confédéral de FO, Paris, le 11/07/2003.

M. Bernard Ebbinghaus, Chercheur en Science politique, Institut Max-Planck, Cologne, le 06/01/2003.

M. Claude Evin, Député de la Loire atlantique, Groupe socialiste, Paris, le 26/08/2003.

Madame Forest, Délégation aux affaires européennes et internationales, Paris, le 02/01/2004.

M. Rainer Fuchs, Référent du Comité de protection sociale en Allemagne, Ministère des affaires sociales (Bundesversicherungsamt, BVA), Bonn, le 23/11/2002.

M. Jérôme Giudicelli, Ministère de l'emploi et des affaires sociales, DGEFP, Paris, le 16/07/2003.

Mme Marie-Agnès Goupil, Ministère de l'emploi et des affaires sociales, Direction de la sécurité sociale, Paris, le 13/01/2004.

Mme Anne-Marie Guillemard, Professeur des universités, Paris V, Paris, le 14/03/2001.

M. Karl Hinrichs, Chercheur en Sciences politiques, Paris, le 10-09-2002.

M. Jean-Yves Hocquet, Chef de service, adjoint au directeur général, DGAS, membre du Comité de protection sociale, Paris le 06/01/2004.

M. Jochen Horst, BMWA (Bundesministerium für Wirtschaft und Arbeit), Abteilung II, Arbeitsmarktpolitik, Berlin, le 08/02/2003.

M. Rainer Huke, BMWA (Bundesministerium für Wirtschaft und Arbeit), Abteilung IV, Rentenversicherung, Berlin, le 13/02/2003.

M. Ralf Jacob, Chargé du dossier retraites, Commission européenne, Direction Générale Emploi et affaires sociales, Bruxelles, le 15/01/2001.

M. Ingo Kolk, DGB, « Bereich Arbeitsmarktpolitik/Demographischer Wandel », Berlin, le 16/01/2003.

M. Bernard Krynen, Conseiller social à la représentation de la France auprès de l'Union européenne détaché du Ministère des affaires sociales et du travail, Paris, le 08/01/2003.

M. Jean-Christophe Le Duigou, Sécrétaire de la CGT, Montreuil, le 02/07/2003.

Mme Bénédicte Legrand, Ministère de l'emploi et des affaires sociales, Direction générale de l'emploi et de la formation professionnelle, Paris, le 16/01/2004.

Mme Michelle Lelièvre, assistante de Laurent Caussat, sous-directeur de la DRESS, Paris, le 15/01/2004.

M. Franck Le Morvan, Sous-directeur des retraites et des institutions de la protection sociale complémentaire, DSS, Paris, le 14/01/2004.

Mme Catherine Lesterpt, Politiques de prévention d'insertion et de lutte contre les exclusions Direction générale des affaires sociales, Ministère de l'emploi et des affaires sociales, Paris, le 23/12/2003.

M. Henri Lourdelle, Conseiller à la CES, responsable du dossier des retraites, Bruxelles, le 05/04/2001.

M. Phillipe Manow, Chercheur en Science politique, Institut Max-Planck, Cologne, le 24/11/2002.

M. Antoine Math, Chercheur à l'IRES, Noisy-le-Grand, le 03/03/2001.

M. Philippe Mayer, Conseiller technique, Cabinet Fillon, Paris, le 13/01/2004.

M. Michel Moïse-Mijon, Secrétaire confédéral CFTC, Paris, le 10/07/2003.

M. Olivier Mongin, UNAF, Paris, le 01/07/2003.

Mme Yannick Moreau, Présidente du Conseil d'orientation des retraites, Paris, le 27/01/2004.

Mme Yannick Moreau, Président de section, Conseil d'Etat, le 20/07/2012.

M. Jean-Yves Muylle, Insurance administrator, Commission européenne, Direction générale marché intérieur et services financiers, Bruxelles, le 05/02/2001.

M. Emmanuel Reynaud, OIT, Département de la sécurité sociale, Paris, le 23/01/2001.

M. Aino Salomaki, Commission européenne, Direction Générale économie et finances, Bruxelles, le 10/04/2001.

M. Fritz W. Scharpf, Professeur en Sciences politiques, Institut Max-Planck, Cologne, le 13/01/2003

M. Karl Schütt, BMWA (Bundesministerium für Wirtschaft und Arbeit), Abteilung II, Arbeitsmarktpolitik, Berlin, le 13/02/2003.

M. Klaus Schönberg, BMWA (Bundesministerium für Wirtschaft und Arbeit), Bonn, le 10/01/2003.

M. Matthias Schlenzka, DGB, Berlin, le 17/02/2003.

M. Jean-Pierre Sueur, Sénateur du Loiret, Sénat, Paris, le 09/07/2003.

Mme Claire Talowski, CFE-CGC, Paris, le 03/07/2003.

M. Jean-Marie Toulisse, Secrétaire national à la CFDT, Paris, le 03/07/2003.

M. Jean-Paul Tricart, Chef de l'unité Elargissement et coopération internationale, Commission européenne, Direction générale Emploi et affaires sociales, Bruxelles, le 8/07/2001.

M. Vieilleribière, Chargé de mission, Représentation permanente de la France à Bruxelles, Bruxelles, le 17/02/2001.

M. Jürgen Wuttcke, Responsable section emploi, BDA, Berlin, le 16/03/2003.

M. Juan Yermo, Administrateur, OCDE, Division des affaires financières, Paris, le 12/01/2001.

M. Arnaud d'Yvoire, Secrétaire général de l'Observatoire des retraites, Paris, le 10/02/2001.

Annexe 2. Liste des sigles

ACA : Allocation de chômeur âgé
ACC : Allocation conventionnelle complémentaire
ACOSS : Agence centrale des organismes de Sécurité sociale
ACS : Allocation conventionnelle de solidarité
AGIRC : Association générale des institutions de retraite des cadres
ANACT : Agence nationale pour l'amélioration des conditions de travail
ANI : Accord national interprofessionnel
ARPE : Allocation de remplacement pour l'emploi
ARRCO : Association des régimes de retraite complémentaire
ASA : Allocation spécifique d'attente
ASFNE : Allocation spéciale du Fonds national de l'emploi
ASS : Allocation spécifique de solidarité
ASSEDIC : Association pour l'emploi dans l'industrie et le commerce
ATZ : *« Altersteilzeit »* (emploi à mi-temps des seniors)
AVTS : Allocation des vieux travailleurs salariés
BDA : *« Bundesvereinigung der Deutschen Arbeitgeberverbände »* (Confédération des fédérations d'employeurs allemands)
BDI : « Bundesverband der Deutschen Industrie » (Fédération des industries allemandes)
BIT : Bureau international du travail
CATS : cessation d'activité de certains travailleurs salariés
CAATA : Cessation anticipée d'activité des travailleurs de l'amiante
CE : Comité pour l'emploi
CEC : Contrat emploi consolidé
CES : Contrat emploi solidarité
CFDT : Confédération française démocratique du travail
CFE-CGC : Confédération française de l'encadrement – Confédération générale des cadres
CFTC : Confédération française des travailleurs chrétiens
CGPME : Confédération générale des petites et moyennes entreprises
CGT : Confédération générale du travail
CGT-FO : Confédération générale du travail – Force ouvrière
CIE : Contrat initiative emploi
CIF : Congé individuel de formation
CNPF : Conseil national du patronat français
CNAF : Caisse nationale des allocations familiales
CNAMTS : Caisse nationale d'assurance maladie des travailleurs salariés
CNAVTS : Caisse nationale d'assurance vieillesse des travailleurs salariés
CNRPA : Comité national des retraités et des personnes âgées
COR : Conseil d'orientation des retraites
CPA : Cessation progressive d'activité
CPAM : Caisse primaire d'assurance maladie

CPE : Comité de politique économique
CPS : Comité de protection sociale
CRAM : Caisse régionale d'assurance maladie
DGB : *« Deutscher Gewerkschaftsbund »* Confédération des fédérations de syndicats allemands.
DIF : Droit individuel à la formation
DIHT : *« Deutscher Industrie- und Handelstag »* (Association allemande des chambres de commerce et d'industrie)
DRE : Dispense de recherche d'emploi
FNE : Fond National de l'Emploi
FNSEA : Fédération nationale des syndicats d'exploitants agricoles
FSU : Fédération syndicale unitaire l'Union nationale des professions libérales
GOPE : Grandes orientations de politiques économiques
GPEC : Gestion prévisionnelle de l'emploi et des compétences
GRD : Garantie de ressources démission
GRL : Garantie de ressources licenciement
LD : Ligne directrice
MEDEF : Mouvement des entreprises de France
MOC : Méthode ouverte de coordination
OIT : Organisation internationale du travail
OCDE : Organisation de coopération et de développement économique
PNAE : Plan nation d'action pour l'emploi
SEE : Stratégie européenne pour l'emploi
UEM : Union économique et monétaire
UNAPL : Union nationale des associations familiales
UNEDIC : Union Nationale pour l'Emploi dans l'Industrie et le Commerce
UPA : Union professionnelle artisanale
URSSAF : Union de recouvrement des cotisations de Sécurité sociale et d'allocations familiales
VAE : Validation des acquis de l'expérience

Annexe 3. Age légal de départ à la retraite dans les pays de l'OCDE en 2011

Age de la retraite, traitement des retraites anticipées et différées,
Règles à long terme, pour tous les régimes obligatoires ou quasi obligatoires, par type de régime

Pays	Régime	Retraite anticipée	Décote (en %)	Age normal	Surcote (en %)
Allemagne	Professionnel	63	3.6%/0[305]	67	6.0%
Australie	Ciblé	Pas de possibilité de retraite anticipée ou différée		67	0.6-3.6%
Autriche	Prestations définies	62H/60F	4.2%	65	4.2%
Belgique	Prestations définies	60	0 (avec 35 années de cotisations)	65	0
Canada	De base / Ciblé	Pas de possibilité de retraite anticipée ou différée		65	
Chili	De base / ciblé	Pas de possibilité de retraite anticipée ou différée		65	
Corée	Prestations définies	60	6%	65	6%
Danemark	De base / ciblé	Pas de possibilité de retraite anticipée ou différée		67	5.6%[306]

[305] Partir à la retraite à 63 ans nécessite d'avoir cotisé 35 ans et entraîne une décote de 3.6%. Pas de décote en cas de retraite anticipée à 65 ans (au lieu de 67) si le salarié a cotisé 45 ans.

[306] L'ajustement est calculé à partir de l'inverse de l'espérance de vie à l'âge où la retraite est liquidée. L'espérance de vie attendue à 68 ans en 2040 est de 17,9 années.

Pays	Régime	Retraite anticipée	Décote (en %)	Age normal	Surcote (en %)
Espagne	Prestations définies	60	7.2%	65	8.4%
Estonie	Points	60[307]	4.8%	63	10.8%
Etats-Unis	Prestations définies	62	5.0/6.7%[308]	67	8.0%
Finlande	Ciblé	62	4.8%	65	7.2%
France	Prestations définies	56-60[309]	0/5.0%	65	5.0%
Grèce	Prestations définies	A tout âge/55/60[310]	0/6.0%[311]	65	0/4.8%[312]
Hongrie	Prestations définies	63	3.6%/4.8%	65	6.0%
Irlande	De base / Ciblé	Pas de possibilité de retraite anticipée ou différée		66/65	Pas de possibilité de retraite anticipée ou différée
Islande	De base / Ciblé	Pas de possibilité de retraite anticipée ou différée		67	
Israël	De base / Ciblé	62[313]		67	
Pays	**Régime**	**Retraite anticipée**	**Décote (en %)**	**Age normal**	**Surcote (en %)**

307 La retraite publique peut être liquidée jusqu'à trois ans avant l'âge normal (cest-à-dire à partir de 60 ans à terme) dès lors que le salarié a cotisé au moins quinze ans.

308 La décote est de 6.67% pour les trois premières années d'anticipation et de 5% au-delà.

309 Il faudra avoir cotisé 41 ans pour bénéficier d'une retraite à taux plein. Cette condition est nécessaire pour pouvoir liquider sa retraite à 60 ans sans décote. Les personnes ayant effectué une carrière longue peuvent prendre leur retraite avant 60 ans sans décote : un salarié qui a cotisé 42 ans et est entré sur le marché du travail avant 16 ans peut partir à 56 ans. S'il a cotisé 40 ans et a commencé à travailler avant 17 ans, il peut prendre sa retraite à 59 ans.

310 Retraite à 60 ans si le salarié a cotisé 15 ans et à 55 ans si la durée de cotisation est de 35 ans moyennant une décote de 6% par an avant l'âge de 65 ans. Pour prendre sa retraite à n'importe quel âge sans décote, il faut avoir cotisé 37 ans. La réforme annoncée récemment prévoit de n'autoriser la retraite anticipée qu'à partir de 60 ans.

311 Taux d'acquisition plus élevé (3.3% par an alors qu'il n'est que de 2% à un âge moins avancé) pendant les années de report mais pas de surcote.

312 Il faudra avoir cotisé 41 ans pour bénéficier d'une retraite à taux plein. Cette condition est nécessaire pour pouvoir liquidé sa retraite à 60 ans sans décote. Les personnes ayant effectué une carrière longue peuvent prendre leur retraite avant 60 ans sans décote : un salarié qui a cotisé 42 ans et est entré sur le marché du travail avant 16 ans peut partir à 56 ans. S'il a cotisé 40 ans et a commencé à travailler avant 17 ans, il peut prendre sa retraite à 59 ans.

313 Il est possible de prendre une retraite anticipée jusqu'à cinq ans avant l'âge normal si le nombre d'années de cotisations est supérieur d'au moins dix ans à la durée minimum de cotisation. Une pension anticipée partielle peut être versée jusqu'à cinq ans avant l'âge normal de la retraite si le nombre d'années de cotisations est supérieur de moins de dix ans à la durée minimum de cotisation.

Italie	Cotisations définies	A tout âge/61[314]	2.3-2.9%[315]	65H/60F	0/2.6-2.9%
Japon	De base / Prestations définies	60	6%	65	8.4%
Luxembourg	Prestations définies	57/60[316]	0	65	Pas de possibilité de retraite anticipée ou différée
Mexique	Min	60	0	65	0
Norvège	Prestations définies	62	3.8-4.7%[317]	67	4.9-5.4%
Nouvelle-Zélande	De base	Pas de possibilité de retraite anticipée ou différée		65	Pas de possibilité de retraite anticipée ou différée
Pays-Bas	De base	Pas de possibilité de retraite anticipée ou différée		65	Pas de possibilité de retraite anticipée ou différée
Pologne	Non contributions définies	Pas de possibilité de retraite anticipée ou différée		65H/60F	4.3-4.8%H/3.7-4.2%F
Pays	**Régime**	**Retraite anticipée**	**Décote (en %)**	**Age normal**	**Surcote (en %)**
Portugal	Prestations définies	55	4.0-6.0%[318]	65	4.0-12.0%[319]

[314] Un salarié qui a cotisé 40 ans peut prendre sa retraite à n'importe quel âge ; s'il a cotisé 36 ans, il peut partir à 61 ans.

[315] Pour les retraites anticipées, l'ajustement est calculé à partir des coefficients de conversion attendus pour 2048 par l'Etat Italien. Après 65 ans, ces coefficients sont constants et, par conséquent, les pensions ne sont pas plus élevées pour les hommes qui partent à la retraite tardivement.

[316] Il faut 40 années de cotisations réelles (obligatoires ou facultatives) pour pouvoir prendre sa retraite à 57 ans. Avec 40 années de cotisations réelles ou validées, il est possible de partir en retraite anticipée à 60 ans.

[317] Calculés à partir des diviseurs liés à l'espérance de vie arrêtés par les pouvoirs publics. Ce calcul entraîne une surcote plus élevée après 70 ans.

[318] L'ajustement en cas de retraite anticipée est de 6% par an, mais si la durée de cotisation est supérieure à 30 ans, le nombre d'années pendant lesquelles la pension subit une décote diminue d'un an par groupe de trois années de cotisations supplémentaires complètes au-delà de trente ans. Le taux de 4% est une moyenne sur trois ans pour une personne qui a cotisé au moins 30 ans.

République slovaque	Professionnel	60	6.5%	62	6.5%
République tchèque	Prestations définies	60H/59-60F	5.3/8.9%	65H/62-65F	8.9%
Royaume-Uni	De base / Prestations définies	Pas de possibilité de retraite anticipée ou différée		68	10.4%[320]
Slovénie	Prestations définies	58	1.2-3.6%	63[321]	0
Suède	Ciblé	Pas de possibilité de retraite anticipée ou différée		65	
Suisse	Prestations définies	63H/62F	4.5%	65H/64F	5.2-6.5%
Turquie	Prestations définies	Pas de possibilité de retraite anticipée ou différée		65	0

Source : OCDE (2011), *Panorama des pensions 2011 – Les systèmes de retraite dans les pays de l'OCDE et du G20*, Paris, OCDE, p. 123-124.

319 La surcote dépend de la durée de cotisation et va de 4%, si cette durée est comprise entre 15 et 24 ans, à 12% si elle est supérieure à 40 ans.

320 En cas de retraite différée, le salarié peut aujourd'hui opter pour une sortie en capital (intérêts inclus) au lieu d'une sortie en rente.

321 Les hommes qui ont cotisé au moins 20 ans peuvent prendre leur retraite à 63 ans. Si la durée de cotisation est de 15 ans, l'âge de la retraite est de 65 ans. Pour les femmes qui auront cotisé pendant 20 ans, l'âge de la retraite à taux plein sera de 61 ans en 2023.

Annexe 4 : Données internationales

Evolution des taux d'emploi du groupe d'âge 60-64 ans, sur la période 1971-2000

Hommes

Pays	**1971**	**1975**	**1985**	**1989**	**1993**	**1995**	**1997**	**1998**	**1999**	**2000**	**Var. en points de %**
Allemagne	68,6	55,2	31,7	31,8	26,8	26,3	27,0	27,4	27,8	28,2	-58,9
Belgique	-	-	25,9	20,7	18,7	18,3	17,6	16,0	20,0	18,1	-30,1
Danemark	-	-	45,5	48,2	45,7	47,5	41,5	39,7	41,2	37,8	-16,9
Espagne	76,43 22	68,6	48,0	44,3	40,6	36,6	38,5	38,1	37,0	39,6	-48,2
Finlande	64,4	55,1	35,6	28,7	22,0	21,7	22,6	22,9	23,3	26,8	-58,4
France	65,7	55,1	29,4	23,3	18,4	16,3	15,4	14,4	16,0	14,8	-77,5
Italie	46,5	42,1	38,2	34,7	31,9	30,3	30,3	30,5	30,0	30,0	-35,5
Pays-Bas	72,3	62,3	26,7	22,0	21,0	-	21,2	23,2	24,2	27,0	-62,7
Portugal	-	73,3	57,2	53,7	50,9	49,4	50,2	53,7	52,7	53,7	-26,7
Royaume-Uni	80,2	74,6	49,8	49,8	44,8	45,1	47,6	46,1	47,2	47,3	-41,0
Suède	76,0	72,3	62,53 23	61,6	53,3	51,0	50,4	50,1	50,8	51,8	-31,8
Union européenne	-	-	-	-	33,0	30,0	30,7	30,5	30,8	30,9	-
Japon	79,8	76,8	67,4	67,2	71,0	69,3	68,3	67,3	66,5	65,1	-18,4
Canada	-	63,63 24	50,7	48,0	42,5	40,4	42,0	41,5	43,9	43,6	-31,4
Etats-Unis	71,5	62,6	53,2	53,0	51,3	51,3	52,7	53,8	53,3	53,4	-25,3

Source : Séries reconstituées à partir des données OCDE – Statistiques de la force de travail, sauf Italie et Union européenne – données Eurostat, Enquête sur la force de travail (Guillemard 2003, p. 29)

Femmes

Pays	1971	1975	1985	1989	1993	1995	1997	1998	1999	2000	Var. en points de %
Allemagne	19,1	15,2	9,8	9,5	8,8	9,7	10,9	11,4	11,8	12,0	-37,2
Belgique	-	-	5,3	3,7	4,9	5,4	4,5	4,7	6,3	7,0	32,1
Danemark	-	-	25,3	23,7	28,0	20,0	24,1	21,1	24,8	23,4	-7,5
Espagne	19,03 25	19,5	15,6	14,5	15,3	14,0	14,5	14,5	14,1	15,0	-21,1
Finlande	34,3	27,8	29,7	22,6	15,9	15,9	15,9	16,3	20,0	20,1	-41,4
France	31,8	29,2	17,6	16,6	14,2	13,9	14,0	13,2	13,9	12,8	-59,7
Italie	10,3	8,5	10,0	9,6	8,5	7,6	8,4	7,8	7,5	7,8	-24,3
Pays-Bas	11,6	10,4	6,2	7,5	7,1	-	8,3	8,6	9,5	11,2	-3,4
Portugal	-	27,8	25,9	24,0	25,1	25,9	30,9	31,8	35,1	36,1	29,9
Royaume-Uni	-	-	17,6	21,5	23,8	24,6	26,3	23,3	24,4	25,4	44,3
Suède	33,5	37,6	48,23 26	48,9	46,6	44,7	44,4	42,5	42,8	45,0	34,3
Union européenne	-	-	-	-	13,0	13,5	14,4	13,9	14,4	14,7	
Japon	38,5	37,6	37,9	39,3	39,3	38,7	38,8	38,8	38,2	37,8	-1,8
Canada	-	23,53 27	22,3	22,2	22,2	22,0	22,7	23,7	24,7	25,7	9,4
Etats-Unis	35,2	31,5	32,2	35,5	36,6	36,6	38,5	38,2	37,8	39,1	11,1

Source : Séries reconstituées à partir des données OCDE – Statistiques de la force de travail, sauf Italie et Union européenne – données Eurostat, Enquête sur la force de travail (Guillemard 2003, p. 29)

Evolution des taux d'emploi du groupe d'âge 55-59 ans, sur la période 1971-2000

Hommes

Pays	**1971**	**1975**	**1985**	**1989**	**1993**	**1995**	**1997**	**1998**	**1999**	**2000**	**Var. en points de %**
Allemagne	86,3	82,7	70,7	69,2	63,9	64,0	63,5	65,0	65,8	66,8	-22,6
Belgique	-	-	59,2	50,6	47,0	50,7	46,9	48,4	50,4	52,0	-12,2
Danemark	-	-	77,7	80,9	73,4	77,2	77,5	75,6	77,3	79,7	2,6
Espagne	88,83 28	84,4	68,9	67,8	63,0	61,0	64,5	67,3	66,9	68,5	-22,9
Finlande	78,7	74,2	59,4	58,4	49,2	46,3	50,4	51,4	54,2	58,9	-25,2
France	80,8	81,3	62,6	62,6	62,0	60,5	61,7	61,1	61,2	60,4	-25,2
Italie	-	-	68,4	64,4	62,0	54,9	52,0	51,4	51,5	50,8	-25,7
Pays-Bas	85,5	76,8	60,3	62,7	59,0	59,3	62,1	65,0	66,7	68,7	-19,6
Portugal	-	80,6	71,1	72,4	68,3	65,7	66,1	72,9	71,2	71,1	-11,8
Royaume-Uni	92,5	89,73 29	74,8	73,3	66,4	66,2	68,6	69,5	70,4	70,8	-23,5
Suède	89,1	88,9	84,33 30	85,7	77,8	76,2	76,2	78,1	79,4	79,7	-10,5
Union européenne	-	-	-	-	65,1	61,6	61,5	62,3	62,6	63,4	-
Japon	90,2	89,3	86,8	89,2	92,1	91,5	92,4	91,1	90,5	90,0	-0,2
Canada	-	80,93 31	74,0	73,1	65,6	66,0	66,4	65,8	67,4	69,0	-14,7
Etats-Unis	85,9	80,8	76,1	76,7	74,2	74,6	76,3	76,3	76,3	75,3	-12,3

Source : Séries reconstituées à partir des données OCDE – Statistiques de la force de travail, sauf Italie et Union européenne – données Eurostat, *Enquête sur la force de travail* (Guillemard 2003, p. 28)

Femmes

Pays	1971	1975	1985	1989	1993	1995	1997	1998	1999	2000	Var. en points de %
Allemagne	35,6	37,2	33,7	34,3	36,6	39,9	43,1	44,2	45,2	45,8	28,7
Belgique	-	-	15,3	15,5	18,7	20,3	20,7	22,6	23,7	24,1	57,5
Danemark	-	-	54,4	53,6	56,3	51,5	57,0	59,6	64,5	64,3	18,2
Espagne	24,73 32	26,0	21,6	21,9	21,7	21,6	22,3	23,7	24,0	24,9	0,8
Finlande	56,6	56,7	55,3	56,4	51,5	50,4	49,3	50,3	56,0	59,9	5,8
France	43,6	42,7	39,2	40,8	42,4	44,8	44,9	44,1	45,7	47,1	8,0
Italie	-	-	19,1	19,3	19,1	18,8	20,6	21,7	22,3	22,9	19,9
Pays-Bas	17,5	17,1	17,4	22,6	24,3	27,0	31,0	31,5	34,6	38,2	118,0
Portugal	-	34,8	36,4	37,3	38,8	40,8	44,1	45,2	47,2	46,2	32,8
Royaume-Uni	49,6	51,7	48,6	50,8	51,3	53,1	50,4	52,7	53,9	55,9	12,7
Suède	53,5	60,1	77,43 33	77,5	74,7	73,0	74,8	75,2	75,8	76,2	42,4
Union européenne	-	-	-	-	33,0	36,1	37,2	37,5	39,1	40,6	-
Japon	49,8	48,1	49,9	51,2	55,7	56,0	57,5	57,4	56,9	56,7	13,9
Canada	-	36,63 34	38,7	42,0	42,5	44,0	44,5	46,6	47,9	50,4	37,7
Etats-Unis	46,9	45,5	47,9	53,1	54,8	57,4	59,1	59,9	60,2	59,7	27,3

Source : Séries reconstituées à partir des données OCDE – Statistiques de la force de travail, sauf Italie et Union européenne – données Eurostat, *Enquête sur la force de travail* (Guillemard 2003, p. 28)

Evolution du taux de chômage par l'âge (ensemble de la population) entre 1985 et 1999

15-24 ans						**Pays**	**50-54 ans**					
1985	**1989**	**1993**	**1995**	**1997**	**1999**		**1985**	**1989**	**1993**	**1995**	**1997**	**1999**
9,8	5,5	7,7	8,5	10,7	8,9	**Allemagne**	5,3	4,7	8,1	8,1	10,0	9,1
23,6	15,5	18,4	21,5	21,3	22,6	**Belgique**	6,3	5,2	5,3	6,5	6,0	5,7
11,5	11,5	14,6	9,9	8,1	10,0	**Danemark**	6,7	6,5	9,4	5,7	4,7	4,7
43,8	32,0	41,1	40,3	37,1	28,5	**Espagne**	10,7	8,6	13,3	13,3	12,1	9,4
9,7	8,7	33,7	29,9	25,3	21,5	**Finlande**	-	-	-	10,6	13,1	7,1
25,6	19,0	24,6	25,9	28,1	26,6	**France**	6,3	6,9	7,4	8,6	8,9	8,6
33,9	33,6	28,8	31,9	32,0	31,1	**Italie**	2,3	3,0	3,4	4,2	4,7	4,6
22,9	12,2	9,7	12,8	9,5	-	**Pays-Bas**	8,8	6,2	4,4	5,0	4,6	2,6
19,0	10,8	12,1	15,7	14,6	8,7	**Portugal**	3,0	1,9	3,4	5,0	4,8	3,5
17,8	10,0	17,4	15,3	13,5	12,3	**Royaume-Uni**	7,3	6,0	8,2	6,6	5,0	4,1
7,2	3,9	23,9	20,6	22,5	-	**Suède**	1,0	0,7	4,6	5,1	6,0	4,5
-	-	-	21,2	21,2	18,3	**Union européenne-15**	-	-	-	7,4	7,6	6,7

Source : Données OCDE 2000, sauf Allemagne, Italie et Union européenne (Eurostat), (Guillemard 2003, p. 36)

Evolution du taux de chômage par l'âge (ensemble de la population) entre 1985 et 1999

35-44 ans						**Pays**	**55-59 ans**					
1985	**1989**	**1993**	**1995**	**1997**	**1999**		**1985**	**1989**	**1993**	**1995**	**1997**	**1999**
5,6	5,2	7,0	7,4	8,8	7,8	**Allemagne**	7,4	9,0	11,7	12,9	17,3	16,2
7,7	6,6	6,3	8,0	7,2	6,9	**Belgique**	5,6	4,7	4,0	4,9	4,9	7,0
5,4	5,9	8,7	5,0	4,1	3,2	**Danemark**	6,9	7,9	11,0	8,6	5,7	4,9
11,9	10,7	16,0	17,1	16,1	12,6	**Espagne**	11,2	9,7	13,4	14,3	13,9	11,2
3,1	1,9	13,4	12,5	9,7	8,0	**Finlande**	7,2	3,2	17,7	23,3	17,1	11,3
6,5	7,4	8,6	9,4	10,1	9,6	**France**	7,8	8,2	8,8	8,2	9,9	9,9
3,1	4,7	5,2	6,2	6,7	7,4	**Italie**	1,7	2,7	2,9	4,7	4,9	5,5
8,0	7,6	5,4	6,1	5,0	-	**Pays-Bas**	6,5	4,4	3,8	3,8	3,2	3,0
5,1	3,1	3,7	5,1	5,4	3,6	**Portugal**	2,5	1,6	4,1	5,1	6,3	3,4
8,3	5,0	7,9	6,8	5,5	4,7	**Royaume-Uni**	8,2	7,6	9,6	7,8	6,7	5,1
1,6	1,0	7,0	7,6	9,0	6,4	**Suède**	1,5	0,9	4,9	7,1	7,0	5,7
-	-	-	8,2	8,3	7,5	**Union européenne-15**	-	-	-	9,1	10,8	9,6

Source : Données OCDE 2000, sauf Allemagne, Italie et Union européenne (Eurostat), (Guillemard 2003, p. 36)

Âge moyen de sortie du marché du travail (2005)

	Âge médian		**Âge moyen (Indicateur structurel)**	
	Femmes	**Hommes**	**Femmes**	**Hommes**
BE	56,8	57,9	59,6	61,6
BG	57,6	60,9	58,4	62,4
CZ	57,2	61,0	59,1	62,3
DK	60,1	62,2	60,7	61,2
DE	59,9	61,6	61,1	61,4
EE	61,4	65,0		
IE	61,5	64,4	64,6	63,6
EL	58,4	61,7	61,0	62,5
ES	59,5	62,6	62,8	62,0
FR	58,3	58,8	59,1	58,5
IT	57,2	58,4	58,8	60,7
CY	59,3	65,0		
LV	60,3	61,6		
LT	59,8	63,4		
LU	58,7	57,7		
HU	57,2	59,6	58,7	61,2
MT	58,8	60,4		
NL	59,3	60,5	61,4	61,6
AT	56,4	59,6	59,4	60,3
PL	55,2	57,0	57,4	62,0
PT	61,4	64,2	63,8	62,4
RO	58,6	61,3	61,5	64,7
SI	55,2	59,4		

SK	55,5	59,5		
FI	60,7	61,5	61,7	61,8
SE	63,3	63,9	63,0	64,3
UK	60,3	63,8	61,9	63,4
HR	56,2	60,1	57,4	60,5
Union européenne-25	59,4	60,7	60,4	61,4

Source : Eurostat, Enquête sur les forces de travail et indicateurs structurels pour l'emploi.
Fabrice Romans 2007, « Transition des femmes et des hommes de la vie active vers la retraite », *Statistiques en bref, 97/2007*, Communautés européennes.

Notes méthodologiques : L'âge médian effectif de la retraite est estimé à partir des données EFT sur la situation par rapport à l'emploi. Il est calculé, pour chaque Etat membre comme l'âge auquel le pourcentage d'actifs (c'est-à-dire le taux d'activité) atteint 50% du pourcentage d'actifs à 50 ans. L'âge moyen de la retraite est tiré des chiffres publiés pour « l'âge moyen de sortie du marché du travail » inclus dans les indicateurs structurels pour l'emploi publiés sur le site d'Eurostat.

Annexe 5 : Le développement des voies de sortie anticipée en Allemagne

Entrée dans le régime de retraite selon les différents types de pensions entre 1958 et 1988 (en %)

Hommes

Année	Total	Invalidité professionnelle	Invalidité	Chômage (60 ans)	Handicap lourd (60 ans)	Retraite « flexible » (63 ans)	Retraite « normale » (65 ans)	Retraite différée après 65 ans	Total
1958	288,014	22.65	35.58	2.07			39.69		100.00
1959	264,185	25.77	34.74	2.29			37.20		100.00
1960	225,124	27.44	33.35	2.38			36.82		100.00
1961	231,671	27.12	32.47	1.98			38.43		100.00
1962	244,408	26.36	30.55	1.67			41.42		100.00
1963	252,451	23.35	29.88	1.44			45.33		100.00
1964	269,144	19.97	29.83	1.36			48.84		100.00
1965	279,798	17.75	30.99	1.20			50.06		100.00
1966	295,013	15.57	31.45	0.81			52.18		100.00
1967	331,677	15.66	32.17	1.17			51.00		100.00
1968	327,012	15.55	32.67	5.84			45.94		100.00
1969	326,098	14.86	33.09	4.86			47.19		100.00
1970	316,231	12.61	35.58	2.83			48.98		100.00
1971	303,216	7.93	40.91	2.27			48.89		100.00
1972	304,212	6.49	41.04	3.51			48.96		100.00
1973	394,696	4.72	26.95	3.59	0.96	30.70	33.09		100.00
1974	383,600	5.29	29.89	2.59	1.69	30.33	29.98	0.22	100.00
1975	353,865	5.39	31.46	3.67	2.73	30.73	25.90	0.12	100.00
1976	356,179	5.30	32.06	6.34	3.66	29.00	23.27	0.36	100.00

1977	314,586	5.31	36.13	5.99	4.04	27.19	20.93	0.40	100.00
1978	277,931	5.79	40.03	5.79	3.74	23.55	20.30	0.80	100.00
1979	267,127	5.86	42.94	7.13	8.68	16.76	18.13	0.50	100.00
1980	283,910	6.00	42.21	7.63	16.24	13.03	14.58	0.30	100.00
1981	280,296	6.57	43.59	8.49	17.66	11.69	11.81	0.19	100.00
1982	291,802	7.14	41.03	10.45	17.10	14.35	9.78	0.15	100.00
1983	305,780	7.76	39.80	9.35	15.43	18.20	9.33	0.12	100.00
1984	317,846	7.66	39.61	10.75	12.82	16.67	12.36	0.12	100.00
1985	304,922	6.86	36.02	11.40	12.43	16.17	16.95	0.17	100.00
1986	291,565	6.39	34.27	10.96	13.01	16.38	18.83	0.18	100.00
1987	297,451	6.08	33.90	10.79	12.89	16.40	19.77	0.17	100.00
1988	326,598	5.95	32.14	12.59	12.45	18.42	18.29	0.16	100.00

Source : *VDR-Statistik, Rentezugang* (différentes années), Frankfurt, (Jacobs et al. 1991, p. 186).

Femmes

Année	Total	Invalidité professionnelle	Invalidité	Retraites pour les femmes (60 ans)	Chômage (60 ans)	Handicap lourd (60 ans)	Retraite « flexible » (63 ans)	Retraite « normale » (65 ans)	Retraite différée après 65 ans
1958	216,538	29.95	40.12	10.27	0.79			18.87	
1959	180,714	31.61	37.46	11.80	0.67			18.46	
1960	164,137	33.06	32.99	14.53	0.70			18.72	
1961	174,575	33.39	29.08	16.37	0.65			20.51	
1962	174,977	31.04	29.29	18.18	0.49			20.99	
1963	171,995	24.94	28.39	19.59	0.42			26.66	
1964	195,087	21.24	30.24	19.65	0.32			28.55	
1965	201,898	18.46	31.69	20.50	0.27			29.08	
1966	219,434	15.89	30.49	22.43	0.14			31.05	
1967	245,353	15.20	30.12	23.62	0.15			30.90	
1968	272,474	15.01	30.47	25.45	0.44			28.63	
1969	278,474	13.47	30.64	26.13	0.38			29.38	
1970	281,498	12.41	33.03	26.12	0.23			28.21	
1971	299,385	10.30	38.02	26.19	0.20			27.08	
1972	334,897	8.96	35.94	26.18	0.29			26.56	
1973	321,364	7.47	36.77	27.48	0.34	0.01	1.51	27.24	
1974	297,773	5.98	41.23	28.96	0.40	0.03	1.60	26.01	0.25
1975	273,979	4.82	40.79	27.09	0.73	0.05	1.71	24.28	0.11
1976	264,176	4.26	45.92	24.41	1.36	0.07	2.38	26.39	0.34
1977	282,902	2.55	48.60	22.96	1.47	0.07	2.17	24.52	0.34
1978	329,527	1.69	50.88	21.93	1.44	0.06	1.81	24.19	0.37
1979	321,830	1.40	51.46	26.41	1.46	0.19	1.11	21.52	0.27
1980	313,874	1.38	49.87	31.75	1.59	0.74	0.80	14.94	0.19
1981	319,670	1.45	45.65	32.85	1.76	1.09	0.70	11.12	0.15

1982	358,826	1.96	28.36	33.41	1.81	1.18	0.91	9.13	0.14
1983	282,763	2.22	18.23	34.62	1.30	1.23	1.34	9.32	0.10
1984	340,093	2.28	17.45	29.76	1.00	0.99	1.21	18.97	0.13
1985	346,106	1.85	16.62	34.30	1.02	1.09	1.33	31.83	0.22
1986	357,103	1.25	34.27	33.82	1.22	1.05	1.24	43.01	0.18
1987	297,451	1.10	33.90	30.15	1.14	0.98	1.24	47.78	0.16
1988	326,598	1.11	32.14	30.42	1.40	0.92	1.29	48.10	0.15

Source : *VDR-Statistik, Rentezugang* (différentes années), Frankfurt.

Annexe 6 : Les préretraites en France

Les dispositifs de préretraites depuis 1972

	Années										Tranches d'âge concernées
	72	77	80	82	83	85	90	92	96	99	
GR-licenciement	==========>										60-64 ans
GR-Démission		=========>									60-64 ans
ASFNE		==========================>									> 56 ans (ou 50 ans)
CS-démission			====>								> 55 ans
CS-retraite progressive			====>								> 55 ans
Dispense de recherche d'emploi					==============>						> 57,5 ans (ou 55 ans)
PRP							=======>				> 55 ans
ARPE								==>			> 58 ans

Lecture : GR : Garantie de ressources ; ASFNE : Allocation spéciale du Fonds national pour l'emploi ; CS : Contrat de solidarité ; PRP : Préretraite progressive ; ARPE : Allocation de remplacement pour l'emploi.
Source : « Les parcours de fin de carrière des générations 1912-1941 : l'impact du cadre institutionnel », Carine Burricand, Nicole Roth 2000, *Economie et statistique* n° 335, 5.

Tableau relatif aux préretraites et aux dispenses de recherche d'emploi (secteur privé) en 2000

Mesures Cessations totales d'activité	Age d'entrée	Caractéristiques	Coût pour l'Etat en 2000	Coût pour l'assurance-chômage en 2000	Coût pour l'entreprise en 2000	Entrées 2000 Stock 2000
ASFNE (Allocation spéciale du Fonds national de l'emploi)	57 ans dérogatoire : 56 ans	Convention négociée entre l'Etat et l'entreprise. Salariés licenciés économiques non reclassables. Allocation : 65% du salaire de référence pour la part du salaire jusqu'au plafond de la sécurité sociale et 50% pour la part du salaire comprise entre une fois et deux fois le plafond. Prélèvements sur allocation : impôt sur le revenu, CRDS au taux de 0,5%, CSG : 6,2% ou 3,8%, cotisation maladie : 1,7%. Protection sociale : -assurance maladie, maternité, décès, invalidité ; -assurance vieillesse : validation gratuite des trimestres ; -retraite complémentaire : validation des périodes par l'Etat au taux contractuel de 4% sur la totalité de la rémunération pour les non-cadres.	3 460,17 MF Coût moyen pour l'Etat d'une ASFNE sur 4 ans: 286 000 F Coût moyen des exonérations de cotisations sociales pour la sécurité sociale sur 4 ans : 360 000 F	2 421 MF	1 183 MF (fonds de concours des entreprises Coût moyen pour l'employeur d'une ASFNE (sur 4 ans) : 135 000 F	8 071 65 160
CATS (Cessation d'activité de certains travailleurs salariés)	55 ans 56 ans 57 ans	Accord professionnel de branche organisant la CATS, puis accord d'entreprise. Convention de l'Etat avec des entreprises sous certaines conditions, permettant une prise en charge partielle par l'Etat des allocations versées à certaines catégories de salariés (ayant	La participation de l'Etat (pour certains salariés dont l'activité correspond aux critères du décret)		Entre 100% (aucune participation de l'Etat au financemen	4 874 entrées en 2000 dont 3 643 faisant l'objet d'une prise

Tableau relatif aux préretraites et aux dispenses de recherche d'emploi (secteur privé) en 2000

Mesures Cessations totales d'activité	Age d'entrée	Caractéristiques	Coût pour l'Etat en 2000	Coût pour l'assurance-chômage en 2000	Coût pour l'entreprise en 2000	Entrées 2000 Stock 2000
		travaillé à la chaîne, en équipes de nuit, en continu, etc.). Le contrat de travail est suspendu Assiette de la prise en charge partielle par l'Etat : 65% du salaire de référence pour la part du salaire jusqu'au plafond de la sécurité sociale et 50% pour la part du salaire comprise entre une fois et deux fois le plafond. Prélèvements sur allocation : impôt sur le revenu, CRDS au taux de 0,5%, CSG : 6,2% ou 3,8%. Protection sociale : -assurance maladie, maternité, décès, invalidité : maintien des droits antérieurs -assurance vieillesse : validation gratuite pour les salariés des entreprises ayant passé une convention avec l'Etat -retraites complémentaires : prise en charge par l'Etat des cotisations obligatoires, taux d'appel compris pour les allocataires dont l'allocation est prise en charge par l'Etat ; prise en charge à partir de 57 ans.	dépend de l'âge d'entrée dans le dispositif. Elle ne peut intervenir avant 57 ans. Elle varie entre 20% et 50% des allocations versées, correspondant à des coûts moyens sur 4 ans de 133 000 F à 259 000 F. Les coûts respectifs des exonérations de charges sur la même période s'élèvent de 539 000 F (entrées à 55 ans) à 343 000 F (entrées à 57 ans).		t des allocations) et 50% des allocations versées soit un coût moyen sur 4 ans compris entre 548 000 F et 211 000 F.	en charge partielle de l'Etat.
ARPE Allocation de	58 ans + 160 trimestres	Départ d'un salarié âgé contre une embauche (maintien du poste jusqu'aux 60 ans du salarié		Prévision de	Participation de	37 634 91 117

Tableau relatif aux préretraites et aux dispenses de recherche d'emploi (secteur privé) en 2000

Mesures Cessations totales d'activité	**Age d'entrée**	**Caractéristiques**	**Coût pour l'Etat en 2000**	**Coût pour l'assurance-chômage en 2000**	**Coût pour l'entreprise en 2000**	**Entrées 2000 Stock 2000**
remplacement pour l'emploi	57 ans + 168 trimestres 56 ans + 168 trimestres 55 ans + 172 trimestres	partant en ARPE) Allocation : 65% du salaire brut Prélèvements sur allocation : impôts sur le revenu, CRDS au taux de 0,5%, CSG : 6,2% ou 3,8% Protection sociale : -assurance maladie, maternité : maintien des droits aux prestations en nature -assurance vieillesse : pas de validation car déjà 160 trimestres -retraites complémentaires : validation des périodes sur la base des taux contractuels.		dépenses : 10,2 milliards de francs	l'employeur égale à 20% de salaire brut des 12 derniers mois civils. Prévision de recettes pour le régime d'assurance chômage : 1,32 milliards de francs	
ACA Allocation de chômeur âgé (dispositif disparaissant le 1er janvier 2002)	160 trimestres	-Demandeur d'emploi bénéficiaire de l'allocation unique dégressive (AUD) -Sur demande de l'intéressé Allocation : 57,4% du salaire brut (au plus), soit l'AUD à taux plein sans dégressivité. Prélèvements et protection sociale : droit commun du régime d'assurance chômage		Prévision de surcoût par rapport à l'AUD : 3 milliards de	Contribution Delalande : 12 mois de salaire brut si licenciement à 57 ans ou plus	27 525 97 656

Tableau relatif aux préretraites et aux dispenses de recherche d'emploi (secteur privé) en 2000

Mesures Cessations totales d'activité	Age d'entrée	Caractéristiques	Coût pour l'Etat en 2000	Coût pour l'assurance-chômage en 2000	Coût pour l'entreprise en 2000	Entrées 2000 Stock 2000
				francs		
ASA Allocation spécifique d'attente	160 trimestres	-Demandeur d'emploi indemnisé au titre du régime de solidarité, ou bénéficiaire du RMI -Sur demande de l'intéressé Allocation : 1 750 F bruts complémentaires par mois et ressources mensuelles portées au minimum à 5 000 F Prélèvements et protection sociale : droit commun du régime de solidarité chômage			Contribution Delalande : 12 mois de salaire brut si licenciement à 57 ans ou plus.	
DRE Dispense de recherche d'emploi	-57 ans et 6 mois, si perception de l'AUD -55 ans si perception d'une allocation d'assurance chômage + 160 trimestres -55 ans si bénéficie de l'ASS et pour chômeurs	Bénéficiaires des allocations d'assurance chômage ou des allocations de solidarité, Sur demande de l'intéressé Effet : radiation des registres de l'ANPE et prise en charge par les ASSEDIC				309 200 (au 31 juillet 1999), dont 201 000 allocataires de l'UNEDIC et 108 200 allocataires du régime de solidarité

Tableau relatif aux préretraites et aux dispenses de recherche d'emploi (secteur privé) en 2000

Mesures Cessations totales d'activité	**Age d'entrée**	**Caractéristiques**	**Coût pour l'Etat en 2000**	**Coût pour l'assurance-chômage en 2000**	**Coût pour l'entreprise en 2000**	**Entrées 2000 Stock 2000**
	non indemnisés					
Mesures de préretraites progressives						
PRP Préretraite progressive	55 ans 10 ans d'appartenance à un régime de sécurité sociale salarié impossibilité de bénéficier d'une retraite à taux plein Passer à mi-temps au plus tard un an après la signature de la convention	Convention négociée entre l'Etat et l'entreprise Avec contrepartie d'embauches ou pour éviter des licenciements Respect des règles sur le temps partiel (article L 212-4-2 du Code du travail) Allocation : 30% du salaire de référence pour la part du salaire jusqu'au plafond de la sécurité sociale et 25% pour la part de salaire compris entre une fois et deux fois le plafond. Prélèvements sur l'allocation : impôt sur le revenu, CRDS au taux de 0,5%, CSG 6,2% ou 3,8%. Protection sociale : -assurance maladie, maternité, décès, invalidité : 1,7% -assurance vieillesse : droits ouverts au titre de l'activité à temps partiel. Possibilité d'une cotisation sur un temps plein, la différence étant payée par l'employeur. -validation des périodes de cessation d'activité	2 217,62 MF	141 MF	74 MF (fonds de concours entreprise) Coût moyen pour l'employeur d'une PRP (sur 4 ans) : 92 kF (avec l'hypothèse d'un taux de 5% du salaire de référence).	11 603 43 067

Tableau relatif aux préretraites et aux dispenses de recherche d'emploi (secteur privé) en 2000

Mesures Cessations totales d'activité	**Age d'entrée**	**Caractéristiques**	**Coût pour l'Etat en 2000**	**Coût pour l'assurance-chômage en 2000**	**Coût pour l'entreprise en 2000**	**Entrées 2000 Stock 2000**
		par l'Etat au taux contractuel de 4% sur la totalité de la remuneration pour les non-cadres.				

Source : Délégation générale à l'emploi et à la formation professionnelle, mars 2001.

Annexe 7 : Chronologie des principales mesures prises pour les travailleurs âgés en Allemagne et en France

Allemagne

1929 : Introduction d'une mesure de départ anticipé à la retraite pour les chômeurs âgés qui ont passé au moins un an dans le système d'assurance chômage (*Gesetz zur Änderung des Angestelltenversicherungsgesetz*, 7 mars 1929).

1957 : la Réforme des retraites introduit la règle des 59 ans et ouvre l'accès à la retraite à l'âge de 60 ans après un an passé dans le système d'assurance-chômage. L'âge de la retraite est fixé à 60 ans pour les femmes.

1972 : Introduction de la notion d'âge flexible de la retraite. Désormais, la retraite est accessible à 63 ans pour l'ensemble des travailleurs selon des conditions fixées par le régime de retraite, et à l'âge de 62 ans pour les handicapés et les invalides.

1973 : Pension de retraite en cas de handicap lourd, à partir de 62 ans, réduite à 61 ans en 1979 et 60 ans en 1980.

1984 : Prolongation de la durée d'indemnisation des chômeurs âgés de 12 à 32 mois, qui transforme la règle des 59 ans en règle des 57,4 ans *(« Gesetz zur Änderung von Vorschriften des Arbeitsförderungsgesetzes und der Gesetzlichen Renteversicherung »* 20 décembre 1984)

1984 : Introduction du principal dispositif de préretraite (*Vorruhestandgesetz*), qui sera fermé en 1988.

1990 : Introduction d'un système de préretraite spécifique en Allemagne de l'Est pour accompagner la réunification.

1991 : Abaissement de l'âge d'accès à la préretraite à 55 ans en Allemagne de l'Est.

1989 : Introduction de l'ATZ (*Altersteilzeit*), qui autorisent les salariés de 59 ans et plus à travailler à mi-temps jusqu'à leur départ à la retraite.

1992 : la réforme des retraites introduit une augmentation graduelle de la limite d'âge pour l'accès aux différents types de pensions, à partir de 2001. A l'exception des pensions de retraite pour les handicapés qui restent accessibles à 60 ans, les autres limites d'âge sont progressivement relevées à 65 ans (femmes, chômeurs). Des déductions actuarielles sont introduites en cas de départ anticipé.

1996 : Le dispositif de l'ATZ (Altersteilzeit) est réformé. Désormais, l'accès est ouvert dès 55 ans, et le principe du « modèle bloqué » (Blockmodell), qui permet de travailler à temps plein sur la moitié de la période (et non à temps partiel sur l'ensemble de la période) est mis en place.

2000 : l'Alliance pour l'emploi annonce un changement de paradigme vis-à-vis des travailleurs âgés.

2003 : Les Lois Hartz comprennent des mesures pour les travailleurs âgés qui mettent l'accent sur la réinsertion dans l'emploi (subventions salariales pour les chômeurs de 50 ans et plus, réduction des charges sociales pour les employeurs qui embauchent des chômeurs de 55 ans et plus, et des contrats à durée déterminée pour les plus de 52 ans)

2004 : Réforme de l'ATZ, qui conduit à un durcissement des conditions d'accès. Le dispositif est prorogé jusqu'en 2009.

2007 : La loi de réforme des retraites relève l'âge de départ à 67 ans.

2007 : un nouveau programme législatif renforce l'initiative 50plus et comprend le développement de formations professionnelles pour les seniors, le développement de mesures d'incitations financières à l'embauche et l'extension des CDD pour les plus de 52 ans à 5 ans.

***

France

1963 : introduction de l'allocation spéciale FNE (AS-FNE), destinée aux salariés licenciés âgés de 60 à 65 ans.

1972 : introduction de la « garantie de ressources licenciement » (GRL) pour les salariés de 60 ans et plus.

1977 : GRD, garantie de ressource démission pour les salariés de 60 ans et plus.

1982 : abaissement de l'âge de la retraite à 60 ans

1982 : Contrats de solidarité préretraite

1987 : Contribution Delalande (taxe sur le licenciement des travailleurs de plus de 55 ans)

1985 : introduction des Dispenses de recherche d'emploi

1992 : Introduction de la Préretraite progressive (PRP)

1993 : la réforme des retraites conduit à un allongement de la durée de cotisation de 37,5 ans à 40 ans pour obtenir une pension de retraite complète dans le régime général.

1995 : création de l'ARPE (Allocation de remplacement pour l'emploi)

1997 : ACA (Allocation de chômeur âgé)

2000 : CATS (dispositif de préretraite ciblé en fonction de la pénibilité des conditions de travail)

2003 : Réforme des retraites (alignement public/privé, prévision d'un allongement de la durée de cotisation, introduction d'incitations)

- Abrogation de la PRP, recentrage des CATS, mise en place d'une taxe sur les préretraites d'entreprises (mise en œuvre prévue en 2005) ;
- Clôture des admissions à l'ARPE et durcissement de l'ASFNE ;
- Accord national interprofessionnel sur la formation tout au long de la vie ;

2005 : Accord national interprofessionnel sur l'emploi des seniors

2006 : Plan national concerté pour l'emploi des seniors (2006-2010)

2010 : Relèvement de l'âge de la retraite à 62 ans

2012 : Retour à la retraite à 60 ans pour certaines catégories de travailleurs

2012 : Plan pour l'emploi des jeunes et des seniors

Annexe 8 : Exemple d'un entretien mené avec un haut-fonctionnaire en 2012

Entretien
Yannick Moreau
Présidente de section
Conseil d'Etat

20 juillet 2012

- Que pensez-vous de la réforme des retraites de 2010 ?

La réforme des retraites de 2010 qui a concerné les régimes spéciaux (régimes assurant les fonctionnaires des trois fonctions publiques ainsi que les salariés de certaines entreprises publiques et...les clercs de notaires) est cohérente avec les réformes de 2003 concernant les fonctionnaires et de 1993 concernant les salariés du secteur privé et les professions alignées sur les salariés. Elle a correspondu à une concertation menée depuis longtemps avec l'ensemble des régimes. Elle a, en outre, permis de remettre en cohérence les règles juridiques de ces régimes. Le coût des contreparties salariales est mal connu. Il a été parfois critiqué comme élevé mais ce jugement doit peut-être être relativisé dès lors que la réforme a été acceptée comme valant non seulement pour l'allongement de la durée de cotisation mais aussi pour la transposition de réformes futures à ces régimes, ce qui a été effectif en 2012.

- Que pensez-vous de la réforme des retraites proposée en 2012 ?

C'est une réforme qui a un « rendement » financier certain et rapide. On peut néanmoins se poser des questions sur la manière dont elle a été préparée et sur la bonne adéquation de cette méthode de réforme aux besoins de la société d'aujourd'hui. On peut aussi se poser des questions d'équité et de périodes de transition qui, précisément, n'ont guère été approfondies.

- Qu'en est-il aujourd'hui des préretraites en France ? Qu'en est-il aujourd'hui de l'emploi des seniors en France ?

Je n'ai pas regardé les données récentes sur ces deux questions.

- Est-il possible de formuler l'hypothèse que le retour à l'âge de la retraite à 60 ans pour une certaine catégorie de salariés âgés conduise à l'instauration d'une nouvelle forme de préretraite financée par l'assurance vieillesse ?

Je ne le pense pas sauf si l'on entend par là que les catégories concernées par cette réforme sont peut-être celles qui auraient peut-être eu le plus de difficulté à rester en emploi jusqu'à l'âge du droit à la retraite. Mais cela mériterait un examen des chiffres que je n'ai pas fait et une réflexion.

- Existe-t-il une influence européenne dans le secteur des retraites en France ?

Sûrement, ne serait-ce que parce que les pays européens rencontrent des problèmes démographiques ayant des points communs, sont soumis à l'influence de courants de pensée qui ne s'ignorent pas, se « citent » les uns les autres lorsque les gouvernements s'adressent aux opinions publiques. Les rencontres européennes entre experts ou partenaires sociaux peuvent aussi jouer un rôle. Mais, c'est une fois que ces constats ont été faits qu'il devient difficile de faire la part de ces différents facteurs et de dire ce qui relève d'une influence européenne que l'on peut distinguer des autres facteurs. D'où la difficulté et l'intérêt des études menées sur ce sujet.

- D'après vous, l'Europe a-t-elle joué un rôle dans l'émergence de la question des seniors, en Europe ? En France ?

Le même type de réponse peut être fait encore que la médiatisation par l'Europe est peut-être plus facile sur une question de ce type où il y avait et il y a à rechercher la « catalyse » d'une évolution de représentation économique et sociétale.

- Assiste-t-on à un changement de paradigme des politiques dans ces deux domaines, les retraites et l'emploi des seniors, en Europe ? En France ?

Les évolutions sont largement déterminées par des changements sociétaux et démographiques : fin progressive du baby boom, élévation à la fois de l'espérance de vie et de l'espérance de vie sans incapacité, élargissement des horizons de vie des plus de cinquante ans. Elles viennent cependant en contradiction avec une situation du marché de l'emploi défavorable. Je ne sais pas si cela conduit à un changement de paradigme mais serai heureuse de lire ce que vous écrivez à ce sujet. J'aurais en tout cas tendance à penser que cette contradiction, dont la crainte a toujours été présente dans la perception des membres du COR dans leur diversité, produira, si elle se poursuit, des effets sur lesquels la réflexion est aujourd'hui insuffisante.

Bibliographie

AARTS Leo J.M., Richard V. BURKHAUSER et Philip R. DE JONG (1996), *Curing the Dutch Disease : An International Perspective on Disability Policy Reform*, Aldershot, Aveburry.

ASHFORD Douglas E (1989), « L'Etat-providence à travers l'étude comparative des institutions », *Revue française de science politique*, n°3, vol. 39, p. 276-289.

ANDERSON, K. M. (2002), « The Europeanization of Pension Arrangements: Convergence or Divergence? », in De la Porte, C. et Pochet P. (dir.), *Building Social Europe through the Open Method of Co-ordination*, Bruxelles, Peter Lang, p. 251-283.

ARENDT Hannah (1972), Du mensonge à la violence : essai de politique contemporaine, Paris, Calmann-Levy.

AVENTUR François (1994), « La formation continue des salariés à partir de 45 ans », Liliane Salzberg et Anne-Marie Guillemard (dir.), *Emploi et vieillissement*, Cahier Travail et Emploi, La Documentation française, p. 89-95.

BABEAU André (1997), « Problèmes posés par l'introduction des fonds de pension en France », MIRE, *Comparer les systèmes de protection sociale en Europe du sud*, vol. III, Rencontres de Florence, Paris, MIRE, p. 293-306.

BÄCKER George, Gerhard NAEGELE (1995), « Ältere Arbeitnehmer zwischen Langzeitarbeitslosigkeit und Frühverrentung », *WSI-Mitteilungen*, 12.

BAKTAVATSALOU R. (1996) « Les dispositifs de Préretraite en 1995 », *Premières synthèses*, 35,2, DARES.

BALMARY Dominique (2001), « Politiques publiques : approche historique et problématique », Conseil d'orientation des retraites, *Age et travail – Un axe de réflexion essentiel pour l'avenir des retraites*, Paris, La Documentation française.

BALMARY Dominique, C. THOMAS (1969), « Le Fonds national de l'emploi », *Droit social*, n°12, p. 573-583.

BARBIER Jean-Claude (2002), « Peut-on parler d' « activation » de la protection sociale en Europe ? », Anne-Marie Guillemard (dir.) *L'Europe sociale en perspective, Revue française de sociologie*, p. 307-332.

BARBIER Jean-Claude (2005), « The EES, a Channel for Activating Social Protection ? », Jonathan Zeitlin, Philippe Pochet (eds.), *The Open Method of Co-ordination in Action – The European Employment and Social Inclusion Strategies*, Bruxelles, Peter Lang, p. 417-445.

BARBIER Jean-Claude, Jérôme GAUTIE (1998), *Les politiques d'emploi en Europe et aux USA*, Paris, PUF.

BARKOHLDT Corinna (2001), « Rentenzugang und Altersteilzeit », C. Barkholdt, ed. Prekärer Übergang in den Ruhestand – Handlungsbedarf aus Arbeitsmarktpolitischer, rentenrechtlicher und betrieblicher Perspektive, Wiesbaden, *Westdeutscher Verlag*, p. 149-175.

BATESON Gregory (dir.) (2000), *La nouvelle communication*, Paris, Seuil.

BDA (1996), Bundesvereinigung der Deutschen Arbeitgeberverbände (éd.), *Altersteilzeit – Neuer Weg in den Ruhestand*, Dokumentation Fachtagung 1. Juli 1996, Köln, Bachem Verlag.

BDA (2000), Bundesvereinigung der Deutschen Arbeitgeberverbände (éd.), *Erhöhung der Erwerbsbeteiligung Alterer*, Diskussionpapier, Köln, Vervielfältigung.

BEATTIE R., MCGILLIVRAY W. (1995), « A risky strategy : reflections: on a World Bank Report », *International social security review*, vol. 48, p. 5-22.

BEHRENS J., MORSCHHÄUSER, M., VIEBROK, H. ZIMMERMANN (1999), *Länger erwerbstätig – aber wie ?* Wiesbaden, Westdeutscher Verlag.

BISAUT L., C. BLOCH-LONDON, S. LAGARDE et V. LE CORRE (1996), « Le développement du travail à temps partiel », *Données sociales*.

BOGAI Dieter (2001), « Arbeitsmarktpolitik für ältere Erwerbspersonen in den 90er Jahren », Barkolhdt Corinna (eds), *Prekärer in den Übergang in den Ruhestand*, Wiesbaden, Westdeutscher Verlag.

BONOLI Giuliano (1997), « Pension Politics in France : Patterns of Co-operation and Conflict in Two Recent Reforms », *West European Politics*, vol. 20, n°4, p. 160-181.

BONOLI Giuliano, Bruno PALIER (2000a), « How do Welfare States Change ? Institutions and their Impact on the Politics of Welfare State Reform », *European Review*, vol. 8, n° 2, 2000, p. 333-352.

BONOLI Giuliano, Bruno PALIER (2000b), « La montée en puissance des fonds de pension : une lecture comparative des réformes des systèmes de retraite, entre modèle global et cheminements nationaux », *L'Année de la régulation*, 4, p. 209-235.

BONOLI Giuliano, Bruno PALIER (2007), « Comparing old age insurance reforms in Bismarckian welfare systems », Paper prepared for presentation at the workshop « A Long Goodbye to Bismarck ? The Politics of Welfare Reforms in Continental Europe ».

BONOLI Giuliano, Hedva SARFATI (2002), « Conclusions : The Policy Implications of a Changing Labour Market – Social Protection Relationship », H. Sarfati et G. Bonoli, eds. *Labour Market and Social Protection Reforms in International Perspective : Parallel or Converging Tracks ?*, Aldershot, Ashgate, p. 453-486.

BOURDIEU Pierre (1993), *La misère du monde,* Paris, Editions du Seuil.

BOURDIEU Pierre (2001), *Langage et pouvoir symbolique*, Paris, Editions du Seuil (1ère édition : 1991).

BOZEC Géraldine, Claire MAYS (2000), « The Pension Reform Process in France », *Innovation* 13 (4), p. 373-388.

BLANCHET Christian et Pierre MARIONI (1996), « L'activité après 55 ans : évolutions récentes et éléments de prospective, *Economie et statistique*, 300, p. 105-119.

BLÜM Norbert (1996), « Vertrauen in die Rentenversicherung », *Bundesarbeitsblatt* 9, p. 5-12.

BOMMIER Antoine, Thierry MAGNAC et Muriel ROGER (2001), « Quels sont les effets des modifications des systèmes de retraite sur les taux d'activité des travailleurs âgés ? », *Revue française d'économie*, vol. XVI, n°1, p. 79-124.

BOMMIER Antoine, Thierry MAGNAC et Muriel ROGER (2003), « Le marché du travail à l'approche de la retraite entre 1982 et 1999, évolutions et évaluations », *Revue française d'économie*, vol. XVIII, n°1, p. 23-81.

BÖRZEL Tanja (1999), « Towards Convergence in Europe ? Institutional Adaptation to Europeanization in Germany and Spain », *Journal of Common Market Studies*, 39(4), p. 573-596.

BÖRZEL Tanja A., RISSE Thomas (2000), « When europe Hits Home : Europeanization and Domestic Change », *EUI Working Papers*, Centre Robert Schuman, n° 56.

BRUNO Isabelle, Sophie JACQUOT, Lou MANDIN (2007), « Saisir l'européanisation par son instrumentation : le benchmarking, le mainstreaming et la méthode ouverte de coordination », Bruno Palier et Yves Surel (dir.) *L'Europe en action*, Paris, L'Harmattan.

BÜCHS Milena (2003), « Methodological and Conceptual Issues in Researching the Open Method of Co-ordination », L. Hantrais (éd.), Researching the European Social Model from a Comparative Perspective, Cross-national Research Papers, Seventh Series : *European Cross-national Research and Policy*, n° 1, November 2003, p. 31-41.

BÜCHS Milena, DAWID Friedrich (2005), « Surface Integration. The National Action Plans for Employment and Social Inclusion in Germany », J. Zeitlin, P. Pochet, *The Open Method of Co-ordination in Action – The European Employment and Social Inclusion Strategies*, p. 249-286.

BUNDESANSTALT FÜR ARBEIT (1987), *Amtliche Nachrichten der Bundesanstalt für Arbeit*, n°3/1987.

BUNDESANSTALT FÜR ARBEIT (1990), *Amtliche Nachrichten der Bundesanstalt für Arbeit*, n°2/1990.

BURRICAND Carine, E. KLOTZ, P. GIVORD et B. SEDILLOT (2001), « Fin de carrière et départ à la retraite », *L'économie française*, Le livre de poche, Hachette.

BURRICAND C. et N. ROTH (2000), « Les parcours de fin de carrière des générations 1912-1941 : l'impact du cadre institutionnel », *Economie et statistique*, 335, p. 63-79.

CAHUC Pierre (2005), « Le difficile retour en emploi des seniors », documents de travail, Centre d'observation économique, Chambre de commerce et d'industrie de Paris, n°69.

CALLON Michel (1986), « Eléments pour une sociologie de la traduction. La domestication des coquilles Saint-Jacques et des marins-pêcheurs en baie de Saint-Brieuc », *L'Année sociologique*, 36, p. 169-208.

CASEY Bernard (1985), Early Retirement Schemes with a Replacement Condition : Programmes et Experiences in Belgium, France, Great Britain and the Federal Republic of Germany, Discussion Paper IIM/LMP 85-6a, Wissenschaftszentrum, Berlin.

CASEY Bernard (1989), « Early Retirement: The Problem of 'Instrument Substitution' and 'Cost Shifting' and their Implications for Restructuring the Process of Retirement », Schmähl W. (ed.), *Redefining the Process of Retirement: An International Perspective.* Berlin, Spinger-Verlag, p.133-50.

CASEY Bernard (1992a), « Redundancy and Early Retirement. The Interaction of Public and Private Policy in Britain, Germany and the USA », *British Journal of Industrial Relations* 30, p. 425-443.

CASEY Bernard (1992b), « Paying for Early Retirement », *Journal of Social Policy*, 21 (3), p. 303-323.

CASEY Bernard (1996), « Exit options from the Labour Force », Schmid, G., O'Reilly J., Schömann K. (eds.), *International Handbook of Labour Market Policy and Evaluation*, Cheltenham, Edward Elgar, p. 379-401.

CASSIERS Isabelle, Pierre REMAN (2007), « Ambivalences de l'Etat-providence – A l'horizon d'un Etat social actif », *Informations sociales*, n° 142, p. 18-24.

CASTEL Robert (1995), Les métamorphoses de la question sociale, Paris, Fayard.

CAUSSAT Laurent et Nicole ROTH (1997), « De l'emploi à la retraite : générations passées et futures », *Revue Française des Affaires Sociales*, octobre, p. 177-201.

CCE (1997), Consultation relative au Livre vert sur les retraites complémentaires dans le Marché Unique lancée en juin 97, COM (1997) 283.

CCE (1997), Communication de la Commission « Moderniser et améliorer la protection sociale dans l'Union européenne », COM (1997) 102 du 12 mars 1997.

CCE (1999a), Communication de la Commission, « Vers un marché unique pour les retraites complémentaires », COM (99) 134, Bruxelles, le 11 mai 1999.

CCE (1999b), Communication de la Commission, « Vers une Europe pour tous les âges – Promouvoir la prospérité et la solidarité entre les générations », COM (1999) 221 final, Bruxelles, le 21 mai 1999.

CCE (1999c), Communication de la Commission, « Vers une stratégie concertée pour moderniser la protection sociale », (COM(99)347 final), Bruxelles, le 14 juillet 1999.

CCE (2000a) « Proposition de directive du Parlement européen et du Conseil concernant les activités des institutions de retraite professionnelles », COM (2000) 507 final, du 11 octobre 2000.

CCE (2000b), Communication de la Commission, « L'évolution à venir de la protection sociale dans une perspective à long terme : des pensions sûres et viables », COM (2000) 622 final, Bruxelles, le 11 octobre 2000.

CCE (2001a), Communication de la Commission, « Elimination des entraves fiscales à la fourniture transfrontalière des retraites professionnelles », COM (2001) 214 du 19 avril 2001.

CCE (2001b), Communication de la Commission, « Une approche intégrée au service des stratégies nationales visant à garantir des pensions sûres et viables », COM (2001) 362 final, Bruxelles, le 03 juillet 2001.

CCE (2002a), Rapport de la Commission demandé par le Conseil européen de Stockholm : « Vers l'accroissement de la participation au marché du travail et la promotion du vieillissement actif », COM (2002) 9 final, Bruxelles, le 24 janvier 2002.

CCE (2002b), Communication de la Commission, « La réponse de l'Europe au vieillissement de la population mondiale : Promouvoir le progrès économique et social dans un monde vieillissant – Contribution de la Commission européenne à la Deuxième Assemblée mondiale sur le vieillissement », COM (2002) 143 final, Bruxelles, le 18 mars 2002.

CCE (2003a), Document de travail des services de la Commission, « Les objectifs de Stockholm et de Barcelone : Accroître l'emploi des travailleurs âgés et différer la sortie du marché du travail », SEC (2003) 429, Bruxelles, le 2 avril 2003.

CCE (2003b), Recommandation pour une Recommandation du Conseil concernant la mise en œuvre des politiques de l'emploi des Etats membres, COM (2003) 177 final, Bruxelles, le 8 avril 2003.

CCE (2003c), Communication de la Commission, « Amélioration de la qualité de l'emploi : un examen des derniers progrès accomplis », COM(2003) 728 final du 26 novembre 2003.

CCE (2004), Communication de la Commission, « Accroître l'emploi des travailleurs âgés et différer la sortie du marché du travail », COM (2004) 146 final, Bruxelles, le 3 mars 2004.

CCE (2007), Communication de la Commission, Vers des principes communs de flexisécurité : Des emplois plus nombreux et de meilleure qualité en combinant flexibilité et sécurité, COM (2007) 359 final, Bruxelles, le 27 juin 2007.

CE/CPS (2007), Comité de l'emploi et Comité de la protection sociale, Avis commun du Comité de l'emploi et du Comité de la protection sociale sur le vieillissement actif, 9269/07, Bruxelles, le 7 mai 2007.

CHARPIN Jean-Michel (1999), *L'avenir de nos retraites*, rapport au Premier ministre, Paris, la documentation française.

CHAUVEL Louis (2006), « Générations sociales, perspectives de vie et soutenabilité du régime de protection sociale », Pepper D. Culpepper, Peter A. Hall, Bruno Palier (dir.) *La France en mutation 1980-2005*, Paris, Presses de Sciences Po, p. 157-196.

CLASEN Jochen (2000), « Motives, Means and Opportunities : Reforming Unemployment Compensation in the 1990's », *West European Politics*, 23(2), p. 89-112.

COHEN D. et P. DAPAS (2000), « Trajectoires comparées des chômeurs en France et aux Etats-Unis », *Economie et Statistiques*, p. 332-333.

COMMISSION EUROPEENNE (2008), *Allongement de la vie active par la réforme des systèmes de retraite*, Publications.europa.eu.

COMITE POUR L'EMPLOI (2007), Rapport du groupe de travail du Comité pour l'emploi sur le vieillissement actif, adopté par le Conseil européen le 7 mai 2007 (9269/07).

COMMISSARIAT GENERAL DU PLAN (1980), *Vieillir demain*, Rapport du groupe de travail « Prospective personnes âgées », présidé par R. Lion, , Paris, La Documentation française.

COMMISSARIAT GENERAL AU PLAN (1991), *Livre blanc sur les retraites*. Garantir dans l'équité les retraites de demain, Paris, La documentation Française.

CONSEIL D'ANALYSE ECONOMIQUE (2005), *Les Seniors et l'emploi en France,* Paris, La documentation Française.

CONSEIL D'ORIENTATION DES RETRAITES (2001), *Retraites : renouveler le contrat social entre les générations – Orientations et débats*, Paris, La documentation Française.

CONSEIL D'ORIENTATION DES RETRAITES (2001), *Age et travail – Un axe de réflexion essentiel pour l'avenir des retraites*, Paris, La documentation Française.

CONSEIL D'ORIENTATION DES RETRAITES (2004), *Retraites : les réformes en France et à l'étranger ; le droit à l'information*, Paris, La documentation Française.

CONSEIL D'ORIENTATION DES RETRAITES (2010a), *Retraites, annuités, points ou comptes notionnels ? Options et modalités techniques,* septième rapport, janvier.

CONSEIL D'ORIENTATION DES RETRAITES (2010b), *Retraites : Perspectives actualisées à moyen et long terme en vue du rendez-vous de 2010,* huitième rapport, 14 avril.

CONSEIL EUROPEEN (1982), Recommandation du Conseil du 10 décembre 1982 sur les principes d'une politique communautaire sur l'âge de la retraite, Bruxelles, (82/857/CEE).

CONSEIL EUROPEEN (1992a), Recommandation du Conseil du 27 juillet 1992 sur la convergence des objectifs et politiques de protection sociale, (92/442/CEE), JO L245 du 26 août 1992.

CONSEIL EUROPEEN (1992b), Recommandation du Conseil du 24 juin 1992 sur les critères communs concernant les ressources et l'assistance sociale dans les systèmes de protection sociale (92/441/CEE), JO L245 du 26 août 1992.

CONSEIL EUROPEEN (1994), Conclusions de la Présidence du Conseil européen d'Essen, les 9 et 10 décembre 1994, document 00300/94, Bruxelles.

CONSEIL EUROPEEN (1995), Résolution du Conseil sur l'emploi des travailleurs âgés, (95/C 228/01), 29 juin 1995.

CONSEIL EUROPEEN (2000a), Conclusions de la Présidence, Conseil européen de Lisbonne, 23-24 mars.

CONSEIL EUROPEEN (2000b), Conseil Européen de Santa Maria de Feira, Conclusions de la Présidence, n° 21/2001, Bruxelles.

CONSEIL EUROPEEN (2000c), « L'expérience en cours de la méthode ouverte de coordination », Note de la Présidence, 13 juin 2000.

CONSEIL EUROPEEN (2001a), Avis sur les travailleurs âgés, JO des Communautés Européennes du 16 janvier 2001.

CONSEIL EUROPEEN (2001b), Conseil Européen de Stockholm, Conclusions de la Présidence, 23 et 24 mars 2001.

CONSEIL EUROPEEN (2001c), Conclusions de la Présidence, Conseil européen de Laeken, 14-15 décembre.

CONSEIL EUROPEEN (2002), Conclusions de la Présidence, Conseil européen de Barcelone, 15-16 mars.

CONSEIL EUROPEEN (2005a), Recommandation du Conseil 2005/601/CE du 12 juillet 2005, concernant les grandes orientations de politiques économiques des Etats membres et de la Communauté (2005-2008), Journal officiel L 205 du 06.08.2005.

CONSEIL EUROPEEN (2005b), Décision (CE) n° 2005/600/CE du Conseil, du 12 juillet 2005, relative aux lignes directrices pour les politiques de l'emploi des Etats membres.

CORON Gaël, PALIER Bruno (2002), « Changing the Politics of Social Programmes. Innovative Change in British and French Welfare Reforms », *Journal of European Social Policy*, Vol. 8, N°4, Novembre 1998, p. 317-330.

COURTIOUX Pierre, ERHEL Christine (2005), « Les politiques en faveur des seniors : quelles réformes ? Comparaison Allemagne, France, Royaume-Uni, Suède », *Travail et emploi*, n° 102, p. 107-118.

CPE/CPS (2001), Comité de politique économique et Comité de la protection sociale, « Rapport conjoint sur les objectifs et les méthodes de travail dans le domaine des pensions », n° 10672/01 ECOFIN 198 SOC 272, Bruxelles, le 23 novembre 2001.

CPS (2001), Comité de protection sociale, « Des pensions sûres et viables », rapport adopté par le Conseil Emploi et affaires sociales et transmis au Conseil européen, le 11 juin 2001.

CULPEPPER Pepper D., Peter A. HALL, Bruno PALIER (2006), *Changing France : the politics that markets make*, Basingstoke, New York, Palgrave Macmillan.

CZADA Roland (1998), « Der Vereinigungsprozess – Wandel der externen und internen Konstitutionsbedingugnen des westdeutschen Modells », Simonis Georg (Hrsg.), *Deutschland nach der Wende*, Opladen, Leske und Budrich, p. 55-86.

DANIEL Christine, PALIER Bruno (éd.) (2001), *La protection sociale en Europe, le temps des réformes*, Paris, La Documentation française.

DARES (2010) *Préretraites publiques en 2009*, Dares-analyses n°2010-062.

DARES (différentes années), Tableau de bord des politiques de l'emploi, La Documentation française.

DEHOUSSE Renaud (2001), « Du bon usage de la méthode ouverte de coordination », communication proposée lors de la conférence organisée par l'Union européenne *« Towards a New Architecture for Social Protection in Europe ? A Broader Perspective of Pension Policies »*, 19 et 20 octobre.

DE LA PORTE Caroline, POCHET Philippe (eds.) (2002), *Building Social Europe through the Open Method of Coordination*, Bruxelles, PIE – Peter Lang.

DELORME Robert, ANDRE Christine (1983), L'Etat et l'économie, un essai d'explication de l'évolution des dépenses publiques en France, 1870-1980, Paris, Seuil.

DELSEN Lei (1996), « Gradual Retirement : Lessons from the Nordic Countries and the Netherlands », *European Journal of Industrial Relations*, 2 (1), p. 55-67.

DERRIDA Jacques (1967), *L'écriture et la différence,* Paris, Seuil.

DIW (*Deutches Institut für Wirtschaftsforschung*) (1994), « Gesammtwirtschaftiche und unternehmerische Anpassungsfortschritte in Ostdeutschland, 10, Bericht, *DIW-Wochenbericht*, Nr. 15, p. 209-227.

DEUTSCHER BUNDESTAG (1994), Erster Zwischenbericht der Bundestags-Enquete Kommission « Demographischer Wandel – Herausforderungen unserer älter werdenden Gesellschaft an den Einzelnen und an die Politik », Bonn, Bundestagsdruckerei. Zur Sache, 4.

DEUTSCHER BUNDESTAG (1998), *Zweiter Zwischenbericht der Enquete-Kommission « Demographischer Wandel – Herausforderungen unserer älter werdenden Gesellschaft an den Einzelnen und an die Politik »,* Bonn, Bundestags.

DEUTSCHER BUNDESTAG (2000), *Dritter Bericht zur Lage der älteren Generation in der Bundesrepublik Deutschland : Alter und Gesellschaft.* Bonn, Bundestagsdrucksache.

DEUTSCHER BUNDESTAG (2001), *Antwort der Bundesregierung auf die kleine Anfrage der Abgeordneten Birgit Schnieber-Jastram et al., (Drucksache 14/5175 ; Demographische Entwicklung und Erwerbstätigkeit älterer Menschen),* Bundestags-Drucksache 14/5352, Bonn.

DIECK M. (1988), « Erwerbsarbeit im Kontext individueller Wohlfahrtsoptimierung. Langfristig angelegerte Bewertungsänderungen von Arbeit und Privatleben finden statt », *Sozialer Forschritt*, 2-3.

DÖHL V. et N. KRATZER (1998), Entgrenzung der Arbeit und demographischer Wandel, *ISF*, München.

DONZELOT Jacques (1994), *L'invention du social – Essai sur le déclin des passions politiques*, Paris, Seuil, « Essais » (1re édition, 1984, Fayard).

DORMOND B., D. FOUGERE et A. PRIETO (2001), « L'effet de l'allocation unique dégressive sur le taux de sortie du chômage », *Economie et statistique,* 343, p. 3-28.

DOUGLAS Mary (1999), *Comment pensent les institutions ?*, Paris, La Découverte.

DREES (2009), *Age de cessation d'emploi et de liquidation d'un droit à la retraite – le cas de la génération 1938,* n° 688, mai.

DYSON Kenneth (1994), Elusive Union, The Process of Economic and Monetary Union in Europe, Londres et New York, Longman.

DYSON Kenneth, FEATHERSTONE Kevin (1996), « Italy and EMU as a 'Vincolo Esterno' : Empowering the Technocrats, Transforming the State », *South European Society and Politics*, 1 (2).

EBBINGHAUS Bernard (2000a) "Any Way Out Of 'Exit From Work'? Reversing the Entrenched Pathways of Early Retirement", Fritz Scharpf, Vivien Schmidt (ed.) *Welfare and Work in the Open Economy, vol. II, Diverse Responses to Common Challenges*, Oxford, Oxford University Press, p. 511-553.

EBBINGHAUS Bernard et Anke HASSEL (2000b), « Striking Deals : Concertations in the Reform of Continental European Welfare States », *Journal of European Public Policy*, 7(1), p. 44-62.

EBBINGHAUS Bernard (2002), Exit from Labor – Reforming Early Retirement and Social Partnership in Europe, Japan and the USA, Habilitationsschrift, Wirtschafts- und Sozialwissenschaftlichen Fakultät der Universität zu Köln.

EIRO European Industrial Relations Online (2001), « Progressive Retirement in Europe », EIROnline (TN0109184S).

EPC (1997), Economic Policy Committee, « The Reform of European Pension Systems, Opinion adressed to the Council and the Commission », II/220/97, Bruxelles, le 06 octobre 1997.

EPC (2000), Economic Policy Committee, Progress report to the Ecofin Council on the Impact of ageing populations on public pension systems, EPC/ECFIN/581/00-EN – Rev. 1, 6 novembre 2000, Brussels.

ERLINGHAGEN Marcel, Matthias KNUTH (2001), « In search of turbulence : labour market mobility and job stability in Germany », Paper presented at the Work, Employment and Society Conference in Nottingham, 11-13 septembre 2001.

ERNST Jochen (1993), « Der Vorzeitige Ruhestand in Ostdeutschland und einige Aspekte der sozialen Lage der Frührentner in den neuen Ländern », *Sozialer Fortschritt*, n° 42, p. 211-216.

ESPING-ANDERSEN Gosta (1990), *The Three Worlds of Welfare Capitalism,* Cambridge, Polity Press, traduction française en 1999 : *Les trois mondes de l'Etat-providence : Essai sur le capitalisme moderne*, Paris, PUF, « Le lien social ».

ESPING-ANDERSEN Gosta (1996), *Welfare States in Transition*, Londres, Sage.

ESPING-ANDERSEN Gosta (1999), *Social Foundations of Post-Industrial Economies*, Oxford, Oxford University Press.

ESPING-ANDERSEN Gosta (2001), « A Welfare State for the 21st Century », in GIDDENS Anthony (Ed.) *The Global Third Way Debate*, Polity Press, Cambridge, p. 134-156.

ESPING-ANDERSEN Gosta, SONNBERGER Harald (1989), *The Demographics of Age in Labor Market Management*, ETUI Working papers n° 89/414, Florence, European University Institute.

ESPING-ANDERSEN Gosta, GALLIE Duncan, HEMERIJCK Anton, MYLES John (2002), « A New Architecture for Europe ? », Rapport submitted to the Belgian Presidency of the European Union en 2000, publié sous le titre Why We Need A New Welfare State ?, Oxford, Oxford University Press.

EUROSTAT (2012), Active ageing and solidarity between generations – a statistical portrait of the European Union 2012, Eurostat, Statistical books, ISSN 1830-7906.

FAUPEL G. (1989), « Rentenreform : Grosser Konsens für sozialen Rückstritt », *Soziale Sicherheit*, 38, p. 4-8.

FERRERA Maurizio (1993), *Modelli di solidarieta*, Bologne, Il Mulino.

FERRERA Maurizio (1996), « The Southern Model of Welfare in Social Europe », *Journal of European Social Policy*, vol. 6, n°1, p. 17-37.

FERRERA Maurizio, HEMERIJCK Anton, RHODES Martin (2000), « The Future of Social Europe », Report for the Portuguese Presidency of the European Union.

FLORA Peter, et HEIDENHEIMER A. (1981), *The Development of Welfare States in Europe and America*, Rutgers, NJ : Transaction Books.

FOLKSAM, (1996), Var Trygghet. *Vara sociala rättigheter*, Stockholm, Folksam.

FOUCAULT Michel (1966), *Les mots et les choses: une archéologie des sciences humaines*, Paris, Gallimard.

FOUGÈRE D., J. PRADEL et M. ROGER (1998), The influence of the State Employment Service on the Search Effort and on the Probability of Leaving Unemployement, document de travail du CREST, n° 9836.

FRICK Bernd, Dieter SADOWSKI (1996), « A German Perspective on Disability Policy », L.J.M. Aarts, R.V. Burkhauser, et P.R. de Jong, eds. *Curing the Deutsch Disease : An International Perspective on Disability Policy Reform*, Aldershot, Avebury, p. 117-131.

FRIOT Bernard (1997), « Régime général et retraites complémentaires entre 1945 et 1967 : le paritarisme contre la démocratie sociale », La revue de l'IRES, n°24.

GALLIE Duncan, PAUGAM Serge (éd.) (2000), *Welfare Regimes and the Experience of Unemployment in Europe*, Oxford, Oxford University Press.

GARIBALDI (1998), « Job Flow Dynamics and Firing Restrictions », *European Economic Review*, 42, p. 245-275.

GATTER J. et B. HARTMANN (1995), « Betriebliche Verrentungspraktiken zwischen arbeitsmarkt- und rentenpolitischen Interessen », *Mitteilungen aus der Arbeitsmarkt- und Berufsforschung*, 3.

GAULLIER Xavier (1988), *La deuxième carrière – Ages, emplois, retraites*, Paris, Editions du Seuil.

GAULLIER Xavier (1990) « Conflits de générations et gestion des âges dans la vie professionnelle », *Notes de la Fondation Saint-Simon*, juin, 36 p.

GAULLIER Xavier (1999), *Les temps de la vie*, Paris, Editions Esprit.

GAZIER Bernard (1998), « Ce que sont les marchés transitionnels », in J.C. Barbier, J. Gautié (dir.), *Les politiques de l'emploi en Europe et aux Etats-Unis*, Paris, PUF, p. 339-355.

GEORGE Rainer (2000), *Beschäftigung älterer Arbeitnehmer aus betrieblicher Sicht : Frühverrentung als Personalanpassungsstrategie in internen Arbeitsmärkten*, Münich, Editions Hampp.

GILLION Claire (2000), « Développement et réforme des régimes de retraite de la sécurité sociale : l'approche du Bureau international du travail », *Revue internationale de sécurité sociale*, vol. 53, n° 1, p. 43-78.

GILLION Claire, J. TURNER, C. BAILEY et D. LATULIPPE (2000) *Régimes de retraite de la sécurité sociale – Evolution et réforme*, Genève, BIT.

GOETSCHY Jeanine (1999), « The European Employment Strategy : Genesis and Development », *European Journal of Industrial Relations*, Vol. 5, N°2, p. 117-137.

GREEN COWLES Maria, CAPORASO James, RISSE Thomas (2001), *Transforming Europe, Europeanization and Domestic Change*, Ithaca-Londres, Cornell University Press.

GUILLEMARD Anne-Marie (1985), « The Social Dynamics of Early Withdrawal from the Labor Force in France », *Ageing and Society*, 4, p. 381-412.

GUILLEMARD Anne-Marie (1986), *Le déclin du social : formation et crise des politiques de la vieillesse*, Paris, Presses Universitaires de France.

GUILLEMARD Anne-Marie (1991) « France : Massive exit through unemployement compensation » Kohli Martin et al. (dir), *Time for Retirement. Comparative Studies of Early Exit from the Labor Force*, Cambridge, Cambridge University Press, p. 181-221.

GUILLEMARD Anne-Marie (2003), *L'âge de l'emploi – Les sociétés à l'épreuve du vieillissement*, Paris, Armand Colin.

GUILLEMARD Anne-Marie (2010), *Les défis du vieillissement. Age, emploi, retraite, perspectives internationales*, Paris, Armand Colin.

GUILLEMARD Anne-Marie et Liliane SALZBERG (1994), *Emploi et vieillissement*, Paris, La Documentation française.

GUILLEMARD Anne-Marie, Jacques LEGARE et Pierre ANSART (dir.) (1995), *Entre travail, retraite et vieillesse, Le grand écart*, Paris, L'Harmattan.

GUILLEMARD Anne-Marie, Annie JOLIVET (dir.) (2006), *De l'emploi des seniors à la gestion des âges,* Problèmes politiques et sociaux.

GROUPE A HAUT NIVEAU SUR LA PROTECTION SOCIALE (2000), Rapport d'étape du Groupe à haut niveau sur la Protection sociale sur la Communication de la Commission au Conseil, au Parlement européen et au Comité économique et social sur l'évolution à venir de la protection sociale dans une perspective à long terme : des pensions sûres et viables, SOC 465, Bruxelles, Conseil de l'Union européenne.

GROUPE A HAUT NIVEAU SUR LA PROTECTION SOCIALE (2000), Questions aux Etats membres, document de séance n° 2, 12 décembre 2000, SN 5367/00 (SOC), Bruxelles, Conseil de l'Union européenne.

GRUAT Victor (1997), « Réforme des pensions, pertinence et principes de la sécurité sociale », *Documents de travail sur le vieillissement AWP 3.1F*, OCDE.

HAAS Ernst B. (1990), *When Knowledge is Power : Three Models of Change in International Organization*, Berkeley, University of California Press.

HAAS Peter M. (1992), « Introduction : Epistemic Communities and International Policy Coordination », *International Organizations*, 46(1), p. 1-35.

HABERMAS Jürgen (1978), *Raison et Légitimité. Problèmes de légitimation dans le capitalisme avancé*, Paris, Payot.

HABERMAS Jürgen (1998), *Après l'Etat-nation – Une nouvelle constellation politique*, Paris, Fayard.

HALL Peter A. (1986), *Governing the Economy : The Politics of State Intervention in Britain and France*, New York, Oxford University Press.

HALL Peter A. (1993), « Policy Paradigm, Social Learning and the State, the Case of Economic Policy in Britain », *Comparative Politics*, avril, p. 275-296.

HANSEN Hans (2002), « Active Strategies for Older Workers in Denmark », M. Jespen, D. Forden, et M. Hutsebaut, eds. *Active Strategies for Older Workers*, Brussels, ETUI, p. 171-205.

HASSEL Anke (2001), « The Problem of Political Exchange in Complex Governance Systems : The Case of Germany's Alliance for Jobs », *European Journal of Industrial Relations,* 7, p. 305-332.

HASSENTEUFEL Patrick (2000), « La libéralisation des systèmes de protection maladie européens. Convergence, européanisation et adaptation nationale », *Politique européenne*, 2, septembre, p. 29-48.

HECLO Hugh (1974), *Modern Social Politics in Britain and Sweden*, New Haven, Yale University Press.

HERBERTSSON T. et J.M. ORZSAG (2001), *The Cost of Early Retirement in the OECD*, Institute of Economic Studies, Reykjavik, working paper, W01 : 02.

HERMANN Christopher (1990), « Entwicklungslinien der 100jähringen Geschichte der gesetzlichen Rentenversicherung : Die Zeit von 1957-1991 », Franz/VDR Ruland (Hrsg.), *Handbuch der gesetzlichen Rentenversicherung, Festschritt aus Anlass des 100jährigen Bestehens der gesetzlichen Rentenversicherung*, Neuwied/Frankfut am Main, Luchterhand, p. 105-139.

HINRICHS Karl (1998), « Reforming the Public Sector Pension Scheme in Germany : the End of the Traditional Consensus », Paper presented at the XIVth World Congress of Sociology, International Sociological Association, Research Commttee 19, Session 3 : « Reforming Public Pension Schemes (I) », Montreal, Canada, July 26 – 1 August.

HINRICHS Karl (1999), « Rentenreformpolitik in OECD-Ländern. Die Bundesrepublik Deutschland im internationalen Vergleich », *Deutsche Rentenversicherung*, Nr. 3-4/2000-06-06.

HINRICHS Karl (2000a), « Von der Rentenversicherungs- zur Alterssicherungspolitik – Formen und Reformprobleme », K. Hinrichs, H. Kitschelt et H. Wiesenthal, eds. *Kontingenz und Krise : Institutionenpolitik in kapitalistischen und postsozialistichen Gesellschaften*, Frankfurt, Campus, p. 291-317.

HINRICHS Karl (2000b), « Elephants on the Move : Patterns of Public Pension Reform in OECD Countries » *European Review*, 8, 3.

HINRICHS Karl (2005), « New century – new paradigm : Pension reforms in Germany », G. Bonoli, T. Shinkawa, *Ageing and Pension Reform Around the World*, Cheltenham, Edward Elgar, p. 47-73.

HOFFMANN Edeltraut (1996), « Frühverrentung und Beschäftigung – Teil 2 : Ältere Arbeitnehmer zwischen Beschäftigugng, Arbeitslosikeit und Ruhestand 1980-1995 », *IAB Kurzbericht*, n°9.

HOLZMANN Robert (2000), « L'approche de la Banque mondiale quant à la réforme des pensions », *Revue internationale de sécurité sociale*, vol. 53, n° 1, p. 13-42.

HOLZMANN Robert, JORGENSEN Sven (2000), « Social Risk Management : A New Conceptual Framework for Social Protection and Beyond », World Bank, Discussion Paper, n°. 0006.

IAB (1989), « Der Vorruhestand laüft aus », *IAB-Bericht*.

IGAS (2004), *Gestion des âges et politiques de l'emploi*, Rapport annuel de l'Inspection général des affaires sociales, Paris, La documentation Française.

INSEE (différentes années), Enquête sur l'emploi, INSEE Résultats.

IWH (*Institut für Wirschaftsforschung Halle*) (1994), Unternhemenbefragung im ostdeutschen Verarbeitenden Gewerbe, IWH.

JACOBS Karl, Martin REIN (1988), The Future of Early Retirement, Discussion Paper FS II-202, Wissenschaftszentrum, Berlin.

JACOBS Karl, Martin KOHLI, Martin REIN (1991), « Germany : The Diversity of Pathways », Kohli Martin et al. (dir), *Time for Retirement. Comparative Studies of Early Exit from the Labor Force*, Cambridge, Cambridge University Press, p. 181-221.

JACOBSSON Kerstin (2001), « Employment and Social Policy Coordination : A New System of EU Governance », paper presented at the workshop on Transnational Regulation and the Transformation of States, Stanford, 22-23 June 2001.

JACOBSSON Kerstin (2004a), « A European Politics for Employability. The Political Discourse on Employability of the EU and the OECD », C. Garsten et K. Jacobsson (eds.), *Learning to Be Employable : New Agendas on Work, Responsibility and Learning in a Globalizing World*, Palgrave Macmillan, Houndmills, Basingstoke, p. 42-62.

JACOBSSON Kerstin (2004b), « Soft Regulation and the Subbtle Transformation of States : The Case of EU employment Policy », *Journal of European Social Policy*, Vol. 14, N°4, p. 335-370.

JACOBSSON Kerstin (2005), « Trying to Reform the 'Best Pupils in the Class' ? – The Open Method of Co-ordination in Sweden and Denmark », Jonathan Zeitlin, Philippe Pochet (eds.), *The Open Method of Co-ordination in Action – The European Employment and Social Inclusion Strategies*, Bruxelles, Peter Lang, p. 107-136.

JACQUET Guéric (2005), *Le défi de l'emploi des seniors,* Les études de la Fondation pour l'innovation politique.

JACQUOT Sophie, Cornelia WOLL (dir.) (2004), *Les usages de l'Europe, acteurs et transformations européennes*, Paris, L'Harmattan.

JESPEN Maria, David FODEN et Martin HUTSEBAUT (dir.) (2002), *Active Strategies for Older Workers*, Brussels, ETUI.

JOBERT Bruno, MULLER PIERRE (1987), L'Etat en action. Politiques publiques et corporatismes, Paris, PUF.

JOBERT Bruno (1985), « Les politiques sociales et sanitaires », J. Leca, M. Grawitzk, *Traité de Science Politique*, t. IV, chap. 6, p. 301-342.

JOBERT Bruno (dir.) (1994), *Le tournant néo-libéral en Europe*, Paris, L'Harmattan.

JOCHEM Sven (1998), *Die skandinavischen Wege in die Arbeitslosigkeit : Kontinuität und Wandel der nordischen Beschäftigungspolitik im internationalen Vergleich*, Opladen, Leske + Budrich.

JOIN-LAMBERT Marie-Thérèse (dir.) (1997), *Politiques sociales*, Paris, Dalloz (2e édition).

JOLIVET Annie (2001), « Vieillissement, salaire relatif et demande de travailleurs âgés », *Travail et emploi*, 88.

JOUSTEN Alain (2003), « Départ à la retraite. Une perspective internationale », *Revue française d'économie*, p. 83-97.

KALTENBACH H. (1986), « Probleme der Rentenversicherung bei den BU/EU-Renten einscheidlich der Zukunftsperspektiven », *Die Angestelltenversischerung* 33, p. 357-361.

KARCH Heribert (2000), « Weder Dogmen noch neue Beliebbigkeit – Anmerkungen zum System « IG-Metall-Tarifpolitik » am Beispiel der Metall-Tarifrunde 2000, *Gewerkchaftliche Monatshefte* 5, p. 257-267.

KARR Werner (1999), « Kann der harte Kern der Arbeitslosigkeit durch einen Niedriglohnsektor aufgelöst werden ? Eine Analyse der Arbeitslosen nach Verweildauer und Reintegration, *IAB-Kurzbericht* Nr. 3/99.

KARR Werner (2002), « Spielräume für den Abbau der Arbeitslosigkeit in der Flaute », *IAB-Kurzbericht* Nr. 6/02.

KINGDON John W. (1984), *Agendas, Alternatives and Public Policies*, Ed. Little Brown and Company.

KLAMMER Ute, WEBER Helmut (2001), « Flexibel in den Ruhestand ? Ergebnisse und Überlegung zur Altersteilzeit », *WSI Mitteilungen*, 54, p. 102-112.

KOLLER, B. (1996), « Zur Wiedereingliederung älterer Arbeitnehmer – Daten und empirische Befunde », Frerichs, F. (ed.), *Ältere Arbeitnehmer im Demographischen Wandel – Qualifizierungsmodelle und Eingliederungsstrategien*, Münstern, LIT-Verlag.

KOK Wim (dir.) (2004), « Facing the Challenge. The Lisbon Strategy for Growth and Employment », Report from the High Level Group chaired by Wim Kok, Brussels, November 2004 (http://europa.eu.int/comm/lisbon-strategy/pdf/2004/1866-EN-complet.pdf).

KNUTH Matthias, Thorsten KALINA (2002), « Early exit from the labour force : between exclusion and privilege », *European Society*, vol. 14, n°4, p. 393-418.

KOHLI Martin (1987), « Retirement and the Moral Economy : An Historical Interpretation of the German Case », *Journal of Aging Studies* (1), p. 125-144.

KOHLI Martin (1989), *Je früher – desto besser ? Die Verkürzung des Erwerbslebens am Beispiel ders Vorruhestands in der chemischen Industrie*, Berlin, Editions Sigma.

KOHLI Martin (2000), « Altersgrenzen als gesellschaftliches Regulativ individueller Laufbahngestaltung : ein Anachronismus », *Zeitschrift für Gerontologie und Geratrie*, vol. 33, n°1, p. 15-23.

KOHLI Martin et H.J. VON KONDRATOWITZ (1987), « Retirement in Germany : Toward the Construction of the 'Citizen of the Work Society' », K.S

Markides et C.L. Cooper (dir.), *Retirement in Industrialized Societies*, Londres, John Wiley & Sons, p. 131-166.

KOHLI Martin, GUILLEMARD Anne-Marie, GUNSTEREND Hermann Van, REIN Martin (1991), *Time for Retirement*, Cambridge, Cambridge University Press.

KOTT Sandrine (1995), L'Etat social allemand. Représentations et pratiques, Paris, Belin.

KRUSE Edgar (2001), « Kohortenspezifische Analyse des Rentenzugangs von Versichertenrenten », Corinna Barkholdt (ed.), *Prekärer Übergang in den Ruhestand*, Opladen : Westdeutscher Verlag.

LACZKO Frank et Chris PHILIPSON (1991), « Great Britain : The Contradictions of Early Exit », Martin Kohli, Martin Rein, Anne-Marie Guillemard et Herbert van Gusteren, eds., *Time for Retirement : Comparative Studies on Early Exit from the Labor Force,* New York, Cambridge University Press, p. 222-251.

LAFOUCRIÈRE Céline (2002), « Active strategies for older workers : the European picture today », M. Jespen, D. Foden et M. Hutsebaut, eds., *Active Strategies for Older Workers,* Brussels, ETUI, p. 51-88.

LAIKI Zaidi (2005), *La norme sans la force : L'Union européenne*, Paris, Les presses de Sciences Po.

LASCOUMES Pierre (2003), « Gouverner par les instruments : Ou comment s'instrumente l'action publique ? », in Lagroye Jacques (dir.), *La Politisation*, Paris, Belin, pp.387-401.

LATOUR Bruno (2006), *Changer de société – Refaire de la sociologie*, Paris, La Découverte.

LEFEBVRE Francis (2011), *Réforme des retraites,* Editions Francis Lefebvre.

LE BRAS Hervé, TODD Emmanuel (2012), *L'invention de la France : Atlas anthropologique et politique*, nrf essais, Gallimard.

LESTRADE Brigitte (2002), « Chômage et politique de l'emploi du gouvernement Schröder », *Allemagne d'aujourd'hui*, n° 161 (juillet-septembre), p. 38-58.

LESTRADE Brigitte (dir.) (2006), *L'emploi des seniors*, Paris, L'Harmattan.

LEIBFRIED Stephan, PIERSON Paul (eds.) (1998), *Politiques sociales européennes. Entre intégration et fragmentation*, Paris, L'Harmattan.

LEIBFRIED Stephan (éd.) (2001), *Welfare State Futures*, Cambrige : Cambridge University Press.

LE MINEZ Sylvie (1995), « Les entreprises et le vieillissement de leur personnel : faits et opinions », *Travail et Emploi*, 63, 23-40.

MARTIN Claude, Bruno PALIER (2008), *Reforming the Bismarckian Welfare Systems,* Blackwell Publishing.

MCGILLIVRAY W. (2000), « Le point sur la réforme des pensions », *Revue internationale de sécurité sociale*, vol. 53, n° 1, p. 3-12.

MANOW Philip et Eric SEILS (2000), « Adjusting Badly : The German Welfare State, Structural Change and the Open Economy », Fritz W. Scharpf, Vivien A. Schmidt (eds.), *Welfare and Work in the Open Economy, volume II.*

Diverse Responses to Common Challenges, Oxford, Oxford University Press, p. 264-307.

MANDIN Lou (2001), « L'Union européenne et la réforme des systèmes de retraite », mémoire de DEA, IEP Paris.

MANDIN Lou (2003), « From early retirement to active ageing: The evolution of social policies for older workers in France and Germany », communication présentée lors du colloque « Social Policy in a Changing Europe », University of Stirling, 16th – 17th May 2003.

MANDIN Lou, PALIER Bruno (2004a), « L'Europe et les politiques sociales, vers une harmonisation cognitive des réponses nationales », Christian Lequesne et Yves Surel (dir), *L'intégration européenne – Entre émergence institutionnelle et recomposition de l'Etat*, Paris, Les presses de Sciences Po, p. 255-286.

MANDIN Lou, PALIER Bruno (2004b), « Coping with new social risks in France », Peter Taylor-Gooby (dir.) *New Risks and New Welfare in Europe*, Oxford, Oxford University Press.

MANDIN Lou, PALIER Bruno (2005), « The politics of pension reform in France : the end of exceptionalism ? », Giuliano Bonoli et Toshimitsu Shinkawa (eds.), *Ageing and Pension Reform Around the World*, Cheltenham, Edward Elgar, p. 74-93.

MANDIN Lou, PALIER Bruno (2009), « Le rôle des organisations internationales dans la réforme des systèmes nationaux de protection sociale », Yves Schemeil et Wolf-Dieter Eberwein (dir), *Normer le monde – L'énonciation des normes internationales*, Paris, L'Harmattan, p. 185-225.

MARCH James, OLSEN Johan (1989), Rediscovering Institutions, The Organizational Basis of Politics, New York, The Free Press.

MARCHAND Olivier, Claude THELOT (1996), « La gestion des âges à la Française », *Données sociales*, Paris, INSEE, p. 165-173.

MARES Isabell (2001), « Enterprise Reorganization and Social Insurance Reform : the Development of Early Retirement in France and Germany », *Governance*, 14, p. 295-318.

MARSHALL Thomas H. (1954), *Class, Citizenship and Social Development*, New York, Doubleday.

MARTIN Andrew, ROSS George (2004), *Euros et Europeans, Monetary Integration and the European Model of Society*, Cambridge, Cambridge University Press.

MATHIEU R. et B. SEDILLOT (2001), « Départ à la retraite, irréversibilité et incertitude », document de travail INSEE G2001/06.

MAURICE Jean (dir.) (1999), Emploi, négociations collectives, protection sociale : Vers quelle Europe sociale ?, Paris, La documentation française.

MAYNTZ Renate (1999), « Multi-level Governance : German Federalism and the European Union », *AICGS Research Report*, N° 10, p. 101-114.

MERLIER Roselyne (2005), « Tassement des préretraites en 2004 », DARES, *Première, Synthèses, Informations*, n° 19-03.

MERLIER Roselyne (2006), « Les dispositifs de préretraites publiques en 2005 : Poursuite du repli », DARES, *Première, Synthèses, Informations* n°52-1.

MERRIEN François-Xavier (2001), « Les nouvelles politiques sociales de la Banque mondiale : le cas des pensions. Une évaluation critique », *Revue internationale des sciences sociales*, Paris, Unesco, novembre.

MERRIEN François-Xavier (2002), « Etats-providence en devenir – Une relecture critique des recherches récentes », Anne-Marie Guillemard (dir.) *L'Europe sociale en perspective, Revue française de sociologie*, pp. 211-242.

MIRKIN Barry (1987), « Early Retirement as a Labor Force Policy : An International Overview », *Monthly Labor Review*, 110(3), p. 19-33.

MISHRA Ramesh (1999), *Globalization and the Welfare State*, Cheltenham, Edward Elgar.

MONCHOIS Xavier et Didier GELOT (1994), « Les bénéficiaires de la politique active de l'emploi des plus de 50 ans », L. Salzberg, A. M. Guillemard (dir), *Emploi et vieillissement*, La Documentation française, 1994, p. 143-156.

MULLER Pierre (1999), « Gouvernance européenne et globalisation », *Revue Internationale de Politique Comparée*, 6 (3), pp.707-717.

MULLER Pierre (2000), « L'analyse cognitive des politiques publiques : vers une sociologie politique de l'action publique », *Revue Française de Science Politique*, 50 (2), avril, p. 189-207.

MORAVCSIK Andrew (1998), *The Choice for Europe. Social Purpose & State Power from Messina to Maastricht*, Ithaca, Cornelle University Press.

MYLES John, Paul PIERSON (2001), « The Comparative Political Economy of Pension Reform », P. Pierson, ed. *The New Politics of the Welfare State*, New York, Oxford University Press, p. 305-333.

NAEGELE Gerhard (dir.) (1987), *Theorie und Praxis des Vorruhestandsgesetzes,* Augsburg, Maro.

NAEGELE Gerhard (1992), *Zwischen Arbeit und Rente – Gesellschaftliche Chancen und Risiken älterer Arbeitnehmer*, Augsburg, Maro-Verlag.

NAEGELE Gerhard (2002), « Active Strategies for Older Workers in Germany », M. Jespen, D. Foden et M. Hutsebaut, eds., *Active Strategies for Older Workers,* Brussels, ETUI, p. 207-243.

NAEGELE Gerhard, WALKER Alan (2000), A European code of good practice for employment of older workers, *Eurolink Age,* Brussels, London.

NASCHOLD Frieder, Bert DE VROOM et Bernard CASEY (1994), « Regulating Employment and Retirement : An International Comparison between Firms and Countries », F. Naschold et B. de Vroom, eds. *Regulating Employment and Welfare : Company and National Policies of Labour Force Participation at the End of Worklife in Industrial Countries*, Berlin, W. de Gruyter, p. 117-182.

NOSOSKO (2000), *Social Protection in the Nordic Countries 1998 : Scope, Expenditure and Financing*, Copenhagen, Nordisk Socialstatistik Komité.

NULLMEIER Frank, Friedbert W. RÜB (1993), *Die Transformation des Sozialstaats : Vom Sozialstaat zum Sicherungstaat*, Frankfurt, Campus.

OCDE (1981), *The Welfare State in Crisis*, Paris, OCDE.

OCDE (1995a), *The Labour Market and Older Workers*, OECD Social Policy Studies, vol. 17, Paris OECD.

OCDE (1995b), *The Transition from Work to Retirement*, OECD Social Policy Studies, vol. 16, Paris, OECD.

OCDE (1998a), *Maintenir la prospérité dans une société vieillissante*, Paris, OCDE.

OCDE (1998b), « Workforce Ageing in OECD Countries », *Employment Outlook*, Paris, OCDE.

OCDE (2000), *Des réformes pour une société vieillissante*, Paris, OCDE.

OCDE (2001), *Ageing and Income : Financial Resources and Retirement in 9 OECD Countries*, Paris, OCDE.

OCDE (2006), *Vivre et travailler plus longtemps*, Paris, OCDE.

OCDE (2011), *Panorama des pensions 2011 – Les systèmes de retraites dans les pays de l'OCDE et du G20*, Paris, OCDE.

OCDE (2011), *Pensions at a Glance 2011,* Paris, OCDE.

OLOFSSON Gunnar, Jan PETERSSON (1994), « Sweden : Policy Dilemmas of the Changing Age Structure in a 'Work Society' », F. Naschold et B. de Vroom, eds. *Regulating Employment and Welfare : Company and National Policies of Labour Force Participation at the End of Worklife in Industrial Countries*, Berlin, W. de Gruyter, p.183-245.

ORSINGER C. et P.CLAUSIN (1982), « Verkürzung der Lebensarbeitzeit im Spiegel der Rentenversicherung », *Die Angestelltenversicherung,* n°29, p. 261-268.

PALIER Bruno (1991), « La baleine et les sages », mémoire de DEA, IEP Paris.

PALIER Bruno (2000), « Does Europe Matter ? Européanisation et réforme des politiques sociales des pays de l'Union européenne », *Politique européenne,* n°2, p. 7-28.

PALIER Bruno (2002), *Gouverner la Sécurité sociale, les réformes du système francais de protection sociale depuis 1945*, Paris: PUF.

PALIER Bruno (2003), *La réforme des retraites*, Paris, PUF, Collection Que sais-je ?

PALIER Bruno, VIOSSAT Louis-Charles (dir.) (2001), *Politiques sociales et mondialisation*, Paris, Futuribles.

PASQUIER DESVIGNES Romain (1997), « Fiches signalétiques par organisation », in M. Berthod-Wurmser, A. Gauron, Y. Moreau (dir.) *La régulation sociale : Le rôle des organisations européennes et internationales*, Actes, Paris, les 23 et 24 mai 1997, Presses de Sciences-po, p. 167-182.

PERCHERON Annick (1991), « Police et gestion des âges », Annick Percheron, René Rémond (dir.), *Age et Politique*, Paris, Economica, p. 111-139.

PIERSON Paul (1993), « When Effect Becomes Cause : Policy Feedback and Political Change », *World Politics*, 45, p. 595-628.

PIERSON Paul (1994), *Dismantling the Welfare State ? Reagan, Thatcher and the Politics of Retrenchment,* Cambridge, Cambridge University Press.

PIERSON Paul (2000a), « Increasing Returns, Path Dependence, and the Study of Politics », *American Political Science Review*, 94, p. 251-268.

PIERSON Paul (2000b), « Not Just What, But When : Timing and Sequence in Political Processes », *Studies of American Political Development*, 14 (Spring), p. 72-92.

PIERSON Paul (2001a), « Coping with Permanent Austerity : Welfare State Restructuring in Affluen Democracies », P. Pierson, ed. *The New Politics of the Welfare State,* Oxford, Oxford University Press.

PIERSON Paul (ed.) (2001b), *The New Politics of the Welfare State*, Oxford, Oxford University Press.

PIERSON Paul et Stephan LEIBFRIED (1995), « Multitiered Institutions and the Making of Social Policy », S. Leibfried and P. Pierson, eds., European Social Policy : *Between Fragmentation and Integration*, Washington DC, Brookings Institution, p. 1-40.

PISANY-FERRY Jean (2000), *Plein emploi*, Rapport du Conseil d'Analyse Economique, Paris, La Documentation française.

POCHET Philippe (2000), « General Introduction », Jean-Claude Barbier et Philippe Pochet (dir.), « *Social Developments in the European Union in 1999* », Report n° 67, Bruxelles, European Trade Union Confederation and Observatoire Social Européen.

POLANYI Karl (1944), *The Great Transformation : The Political and Economic Origins of our Times*, Boston, Beacon Press.

PUTNAM Robert (1988), « Diplomacy and Domestic Politics : The Logic of Two-Level Games », *International Organization*, p. 427-461.

QUEISSER Monika (1996), « Pensions in Germany », World Bank Working Paper, WPS1664, Washington, D.C. World Bank.

QUEISSER Monika (1998), *La réforme des systèmes de retraite en Amérique Latine*, Paris, OCDE.

QUEISSER Monika (2000), « La réforme des pensions de retraite et les organisations internationales : de la critique à la convergence », *Revue internationale de sécurité sociale*, vol. 53, n° 2, p. 35-54.

QUESTIAUX, N. (1980), *Le vieillissement de la population*, Rapport remis au ministre du Travail par N. Questiaux, Haut Comité de la Population, Paris, La Documentation française.

QUINTIN Odile, FAVAREL-DAPAS Brigitte (1999), *L'Europe sociale. Enjeux et réalités*, La Documentation française, Paris (collection Réflexe Europe).

RADAELLI Claudio (2001), « The Domestic Impact of European Union Public Policy : Notes on Concepts, Methods, and the Challenge of Empirical Research », *Politique européenne*, 5, automne, p. 107-142.

RAGOT Maurice (1985), *La cessation anticipée d'activité*, Rapport pour le Conseil économique et social.

REDAY-MULVEY Geneviève (1996), « Gradual Retirement in France », L. Delsen et G. Reday-Mulvey, eds. *Gradual Retirement in the OECD Countries : Macro and Micro Issues and Policies*, Aldershot, Dartmouth, p. 45-68.

RENARD Didier (1998), « Une définition institutionnelle du lien social », *Revue française de science politique*, vol. 38, n°3, juin 1998, p. 370-385.

REHFELD Uwe (1998), « Der Arbeitsmarkt : Eckpfeiler für die gesetzliche Rentenversicherung. Anmerkungen aus statistisch-empirischer Sicht », INIFES/ISF/SÖSTRA (ed.), *Erwerbsarbeit und Erwerbsbevölkerung im Wandel*, Frankfurt and New York, Campus.

REYNAUD Emmanuel (1998), *Les retraites dans l'Union européenne – Adaptation aux évolutions économiques et sociales*, Paris, L'Harmattan.

REYNAUD Emmanuel (1999), *Réforme des retraites et concertation sociale*, Genève, BIT.

RICHARDT N. (2004), « European Employment Strategy, Childcare, Welfare State Redesign – Germany and the United Kingdom Compared », Paper prepared for the Conference of Europeanists, Chicago, 11-13 mars 2004.

RITTER Gerhard A. (1989), *Der Sozialstaat. Entstehung und Entwicklung im Internationalen Vergleich*, Munich, Oldenbourg.

RHODES Martin (2001), « The Political Economy of Social Pacts : 'Competitive Corporatism' and European Welfare Reform », P. Pierson, ed., *The New Politics of the Welfare State*, Oxford, Oxford University Press, p. 165-195.

ROMANS Fabrice (2007), « Transition des femmes et des hommes de la vie active vers la retraite », *Statistiques en bref, 97/2007*, Communautés européennes.

ROSE Richard (1991), « What is Lesson Drawing ? », *Journal of Public Policy*, 11, 1, p. 3-30.

ROSENOW Joachim (1996), « Der Abbau von Altersbarrieren in der Erwerbsarbeit : Die Notwendigkeit einer kooperativ-integrierten Strategie von Unternhemen, Staat und Verbänden », Frerichs, F. (ed.), *Ältere Arbeitnehmer im Demographischen Wandel – Qualifizierungsmodelle und Eingliederungsstrategien*, Münstern, LIT-Verlag.

ROSENOW Joachim, Frieder NASCHOLD (1994), *Die Regulierung von Altersgrenzen : Strategien von Unternehmen und die Politik des Staates*, Berlin, Sigma.

ROSEVEARE D., W. LEIBFRITZ, D. FORE et E. WURZEL (1996), *Ageing Populations, Pension Systems and Government Budgets : Simulations for 20 OECD Countries*, OECD Economics Department, working paper 168.

RÖSSEL G., SCHÄFER R. et J. WAHSE (1999), *Alterspyramide und Arbeitsmarkt. Zum Alterungsprozess der Erwerbstätigen in Deutschland. Verbund « Arbeit- und Innovationspotentiale im Wandel »*, Frankfurt a.M., Springer.

ROTH Henry (2000), *Berufs- und Erwerbsunfähigkeit. Renten- und Versorgungsanprüche nach geltendem und reformiertem Recht,* Frankfurt am Main, Lang.

ROSANVALLON Pierre (1981), *La crise de l'Etat-providence*, Paris, Seuil.

ROSANVALLON Pierre (1995), *La nouvelle question sociale. Repenser l'Etat-providence*, Paris, Seuil.

RUELLAN Rollande (1993), « Retraites : l'impossible réforme est-elle achevée ? », *Droit social*, n°12, p. 911-929.

RWI/ISG (2002), Wirkungsbewertung nationaler Politiken im Zusammenhang mit der Europäischen Beschäftigungstrategie, Endbericht, Rheinisch-West-fällisches Institut für Wirtschaftsforschung und Sozialforschung un Gesellschaftspolitik, Essen und Köln.

SABATIER PAUL, HANK JENKENS-SMITH (1993), *Policy Change and Learning : an Advocacy Coalition Approach*, Boulder, Colo, Westview.

SALLES Anne (2005), « L'emploi des seniors en France et en Allemagne : une question démographique », Brigitte Lestrade (dir.) *L'emploi des seniors – Les sociétés européennes face au vieillissement de la population active*, Paris, L'Harmattan, p. 165-191.

SAMEK LODOVICI Manuela (2000), « The Dynamics of Labour Market Reform in European Countries », G. Esping-Andersen et M. Regini, eds, *Why Deregulate Labour Markets ?* Oxford, Oxford University Press, p. 271-306

SBRAGIA, A. (2001), « Italy Pays for Europe : Political Leadership, Political Choice and Institutional Adaptation », in Green Cowles, M., Caporaso, J., Risse, T. (dir.), *Transforming Europe. Europeanization and Domestic Change*, Ithaca, Cornell University Press.

SCHARPF Fritz W. (1991), *Crisis and Choice in European Social Democracy*, Ithaca, NY, Cornell University Press

SCHARPF Fritz (1993), « Von der Finanzierung der Arbeitslosigkeit zur Subventionierung niedriger Erwerbseinkommen », *Gewerkschaftliche Monatshefte*, 7(44), p. 433-443.

SCHARPF Fritz W. (1997), Employment and the Welfare State : A Continental Dilemma, MPIfG Working Paper 97/7. Cologne, Max Planck Institute for the Study of Societies.

SCHARPF FRITZ.W. (1998), « Employment and the Welfare State: A Continental Dilemma » GAAC (ed.), *Labour Markets in the USA and Germany*, Bonn, GAAC: 387-404.

SCHARPF Fritz W. (2000), « Globalization and the Welfare State, Constraints, Challenges and Vulnerabilities », Paper presented at the Cost A15 conference European Welfare States, « Domestics And International Challenges », Cologne, 5-6 octobre.

SCHARPF Fritz W. (2001), « European Governance : Common Concerns vs. The Challenge of Diversity », Jean Monnet Working Paper, N° 07/01, New York University of Law.

SCHARPF Fritz W., SCHMIDT Vivien A. (ed.) (2000), *Welfare and Work in the Open Economy*, Oxford, Oxford University Press, 2 vol.

SCHMÄHL Winfried (1986), Economic Problems of Social Retirement. Studies and Documents N°6 of the European Centre For Work and Society, Maastricht.

SCHMÄHL Winfried, Rainer GEORGE et Christiane OSWALD (1996), « Gradual Retirement in Germany », L. Delsen et G. Reday-Mulvey, eds. Gradual *Retirement in the OECD Countries : Macro and Micro Issues and Policies,* Aldershot, Dartmouth, p. 69-93.

SCHMÄHL Winfried (1999), « Pension Reforms in Germany : Major Topics, Decisions and Developments », Katherina Müller, Andreas Ryll, Hans-Jürgen Wagener, eds. *Transformation of Social Security : Pensions in Central-Eastern Europe,* Heidelberg, Physica Verlag.

SCHOPFLIN Pierre (1987), Evaluation et sauvegarde de l'assurance vieillesse, ministère des Affaires sociales.

SCHUDLICH Edwin (1982), « Kooperation statt Korporatismus », Ulrich Billerbeck (dir.), *Korporatismus und gewerkschaftliche Interessenvertretung, Frankfurt am Main*, Campus, p. 127-175.

SEARLES Harold (1977), *L'effort pour rendre l'autre fou,* Paris, Gallimard.

SEMLINGER Klaus (1990), Personalanpassung und Personalentwicklung in der deutschen Stahl- und Automobilindustrie, Arbeitskreis Sozialwissenschaftliche Arbeitsmarktforschung (SAMF), Arbeitspaper.

SILVIA Stephen J. (1997), « German Unification and Emerging Divisions within German Employers' Associations : Cause of Catalyst ? », *Comparative Politics*, 29, p. 187-208.

SPC (2003), Social Protection Committee, « Opinion of the Social Protection Committee on the Commission's Communication 'Strengthening the Social Dimension of the Lisbon Strategy : Streamlining Open Coordination in the Field of Social Protection », Brussels, 29 September 2003.

STEFFEN Johannes (1996), « Altersteilzeit und Rentenabschläge : die Debatte um die Abschaffung des Arbeitslosen-Altersruhegeldes », *Sozialer Forschritt*, 45, p. 1-7.

STIGLITZ Joseph (1999), « Whither Reform? The years of the transition », World Bank, Annual Bank Conference on Development economics.

STONE Alec, SANDHOLTZ Wayne (1997), « European Integration and supranational governance », *Journal of European Public Policy*, Vol. 4, N° 3, p. 297-317.

STREECK Wolfgang, Rolf G. HEINZE (1999), « An Arbeit fehlt es nicht », *Der Spiegel*, 19 (53), p. 38-45

STREECK Wolfgang, Kathleen THELEN (eds) (2005), *Beyond Continuity : Institutional Change in Advanced Political Economies*, Oxford, Oxford University Press.

SUPIOT Alain (dir.) (1999), *Au-delà de l'emploi: Transformation du travail et devenir du droit du travail en Europe*, rapport pour la Commission des Communautés Européennes, Paris, Flammarion.

SUREL Yves (2000), « L'intégration européenne vue par l'approche cognitive et normative des politiques publiques », *Revue française de science politique,* 50 (2), p. 235-254.

SZYSZCZAK Erika (2001), « The New Paradigm for Social Policy : A Virtuous Circle ? », *Common Market Law Review*, Vol. 38, p. 1125-1270.

TABAH Léon (1986), *Vieillir solidaires*, Rapport du Commissariat Général du Plan, Paris, La Documentation française.

TADDEI Dominique (2000), *Retraites choisies et progressives*, Rapport du Conseil d'Analyse Economique, Paris, La Documentation française.

TAYLOR Philip et Alan WALKER (1996), « Gradual Retirement in the United Kingdom », L. Delsen et G. Reday-Mulvey, eds. *Gradual Retirement in the OECD Countries : Macro and Micro Issues and Policies*, Aldershot, Dartmouth, p. 94-110.

TAYLOR Philip et Alan WALKER (1998), « Employers and Older Workers : Attitudes and Employment Practices », *Ageing and Society*, 18, p. 641-658.

TAYLOR-GOOBY Peter (ed.) (2005), *Ideas and Welfare state reform in Western Europe,* Bsingstoke, Hampshire, New York, Palgrave Macmillan.

TELO Mario (2001), « Combiner les instruments politiques en vue d'une gestion dynamique des diversités nationales », Symposium : Mountain or Molehill ? A Critical Appraisal of the Commission White Paper on Governance, *Jean Monnet Working Paper*, N°6/01.

TEULADE René (1989), *Rapport de la Commission protection sociale*, Paris, La Documentation française.

TEULADE René (2000), *L'avenir des systèmes de retraite*, Avis et Rapports du Conseil Economique et Social, Journal officiel, 17 janvier.

TESSARING, M. (1994), « Langfristige Tendenzen des Arbeitskräftebedarfs nach Tätigkeiten und Qualifikationen in den alten Bundesländern bis zum Jahr 2010 », *Mitteilungen aus der Arbeitsmarkt- und Berufsforschung*, 1.

THELEN Kathleen (2002), « The Explanatory Power of Historical Institutionalism », *Annual Review of Political Science*, 2, p. 369-404.

TILLY Charles (1984), *Big Structures, Large Processes, Huge Comparisons*, New York, Russel Sage.

TITMUSS Richard (1958), *Essays on the Welfare State*, Londres, Allen & Unwin.

TRAMPUSCH Christine (2002), Die Bundesanstalt für Arbeit und das Zusammenwirken von Staat und Verbänden in der Arbeitsmarktpolitik von 1952 bis 2001, *MPlfG Working Paper 02/5*, Köln, Max-Planck-Institut für Gesellschaftsforschung.

TRAMPUSCH Christine (2005), « Institutional Resettlement : The Case of Early Retirement in Germany », W. Streeck, K. Thelen, Beyond Continuity – *Institutional Change in Advanced Political Economies*, Oxford, Oxford University Press, p. 203-228.

TROMMEL Willem, Bert DE VROOM (1994), « The Netherlands : the Loreley-Effect of Early Exit », F. Naschold et B. de Vroom eds., Regulating *Employment and Welfare : Company and National Policies of Labour Force Participation at the End of Worklife in Industrial Countries*, Berlin, W. de Gruyter, p. 51-115.

TRUBEK David, MOSHER James (2003), « New Governance, Employment Policy and the European Social Model », Jonathan Zeitlin, David Trubek (eds), *Governing Work and Welfare in a New Economy : European and American Experiments*, Oxford, Oxford University Press, p. 33-58.

TRUBEK David, TRUBEK Louise G. (2005), « The Open Method of Co-ordination and the Debate over 'Hard' et 'Soft' Law », Jonathan Zeitlin, Philippe Pochet (eds.), *The Open Method of Co-ordination in Action – The European Employment and Social Inclusion Strategies*, Bruxelles, Peter Lang, p. 83-103.

TSEBELIS George (1995), « Decision making in political systems : Veto players in presidentialism, parliamentarism, multicameralism and multipartism », *British Journal of Political Science*, 25 (3), p. 289-325.

UNEDIC (1981), « Garantie de ressources et emplois salariés du secteur privé », *Bulletin de liaison*, 83, Décembre, p. 17-26.

VAN DEN BERG G. (2001), « Duration Models : Specification, Identification and Multiple Durations », J. Heckman et E. Leamer eds., *Handbook of Econometrics*, vol. 5, North Holland.

VANDENBROUCKE Franck (2002), « Sustainable Social Justice and 'Open Co-ordination in Europe », Esping-Andersen Gosta, Duncan Gallie, Anton Hemerijck, John Myles, *Why We need a New Welfare State,* Oxford, Oxford University Press, pp. VII à XXIX.

VERKINDT Pierre-Yves, Mathilde WACONGNE (1993), « Le travail vieillissant », *Droit social*, 12, p. 932-941.

VERKINDT Pierre-Yves, Elisabeth GRAUJEMAN (2011), *Réforme des retraites et emploi des seniors – Le nouveau droit de la retraite après la loi du 9 novembre 2010,* Editions Liaisons.

VIALAT Bruno (2001), *Histoire de la sécurité sociale,* Paris, Economica.

VIELLE Pierre, Philippe POCHET, Isabelle CASSIERS (2005), *L'Etat social actif. Vers un changement de paradigme ?*, PIE-Peter Lang.

VISSER Jelle et Anton HEMERIJCK (1997), 'A Dutch Miracle » : Job Growth, *Welfare Reform, and Corporatism in the Netherlands*, Amsterdam, Amsterdam University Press.

VOGLER-LUDWIG Karl (1990), « Betriebszeit der Produktionsanlagen », Ifo-Schnelldienst (Institut für Wirtschaftsforschung München), 43, 3-8.

VOLKOFF Serge, Anne-Françoise MOLINIE et Annie JOLIVET (2000), « Efficaces à tout âge ? Vieillissement démographique et activités de travail », Collection Dossiers du CEE, 16.

WADENSJÖ Eskill (2002), « Active Strategies for Older Workers in Sweden », M. Jespen, D. Foden et M. Hutsebaut, eds., *Active Strategies for Older Workers*, Brussels, ETUI, p. 381-402.

WALKER Alan (1997), *Combating Age Barriers in Employment*, European Research Report, European Foundation for the Improvement of Living and Working Conditions. Dublin.

WALKER Alan (1999), « Why the ageing workforce demands an active response in public policy ». Keynote lecture for the International Conference on Active Strategies for an Ageing Workforce, Turku, 12-13 August.

WALKER Alan, TAYLOR Peter (eds.) (1997a), *Combating age barriers in employment : a European portfolio of good practice,* Dublin, European Foundation for the Improvement of Living and Working Conditions.

WALKER Alan, TAYLOR Peter (eds.) (1997b), *Managing an ageing workforce, a guide to good practice,* Dublin, European Foundation for the Improvement of Living and Working Conditions.

WEBER Max (1971), *Economie et Société*, Paris, Plon.

WEBER Max (1964), *L'Ethique protestante et l'esprit du capitalisme*, Paris, Plon.

WHRIGHT Vincent, Sabino CASSESE (1996), *La recomposition de l'Etat en Europe,* Paris, La Découverte.

WILENSKY Harold L. (1975), *The Welfare State and Equality : Structural and Ideological Roots of Public Expenditure*, Berkeley, University of California Press.

WORLD BANK (2000), « Facing the Future – The importance of pension reform to new generations », *Spectrum*.

WÜBBEKE Christina (1999), « Der Übergang von sozialversicherungspflichtiger Beschäftigung in den Rentenbezug zwischen sozialpolitischer Steuerung und betrieblichen Interessen. Eine Untersuchung der Ursachen der Frühverrentungstrends in Westdeutschlands für den Zeitraum 1975 bis 1990 auf Basis der IAB-Beschäftigtenstichprobe », *Mitteilungen aus der Arbeitsmarkt- und Berufsforschung* 1(32), p. 102-117.

ZAIDMAN Catherine (2000), « Les dispositifs de cessation anticipée d'activité : état des lieux et évolutions souhaitables », Dominique Taddéi, *Retraites choisies et progressives,* Rapport du Conseil d'Analyse Economique, La Documentation française, p. 95-121.

ZEITLIN Jonathan (2007), « The Lisbon Strategy, the Open Method of Coordination, and the Future of Social Europe », Working Paper, University of Wisconsin-Madison.

ZEITLIN Jonathan, POCHET Philippe (2005), *The Open Method of Co-ordination in Action – The European Employment and Social Inclusion Strategies*, Bruxelles, Peter Lang.

ZWIENER Rudolf (1993), « Zu den Effekten der Arbeitszeitverkürzung in den achtiger Jachen », Peter Hampe (dir.), *Zwischenbilanz der Arbeitszeitverkürzung*, München, V. Hase & Koehler, p. 91-103.

L'HARMATTAN ITALIA
Via Degli Artisti 15; 10124 Torino

L'HARMATTAN HONGRIE
Könyvesbolt ; Kossuth L. u. 14-16
1053 Budapest

L'HARMATTAN KINSHASA
185, avenue Nyangwe
Commune de Lingwala
Kinshasa, R.D. Congo
(00243) 998697603 ou (00243) 999229662

L'HARMATTAN CONGO
67, av. E. P. Lumumba
Bât. – Congo Pharmacie (Bib. Nat.)
BP2874 Brazzaville
harmattan.congo@yahoo.fr

L'HARMATTAN GUINÉE
Almamya Rue KA 028, en face du restaurant Le Cèdre
OKB agency BP 3470 Conakry
(00224) 60 20 85 08
harmattanguinee@yahoo.fr

L'HARMATTAN CAMEROUN
BP 11486
Face à la SNI, immeuble Don Bosco
Yaoundé
(00237) 99 76 61 66
harmattancam@yahoo.fr

L'HARMATTAN CÔTE D'IVOIRE
Résidence Karl / cité des arts
Abidjan-Cocody 03 BP 1588 Abidjan 03
(00225) 05 77 87 31
etien_nda@yahoo.fr

L'HARMATTAN MAURITANIE
Espace El Kettab du livre francophone
N° 472 avenue du Palais des Congrès
BP 316 Nouakchott
(00222) 63 25 980

L'HARMATTAN SÉNÉGAL
« Villa Rose », rue de Diourbel X G, Point E
BP 45034 Dakar FANN
(00221) 33 825 98 58 / 77 242 25 08
senharmattan@gmail.com

L'HARMATTAN BÉNIN
ISOR-BENIN
01 BP 359 COTONOU-RP
Quartier Gbèdjromèdé,
Rue Agbélenco, Lot 1247 I
Tél : 00 229 21 32 53 79
christian_dablaka123@yahoo.fr

Achevé d'imprimer par Corlet Numérique - 14110 Condé-sur-Noireau
N° d'Imprimeur : 113033 - Dépôt légal : novembre 2014 - *Imprimé en France*

www.ingramcontent.com/pod-product-compliance
Lightning Source LLC
LaVergne TN
LVHW021153061026
849535LV00002B/453